Praktische Theologie des Alterns

Praktische Theologie im Wissenschaftsdiskurs

Practical Theology in the Discourse
of the Humanities

Herausgegeben von
Bernhard Dressler · Maureen Junker-Kenny
Thomas Klie · Martina Kumlehn · Ralph Kunz

Band 4

Walter de Gruyter · Berlin · New York

Praktische Theologie des Alterns

Herausgegeben von
Thomas Klie, Martina Kumlehn
und Ralph Kunz

Walter de Gruyter · Berlin · New York

∞ Gedruckt auf säurefreiem Papier,
das die US-ANSI-Norm über Haltbarkeit erfüllt.

ISBN 978-3-11-048791-6
ISSN 1865-1658

Bibliografische Information der Deutschen Nationalbibliothek

Die Deutsche Nationalbibliothek verzeichnet diese Publikation in der Deutschen Nationalbibliografie; detaillierte bibliografische Daten sind im Internet über http://dnb.d-nb.de abrufbar.

© Copyright 2009 by Walter de Gruyter GmbH & Co. KG, D-10785 Berlin

Dieses Werk einschließlich aller seiner Teile ist urheberrechtlich geschützt. Jede Verwertung außerhalb der engen Grenzen des Urheberrechtsgesetzes ist ohne Zustimmung des Verlages unzulässig und strafbar. Das gilt insbesondere für Vervielfältigungen, Übersetzungen, Mikroverfilmungen und die Einspeicherung und Verarbeitung in elektronischen Systemen.

Printed in Germany
Umschlaggestaltung: Christopher Schneider, Laufen
Druck und buchbinderische Verarbeitung: Hubert & Co. GmbH & Co. KG, Göttingen

Inhalt

Martina Kumlehn, Thomas Klie (Rostock), Ralph Kunz
Einleitung: Religionsgerontologie und Lebenskunst 1

I. Perspektiven

Gabriele Doblhammer, Caroline Berghammer, Rico Jonassen
Demographie: Trends und Muster im Europäischen Kontext und
der Einfluss von Religion auf das demographische Verhalten ... 7

Herman Westerink
Gerontopsychologie: Altern deuten 35

François Höpflinger
Sozialgerontologie: Alter im gesellschaftlichen Wandel und neue
soziale Normvorstellungen zu späteren Lebensjahren 55

Andreas Kruse
Kulturelle Gerontologie: Gesellschaftliche und individuelle
Antworten auf Entwicklungspotenziale und Grenzsituationen im
Alter 75

Thomas Schlag
Altenpolitik: Zivilgesellschaftliches Engagement, Solidarität und
kirchliche Raumeröffnungen 105

II. Phänomene

Christina Aus der Au
Leiblichkeit: Die rezeptive Dimension des Selbst.
Von der Alzheimer-Krankheit zur *conditio humana* 133

Ralph Kunz
Weisheit: Konzepte der Lebensklugheit 155

Wolfgang Drechsel
Erinnerung: Lebensgeschichte im Alter 207

Jörg Neijenhuis
Zeitwahrnehmung: Altern und Kirchenjahr 235

Michael Domsgen
Generation: Familie und Lebenserwartungen 257

Klaus Raschzok, Konstanze Kemnitzer
Orte: Heim(e) und Mobilität 283

Wilhelm Gräb, Lars Charbonnier
Medienwirklichkeit: Altersbilder 311

Gerald Kretzschmar
Profession: Altern im Beruf 347

Klaus Depping
Demenz: Seelsorgliche Kommunikation bei Rationalitätsverlust. 365

Michael Klessmann
Sterbebegleitung: Christliche Perspektiven und Aufgaben 385

Thomas Klie (Rostock)
Bestattungskultur: Umgangsformen angesichts des Todes 409

III. Handlungsfelder

Helmut Schwier
Homiletik: Predigen (nicht nur) für alte Menschen 431

Thomas Klie (Rostock)
Liturgik: Alte im Gottesdienst – Gottesdienst für Alte 449

Eberhard Hauschildt
Seelsorge: Das Altern besprechen, begleiten
und ihm Raum geben 471

Martina Kumlehn
Religionspädagogik: Altern antizipieren?
Herausforderungen für religiöse Bildungsprozesse
im Religionsunterricht 497

Einleitung:
Religionsgerontologie und Lebenskunst

Zur Praktischen Theologie des Alterns

Martina Kumlehn, Thomas Klie (Rostock), Ralph Kunz

Kaum ein anderes Forschungsfeld vermag derzeit so verschiedene Wissenschaftsdiskurse zu integrieren wie die Herausforderungen einer alternden Gesellschaft. An vielen Universitäten bestehen interdisziplinäre Forschungszentren zu diesem Themenkomplex, so z.B. in Zürich, Heidelberg, Tübingen und Rostock. Einige der Autoren und Autorinnen dieses Bandes sind an ihnen beteiligt. Gerontologie differenziert sich in medizinische, psychologische, demographische, politische, ökonomische, pädagogische, soziale und kulturwissenschaftliche Perspektiven aus. Und die Theologie? – Sie sucht über weite Strecken noch nach ihrer Stimme in diesem Konzert. Ist das Alter lediglich ein Teilaspekt christlicher Anthropologie, der die Kreatürlichkeit und Endlichkeit menschlichen Lebens in den Fokus rückt, ohne eigens thematisch werden zu müssen? Oder reklamieren die altersspezifischen Lebens- und Glaubensweisen einen jeweils eigenen Gegenstand und Theoriezugriff?

In der Praktischen Theologie spiegeln neben der Diakoniewissenschaft vor allem Überlegungen zur Seelsorge und zur Bildungsarbeit mit Seniorinnen und Senioren die Entwicklung hin zu einer eigenständigen theoretischen Würdigung des Alter(n)s wider. Verstärkt wird der kultursemiotische Aspekt wahrgenommen, Vorstellungen vom Alter/n als Konstrukte zu begreifen, die sich aus verschiedenen individuellen, sozialen und kulturgeschichtlichen Quellen aufbauen. Insofern kann es einer Praktischen Theologie, die ihre Wahrnehmungssensibilität für Phänomene des Alterns schärfen will, nicht nur um deskriptive Zugänge zu Prozessen des Alterns gehen, sondern sie muss zugleich immer auch in dem Bewusstsein agieren, einen Beitrag zu inhaltlich qualifizierten Altersbildern in Kirche und Gesellschaft leisten zu können.

In den letzten drei Jahrzehnten hat sich eine eigene Forschungsrichtung herausgebildet, die dem Zusammenhang von Alter/n und religiöser Deutung besondere Aufmerksamkeit schenkt. In der *Religionsgerontologie* fließen Erkenntnisse verschiedener Provenienz zusammen. Da ist zunächst die empirisch ausgerichtete Religionspsychologie zu nennen, die nach der Funktion und der Wirkung religiöser Deutungsmuster für das gelingende Altern fragt. Im europäischen Kontext herrscht gegenüber einer angewandten Religionsgerontologie, die diese beiden Dimensionen verbindet, noch eine gewisse Skepsis. In den USA dominiert dagegen eine von Effizienz- und Funktionskalkülen bestimmte, pragmatische Einstellung, so dass die meisten Untersuchungen von dort stammen. Sie belegen insbesondere in der Perspektive der Lebens- und Leidensbewältigung und Sterbevorbereitung im Sinne von Copingstrategien eine positive Korrelation zwischen Religion und gelingendem Altern. Darauf lässt sich das komplexe Verhältnis von Alter und Religiosität, das nicht nur auf Lebensbewältigung, sondern auch auf aktive Lebensgestaltung aus ist, jedoch nicht reduzieren.

Vor diesem Hintergrund gewinnt im deutschsprachigen Raum der Begriff einer *Lebenskunst des Alterns* zunehmend an Bedeutung. Besitzt er schon in der (christlichen) populär-wissenschaftlichen Beratungsliteratur zum Altern bis in die Titelformulierungen hinein im Anschluss an Wilhelm Schmids ‚Philosophie der Lebenskunst' eine große Strahlkraft, so ist er seit einiger Zeit auch in praktisch-theologischen Debatten zur Seelsorge und Bildungsarbeit angekommen. Gerade in den Identitätskrisen des dritten Lebensalters lassen sich Fragen der Vergewisserung des Subjekts radikalisieren und verdichten, die nach eigenen Gestaltungsformen verlangen. Die sogenannten Best-Ager im Alter von 60–80 Jahren sind einerseits in ihrer „ästhetischen Existenz" (Schmid) durch ihre Lebensgeschichte und ihren Lebensstil gereift, andererseits sind sie befreit aus vielen Verpflichtungen und Begrenzungen, so dass sich die Frage der Sinngebung und Lebensgestaltung des eigenen Daseins noch einmal neu stellt. Allerdings bringt der demographische Wandel auch dieser Altersgruppe nicht nur Freiheitszugewinn, sondern zugleich individuelle und soziale Herausforderungen, u. a. weil viele durch die zunehmende Langlebigkeit erst spät einen Elternteil verlieren und/oder mit der Pflege der hochbetagten Eltern konfrontiert sind. So spielt das Ausloten der noch bestehenden oder sich gerade neu eröffnenden Möglichkeiten im Spannungsfeld von Verheißung und Bedrohung eine zentrale Rolle. Lebenskunst in den verschiedenen Phasen des Alter(n)s muss also immer eine hermeneutische Qualität haben, die im Ausgang von der eigenen Lebensgeschichte verschiedene Quellen und Traditionen neu entdeckt, um eine adäquate Wahrnehmungs-, Frage- und Vergewisserungskultur zu pflegen. Der Frage nach dem Selbst, den Erfahrungen seines Gewor-

Inhalt   VII

Karl Foitzik
Gemeindepädagogik: Alte Menschen in Kirche und Gemeinde . 519

Jan Hermelink
Kybernetik: Alternde Kirche – Kirche der Alten 543

Thomas Klie (Freiburg)
Diakonik: Für(s) Alte(r) sorgen. Zwischen Betreuung und
Altersmanagement 575

Birgit Weyel
Aszetik: Spiritualität und Religiosität im Alter 597

Die Autorinnen und Autoren 615

Einleitung: Religionsgerontologie und Lebenskunst

Zur Praktischen Theologie des Alterns

Martina Kumlehn, Thomas Klie (Rostock), Ralph Kunz

Kaum ein anderes Forschungsfeld vermag derzeit so verschiedene Wissenschaftsdiskurse zu integrieren wie die Herausforderungen einer alternden Gesellschaft. An vielen Universitäten bestehen interdisziplinäre Forschungszentren zu diesem Themenkomplex, so z. B. in Zürich, Heidelberg, Tübingen und Rostock. Einige der Autoren und Autorinnen dieses Bandes sind an ihnen beteiligt. Gerontologie differenziert sich in medizinische, psychologische, demographische, politische, ökonomische, pädagogische, soziale und kulturwissenschaftliche Perspektiven aus. Und die Theologie? – Sie sucht über weite Strecken noch nach ihrer Stimme in diesem Konzert. Ist das Alter lediglich ein Teilaspekt christlicher Anthropologie, der die Kreatürlichkeit und Endlichkeit menschlichen Lebens in den Fokus rückt, ohne eigens thematisch werden zu müssen? Oder reklamieren die alterspezifischen Lebens- und Glaubensweisen einen jeweils eigenen Gegenstand und Theoriezugriff?

In der Praktischen Theologie spiegeln neben der Diakoniewissenschaft vor allem Überlegungen zur Seelsorge und zur Bildungsarbeit mit Seniorinnen und Senioren die Entwicklung hin zu einer eigenständigen theoretischen Würdigung des Alter(n)s wider. Verstärkt wird der kultursemiotische Aspekt wahrgenommen, Vorstellungen vom Alter/n als Konstrukte zu begreifen, die sich aus verschiedenen individuellen, sozialen und kulturgeschichtlichen Quellen aufbauen. Insofern kann es einer Praktischen Theologie, die ihre Wahrnehmungssensibilität für Phänomene des Alterns schärfen will, nicht nur um deskriptive Zugänge zu Prozessen des Alterns gehen, sondern sie muss zugleich immer auch in dem Bewusstsein agieren, einen Beitrag zu inhaltlich qualifizierten Altersbildern in Kirche und Gesellschaft leisten zu können.

In den letzten drei Jahrzehnten hat sich eine eigene Forschungsrichtung herausgebildet, die dem Zusammenhang von Alter/n und religiöser Deutung besondere Aufmerksamkeit schenkt. In der *Religionsgerontologie* fließen Erkenntnisse verschiedener Provenienz zusammen. Da ist zunächst die empirisch ausgerichtete Religionspsychologie zu nennen, die nach der Funktion und der Wirkung religiöser Deutungsmuster für das gelingende Altern fragt. Im europäischen Kontext herrscht gegenüber einer angewandten Religionsgerontologie, die diese beiden Dimensionen verbindet, noch eine gewisse Skepsis. In den USA dominiert dagegen eine von Effizienz- und Funktionskalkülen bestimmte, pragmatische Einstellung, so dass die meisten Untersuchungen von dort stammen. Sie belegen insbesondere in der Perspektive der Lebens- und Leidensbewältigung und Sterbevorbereitung im Sinne von Copingstrategien eine positive Korrelation zwischen Religion und gelingendem Altern. Darauf lässt sich das komplexe Verhältnis von Alter und Religiosität, das nicht nur auf Lebensbewältigung, sondern auch auf aktive Lebensgestaltung aus ist, jedoch nicht reduzieren.

Vor diesem Hintergrund gewinnt im deutschsprachigen Raum der Begriff einer *Lebenskunst des Alterns* zunehmend an Bedeutung. Besitzt er schon in der (christlichen) populär-wissenschaftlichen Beratungsliteratur zum Altern bis in die Titelformulierungen hinein im Anschluss an Wilhelm Schmids ‚Philosophie der Lebenskunst' eine große Strahlkraft, so ist er seit einiger Zeit auch in praktisch-theologischen Debatten zur Seelsorge und Bildungsarbeit angekommen. Gerade in den Identitätskrisen des dritten Lebensalters lassen sich Fragen der Vergewisserung des Subjekts radikalisieren und verdichten, die nach eigenen Gestaltungsformen verlangen. Die sogenannten Best-Ager im Alter von 60–80 Jahren sind einerseits in ihrer „ästhetischen Existenz" (Schmid) durch ihre Lebensgeschichte und ihren Lebensstil gereift, andererseits sind sie befreit aus vielen Verpflichtungen und Begrenzungen, so dass sich die Frage der Sinngebung und Lebensgestaltung des eigenen Daseins noch einmal neu stellt. Allerdings bringt der demographische Wandel auch dieser Altersgruppe nicht nur Freiheitszugewinn, sondern zugleich individuelle und soziale Herausforderungen, u. a. weil viele durch die zunehmende Langlebigkeit erst spät einen Elternteil verlieren und/oder mit der Pflege der hochbetagten Eltern konfrontiert sind. So spielt das Ausloten der noch bestehenden oder sich gerade neu eröffnenden Möglichkeiten im Spannungsfeld von Verheißung und Bedrohung eine zentrale Rolle. Lebenskunst in den verschiedenen Phasen des Alter(n)s muss also immer eine hermeneutische Qualität haben, die im Ausgang von der eigenen Lebensgeschichte verschiedene Quellen und Traditionen neu entdeckt, um eine adäquate Wahrnehmungs-, Frage- und Vergewisserungskultur zu pflegen. Der Frage nach dem Selbst, den Erfahrungen seines Gewordenseins, den Suchbewegungen und den damit verbundenen Hoffnungen und Erwartungen für die verbleibende Zeit ist dabei vorrangig Raum zu geben.

Hinsichtlich des vierten Lebensalters wird dann die Kultur des Abschiednehmens und des Zugehens auf den Tod unabweisbar virulent, auch wenn dies durchaus als Grundzug menschlicher Existenz überhaupt verstanden werden kann. Hier ist die Theologie in besonderer Weise bei sich selbst, wenn sie nach neuen Formen des Zusammenhangs von *ars vivendi* und *ars moriendi* fragt. Nicht zuletzt Fragen nach der Bestattungskultur gewinnen an Bedeutung, wenn in einer Gesellschaft immer mehr Menschen in diesem prekären biographischen Schwellenraum leben. Nimmt man dieses gesteigerte Bedürfnis nach Sinngebung und Neujustierung der eigenen Lebensverortung ernst, so legen sich ummittelbar Fragen nach dem Stellenwert religiöser Deutungsmuster in diesen Prozessen nahe. Dabei ist sowohl über Altern als Entwicklungsaufgabe als auch über Religion als Ressource nachzudenken. Angesichts der hochkomplexen Zusammenhänge und der erheblichen gesellschaftlichen Herausforderungen sollte auf die Interdependenz und Reziprozität der Themenstellungen sowie ihre Anschlussfähigkeit an außertheologische Diskurse geachtet werden.

Der vorliegende Band setzt sich genau dies zum Ziel, indem er zunächst drei große Bereiche des praktisch-theologischen Zugangs zu den Prozessen des Alterns als *Perspektiven*, *Phänomene* und *Handlungsfelder* nebeneinander stellt. Bei kursorischer Lektüre werden jedoch schnell übergreifende Perspektiven und Schwerpunkte sichtbar, die sich trotz divergierender Gegenstände korrelierend ergänzen.

In einem ersten Abschnitt (*Perspektiven*) werden exemplarisch grundlegende Bezugsdiskurse der *Demographie* (Doblhammer/Berghammer/Jonassen), der *Gerontopsychologie* (Westerink), der *Sozialgerontologie* (Höpfinger), der *kulturellen Gerontologie* (Kruse) und der *Altenpolitik* (Schlag) entfaltet, an die eine gerontologisch informierte Praktische Theologie anknüpft bzw. die sie kritisch-konstruktiv voraussetzt. Auf einen zusammenfassenden Artikel *Religionsgerontologie* haben die Herausgeber verzichtet, weil sich der Band einerseits in der Summe aller Beiträge als eine praktisch-theologische Religionsgerontologie begreift, und andererseits unter dieser Überschrift geführte Diskurs in einzelnen Beiträgen wie z. B. dem von Doblhammer/Berghammer/Jonassen (*Demographie*), Weyel (*Aszetik/Spiritualität*) oder Kunz (*Weisheit*) explizit aufgenommen werden.

Im zweiten Teil (*Phänomene*) werden zentrale Erscheinungsformen einer Lebenskunst des Alterns religions- und kulturhermeneutisch reformuliert. Die Beiträge *Leiblichkeit* (Aus der Au), *Weisheit* (Kunz), *Erinnerung/Lebensgeschichte* (Drechsel), *Zeitwahrnehmung/Kirchenjahr* (Neijenhuis), *Generationen* (Domsgen), *Orte* (Raschzok/Kemnitzer), *Profession* (Kretzschmar), *Medienwirklichkeit* (Gräb/Charbonnier), *Demenz* (Depping), *Sterbebegleitung* (Klessmann) und *Bestattungskultur* (Klie) schreiten dabei ein breites Spektrum relevanter Bezüge ab. Ihnen gemein ist die phänomenologische Wahrnehmung der Lebenswelt mit ihrer empirischen Bestimmtheit und ihren Erfahrungshorizonten, zu denen die praktisch-theologischen Deutungsvollzüge ins Verhältnis gesetzt werden.

Der dritte Teil (*Handlungsfelder*) wendet sich den verschiedenen Teildisziplinen zu: *Homiletik* (Schwier), *Liturgik* (Klie), *Seelsorge* (Hauschildt), *Religionspädagogik* (Kumlehn), *Gemeindepädagogik* (Foitzik), *Kybernetik* (Hermelink), *Diakonik* (Klie, Freiburg) und *Aszetik* (Weyel). Die einzelnen Praxisvollzüge werden auf die Bedürfnisse der alternden Menschen hinsichtlich individueller Wertschätzung und sozialer Teilhabe reflektiert. Denn eine Hermeneutik christlicher Religionspraxis in der Perspektive alternder Menschen muss sich in jedem Fall auf deren besondere Aneignungs- und Deutungsoptionen einlassen. Eine lebensphasen-spezifische Sinnsicht nötigt dazu, die das Christliche symbolisierenden Vollzüge im Rahmen theologischer Wirklichkeitskonstruktion und im Hinblick auf Gestaltungsbedarfe auszulegen. Gefragt wird also in beide Richtungen: nach der praktisch-theologischen Relevanz des Alter(n)s bzw. nach der Alter(n)srelevanz der Praktischen Theologie.

I. Perspektiven

Demographie: Trends und Muster im Europäischen Kontext und der Einfluss von Religion auf das demographische Verhalten

Gabriele Doblhammer, Caroline Berghammer, Rico Jonassen

1. Einleitung

Sinkende Kinderzahlen und steigende Lebenserwartung prägen in vielen Ländern Europas seit mehreren Jahrzehnten die demographische Entwicklung und haben zur Alterung der Bevölkerung und in einigen Ländern zu einem Bevölkerungsrückgang geführt. Hinter diesem allgemeinen Trend finden sich jedoch bedeutende regionale Muster sowohl in der durchschnittlichen Kinderzahl als auch der Lebenserwartung. Über die Zeit werden Phasen europaweiter Konvergenz demographischen Verhaltens von Phasen der Divergenz abgelöst. Gerade zur Beginn des 21. Jahrhunderts scheinen sich in Europa neue Divergenzen in Hinblick auf die Gesundheit und Sterblichkeit, aber auch die Fertilität und die gewünschte Kinderzahl zu entwickeln. So unterscheiden sich die europäischen Länder im Tempo der Säkularisierung und Individualisierung der Gesellschaft, den Normen und Wertvorstellungen in Hinblick auf Partnerschaft, Familie und Kinder, die einen direkten Einfluss auf den demographischen Prozess der Fertilität haben. Aber auch ökonomische, medizinisch-technologische Rahmenbedingungen und gesundheitsbewusste Lebensstile unterscheiden sich europaweit und prägen das jeweilige Sterblichkeitsgeschehen in den Ländern.

Trotz einer generellen Säkularisierung spielt Religiosität eine bedeutsame Rolle im Leben vieler Menschen. Aus der damit verbunden allgemeinen religiösen Werteorientierung lassen sich demographische Verhaltensmuster ableiten, die auch an die nächsten Generationen weitergegeben werden. Doch ist Religion noch ein relevantes Handlungsmotiv für demographisches Verhalten?

Religiöse Gruppen besitzen oft spezifische demographisch relevante Verhaltensmuster und unterscheiden sich hierdurch. Einer Religion anzugehören, legt aufgrund ihrer Gebote und Verbote bestimmte Verhaltensweisen nahe. Gerade die christlichen Kirchen messen Ehe und Familie einen hohen Stellenwert bei. Sinkende Heiratszahlen, steigende Scheidungsraten, Zunahme des unverheirateten Zusammenlebens und rückläufige Geburtenzahlen stehen diesen Werten entgegen. So versteht etwa die Evangelische Kirche in Deutschland Ehe und Familie als „gute Gaben Gottes" und „sieht in ihnen die grundlegende und exemplarische Form menschlichen Zusammenlebens."[1] Papst Benedikt XVI. äußerte angesichts der Geburtenentwicklung in Europa die Befürchtung: „Für den Außenstehenden scheint es [Europa; Anm.] müde zu sein, ja, sich selbst von der Geschichte verabschieden zu wollen."[2]. Bezüglich der Alterung der Bevölkerung heißt es hingegen in einem Schreiben der Deutschen Bischofskonferenz (DBK): „Die steigende Lebenserwartung der Menschen ist ein Geschenk, das die Kirche dankbar annimmt und als pastorale Aufgabe begreift."[3] Mehrere kirchliche Schriften befassen sich mit Themen rund um die zunehmende Alterung, z.B. mit dem Gesundheitssystem[4] oder der Reform der Alterssicherung[5].

Dieses Kapitel zielt darauf ab einen Überblick über die Demographie Europas zu geben und den Einfluss von Religion auf das demographische Verhalten darzustellen. Es ist wie folgt aufgebaut: Ein erster Teil widmet sich der Alterung der Bevölkerung und gibt einen Ausblick auf deren

---

1 EKD (Hg.), *Was Familien brauchen. Eine familienpolitische Stellungnahme des Rates der EKD*, Hannover 2002 (Zugriff im September 2008 unter http://www.ekd.de/EKD-Texte/ekd_text_73_2.html).
2 Benedikt XVI., *Ansprache von Benedikt XVI. an das Kardinalskollegium und die Mitglieder der Römischen Kurie beim Weihnachtsempfang*, Vatikan 2006 (Zugriff im September 2008 unter http://www.vatican.va/holy_father//benedict_xvi/speeches/2006/december/documents/hf_ben_xvi_spe_20061222_curia-romana_ge.html).
3 Die deutschen Bischöfe (Pastoral-Kommission), *Dem Leben auf der Spur. Einsichten und Hilfen beim Älterwerden*, Sekretariat der Deutschen Bischofskonferenz (Hg.), Bonn 2000 (Zugriff im September 2008 unter http://www.dbk.de/schriften/deutsche_bischoefe/erklaerungen/index.html).
4 Die deutschen Bischöfe (Kommission für gesellschaftliche und soziale Fragen), *Solidarität braucht Eigenverantwortung. Orientierungen für ein zukunftsfähiges Gesundheitssystem*, Sekretariat der Deutschen Bischofskonferenz (Hg.), Bonn 2003 (Zugriff im September 2008 unter http://www.dbk.de/imperia/md/content/schriften/dbk1b.kommissionen/ko_27.pdf).
5 Rat der EKD und DBK, *Verantwortung und Weitsicht. Gemeinsame Erklärung des Rates der Evangelischen Kirche in Deutschland und der Deutschen Bischofskonferenz zur Reform der Alterssicherung in Deutschland*, 2000 (Zugriff im September 2008 unter http://www.ekd.de/EKD-Texte/verantwortung_weitsicht_rente_2000.html).

zukünftige Entwicklung. Da vor allem die Entwicklung der Lebenserwartung bestimmend für das weitere Ausmaß der Bevölkerungsalterung ist, widmet sich der zweite Teil des Kapitels den Trends und Mustern der Sterblichkeit. Dabei wird auch der Frage nachgegangen, inwieweit Religiosität einen Einfluss auf Gesundheit und Lebenserwartung hat. Der dritte Teil zeichnet die Trends und Muster der Fertilität nach und diskutiert den Zusammenhang von Religion und Fertilitätsverhalten.

2. Die Bevölkerungsalterung

Die europäischen Bevölkerungen altern und der Anteil älterer und hochbetagter Menschen wird besonders in den nächsten Jahrzehnten überproportional zunehmen. Die demographische Alterung ist Ausdruck eines grundlegenden gesellschaftlichen Wandels, der in den letzten hundert Jahren zu einem drastischen Rückgang der Kinderzahl pro Frau bei gleichzeitigem Anstieg der Lebenserwartung geführt hat. Die Säkularisierung und Individualisierung der europäischen Gesellschaften, der Wandel der Lebensformen und Lebensläufe geht mit Änderungen in den drei demographischen Prozessen Fertilität, Mortalität und Migration einher, die zu tiefgreifenden Änderungen in der Struktur der Bevölkerungen führen. Die Konsequenzen werden in allen Lebensbereichen spürbar sein, ausgehend von den individuellen Lebensläufen und Familienstrukturen hin zu Wirtschaft und Betrieben sowie den sozialen Sicherungssystemen. Die große Herausforderung in alternden Gesellschaften besteht darin, dass die einzelnen Lebensphasen, die wir durchlaufen, starr in Hinblick auf das Lebensalter definiert sind. Drastische Änderungen in der Altersstruktur von Gesellschaften, so wie wir sie in den nächsten Jahrzehnten erleben werden, müssen daher unweigerlich zu Anpassungen in den sozialen und wirtschaftlichen Prozessen führen.

Entgegen der weitverbreiteten Annahme, dass die Bevölkerungsalterung vor allem auf die Industrienationen beschränkt ist, wird sich diese in den kommenden Jahrzehnten weltweit beschleunigen. Allerdings befinden sich die Weltregionen in sehr unterschiedlichen Stadien: während im Jahre 2005 in Westeuropa 20 % der Bevölkerung 60 Jahre und älter sind, gehen Prognosen davon aus, dass dieser Wert im Jahre 2050 auf 37 % ansteigen wird, in Japan und Ozeanien sogar von 24 % auf 42 %, aber auch im Afrika südlich der Sahara von 22 % auf 27 %.[6] Innerhalb Europas sind es vor allem auch die Osteuropäischen Länder die besonders stark altern. Zudem kam es in diesen Ländern bereits in den letzten Jahren zu einem Bevölkerungsrückgang, der im Westen Europas noch durch Zuwanderung aufgefangen wurde. In Deutschland nimmt die Bevölkerung seit dem Jahre 2003 ab, da die sinkenden Wanderungssalden das Geburtendefizit nicht mehr auffüllen können.[7] Bis zum Jahre 2050 resultiert daraus voraussichtlich ein Rückgang der Bevölkerungszahlen um zwischen 10 % und 15 %.[8]

Ein wichtiger Indikator für die Bevölkerungsalterung ist der Anteil der hochbetagten Menschen im Alter 80+. Ein Anstieg der Hochbetagten hat weitreichende Konsequenzen für den zukünftigen Pflegebedarf und die Gesundheitsausgaben, die unsere Gesellschaften zu leisten haben. Derzeit liegt der Anteil der Hochbetagten in Europa bei 4 %, wie sich dieser Anteil im 21. Jahrhundert entwickeln wird, ist jedoch höchst unsicher und hängt von der weiteren Entwicklung der Lebenserwartung ab. Prognosen, die diese Unsicherheit berücksichtigen, gehen davon aus, dass im Jahre 2050 mit einer Wahrscheinlichkeit von 95 % der Anteil der 80+jährigen zwischen 5 % und 21 % liegen wird und im Jahre 2100 zwischen 5 % und 43 %.[9]

Obwohl die demographische Alterung unbestritten ist, gibt es auch neue Ansätze in der Demographie, die ihr Ausmaß relativieren. Dabei wird die Lebensspanne nicht nur retrospektiv gemessen, d.h., wie viele Jahre eine Person bereits gelebt hat, sondern auch prospektiv: wie viele Jahre hat eine Person in einem gegebenen Alter unter Berücksichtigung der durchschnittlichen Lebenserwartung noch zu leben. Diese Restlebenserwartung ist im Laufe des letzten Jahrhunderts enorm angestiegen: so erlebte um 1800 nur etwa jede dritte Frau ihren sechzigsten Geburtstag, während heute in den Industrieländern über 90 Prozent der Frauen 60 Jahre alt werden[10] und Prognosen davon ausgehen, dass jedes

---

6 Wolfgang Lutz/Warren C. Sanderson/Sergei Scherbov, *The coming acceleration of global population ageing*, in: Nature 451 (2008), 716–719.
7 Statistisches Bundesamt, *Bevölkerung Deutschlands bis 2050–11. koordinierte Bevölkerungsvorausberechnung*. Statistisches Bundesamt – Pressestelle Wiesbaden 2006.
8 A. a. O.
9 Lutz/Sanderson/Scherbov, *The coming acceleration*, a.a.O.
10 Warren C. Sanderson/Sergei Scherbov, *Average remaining lifetimes can increase as human populations age*, in: Nature 435 (2005), 811–813 (Zugriff unter http://www.nature.com/nature/journal/v435/n7043/abs/nature03593.html).

zweite heute neugeborene Mädchen ihren hundertsten Geburtstag erleben wird[11]. Berechnet man das Alter anhand des prospektiven Maßes der Restlebensspanne eines Menschen, so würde etwa eine 40-jährige Frau im Jahre 2050 mit einer Restlebenserwartung von 50 Jahren dieselbe verbleibende Anzahl von Lebensjahren haben wie eine 30-Jährige im Jahre 2000. Das prospektive chronologische Alter dieser Frau im Jahre 2050 wird daher auf das Alter 30 festgelegt. Verwendet man nun dieses prospektive chronologische Alter in den Bevölkerungsprognosen, so zeigt sich, dass die Bevölkerungsalterung wesentlich weniger dramatisch ausfällt und sich für Deutschland das Medianalter nicht von 39,9 Jahren im Jahre 2000 auf 51,9 Jahre (2050) erhöhen wird, sondern nur auf 42,4 Jahre. Dies ist von Bedeutung, da für viele Sozialausgaben wie Rentenzahlungen, Pflegeleistungen und Gesundheitsausgaben die verbleibenden Lebensjahre wichtiger sind als das Alter, in dem sie anfallen.[12]

Die Bevölkerungsalterung ist unabwendbar in der Altersstruktur der meisten Bevölkerungen festgeschrieben und kann in absehbarer Zeit weder durch vermehrte Zuwanderung noch durch höhere Geburtenraten gestoppt werden.[13] Selbst bei einer Kombination von einer unrealistisch hohen Fertilität von 2,2 Kindern im europäischen Durchschnitt (gegenwärtig liegt der EU Durchschnitt bei 1,5 Kindern) und einer Nettozuwanderung von 1,2 Millionen Zuwanderern pro Jahr (im Jahre 2002 hatte die EU einen Zuwanderungsgewinn von 700.000 Personen) fällt die Relation der Bevölkerung im Alter 65+ zu den 15- bis 64-Jährigen von vier auf 2,5.[14]

3. Trends und Muster von Lebenserwartung und Sterblichkeit

Die Ursachen der Bevölkerungsalterung liegen in der steigenden Lebenserwartung und dem Rückgang der Kinderzahl. Während zu Beginn des Fertilitätsrückganges Anfang der 1970er Jahre vor allem die sinkende

---

11 James W. Vaupel/John M. Owen, *Anna's life expectancy*, in: Journal of Policy Analysis and Management 5 (1986), 383–389.
12 Sanderson/Sherbov, *Average remaining lifetimes*, a.a.O.
13 Wolfgang Lutz/Brian O'Neill/Sergei Scherbov, *Europe's population at a turning point*, in: Science 299 (2003), 1991–1992.
14 Wolfgang Lutz/Sergei Scherbov, *Can immigration compensate for Europe's low fertility?*, Vienna Institute of Demography, 16 p. (European Demographic Research Papers; 1), 2003 (Zugriff unter: http://www.oeaw.ac.at/vid/publications/EDRP_No1.pdf).

Fertilität das Tempo der Alterung vorgab, wird in Zukunft der Anstieg der Lebenserwartung der bestimmende Faktor sein. Dabei ist der unaufhaltsame Anstieg der Lebenserwartung in den letzten Jahrzehnten vor allem auf einen Rückgang der Sterblichkeit im hohen Alter zurückzuführen.[15] Die Plastizität der Sterblichkeit im Alter und damit ihre Beeinflussbarkeit durch Umweltfaktoren wurde eindringlich durch die Wiedervereinigung Deutschlands unter Beweis gestellt. Bis in die Mitte der 1970er Jahre hatten Frauen in der DDR eine höhere Lebenserwartung als in Westdeutschland. Danach stieg die Lebenserwartung im Westen stärker an als im Osten, sodass sich bis zur Wiedervereinigung eine immer größere Schere auftat. Zwischen 1991 und 2006 verkleinerte sich jedoch der Abstand zwischen den alten und neuen Bundesländern von 3,3 Jahren auf 1,2 Jahre bei Männern und von 2,6 auf 0,2 Jahre bei den Frauen. Die Angleichung der Lebenserwartung erfolgte dabei vor allem durch den Rückgang der Sterblichkeit bei über 60-jährigen Frauen, und hier in besonderem Maße unter den Hochaltrigen. Viele Ursachen trugen zu dieser positiven Entwicklung bei, einen bedeutenden Einfluss scheint jedoch die verbesserte medizinische Versorgung und Pflege der Hochaltrigen zu haben.[16]

Zurzeit findet sich generell für Frauen in Europa eine Lebenserwartung von über 80 Jahren, für Männer von über 75 Jahren. Am höchsten ist im Jahre 2006 die Lebenserwartung für Frauen in Spanien (84,07 Jahre) und für Männer in der Schweiz (79,08 Jahre). Dabei hatten noch in den 1950er Jahren Spanierinnen gemeinsam mit anderen Südeuropäerinnen mit die niedrigste Lebenserwartung in Europa, und konnten erst in den letzten Jahrzehnten enorme Zugewinne erzielen. Damit haben die südeuropäischen Länder die Länder Nordeuropas überholt. Deutschland und Österreich bewegen sich unverändert im europäischen Mittelfeld, während die Schweiz bereits in den 1950er Jahren zu den Ländern mit der höchsten Lebenserwartung gehörte und dies nach wie vor zutrifft. Das Land mit der weltweit höchsten Lebenserwartung ist Japan: die neuesten Daten für das Jahr 2007 gehen von einer Lebenserwartung von 86 Jahren für Frauen und 79,19 Jahren für

---

15 A. Roger Thatcher/Väinö Kannisto/James W. Vaupel, *The force of mortality at ages 80 to 120*, Odense 1998.

16 Marc Luy, *Der Einfluss von Tempo-Effekten auf die ost-west-deutschen Unterschiede in der Lebenserwartung*, in: Insa Cassens/Marc Luy/Rembrandt Scholz (Hg.), *Die Bevölkerung in Ost- und Westdeutschland. Demografische, gesellschaftliche und wirtschaftliche Entwicklungen seit der Wende*, Wiesbaden 2009.

Männer aus. Eine vollkommen unterschiedliche Entwicklung haben die Osteuropäischen Staaten genommen wo es nach einem Gewinn an Lebensjahren in den 1950er und 1960er Jahren zu einer Stagnation, in Russland sogar zu einem Rückgang kam.

Über die Zeit betrachtet finden sich Zyklen der Konvergenz und Divergenz in der Sterblichkeitsentwicklung der europäischen Länder. Neue Ansätze der Sterblichkeitsforschung gehen davon aus[17], dass Verbesserungen der sozialen, ökonomischen, medizinischen und technischen Umweltbedingungen in einer ersten Phase zu einer Divergenz des Sterblichkeitsgeschehens führen, da einige Länder früher als andere diese Änderungen in zusätzliche Lebensjahre umsetzen können. Danach kommt es zu einem Aufholprozess, indem andere Populationen, oft sogar schneller als die Vorreiter, die notwendigen Voraussetzungen für einen Anstieg der Lebenserwartung schaffen. Dies führt zu einer Phase der Konvergenz, die so lange anhält, bis neue gesellschaftliche Entwicklungen zu einem weiteren Anstieg der Lebenserwartung in einigen Vorreiternationen führen und damit eine neue Phase der Divergenz einleiten.

Seit dem 18. Jahrhundert machten Vallin und Meslé zwei, möglicherweise auch drei Konvergenz-Divergenz Phasen aus, die in den einzelnen Ländern zu unterschiedlichen Zeitpunkten eintraten. Die erste Phase begann Mitte des 18. Jahrhunderts, reichte bis in die Mitte des 20. Jahrhunderts und wird als die erste epidemiologische Transition bezeichnet.[18] Die Säkularisierung der Gesellschaft und die Industrielle Revolution führten auch zu neuen hygienischen Standards in allen Bereichen des Lebens, zu einer Verbesserung der Ernährung und der Ausweitung der Bildung in weite Teile der Bevölkerung. Das Resultat war die Reduktion von Infektionserkrankungen zuerst in den Nord- und Westeuropäischen Ländern, danach gefolgt von Süd- und Osteuropa und schließlich von Japan. Abhängig von der Geschwindigkeit dieses Prozesses in den einzelnen Ländern kam es von der Mitte des 18. Jahrhunderts bis 1900 zu einer enormen Divergenz der Lebenserwartung, die in den darauf folgenden 50 Jahren von einer rapiden Konvergenz abgelöst wurde. Mitte der 1960er Jahre wurde eine neue Phase der Sterblich-

---

17 Jacques Vallin/France Meslé, *Convergences and divergences in mortality. A new approach to health transition*, in: Demographic Research Special Collection Article 2 (2004), 9–43; Jacques Vallin, *Disease, death, and life expectancy*, in: Genus 61 (2005), 279–296.

18 Abdel R. Omran, *The epidemiologic transition. A theory of the epidemiology of population change*, in: Milbank Quarterly 49 (1971), 509–538.

keitsentwicklung eingeleitet, der Rückgang der Herz-Kreislauferkrankungen. Vorreiter dieser Entwicklung waren die Länder der westlichen Welt, in denen neben medizinisch-technischen Innovationen vor allem auch individuelle Änderungen in einer Reihe von Verhaltensfaktoren und im Lebensstil zu enormen Gewinnen an Lebensjahren führten. Die früheren kommunistischen Länder konnten diesem Prozess nicht folgen. Als Ursache führen Vallin und Meslé ökonomische Gründe an, die die Ausweitung kostspieliger neuer medizinischer Technologie verhinderten, aber auch die Beibehaltung von gesundheitsschädigenden Lebensstilen in der Ernährung, beim Tabakkonsum und geringe körperliche Fitness. Mit den politischen Änderungen Anfang der 1990er Jahre kam es auch in den früheren kommunistischen Ländern zu einer Reduktion der Herz-Kreislauferkrankungen und damit zu einer neuen Phase der europaweiten Konvergenz der Sterblichkeit. Eine dritte Phase im Sterblichkeitsgeschehen machen Meslé und Vallin in der Auseinanderentwicklung der Sterblichkeit von Frauen in Ländern wie Japan und Frankreich auf der einen Seite, sowie Holland und den USA auf der anderen Seite aus. In Holland und den USA zeigt sich in den letzten Jahren eine Verlangsamung der Gewinne an Lebensjahren, deren Ursache vor allem in der geringer werdenden Reduktion der Herz-Kreislauferkrankungen liegt. Japan und Frankreich hingegen, zwei Länder mit besonders hoher Lebenserwartung, verzeichnen weiterhin starke Zunahmen an Lebensjahren vor allem unter den Hochaltrigen (80+). Entsprechend steigen in Holland und den USA die genannten Todesursachen, aber auch mentale Erkrankungen wie Demenzen an, während es in Japan und Frankreich generell zu Rückgängen kommt. In der Literatur wird die Möglichkeit diskutiert, dass nach dem Rückgang der Infektions- und chronischen Erkrankungen der nächste Durchbruch in der Lebenserwartung im Bereich der Demenzerkrankungen und der Gebrechlichkeit und Pflegebedürftigkeit im Alter liegt. Japan und Frankreich mögen dabei den USA und Holland einen Schritt voraus sein.

Nicht nur Bevölkerungen unterscheiden sich in ihrer Lebenserwartung, auch Subpopulationen innerhalb einer Bevölkerung weisen oft enorme Unterschiede in der Sterblichkeit auf. Es gibt eine große Anzahl von Studien, die für einzelne Länder, aber auch im internationalen Vergleich zeigen, dass Sterblichkeit vom sozioökonomischen Status, der wiederum auch in Verbindung mit Lebensstilfaktoren steht, abhängt. Hier soll nicht weiter auf diese Unterschiede eingegangen werden, jedoch ein spezieller

Aspekt näher beleuchtet werden, nämlich der Zusammenhang von Religion und Gesundheit bzw. Sterblichkeit.

4. Der Einfluss von Religiosität auf Gesundheit und Sterblichkeit

In der Literatur wird eine Reihe von Mechanismen identifiziert, die den Zusammenhang zwischen Religion bzw. Religiosität und Gesundheit und Sterblichkeit begründen können.[19] Ein Erklärungsversuch basiert auf Unterschieden in individuellen Verhaltensmustern. Religion befördert durch explizite Gebote und Verbote gesundheitsbewusste Verhaltensweisen und führt damit zu einer besseren Gesundheit und einer niedrigeren Sterblichkeit. Schätzungen gehen davon aus, dass Unterschiede in den Verhaltensmustern etwa 10 % der Varianz in Gesundheit erklären können. Ein weiterer Erklärungsansatz sieht soziale Unterstützung als einen Mechanismus an, durch den religiöses Engagement auf die Gesundheit wirkt. Der regelmäßige Besuch religiöser Veranstaltungen erhöht die Wahrscheinlichkeit, dass sich soziale Netzwerke und Unterstützungssysteme herausbilden und entwickeln. Dies mag besonders für benachteiligte Personen relevant sein, da der Zugang zu Ressourcen innerhalb der Gemeinde vergleichsweise kostengünstig und einfach ist.[20] Personen mit häufigem Besuch religiöser Veranstaltungen bestätigen umfangreichere soziale Netzwerke, intensivere Interaktionen innerhalb dieser Netzwerke und verweisen auf mehr Unterstützungen durch Dritte. Des Weiteren erfahren sie durch ihre sozialen Netzwerke eine größere Zufriedenheit. Dennoch scheinen soziale Unterstützungssysteme nur 5–10 % der Varianz in Gesundheit erklären zu können. Die Kohärenzhypothese geht davon aus, dass Religiosität einen positiven Effekt auf die Gesundheit hat, indem die Religion dem Leben Sinn und Bedeutung verleiht und hierdurch zu einer positiven Lebenseinstellung beiträgt. Von den genannten Mechanismen erfährt die Kohärenzhypothese in der Literatur die größte

---

19 George K. Jarvis/Herbert C. Northcott, *Religion and differences in morbidity and mortality*, in: Social Science & Medicine 25 (1987), 813–824; Linda K. George, David Larson, Harold Koenig, Michael McCullough, *Spirituality and health. What we know, what we need to know*, in: Journal of Social and Clinical Psychology 19 (2000), 102–116.

20 Lynda H. Powell/Leila Shahabi/Carl E. Thoresen, *Religion and spirituality. Linkages to physical health*, in: American Psychologist 58 (2003), 36–52.

Unterstützung. Sie erklärt einen signifikanten Anteil von 20–30 % der Varianz in Gesundheit. So kann Religion als ein Instrument der Lebensbewältigung angesehen werden, das insbesondere in Stresssituationen und bei Krankheit bedeutsam wird und Leiden lindern hilft.[21]

Zur Thematik von Religion bzw. Religiosität und ihrem Einfluss auf den physischen und psychischen Gesundheitszustand sowie letztlich auf die Sterblichkeit liegen zahlreiche Studien vor. Unabhängig von der theologischen Sichtweise zeigt sich, dass Religionen einen starken Einfluss auf die Lebensweise vieler Menschen haben, auf deren Lebensqualität ebenso wie auf die in Gesundheit verbrachten Lebensjahre.[22] Weaver und Koenig[23] schließen aus ihrem Literaturüberblick, dass ein Zusammenhang zwischen religiösem Engagement und dem Gesundheitszustand besteht: höheres Engagement geht mit einem gesundheitsfördernden Verhalten und einem geringeren Missbrauch psychoaktiver Substanzen einher. Ebenso tragen Unterstützungen durch ein kontinuierliches soziales Netzwerk letztlich zu einer höheren Lebenserwartung bei. Die große Anzahl veröffentlichter Studien weist deutlich auf einen substantiellen empirischen Zusammenhang zwischen Religion und Gesundheit hin.[24]

Viele Studien beschreiben nicht den Effekt der Zugehörigkeit zu einer bestimmten religiösen Gruppierung, sie sind vielmehr am Zusammenhang zwischen religiöser Mitgliedschaft, religiösem Engagement bzw. allgemein von Religiosität und Verhaltensweisen interessiert.[25] Bei der Analyse des Zusammenhangs zwischen Religion und einzelnen Aspekten von physischer und psychischer Gesundheit sowie der Sterblichkeit ist es wichtig, zwischen religiöser Mitgliedschaft, religiösem Engagement bzw. persönlicher Religiosität zu unterscheiden. Rew und Wong[26] stellen in ihrem Literaturüberblick hierzu heraus, dass die Begriffe Religion, Religiosität, religiöses Engagement und Spiritualität vielfach gleichbedeutend

---

21 A. a. O.
22 Jarvis/Northcott, *Religion and differences in morbidity and mortality*, a.a.O., 822.
23 Andrew J. Weaver/Harald G. Koenig, *Religion, spirituality, and their relevance to medicine. An update*, in: American Family Physician 73 (2006), 1336–1337.
24 Jeffrey S. Levin, *Religion and health. Is there an association, is it valid, and is it causal?*, in: Social Science & Medicine 38 (1994), 1475–1482; Branka Aukst-Margetić/Branimir Margetić, *Religiosity and health outcomes. Review of literature*, in: Collegium Antropologicum 29 (2005), 365–371.
25 Jarvis/Northcott, *Religion and differences in morbidity and mortality*, a.a.O.
26 Lynn Rew/Y. Joel Wong, *A systematic review of associations among religiosity/spirituality and adolescent health attitudes and behaviors*, in: Journal of Adolescent Health 38 (2006), 433–442.

verwendet werden. Die vier häufigsten Religiositätsvariablen, die in wissenschaftlichen Untersuchungen zur Erklärung des Zusammenhangs von Religion und Gesundheit bzw. Sterblichkeit herangezogen werden, sind der Besuch von bzw. die Teilnahme an religiösen Veranstaltungen, die persönliche Religiosität, die religiöse Bedeutungszumessung und die Zugehörigkeit zu bzw. Mitgliedschaft in einer religiösen Gruppe.

4.1 Religiosität

Aukst-Margetić und Margetić[27] betonen in ihrem Literaturüberblick, dass Variablen wie öffentliches religiöses Engagement, z. B. der Besuch von religiösen Veranstaltungen, einen stärkeren Effekt auf den Gesundheitszustand ausüben als private Religiosität, etwa Selbstbewertung der eigenen Religiosität, Häufigkeit des stillen Gebets oder Religion als Mittel der Lebensbewältigung. Sie weisen jedoch auch darauf hin, dass gesunde Menschen eher in der Lage sind, religiöse Veranstaltungen zu besuchen als Kranke.

Im Gegensatz hierzu zeigen Moreira-Almeida, Neto und Koenig[28] auf, dass private (aber nicht öffentliche) Religiosität mit einem geringeren Risiko suizidaler Gedanken einhergeht und auch das Risiko eines tatsächlichen Suizidversuches reduziert. Sie schließen daraus, dass Religiosität einen wichtigen Aspekt darstellt, der mit guter psychischer Gesundheit einhergeht. Auch Dezutter, Soenens und Hutsebaut[29] verweisen darauf, dass die gegenwärtige Forschung im Hinblick auf die Vorhersage psychischer Gesundheit religiöse Einstellungen als bedeutsamer ansieht als religiöses Engagement. Ebenso unterstützen Edmondson et al.[30] in ihrer Studie die These, dass eine durch Religiosität bedingte positive Lebensauffassung einen bedeutsamen Effekt auf die Gesundheit hat. Eine

---

27 Aukst-Margetić/Margetić, *Religiosity and health outcomes*, a.a.O.
28 Alexander Moreira-Almeida/Francisco L. Neto/Harald G. Koenig, *Religiousness and mental health. A review*, in: Revista Brasileira de Psiquiatria 28 (2006), 242– 250.
29 Jessie Dezutter/Bart Soenens/Dirk Hutsebaut, *Religiosity and mental health. A further exploration of the relative importance of religious behaviors vs. religious attitudes*, in: Personality and Individual Differences 40 (2006), 807–818.
30 Kimberley A. Edmondson, Kathleen Lawler, Rebecca Jobe, Jarred Younger, Rachel Piferi, Warren Jones, *Spirituality predicts health and cardiovascular responses to stress in young adult women*, in: Journal of Religion and Health 44 (2005), 161– 171.

solche Einstellung ist mit einer größeren Lebenszufriedenheit verbunden und führt dazu, dass insgesamt weniger Stress empfunden wird. Verschiedene Dimensionen von Religiosität drücken sich in einem positiven Gesundheitszustand aus.[31] Eine tiefe religiöse Lebenseinstellung stellt den stärksten Einflussfaktor dar und ist mit einer schnelleren Genesung und einem besseren Überleben ernsthafter Krankheiten verbunden.

Powell, Shahabi und Thoresen[32] schließen aus ihrem Literaturüberblick, dass Religiosität, aber auch Spiritualität allgemein, einen Einfluss auf die physische Gesundheit hat, was bei gesunden Personen der Entwicklung von Krankheiten vorbeugt.

4.2 Religiöses Engagement

Nach Aukst-Margetić und Margetić[33] zeigt die Mehrzahl an Studien einen Zusammenhang zwischen größerem religiösen Engagement und einem besseren physischen und psychischen Gesundheitszustand. George, Ellison und Larson betonen, dass die Dimensionen von Religiosität mit positiver Gesundheit verbunden sind, diese jedoch nicht gleich stark wirken. Der Besuch religiöser Veranstaltungen ist am stärksten mit guter physischer und psychischer Gesundheit verbunden sowie einer geringeren Sterblichkeit. Dies beinhaltet eine geringere Krankheitshäufigkeit sowie eine schnellere Genesung im Krankheitsfall.

Moreira-Almeida, Neto und Koenig[34] untersuchen den Zusammenhang zwischen Religion und psychischer Gesundheit und zeigen, dass religiöses Engagement mit einem geringeren Genuss und Missbrauch von Alkohol und Drogen einhergeht. Die Teilnahme an religiösen Veranstaltungen stellt den stärksten Einflussfaktor auf den Beginn von Krankheit und körperlichen Beeinträchtigungen dar. Religiöses Engagement weist den stärksten Zusammenhang mit der Entwicklung und dem Verlauf von Krankheit auf.[35] Die Autoren kommen zu dem Schluss, dass zwischen religiösem Engagement und psychischer Gesundheit ein stär-

---

31 Linda K. George/Christopher G. Ellison/David B. Larson, *Explaining the relationships between religious involvement and health*, in: Psychological Inquiry 13 (2002), 190–200; George u. a., *Spirituality and health*, a.a.O.
32 Powell/Shahabi/Thoresen, *Religion and spirituality*, a.a.O.
33 Aukst-Margetić/Margetić, *Religiosity and health outcomes*, a.a.O.
34 Moreira-Almeida/Neto/Koenig, *Religiousness and mental health*, a.a.O.
35 George u. a., *Spirituality and health*, a.a.O.

kerer Zusammenhang besteht als zwischen physischer Gesundheit und Sterblichkeit.

Die umfangreiche wissenschaftliche Literatur besteht zum überwiegenden Teil aus U.S. amerikanischen Studien. Auf Grund der unterschiedlichen Bedeutung von Religion, religiösen Überzeugungen und Aktivitäten in Europa und den USA sind die Erkenntnisse nicht unmittelbar auf Europa übertragbar.

Eine dänische Studie untersucht Religiosität und Sterblichkeit von älteren Heimbewohnern des Geburtsjahrgangs 1914 in einem 20-jährigen Follow-up.[36] Regelmäßiger Kirchenbesuch geht in dieser Analyse mit einer signifikant geringeren Sterblichkeit einher. Für Frauen lässt sich dieser Effekt auch nach der Kontrolle sozioökonomischer Variablen und gesundheitsbedingter Verhaltensweisen beobachten. Solidarität und soziale Netzwerke werden zur Erklärung des Zusammenhangs als Mechanismen angeführt. Die identifizierten signifikanten Zusammenhänge zwischen Kirchenbesuch und Sterblichkeit fallen jedoch geringer aus als in amerikanischen Studien. Dies wird auf eine geringere Bedeutung von Religion in Dänemark zurückgeführt.

Mit einer finnischen Studie[37], die die Gesamtsterblichkeit bei Männern nach Religionszugehörigkeit untersucht, liegt eine weitere europäische Untersuchung vor. Die Sterblichkeit variiert trotz Kontrolle von sozioökonomischen Faktoren, verschiedenen biologischen, gesundheitsbedingten, psychosozialen sowie Verhaltensvariablen erheblich mit der Kirchenmitgliedschaft: Orthodoxe weisen eine signifikant höhere Sterblichkeit auf als Lutheraner, nicht-religiöse Studienteilnehmer verzeichnen eine erhöhte, aber nicht signifikant höhere Sterblichkeit im Vergleich zu den Lutheranern.

---

36 Peter la Cour/Kirsten Avlund/Kirsten Schultz-Larsen, *Religion and survival in secular region. A twenty year follow-up of 734 Danish adults born in 1914*, in: Social Science & Medicine 62 (2006), 157–164.
37 Julia Räsänen, Jussi Kauhanen, Timo Lakka, George Kaplan, Jukka Salonen, *Religious affiliation and all-cause mortality. A prospective population study in middle-aged men in Eastern Finland*, in: International Journal of Epidemiology 25 (1996), 1244–1249.

5. Trends und Muster der Fertilität

Neben dem Rückgang der Sterblichkeit ist die niedrige Fertilität die zweite treibende Kraft der Bevölkerungsalterung und führt auf die Dauer zu einem Bevölkerungsrückgang. In der Fertilitätsforschung wird die durchschnittliche Kinderzahl pro Frau anhand der zusammengefassten Geburtenziffer gemessen, die zumeist mit TFR (Total Fertility Rate) abgekürzt wird. Die TFR misst dabei die durchschnittliche Kinderzahl der Frauen in ihrer reproduktiven Phase (meist Alter 15 bis 45) unter der Annahme, dass es keine Sterblichkeit in diesen Altersgruppen gibt. Dabei wird zwischen Perioden TFR und Kohorten TFR unterschieden. Das erste Maß spiegelt die durchschnittliche Kinderzahl pro Frau zu einem Zeitpunkt wider, das zweite misst die durchschnittliche Kinderzahl pro Frau in einer Geburtskohorte. Eine hervorragende Zusammenfassung der Fertilitätstrends seit der Mitte des letzten Jahrhunderts findet sich in Frejka und Sobotka[38], auf die sich weite Teile des folgenden Abschnittes beziehen.

5.1 Periodenfertilität

In den 1990er Jahren haben die meisten europäischen Länder einen Rückgang der Periodenfertilität (Perioden TFR) auf ein niedriges Niveau (TFR um 1,5) und sehr niedriges Niveau (TFR um 1,3) erfahren. So erreichten im Jahre 2002 16 von 39 Ländern ein Fertilitätsniveau unter 1,3 und 25 unter 1,5[39], während noch 1990 Fertilitätsniveaus unter einer TFR von 1,3 in Europa nicht existierten. Generell zeichnen sich alle europäischen Länder durch eine Fertilität unter dem Bestandserhaltungsniveau aus, das bei 2,1 Kindern pro Frau liegt. Dennoch gibt es große regionale Unterschiede in der Fertilität, die sich seit den 1990er Jahren des letzten Jahrhunderts entwickelt haben. Dabei bilden Länder vergleichsweise homogene Gruppen mit ähnlichen Fertilitätsniveaus und Fertilitätstrends. Die Länder Nord- und Westeuropas, mit Ausnahme der deutschsprachigen Länder, bilden eine Gruppe hoher Fertilität mit Periodenfertilität zwischen 1,7 in Belgien und Holland und zwei in Frankreich. Alle anderen Regionen zeichnen sich durch niedrige oder niedrigste Fertilitätsniveaus aus. Das Ranking der einzelnen Länder in Hinblick auf

---

38 Tomas Frejka/Tomáš Sobotka, *Overview Chapter 1: Fertility in Europe. Diverse, delayed and below replacement*, in: Demographic Research 19 (2008), 15–46.
39 A. a. O.

ihr Fertilitätsniveau hat sich seit der Mitte des letzten Jahrhunderts wiederholt verändert. Hatten zum Beispiel die früheren sozialistischen Länder in Ost- und Zentraleuropa in den 1950ern die höchste Fertilität, reduzierte sich diese auf die niedrigste Fertilität in den 1960ern, um wiederholt die höchste Fertilität in den 1980ern innezuhaben und schließlich zu den Ländern mit der niedrigsten Fertilität zu Beginn des 21. Jahrhunderts zu gehören.[40] Auch das Ranking der nordischen Länder änderte sich von Niedrigfertilitätsländern in den 1970ern zu Ländern mit der höchsten Fertilität seit den 1990ern. Im selben Zeitraum entwickelten sich die südeuropäischen Länder von Hochfertilitätsländern (um 1970) zu Niedrigstfertilitätsländern (in den 1990ern).

5.2 Kohortenfertilität

Generell wird davon ausgegangen, dass niedrige Fertiliätsniveaus in Europa auch in den nächsten Jahrzehnten vorherrschen werden, während niedrigste Niveaus meist vorübergehender Natur sind. Der Grund dafür liegt im Tempo und Quantum der Fertilität.[41] Das Tempo der Fertilität hängt mit dem durchschnittlichen Gebäralter zusammen, das Quantum misst die Anzahl der Kinder. Steigt das durchschnittliche Gebäralter, so ändert sich das Tempo der Fertilität und Kinder werden zu einem späteren Zeitpunkt geboren. Betrachtet man die Fertilität auf Jahresbasis kommt es dadurch zu einem Rückgang der durchschnittlichen Kinderzahl in einem Jahr, der in einem der folgenden Jahre wieder aufgehoben wird, falls alle aufgeschobenen Geburten tatsächlich dann auch realisiert werden. Würde man die durchschnittliche Kinderzahl nicht für Kalenderjahre, sondern für Geburtsjahrgänge (=Kohorten) von Frauen berechnen, gäbe es dann zu Ende der reproduktiven Lebensphase keine Änderung in der Gesamtkinderzahl. Kommt es hingegen zu einer Änderung des Quantums, bleibt das durchschnittliche Gebäralter konstant, es werden jedoch weniger Kinder pro Frau geboren. In Europa finden sich in den letzten Jahrzehnten sowohl Tempo als auch Quantum Effekte, was sich in einem höheren Gebäralter und gleichzeitig in einer Reduktion der durchschnittlichen Kinderzahl pro Frau niederschlägt. Es wird nun davon ausgegangen, dass niedrigste Fertilität vor allem durch den Tempoeffekt

---

40 A. a. O.
41 John Bongaarts/Griffith Feeney, *On the quantum and tempo of fertility*, in: Population and Development Review 24 (1998), 271–291.

verursacht wird (also durch das Aufschieben der Geburten in eine spätere Lebensphase) und dass einige, wenn auch meist nicht alle der aufgeschobenen Geburten in den kommenden Perioden nachgeholt werden.

Nicht nur das durchschnittliche, sondern auch das Erstgebäralter ist in den letzten Jahrzehnten kontinuierlich angestiegen, sodass heute in vielen Ländern Nord-, West- und Südeuropas im Durchschnitt Frauen im Alter von 28–29 Jahren zum ersten Mal Mütter werden (ausgehend von 24–25 Jahren im Jahre 1970). Spanische und Schweizer Frauen sind zurzeit die ältesten Erstgebärenden mit durchschnittlich 29,3 Jahren (2005).[42] Parallel dazu hat sich der Altersgipfel der Fertilität in vielen europäischen Ländern auf das Alter 30–32 verschoben. Fertilitätsraten steigen auch im späteren Alter (40+), jedoch entfällt noch immer ein geringer Teil der Fertilität auf diese Altersgruppen und es wurde auch noch bei weitem nicht das historische Niveau erreicht.

Änderungen im Quantum der Fertilität lassen sich über Änderungen in der Kohortenfertilität am Ende der reproduktiven Phase bestimmen. Dies bedeutet jedoch, dass die endgültige Fertilität nur mit einem Zeitverzug von etwa 10–15 Jahren bestimmt werden kann, wenn man davon ausgeht, dass die Fertilität etwa im Alter von vierzig Jahren abgeschlossen ist. Generell gilt, dass die Kohortenfertilität weniger fluktuiert als die Periodenfertilität und der Rückgang der Fertilität auch weniger ausgeprägt ist. Mit wenigen Ausnahmen gilt für Europa, dass die Fertilität der Geburtskohorten 1920 bis 1930 ansteigt, gefolgt von einem Rückgang in den Geburtskohorten der 1940er Jahre. In Frankreich und Schweden wurde dieser Rückgang in den 1950er Kohorten unterbrochen, während er sich in Westdeutschland, Österreich und Spanien weiter fortsetzte. In ganz Europa hatten die Geburtskohorten der 60er Jahre eine niedrigere Fertilität als in den vorhergehenden Kohorten, mit der einzigen Ausnahme Dänemarks. In den früheren sozialistischen Ländern war zumeist die Kohortenfertilität der Geburtskohorten der 30er bis 50er Jahre stabil, und ging ohne Ausnahme in den Geburtskohorten der 60er Jahre zurück.

Die jüngste Kohorte mit einer großteils abgeschlossenen Geburtenbiographie ist die Kohorte des Jahres 1965. Deren Fertilität variiert von 2,1 in den nordischen Ländern, zu 1,6–1,7 in den deutschsprachigen Ländern, Südeuropa und Osteuropa. In keinem europäischen Land hat jedoch bis jetzt ein Geburtsjahrgang von Frauen weniger als 1,5 Kinder realisiert und es wird auch voraussichtlich in nächster Zukunft keinen Jahrgang geben, der am Ende extrem niedrige Familiengrößen aufweist.

---

42 Frejka/Sobotka, *Fertility in Europe*, a.a.O.

Mit fallender Fertilität kam es in Europa in den letzten Jahren zu einer steigenden Ungleichheit der Familiengrößen, da nicht alle Frauen in gleichem Maße zum Rückgang der Geburtenraten beitrugen. So brachten in Deutschland 26 % aller Frauen der Geburtskohorte 1960 50 % der Kinder zur Welt; in Österreich ist mit 28 % die Konzentration sogar noch stärker ausgeprägt. Die Ursache für die hohe Konzentration von Kindern in vergleichsweise wenigen Familien liegt in der hohen Kinderlosigkeit. Die Konzentration nimmt mit steigender Bildung zu: je höher die Bildung, desto niedriger die Fertilität bei gleichzeitigem Anstieg der Konzentration. Die Kinder von Frauen mit hoher Bildung verteilen sich auf vergleichsweise wenig Frauen, während ein großer Teil kinderlos bleibt.[43]

5.3 Kinderwunsch

Die gewünschte Kinderzahl wird of als Indikator für die weitere Entwicklung der Fertilität verwendet. Aus Änderungen in der gewünschten Kinderzahl können somit Rückschlüsse über zukünftige Trends der Fertilität gezogen werden. Dabei ist auch zu berücksichtigen, dass für Frauen in Industrieländern die tatsächliche Zahl der Kinder meist niedriger ist als die Zahl der in Surveys erhobenen gewünschten Kinderzahl. Zeigten Studien in den letzten zwei Jahrzehnten des letzten Jahrhunderts, dass die Norm zur gewünschten Kinderzahl in etwa bei zwei Kindern lag, legen neueste Ergebnisse nahe, dass vor allem in den deutschsprachigen Ländern Frauen als ideale Familiengröße nur mehr 1,7 Kinder angeben.[44] Generell scheint in Ländern, in denen die Geburtenraten bereits seit langem auf einem niedrigen Niveau stagnieren, auch die ideale Kinder-

---

[43] Martin Spielauer, *Concentration of reproduction in Austria. General trends and differentials by educational attainment and urban-rural setting*, in: Vienna Yearbook of Population Research (2005), 171–195; Vladimir Shkolnikov/Evgueni Andreev/Renè Houle/James W. Vaupel, *The concentration of reproduction in cohorts of US and European women*, 2004 (Zugriff unter http://www.demogr.mpg.de/papers/working/wp-2004-027.pdf).

[44] Maria Rita Testa/Leonardo Grilli, *The effects of childbearing regional contexts on ideal family size in Europe. A multilevel analysis*, in: European Demographic Research Papers 4 (2004) (Zugriff unter http://www.oeaw.ac.at/vid/publications/edrp_4_04.pdf); Joshua R. Goldstein/Wolfgang Lutz/Maria Rita Testa, *The emergence of sub-replacement family size ideals in Europe*, in: Population Research and Policy Review 22 (2003), 479–496.

zahl zurückzugehen.⁴⁵ In Europa finden sich zwei gegenläufige Trends beim Kinderwunsch. In vielen Ländern, die 2001 relativ hohe Kinderwunschzahlen hatten, stabilisierten sich diese oder stiegen bis 2006 sogar weiter an (z. B. Frankreich, Großbritannien oder Schweden). Gegensätzliche Trends finden sich in einigen Ländern, die bereits niedrige Geburtenraten aufweisen wie z. B. Österreich, das von einem niedrigen Niveau von 1,7 gewünschten Kindern im Jahre 2001 auf 1,65 gewünschte Kinder im Jahre 2006 zurückfällt. Auch Spanien und Italien, beides Länder mit niedrigster Fertilität, verzeichnen einen Rückgang der idealen Kinderzahl, wobei diese jedoch immer noch über dem Niveau von zwei gewünschten Kindern liegt. Die Ergebnisse können dahin gedeutet werden, dass junge Menschen, die in einer Umgebung mit wenig Kindern aufwachsen, selber einen geringen Kinderwunsch entwickeln. Trifft diese Erklärung tatsächlich zu, könnte solch eine Dynamik zu immer niedrigeren Geburtenzahlen in Ländern führen, die bereits jetzt eine niedrigere Fertilität haben.⁴⁶ Bestätigt sich der Zusammenhang zwischen der Anzahl tatsächlich geborener Kinder einer Generation und deren idealen Kinderzahl, so würde dies für Europa eine Spaltung hinsichtlich der zukünftigen Trends in der Kinderzahl bedeuten. Staaten mit relativ konstanter und vergleichsweise hoher Fertilität stehen Ländern gegenüber, in denen eine sehr niedrige Fertilität zu einem Sinken des Kinderwunsches in den nächsten Generationen führt.

Die Differenzen im Fertilitätsniveau sind das Ergebnis unterschiedlichster regionaler, sozialer, religiöser und ethnischer Diversität in der Fertilität. Auch hier soll im weiteren Verlauf des Kapitels der Fokus auf den Einfluss von Religion auf die Fertilität gelegt werden und die Literatur zu den sozialen und ethnischen Unterschieden nicht weiter behandelt werden.

6. Religiosität und Fertilität in Europa

Hat Religion trotz nachhaltiger, jahrzehntelanger Säkularisierung immer noch einen Einfluss auf das Geburtenverhalten? Die Frage ist aktuell, wie aus der Zunahme von wissenschaftlichen Studien dazu ersichtlich ist.

---

45 Wolfgang Lutz/Vegard Skirbekk/Maria Rita Testa, *The Low Fertility Trap Hypothesis. Forces that may lead to further postponement and fewer births in Europe*, in: Vienna Yearbook of Population Research 2006, 167–192.
46 A. a. O.

Während die Erforschung von Religion als Einflussfaktor für Fertilität in den USA bereits vor gut 40 Jahren begann, griffen europäische Forscher dieses Thema erst im letzten Jahrzehnt auf. Dieser Teil geht zunächst der Frage nach, wie Religion Einfluss auf das Geburtenverhalten nehmen kann und bietet anschließend einen Überblick über empirische Ergebnisse.

6.1 Warum haben religiöse Menschen mehr Kinder als nicht religiöse?

Häufig wird zunächst von der religiösen Lehre ausgegangen.[47] Familie und Kindern wird im Christentum ein großer Wert zugeschrieben. Darüber hinaus bestehen Anschauungen in Bereichen, die mit der Fertilität verbunden sind, zum Beispiel die Hochschätzung der Ehe und die Betonung der Mutterrolle, die geburtenfördernd wirken. Unterschiede zwischen den christlichen Konfessionen gibt es hinsichtlich Verhütung und Abtreibung. So ist etwa die künstliche Verhütung im Katholizismus verboten[48], während sie in Protestantismus und Orthodoxie als Gegenstand der eigenen Entscheidung verstanden wird. Die Katholische Kirche lehnt Abtreibung streng ab[49], orthodoxe Vertreter sprechen sich dagegen aus und in den protestantischen Kirchen ist Abtreibung eine Gewissensentscheidung.

Familie und Kinder sind auch im Islam von zentraler Bedeutung, der Koran spricht von Kindern als „Schmuck irdischen Lebens"[50] und auf die Ehe wird als „die Hälfte der Religion" verwiesen[51]. Zwar ist es aufgrund der dezentralisierten Struktur des Islam schwierig, allgemeingültige Aussagen zu treffen, aber prinzipiell gilt, dass Verhütung erlaubt ist, während Abtreibung generell abgelehnt wird.

Auch wenn bekannt ist, dass religiöse Lehren nicht immer unmittelbar umgesetzt werden, so kann doch davon ausgegangen werden, dass Gläubige grundsätzlich mit den Anschauungen ihrer Kirche übereinstimmen.

---

[47] Aufgrund der religiösen Zusammensetzung europäischer Bevölkerungen werden vor allem das Christentum und – seltener – der Islam berücksichtigt.
[48] Humanae Vitae 1968; Katechismus der Katholischen Kirche 1997.
[49] Gaudium et Spes 1965.
[50] Koran 18,46.
[51] Osman Bakar, *Abortion. Islamic perspectives*, in: Warren Reich (Hg.), *The ethics of sex and genetics*, New York 1997, 35–40.

Zweitens haben Kirchengemeinschaften die Funktion sozialer Netzwerke. Gerade im Christentum ist die Versammlung der Gläubigen seit der Entstehungszeit zentral. Soziale Netzwerke in der Kirche sind aus mehreren Gründen für die Entscheidung für Kinder wesentlich. Zum einen können Kirchgänger auf die emotionale und praktische Unterstützung anderer Mitglieder zählen, sowie Informationen rund um das Thema Kinder erhalten. Des Weiteren wird in der Kommunikation mit anderen Mitgliedern, in gemeinsamen Ritualen und pastoralen Unterweisungen die Plausibilität christlicher Anschauungen bestätigt.[52] Außerdem beeinflusst der Kontakt mit kinderreichen Familien die Vorstellung über die ideale Kinderzahl und befördert einen Nachahmungseffekt.

Als dritter Punkt kann die Funktion der Religion zur Lebensbewältigung genannt werden. Die Geburt von Kindern ist ein tiefer Lebenseinschnitt, der potentiell mit Unsicherheit verbunden ist. Sich dieser Aufgabe zu stellen, könnte religiösen Männern und Frauen leichter fallen, wenn sie in der Religion Hilfe zur Bewältigung von neuen und schwierigen Lebenssituationen finden. Diese kann eine Reihe von Formen annehmen, wie etwa Riten an den Lebenswenden (Taufe, Eheschließung etc.), eine Situation Gott zu überlassen, Beruhigung und Beistand durch Gottes Hilfe zu erfahren, eine schwierige Situation als möglichst sinnvoll zu definieren.[53]

6.2 Religiosität, ideale Kinderzahl und Fertilitätsabsichten

Der sozialpsychologischen Theorie des geplanten Verhaltens folgend, wird Fertilitätsverhalten durch Fertilitätsabsichten bestimmt, diese wiederum werden durch Fertilitätsideale beeinflusst.[54]

Eine Studie, die 13 westliche Länder zusammenfasst, zeigt, dass die als ideal angesehene Kinderzahl von Personen, die einem Religionsbekenntnis angehören, signifikant höher liegt als die jener ohne Bekennt-

---

52 Peter Berger, *The sacred canopy. Elements of a sociological theory of religion*, New York 1969.
53 Kenneth I. Pargament/Harald G. Koenig/Lisa M. Perez, *The many methods of religious coping. Development and initial validation of the RCOPE*, in: Journal of Clinical Psychology 56 (2000), 519–543.
54 Icek Ajzen, *The theory of planned behavior*, in: Organizational Behavior and Human Decision Processes 50 (1991), 179–211.

nis.⁵⁵ Weiters bestehen Unterschiede zwischen den christlichen Konfessionen. Konservative Protestanten weisen die höchste für eine Familie als ideal betrachtete Kinderzahl auf, gefolgt von Katholiken, Personen mit anderer Religion und den gemäßigten Protestanten. In den jüngeren Geburtenjahrgängen jedoch, vor allem bei Frauen, haben sich die Ideale von gemäßigten Protestanten und Katholiken angeglichen. Die wichtigste Erklärung für die konfessionellen Unterschiede ist die verschieden starke pronatalistische Ausrichtung der einzelnen Bekenntnisse, z. B. was die Ansichten über Verhütung betrifft.

Geschlechtsspezifische Analysen lassen den Schluss zu, dass kirchliche Bindung einen stärkeren Einfluss auf die ideale Kinderzahl von Männern als von Frauen ausübt. Dies wird mit der höheren Neigung von Männern zum Kirchenaustritt erklärt. Jene Männer, die dennoch mit einer Konfession affiliiert sind, bilden eine selektive Gruppe, deren ideale Kinderzahl deswegen wesentlich höher liegt. Eine weitere, ländervergleichende Studie, die Frauen im Alter bis 40 Jahre einbezieht, stellt nur in wenigen europäischen Ländern konfessionelle Unterschiede in der idealen Kinderzahl fest. In fast allen Ländern hingegen liegt die ideale Kinderzahl der Frauen, die sich einer Religion zugehörig fühlen, höher als die der konfessionslosen.⁵⁶

Wichtig bei solchen Analysen ist allerdings, wie Religion gemessen wird. Die ideale Kinderzahl unterscheidet sich im Allgemeinen stärker nach Kirchgangshäufigkeit als nach bloßer Religionszugehörigkeit.⁵⁷ Während letztere rein nominell sein kann, erfordert häufiger Kirchgang Aktivität seitens der Gläubigen und kann daher als stärkeres Zeichen von Verbundenheit mit dem Glauben interpretiert werden. Die Unterschiede in der idealen Kinderzahl zwischen Männern und Frauen, die mindestens

---

55 Alicia Adsera, *Religion and changes in family-size norms in developed countries*, in: Review of Religious Research 47 (2006), 271–286. Sofern nicht anders angegeben verwenden die Autoren statistische Modelle, in denen sie für eine Reihe von sozioökonomischen Charakteristiken wie Bildungsniveau, Einkommen oder Grad der Urbanisierung ‚kontrollieren'. Dies stellt sicher, dass eine höhere Geburtenneigung nicht fälschlicherweise der Religion zugeschrieben wird, während sie tatsächlich z. B. auf geringere Bildung oder ländliche Umgebung zurückgeht.
56 Dimiter Philipov/Caroline Berghammer, *Religion and fertility ideals, intentions and behaviour. A comparative study of european countries*, in: Vienna Yearbook of Population Research (2007), 271–305.
57 Adsera, *Religion and changes*, a.a.O.; Philipov/Berghammer, *Religion and fertility ideals*, a.a.O.

wöchentlich den Gottesdienst besuchen, und jenen, die seltener in die Kirche gehen, belaufen sich im Durchschnitt auf 0,4 Kinder.[58]

Obwohl ein positiver Zusammenhang zwischen Religiosität und der Absicht, ein zweites oder drittes Kind zu bekommen besteht, ist dieser doch schwächer als der Zusammenhang mit der idealen Kinderzahl. Fertilitätsintentionen üben einen unmittelbaren Einfluss auf das Geburtenverhalten aus und werden daher neben Religiosität unter anderem von Partnerschaftssituation, Einkommen oder Wohnverhältnissen bestimmt. Religiosität nimmt einen direkteren und damit stärkeren Einfluss auf Ideale, die als Wertvorstellungen abstrakter sind.[59]

6.3 Religiosität und tatsächliche Kinderzahl

Auch was die tatsächliche Kinderzahl betrifft gilt, dass der Effekt der religiösen Zugehörigkeit schwächer ist als jener der religiösen Praxis. Während sich in den meisten Ländern Unterschiede zwischen bekenntnislosen Frauen und der jeweils zahlenmäßig dominierenden Konfession abzeichnen, sind Unterschiede zwischen den Konfessionen nur in Westdeutschland und Lettland feststellbar.[60] Regelmäßige Kirchgängerinnen bekommen mehr Kinder als Frauen, die seltener als ein Mal im Monat den Gottesdienst besuchen. Die diesbezüglichen Unterschiede sind vergleichsweise groß, etwa in der Tschechischen Republik, der Schweiz, Finnland und Slowenien, wo sie sich auf 0,19 bis 0,28 Kinder belaufen und relativ gering in Griechenland, Italien oder Spanien wo sie 0,05 bis 0,07 betragen.

Länderstudien über Westdeutschland, Spanien, Österreich und Frankreich geben vertiefte Einblicke in den Zusammenhang zwischen Religiosität und Geburtenverhalten. Brose[61] kommt für Westdeutschland im Wesentlichen zu drei Schlussfolgerungen. Es sind Unterschiede in den Ansichten über den Wert von Kindern vorhanden, d. h., kirchlich gebundene Männer und Frauen bewerten den Nutzen von Kindern höher und schätzen deren Kosten niedriger ein als jene ohne Bekenntnis. Des

---

58 Adsera, *Religion and changes*, a.a.O.
59 Philipov/Berghammer, *Religion and fertility ideals*, a.a.O.
60 A. a. O.
61 Nicole Brose, *Gegen den Strom der Zeit? Vom Einfluss der religiösen Zugehörigkeit und Religiosität auf die Geburt von Kindern und die Wahrnehmung des Kindernutzens*, in: Zeitschrift für Bevölkerungswissenschaft 31 (2006), 257–282.

Weiteren lässt sich die höhere Geburtenneigung von Frauen mit Religionsbekenntnis teilweise durch ihre Präferenz der Ehe erklären. Diese Form der Partnerschaft stellt aufgrund der Interpretation als dauerhafte Beziehung ein für Geburten förderliches Umfeld dar. Drittens resultiert die höhere Kinderzahl von konfessionell gebundenen Frauen nicht daraus, dass sie selbst aus kinderreicheren Elternhäusern stammen.

Während sich in Spanien die Kinderzahl von praktizierenden und nicht praktizierenden Katholikinnen in älteren Geburtenjahrgängen nicht unterscheidet, differiert diese unter den jüngeren Frauen.[62] Seit Mitte der 1970er Jahre nahm der Kirchgang in Spanien stark ab: weniger Überzeugte reduzierten ihren Kirchgang und so setzten sich die regelmäßig Praktizierenden zunehmend aus stark mit der Kirche verbundenen Männern und Frauen zusammen. Das Fertilitätsverhalten dieser selektiven Gruppe unterschied sich zunehmend von jenem nicht-praktizierender Katholikinnen, das dem von Frauen ohne Bekenntnis ähnelt. Darüber hinaus zeigt sich, dass religiös heterogene Paare ein geringeres Fertilitätsniveau aufweisen als homogene. Dies ist zum einen bedingt durch Kompromisse, die aus der Aushandlung der Kinderzahl resultieren, zum anderen sind Beziehungen von religiös heterogenen Paaren instabiler, und, sich dessen bewusst, entscheiden diese sich für weniger Kinder.

Heineck analysiert die Bedeutung von Religiosität für die Fertilität von Österreicherinnen.[63] Seine Vorgangsweise gleicht jener Adseras.[64] Er zeigt, dass die religiöse Zusammensetzung eines Paares keinen Einfluss auf die Kinderzahl hat, jedoch auf die Entscheidung, überhaupt ein Kind zu haben. Im Vergleich zu katholischen Paaren ist die Wahrscheinlichkeit, Kinder zu bekommen, vermindert wenn ein oder beide Partner keine religiöse Zugehörigkeit angeben.

In Frankreich sind religionsspezifische Unterschiede in den unehelichen Geburten, der Kinderlosigkeit und der Kinderzahl zu beobachten.[65] Hier werden einige ausgewählte Beispiele angeführt (im Gegensatz zu den zuvor zitierten Studien werden ausschließlich religiöse Faktoren berücksichtigt). So kann der Anteil der unehelich geborenen Kinder in den Jahren 1995–2004 unter jenen, die nie einer Religion angehörten, mit

---

62 Alicia Adsera, *Marital fertility and religion in Spain, 1985 and 1999*, in: Population Studies 60 (2006), 205–221.
63 Guido Heineck, *The relationship between religion and fertility. Evidence for Austria*, in: Papers on Economics of Religion 2006, 06–01.
64 Adsera, *Martial fertility*, a.a.O.
65 Arnaud Régnier-Loilier/France Prioux, *La pratique religieuse influence-t-elle les comportements familiaux?*, in: Population et sociétés 447 (2008).

etwa zwei Drittel angegeben werden, während er sich unter häufigen Kirchgängern auf knapp unter ein Drittel beläuft. Bei den 1956–60 Geborenen beträgt der Prozentsatz von Kinderlosen unter jenen, die nie einer Religion angehörten, 12 % im Vergleich zu 5 % unter den regelmäßigen Kirchgängern. Im Jahr 1960 geborene Christinnen, die regelmäßig am Gottesdienst teilnehmen, haben im Durchschnitt 2,7 Kinder, während Frauen, die nie einer Religion angehörten, knapp unter 2,0 Kinder bekommen. Gerade für Frauen zeigt sich, wie auch in der Spanischen Studie, ein über die Kohorten zunehmender Effekt von Religiosität.

6.4 Geburtenverhalten der Muslime

Im Durchschnitt beläuft sich der Anteil der Muslime an europäischen Gesellschaften auf 5–6%.[66] Daher ist die Anzahl der im Rahmen der meisten Studien befragten Muslime zu gering, als dass zuverlässige Aussagen getätigt werden könnten. Entsprechende Informationen können aus Volkszählungen oder Mikrozensen gewonnen werden, sofern die Religionszugehörigkeit erhoben wird. Dies ist in wenigen Ländern der Fall. So weisen im Jahre 2001 in Österreich[67] muslimische Frauen die höchste Kinderzahl auf (TFR=2,34), gefolgt von Katholikinnen (TFR=1,32), Protestantinnen (TFR=1,21) und schließlich Frauen ohne Bekenntnis (TFR=0,86). Dabei muss beachtet werden, dass der Zusammenhang zwischen Religionszugehörigkeit und Fertilitätsniveau auch durch andere Faktoren wie Urbanität, Einkommen, Bildung, bedingt sein kann.[68] Des Weiteren zeigt sich für Österreich, dass die Kinderzahl muslimischer Frauen im Sinken begriffen ist und sich sukzessive dem Bevölkerungsdurchschnitt angleicht. Dies ist eine generelle europäische Entwicklung.[69]

---

66 Charles F. Westoff/Tomas Frejka, *Religiousness and fertility among European Muslims*, in: Population and Development Review 33 (2007), 785–809.
67 Anne Goujon/Vegard Skirbekk/Katrin Fliegenschnee/Pawel Strzelecki, *New Times, Old Beliefs. Projecting the Future Size of Religions in Austria*, in: Vienna Yearbook of Population Research 2007, 237–270.
68 A. a. O.
69 Westoff/Frejka, a.a.O.

7. Fazit

Die demographischen Entwicklungen der letzten Jahrzehnte werden weitreichende Konsequenzen für das 21. Jahrhundert haben und sowohl individuelle Lebensläufe als auch gesellschaftliche Strukturen beeinflussen. Viele der daraus resultierenden Herausforderungen sind jedoch bereits jetzt absehbar, da die gesellschaftlichen Auswirkungen demographischer Prozesse mit einer Zeitverzögerung eintreten. So dauert es in etwa 20 Jahre bis junge Menschen in den Erwerbsprozess eintreten, 30 Jahre bis sie eine Familie gründen, 67 Jahre bis sie in Rente gehen und etwa 80 Jahre bis zur Pflegebedürftigkeit. Änderungen im Geburtenverhalten der letzten Jahrzehnte spiegeln sich in der unterschiedlichen Besetzung von Geburtsjahrgängen wider, die in den nächsten Jahrzehnten in neue Lebensabschnitte eintreten werden. So wird ab 2030 der Eintritt der geburtenstarken Jahrgänge der „Baby-Boomer" in das Rentenalter neue Anforderungen an die gesetzliche Rentenversicherung bringen und damit erneut eines gerechten Ausgleiches der Lasten zwischen den Generationen bedürfen. Um das Jahr 2045 werden die „Baby-Boomer" das Alter der Pflegebedürftigkeit erreichen und einen erhöhten Bedarf an Unterstützung haben, der auf Grund der geringen Kinderzahl dieser Kohorten nicht in einem Ausmaß von den Angehörigen übernommen werden kann, wie dies noch heute der Fall ist. Danach werden die „Baby-Boomer"-Kohorten langsam aussterben, und der Druck auf die sozialen Sicherungssysteme wird geringer werden. All dies ist in der Altersstruktur unserer Gesellschaften festgeschrieben und kann über einen langen Zeitraum vorhergesagt werden. Die langfristige Vorhersagbarkeit demographischer Phänomene ermöglicht uns aber auch wichtige Anpassungen unserer gesellschaftspolitischen Strukturen sorgfältig zu planen und rechtzeitig vorzunehmen.

Literatur

Alicia Adsera, *Marital fertility and religion in Spain, 1985 and 1999*, in: Population Studies 60 (2006), 205–221.

Alicia Adsera, *Religion and changes in family-size norms in developed countries*, in: Review of Religious Research 47 (2006), 271–286.

Icek Ajzen, *The theory of planned behavior*, in: Organizational Behavior and Human Decision Processes 50 (1991), 179–211.

Branka Aukst-Margetić/Branimir Margetić, *Religiosity and health outcomes. Review of literature*, in: Collegium Antropologicum 29 (2005), 365–371.

Osman Bakar, *Abortion. Islamic perspectives*, in: Warren Reich (Hg.), *The ethics of sex and genetics*, New York 1997, 35–40.

Benedikt XVI., *Ansprache von Benedikt XVI. an das Kardinalskollegium und die Mitglieder der Römischen Kurie beim Weihnachtsempfang*, Vatikan 2006 (Zugriff im September 2008 unter http://www.vatican.va/holy_father//benedict_xvi/speech-es/2006/december/documents/hf_ben_xvi_spe_20061222_curia-romana_ge.html).

Peter Berger, *The sacred canopy. Elements of a sociological theory of religion*, New York 1969.

John Bongaarts/Griffith Feeney, *On the quantum and tempo of fertility*, in: Population and Development Review 24 (1998), 271–291.

Nicole Brose, *Gegen den Strom der Zeit? Vom Einfluss der religiösen Zugehörigkeit und Religiosität auf die Geburt von Kindern und die Wahrnehmung des Kindernutzens*, in: Zeitschrift für Bevölkerungswissenschaft 31 (2006), 257–282.

Peter la Cour/Kirsten Avlund/Kirsten Schultz-Larsen, *Religion and survival in secular region. A twenty year follow-up of 734 Danish adults born in 1914*, in: Social Science & Medicine 62 (2006), 157–164.

Die deutschen Bischöfe (Kommission für gesellschaftliche und soziale Fragen), *Solidarität braucht Eigenverantwortung. Orientierungen für ein zukunftsfähiges Gesundheitssystem*, Sekretariat der Deutschen Bischofskonferenz (Hg.), Bonn 2003 (Zugriff im September 2008 unter http://www.dbk.de/imperia/md/content/schriften/dbk1b.kommissionen/ko_27.pdf).

Die deutschen Bischöfe (Pastoral-Kommission), *Dem Leben auf der Spur. Einsichten und Hilfen beim Älterwerden*, Sekretariat der Deutschen Bischofskonferenz (Hg.), Bonn 2000 (Zugriff im September 2008 unter http://www.dbk.de/schriften/deutsche_bischoefe/erklaerungen/index.html).

Jessie Dezutter/Bart Soenens/Dirk Hutsebaut, *Religiosity and mental health. A further exploration of the relative importance of religious behaviors vs. religious attitudes*, in: Personality and Individual Differences 40 (2006), 807–818.

Kimberley A. Edmondson, Kathleen Lawler, Rebecca Jobe, Jarred Younger, Rachel Piferi, Warren Jones, *Spirituality predicts health and cardiovascular responses to stress in young adult women*, in: Journal of Religion and Health 44 (2005), 161–171.

EKD (Hg.), *Was Familien brauchen. Eine familienpolitische Stellungnahme des Rates der EKD*, Hannover 2002 (Zugriff im September 2008 unter http://www.ekd.de/EKD-Texte/ekd_text_73_2.html).

Tomas Frejka/Tomáš Sobotka, *Overview Chapter 1: Fertility in Europe. Diverse, delayed and below replacement*, in: Demographic Research 19 (2008), 15–46.

II. Vatikanisches Konzil, *Gaudium et Spes*, Vatikan 1965 (Zugriff im September 2008 unter http://www.vatican.va/archive/hist_councils/ii_vatican_council/documents/vat-ii_cons_19651207_gaudium-et-spes_en.html).

Linda K. George/Christopher G. Ellison/David B. Larson, *Explaining the relationships between religious involvement and health*, in: Psychological Inquiry 13 (2002), 190–200.

Linda K. George, David Larson, Harold Koenig, Michael McCullough, *Spirituality and health. What we know, what we need to know*, in: Journal of Social and Clinical Psychology 19 (2000), 102–116.

Joshua R. Goldstein/Wolfgang Lutz/Maria Rita Testa, *The emergence of sub-replacement family size ideals in Europe*, in: Population Research and Policy Review 22 (2003), 479–496.

Anne Goujon/Vegard Skirbekk/Katrin Fliegenschnee/Pawel Strzelecki, *New times, old beliefs. Projecting the future size of religions in Austria*, in: Vienna Yearbook of Population Research 2007, 237–270.

Guido Heineck, *The relationship between religion and fertility. Evidence for Austria*, in: Papers on Economics of Religion 2006, 06–01.

Paul VI., *Humanae Vitae*, Vatikan 1968 (Zugriff im September 2008 unter http://www.vatican.va/holy_father/paul_vi/encyclicals/documents/hf_p-vi_enc_25071968_humanae-vitae_en.html).

George K. Jarvis/Herbert C. Northcott, *Religion and differences in morbidity and mortality*, in: Social Science & Medicine 25 (1987), 813–824.

Katechismus der Katholischen Kirche, 1997 (Zugriff im September 2008 unter http://www.vatican.va/archive /DEU0035/_P8C.HTM).

Jeffrey S. Levin, *Religion and health. Is there an association, is it valid, and is it causal?*, in: Social Science & Medicine 38 (1994), 1475–1482.

Wolfgang Lutz/Warren C. Sanderson/Sergei Scherbov, *The coming acceleration of global population ageing*, in: Nature 451 (2008), 716–719.

Wolfgang Lutz/Brian O'Neill/Sergei Scherbov, *Europe's population at a turning point*, in: Science 299 (2003), 1991–1992.

Wolfgang Lutz/Sergei Scherbov, *Can immigration compensate for Europe's low fertility?*, Vienna Institute of Demography, 16 p. (European Demographic Research Papers; 1), 2003 (Zugriff unter: http://www.oeaw.ac.at/vid/publications/EDRP_No1.pdf).

Wolfgang Lutz/Vegard Skirbekk/Maria Rita Testa, *The Low Fertility Trap Hypothesis. Forces that may lead to further postponement and fewer births in Europe*, in: Vienna Yearbook of Population Research 2006, 167–192 (Zugriff unter http://www.oeaw.ac.at/vid/publications/VYPR2006/VYPR2006_Lutz_et_al_pp.167–192.pdf).

Marc Luy, *Der Einfluss von Tempo-Effekten auf die ost-west-deutschen Unterschiede in der Lebenserwartung*, in: Insa Cassens/Marc Luy/Rembrandt Scholz (Hg.), *Die Bevölkerung in Ost- und Westdeutschland. Demografische, gesellschaftliche und wirtschaftliche Entwicklungen seit der Wende*, Wiesbaden 2009.

Alexander Moreira-Almeida/Francisco L. Neto/Harald G. Koenig, *Religiousness and mental health. A review*, in: Revista Brasileira de Psiquiatria 28 (2006), 242–250.

Abdel R. Omran, *The epidemiologic transition. A theory of the epidemiology of population change*, in: Milbank Quarterly 49 (1971), 509–538.

Kenneth I. Pargament/Harald G. Koenig/Lisa M. Perez, *The many methods of religious coping. Development and initial validation of the RCOPE*, in: Journal of Clinical Psychology 56 (2000), 519–543.

Dimiter Philipov/Caroline Berghammer, *Religion and fertility ideals, intentions and behaviour. A comparative study of European countries*, in: Vienna Yearbook of Population Research (2007), 271–305.

Lynda H. Powell/Leila Shahabi/Carl E. Thoresen, *Religion and spirituality. Linkages to physical health*, in: American Psychologist 58 (2003), 36–52.

Julia Räsänen, Jussi Kauhanen, Timo Lakka, George Kaplan, Jukka Salonen, *Religious affiliation and all-cause mortality. A prospective population study in middle-aged men in Eastern Finland*, in: International Journal of Epidemiology 25 (1996), 1244–1249.

Rat der EKD und DBK, *Verantwortung und Weitsicht. Gemeinsame Erklärung des Rates der Evangelischen Kirche in Deutschland und der Deutschen Bischofskonferenz zur Reform der Alterssicherung in Deutschland*, 2000 (Zugriff im September 2008 unter http://www.ekd.de/EKD-Texte/verantwortung_weitsicht_rente_2000.html).

Arnaud Régnier-Loilier/France Prioux, *La pratique religieuse influence-t-elle les comportements familiaux?*, in: Population et sociétés 447 (2008).

Lynn Rew/Y. Joel Wong, *A systematic review of associations among religiosity/spirituality and adolescent health attitudes and behaviors*, in: Journal of Adolescent Health 38 (2006), 433–442.

Warren C. Sanderson/Sergei Scherbov, *Average remaining lifetimes can increase as human populations age*, in: Nature 435 (2005), 811–813 (Zugriff unter http://www.nature.com/nature/journal/v435/n7043/abs/nature03593.html)

Vladimir Shkolnikov/Evgueni Andreev/Renè Houle/James W. Vaupel, *The concentration of reproduction in cohorts of US and European women*, 2004 (Zugriff unter http://www.demogr.mpg.de/papers/working/wp-2004-027.pdf).

Martin Spielauer, *Concentration of reproduction in Austria. General trends and differentials by educational attainment and urban-rural setting*, in: Vienna Yearbook of Population Research (2005), 171–195.

Statistisches Bundesamt, Bevölkerung Deutschlands bis 2050–11. koordinierte Bevölkerungsvorausberechnung. Statistisches Bundesamt – Pressestelle Wiesbaden 2006.

Maria Rita Testa/Leonardo Grilli, *The effects of childbearing regional contexts on ideal family size in Europe. A multilevel analysis*, in: European Demographic Research Papers 4 (2004) (Zugriff unter http://www.oeaw.ac.at/vid/publications/edrp_4_04.pdf).

A. Roger Thatcher/Väinö Kannisto/James W. Vaupel, *The force of mortality at ages 80 to 120*, Odense 1998.

Jacques Vallin, *Disease, death, and life expectancy*, in: Genus 61 (2005), 279–296.

Jacques Vallin/France Meslé, *Convergences and divergences in mortality. A new approach to health transition*, in: Demographic Research Special Collection Article 2 (2004), 9–43.

James W. Vaupel/John M. Owen, *Anna's life expectancy*, in: Journal of Policy Analysis and Management 5 (1986), 383–389.

Andrew J. Weaver/Harald G. Koenig, *Religion, spirituality, and their relevance to medicine. An update*, in: American Family Physician 73 (2006), 1336–1337.

Charles F. Westoff/Tomas Frejka, *Religiousness and fertility among European Muslims*, in: Population and Development Review 33(2007), 785–809.

Gerontopsychologie: Altern deuten

Herman Westerink

In diesem Beitrag wird komprimiert eine Übersicht, ein Abriss der wichtigsten Theorien und Tendenzen in der Gerontopsychologie dargestellt, mit besonderer Betrachtung der grundlegenden psychologischen Theorien und Konzepte. Das bedeutet, dass nicht auf die Menge von empirischen Daten fokussiert wird, die mittlerweile vorliegen, und auch nicht in besonderem Maß die angewandte Gerontopsychologie in Praxisfeldern im Vordergrund steht, sondern dass primär die Theorien und Modelle betrachtet werden, die derzeit in der Gerontopsychologie dominant sind. Dieser Zugang zur Gerontopsychologie, d. h. über die gerontopsychologischen Grundsatzdiskurse, schafft die Möglichkeit, gewisse Parallelen mit Entwicklungen in der Religionspsychologie und Pastoralpsychologie, und damit auch in der Praktischen Theologie, nachzuweisen. Auf Grund dieser Parallele wird nicht nur eine Verknüpfung von einerseits gerontopsychologischen und andererseits religions- und pastoralpsychologischen und praktisch-theologischen Theorien, Modellen und Konzepten herbeigeführt, sondern wird auch eine kritische Auseinandersetzung mit der Gerontopsychologie ermöglicht.

1. Einführung

Aus der Sicht der Psychologie hat das zwanzigste Jahrhundert angefangen als „Zeitalter des Kindes". Das einundzwanzigste Jahrhundert fängt zumindest an als „Zeitalter der Älteren". Diese Deutung unseres Zeitalters kann verstanden werden vor dem Hintergrund demografischer Entwicklungen vor allem in den modernen abendländischen Gesellschaften. Europa ist derzeit der „älteste" Kontinent der Welt. Im zwanzigsten Jahrhundert ist die Zahl der Älteren (absolut und prozentuell) ständig gestiegen. Um 1900 lag in Deutschland die Lebenserwartung des Neugeborenen noch bei etwa 47 Jahren und war ein sehr hohes Alter (über 80) eine klare Ausnahme. Im Laufe des zwanzigsten Jahrhundert stieg die Lebenserwartung und werden immer mehr Menschen älter als 65 Jahre und immer mehr Menschen erreichen ein sehr hohes Alter. 2004 gab es in West-Europa ungefähr 66 Million Menschen über 65 Jahre, etwa 15 % der Bevölkerung. 2050 werden nach aller Wahrscheinlichkeit circa 300 Million Menschen älter als 65 sein, was dann etwa 30 % der Bevölkerung entsprechen wird.[1]

Diese demografischen Entwicklungen und deren gesellschaftlichen Konsequenzen haben die gerontologische Forschung stimuliert. Die Gerontologie als Wissenschaft oder Lehre vom Altern, die sich nach der Definition von Paul und Margaret Baltes „mit der Beschreibung, Erklärung und Modifikation von körperlichen, psychischen, sozialen, historischen und kulturellen Aspekten des Alterns und des Alters" beschäftigt, „einschließlich der Analyse der alternsrelevanten und alternskonstituierenden Umwelten und sozialen Institutionen"[2], hat sich vor allem nach den Zweiten Weltkrieg entwickelt, erstmals in den Vereinigten Staaten, etwas später auch in Europa. Die Gerontopsychologie („geropsychology"), als eigenständiges Fachgebiet innerhalb der Psychologie, aber auch deutlich verbunden mit gerontologischen Bezugsdisziplinen (Biologie, Medizin, Soziologie), hat sich vor allem ab den siebziger and achtziger Jahren durchgesetzt. Sie untersucht die Aspekte des Alterns und des Alters aus psychologischer Sicht. Damit ist sie eine relativ neue wissenschaftliche Disziplin, deren Aufschwung aus der wachsenden Einsicht ab den sechziger Jahren erklärt werden kann, dass mit dem Altern verknüpfte Fragestellungen interdisziplinär bearbeitet werden sollen.[3]

Die Gerontopsychologie, in sofern sie sich mit der psychologischen Erforschung des Alters beschäftigt, fokussiert auf alter-spezifische Phänomene, wobei meistens das sechzigste oder fünfundsechzigste Lebensjahr als arbiträre Grenze zwischen erwachsen und alt angenommen wird. Eine andere Perspektive innerhalb der Gerontopsychologie fokussiert auf Altersdifferenzen und vergleicht psychische Phänomene zwischen verschiedenen Altersgruppen. Meistens aber wird die Gerontopsychologie als Psychologie des Alterns („psychology of aging") definiert bzw. als die

---

1   Ursula Lehr, *Psychologie des Alterns*, Wiebelsheim 2000, 27–41; Rocio Fernandez-Ballesteros/Martin Pinquart/Per Torpdahl, *Geropsychology. Demographic, Sociopolitical and Historic Background*, in: Rocio Fernandez-Ballesteros (Hg.), *Gerospychology. European Perspectives for an Aging World*, Göttingen 2007, 1–14.
2   Jörg von Scheidt/Marie-Luise Eikelbeck, *Gerontopsychologie. Eine Einführung für die Pflege alter Menschen*, Weinheim 1995, 3; Hans-Werner Wahl/Vera Heyl, *Gerontologie – Einführung und Geschichte*, Stuttgart 2004, 35.
3   Vgl. Mike Martin/Matthias Kliegel, *Psychologische Grundlagen der Gerontologie*, Stuttgart 2005, 10–13.

Psychologie „eines Entwicklungs- und Veränderungsprozesses".[4] Diese Psychologie beschränkt sich nicht auf Veränderungsprozesse bei älteren Menschen, sondern studiert die Prozesse des Alterns ab der Adoleszenz, wobei sie entweder implizit auf die Defizitmodelle (siehe hier unten) zurückgreift, als bestehe ein Menschenleben aus einer Periode von Wachstum und einer Periode von Abbau oder, wie es in moderneren Theorien oftmals der Fall ist, betont, dass alle Veränderungsprozesse sowohl Aspekte des Wachstums als auch des Abbaus aufzeigen.

2. Vorgeschichte

Die Gerontologie bzw. Gerontopsychologie sind wissenschaftliche Disziplinen die gerade in den letzten Jahrzehnten eine Menge von Forschungsdaten hervorgebracht haben und deswegen, wie die tonangebenden Gerontopsychologen James Birren und Johannes Schroots 1996 noch bemerkten, „data rich but theory poor" sind.[5] Damit sei aber nicht gesagt, dass Theorien über das Alter und das Altern erst jetzt formuliert werden: es gibt in der abendländischen Kultur eine lange Tradition, über das Alter und das Altern nachzudenken. Paradigmatisch sind die Positionen von Plato und Aristoteles. Nach Plato wird das Erleben der Alternsphase von der Lebensführung in Jugend und Erwachsenalter bestimmt: eine rechtschaffene pflichtbewusste Lebensführung führt zu Weisheit und zu einem ruhigen Alter. Bei Aristoteles dahingegen wird das Alter trotz errungener Lebenserkenntnisse und Weisheit vor allem als Abbau und sogar als Krankheit gesehen.[6]

Hier findet man ein Grundmuster, das immer wieder in den Auseinandersetzungen mit dem Thema des Alterns erkannt werden kann. Entweder werden die psychische Reifung und die spezifischen Kapazitäten des älteren Menschen betont, oder das Defizit menschlicher Kapazitäten bzw. die negativen Aspekte des Alterns (inklusive sozioökonomischer Aspekte) werden hervorgehoben.

---

4   A. a. O., 13. Nach Ursula Lehr ist die Psychologie des Alterns zunächst die Beschreibung und Analyse der Alternsveränderungen psychischer Merkmale und Mechanismen. Lehr, *Psychologie des Alterns*, a.a.O., 6.
5   James E. Birren/Johannes J. H. Schroots, *History, Concepts, and Theory in the Psychology of Aging*, in: James E. Birren/K. Warner Schaie (Hg.), *Handbook of the Psychology of Aging*, San Diego et al. 1996, 3–23 (6).
6   Lehr, *Psychologie des Alterns*, a.a.O., 7–9.

Allgemein wird angenommen, die wissenschaftliche Gerontopsychologie beginnt 1835 mit einem Buch des belgischen Mathematikers Adolphe Quetelet: *Sur l'homme et le développement de ses facultés.*[7] Es ist der erste Versuch, Regeln für das menschliche Verhalten bezüglich des Alterns zu formulieren. Die Hauptthese ist die von Wachstum und Reifung der physiologischen und psychischen Fähigkeiten bis zu einem maximalen Punkt, ab dem die Abnahme der Kapazitäten anfängt.

Mit der Entstehung der Psychologie in experimentellen Laboratorien in der zweiten Hälfte des neunzehnten Jahrhunderts wird aber Quetelets Arbeit über die Prozesse des Alterns kaum fortgesetzt. Im Gegenteil könnte man sagen, die (frühe) Kinderzeit und Adoleszenz wird zum Forschungsgegenstand – das „Zeitalter des Kindes". In den Vereinigten Staaten schreibt der Psychologe Granville Stanley Hall, der „Vater der Kinderpsychologie", mehrere Studien über Jugend, Bildung und Adoleszenz. Erst 1922 publiziert er ein Buch, *Senescence: The Second Half of Life*, über das Alter in Hinblick auf Religiosität und Todesangst.

Vor allem muss hier auch die Psychoanalyse erwähnt werden: Freud entdeckte die Bedeutung der frühen Kinderzeit für die Identitätsentwicklung. Es ist signifikant, dass in seinen Werke das frühe Lebensalter in Phasen und Entwicklungen differenziert wird, das erwachsene Alter dagegen nicht. Aussagen über ältere Erwachsene findet man bei ihm nicht, außer der Bemerkung (1904), ältere Patienten seien wegen mangelnder psychischer Plastizität bzw. begrenzter intellektueller Kapazitäten ungeeignet für die Therapie.[8] (Erst einige Jahrzehnten später wird dieser Meinung von Karl Abraham korrigiert.) Dennoch ist die Psychoanalyse wichtig, weil vor allem in der späteren Selbstpsychologie, wie wir noch sehen werden, Theorien und Konzepte formuliert werden, die in die Gerontopsychologie dominant geworden sind.

---

7   A. a. O., 12–13; Birren/Schroots, *History, Concepts, and Theory,* a.a.O.; Joan M. Cook/Michel Hersen/Vincent B. van Hasselt, *Historical Perspectives,* in: Michel Hersen/Vincent B. van Hasselt (Hg.), *Handbook of Clinical Geropsychology,* New York/London 1998, 3–17.

8   Sigmund Freud, *Über Psychotherapie,* in: Studienausgabe Ergänzungsband, Frankfurt 1975, 109–119 (116).

3. Defizitmodelle

„Die Annahme, dass Altern im wesentlichen Abbau wichtiger Funktionen sei, leitet alle biologischen Alternstheorien und wurde implizit oder explizit den ersten psychologischen Untersuchungen über Zusammenhänge zwischen Intelligenz, Reaktionsfähigkeit und Gedächtnis einerseits und Lebensalter andererseits zugrunde gelegt."[9]

Solche Defizitmodelle auf biologisch-medizinischer Grundlage waren lange Zeit – und sind noch immer – wichtige Theorien.[10] Wissenschaftliche Forschungen, die sich mit Veränderungsprozessen in Bereichen wie etwa Intelligenz, Gedächtnis, Motorik, Sprache, Wahrnehmung oder Reaktionsfähigkeit beschäftigen, ergeben immer wieder schlechtere Ergebnisse für alte Menschen im Vergleich zu jüngeren. So soll zum Beispiel die Intelligenz ab der Geburt ständig ansteigen bis zum zwanzigsten Lebensalter, wonach ein ständiger Rückgang nachgewiesen werden kann. Altwerden kann in diesem Modell als eine Nach-Entwicklung bezeichnet werden, d.h. wenn alle Leistungskapazitäten zur Entfaltung gekommen sind, etwa beim zwanzigsten oder dreißigsten Lebensjahr, bleiben nur noch „Leidenspotentiale" durch Funktionsverluste und Rückgang der physiologischen Systeme übrig. Der Rückgang der psychischen Leistungen folgt dann aus diesem Abbau physiologischer Systeme.[11]

Diese Defizitmodelle sind mittlerweile häufig kritisiert worden, weil sie zum Bespiel die Komplexität von Phänomenen wie Intelligenz oder Gedächtnis vernachlässigen, verschiedene Entwicklungsmöglichkeiten von unterschiedlichen Generationen nicht berücksichtigen, oder das Faktum ignorieren, dass ältere Menschen sehr wohl die gleichen Leistungen bringen können wie jüngere Menschen, nur mehr Zeit für diese Leistung brauchen.[12]

---

9 Lehr, *Psychologie des Alterns*, a.a.O., 46.
10 Roland Ruprecht, *Psychologische Theorien zum Alternsprozess*, in: Wolf D. Oswald/Gerald Gatterer/Ulrich M. Fleischmann (Hg.), *Gerontopsychologie. Grundlagen und klinische Aspekte zur Psychologie des Alterns*, Wien/New York 2008, 13–25 (15).
11 Ian Stuart-Hamilton, *Die Psychologie des Alterns*, Reinbek 1994.
12 Von Scheidt/Eikelbeck, *Gerontopsychologie*, a.a.O., 31–32.

4. Entwicklungs- und selbstpsychologische Modelle

Die Defizitmodelle haben nicht-psychologische Grundlagen bzw. biologische oder medizinische Theorien. Die Entwicklung der Gerontopsychologie hat eine Emanzipation impliziert: das Altern wurde aus psychologischer Sicht reflektiert, und nicht nur auf Grund biologischer oder medizinischer Ansätze. Diese psychologischen Perspektiven sind zwar nicht völlig unabhängig von physiologischen Grundlagen zu sehen, der Schwerpunkt aber liegt auf den qualitativen Veränderungen im Altern. Es handelt sich hier um lebenslauf-orientierte Theorien bzw. entwicklungspsychologische Theorien.

Eine einflussreiche entwicklungspsychologische Theorie ist Erik H. Eriksons Theorie des Lebenszyklus. Ausgangspunkt ist erstens die Freudsche Psychoanalyse und die Idee des psychischen Konfliktes, und zweitens das epigenetische Prinzip, d. h. das Prinzip, dass alles Wachsende und Reifende einen „Grundplan hat, dem die einzelnen Teile folgen, wobei jeder Teil eine Zeit des Übergewichts durchmacht, bis alle Teile zu einem funktionierenden Ganzen herangewachsen sind".[13] Die Merkmale des gesund-funktionierenden Individuums sind eine aktive Beherrschung der Umgebung, eine gewisse psychische Einheit oder Integrität der Persönlichkeit und die Fähigkeit, die Welt und sich selbst realistisch wahrzunehmen.[14] Die Identitätswicklung eines Individuums wird gesehen als eine Entwicklung, wobei das Individuum eine Reihe von innerlichen Konflikten, immer auch in einem spezifischen sozial-kulturellen Kontext, zu bewältigen hat. Aus einer solche Bewältigung resultiert eine positive Qualität, die als psychischer Reifung oder Wachstum gedeutet werden kann. Nach Erikson durchläuft ein Individuum acht Stufen, wobei auf jeder Stufe ein spezifischer psychischer Konflikt oder eine Krise dominant ist, andere Konflikte aber auch eine Rolle spielen können. Die ersten fünf Stufen sind mit der Jugend- und Adoleszenzzeit verknüpft und gekennzeichnet von den Konflikten Vertrauen gg. Mißvertrauen, Autonomie gg. Scham und Zweifel, Initiative gg. Schuldgefühl, Werksinn gg. Minderwertigkeitsgefühl, Identität und Ablehnung gg. Identitätsdiffusion. Das erwachsene Alter ist verbunden mit zwei Stufen bzw. Konflikte: Intimität und Solidarität gg. Isolierung und Generativität gg. Selbstabsorption.

---

13 Erik H. Erikson, *Identität und Lebenszyklus. Drei Aufsätze*, Frankfurt 1998 (1973), 57.
14 A. a. O., 17–18. Vgl. Erik H. Erikson, *Jugend und Krise. Die Psychodynamik im sozialen Wandel*, Stuttgart 1970.

Nach Erikson kann der letzte Stufe der Lebenszyklus assoziiert werden mit dem älteren Menschen, der die Triumphe und Enttäuschungen seines Lebens aufgenommen, sich angepasst und ein Selbstgefühl entwickelt hat, das im Idealfall als Ich-Integrität bezeichnet worden kann. Diese Integrität, die man auch als Weisheit bezeichnen kann, besteht daraus, dass der eigene Lebenszyklus akzeptiert wird, und zugleich eine Relativierung des eigenen Lebens angesichts der Vergangenheit, der Zukunft (Tod) und anderer Individuen und deren Geschichtlichkeit. Diese Integrität stehen Verzweiflung und Ekel gegenüber: das persönliche Schicksal und der Tod als letzte Grenze des Lebens werden nicht akzeptiert.[15] Am Erreichen dieser reifen Integrität wird bei Erikson letztendlich jede Persönlichkeit gemessen, und angesichts dieser Normativität kann sein entwicklungspsychologisches Modell auch nicht nur als deskriptiv verstanden werden.[16]

Ebenso wie Erikson wird auch Heinz Kohut mit der Selbstpsychologie assoziiert. Auch Kohuts Theorien über Selbst und Selbstentwicklung, die im Rahmen seiner Narißmusstudien definiert sind, haben Einfluss auf die Gerontopsychologie ausgeübt. Hier wird das Bedürfnis des Individuums, eine psychische Kohärenz, immer auch in Beziehung zu Anderen, zu organisieren, voll gewürdigt. Diese Kohärenz, die im älteren Selbst vorgefunden werden kann, ist das Resultat von psychischen Änderungs- und Strukturierungsprozessen, die eine gewisse Adaptions- und Anpassungsfähigkeit effektuiert, in der sowohl exzessive als auch psychisch-fragmentarische Tendenzen bezwungen sind.[17]

Manchmal liegen entwicklungs- und selbstpsychologischen Theorien explizit gerontopsychologische Studien zur Grunde.[18] Noch deutlicher erkennbar als die Anwendung dieser Theorien ist die Verwendung von Konzepten wie Reifung, Selbst, Ich-Integrität und Persönlichkeit als Grundlage der Gerontopsychologie. Hier stehen die entwicklungs- und selbstpsychologischen Theorien implizit in dem Hintergrund. Im Rahmen der Erforschung der Persönlichkeitsentwicklung ist der Begriff des Selbst zentral geworden.[19]

---

15 Erikson, *Identität und Lebenszyklus*, a.a.O., 118–120.
16 Lehr, *Psychologie des Alterns*, a.a.O., 52.
17 Howard D. Lerner, *Psychodynamic Issues*, in: Hersen/van Hasselt (Hg.), *Handbook of Clinical Geropsychology*, a.a.O., 29–50 (30–31).
18 Das ist zum Beispiel der Fall in Martin Eisenbach, *Psychologie in der Altenarbeit. Ein Textbuch zur Einführung*, Freiburg i. Br. 1982.
19 Wahl/Heyl, *Gerontologie – Einführung und Geschichte*, a.a.O., 173.

5. Erfolgreich Altern

Im Rahmen seiner entwicklungspsychologischen Modelle, die man teilweise als Weiterentwicklung der Modelle Eriksons betrachten kann (mit dem Unterschied, dass nicht mehr Konflikte, sondern Lebensaufgaben und -anforderungen zentral sind), wurde das Konzept „erfolgreich Altern" („successful aging") bereits in den fünfziger Jahren von Robert J. Havighurst[20] definiert als der „innere Zustand der Zufriedenheit und des Glücks". Diese Zufriedenheit, oder besser Lebenszufriedenheit, ist grundsätzlich der wichtigste „Indikator für die Anpassungen zwischen individuellen Bedürfnissen und Erwartungen einerseits und der sozialen und biographischen Situation andererseits und damit für erfolgreiches Altern".[21] Das Konzept erfolgreich Altern und dessen Kriterium Lebenszufriedenheit stellte wichtige gerontopsychologischen Grundlagen zur Verfügung.

Zentrale These der Aktivitätstheorie ist, dass Lebenszufriedenheit und subjektives Wohlbefinden mit einer hohen sozialen Aktivität zusammenhängt. Das erfolgreiche Altern wird korreliert mit der Frage, ob eine Person aktiv ist und bleibt und damit sowohl von sich selbst, als auch von ihrer sozialen Umwelt nach aufrechterhaltener (sozialer) Funktionalität gemessen wird. Kurz gesagt, erfolgreiches Altern ist, aktiv zu bleiben. Dagegen wird in der Disengagement-Theorie, die wie die Aktivitätstheorie in den sechziger Jahre formuliert wurde, angenommen, dass die Korrelation zwischen Zufriedenheit und Aktivität eher negativ ist. Altern ist wesentlich gekennzeichnet durch den Rückzug aus dem sozialen Leben oder aus bestimmten Bereichen des sozialen Lebens. Dieser Rückzug wird als sowohl natürlich-biologisch notwendig als auch gesellschaftlich positiv gedeutet. In neuerer Zeit sind diese beiden Theorien kritisiert und/oder modifiziert und neu nuanciert worden.[22]

Die sog. Kontinuitätstheorie kann man zwischen Aktivitäts- und Disengagement-Theorie platzieren. Diese Theorie geht davon aus, dass Menschen das Grundbedürfnis haben, im Laufe des Alterns Kontinuität („Selbstkonsistenz und Identität") zu wahren, sowohl innerlich (Ideen,

---

20 Vgl. z.B.: Robert J. Havighurst, *Successful Aging*, in: Clark Tibbits/Wilma Donahue (Hg.), *Processes of Aging*, New York 1963, 299–320.
21 Lehr, *Psychologie des Alterns*, a.a.O., 55–56. Vgl. Martin/Kliegel, *Psychologische Grundlagen der Gerontologie*, a.a.O., 57–59.
22 Lehr, *Psychologie des Alterns*, a.a.O., 56–63; Martin/Kliegel, *Psychologische Grundlagen der Gerontologie*, a.a.O., 57–59; Ruprecht, *Psychologische Theorien zum Alternsprozess*, a.a.O., 19–20.

Affektivität, Vorlieben, Kompetenzen, usw.), als auch in Bezug auf die äußere Umwelt.[23]

In Deutschland haben entwicklungspsychologische Perspektiven, in denen auch die Begriffe des erfolgreichen Alterns und der Lebenszufriedenheit aufgegriffen wurden, die Gerontopsychologie besonders stark beeinflusst. Hier soll erstens die interdisziplinäre Forschungsarbeit von Hans Thomae und Ursula Lehr, und ihre Bonner Längsschnittstudien über das Altern (BOLSA) erwähnt werden.

Hier wird den gesamten Lebenslauf als Gegenstand der gerontopsychologischen Forschung gesehen. Dieser Lebenslauf wird als ein Prozess von individuell-variablen (physiologischen, sozialökonomischen, psychischen) Veränderungen und Konstanzen betrachtet. Angenommen wird, erstens, dass das Individuum sich aktiv mit den spezifischen Bedingungen seiner Lebenssituation auseinandersetzt („Lebensstil"). Zweitens, werden die Varianten des Alternsvorgangs teilweise auch als Ergebnis einer genetischen Vorprogrammierung oder als Folge von Sozialisationsprozessen gesehen („Alternsschicksal").[24] Die Veränderungen und Konstanzen der Lebenslauf sind immer das Resultat einer Kombination dieser aktiven Auseinandersetzungen und vorprogrammierter Prozesse.

Die Längsschnittstudien konnten z. B. aufweisen, dass sowohl die Aktivitätstheorie als auch die Disengagement-Theorie in individuellen Fällen bestätigt werden konnte.[25] Mit der Betonung der individuellen aktiven Auseinandersetzungen mit dem Altern stehen das individuelle Erlebnis und die subjektive Wahrnehmung des Alterns im Zentrum, was zu einem differenzierten Bild des Alterns in Alternsstile führt, deren wichtigste Grunddimensionen Lebenszufriedenheit, soziale Aktivität, erlebte Belastung (Erfahrung und Verarbeitung von Belastung) und soziale Kompetenz sind. Im Gegensatz zu den Defizitmodellen, die von objektivem Abbau von Kompetenzen ausgehen, stehen bei Thomae das subjektive Erlebnis und die subjektive Interpretation bzw. die „kognitive Repräsentanz" (oder erlebte Realität) des Alternsprozesses im Zentrum.[26]

---

23 A. a. O., 20.
24 Hans Thomae, *Alternsstile und Alterschicksale – ein Beitrag zur differenziellen Gerontologie*, Bern 1983, 48; Martin/ Kliegel, *Psychologische Grundlagen der Gerontologie*, a.a.O., 49–50.
25 Thomae, *Alternsstile und Alterschicksale*, a.a.O., 36; Lehr, *Psychologie des Alterns*, a.a.O., 62–63, 131 f.
26 Wolf D. Oswald/Ulrich M. Fleischmann (Hg.), *Gerontopsychologie. Psychologie des alten Menschen*, Stuttgart et al. 1983, 39–42.

Anschließend an Thomae *cum suis* wurde das Konzept des erfolgreichen Alterns vor allem durch Paul und Margaret Baltes (und ihre Berliner Arbeitsgruppe) weiterentwickelt. Sie haben „ein genuin psychologisches Modell der Entwicklung im Alter vorgestellt, das bis heute in Weiterentwicklungen erhebliche Teile der gerontopsychologischen Forschung zu empirischen Arbeiten anregt".[27] In diesem Modell wird versucht, das erfolgreiche Altern nicht nur an Hand von subjektiven Indikatoren bzw. „Lebenszufriedenheit" zu messen, sondern auch objektive Kriterien für erfolgreiches Altern einzuführen. Denn die Lebenszufriedenheit hängt mit der Anpassung an unterschiedliche Bedingungen zusammen und die Plastizität und Kompensationsfähigkeit des Menschen sorgt dafür, dass sogar unter schwierigsten Umständen Menschen noch „zufrieden" sein können. Das subjektive Kriterium ist daher trügerisch und braucht Differenzierung und Ergänzung. Die objektiven Kriterien könnten aus einer „normativen Setzung des Idealzustandes" hervorgehen, sowie es z. B. Eriksons Entwicklungsmodell idealtypisch beschrieben wird. Aber „die Unzulänglichkeit dieser Modelle ist, dass sie von einer Normalbiographie sowie einer hoch standardisierten Gesellschaft ausgehen, und zudem oft die Werte, Standards und Prioritäten des gesellschaftlichen Establishments repräsentieren". Ein zweiter Zugang zu objektiven Kriterien ist „eine objektive Bestimmung der Adaptivität des Organismus". Eine unfassende Definition des erfolgreichen Alterns umfasst diese subjektiven und objektiven Kriterien.[28] Persönliche Motive und Fertigkeiten, Umweltanforderungen und biologische Leistungsfähigkeit sind entscheidende Faktoren in einem lebenslangen Entwicklungsprozess, der von Gewinnen und Verlusten („gains and losses") geprägt ist.[29] Spezialisierung und Kanalisierung von Entwicklungsmöglichkeiten (Gewinn) führt zu Vernachlässigung anderer Bereiche (Verlust). Eine solche Spezialisierung und Konzentrierung auf realistische Lebensziele nimmt besonders im Alter zu. Wenn bestimmte Funktionsbereiche (weiter) ausfallen, wird nach interner oder externer Kompensation gesucht. In den durch Spezialisierung gewählten Lebensbereichen

---

27 Martin/Kliegel, *Psychologische Grundlagen der Gerontologie*, a.a.O., 60.
28 Paul B. Baltes/Margaret M. Baltes, *Erfolgreiches Altern. Mehr Jahre und mehr Leben*, in: Margaret M. Baltes/Martin Kohli/Karl Sames (Hg.), *Erfolgreiches Altern. Bedingungen und Variationen*, Bern 1989, 5–10 (6).
29 Erfolgreiches Altern wird von Baltes und Freund definiert als *the process of promoting gains and preventing losses*. Alexandra M. Freund/Paul B. Baltes, *Toward a Theory of Successful Aging. Selection, Optimization, and Compensation*, in: Fernandez-Ballesteros (Hg.), *Gerospychology*, a.a.O., 239–254 (250).

wird durch die Stärkung körperlichen und mentalen Reserven eine Optimierung von Qualität angestrebt. Altern ist somit ein Prozess von selektiver, optimierender und kompensierender Anpassung (SOK-Modell) sozialer, psychischer und körperlicher Funktionen, wobei nicht nur der Verlust von Kompetenzen, sondern auch die Möglichkeiten (oder auch Gewinn) durch Übung und Training betrachtet wird.[30] Das gilt z. B. für Intelligenz. „Wurde früher der Intelligenzverlauf in Form einer zuerst ansteigenden und dann mit zunehmendem Alter abfallenden Kurve dargestellt, so wird dieser heute differenzierter gesehen: Manche Funktionen wie Urteilen und Vergleichen, Phantasie oder Problemlösefähigkeit werden mit dem Alter besser, andere fallen ab."[31] Somit kann gesagt werden: „Das Selbstbild bleibt auch im Alter stabil".[32]

Nicht nur entwicklungspsychologische Ansätze, sondern auch selbstpsychologische Konzepte spielen eine Rolle in den gerontopsychologischen Theorien von Baltes und Baltes. Der Mensch ist in der Lage sein Selbst an sich verändernde Bedingungen anzupassen, durch psychische Plastizität und Kompetenz, durch realistische Zielsetzung und durch den Vergleich des eigenen Funktionierens mit korrelierenden sozialen Maßstäben.[33] Auch bei Lehr wird das Selbstkonzept gewürdigt: das Selbst ist das „Individuum, wie es sich innerhalb eines sozialbedingten Bezugssystems wahrnimmt". Mit der Betonung des individuellen Erlebnisses und der subjektiven Wahrnehmung des Alterns wird deutlich, dass das Selbstkonzept eine zentrale Rolle spielt, so wie auch die Begriffe „Selbstbild", „Selbstdarstellung" oder „Selbstwert".[34]

Die gerontopsychologischen Theorien und Modelle auf der Basis der Bonner und Berliner Forschungen sind im deutschsprachigen Raum prägend geworden, haben darüber hinaus auch international große Anerkennung gefunden. Umgekehrt lassen sich diese Theorien und Modelle gut kombinieren mit neuentwickelten Konzepte im angloamerikanischen Raum. Das gilt besonders für das Konzept „Coping".[35] Schon früh hat

---

30 Ebd.; von Scheidt/Eikelbeck, *Gerontopsychologie*, a.a.O., 33–37; Lehr, *Psychologie des Alterns*, a.a.O., 64–65; Martin/ Kliegel, *Psychologische Grundlagen der Gerontologie*, a.a.O., 60–64
31 Ilse Kryspin-Exner, *Zu jung, um alt zu sein? Humanistische Gedanken zur Gerontopsychologie*, Wien 2006, 23.
32 Baltes/Baltes, *Erfolgreiches Altern. Mehr Jahre und mehr Leben*, a.a.O., 8.
33 Freund/Baltes, *Toward a Theory of Successful Aging*, a.a.O., 241.
34 Lehr, *Psychologie des Alterns*, a.a.O., 150–154.
35 Vgl z.B.: Jan-Erik Ruth/Peter Coleman, *Personality and Aging. Coping and Management of the Self in Later Life*, in: Birren/Schaie (Hg.), *Handbook of the*

Paul Baltes erkannt, dass das SOK-Modell eine Interventionsgerontologie evoziert, wobei die Optimierung die Ziele der Intervention setzt. Konkret handelt es sich hier um Prävention krankhafter Störungen und Prozessen des Alternsabbaues, Korrektur durch Intervention bei Verlusten (z. B. in Therapie, Training von Gedächtnis usw., Aufhebung der Isolation durch Unterstützung von „significant others", Pflegepersonal oder Altenbetreuer), und Rehabilitation. Auch Lehr erkennt, dass die Theorie der aktiven Auseinandersetzung mit dem Altern in der Praxis ein Management von Problemsituationen hervorruft. Die Interventionsgerontologie oder „angewandte Gerontologie" zielt darauf ab, die aktive Bewältigung der Alternsprozesse zu unterstützen. Das kommt in Therapiezielen z. B. zum Ausdruck wie das Fördern von Selbstständigkeit, das Verbessern sozialer Fähigkeiten, die Bearbeitung der Verlustthematik, die Auseinandersetzung mit Altern und Tod, das Fördern des Gegenwartsbezuges, die Unterstützung in Alltagsaktivitäten, usw. Kurz gesagt, das Therapieziel ist die Stärkung der Selbstkontrolle (Aktivität) und „die Behebung reaktiv-depressiver Verstimmungszustände" die als „erlernte Hilflosigkeit" oder „erlernte Abhängigkeit" (Passivität) gedeutet werden können.[36] Das in den 1970-er Jahren von Richard Lazarus entwickelte Copingkonzept konnte hier auf theoretischer und angewandter Ebene aufgegriffen werden: Coping ist das aktive Verhalten und die individuelle Strategie zur Bewältigung von internen und/oder externen Anforderungen, Konflikten und Schwierigkeiten. Effektive Copingstrategien, die in Alternsprozessen wichtig sind, sind Kompetenzen, die schon in einem frühen Alter entwickelt werden müssen. Das ist ein Aspekt des Konzeptes, der sich gut mit selbstpsychologische Entwicklungstheorien kombinieren lässt.

Man soll auch hier, ebenso wie bei entwicklungspsychologischen Theorien, die normativen Aspekte nicht übersehen. Erstens geht es beim Coping nicht nur um kognitive oder körperliche Kompetenzen, sondern eben auch um Werte wie Urteilskraft, Selbstverantwortung und soziales

---

Psychology of Aging, a.a.O., 308–322; Robert Slater, *The Psychology of Growing Old. Looking Forward*, Philadelphia 1995, chapter 3 (*Coping and failing to*, in: Birren/Schaie (Hg.), *Handbook of the Psychology of Aging*, a.a.O.).

36 Heinz Jürgen Kaiser, *Psychologische Prävention, Therapie und Rehabilitation*, in: Oswald/Gatterer/Fleischmann (Hg.), *Gerontopsychologie*, a.a.O., 103–128; Kryspin-Exner, *Zu jung, um alt zu sein?*, a.a.O., 39–53. Vgl. „An inability to cope is likely to result in a sense of undermined autonomy and individuality, and give rise to symptoms of anxiety and depression." Slater, *The Psychology of Growing Old*, a.a.O., 50.

Engagement.³⁷ Zweitens sind Copingstrategien nicht nur effektiv oder ineffizient, sondern werden in den Copingtheorien auch als funktional gesund oder ungesund verstanden. Anders gesagt, Copingstrategien die Reifung, Autonomie, Selbstverantwortung, sozialer Kompetenz, usw. unterstützen, sind gesund; dagegen werden Strategien, die diese Ziele nicht herbeiführen, als ungesund betrachtet. Gesundheit wird so mit bestimmten (moralischen) Werten korreliert, die in unserem derzeitigen kulturellen Diskurs dominant sind.

6. Ein Vergleich: Gerontopsychologie – Religionspsychologie/Pastoralpsychologie – Praktische Theologie

Die Pastoralpsychologie in Deutschland, die immer auch religionspsychologische Ansätze in sich aufgenommen hat, hat sich vor allem seit den sechziger Jahren entwickelt, wobei Joachim Scharfenberg und Dietrich Stollberg als wichtige Protagonisten genannt werden können. In seiner Habilitationsschrift greift Scharfenberg auf die Freudsche Psychoanalyse zurück, wobei seine Leseart von Freuds Theorien über Religion deutlich von Oskar Pfister beeinflusst ist. Grundsätzlich wendet er das kritische Potential der Psychoanalyse als „Fremdprophetie" gegen eine aus seiner Sicht dominante und überholte dialektische Theologie bzw. Seelsorgepraxis an, allerdings nicht ohne auch selbst von der dialektischen Theologie geprägt zu sein, wie zum Beispiel aus seiner Unterscheidung zwischen Religion und Glaube klar hervorgeht.³⁸ Die moderne Pastoralpsychologie fängt also mit einer Dekonstruktion der dialektischen Theologie und Seelsorgepraxis an. In den siebziger Jahren folgt ein nächster Schritt: die Pastoralpsychologie, die jetzt auf der Suche nach konstruktiven Theorien ist, um den Dialog zwischen Psychoanalyse und Theologie weiterzuführen und z. B. für die seelsorgerische Praxis fruchtbar zu machen, greift in erster Linie auf die Selbstpsychologien von Erikson und Kohut zurück. Scharfenberg fokussiert vor allem auf Kohuts

---

37 Rocio Fernandez-Ballesteros et al., *Quality of Life, Life Satisfaction, and Positive Aging*, in: Fernandez-Ballesteros (Hg.), *Gerospsychology*, a.a.O., 197–223 (216).
38 Joachim Scharfenberg, *Sigmund Freud und seine Religionskritik als Herausforderung für den christlichen Glauben*, Göttingen 1971.

Narzissmustheorie[39]. Damit rücken auch Begriffe wie Reifung, Selbstrealisierung, Identitätsentwicklung oder Ich-Integrität ins Zentrum. Statt der Kritik an Über-Ich-Gewissensstrukturen, die in der Theologie bis dahin dominant waren, wird jetzt die Ich-Gewissensbildung betont. Unter dem Einfluss von Scharfenbergs Pionierarbeit und von der Rezeption der Selbstpsychologie her wird dieser un-Freudsche Unterschied zwischen Über-Ich-Gewissen und Ich-Gewissen zu einem wichtigen Paradigma in der Pastoralpsychologie bis zum heutigen Tag. Vor allem Stollberg, später auch z. B. Michael Klessmann und Klaus Winkler haben die selbstpsychologischen Theorien aufgegriffen und weiter verarbeitet.[40] Auch Religionspsychologen und Praktische Theologen wie Heinz Müller-Pozzi und Hans-Günther Heimbrock schließen an Scharfenbergs Wende zur Selbstpsychologie an.[41] Mit dieser Entwicklung, die mit der Anwendung von Freuds Religionskritik anfängt und sich durch das Aufgreifen von konstruktiv-psychoanalytischen Entwicklungsmodellen und selbstpsychologischen Theorien weiterentwickelt, die Reifung, Integrität, Ich-Gewissensbildung, Ich- oder Selbstrealisierung, Autonomie und persönliche Verantwortlichkeit zentral stellen, verschiebt sich der Fokus vom psychischen Konflikt und z. B. dem Thema Schuld und Schuldgefühl (wichtig sowohl in der Freudschen Psychoanalyse, als auch in der dialektische Theologie), zum Thema Reifung des Individuums.[42] Nicht der Mensch als kontingentes affektiv-relationelles Konfliktwesen, sondern

---

39 Vgl. z. B.: Joachim Scharfenberg, *Einführung in die Pastoralpsychologie*, Göttingen 1985, 33–43.
40 Vgl. z. B.: Dietrich Stollberg, *Das Gewissen in pastoralpsychologischer Sicht*, in: Wort und Dienst. Jahrbuch der Kirchlichen Hochschule Bethel 11 (1971), 141–158; Michael Klessmann, *Identität und Glaube. Zum Verhältnis von psychischer Struktur und Glaube*, München 1980; Klaus Winkler, *Ich- und Über-Ich-Problematik im Umgang mit Normen*, in: Elisabeth Hölscher/Michael Klessmann (Hg.), *Grundmuster der Seele. Pastoralpsychologische Perspektiven von Klaus Winkler*, Göttingen 2003, 65–79.
41 Heinz Müller-Pozzi, *Psychologie des Glaubens. Versuch einer Verhältnisbestimmung von Theologie und Psychologie*, München 1975; Hans-Günter Heimbrock, *Phantasie und Christlicher Glaube. Zum Dialog zwischen Theologie und Psychoanalyse*, München 1977.
42 Das Interesse an Narzißmustheorien ist geblieben, was sich zeigt in einzelne Publikationen.. Heribert Wahl, *Narzißmus? Von Freuds Narzißmustheorie zur Selbstpsychologie*, Stuttgart/Berlin/Köln/Mainz 1985; Wilhelm Meng, *Narzißmus und christliche Religion. Selbstliebe – Nächstenliebe – Gottesliebe*, Zürich 1997; Monika Hoffmann, *Selbstliebe. Eine grundlegendes Prinzip von Ethos*, Paderborn/München/Wien/Zürich 2002.

das Bildungsideal einer gereiften Religiosität, korreliert mit einer ausbalancierten Persönlichkeitsstruktur, steht nun im Zentrum.

Die entwicklungs- und selbstpsychologischen Theorien haben großen Einfluss auf die Pastoralpsychologie ausgeübt. Die impliziten normativen Ansätze dieser Theorien, wie schon am Beispiel von Erikson gezeigt, haben sich so auch in der Pastoralpsychologie durchgesetzt: der psychologisch-therapeutische Diskurs der Seelsorgebewegung war, wie Ulrich Körtner bemerkt hat, immer schon „eine subtile Form der Moral".[43] In derzeitiger Literatur über z. B. systemische Seelsorge ist diese subtile Moral sicher nicht verschwunden. In ethischen Modellen für die Lebensführung, z. B. anknüpfend bei Lawrence Kohlbergs Stufen der moralische Entwicklung[44], oder bei Modelle für die Glaubensentwicklung, wobei z. B. James Fowler Stufenmodell aufgegriffen wird, wird diese Form der Moral explizit. Vor allem vor dem Hintergrund der weitergehenden Säkularisierung und Fragmentierung der Gesellschaft wird das Thema der moralischen Entwicklung und Lebensführung derzeit weiter diskutiert. Es geht dabei auch um die Frage, ob über die Religion eine neue gesellschaftliche Kohärenz oder Begründung von Werten herbeigeführt werden kann.

Auch die Copingtheorien sind mittlerweile in der Religions- und Pastoralpsychologie aufgegriffen worden und haben so auch in der Praktischen Theologie derzeit eine positive Würdigung gefunden. Es geht hier vor allem darum, die Bedeutung von religiösen und/oder spirituellen Überzeugungen in Copingstrategien zu erforschen und den Beitrag dieser Überzeugungen für die Bewältigung von Konflikten und Problemen aufzuarbeiten, oder noch positiver formuliert: zu analysieren, wie diese Überzeugungen Unterstützung bestimmter Werte bieten.[45]

Dieser kurze Exkurs über Entwicklungen in der Pastoralpsychologie ist natürlich nicht vollständig, zeigt aber, dass die dominanten psychologischen Theorien in der Pastoralpsychologie dieselben Theorien sind, wie diejenigen, die in der Gerontopsychologie eine grundlegende Funktion

---

43 Ulrich Körtner, *Ist die Moral das Ende der Seelsorge, oder ist die Seelsorge am Ende Moral?*, in: Wege zum Menschen 58 (2006), 225–245 (225).
44 Vgl. z. B. Klaus Winkler, *Zum Umgang mit Normen in der Seelsorge*, in: Pastoraltheologie 80 (1991), 26–39.
45 Der Anstoß hierzu war: Kenneth Pargament, *The Theory of Religious Coping. Theory, Research, Practice*, New York 1997.

haben. Auch die mit diesen psychologischen Theorien verbundenen Werte wie Autonomie, Selbstverantwortung, soziales Engagement, Anpassungsfähigkeit, Selbstrealisierung, Ich-Integrität, usw. werden sowohl im Kontext pastoralpsychologischer Theorien über reifende Religiosität, als auch in gerontologischen Modelle über erfolgreiches Altern deutlich gewürdigt. Auf Grund solcher Parallele können sowohl empirisches Datenmaterial als auch gerontologische Theorien und Modelle in der Religions- und Pastoralpsychologie und der Praktischen Theologie aufgegriffen werden und als Grundlage für weitere Reflektion dienen.

7. Kritische Überlegungen

Eine Hermeneutik der Verdachts ist immer gefordert, wenn aus verschiedenen Perspektiven und in unterschiedlichen Disziplinen dieselben Theorien, Modelle und Konzepte dominant werden, um so mehr, wenn nicht nur auf theoretischer Ebene Begriffe wie Gesundheit mit erfolgreichen und effektiven Entwicklungsprozessen assoziiert werden, die auf gewisse moralische Werte hinzielen, und wenn darüber hinaus auch in konkrete Lebenssituationen eingegriffen wird (Training, Therapie). Natürlich wird dies alles in der Gerontopsychologie von vielen empirischen Daten unterstützt, aber damit ist noch nicht Objektivität statt Normativität gegeben: die Interpretation der Daten geschieht nur im Rahmen einer Theorie, die die Zusammenhänge zwischen den Phänomenen systematisch darstellen kann.[46] Hier ist an Birrens Aussage zu erinnern, die Gerontopsychologie wäre „data rich and theory poor", oder besser gesagt: die vielen Daten werden meistens im Rahmen der Theorien des erfolgreichen Alterns interpretiert. Man könnte hier Baltes Bemerkung über Eriksons Entwicklungs- und Selbstpsychologie einführen und auf die Theorien des erfolgreichen Alterns anwenden: diese Theorien repräsentieren oft „die Werte, Standards und Prioritäten des gesellschaftlichen Establishments": das Ideal ist vital, jung und aktiv zu bleiben, gereift, weise und zufrieden zu sein. Ohne Zweifel gibt es viele Menschen in unserer Zeit, die „erfolgreich altern" können, aber dieses Modell des Alterns hat auch eine Schattenseite, wie am Beispiel des Themas gesund *versus* ungesund gezeigt werden kann. In der gerontopsychologischen Literatur über erfolgreiches Altern spielt dieses Thema eine wichtige Rolle, wobei die aktiven Bewältigungskompetenzen, die zu Lebenszu-

---

46 Wahl/Heyl, *Gerontologie*, a.a.O., 126.

friedenheit usw. führen, mit Gesundheit assoziiert sind. Dem steht ein passives Verhalten gegenüber, das im Zusammenhang mit Depressivität gesehen wird. Diese Depressivität kommt häufig bei alten Menschen vor: einige Studien deuten auf mehr als 10 % oder sogar mehr als 20 % hin. Sogar 75 % der älteren Menschen haben Krankheiten, bei denen auch Symptome von Depressivität eine Rolle spielen können.[47] Eine solche Einschätzung basiert nicht nur auf einer Klassifizierung von Symptomen (DSM-IV), sondern wird auch als negatives Korrelat des erfolgreichen Alterns gesehen. Anders gesagt, die Betonung der zentralen Werte des erfolgreichen Alterns evoziert auch das Supplement, nämlich eine große Zahl von alten Menschen die als depressiv eingestuft werden.[48] Gesund und ungesund sind keine objektiven Begriffe, sondern repräsentieren die Werte und Überzeugungen einer Gesellschaft. Diese Thematik gewinnt an Brisanz, wenn man die sozialpolitischen und ökonomischen Motive in Betrachtung zieht, erfolgreiches Altern zu befördern: es ist klar, dass aktive „gesunde" alte Menschen mehr Positives in der Gesellschaft beitragen (längere Erwerbstätigkeit, Weiterbildung, ehrenamtliche Arbeit) und die negativen Aspekte der demographische Entwicklungen (Pflegebedürftigkeit) zu verringern helfen.[49]

Ebenso wie in Diskussionen der Pastoralpsychologie und der Praktischen Theologie Theorien der Lebensführung, des gelingenden Lebens oder der Autonomie in Frage gestellt werden[50], so kann man *via analogia* auch die Werte der Gerontopsychologie diskutieren. Über eine solche mögliche theologische Kritik an diesen Theorien und Werten hinaus wäre eine kritische Analyse der wichtigsten psychologischen Theorien sowohl innerhalb der Gerontopsychologie, als auch in den theologische Disziplinen aus psychologischer Sicht wünschenswert: ein differenziertes und nuanciertes Verständnis des Alterns könnte daraus bestehen, über die entwicklungs- und selbstpsychologischen Grundlagendiskurse hinaus andere psychologische und psychodynamische Theorien zu integrieren.

---

47 Patricia A. Areán/Heather Uncapher/Derek Satre, *Depression*, in: Hersen/van Hasselt (Hg.), *Handbook of Clinical Geropsychology*, a.a.O., 195–216.
48 Man stößt hier auf ein Phänomen, das Michel Foucault zentral gestellt hat in seine Philosophie: die Produktion von Subjekte auf Grund dominante normative Diskursen und deren Restprodukte, die Anderen, die pathologische Fälle.
49 Vgl. Winfried Schmähl, *Erfolgreiches Altern aus der Sicht des Ökonomen*, in: Baltes/Kohli/Sames (Hg.), *Erfolgreiches Altern*, a.a.O., 27–33.
50 Vgl. Henning Luther, *Religion und Alltag. Bausteine zu einer Praktischen Theologie des Subjekts*, Stuttgart 1992; Gunda Schneider-Flume, *Leben ist kostbar. Wider die Tyrannei des gelingenden Lebens*, Göttingen 2002.

Eine Relativierung der Überbetonung von idealtypischen und normativen Konzepten/Werten wie Ich-Integrität, Selbstrealisierung, Autonomie, usw. würde auch eine andere Würdigung „unerfolgreichen Alterns" herbeiführen.

Eine derartige kritische und skeptische Distanz angesichts der Überbetonung gewisser gesellschaftlicher Werte gehört meines Erachtens wesentlich zur Aufgabe der Praktischen Theologie bzw. der seelsorgerischen Praxis. Es geht dabei nicht nur um das Infrage-Stellen von Konzepten wie Autonomie oder Ich-Integrität an Hand eines christlichen Sündenbegriffes oder auf Grund der menschlichen Kontingenzerfahrungen, die an sich jedem Ideal einer harmonischen Identität gegenüberstehen – aus einer solchen Perspektive zeigen sich die theoretischen Idealtypen als Illusionen oder sogar als anthropologische Lügen. Wichtig ist auch, dass die seelsorgerische Praxis und eine Solidarität mit unterschiedlichen Lebensschicksalen von Menschen eine Kritik an dominanten gesellschaftlichen Werten herbeiführt. Denn die Deutung des Lebens und des Alterns in der Seelsorge steht prinzipiell nicht im Dienste der Anpassung an spezifische wünschenswerte gesellschaftliche Werte oder der Unterstützung von psychologischen Idealtypen. Sie deutet das Leben und die Lebensgeschichte aus der Perspektive ihrer Geschichte mit Gott, und aus dieser eigenständigen Perspektive können immer auch kontingentdominante Strukturen, Diskurse und Ideale in Frage gestellt werden.

Letztlich sei noch die Frage gestellt, ob Religiosität, wenn sie nicht nur mit einer unterstützenden Funktionalität wie z. B. in Copingstrategien oder in Modellen der moralischen Entwicklung verbunden wird, grundsätzlich auch Elemente der „Depressivität" oder Melancholie in sich trägt, wenn man jedenfalls diese Phänomene nicht nur auf Pathologien beschränkt, sondern auch auf Glaubensstrukturen anwendet (Glaube als affektive Beziehung zum Abwesenden), auf normale psychische Strukturen (Freuds Ideen über das Ertragen des Lebens ohne Illusion; Melanie Kleins Theorie der „depressiven Position"; Jacques Lacans Theorie der „symbolischen Ordnung") oder diese Phänomene sogar als Aspekte einer *conditio humana* betrachtet. Anders gesagt, über die Gerontopsychologie (und die Parallele zu theologischen Ansätzen) steht letztendlich die Bedeutung von Glaube und Religiosität zur Diskussion, nicht nur aus theologischer, sondern auch aus psychologischer Sicht.

Literatur

Margaret M. Baltes/Martin Kohli/Karl Sames (Hg.), *Erfolgreiches Altern. Bedingungen und Variationen*, Bern 1989.
Paul B. Baltes/Margaret M. Baltes, *Successful Aging. Research and Theory*, Cambridge 1989.
Paul B. Baltes/Margaret M. Baltes (Hg.), *Successful Aging. Perspectives from the Behavioral Sciences*, Cambridge 1990.
Paul B. Baltes/Orville G. Brim (Hg.), *Life-span Development and Behavior*, New York 1979.
James E. Birren/K. Warner Schaie (Hg.), *Handbook of the Psychology of Aging*, San Diego et al. 1996.
Norbert Erlemeier, *Alternspsychologie. Grundlagen für Sozial- und Pflegeberufe*, Münster 1998.
Rocio Fernandez-Ballesteros (Hg.), *Geropsychology. European Perspectives for an Aging World*, Göttingen 2007.
Michel Hersen/Vincent B. van Hasselt (Hg.), *Handbook of Clinical Geropsychology*, New York/London 1998.
Ilse Kryspin-Exner, *Zu jung, um alt zu sein? Humanistische Gedanken zur Gerontopsychologie*, Wien 2006.
Ursula Lehr, *Psychologie des Alterns*, Wiebelsheim 2000.
Ursula Lehr/Hans Thomae, *Formen seelischen Alterns. Ergebnisse der Bonner Gerontologischen Längsschnittstudie (BOLSA)*, Stuttgart 1987.
Andreas Maercker, *Alterspsychotherapie und klinische Gerontopsychologie*, Berlin 2002.
Mike Martin/Matthias Kliegel, *Psychologische Grundlagen der Gerontologie*, Stuttgart 2005.
Wolf D. Oswald, *Gerontopsychologie. Grundlagen und klinische Aspekte zur Psychologie des Alterns*, Wien et al. 2008.
Carol D. Ryff (Hg.), *The Self and Society in Aging Processes*, New York 1999.
Jörg von Scheidt/Marie-Luise Eikelbeck, *Gerontopsychologie. Eine Einführung für die Pflege alter Menschen*, Weinheim 1995.
Hans Thomae, *Alternsstile und Alterschicksale – ein Beitrag zur differenziellen Gerontologie*, Bern 1983.

Sozialgerontologie: Alter im gesellschaftlichen Wandel und neue soziale Normvorstellungen zu späteren Lebensjahren

François Höpflinger

1. Alter als soziale Größe – vor dem Hintergrund zweideutiger Altersbilder

Das Alter und das Verhältnis von Jung zu Alt wurden in der europäischen Kulturgeschichte immer zwei- und doppeldeutig diskutiert und wahrgenommen, wobei negative Altersbilder oft dominierten:[1] Zum einen wurde das Alter mit körperlich-geistigen Zerfallsprozessen in Verbindung gesetzt, und in einer Kultur, die sich an die antik-griechische Ästhetik junger Körper anlehnte, wurden alternde Gesichter und Körper besonders negativ beurteilt, speziell bei Frauen.[2] Körperlich wurde und wird das Alter sozusagen als Negation der Jugend wahrgenommen. Zum anderen wurden und werden immer wieder positive Seiten des Alters – anlehnend an Ciceros Pro Senectute – betont und hervorgehoben, wie Weisheit und Gelassenheit alter Menschen oder das Alter als Erfüllung des Lebens. Auch die positiven Bilder des Alters betonen teilweise einen Gegensatz von Jung und Alt; etwa Ungeduld und Ungestüm der Jugend gegenüber Weisheit und Geduld des Alters.

Der demografisch begründete zunehmende Anteil älterer Menschen – und damit ein steigendes Gewicht der älteren Stimmbürgerschaft und wachsender sozialpolitischer Ausgaben für Altersrentner – gekoppelt mit einer verstärkten Wirtschafts- und Konsummacht älterer Menschen – die

---

1 Vgl. Gerd Göckenjan, *Das Alter würdigen. Altersbilder und Bedeutungswandel des Alters*, Frankfurt 2000.
2 Vgl. Insa Fooken, *Weibsbilder im Alter im Spiegel der Kunst. Die vielen Gesichter weiblichen Alters in einer Bild-Text-Collage*, in: Pasqualina Perrig-Chiello/François Höpflinger (Hg.), *Jenseits des Zenits. Frauen und Männer in der zweiten Lebenshälfte*, Bern 2000, 173–185.

einen größeren Teil heutigen Konsums und heutiger Vermögenswerte akkumulieren – hat allerdings in den letzten Jahrzehnten die traditionellen Bilder wesentlich verschoben:

Nicht mehr die Rebellion der Jungen gegen die ältere Generation steht im Mittelpunkt, sondern die Aufmerksamkeit hat sich aufgrund demografischer Entwicklungen auf die Stellung der älteren Menschen verlagert. Anstelle des klassischen sozio-kulturellen Generationenkonflikts – zwischen Jung und Neu gegenüber Alt und Tradition – werden neue Konfliktdiskurse bedeutsam, in denen es um Ungerechtigkeiten und Ungleichheiten im Verhältnis der Generationen geht, mit oft altersfeindlicher Betonung (Alterslast, Renten- und Gesundheitskosten u. a.). In diesem Rahmen wird immer weniger der Typus des hilfe- und pflegebedürftigen alten Menschen, sondern eher der Typus des schmarotzenden Alten, der auf Kosten der jüngeren Generationen lebt, in den Mittelpunkt öffentlicher Diskurse gerückt.

Eine kritische Analyse von Sachbüchern zum Thema „Alterslast und Krieg zwischen den Generationen" lässt allerdings erkennen, dass solche Diskurse zum einen auf vergleichsweise einfachen und dramaturgisch übersteigerten Annahmen über Prozesse sozialen Wandels beruhen. Es dominieren Null-Summen-Modelle (was einer Generation zugute kommt, geht auf Kosten der anderen Generationen) und schwarz-weiß gezeichnete Gegensätze. Zum anderen basieren sie auf problematischen linearen Projektionen aktuell beobachteter demografischer Trends, die untrennbar mit kulturpessimistischen Argumenten verknüpft werden.[3] Viele Vorstellungen zum zukünftigen Krieg der Generationen oder zur Alterslast basieren auf demografischen Fehlschlüssen, die entstehen, wenn differenzierte und komplexe Wechselwirkungen zwischen demografischen und gesellschaftlichen Entwicklungen ausgeblendet werden.[4] Ein klassischer demografischer Fehlschluss ist beispielsweise die Gleichsetzung von Prozessen demografischer Alterung – im Sinne eines Wandels der Altersverteilung der Bevölkerung – mit gesellschaftlicher Überalterung.

Als Gegenbewegung zu Diskursen zur demografischen Alterung – und ihren sozialpolitischen Kosten – wurden in den letzten Jahrzehnten

---

3 Vgl. Bettina Bräuninger/Andreas Lange/Kurt Lüscher, „Alterslast' und ‚Krieg zwischen den Generationen'? Generationenbeziehungen in aktuellen Sachbuchtexten, Zeitschrift für Bevölkerungswissenschaft 1998, 23,1: 3–17.
4 Vgl. François Höpflinger, Bevölkerungssoziologie. Eine Einführung in bevölkerungssoziologische Ansätze und demographische Prozesse, Weinheim 1997.

kompetenzorientierte Leitvorstellungen der Gerontologie – wie erfolgreiches oder produktives Altern – gesellschaftlich rasch aufgegriffen, wobei die neueren Vorstellungen über ältere Menschen tendenziell eine Auflösung von Generationendifferenzen und Generationengrenzen beinhalten (wie dies in Begriffen wie ‚junge Alte' deutlich wird).[5] „Junge Alte" werden beispielsweise als ebenso innovativ, aktiv und modisch beschrieben wie jüngere Menschen, und wer erfolgreich altert, orientiert sich an Leistungsvorstellungen jüngerer Generationen. Auch die nachfolgend angeführten Verhaltensprozesse in Richtung einer sozio-kulturellen Verjüngung älterer Menschen und eine erhöhte Dynamik späterer Lebensphasen verwischen die Grenzen zwischen dem mittleren und dem höheren Lebensalter. Ein 60-jähriger Mann, der mit einem Kleinkind durch die Stadt spaziert, kann sowohl Vater als auch Großvater sein; eine Rockband von über 60-jährigen Musikern (Rolling Stones) lockt sowohl jüngere wie ältere Rockfans zu Tausenden in ihre Konzerte. Eine sich verstärkende „anti-aging-Bewegung" kann die Auflösung klassischer Alters- und Generationengrenzen weiter beschleunigen, etwa wenn körperliche Alternsprozesse als reversible Prozesse wahrgenommen werden.

Im Folgenden soll – jenseits rein demografischer Prozesse – der gesellschaftliche Strukturwandel des Alters genauer analysiert und diskutiert werden. Angesprochen werden folgende zwei Prozesse:
- erstens die Ausdifferenzierung unterschiedlicher Lebensphasen in späteren Lebensjahren als Folge einer steigenden Lebenserwartung, namentlich auch älterer Menschen.
- zweitens die verstärkte Individualisierung und Dynamik späterer Lebensjahre durch neue Modelle der nachberuflichen Lebensgestaltung, mit ausgelöst durch das Altern geburtenstarker Nachkriegsjahrgänge.

Neue Modelle eines aktiven, erfolgreichen oder produktiven Alterns gewinnen eine immer stärkere Popularität, wobei sich zunehmend ein Spannungsfeld zwischen ‚anti-aging' und ‚pro-aging'-Ansätzen ergibt. Neue Anforderungen zum Alter – wie sie durch Konzepte wie lebenslanges Lernen oder gesundheitsbewusstes Altern eingeführt werden – können zudem auch eine verstärkte sozio-kulturelle Disziplinierung des

---

5 Vgl. Cornelia Hummel, *La vieillesse, un âge obsolète? L'improbable projet des alchimistes du XXIème siècle*, in: Stefano Cavalli/Jean-Pierre Fragnière (eds.), *L'avenir – Attentes, projets, (dés)illusions, ouvertures. Hommages à Christian Lalive d'Epinay*, Lausanne 2003.

nachberuflichen Lebens einläuten, und modernes Alter bewegt sich – wie zum Abschluss diskutiert wird – deshalb auch im Spannungsfeld zwischen neuen Freiheiten und neuen Vergesellschaftungsformen.

2. Die Ausdifferenzierung der späteren Lebensphasen – drittes und viertes Lebensalter

Die erhöhte Lebenserwartung – namentlich älterer Frauen und Männer – sowie zeitweise auch vorzeitige Pensionierungen – haben zu einer zeitlichen Ausweitung der nachberuflichen Lebensphase geführt. Dadurch wurde die klassische Zweiteilung in Erwerbsbevölkerung und Altersrentner zu grob. In zunehmend mehr Diskussionen wird deshalb die ‚Altersbevölkerung' weiter aufgegliedert, oft mit behelfsmäßigen Begriffen wie ‚junge Alte' (Senioren) gegenüber ‚alte Alte' (Betagte). Oft wird heute auch zwischen dem dritten und vierten Lebensalter differenziert, wobei das dritte Lebensalter vor allem jüngere Altersrentner anspricht, wogegen sich das vierte Lebensalter primär auf hochaltrige Menschen bezieht. Neben der Stellung im Arbeitsmarkt wird deshalb zunehmend auch der funktionale Gesundheitszustand als Klassifikationsmerkmal für spätere Lebensphasen eingesetzt. Daraus ergibt sich beispielsweise folgende Klassifikation von Phasen im Lebenslauf älter werdender Erwachsener:[6]

1. *Alternsphase: Noch erwerbstätige Senioren (50+):* Zwar sind Menschen in dieser Lebensphase noch erwerbstätig, aber der Übergang in die nachberufliche Phase zeichnet sich ab. Frühpensionierungen führen dazu, dass viele Arbeitnehmende schon vor 65 aus dem Erwerbsleben austreten oder ausgeschlossen werden (wobei der Trend zu Frühpensionierungen dazu beigetragen hat, dass Mitarbeitende schon mit 50/55 zu den älteren Arbeitnehmern gezählt werden.[7] Vielfach vor dem Rentenalter erfolgt auch der Wegzug der Kinder sowie die Geburt erster Enkelkinder, und damit das Erleben einer ersten familialen Altersrolle als Großmutter bzw. Großvater. Ebenfalls oft vor 65 erfolgt die Konfrontation mit dem Altwerden, der Pflegebedürftigkeit und

---

6 Vgl. Christian Lalive d'Epinay/Jean- François Bickel/Carole Maystre/Nathalie Vollenwyder, *Vieillesses au fil du temps 1979–1994. Une révolution tranquille*, Lausanne 2000.

7 Vgl. Wolfgang Clemens/François Höpflinger/Ruedi Winkler (Hg.), *Arbeit in späteren Lebensjahren. Sackgassen, Perspektiven, Visionen*, Bern 2005.

dem Sterben der eigenen Eltern; alles Prozesse, die auch religiös-spirituell oft viel auslösen (die aber kirchlich kaum thematisiert werden). Da Menschen in dieser Lebensphase oft – wegen Erwachsenwerden der Kinder, aber auch dank Erbschaften – ein vergleichsweise hohes frei verfügbares Einkommen aufweisen, sind die noch erwerbstätigen Senioren (50+) eine wichtige Zielgruppe für Immobilien-, Bank- und Wellness-Angebote geworden. Umgekehrt führen Prozesse von Invalidisierung und Langzeitarbeitslosigkeit bei einigen Gruppen älterer Erwerbstätiger aber auch zu erhöhten Risiken gegen Berufsende, die sich negativ auf den Übergang in die nachberufliche Lebensphase auswirken.

2. *Alternsphase: Gesundes Rentenalter (auch Drittes Lebensalter genannt):* Diese – sozialhistorisch relativ neue – Lebensphase ist durch eine Freisetzung von der Erwerbsarbeit und dank Ausbau der Altersvorsorge auch häufiger als früher durch eine relativ gute wirtschaftliche Absicherung gekennzeichnet. Dadurch können viele – wenn sicherlich nicht alle – Altersrentner und Altersrentnerinnen von einem relativ langen gesunden Alter profitieren, was es ihnen erlaubt, die erste Phase des Rentenalters autonom nach eigenen Bedürfnissen zu gestalten und zu genießen. Diese Phase ‚später Freiheit' dauert sachgemäß unterschiedlich lang, und die Dauer des sogenannten ‚dritten Lebensalters' ist beispielsweise von den vorhandenen finanziellen und psychischen Ressourcen sowie den körperlichen Belastungen in früheren Lebensphasen abhängig. Gleichzeitig ist und bleibt das gesunde Rentenalter gesellschaftlich noch weitgehend unbestimmt und konturlos. Allerdings wird gegenwärtig immer stärker versucht, dieser Lebensphase durch neue Modelle eines aktiven, produktiven und kreativen Alters eine klare gesellschaftliche Kontur zu geben, auch um gesunde ältere Menschen gezielt in die gesellschaftliche bzw. intergenerationelle Verantwortung einzubeziehen.

3. *Alternsphase: Lebensalter verstärkter Fragilisierung (frailty) (auch Viertes Lebensalter genannt):* Je nach früheren beruflich-biografischen Belastungen und familial-konstitutiven Faktoren treten altersbezogene Einschränkungen und Defizite früher oder später stärker hervor. Bei gesundheitsfördernder Lebensführung erhöhen sich die altersspezifischen Risiken, Defizite und funktionale Einschränkungen heute im allgemeinen vor allem nach dem 80. Altersjahr.[8] Das fragilisierte Alter

---

8 Vgl. Christian Lalive d'Epinay/Dario Spini et al., *Les années fragiles. La vie au-delà de quatre-vingts ans*, Quebec 2008.

– früher auch gebrechliches Alter genannt – ist eine Lebensphase, in der gesundheitliche Beschwerden und funktionale Einschränkungen ein selbständiges Leben nicht verunmöglichen, es aber erschweren. Funktionale Einschränkungen – wie Hörverluste, Seheinbussen, Gehschwierigkeiten, erhöhtes Sturzrisiko usw. – erzwingen eine Anpassung der Alltagsaktivitäten (wie Verzicht auf anstrengende Reisen oder Autofahren). Frauen und Männer im fragilen Lebensalter sind besonders auf eine gute Passung von Wohnumwelt und noch vorhandenen Kompetenzen angewiesen, ebenso wie sie vermehrt auf externe Hilfe bei ausgewählten Tätigkeiten des Alltags angewiesen sind (z. B. beim Putzen, Einkaufen). Im fragilen Alter müssen – bei oft noch guten geistig-kognitiven Fähigkeiten – die Grenzen und Einschränkungen eines alternden Körpers bewältigt werden. Es ist in dieser Lebensphase, wo das psychische Wohlbefinden stark durch Faktoren der ‚mentalen Kraft' bestimmt sind,[9] und es ist in dieser Lebensphase, wo gerontologische Modelle der selektiven Optimierung mit Kompensation und Resilienzmodelle besonders relevant werden.[10]

4. *Alternsphase: Pflegebedürftigkeit und Lebensende:* Diese Lebensphase ist durch gesundheitlich bedingte Abhängigkeit charakterisiert. Selbständiges Leben ist kaum mehr möglich, und Menschen sind in dieser Lebensphase selbst bei einfachen Alltagsaktivitäten auf die Hilfe anderer Menschen angewiesen. Es ist diese Lebensphase, welche meist angesprochen wird, wenn negative Stichworte zum Alter angeführt werden. Sachgemäß werden nicht alle alten Menschen gegen Lebensende pflegebedürftig, aber das Risiko von Pflegebedürftigkeit – und damit elementarer Abhängigkeit von Anderen – steigt im hohen Alter deutlich an, oft kombiniert mit Multimorbidität. Im hohen Lebensalter steigt namentlich auch das Risiko hirnorganischer Erkrankungen rasch an, und gut ein Drittel der über 90-jährigen Menschen ist demenzerkrankt. Die Tatsache, dass körperlich bedingte Pflegebedürftigkeit heute oft später eintritt, jedoch altersbedingte demenzielle Erkrankungen bisher nicht verhindert werden können, führt dazu, dass der Anteil an hochaltrigen Pflegebedürftigen mit hirnorganischen Einschränkungen zunimmt, was besondere Heraus-

---

9 Vgl. Pasqualina Perrig-Chiello, *Wohlbefinden im Alter. Körperliche, psychische und soziale Determinanten und Ressourcen*, Weinheim 1997.
10 Vgl. Hans-Werner Wahl/Vera Heyl, *Gerontologie – Einführung und Geschichte*, Stuttgart 2004.

forderungen für Pflege und Sterbebegleitung bedeutet.[11] Der Trend verläuft gegenwärtig in Richtung einer verstärkten Polarisierung von Pflegebedürftigkeit im (hohen) Alter: Neben einer großen Zahl alter Menschen, die kurz vor ihrem Tod eine Phase der Pflegebedürftigkeit erfahren, zeigt sich auch eine steigende Zahl von langjährig pflegebedürftigen Menschen (etwa Alzheimer Patienten ohne kardio-vaskuläre Risiken).

Die Ausdifferenzierung unterschiedlicher Phasen des Alters in einer Gesellschaft oft langlebiger Menschen führt allmählich zur Entwicklung von zwei unterschiedlichen Alterskulturen, mit jeweils anderen sozialen Schwerpunkten und teilweise gegensätzlichen sozial-ethischen Herausforderungen:

Erstens entsteht nach und nach eine *Kultur für das dritte Lebensalter* (Seniorenalter, gesundes Rentenalter): Für gesunde, aktive und kompetente Frauen und Männer in der zweiten Lebenshälfte – und namentlich in der nachberuflichen Lebensphase – stehen Partizipation, Kompetenzerhalt und sozial sinnvolle Aktivitäten im Zentrum. Zu einer positiven Alterskultur in dieser Lebensphase gehören vielfältige Kontakte mit anderen Generationen, wie aber auch – zunehmend gefordert – die Pflicht, sich für andere Generationen einzusetzen. Eine positive und aktive Alterskultur des dritten Lebensalters wird immer mehr als eine zentrale Säule des Generationenvertrags in einer demografisch alternden Gesellschaft verstanden, da nur eine vermehrte soziale Nutzung der (wachsenden) Kompetenzen gesunder älterer Menschen eine Bewältigung der demografischen Herausforderungen erlaubt. Gleichzeitig stärkt eine positive Kompetenzkultur des Alters die soziale Integration älterer Menschen in ihrer nachberuflichen Lebensphase.

Zweitens kommt es zur weiteren institutionellen Verankerung einer *Alterskultur für das vierte Lebensalter* (fragiles Alter, Pflegebedürftigkeit, Lebensende). Bedeutsame – und traditionsreiche – Elemente dieser zweiten Alterskultur, die von einer verschlechterten Gewinn-Verlust-Bilanz des Lebens ausgeht, sind Solidarität, Unterstützung und Rücksichtnahme, aber auch die Anerkennung der Endlichkeit des Lebens. Es ist primär eine Solidaritäts- und Unterstützungskultur zugunsten abhängig gewordener alter Menschen, es ist aber auch eine Alterskultur,

---

11 Vgl. Albert Wettstein, *Umgang mit Demenzkranken und Angehörigen*, in: Mike Martin/Hans Rudolf Schelling (Hg.), *Demenz in Schlüsselbegriffen*, Bern 2005, 101–151.

welche die Grenzen des Machbaren anerkennt. So formuliert wird deutlich, dass in einer Alterskultur für das vierte Lebensalter die normalen gesellschaftlichen Leistungsbegriffe disfunktional werden, und es ist in diesem Bereich, wo sich unweigerlich ethische Dilemmas öffnen, etwa zwischen Selbständigkeitserhalt und Unterstützung, zwischen Sicherheit und Autonomie, zwischen medizinischen Interventionen und würdevollem Sterben usw.

Dass sich diese Ausdifferenzierung zweier unterschiedlicher Alterskulturen schon sozialpolitisch widerspiegelt, wird etwa darin deutlich, dass die konzeptuellen Grundlagen und konkreten Herausforderungen der Hochaltrigkeit und demenzieller Erkrankungen im vierten deutschen Altersbericht ausgebreitet wurden.[12] Der fünfte Altersbericht hingegen konzentrierte sich umgekehrt auf die Potenziale älterer Menschen, gerade auch für den Zusammenhang der Generationen.[13] Theologisch-kirchliche Diskurse, welche die Ausdifferenzierung unterschiedlicher Phasen des Alters nicht berücksichtigen (und vom Alter allgemein sprechen), sind obsolet.

3. Verstärkte Dynamik der zweiten Lebenshälfte – hin zu einem sozio-kulturell verjüngten Alter?

In den letzten Jahrzehnten unterlagen auch die späteren Lebensphasen (späte Familien- und Berufsphasen und nachberufliches Leben) einem ausgeprägten gesellschaftlichen Wandel, und während früher das Altern passiv hingenommen werden musste, wird das Altern heute vermehrt als Prozess verstanden, der aktiv gestaltbar ist, wie gerontologische Konzepte zur Plastizität des Alters andeuten. Die zuerst bei jungen Erwachsenen feststellbaren Prozesse von Individualisierung, Pluralisierung und Dynamisierung von Lebensvorstellungen und Lebensverläufen berühren immer stärker auch die späteren Lebensphasen, namentlich das dritte Lebensalter (Seniorenalter, gesundes Rentenalter). Ausdruck davon sind

---

12 Vgl. Bundesministerium für Familie, Senioren, Frauen und Jugend, *Vierter Bericht zur Lage der älteren Generation in der Bundesrepublik Deutschland: Risiken, Lebensqualität und Versorgung Hochaltriger – unter besonderer Berücksichtigung demenzieller Erkrankungen*, Berlin 2002.

13 Vgl. Bundesministerium für Familie, Senioren, Frauen und Jugend, *Fünfter Bericht zur Lage der älteren Generation in der Bundesrepublik Deutschland. Potenziale des Alters in Wirtschaft und Gesellschaft. Der Beitrag älterer Menschen zum Zusammenhalt der Generationen*, Berlin 2005.

forderungen für Pflege und Sterbebegleitung bedeutet.[11] Der Trend verläuft gegenwärtig in Richtung einer verstärkten Polarisierung von Pflegebedürftigkeit im (hohen) Alter: Neben einer großen Zahl alter Menschen, die kurz vor ihrem Tod eine Phase der Pflegebedürftigkeit erfahren, zeigt sich auch eine steigende Zahl von langjährig pflegebedürftigen Menschen (etwa Alzheimer Patienten ohne kardio-vaskuläre Risiken).

Die Ausdifferenzierung unterschiedlicher Phasen des Alters in einer Gesellschaft oft langlebiger Menschen führt allmählich zur Entwicklung von zwei unterschiedlichen Alterskulturen, mit jeweils anderen sozialen Schwerpunkten und teilweise gegensätzlichen sozial-ethischen Herausforderungen:

Erstens entsteht nach und nach eine *Kultur für das dritte Lebensalter* (Seniorenalter, gesundes Rentenalter): Für gesunde, aktive und kompetente Frauen und Männer in der zweiten Lebenshälfte – und namentlich in der nachberuflichen Lebensphase – stehen Partizipation, Kompetenzerhalt und sozial sinnvolle Aktivitäten im Zentrum. Zu einer positiven Alterskultur in dieser Lebensphase gehören vielfältige Kontakte mit anderen Generationen, wie aber auch – zunehmend gefordert – die Pflicht, sich für andere Generationen einzusetzen. Eine positive und aktive Alterskultur des dritten Lebensalters wird immer mehr als eine zentrale Säule des Generationenvertrags in einer demografisch alternden Gesellschaft verstanden, da nur eine vermehrte soziale Nutzung der (wachsenden) Kompetenzen gesunder älterer Menschen eine Bewältigung der demografischen Herausforderungen erlaubt. Gleichzeitig stärkt eine positive Kompetenzkultur des Alters die soziale Integration älterer Menschen in ihrer nachberuflichen Lebensphase.

Zweitens kommt es zur weiteren institutionellen Verankerung einer *Alterskultur für das vierte Lebensalter* (fragiles Alter, Pflegebedürftigkeit, Lebensende). Bedeutsame – und traditionsreiche – Elemente dieser zweiten Alterskultur, die von einer verschlechterten Gewinn-Verlust-Bilanz des Lebens ausgeht, sind Solidarität, Unterstützung und Rücksichtnahme, aber auch die Anerkennung der Endlichkeit des Lebens. Es ist primär eine Solidaritäts- und Unterstützungskultur zugunsten abhängig gewordener alter Menschen, es ist aber auch eine Alterskultur,

---

11 Vgl. Albert Wettstein, *Umgang mit Demenzkranken und Angehörigen*, in: Mike Martin/Hans Rudolf Schelling (Hg.), *Demenz in Schlüsselbegriffen*, Bern 2005, 101–151.

welche die Grenzen des Machbaren anerkennt. So formuliert wird deutlich, dass in einer Alterskultur für das vierte Lebensalter die normalen gesellschaftlichen Leistungsbegriffe disfunktional werden, und es ist in diesem Bereich, wo sich unweigerlich ethische Dilemmas öffnen, etwa zwischen Selbständigkeitserhalt und Unterstützung, zwischen Sicherheit und Autonomie, zwischen medizinischen Interventionen und würdevollem Sterben usw.

Dass sich diese Ausdifferenzierung zweier unterschiedlicher Alterskulturen schon sozialpolitisch widerspiegelt, wird etwa darin deutlich, dass die konzeptuellen Grundlagen und konkreten Herausforderungen der Hochaltrigkeit und demenzieller Erkrankungen im vierten deutschen Altersbericht ausgebreitet wurden.[12] Der fünfte Altersbericht hingegen konzentrierte sich umgekehrt auf die Potenziale älterer Menschen, gerade auch für den Zusammenhang der Generationen.[13] Theologisch-kirchliche Diskurse, welche die Ausdifferenzierung unterschiedlicher Phasen des Alters nicht berücksichtigen (und vom Alter allgemein sprechen), sind obsolet.

3. Verstärkte Dynamik der zweiten Lebenshälfte – hin zu einem sozio-kulturell verjüngten Alter?

In den letzten Jahrzehnten unterlagen auch die späteren Lebensphasen (späte Familien- und Berufsphasen und nachberufliches Leben) einem ausgeprägten gesellschaftlichen Wandel, und während früher das Altern passiv hingenommen werden musste, wird das Altern heute vermehrt als Prozess verstanden, der aktiv gestaltbar ist, wie gerontologische Konzepte zur Plastizität des Alters andeuten. Die zuerst bei jungen Erwachsenen feststellbaren Prozesse von Individualisierung, Pluralisierung und Dynamisierung von Lebensvorstellungen und Lebensverläufen berühren immer stärker auch die späteren Lebensphasen, namentlich das dritte Lebensalter (Seniorenalter, gesundes Rentenalter). Ausdruck davon sind

---

12 Vgl. Bundesministerium für Familie, Senioren, Frauen und Jugend, *Vierter Bericht zur Lage der älteren Generation in der Bundesrepublik Deutschland: Risiken, Lebensqualität und Versorgung Hochaltriger – unter besonderer Berücksichtigung demenzieller Erkrankungen*, Berlin 2002.
13 Vgl. Bundesministerium für Familie, Senioren, Frauen und Jugend, *Fünfter Bericht zur Lage der älteren Generation in der Bundesrepublik Deutschland. Potenziale des Alters in Wirtschaft und Gesellschaft. Der Beitrag älterer Menschen zum Zusammenhalt der Generationen*, Berlin 2005.

etwa zunehmende Scheidungsraten bei langjährigen Paaren, eine vermehrte Häufigkeit von Zweitbeziehungen im Alter, aber auch eine steigende Zahl über 50-jähriger Berufswechsler. Nicht bei allen, aber bei einer größeren Gruppe älterer Frauen und Männer führen neue Modelle eines aktiven und kreativen Alterns auch zu einer bedeutsamen Neugestaltung der nachberuflichen Aktivitäten, namentlich was das ‚dritte Lebensalter', das gesunde Rentenalter, betrifft. Der Lebensstil 65- bis 74-jähriger Menschen, teilweise aber auch über 75-jähriger Menschen, hat sich etwa in der Schweiz seit den 1980er Jahren eindeutig in Richtung einer mehr aktiven Lebensgestaltung verschoben, und der Anteil älterer Menschen, die nach der Pensionierung einen passiven oder zurückgezogenen Lebensstil führen, ist gesunken.[14] In Deutschland ist dieser Trend – soweit ersichtlich – (noch) weniger ausgeprägt, und Analysen zur Freizeit lassen wenig neue Muster erahnen, sondern sichtbar wird vielmehr eine Polarisierung in Aktive und Inaktive.[15] Wo sich allerdings auch in Deutschland klare Veränderungen des dritten Lebensalters zeigen, ist bezüglich Verkehrs- und Reiseverhalten, und tatsächlich verbringen mehr ältere Menschen kürzere oder längere Zeit fern ihres Wohnorts; eine Entwicklung, die dazu geführt hat, dass „reisende Senioren" gerade zur ‚Inkarnation' eines aktiven Alters geworden sind.[16] Auch die Wohnmobilität älterer Menschen hat sich in den letzten Jahrzehnten erhöht. So stieg etwa in der Schweiz der Anteil von Haushalten mit Referenzpersonen im Alter von 60 bis 74 Jahren, die innerhalb der letzten 5 Jahre ihren Wohnort wechselten, zwischen 1970 und 2007 von 8 % auf gut 20 %.[17] Ein Wohnortswechsel vor oder nach der Pensionierung wurde auch in Deutschland häufiger, wobei – mit Ausnahme von Migranten,

---

14 Vgl. Lalive d'Epinay/Bickel/Maystre/Vollenwyder, *Vieillesses au fil du temps 1979–1994*, a.a.O.
15 Vgl. Harald Künemund, *Freizeit und Lebensstile älterer Frauen und Männer – Überlegungen zur Gegenwart und Zukunft gesellschaftlicher Partizipation im Ruhestand*, in: Ursula Pasero/Gertrud M. Backes/Klaus R. Schroeter (Hg.), *Altern in Gesellschaft. Aging – Diversity – Inclusion*, Wiesbaden 2007, 231–240.
16 Vgl. Stephan Rammler/Hans-Liudger Dienel, *Zwischen Butterbrot und Wellness – Zur Entwicklung des Reisens im Alter*, in: Antje Flade/Maria Limbourg/Bernhard Schlag (Hg.), *Mobilität älterer Menschen*, Opladen 2001, 183–198.
17 Vgl. François Höpflinger, *Die zweite Lebenshälfte – Lebensperiode im Wandel*, in: Andreas Huber (Hg.), *Neues Wohnen in der zweiten Lebenshälfte*, ETH-Wohnforum, Edition Wohnen 2, Basel 2008, 31–42.

die in ihr Herkunftsland zurückkehren – allerdings häufig ein regionaler Wohnortswechsel gewählt wird.[18]

Verstärkt wird die verstärkte Individualisierung und Dynamik später Lebensjahre durch das Altern neuer Generationen älterer Frauen und Männer mit neuen Lebensvorstellungen. Strukturwandel und Generationenwandel des Alterns gehen somit Hand in Hand. Vor allem das Altern der ersten Nachkriegsgenerationen (Baby-Boomers) verändert das dritte Lebensalter (und eventuell auch das vierte Lebensalter) entscheidend. Dies gilt vor allem für die in Westeuropa in einer einmaligen Wohlstandsperiode der Nachkriegszeit aufgewachsenen Frauen und Männer.[19]

Die Baby-Boom-Generation in Westeuropa war und ist eine Generation, die in ihren jungen Jahren beispielsweise stark von einer globalisierten Jugend- und Musikkultur geprägt wurde.[20] Sie waren zur Zeit ihrer Jugend und ihres jungen Erwachsenenalters aber gleichzeitig auch mit der raschen Auflösung traditioneller familialer Werthaltungen konfrontiert, etwa bezüglich vorehelicher Sexualität und vorehelichem Zusammenleben. Es ist diese Generation, welche die Auflösung des bürgerlichen Ehe- und Familienmodells nicht nur erlebt, sondern auch aktiv gefördert hat. Entsprechend haben sie weniger Kinder, aber mehr Scheidungen erlebt als ihre Elterngeneration. Während ihrer Jugend und ihrem jungen Erwachsenenalter wandelten sich auch die Vorstellungen zur Rolle der Frau, und die heute älter werdenden Frauen der ‚Baby-Boom'-Generation gehören zu den ersten Generationen emanzipierter und selbstbewusster älterer Frauen.

---

18 Vgl. Landesbausparkassen LBS, *Die Generation über 50. Wohnsituation, Potenziale und Perspektiven*, Berlin 2006, 38.
19 In zentral- und osteuropäischen Ländern – die nach 1945 in den Einflussbereich der Sowjet-Union fielen – verlief der Generationenwandel sachgemäß anders, und markante Generationendifferenzen zeigen sich vor allem zwischen langjährig staatssozialistisch geprägten Generationen und Generationen, die nach der Wende Jugend und frühes Erwachsenenalter erlebten. Kohortenanalysen für Deutschland sind entsprechend für West- und Ostdeutschland getrennt durchzuführen; vgl. Clemens Tesch-Römer/Heribert Engstler/Susanne Wurm (Hg.), *Altwerden in Deutschland. Sozialer Wandel und individuelle Entwicklung in der zweiten Lebenshälfte*, Wiesbaden 2006.
20 Vgl. Fred Karl, *Alternsforschung. Brückenschlag zu den Jugendstudien der 1950 und 1960er Jahre?*, in: Hans-Werner Wahl/Heidrun Mollenkopf (Hg.), *Alternsforschung am Beginn des 21. Jahrhunderts*, Berlin 2007, 83–98.

Da körperlich harte Arbeiten in Landwirtschaft und Industrie seltener wurden, leiden zudem weniger Frauen und Männer dieser Generation im höheren Lebensalter an vorzeitigen körperlichen Abbauerscheinungen, und entsprechend weisen die Ergebnisse der deutschen Alterssurveys 1996 und 2002 „bereits für einen Kohortenunterschied von nur sechs Jahren darauf hin, dass nachfolgende Geburtskohorten weniger Erkrankungen haben als vor ihnen geborene".[21]

Zusätzlich profitierten die jüngeren Generationen von einer starken Expansion des Bildungssystems, wodurch Männer und Frauen dieser Generation weitaus häufiger eine höhere Fachausbildung oder ein universitäres Studium absolvieren konnten als ihre Eltern oder Großeltern. So haben 18 % der 1945–52 Geborenen einen Abiturabschluss, gegenüber nur 10 % der früher Geborenen.[22] Von der Bildungsexpansion der Nachkriegsjahre profitierten – mit Zeitverzögerung – auch die Frauen. Die höhere schulisch-berufliche Bildung jüngerer Generationen führt auch bei der Teilnahme an Bildungsveranstaltungen in der zweiten Lebenshälfte zu einem Nachfragesprung.[23]

Besser ausgebildete Generationen weisen mehr Karrierechancen auf, und verhältnismäßig viele westdeutsche Frauen und Männer jüngerer Generationen konnten eine berufliche Aufwärtsmobilität – mit besseren Berufspositionen und höherem Einkommen – erleben.[24] Da höhere Löhne mit höheren Rentenansprüchen verbunden sind, profitieren viele – wenn sicherlich nicht alle – Angehörige dieser Generationen im Alter von einer besseren wirtschaftlichen Absicherung, und die Zahl von Menschen, die sich einen Aufenthalt in einer luxuriösen Seniorenresidenz leisten können, ist ansteigend. Nicht selten profitieren jüngere Generationen in der zweiten Lebenshälfte zudem von substantiellen Erbschaften, und der Anteil der 55-69-Jährigen, die in Deutschland eine Erbschaft von 2.500 Euro und mehr erhielten, lag 2002 in Westdeutschland bei 55 %, (Ostdeutschland. 2002: 31 %).[25] Auf der anderen Seite haben

---

21 Vgl. Susanne Wurm/Clemens Tesch-Römer, *Gesundheit, Hilfebedarf und Versorgung*, in: Tesch-Römer/Engstler/Wurm (Hg.), *Altwerden in Deutschland*, a.a.O., 370.
22 Vgl. Karl, *Alternsforschung*, a.a.O., 92.
23 Vgl. Helmut Schröder/Reiner Gillberg, *Weiterbildung Älterer im demographischen Wandel. Empirische Bestandsaufnahme und Prognose*, Bielefeld 2005.
24 Vgl. Andreas Motel-Klingebiel, *Materielle Lagen älterer Menschen. Verteilungen und Dynamiken in der zweiten Lebenshälfte*, in: Tesch-Römer/Engstler/Wurm (Hg.), *Altwerden in Deutschland*, a.a.O., 155–230.
25 Vgl. Motel-Klingebiel, *Materielle Lagen älterer Menschen*, a.a.O., 203.

berufliche und betriebliche Umstrukturierungen wie auch Fragen einer vorzeitigen Pensionierung diese Generationen in ihren späteren Erwerbsjahren stärker berührt, als dies bei ihrer Vorgängergeneration der Fall war. Ebenso zeigen sich gerade für die Baby-Boom-Generation die Grenzen des Wohlfahrtsstaats schärfer als für ihre Eltern, weil gerade das Altern dieser Generation entscheidend zur demografischen Alterung beiträgt bzw. beitragen wird.

Mit dem Älterwerden der ersten Nachkriegsgenerationen – die in ihren jungen Jahren von einer globalen Jugendbewegung beeinflusst wurden – treten in der nachberuflichen Lebensphase vermehrt aktivere Verhaltensformen auf. Der ‚Ruhestand' entwickelt sich häufiger zum ‚Unruhestand', wobei namentlich die Frauen der ersten Nachkriegsgeneration selbstbewusster und eigenständiger sind als ihre Mütter. Jüngere Rentnergenerationen sind auch stärker als frühere Generationen daran gewohnt, in einer mobilen und ständig sich ändernden globalen Gesellschaft zu leben, wodurch sie häufiger auch im späteren Lebensalter innovativ und lernbereit verbleiben. Während 1999/2000 in der Schweiz erst 15 % der 60-64-Jährigen einen Internet-Anschluss aufwiesen, waren es 2003 schon 41 % und 2008 gar 64 %, und 2008 besaß selbst die Mehrheit der 65-69-Jährigen zuhause einen Anschluss an das globale Informationsnetzwerk. Eine analoge verstärkte Offenheit älterer Menschen gegenüber technischen Neuerungen lässt sich auch in Deutschland festhalten. Dabei werden die neueren Generationen älterer Menschen auch in ihren Lebens- und Konsumbedürfnissen anspruchsvoller und wählerischer. Ein Vergleich von 1930-36 Geborenen („Swing-Generation") und von 1950-1956 Geborenen („Baby-Boomer") in der Schweiz lässt beispielsweise erkennen, dass die jüngere Generation weniger auf Ordnung ausgerichtet ist, sich jedoch im Vergleich zur älteren Generation stärker ‚aus dem Bauch' entscheidet.[26] Spontaneität und Emotionalität – beim Einkaufen, aber auch beim Wohnen – sind bei der Nachkriegsgeneration wichtiger als bei der Vorkriegsgeneration. Deshalb sind ansprechende Eindrücke und Farben für Baby-Boomers wichtiger, wogegen die Vorkriegsgeneration stärker auf den Preis fixiert bleibt. Diese Entwicklung wird auch zu steigenden Ansprüchen an allgemeine Wohn-

---

26 Vgl. Peter Spichiger, *BabyBoomer*, gfs-Zürich, Markt- & Sozialforschung (mimeo.) 2006.

standards, alternative Wohnformen, Medien und Dienstleistungsangebote führen.[27]

Die neuen Modelle eines aktiven Alterns haben jedoch nicht dazu beigetragen, dass traditionelle Defizit-Vorstellungen zum Alter verschwanden, sondern zu beobachten ist vielmehr, dass sich Menschen länger als jugendlich und später als alt einschätzen. Festzustellen ist nicht eine erhöhte Akzeptanz des Alters, sondern eher eine Veränderung der Verhaltensweisen älterer Menschen in Richtung eines ‚jüngeren Verhaltens'. Faktisch zeigt sich damit eine gewisse sozio-kulturelle Verjüngung neuer Rentnergenerationen (was eine Gleichsetzung von demografischer Alterung und gesellschaftlicher Überalterung grundsätzlich in Frage stellt). Die Ausdehnung einer teilweise auf jung ausgerichteten Lebensweise bis weit ins Rentenalter führt allerdings zu zwei gegensätzlichen Trends:

Einerseits entstehen dadurch vermehrte Möglichkeiten, sich auch in der zweiten Lebenshälfte neu auszurichten. Die Pensionierung bedeutet nicht mehr Ruhestand und Rückzug, sondern sie ist eine Lebensphase mit vielfältigen und bunten Möglichkeiten, um sich beispielsweise auch wohnmäßig neu einzurichten. Das Alter ist nicht eine Phase nur von Defiziten und Verlusten, sondern auch eine Phase, wo sich neue Chancen ergeben und bisher vernachlässigte Kompetenzen – etwa bezüglich sozialer Kontakte, Gartenarbeiten, Bildung usw. – ausgelebt werden können.

Andererseits entstehen damit neue soziale Zwänge, das sichtbare körperliche Alter zu verdrängen oder gar zu bekämpfen. Lebenslanges Lernen, möglichst lange Aktivität, aber auch ein möglichst langer Erhalt der körperlichen Gesundheit und Fitness werden zu neuen Normvorstellungen eines ‚erfolgreichen Alterns'. Die ‚anti-aging'-Bewegung – als Bestrebung, das körperliche Altern aufzuhalten oder zumindest zu verzögern – verstärkt den Druck, sich möglichst lange ‚jung' zu geben.

Die erhöhte Dynamik der zweiten Lebenshälfte beinhaltet zudem eine verstärkte Heterogenität von Alternsprozessen. In einer dynamischen Gesellschaft verlaufen biologische, psychische und soziale Prozesse des Alterns daher sehr unterschiedlich, und ein Grundmerkmal des Alterns von Heute sind die ausgeprägten Unterschiede zwischen gleichaltrigen

---

27 Vgl. Heidrun Mollenkopf/Frank Oswald/Hans-Werner Wahl, *Neue Person-Umwelt-Konstellationen im Alter. Befunde und Perspektiven zu Wohnen, außerhäuslicher Mobilität und Technik*, in: Hans-Werner Wahl/Heidrun Mollenkopf (Hg.), *Alternsforschung am Beginn des 21. Jahrhunderts*, a.a.O., 375.

Menschen. Dies hat zum einen mit der enormen wirtschaftlichen Ungleichheit bei älteren Menschen zu tun. Neben einer wachsenden Zahl wohlhabender älterer Menschen finden sich weiterhin einkommensschwache Personen. Der Trend zu einem aktiven und sozio-kulturell verjüngten Alter vergrößert die Unterschiede zum anderen in psychischer und sozialer Hinsicht: Während die Einen sich aktiv um Gestaltung und Planung des Alters kümmern, erleben Andere ihr Altern weiterhin als unausweichliches Schicksal. Entsprechend ihren bisherigen Lebenserfahrungen gehen Menschen mit ihrem Altern unterschiedlich um, und je nach beruflichen, familialen und sozialen Erfolgen bzw. Misserfolgen weist die zweite Lebenshälfte eine andere Prägung auf. Menschen werden mit steigendem Lebensalter nicht gleicher, sondern ungleicher; ein Punkt, der von der differenziellen Gerontologie schon seit Jahren betont wird.

Der Struktur- und Generationenwandel des Alters weist gesellschaftspolitisch drei grundlegende Konsequenzen auf:

Erstens sagen Feststellungen, die über heutige ältere und betagte Menschen gemacht werden, wenig über die zukünftige Gestaltung des Alters aus. Entsprechend sind lineare Zukunftsszenarien zum Alter sozialplanerisch wenig sinnvoll. Vor allem die Kombination des Alterns sozial und kulturell mobiler Generationen mit neuen Modellen aktiven und kompetenzorientierten Alterns führt zu einer verstärkten Dynamik der späteren Lebensphase, die historisch neu ist. Dies führt auch zu deutlichen Veränderungen religiös-kirchlicher Orientierungen bei älteren Menschen.

Zweitens kommt es zwar zu einer demografischen Alterung der Bevölkerung, durch tiefe Geburtenraten einerseits (demografische Alterung von unten) und erhöhte Lebenserwartung älterer Frauen und Männer andererseits (demografische Alterung von oben). Aber dieser demografischen Alterung entspricht keine gesellschaftliche Alterung, sondern im Gegenteil – dank Ausdehnung eines jugendnahen Erwachsenenalters und aktiver Lebensgestaltung auch in der nachberuflichen Lebensphase – ergibt sich soziologisch gesehen eher eine sozio-kulturelle Verjüngung der Gesellschaft. In diesem Rahmen wird es fragwürdiger, das Alter 65 zur Definition der ‚Altersbevölkerung' zu benützen, und auch kirchliche Angebote zugunsten alter Menschen (wie Altersnachmittage usw.) sprechen immer häufiger erst hochaltrige Menschen an, wenn überhaupt.

Drittens wissen jüngere Generationen, dass sie in mancherlei Hinsicht anders Alt werden (müssen) als ihre Elterngeneration. Umgekehrt wissen ältere Generationen, dass ihre Erfahrungen für nachkommende

Generationen nicht mehr bestimmend sein können. Dies wirkt sich auf die intergenerationellen Beziehungen zwischen erwachsenen Kindern und alternden Eltern aus, indem das Altern der eigenen Eltern für die nachkommende Generation zwar ein Prozess ist, der oft direkte Betroffenheit auslöst, gleichzeitig aber auch den Wunsch, anders alt zu werden. Dies führt auch zu neuen Anforderungen an intergenerationelle Altersarbeit und Sterbebegleitung.

4. Abschlussdiskussion – neues Altern zwischen neuen Freiheiten und neuen Verpflichtungen

Die Entwicklung zu einer Gesellschaft langlebiger Menschen, die auch ihre späteren Lebensjahre aktiv gestalten, führt zu neuen Spannungsfeldern zwischen neuen Freiheiten des Alters und neuen sozialen Verpflichtungen im Alter:

Einerseits ergeben sich für mehr – wenn auch längst noch nicht allen – Menschen neue Chancen eines langen gesunden und wirtschaftlich abgesicherten Alters, das neue individualisierte Freiheiten erlaubt. Wirtschaftlich abgesicherte und gesunde Altersrentner und Altersrentnerinnen erleben neuen Möglichkeiten zur Selbstentfaltung und Selbstverwirklichung auch im Alter. Selbstbestimmung und Selbständigkeit werden damit auch für das Alter zu bedeutsamen Leitvorstellungen, und dies wird sowohl sichtbar im Wunsch, möglichst lange selbständig Zuhause zu leben als auch in einer Zunahme in Zahl und Bedeutung selbstorganisierter Seniorengruppen. Alte Menschen fühlen sich häufiger als eigenverantwortliche Subjekte ihres Handelns, und nicht als Objekte fremdbestimmter Altenarbeit. Mitwirkung und Eigenverantwortung älterer Menschen werden auch in der kirchlichen Altersarbeit zu zentralen Leitmotiven. Gleichzeitig führt ein selbstbestimmtes Altern auch stärker zur Betonung eines selbstbestimmten Sterbens.

Andererseits führen demografische Alterung sowie sozialpolitische Ängste zu Ungleichgewichten des Generationenvertrags zu neuen Überlegungen zur gesellschaftlichen Verantwortung alter Menschen. Dies wird verstärkt durch gerontologische Kompetenzmodelle, die auf vorhandene Kompetenzen und Ressourcen älterer Menschen hinweisen, und Modellvorstellungen eines aktiven oder sogar produktiven Alters postulieren ein hohes Aktivitätsniveau in späteren Lebensphasen als eine bedeutsame Voraussetzung für ein glückliches und erfülltes Altern. Die neue gesellschaftliche Verantwortung des Alters wird namentlich deutlich in Diskursen zur Erhöhung des Rentenalters („wer länger gesund und kompetent ist, kann und soll auch länger arbeiten) oder in einer Neuaufwertung von bürgerschaftlichem Engagement und Freiwilligenarbeit im Alter.[28] Die nachberufliche Lebensphase – Ruhestand bzw. Phase später Freiheit – wird damit verstärkt auch als Lebensphase neuer sozialer Verpflichtungen definiert.

Die neuen Leitbilder des Alters – in einer Gesellschaft des langen Lebens – orientieren sich insgesamt stark an gesellschaftlichen Modellen eines selbst- und mitverantwortlichen Lebens älterer Menschen. Dabei lassen sich gegenwärtig vor allem vier zentrale Ideologien eines modernen Alterns festhalten:[29]

Erstens zeigt sich das Modell des ‚erfolgreichen Alterns', das sich stark auf eine aktive Gestaltung von Lebenszufriedenheit und langjähriger Gesundheit bezieht. Gesellschaftspolitisch hat es vor allem gesundheitsfördernde Ansätze und individuelle Strategien eines aktiven Alterns zur Folge. Daraus können sich neue soziale Verpflichtungen zu lebenslangem Lernen und lebenslang gesunder Lebensführung ergeben.

Zweitens wird immer häufiger das Modell eines ‚produktiven Alterns' propagiert. Zentral ist die Idee, dass auch alte Menschen gesellschaftlich wertvolle Leistungen erbringen können (oder erbringen müssen). Sozialpolitisch eingebettet wird dieses Modell in Forderungen nach einer Ausdehnung der Lebensarbeitszeit oder einer Neuaufwertung der Freiwilligenarbeit im Alter.[30]

Drittens ist heute auch das Modell eines ‚bewussten und selbstgestalteten Alterns' aktuell. Hier geht es um lebenslange Entwicklung und

---

28 Vgl. Gertrud M. Backes, *Widersprüche und Ambivalenzen ehrenamtlicher und freiwilliger Arbeit im Alter*, in: Klaus R. Schroeter/Peter Zängl (Hg.), *Altern und bürgerschaftliches Engagement. Aspekte der Vergemeinschaftung und Vergesellschaftung in der Lebensphase Alter*, Wiesbaden 2006, 63–94; Marcel Erlinghagen/Karsten Hank (Hg.), *Produktives Altern und informelle Arbeit in modernen Gesellschaften. Theoretische Perspektiven und empirische Befunde*, Wiesbaden 2008.
29 Vgl. Gertrud M. Backes/Ludwig Amrhein, *Potenziale und Ressourcen des Alter(n)s im Kontext von sozialer Ungleichheit und Langlebigkeit*, in: Harald Künemund/Klaus R. Schroeter (Hg.), *Soziale Ungleichheiten und kulturelle Unterschiede in Lebenslauf und Alter. Fakten, Prognosen und Visionen*, Wiesbaden 2008, 76 f.
30 Vgl. François Höpflinger, *Ausdehnung der Lebensarbeitszeit und die Stellung älterer Arbeitskräfte – Perspektiven aus Sicht einer differenziellen Alternsforschung*, in: Ursula Pasero/Gertrud M. Backes/Klaus R. Schroeter (Hg.), *Altern in Gesellschaft. Ageing – Diversity – Inclusion*, Wiesbaden 2007, 307–343.

Selbstverwirklichung in einer sich ständig wandelnden Gesellschaft. Sozialpolitisch richtet es sich gegen negative Altersbilder, aber zentral ist vor allem die Idee, dass Altern nicht ein passiv zu erleidender Prozess ist, sondern aktiv zu gestalten ist. Kombiniert mit ‚anti-aging'-Bestrebungen kann dies aber auch eine Verdrängung des Alters in einer jugendbetonten Gesellschaft beinhalten.

Viertens wird – neuerdings – auch das Modell des ‚solidarischen Alterns' vermehrt diskutiert. Dabei geht es um Fragen der sozialen Gerechtigkeit unter Gleichaltrigen, aber auch um Fragen der Generationensolidarität zwischen Jung und Alt. Eingebettet wird dieses Modell in Bestrebungen zur Verstärkung der intergenerationellen Solidarität älterer Menschen gegenüber jüngeren Menschen wie auch einer gezeigten Hilfe gesunder alter Menschen gegenüber hilfs- und pflegebedürftigen alten Menschen.

Die aktuellen sozialen Diskurse und Leitbilder modernen Alters bewegen sich somit zwischen individuellen Gestaltungsspielräumen und neuen sozialen Verpflichtungen. Bei genauer Betrachtung beziehen sich viele dieser neuen (Wunsch)-Modelle allerdings primär auf das dritte Lebensalter (Seniorenalter, gesundes Rentenalter). Die vierte Lebensphase (fragiles Alter, Phase der Pflegebedürftigkeit) bleibt davon weniger betroffen. Hier bleiben klassische Defizitvorstellungen noch stärker verankert.

Insgesamt ergibt sich damit ein asymmetrischer Wertwandel des Alters: Einerseits zeigt sich ein starker, auch generationenbedingter Strukturwandel und eine erhöhte Dynamik des gesunden Rentenalters, das gleichzeitig einer verstärkten Individualisierung als auch neuen gesellschaftlichen Verpflichtungen unterliegt. Andererseits konzentrieren sich die traditionellen negativen Bilder zum Alter immer stärker auf das hohe Lebensalter, wo sich aufgrund altersbezogener Einschränkungen deutliche Begrenzungen individueller Gestaltungsspielräume ergeben und ethisch verantwortungsvolle Solidarität zentraler wird. Das Alter als klare soziale Größe gibt es somit nicht, sondern es zeigen sich unterschiedliche und teilweise gegensätzliche strukturelle und normative Entwicklungen je nach Altersphase.

Literatur

Gertrud M. Backes, *Widersprüche und Ambivalenzen ehrenamtlicher und freiwilliger Arbeit im Alter*, in: Klaus R. Schroeter/Peter Zängl (Hg.), *Altern und bürgerschaftliches Engagement. Aspekte der Vergemeinschaftung und Vergesellschaftung in der Lebensphase Alter*, Wiesbaden 2006, 63–94.

Gertrud M. Backes/Ludwig Amrhein, *Potenziale und Ressourcen des Alter(n)s im Kontext von sozialer Ungleichheit und Langlebigkeit*, in: Harald Künemund/Klaus R. Schroeter (Hg.), *Soziale Ungleichheiten und kulturelle Unterschiede in Lebenslauf und Alter. Fakten, Prognosen und Visionen*, Wiesbaden 2008, 71–84.

Bettina Bräuninger/Andreas Lange/Kurt Lüscher, *‚Alterslast' und ‚Krieg zwischen den Generationen'? Generationenbeziehungen in aktuellen Sachbuchtexten*, Zeitschrift für Bevölkerungswissenschaft 1998, 23,1: 3–17.

Bundesministerium für Familie, Senioren, Frauen und Jugend, *Vierter Bericht zur Lage der älteren Generation in der Bundesrepublik Deutschland: Risiken, Lebensqualität und Versorgung Hochaltriger – unter besonderer Berücksichtigung demenzieller Erkrankungen*, Berlin 2002.

Bundesministerium für Familie, Senioren, Frauen und Jugend, *Fünfter Bericht zur Lage der älteren Generation in der Bundesrepublik Deutschland. Potenziale des Alters in Wirtschaft und Gesellschaft. Der Beitrag älterer Menschen zum Zusammenhalt der Generationen*, Berlin 2005.

Wolfgang Clemens/François Höpflinger/Ruedi Winkler (Hg.), *Arbeit in späteren Lebensjahren. Sackgassen, Perspektiven, Visionen*, Bern 2005.

Marcel Erlinghagen/Karsten Hank (Hg.), *Produktives Altern und informelle Arbeit in modernen Gesellschaften. Theoretische Perspektiven und empirische Befunde*, Wiesbaden 2008.

Insa Fooken, *Weibsbilder im Alter im Spiegel der Kunst. Die vielen Gesichter weiblichen Alters in einer Bild-Text-Collage*, in: Pasqualina Perrig-Chiello/François Höpflinger (Hg.), *Jenseits des Zenits. Frauen und Männer in der zweiten Lebenshälfte*, Bern 2000, 173–185.

Gerd Göckenjan, *Das Alter würdigen. Altersbilder und Bedeutungswandel des Alters*, Frankfurt 2000.

François Höpflinger, *Bevölkerungssoziologie. Eine Einführung in bevölkerungssoziologische Ansätze und demographische Prozesse*, Weinheim 1997.

François Höpflinger, *Ausdehnung der Lebensarbeitszeit und die Stellung älterer Arbeitskräfte – Perspektiven aus Sicht einer differenziellen Alternsforschung*, in: Ursula Pasero/Gertrud M. Backes/Klaus R. Schroeter (Hg.), *Altern in Gesellschaft. Ageing – Diversity – Inclusion*, Wiesbaden 2007, 307–343.

François Höpflinger, *Die zweite Lebenshälfte – Lebensperiode im Wandel*, in: Andreas Huber (Hg.), *Neues Wohnen in der zweiten Lebenshälfte*, ETH-Wohnforum, Edition Wohnen 2, Basel 2008, 31–42.

Cornelia Hummel, *La vieillesse, un âge obsolète? L'improbable projet des alchimistes du XXIème siècle*, in: Stefano Cavalli/Jean-Pierre Fragnière (eds.), *L'avenir – Attentes, projets, (dés)illusions, ouvertures. Hommages à Christian Lalive d'Epinay*, Lausanne 2003.

Fred Karl, *Alternsforschung: Brückenschlag zu den Jugendstudien der 1950 und 1960er Jahre?*, in: Hans-Werner Wahl/Heidrun Mollenkopf (Hg.), *Alternsforschung am Beginn des 21. Jahrhunderts*, Berlin 2007, 83–98.

Harald Künemund, *Freizeit und Lebensstile älterer Frauen und Männer – Überlegungen zur Gegenwart und Zukunft gesellschaftlicher Partizipation im Ruhestand*, in: Ursula Pasero/Gertrud M. Backes/Klaus R. Schroeter (Hg.), *Altern in Gesellschaft. Ageing – Diversity – Inclusion*, Wiesbaden 2007, 231–240.

Christian Lalive d'Epinay/Jean- François Bickel/Carole Maystre/Nathalie Vollenwyder, *Vieillesses au fil du temps 1979–1994. Une révolution tranquille*, Lausanne 2000.

Christian Lalive d'Epinay/Dario Spini et al., *Les années fragiles. La vie au-delà de quatre-vingts ans*, Quebec 2008.

Landesbausparkassen LBS, *Die Generation über 50. Wohnsituation, Potenziale und Perspektiven*, Berlin 2006.

Heidrun Mollenkopf/Frank Oswald/Hans-Werner Wahl, *Neue Person-Umwelt-Konstellationen im Alter. Befunde und Perspektiven zu Wohnen, außerhäuslicher Mobilität und Technik*, in: Hans-Werner Wahl/Heidrun Mollenkopf (Hg.), *Alternsforschung am Beginn des 21. Jahrhunderts. Alterns- und Lebenslaufkonzeptionen im deutschsprachigen Raum*, Berlin 2007, 361–380.

Andreas Motel-Klingebiel, *Materielle Lagen älterer Menschen. Verteilungen und Dynamiken in der zweiten Lebenshälfte*, in: Clemens Tesch-Römer/Heribert Engstler/Susanne Wurm (Hg.), *Altwerden in Deutschland. Sozialer Wandel und individuelle Entwicklung in der zweiten Lebenshälfte*, Wiesbaden 2006, 155–230.

Pasqualina Perrig-Chiello, *Wohlbefinden im Alter. Körperliche, psychische und soziale Determinanten und Ressourcen*, Weinheim 1997.

Stephan Rammler/Hans-Liudger Dienel, *Zwischen Butterbrot und Wellness – Zur Entwicklung des Reisens im Alter*, in: Antje Flade/Maria Limbourg/Bernhard Schlag (Hg.), *Mobilität älterer Menschen*, Opladen 2001, 183–198.

Helmut Schröder/Reiner Gillberg, *Weiterbildung Älterer im demographischen Wandel. Empirische Bestandsaufnahme und Prognose*, Bielefeld 2005.

Peter Spichiger, *BabyBoomer*, gfs-Zürich, Markt- & Sozialforschung (mimeo.) 2006.

Clemens Tesch-Römer/Heribert Engstler/Susanne Wurm (Hg.), *Altwerden in Deutschland. Sozialer Wandel und individuelle Entwicklung in der zweiten Lebenshälfte*, Wiesbaden 2006.

Hans-Werner Wahl/Vera Heyl, *Gerontologie – Einführung und Geschichte*, Stuttgart 2004.

Albert Wettstein, *Umgang mit Demenzkranken und Angehörigen*, in: Mike Martin/Hans Rudolf Schelling (Hg.), *Demenz in Schlüsselbegriffen*, Bern 2005, 101–151.

Susanne Wurm/Clemens Tesch-Römer, *Gesundheit, Hilfebedarf und Versorgung*, in: Clemens Tesch-Römer/Heribert Engstler/Susanne Wurm (Hg.), *Altwerden in Deutschland. Sozialer Wandel und individuelle Entwicklung in der zweiten Lebenshälfte*, Wiesbaden 2006, 329–383.

Kulturelle Gerontologie: Gesellschaftliche und individuelle Antworten auf Entwicklungspotenziale und Grenzsituationen im Alter

Andreas Kruse

1. Der Begriff „Kultur"

Kultur ist ein Begriff, der in der Anthropologie in vielfältiger Weise konzeptualisiert wird. Zu den in der Literatur vorgeschlagenen Konzepten gehören: Gesamtheit des sozialen Erbes des Menschen; der vom Menschen geschaffene Anteil der Umwelt; Gesamtheit dessen, was Personen von anderen Personen lernen; die einer Gruppe von Personen gemeinsamen Lebensauffassungen und Lebensstile. Daneben finden sich in der Literatur Nennungen unterschiedlicher Aspekte von Kultur, wie Sprache, charakteristische Persönlichkeitseigenschaften, Wissensbestände und Überzeugungssysteme, Religion, Besitzverhältnisse, Regierungs- und Herrschaftsformen sowie Literatur und Kunst.

In einer klassischen Übersichtsarbeit schlagen Kroeber und Kluckhohn[1] vor, zwischen sechs Arten der Definition von Kultur zu unterscheiden: (1) *Deskriptive Bestimmungen.* Diese versuchen durch eine Auflistung von Aspekten menschlichen Lebens und menschlicher Aktivität ein Verständnis von Kultur zu exemplifizieren. Ihnen liegt ein Verständnis von Kultur als umfassender Totalität zugrunde. (2) *Strukturelle Bestimmungen.* Diese gründen ebenfalls auf einem Verständnis von Kultur als umfassender Totalität. Kultur wird hierbei nicht lediglich als Summe unterschiedlicher Aspekte menschlichen Lebens und menschlichen Handelns aufgefasst, sondern als organisierte und integrierte Totalität aufeinander bezogener Aspekte. (3) *Historische Bestimmungen.* Diese betonen stärker den Aspekt des sozialen Erbes und der Überlieferung von Traditionen als den Aspekt der Reichhaltigkeit kultureller Phänomene, wobei Vererbung ausdrücklich nicht in einem biologischen oder geneti-

---

[1] Alfred Louis Kroeber/Clyde Kluckhohn, *Culture. A critical review of concepts and definitions,* Cambridge 1952.

schen Sinn gemeint ist. (4) *Genetische Bestimmungen.* In diesen geht es um den Ursprung und die Entstehung von Kultur. Je nach Sichtweise wird Kultur (a) als adaptive Leistung, als Anpassung an ein spezifisches Habitat, (b) als Resultat sozialer Interaktion oder (c) als kreative Leistung interpretiert. (5) *Normative Bestimmungen.* In diesen wird die Bedeutung geteilter Normen und Werte für menschliches Handeln betont. Anders als in deskriptiven, strukturellen und historischen Definitionen, in denen sich der Begriff Kultur auf beobachtbare Phänomene bezieht, erfordert ein solches Verständnis die Interpretation beobachtbaren Verhaltens, und dies mit dem Ziel, zu erkennen, was hinter kulturellen Phänomenen liegt. (6) *Psychologische Bestimmungen.* Diese betonen vor allem den Einfluss einer Kultur auf die Ausprägung psychologischer Merkmale wie Anpassung, Problemlösen und Bewältigung. In einer gegebenen Kultur werden spezifische Inhalte gelernt. Als Resultat solcher Lernprozesse bilden sich gruppenspezifische Gewohnheiten aus. Diese umfassen sowohl beobachtbares Verhalten als auch zu erschließende Erlebens- und Deutungsmuster.

2. Altersfreundliche Kultur

Unter altersfreundlicher Kultur verstehen wir zunächst einen sozialkulturellen Kontext, der ältere Menschen – deren Ressourcen ebenso wie deren Werte, Bedürfnisse und Interessen – in gleicher Weise in die Mitte des öffentlichen Raumes stellt wie jüngere Menschen. Dieser Kontext eröffnet älteren Menschen in gleicher Weise wie jüngeren Menschen die Möglichkeit zur Übernahme von Mitverantwortung sowie zur sozialen Teilhabe.

Dabei wird mit dem Begriff des öffentlichen Raumes in Anlehnung an Hannah Arendt[2] ausdrücklich auf die Polis (= Burg, Stadt, Stadtstaat) Bezug genommen, eine seit dem 8. Jahrhundert vor Christus bestehende Organisationsform des antiken Stadtstaats. Diese umfasste das gesamte öffentliche Leben eines von einer Burg beschützten Territoriums. Der Höhepunkt der Polis-Bildung datiert auf das 5. Jahrhundert vor Christus; als Vorbild der Polis galt Athen. Deren vier zentrale Leitbilder waren (a) politische Autonomie, (b) demokratische Verfassung, (c) wirtschaftliche Unabhängigkeit, (d) Verehrung einer eigenen Gottheit. An dieser Stelle sei erwähnt, dass der Begriff der Politik etymologisch seinen Ursprung

---

2 Hannah Arendt, *Vita activa oder vom tätigen Leben*, Stuttgart 1960.

zum einen in der Polis hat, zum anderen in der Politeia, die die Verfassung und Struktur einer Polis sowie die Teilnahme des Bürgers an der Gesetzgebung, der Rechtssprechung und der Verwaltung beschreibt.

Unter altersfreundlicher Kultur verstehen wir darüber hinaus einen sozialkulturellen Kontext, in dem die Entwicklungs- und Handlungsmöglichkeiten des Menschen in gleicher Weise repräsentiert sind und bejaht werden wie die Entwicklungs- und Handlungsgrenzen – so zum Beispiel die Fragilität, die Endlichkeit, die Unvollkommenheit der individuellen Existenz. Menschen werden in einer altersfreundlichen Kultur nicht wegen dieser Grenzen abgewertet, diskriminiert oder ausgegrenzt.

Unter altersfreundlicher Kultur ist schließlich die Balance zwischen Selbstverantwortung des Einzelnen, Mitverantwortung des Einzelnen für die Gemeinschaft und Verantwortung der Gemeinschaft für den Einzelnen zu verstehen.[3] Diese Balance ist konstitutiv für die Subsidiarität. Die Subsidiarität muss dabei, wenn sie aus der Perspektive des Alters betrachtet wird, heute in einer veränderten Weise gedeutet werden: Heute sind Ältere nur vergleichsweise selten die Bedürftigen und vergleichsweise häufig jene, die Bedürftige in den nachfolgenden Generationen wie auch in ihrer eigenen Generation unterstützen (oder unterstützen könnten). Wandlungen im Verständnis von Subsidiarität speziell mit Blick auf die ältere Generation sind auch vor dem Hintergrund der Solidarität zwischen den Generationen zentral. Dieses gewandelte Verständnis ist heute nur in Ansätzen erkennbar.

3. Ansätze zur Entwicklung einer altersfreundlichen Kultur

3.1 Ausdruck von Respekt im Handeln

Im Folgenden soll zunächst auf die von Hannah Arendt in ihrer Schrift „Vita Activa oder vom tätigen Leben"[4] vorgelegte Analyse der Entwicklung westlicher Gesellschaften eingegangen werden, ehe das Konzept des „aktiven Alterns" als programmatischer Entwurf der Entwicklung einer altersfreundlichen Kultur behandelt wird. In einem weiteren Schritt wird

---

3   Grundlegend dazu: Oswald von Nell-Breuning, *Christliche Soziallehre*, Freiburg 1977. – Auf das Thema „Alter" bezogen: Gerhard Bäcker/Gerhard Naegele/Reinhard Bispinck/Klaus Hofemann/Jennifer Neubauer, *Sozialpolitik und soziale Lage in Deutschland*, Wiesbaden [4]2008.
4   Hannah Arendt, *Vita activa*, a.a.O.

auf zwei politische Dokumente – ein internationales, ein nationales – eingegangen, in denen gesellschaftliche und politische Beiträge zur Förderung einer altersfreundlichen Kultur im Zentrum stehen; in diesen Dokumenten werden vor allem das „produktive" wie auch das „aktive Altern" betont.

Unter dem Begriff *Vita Activa* fasst Hannah Arendt Arbeit, Herstellen und Handeln als drei menschliche Grundtätigkeiten zusammen, die ihrerseits mit spezifischen Formen der Produktivität verbunden sind:

> „Die Arbeit erzeugt und bereitet Naturdinge zu, die der menschliche Körper für sein Wachstum und seinen Stoffwechsel benötigt. Das Herstellen produziert eine künstliche Welt von Dingen, die sich den Naturdingen nicht einfach zugesellen, sondern die der Natur bis zum gewissen Grade widerstehen und von den lebendigen Prozessen nicht einfach zerrieben werden. Das Handeln ist die Tätigkeit der Vita activa, die sich ohne die Vermittlung von Materie, Material und Dingen direkt zwischen Menschen abspielt." (S. 15)

Hannah Arendt stellt kritisch fest, dass sich die Gesellschaft des 20. Jahrhunderts in eine Arbeitsgesellschaft verwandelt und dabei ein sehr eingeengtes Produktivitätsverständnis entwickelt hat: der Begriff der Produktivität werde fast ausschließlich im Sinne des Herstellens verwendet, hingegen nicht im Sinne des Arbeitens – also des Schaffens von Bedingungen, die der menschliche Körper für sein Wachstum und seinen Stoffwechsel benötige –, und schon gar nicht im Sinn des Handelns, das heißt, der Beziehung zwischen Menschen. Doch drohe der Arbeitsgesellschaft die Arbeit auszugehen – diese Entwicklung sei vor allem durch die Automation bedingt. Vor diesem Hintergrund stelle sich dann die Frage, ob und wie es dieser Gesellschaft gelinge, zu einem erweiterten Verständnis von Produktivität zu gelangen. Eine konstruktive Antwort auf diese Frage wird durch die vermehrte Besinnung auf jene Tätigkeitsform nahe gelegt, die mit dem Begriff des Handelns umschrieben wird. Diese Tätigkeitsform betont die Existenz des Menschen in ihrem Umgang mit anderen Personen. – Für das Verständnis möglicher Produktivitätsformen im Alter ist gerade diese Tätigkeitsform von großer Bedeutung. Sie führt vor Augen, wie wichtig das Mit-Sein – die soziale Partizipation – für das menschliche Leben überhaupt und somit für das Leben im Alter ist.

In diesem Kontext gewinnt die von Richard Sennett verfasste Arbeit „Respekt im Zeitalter der Ungleichheit"[5] große Bedeutung. Sennett greift

---

5   Richard Sennett, *Respekt im Zeitalter der Ungleichheit*, Berlin 2002.

in dieser Arbeit die von Hannah Arendt angestellten Überlegungen zu unserem Produktivitätsverständnis auf und knüpft an diese mit seinen Aussagen zum „Respekt" an. Dabei treffen diese Aussagen auch – wenn nicht sogar in besonderer Weise – auf den Umgang unserer Gesellschaft und Kultur mit Altern und Alter zu.

Zunächst wird die These aufgestellt, dass in unserer Gesellschaft Respekt wie ein knappes Gut verstanden werde:

> „Mangelnder Respekt mag zwar weniger aggressiv erscheinen als eine direkte Beleidigung, kann aber ebenso verletzend sein. Man wird nicht beleidigt, aber man wird auch nicht beachtet; man wird nicht als ein Mensch angesehen, dessen Anwesenheit etwas zählt. Wenn die Gesellschaft die Mehrzahl der Menschen so behandelt und nur wenigen besondere Beachtung schenkt, macht sie Respekt zu einem knappen Gut, als gäbe es nicht genug von diesem kostbaren Stoff. Wie viele Hungersnöte, so ist auch diese Knappheit von Menschen gemacht; aber im Unterschied zu Nahrungsmitteln kostet Respekt nichts. Insofern stellt sich die Frage, warum auf diesem Gebiet Knappheit herrschen sollte." (S. 15)

Vor diesem Hintergrund wird verständlich, dass sich die Haltung des Respekts in dem Maße ausbildet, in dem sich Menschen darum bemühen, andere Menschen in ihrer Autonomie und Einzigartigkeit wahrzunehmen und anzusprechen. Autonomie bedeutet im Verständnis von Richard Sennett, „dass man an anderen Menschen akzeptiert, was man nicht versteht. Wenn ich das tue, behandle ich andere als ebenso autonome Wesen wie mich selbst. Wer Schwachen oder Außenseitern Autonomie zubilligt, der belässt ihnen Würde. Und dadurch stärkt man zugleich den eigenen Charakter." (S. 317)

In besonderer Weise stellt sich die Frage nach dem Respekt im Angesicht jener Menschen, die aufgrund ihrer Schwäche auf Hilfe angewiesen sind:

> „Der Kern des Problems, vor dem wir in der Gesellschaft und insbesondere im Sozialstaat stehen, liegt in der Frage, wie der Starke jenen Menschen mit Respekt begegnen kann, die dazu verurteilt sind, schwach zu bleiben. Darstellende Künste wie die Musik öffnen den Blick auf Elemente, die auf Zusammenarbeit ausgerichtet sind, auf die Ausdruckspraxis gegenseitigen Respekts." (S. 318)

Dabei ist – wie Richard Sennett betont – Respekt nicht im Sinne von „Barmherzigkeit" zu verstehen, sondern vielmehr als Vermittlung der Überzeugung, dass der andere Mensch das Potenzial besitzt, (zumindest in Teilen) Selbstständigkeit und Selbstverantwortung zu zeigen und Mitverantwortung zu übernehmen. In der Vermittlung dieser Überzeugung ist der Gebrauch des rechten Wortes und der rechten Geste unabdingbar:

> „Respekt ist eine ausdrückliche Darbietung. Andere mit Respekt zu behandeln geschieht nicht einfach von selbst, nicht einmal beim besten Willen. Wer jemandem überzeugend Respekt erweisen will, muss die rechten Worte und Gesten finden. Kunst und Anthropologie können hilfreich sein, wenn wir erforschen wollen, wie die Menschen in unserer Gesellschaft Respekt in einer Weise ausdrücken könnten, die über die Grenzen der Ungleichheit hinausreicht. Wenn wir nach solchen Hinweisen suchen, stoßen wir möglicherweise auf etwas, das nicht nur von sozialem Wert ist. Ausdruckshandlungen dieser Art geben auch Aufschluss über die Bildung des Charakters, also jenes Aspekts des Selbst, der andere zu bewegen vermag." (S. 252)

3.2 Förderung aktiven Alterns

Alan Walker[6] sieht im Konzept des aktiven Alterns eine Grundlage für die Überwindung der bislang für westliche Industrienationen charakteristischen Tendenz, auf Herausforderungen des demografischen Wandels lediglich bruchstückhaft und isoliert für traditionelle Politikbereiche zu reagieren. Während das Konzept des aktiven Alterns in Europa erst in den letzten Jahren, insbesondere durch die Bemühungen der Weltgesundheitsorganisation,[7] populär geworden ist, erlebt es in den Vereinigten Staaten bereits seine zweite Renaissance. Bereits in den 1960er Jahren wurde unter dem Einfluss der Aktivitätstheorie die Beibehaltung von Rollen des mittleren Erwachsenenalters und – wo dies nicht möglich schien – die Suche nach *neuen* Aktivitäten im Alter als Via regia zu Lebenszufriedenheit und erfolgreichem Alter propagiert. Auch wenn Einigkeit darüber besteht, dass eine in dieser Weise pointierte theoretische Position zum einen die Bedeutung ökonomischer, politischer und sozialer Strukturen verfehlt und ältere Menschen in unzulässiger Weise homogenisiert, sind die in der entsprechenden Tradition nachgewiesenen Zusammenhänge zwischen Aktivität und Wohlbefinden bis heute gültig. Nachdem sich in den 1980er Jahren der Fokus gerontologischer Forschung zunehmend von Fragen des *Alters* auf Fragen des *Alterns* verlagerte, wobei Altern zugleich als lebenslanger Prozess konzeptualisiert

---

6 Alan Walker, *The principals and potential of active ageing*, in: Stephan Pohlmann (Hg.), *Facing an ageing world – recommendations and perspectives*, Regensburg 2002, 113–118.
7 World Health Organization, *Active Ageing. A policy framework*, Geneva 2002.

wurde, wurde zunehmend deutlich, dass sich Leistungsfähigkeit auf der Grundlage des chronologischen Alters nicht prognostizieren lässt. Gleichzeitig wurde von immer größeren Teilen der älteren US-amerikanischen Bevölkerung artikuliert, dass Freizeit und familiäre Verpflichtungen allein Frauen und Männer im traditionellen Ruhestand nicht wirklich befriedigen können: „Productive ageing became a rallying for elder advocates and others looking for a more positive approach to ageing" (S. 114). Die Forderung nach Chancen einer *aufgabenbezogenen* Lebensführung im Ruhestand wurde von politischen Entscheidungsträgern ausdrücklich unterstützt, nicht zuletzt auch weil die Finanzierung der Alters- und Gesundheitsversorgung zunehmend an politischer Bedeutung gewann. Es muss allerdings festgestellt werden, dass sich der Diskurs über Möglichkeiten einer produktiven Lebensführung im Alter nach wie vor an einem instrumentalistischen und ökonomistischen Verständnis von Produktivität orientierte, welches die Produktion von Gütern und in ihrem materiellen Wert eindeutig quantifizierbare Dienstleistungen einseitig in den Vordergrund rückte.

Ein modernes Verständnis von aktivem Altern entwickelte sich unter dem Einfluss der Weltgesundheitsorganisation in den 1990er Jahren. Ausgehend von dem in empirischen Untersuchungen nachgewiesenen Zusammenhang zwischen gesundem Altern und Aktivität beruht dieses Verständnis von aktivem Altern auf der Berücksichtigung eines Aktivitätsspektrums, das weniger eng mit der Produktion von Gütern und dem Arbeitsmarkt assoziiert ist und insbesondere die *soziale Partizipation* und Integration älterer Menschen betont.

Die Förderung aktiven Alterns gründet auf dem Ziel, eine Gesellschaft für alle Lebensalter zu verwirklichen. Während die Gesellschaft geeignete Rahmenbedingungen für die Entwicklung und Entfaltung der Potenziale älterer Menschen zu schaffen hat, werden diese als verpflichtet angesehen, von der Gesellschaft bereitgestellte Möglichkeiten zu nutzen und vorhandene Potenziale im Sinne einer mitverantwortlichen Lebensführung zu verwirklichen. Neben dem Kernelement der Produktivität betont das Konzept des aktiven Alterns auch Aspekte von Lebensqualität sowie geistigem und körperlichem Wohlbefinden im Alter. Alan Walker (2002) nennt sieben Leitprinzipien aktiven Alterns, deren Verwirklichung eine Integration von bislang weitgehend voneinander isolierten Politikbereichen gestatten sollte.

1. Der Begriff aktives Altern umfasst alle persönlich sinnerfüllten Handlungen, die zum Wohlbefinden des jeweiligen Individuums, seiner Familie, der Kommune oder der Gesellschaft beitragen.
2. Der Begriff ist ausdrücklich nicht für den Bereich der bezahlten Arbeit oder die Produktion von Gütern zu reservieren: „Activity means more than paid work". (S. 114)
3. Der Begriff der Aktivität ist auf alle alten Menschen anzuwenden, unabhängig davon, ob sie im dritten oder vierten Lebensalter stehen oder hilfs- und pflegebedürftig sind.
4. Aktives Altern ist primär als präventives Konzept aufzufassen. Entsprechend ist Aktivität in allen Altersgruppen zu fördern. Die Wahrung intergenerationeller Solidarität ist dabei ein zentrales Anliegen, insofern es nicht allein um die Zukunft älterer Menschen, sondern vielmehr um aller Menschen Zukunft geht.
5. Das Konzept verweist gleichermaßen auf Rechte und Pflichten; zu den Rechten zählen unter anderem das Recht auf soziale Fürsorge sowie das Recht auf lebenslange Bildung und Training, zu den Pflichten die Wahrnehmung von Bildungs- und Trainingsmöglichkeiten oder die Aufrechterhaltung von Aktivität.
6. Das Konzept ist eng mit dem Begriff „Empowerment" verbunden, Strategien zur Förderung aktiven Alterns haben ihren Ausgangspunkt nicht allein in administrativem politischen Handeln, vielmehr sollten Menschen auch die Möglichkeit haben, individuelle Vorstellungen von aktivem Altern zu verwirklichen.
7. Konzepte aktiven Alterns haben nationale und kulturelle Besonderheiten zu respektieren, entsprechend gibt es keine optimale Aktivität.

Der gegenüber klassischen Aktivitätspositionen erhobene Vorwurf, das Bestehen auf Aktivitätspotenzialen sei mit einer Stigmatisierung der von Einschränkungen betroffenen älteren Menschen gleichzusetzen, trifft die moderne Aktivitätsauffassung insofern nicht, als nationale und kulturelle Besonderheiten respektiert werden und davon ausgegangen wird, dass es eine optimale Aktivität nicht gibt. Die Verwirklichung von Aktivität ist auch im Kontext intergenerationeller Solidarität zu sehen, so dass das Ausmaß, in dem Menschen in riskanten Lebenslagen Potenziale und Barrieren einer mitverantwortlichen Lebensführung wahrnehmen, unmittelbar auf die in einer gegebenen Gesellschaft vorhandenen integrativen Potenziale verweist.

3.3 Ein internationales politisches Dokument: Der International Plan of Action on Aging

Gerade wenn es um die Frage der Nutzung potentieller Ressourcen des Alters für eine Gesellschaft geht, müssen in besonderer Weise die jeweiligen sozialen und kulturellen Gegebenheiten einer Gesellschaft sowie die Altersbilder in dieser berücksichtigt werden. Aus diesem Grunde wurde von den Vereinten Nationen ein Expertenkomitee zur Erstellung des im Jahre 2002 von der Vollversammlung der Vereinten Nationen verabschiedeten *International Plan of Action on Ageing* (Weltaltenplan) berufen, in dem 15 Wissenschaftlerinnen und Wissenschaftler aus den fünf Kontinenten Vorschläge zur Entwicklung von Strategien in den Bereichen Bildung, Arbeit, Gesundheit und Soziales mit dem Ziel der Schaffung „altersfreundlicher Umwelten" erarbeiteten.[8] Im Weltaltenplan wird zunächst aufgezeigt, dass innerhalb der internationalen Staatengemeinschaft äußerst große Unterschiede sowohl im Wohlstand als auch in den mit dem Wohlstand verbundenen Lebensbedingungen sowie in der Gestaltung der räumlichen, sozialen und infrastrukturellen Umwelt bestehen – wobei diese Unterschiede bei einem Vergleich der Lebensbedingungen und Umwelten alter Menschen noch deutlicher ausfallen als bei einem Vergleich der Lebensbedingungen und Umwelten von Menschen in früheren Lebensaltern. Entsprechend fallen die politischen Empfehlungen, die im Weltaltenplan entwickelt wurden, differenziert aus. Neben der Verschiedenartigkeit politischer Strategien, die sich aus den erwähnten Unterschieden ergeben, sind aber auch Gemeinsamkeiten zwischen den Ländern in Bezug auf gesellschaftliche Fragen des Alters erkennbar: Diese betreffen zum einen die Bereitstellung gesellschaftlicher Ressourcen zur Verringerung der gesundheitlichen, der sozialen und der finanziellen Risiken im hohen Alter, zum anderen die Schaffung von Infrastruktur zur vermehrten gesellschaftlichen Nutzung der Ressourcen des Alters.

Der Weltaltenplan lässt sich bei der Entwicklung von Vorschlägen für gesellschaftliche Strategien zur Umsetzung des Leitthemas „*Society for all ages*" von folgenden fünf Prinzipien leiten:

1. Entwicklung im Lebenslauf *(Lifecourse development)*. Entwicklungspotenziale sind in allen Lebensphasen erkennbar. Der Prozess der

---

8 Der Verfasser war Mitglied dieses Komitees. – Eine zusammenfassende Darstellung geben: Alexandre Sidorenko/Alan Walker, *The Madrid International Plan of Action on Ageing. From conception to implementation*, in: Ageing and Society 24 (2004), 147–165.

Verwirklichung dieser Potenziale wird durch die für spezifische Lebensphasen typischen sozialen Rollen und sozialen Statuslagen beeinflusst. Lebensaltersspezifische individuelle Entwicklungspotenziale können für die Entwicklung der Gesellschaft genutzt werden.
2. Entwicklung und Lebensalter *(Development and age)*. Dieses Prinzip verbindet soziale und ökonomische Aspekte des Alterns. Ältere Menschen haben aktiven Anteil an Entwicklungsprozessen, profitieren von diesen und werden möglicherweise durch diese marginalisiert.
3. Kulturelle/ethnische Mannigfaltigkeit *(Cultural/ethnic diversity)*. Dieses Prinzip beruht auf der Idee grundlegender Menschenrechte, akzentuiert die Toleranz gegenüber allen Lebensaltern und verweist auf die Gefahren, die mit einer Konzentration auf die jeweils dominanten Kulturen verbunden sind.
4. Geschlecht *(Gender)*. Dieses Prinzip bezieht sich auf die Tatsache, dass Frauen in besonderem Maße von negativen Aspekten des Alterns und Alters betroffen sind. Entsprechend werden sowohl präventive Maßnahmen als auch Maßnahmen, die zu einer unmittelbaren Verbesserung von Lebenssituationen im Alter beitragen, gefordert.
5. Intergenerationelle Beziehungen und sozialer Zusammenhalt *(Intergenerational relations and social cohesion)*. Dieses Prinzip bezieht sich gleichermaßen auf die Mikro- und Makroebene. Mit Bezug auf die Mikroebene werden familienbezogene Themen behandelt, mit Bezug auf die Makroebene stehen Solidarität, Staatsbürgerschaft und intergenerationelle Gerechtigkeit im Vordergrund. Dabei sind Reziprozität, Solidarität und Entwicklung gleichermaßen zu unterstützen.

Mit den genannten Prinzipien wird hervorgehoben, dass die Förderung sozialer Teilhabe und gesellschaftlicher Produktivität alter Menschen, die Erhaltung von Gerechtigkeit und Solidarität zwischen den Generationen bei der Verteilung von Ressourcen und der Abbau von Benachteiligungen, denen viele Frauen im Lebenslauf ausgesetzt sind und die zu erhöhter physischer und sozialer Belastung im Alter beitragen, weltweite Gültigkeit beanspruchen können. Gleiches gilt für die Berücksichtigung kultureller und ethnischer Unterschiede sowie für individuelle Entwicklungspotenziale in ihrer Bedeutung für eine altersfreundliche Kultur.

3.4 Ein nationales politisches Dokument: Der Altenbericht der Bundesregierung

Die Sachverständigenkommission des Fünften Altenberichts der Bundesregierung, der unter der Überschrift „Potenziale des Alters in Wirtschaft und Gesellschaft" steht,[9] geht im Einleitungskapitel des Berichts von fünf Leitbildern im Hinblick auf die Entwicklung, die Aufrechterhaltung und die gesellschaftliche Nutzung von Potenzialen im Alter aus:

1. *Alter als Motor für Innovation.* Die Kommission hebt hervor, dass sich die Innovationsfähigkeit der deutschen Wirtschaft nur dann erhalten lässt, wenn es gelingt, das Beschäftigungspotenzial älterer Arbeitnehmerinnen und Arbeitnehmer besser auszuschöpfen. Die Wachstumschancen der deutschen Wirtschaft werden in Zukunft stark davon abhängen, inwieweit es gelingt, bei der Entwicklung und dem Angebot von Produkten und Dienstleistungen die Interessen und Bedürfnisse älterer Menschen gezielt anzusprechen.[10]
2. *Recht auf lebenslanges Lernen und Verpflichtung zum lebenslangen Lernen.* Das geforderte Recht auf lebenslanges Lernen wird sofort Konsens in unserer Gesellschaft finden, hingegen weniger die Verpflichtung zum lebenslangen Lernen. Die Verpflichtung zum lebenslangen Lernen ergibt sich aus der Tatsache des sozialen, des kulturellen und des technischen Fortschritts, an dem ältere Menschen – im Hinblick auf die Erhaltung von Selbstständigkeit und Selbstverantwortung wie im Hinblick auf erhaltene soziale Teilhabe – in gleichen Maße partizipieren sollten wie jüngere Menschen. Dies erfordert Bildungsinteressen und Bildungsaktivitäten auf Seiten des älteren Menschen sowie entsprechende Angebote der verschiedenen Einrichtungen der Erwachsenenbildung.[11]

---

9 Bundesministerium für Familie, Senioren, Frauen und Jugend, *Fünfter Altenbericht der Bundesregierung. „Potenziale des Alters in Wirtschaft und Gesellschaft"*, Berlin 2006. – Der Verfasser war Vorsitzender der Komision.
10 Gerd Naegele, *Wirtschaftliche Auswirkungen und Herausforderungen*, in: Stephan Pohlmann (Hg.), *Der demografische Imperativ*, Hannover 2003, 57–64.
11 Vergleiche Beiträge in Andreas Kruse (Hg.), *Weiterbildung in der zweiten Lebenshälfte. Multidisziplinäre Antworten auf Herausforderungen des demografischen Wandels*, Bielefeld 2008. – Vergleiche auch Ursula M. Staudinger/Jürgen Baumert, *Bildung und Lernen jenseits der 50. Plastizität und Realität*, in: Peter Gruss (Hg.), *Die Zukunft des Alterns. Die Antwort der Wissenschaft*, München 2007, 240–257. – Vergleiche auch Zweiter Nationaler Bildungsbericht, *Bildung in*

3. *Prävention in allen Phasen des Lebenslaufs.* Diesem Leitbild liegt ein Verständnis von Prävention zugrunde, das sich nicht auf medizinische Aspekte beschränkt, sondern auch soziologische und psychologische Perspektiven berücksichtigt.[12] Es geht zum einen um die Vermeidung von Krankheiten und funktionellen Einschränkungen, zum anderen um die Verringerung bestehender sozialer Ungleichheit im Hinblick auf materielle Ressourcen, Bildungsressourcen, gesundheitliche Versorgung, Wohnsituation etc. Eine zentrale Komponente der Prävention ist die Vermittlung von Kompetenzen, die für die selbstständige und selbstverantwortliche Lebensführung wie auch für die soziale Integration und Kommunikation im Alter bedeutsam sind. Im Hinblick auf dieses Leitbild – wie auch des Leitbilds des lebenslangen Lernens – sind empirische Befunde von Bedeutung, die auf die neuronale Plastizität (die Anpassungsfähigkeit der Nervenzellen) und damit auf die Lern- und Veränderungskapazität des Menschen über den gesamten Lebenslauf hindeuten. Aus diesem Grunde sind Generationen übergreifende Bildungsangebote wichtig, die ausdrücklich auch die Bildungsinteressen älterer Menschen ansprechen.
4. *Nachhaltigkeit und Generationensolidarität.* Die Förderung der Lebensbedingungen älterer Menschen darf die Entwicklungschancen nachfolgender Generationen nicht beeinträchtigen. Aus diesem Grunde werden Fragen des Alters grundsätzlich in Generationen übergreifenden Kontexten behandelt. Dabei spielt auch die Frage, inwieweit die mittlere und junge Generation von den Potenzialen des Alters profitieren kann (zum Beispiel durch Beteiligung älterer Menschen an Erziehung und Bildung), eine wichtige Rolle.[13]
5. *Mitverantwortung.* Ältere Menschen verfügen über kognitive, lebenspraktische, sozialkommunikative Kompetenzen, die sie befähigen, innerhalb unserer Gesellschaft ein mitverantwortliches Leben zu führen – zum Beispiel im Sinne des Engagements in Kommune, Verein, Nachbarschaft. Damit dieses Potenzial für mitverantwortliches Handeln genutzt wird, ist es notwendig, ältere Menschen in viel

---

Deutschland. Ein indikatorengestützter Bericht mit einer Analyse zu Übergängen im Anschluss an den Sekundarbereich I, Bielefeld 2008.
12 Ausführlich in Andreas Kruse, *Gesund altern. Stand der Prävention und Entwicklung ergänzender Präventionsstrategien*, Baden-Baden 2002.
13 Siehe hierzu Anton Hoff, *Intergenerationale Familienbeziehungen im Wandel*, in: Clemens Tesch-Römer/Heribert Engstler/Susanne Wurm (Hg.), *Sozialer Wandel und individuelle Entwicklung in der zweiten Lebenshälfte*, Wiesbaden 2005, 231–288.

stärkerem Maße als mitverantwortlich handelnde Staatsbürgerinnen und Staatsbürger anzusprechen. Dabei ist zu bedenken, dass jeder Mensch ein *zoon politikon*, das heißt, ein politisch denkendes und handelndes Wesen ist. Es geht somit darum, auch das Alter in die Mitte der Gesellschaft (polis) zu stellen und eben nicht an den Rand der Gesellschaft zu drängen.[14]

4. Entwicklungspotenziale in der Auseinandersetzung mit Grenzsituationen

4.1 Zum Begriff der Grenzsituation

Der Philosoph Karl Jaspers beschreibt in seiner Schrift „Philosophie"[15] Grenzsituationen als Grundsituationen der Existenz, die „mit dem Dasein selbst sind" (S. 203), das heißt, diese Situationen gehören zu unserer Existenz, konstituieren unsere Existenz. Grenzsituationen, wie jene des Leidens, des Verlusts, des Sterbens, haben den Charakter der Endgültigkeit: „Sie sind durch uns nicht zu verändern, sondern nur zur Klarheit zu bringen, ohne sie aus einem Anderen erklären und ableiten zu können" (S. 203). Aufgrund ihrer Endgültigkeit lassen sich Grenzsituationen selbst nicht verändern, sondern vielmehr erfordern sie die Veränderung des Menschen, und zwar im Sinne weiterer Differenzierung seines Erlebens, seiner Erkenntnisse und seines Handelns, durch die er auch zu einer neuen Einstellung zu sich selbst und zu seiner Existenz gelangt: „Auf Grenzsituationen reagieren wir nicht sinnvoll durch Plan und Berechnung, um sie zu überwinden, sondern durch eine ganz andere Aktivität, das Werden der in uns möglichen Existenz; wir werden wir selbst, indem wir in die Grenzsituationen offenen Auges eintreten" (S. 204). Das „Eintreten offenen Auges" lässt sich psychologisch im Sinne des reflektierten und verantwortlichen Umgangs interpretieren, also im Sinne der Orientierung des Menschen an Werten, die ihm hier besonders deutlich

---

14 Ausführlich in Andreas Kruse/Ursula Lehr/Eric Schmitt, *Ressourcen des Alters erkennen und nutzen – zur Produktivität älterer Menschen*, in: Gerd Jüttemann (Hg.), *Psychologie als Humanwissenschaft*, Göttingen 2004, 345–360. – Siehe auch Andreas Kruse, *Selbstständigkeit, Selbstverantwortung, bewusst angenommene Abhängigkeit und Mitverantwortung als Kategorien einer Ethik des Alters*, in: Zeitschrift für Gerontologie & Geriatrie 38 (2005), 273–286.
15 Karl Jaspers, *Philosophie*, Heidelberg (1932) ⁶1973.

bewusst werden. Die Anforderungen, die Grenzsituationen an den Menschen stellen, sowie die Verwirklichung des Menschen in Grenzsituationen „gehen auf das Ganze der Existenz" (S. 206). Dabei wird die Verwirklichung in der Grenzsituation auch im Sinne eines „Sprungs" interpretiert, und zwar in der Hinsicht, als das Individuum in der gelingenden Auseinandersetzung mit dieser Situation zu einem vertieften Verständnis seiner selbst gelangt: „Nach dem Sprung ist mein Leben für mich ein anderes als mein Sein, sofern ich nur da bin. Ich sage ‚ich selbst' in einem neuen Sinn." (S. 207)

Die Aussage, wonach Grenzsituationen Antworten des Menschen geradezu herausfordern, wird durch nachfolgendes Zitat gestützt, in dem die Frage nach der Bedeutung von Grenzsituationen für das Dasein aufgeworfen wird. Jaspers äußert sich zu dieser Frage wie folgt:

> „Als Dasein können wir den Grenzsituationen nur ausweichen, indem wir vor ihnen die Augen schließen. In der Welt wollen wir unser Dasein erhalten, indem wir es erweitern; wir beziehen uns auf es, ohne zu fragen, es meisternd und genießend oder an ihm leidend und ihm erliegend; aber es bleibt am Ende nichts, als uns zu ergeben. Auf Grenzsituationen reagieren wir daher nicht sinnvoll durch Plan und Berechnung, um sie zu überwinden, sondern durch eine ganz andere Aktivität, das Werden der in uns möglichen Existenz; wir werden wir selbst, indem wir in die Grenzsituationen offenen Auges eintreten." (S. 203 f)

4.2 Die gelingende Auseinandersetzung mit Grenzen als eine Form von „Produktivität"

Das Leben ist immer Fragment. Und doch liegen in dem Streben des Menschen nach einem möglichst erfüllten, die verschiedenen Seiten seiner Person möglichst weit verwirklichenden Leben ein bedeutendes Lebensmotiv und eine bedeutende Quelle der Produktivität. Dazu gehört die reflektierte und verantwortliche Auseinandersetzung mit Verlusten wie auch mit der eigenen Endlichkeit. Diese Auseinandersetzung bestimmt nicht das Alter (oder muss es zumindest nicht bestimmen) und sie beschränkt sich auch nicht auf das Alter. Doch sie gewinnt im Alter zunehmend an Bedeutung. Sie kann dabei eine weitere Differenzierung der Identität, der Erfahrungen, der Erkenntnisse eines Menschen anstoßen und kann in dieser Hinsicht zum „Werden zu sich selbst"[16] und

---

16 Thomas Rentsch/Elisabeth Birkenstock, *Ethische Herausforderungen des Alters*, in:

damit zu einer relativ geschlossenen Gestalt des Lebens beitragen. Aussagen über ein produktives Leben beschränken sich somit nicht auf Leistungen und Erfolge, die Menschen im Lebenslauf erbringen bzw. erfahren. Sie schließen ebenso die reflektierte und verantwortliche Auseinandersetzung mit Verlusten sowie mit der eigenen Endlichkeit ein.

Bedeutsam für diese Form von Produktivität ist auch hier unsere Gesellschaft, unsere Kultur. Diese bildet insofern einen möglichen und dabei auch bedeutsamen Entwicklungskontext, als die gesellschaftlichen und kulturellen Leitbilder eines guten Lebens die Identität des Menschen, dessen Deutung der einzelnen Lebensalter und dessen Orientierung in diesen Lebensaltern beeinflussen. Entscheidend sind hier zwei Fragen. Die erste Frage: Inwieweit werden in einer Gesellschaft Grenzsituationen als natürlicher Teil unseres Lebens und die reflektierte, verantwortliche Auseinandersetzung des Menschen mit Grenzsituationen als eine nicht nur individuell, sondern auch gesellschaftlich und kulturell bedeutsame Aufgabe interpretiert? Inwieweit sieht die Gesellschaft diese Auseinandersetzung als eine Form von Kreativität an, durch die auch ihr Humanvermögen erweitert wird? Die zweite Frage: Inwieweit ist in den sozialen Repräsentationen des Alters eine differenzierte Abbildung sowohl der möglichen Verluste als auch der möglichen Stärken dieser Lebensphase erkennbar und inwieweit ist auch in den sozialen Repräsentationen der Grenzen im Alter die potentielle Fähigkeit des Menschen zum selbstständigen, selbstverantwortlichen und mitverantwortlichen Leben berücksichtigt? Diese sozialen Repräsentationen sind für die Art der Auseinandersetzung mit Grenzen des Lebens von großer Bedeutung. Sie können diese befruchten oder erschweren.

Die Auseinandersetzung mit Grenzsituationen wurde bislang aus der Perspektive der Person und der Erfüllung ihres Lebens betrachtet. Diese Perspektive ist um eine weitere zu ergänzen – nämlich um jene der *Mitmenschen*. Es geht hier um die Frage, inwieweit diese aus meiner Auseinandersetzung mit Grenzsituationen Gewinn ziehen, inwieweit sie davon profitieren, dass sie Zeuge meiner Auseinandersetzung werden. Dieser Gedanke findet schon in der antiken Philosophie Ausdruck, wie nachfolgender Ausschnitt aus der von L. Annaeus Seneca (etwa 4 v. Chr. bis 65 n. Chr.) verfassten Schrift: „De tranquillitate animi"[17] deutlich machen soll:

Andreas Kruse/Mike Martin (Hg.), *Enzyklopädie der Gerontologie*, Bern 2004, 613–626.
17 L. Annaeus Seneca, *Von der Seelenruhe*, Frankfurt 1980.

"Die Mühen eines rechtschaffenen Bürgers sind nie ganz nutzlos. Er hilft schon dadurch, dass man von ihm hört und sieht, durch seine Blicke, seine Winke, seine wortlose Widersetzlichkeit und durch seine ganze Art des Auftretens. Wie gewisse Heilkräuter, die – ohne dass man sie kostet oder berührt – schon durch ihren bloßen Geruch Heilung bewirken, so entfaltet die Tugend ihre heilsame Wirkung auch aus der Ferne und im Verborgenen" (S. 43).

Beispiele für den Entwicklungskontext, den ältere Menschen für andere darstellen, bilden Erkenntnisse und Erfahrungen, die bei der Auswertung von intergenerationellen Gesprächsgruppen zu Fragen der Entwicklungsaufgaben im Lebenslauf oder zum Lebensrückblick gewonnen wurden. Diese Auswertungen machen deutlich, dass jüngere Menschen durch ihre Teilnahme an solchen Gruppen nicht nur zu einer differenzierteren Sicht des Alters und älterer Menschen gelangen, sondern dass sie auch subjektiv bedeutsame Anstöße durch kontinuierliche Gespräche mit älteren Menschen erhalten, die in diesen Gruppen über ihre Erfahrungen in Grenzsituationen sprechen.[18]

4.3 Lebenswissen, Lebenserfahrungen in der Auseinandersetzung mit Grenzsituationen

In dem Maße, in dem sich Menschen in ihrer Biografie kognitiv wie emotional intensiv mit grundlegenden Fragen des Lebens auseinandersetzen, entwickeln sie ein reichhaltiges Wissenssystem in Bezug auf fundamentale Fragen des Lebens sowie die Fähigkeit zum kompetenten Umgang mit praktischen Lebensanforderungen.[19] Dabei ist dem Lebenswissen gerade große Bedeutung für den Umgang des Menschen mit Grenzsituationen beizumessen, so zum Beispiel mit schwerer Krankheit, mit dem Verlust nahe stehender Menschen, mit der eigenen Endlichkeit. Menschen mit diesem ausgeprägten Lebenswissen waren bereits im Lebenslauf mit Belastungen und Krisen konfrontiert und haben in der Auseinandersetzung mit diesen Situationen Wissen und effektive Hand-

---

18 Gereon Heuft/Andreas Kruse/Hartmut Radebold, *Gerontopsychosomatik und Alterspsychotherapie*, München (2000) ²2006.
19 Ursula Staudinger, *Lebenserfahrung, Lebenssinn und Weisheit*, in: Sigrun-Heide Filipp/Ursula Staudinger (Hg.), *Entwicklungspsychologie des mittleren und höheren Erwachsenenalters*, Göttingen 2005, 739–761. – Siehe auch Leopold Rosenmayr, *Zur Philosophie des Alterns*, in: Kruse/Martin (Hg.), *Enzyklopädie der Gerontologie*, a.a.O., 13–27.

lungsstrategien aufgebaut. Nicht die belastungsfreie Biografie bildet die Grundlage für die gelingende Auseinandersetzung mit Grenzsituationen im Alter wie auch für Lebenserfahrung und Lebenswissen. Vielmehr ist die Bewältigung der in der Biografie erlebten Belastungen und Krisen für diese Auseinandersetzung zentral.[20] Denn in diesem Prozess der Bewältigung gewinnt das Individuum die Erkenntnis, das eigene Leben auch in Krisen verantwortlich gestalten zu können – eine für das gelingende Alter sehr wichtige Erkenntnis.

Der Umgang des Menschen mit Grenzsituationen im Alter ist auch in seinem potenziellen Einfluss auf kulturelle Leitbilder gelingenden Lebens zu betrachten: Ältere Menschen können hier bedeutsame *Vorbildfunktionen* übernehmen – und zwar in der Hinsicht, dass sie nachfolgenden Generationen Einblick in Grenzen des Lebens sowie in die Fähigkeit des Menschen zum reflektierten Umgang mit diesen Grenzen und zur bewussten Annahme der Abhängigkeit von der Hilfe anderer Menschen geben. Es ist bedeutsam, dass in einem neuen kulturellen Entwurf des Alters auch dieser Beitrag älterer Menschen zum Humanvermögen unserer Gesellschaft berücksichtigt wird, wobei dieser Beitrag nur geleistet werden kann, wenn unsere Gesellschaft auch wirklich offen für diese potenzielle Kraft des Alters ist.

Das in der Auseinandersetzung mit Grenzsituationen bestehende Potenzial zur kognitiven und emotionalen Weiterentwicklung kommt in dem von dem altgriechischen Philosophen Herodot gewählten Sprachbild des „Kreislaufs der Menschendinge" zum Ausdruck. In der letzten Szene der Kroisosnovelle steht der zu Anfang glückliche, am Ende ins Unglück gestürzte, hoch betagte Lyderkönig Kroisos dem jungen Perserkönig Kyros gegenüber. Auf das Verlangen des Kyros äußert sich Kroisos zu dem bevorstehenden Feldzug der Perser gegen die Massageten, in dem ihr König Kyros den Tod finden wird. Dem strategischen Rat stellt Kroisos eine menschliche Lehre voran:

„Mein Leid, so unerfreulich es war, ist mir zur Lehre geworden. Wenn du meinst, unsterblich zu sein und über ein ebensolches Heer zu gebieten, so wäre es sinnlos, dass ich dir riete. Wenn du dir aber bewusst bist, selbst ein Mensch zu sein und über andere ebensolche Menschen zu gebieten, so lass dir dieses als Erstes sagen: Es gibt einen Kreislauf der Menschendinge, der lässt mit seinem Umlauf nicht zu, dass immer dieselben im Glück sind."

---

20 Andreas Kruse, *Biografische Aspekte des Alterns. Lebensgeschichte und Diachronizität*, in: Filipp/Staudinger, *Enzyklopädie der Psychologie*, a.a.O., 1–38.

Dionysios von Halikernassos greift die Aussage des Herodot auf, führt sie aber zugleich weiter: „Meine Leiden werden zu Lehren werden für die anderen". Damit wird die potenzielle Vorbildfunktion von Menschen, die in Grenzsituationen stehen, umschrieben.

5. Bewusst angenommene Abhängigkeit in Grenzsituationen

> Ich lebe mein Leben in wachsenden Ringen
> die sich über die Dinge ziehn.
> Ich werde den letzten vielleicht nicht vollbringen,
> aber versuchen will ich ihn.
>
> Ich kreise um Gott, um den uralten Turm
> und ich kreise jahrtausendelang;
> und ich weiß noch nicht: bin ich ein Falke, ein Sturm
> oder ein großer Gesang.

Dieses von Rainer Maria Rilke (1875–1926) verfasste Gedicht veranschaulicht einen zentralen Erlebensaspekt des hohen Alters (oder „vierten Lebensalters"): Gemeint ist hier das Erleben der besonderen Entwicklungsanforderungen, die das hohe Alter stellt, und der sich aus diesen ergebenden Entwicklungsnotwendigkeit. Aus der im hohen Alter deutlich erhöhten Wahrscheinlichkeit chronischer Erkrankungen und funktioneller Einbußen lassen sich besondere emotional-geistige Anforderungen an die Person ableiten. In welchem Maße es gelingt, derartige Anforderungen zu bewältigen und psychisch zu verarbeiten, ist auch beeinflusst von deren Fähigkeit und Bereitschaft, zu einer Neudefinition einzelner Aufgaben im Alltag zu gelangen. Große Bedeutung für diese gelingende Neudefinition ist dabei einer Haltung beizumessen, die mit dem Begriff der „bewusst angenommenen Abhängigkeit" umschrieben werden kann.[21] Gemeint ist damit die Fähigkeit des Hilfe empfangenden Menschen, nicht mehr veränderbare Einschränkungen zu akzeptieren sowie notwendige Hilfen einzufordern und anzunehmen – bei dieser Fähigkeit handelt es sich um das Ergebnis eines zum Teil langen emotional-geistigen Entwicklungsprozesses. Gemeint ist weiterhin die Fähigkeit der nächsten Bezugspersonen, den Hilfebedarf zu erkennen und Hilfen zu geben, ohne die Selbstverantwortung des Hilfe Empfangenden in Frage zu stellen.

---

21 Kruse, *Selbstständigkeit*, a.a.O.

„Tage gehen hin und manchmal höre ich das Leben gehen. Und noch ist nichts geschehen, noch ist nichts Wirkliches um mich; und ich teile mich immer wieder und fließe auseinander, – und möchte doch so gerne in *einem* Bette gehen und groß werden. Denn, nicht wahr, Lou, es soll so sein; wir sollen wie ein Strom sein und nicht in Kanäle treten und Wasser zu den Weiden führen? Nichtwahr, wir sollen uns zusammenhalten und rauschen? Vielleicht dürfen wir, wenn wir sehr alt werden, einmal, ganz zum Schluss, nachgeben, uns ausbreiten, und in einem Delta münden."[22]

In diesem von Rainer Maria Rilke am 8. August 1903 an Lou Andreas-Salomé gerichteten Brief wird ein Aspekt angesprochen, der in einer anthropologischen Reflexion der Auseinandersetzung des Menschen mit Aufgaben und Belastungen nicht übersehen werden darf: Es ist dies die objektiv gegebene und subjektiv erlebte Grenze der seelisch-geistigen Anpassungsfähigkeit und Umstellungsfähigkeit, die Grenze der Bewältigungs- und Verarbeitungskapazität. Gerade im hohen Alter, und zwar dann, wenn Menschen mit chronischen, auszehrenden Erkrankungen konfrontiert sind, kann sich eine körperliche wie auch seelisch-geistige Müdigkeit (als Synonym für einen bleibenden Antriebsverlust) einstellen, deren Erleben dazu führt, dass die reflektierte Auseinandersetzung mit Aufgaben und Belastungen nach und nach aufgegeben wird, dass sich die Person „fallen lässt". Ein solches Fallenlassen darf nun nicht gleichgesetzt werden mit Niedergeschlagenheit oder Resignation. Es kann genauso gut ein „Loslassen" bedeuten, und zwar von früher gezeigten Reaktionsformen und Handlungsansätzen, die halfen, eine eingetreten Belastung, Krise oder Grenzsituation zu bewältigen oder nach und nach psychisch zu verarbeiten. Wenn diese Person „losgelassen", wenn sie früher eingesetzte Reaktionsformen und Handlungsansätze aufgegeben hat, so ist es durchaus möglich, dass sie einen Teil ihrer früheren Spannkraft einbüßt und auf den ersten Blick als „reduziert" erscheint. „Reduziert" sind die körperlichen und seelisch-geistigen Kräfte, was aber nicht heißt, dass die betreffende Person ihre Kompetenz weitgehend eingebüßt hätte. Eine bemerkenswerte seelisch-geistige, vielleicht auch existenzielle Kompetenz kann darin bestehen, dass die Person die letzten Grenzen ihres Lebens wahrnimmt und sich auf diese einstellt, dass sie Abhängigkeit von der Hilfe anderer Menschen (nicht von institutionellen Praktiken) bewusst anzunehmen vermag.[23] In einem solchen Falle kann sie es zulassen,

---

22 Hans Nalewski (Hg.), *Rainer Maria Rilke: Briefe in zwei Bänden*, Frankfurt 1991, 112.
23 Kruse, *Selbstständigkeit*, a.a.O.

„loszulassen"[24] oder „nachzugeben", und in einem solchen Falle stellt die reflektierte Auseinandersetzung mit der bestehenden Lebenssituation bestehenden Aufgaben und Belastungen möglicherweise nicht mehr den besten Handlungsansatz dar.

Die besondere Aktualität, die die hier angesprochene Kategorie der bewusst angenommenen Abhängigkeit im Alter gewinnt, geht zum einen auf die erhöhte Verletzlichkeit in diesem Lebensabschnitt zurück, zum anderen auf die Tatsache, dass in entwickelten Ländern der überwiegende Teil der Bevölkerung ein hohes Lebensalter erreicht. Im hohen Lebensalter geht dem Tod nicht selten eine relativ lange Zeitspanne des wachsenden Hilfebedarfs oder Pflegebedarfs voraus, in der das Individuum auf Unterstützung angewiesen ist. Deren bewusste Annahme ist zum einen die Grundlage für die psychische Verarbeitung der eingetretenen Grenzsituation, zum anderen Grundlage dafür, dass die bereitgestellten Hilfen tatsächlich wirken.

Die bewusst angenommene Abhängigkeit ist aber auch als eine ethische Kategorie zu verstehen, da mit ihr besondere sittliche Anforderungen an das soziale Umfeld des Menschen verknüpft sind: Allein dadurch, dass ein Mensch von der Hilfe eines anderen Menschen abhängig ist, somit sein Wohlbefinden von dessen Handeln beeinflusst ist, ist die ethische (und nicht nur fachliche) Dimension dieser Kategorie angesprochen. Es kommt hinzu, dass nicht nur aus fachlicher, sondern auch aus ethischer Hinsicht alles getan werden muss, damit aus der *funktionalen* Abhängigkeit – die auch dazu dient, ein möglichst hohes Maß an Gesundheit, an Selbstständigkeit und Selbstverantwortung trotz eingetretener Krankheiten und Einbußen aufrechtzuerhalten – nicht eine *dysfunktionale* Abhängigkeit wird, durch die der Mensch daran gehindert wird, jene Handlungen selbstständig auszuführen, die er – von seiner physischen, alltagspraktischen, kognitiven und sozialkommunikativen Kompetenz aus betrachtet – relativ autonom ausführen könnte.[25]

---

24 Rolf Verres, *Vom Handlungsdruck zur inneren Ruhe*, in: Ders./Dietrich Klusmann (Hg.), *Strahlentherapie im Erleben der Patienten*, Heidelberg 1997, 111–116.
25 Ausführlich in Andreas Kruse, *Das letzte Lebensjahr. Die körperliche, psychische und soziale Situation des alten Menschen am Ende seines Lebens*, Stuttgart 2007.

6. Alter im Generationenkontext

Nehmen wir nun einen Perspektivenwechsel vor und gehen auf einen Aspekt ein, der das Thema „Alter und Kultur" in zentraler Weise berührt: *Die Beziehungen zwischen den Generationen*. Diese sollen hier in einer ganz spezifischen Weise erörtert werden – nämlich im Hinblick auf die Frage, welche Bedeutung das Tradieren von Wissen und Erfahrungen durch die ältere Generationen sowie der neue Zugang zu gesellschaftlichen und kulturellen Phänomen durch die jüngere Generation für die Entwicklung unserer Gesellschaft besitzen. Diese Erörterung kann dabei auch als wichtige Grundlage für die in der Literatur vielfach aufgestellte Annahme dienen, wonach gerade die „Generationenmischung", das heißt, das Zusammenwirken von Jung und Alt funktional für das Humanvermögen unserer Gesellschaft sei.[26]

6.1 Das Tradieren des Kulturgutes und der neue Zugang zum Kulturgut

Mit „Alter im Wechsel der Generationen" soll die bereits diskutierte Weitergabe von Wissen älterer Menschen an die jüngere Generation um einen zentralen Aspekt ergänzt werden – nämlich um jenen der Beziehung zwischen dem Erfahrungswissen des Alters und dem neuen Wissen der Jugend. Die kritische Reflexion dieser Relation ist für ein tieferes Verständnis der kulturellen Einflüsse auf den kollektiven wie auch auf den individuellen Alternsprozess von Bedeutung. Bei dieser Diskussion orientieren wir uns an einer „klassischen" Arbeit des Soziologen Karl Mannheim, die auch heute noch zentrale Bedeutung für das Verständnis der Beziehung zwischen den Generationen besitzt.[27]

Karl Mannheim geht in dieser Arbeit ausführlich auf die Beziehung zwischen Generationen, in seiner Terminologie: auf die *Generationslagerung* ein. Für deren Analyse nutzt Mannheim folgendes Gedankenexpe-

---

26 Für die Arbeitswelt siehe dazu Axel Börsch-Supan/Ingor Düzgün/Martin Weiss, *Sinkende Produktivität alternder Belegschaften? Zum Stand der Forschung*, in: Jens Ulrich Prager/Andreas Schleicher (Hg.), *Länger leben, arbeiten und sich engagieren*, Gütersloh 2006, 85–102. – Siehe auch Andreas Kruse, *Lebenszyklus-Arbeitsmodelle und veränderte Personalaltersstrukturen*. Schriftenreihe Roman Herzog Institut, München 2009.
27 Karl Mannheim, *Das Problem der Generationen*, in: Kölner Vierteljahreshefte für Soziologie 7 (1928), 157–185 u. 309–330, Wiederabdruck in: Karl Mannheim, *Wissenssoziologie*, Berlin 1964, 509–565.

riment. Ausgehend von der Frage, wie eine Gesellschaft aussehen würde, in der eine Generation ewig lebt und keine weitere Generationenfolge stattfindet, isoliert er fünf Grundphänomene, die „allein aus der bloßen Tatsache des Vorhandenseins von Generationen folgen" (S. 530):

1. das stete Neueinsetzen neuer Kulturträger
2. den steten Abgang früherer Kulturträger
3. die Tatsache, dass die Träger eines jeweiligen Generationszusammenhangs nur an einem zeitlich begrenzten Abschnitt des Geschichtsprozesses partizipieren
4. die Notwendigkeit des steten Tradierens der akkumulierten Kulturgüter
5. die Kontinuierlichkeit des Generationswechsels.

Das erste Grundphänomen, das *stete Neueinsetzen neuer Kulturträger*, ist gleichbedeutend damit, dass Kultur von Menschen fortgebildet wird, die einen „neuartigen Zugang" zum akkumulierten Kulturgut haben. In einer utopischen Gesellschaft, in der kein Generationswechsel stattfindet und Kultur immer von denselben Menschen getragen und fortgebildet wird, hätten einmal gesetzte kulturelle Akzente[28] mit hoher Wahrscheinlichkeit durchgängig Bestand. Ein „neuartiger Zugang", der vorher Angeeignetes neu bewertet, relativiert, modifiziert und gegebenenfalls korrigiert, wäre allenfalls durch soziale Verschiebungen möglich. Damit könne aber eine „fatale Einseitigkeit" nur vermieden werden, wenn man voraussetzt, dass diese utopischen Menschen „alles Erlebbare erleben, alles Wissbare wissen könnten und immer wieder die Elastizität besäßen, von neuem anzusetzen zu können ... Das Neueinsetzen neuer Menschen verschüttet zwar stets akkumulierte Güter, schafft aber unbewusst nötige, neue Auswahl, Revision im Bereich des Vorhandenen, lehrt uns, nicht mehr Brauchbares zu vergessen, noch nicht Errungenes zu begehren" (S. 532).

Der *stete Abgang früherer Kulturträger* sichert nach Mannheim das für soziales Geschehen und ein Weiterleben der Gesellschaft unabdingbare Vergessen. Den Hintergrund für diese Aussage bildet die Unterscheidung zwischen zwei „Modalitäten" oder „polaren Möglichkeiten" des Wirkens von vergangenen Erlebnissen bzw. sozialen Erinnerungen. Diese können Handeln in Form eines Vor-Bildes oder Vor-Wissens, an dem man sich orientiert, regulieren oder aber im Vollzug des Handelns komprimiert, unbewusst und virtuell vorhanden sein. Entscheidend ist nun, dass selbst

---

28 Karl Mannheim spricht hier von „Grundintentionen" im Sinne von charakteristischen Erlebniseinstellungen und Denkrichtungen.

erworbene Erinnerung nach Mannheim in weit stärkerem Maße „bindet", also Gefühls-, Erlebens- und Handlungsweisen festlegt als nur angeeignete Erinnerung:

> „Dass die Alten erfahrener sind als die Jungen, ist in Vielem ein Vorteil. Dass die Jugend weitgehend ohne Erfahrung ist, bedeutet für diese eine Minderung des Ballastes, eine Erleichterung des Weiterlebens. Alt ist man primär dadurch, dass man in einem spezifischen, selbst erworbenen, präformierenden Erfahrungszusammenhang lebt, wodurch jede neue mögliche Erfahrung ihre Gestalt und ihren Ort bis zu einem gewissen Grade im vorhinein zugeteilt erhält, wogegen im neuen Leben die formierenden Kräfte sich erst bilden und die Grundintentionen die prägende Gewalt neuer Situationen noch in sich zu verarbeiten vermögen. Ein ewig lebendes Geschlecht müsste selbst vergessen lernen können, um das Fehlen neuer Generationen zu kompensieren" (S. 534).

Auch die Tatsache, dass die Träger eines jeweiligen Generationszusammenhangs nur an einem zeitlich begrenzten Abschnitt des Geschichtsprozesses partizipieren, erweist sich in der Analyse Mannheims als entscheidend für gesellschaftliche Entwicklung. Zu einer bestimmten Zeit in einer bestimmten Gesellschaft geboren zu sein, konstituiert nach Mannheim auch eine charakteristische Erlebnisschichtung. Für die Formierung des Bewusstseins ist es demnach entscheidend, in welchem Alter historische Ereignisse erlebt und diesen entsprechende Eindrücke gebildet werden. Frühe Eindrücke haben die Tendenz, „sich als natürliches Weltbild festzusetzen". Entsprechend ist die Art, wie spätere Ereignisse und Entwicklungen erlebt werden, durch frühere Erlebnisse und Erfahrungen beeinflusst. Da sich aufeinander folgende Generationen notwendigerweise in der Art der Erlebnisschichtung unterscheiden, entwickelt sich Kultur nicht lediglich durch die Addition von in ihrer Bedeutung konstanten Inhalten, sondern dialektisch. Demgegenüber hätten die Mitglieder der im Gedankenexperiment betrachteten utopischen Gesellschaft die ersten Erfahrungen der Menschheit als „primäre Erfahrungsschicht", und alles neu Hinzukommende wäre grundlegend an diesen Erfahrungen orientiert.

Auch die *Notwendigkeit des steten Tradierens, Übertragens des ererbten Kulturgutes* hat unmittelbare Auswirkungen auf die Struktur der Gesellschaft. Nach Mannheim ist hier entscheidend, dass Lebenshaltungen, Gefühlsgehalte und Einstellungen nur in sehr geringem Maße bewusst gelehrt werden. Gegenstand bewussten Lehrens und Lernens wird nur, was im Laufe der Geschichte problematisch und deshalb Gegenstand von Reflexion geworden ist. Was hingegen unproblematisch weiterfunktioniert, in den Worten Mannheims den „Fond des Lebens" bildet, wird unbewusst übertragen.[29] Wichtig für das Verständnis kultureller Entwicklung ist nun, dass die bewusste Übertragung von Kulturgut erst zu einem Zeitpunkt einsetzt, zu dem dieser Fond des Lebens, also das, was innerhalb einer Kultur unproblematisch weiterfunktioniert, von der neuen Generation bereits übernommen ist. Der beschriebene „neuartige Zugang" bedeutet also keine grundlegende Distanzierung von den für die jeweilige Kultur charakteristischen Inhalten:

> „Die kämpfende Jugend ringt um diese Bestände, und wenn sie noch so radikal ist, merkt sie nicht, dass sie ja nur diese reflexiv gewordene Oberschicht des Bewusstseins transformiert" (S. 539).

Der aus der Tatsache, dass die Träger eines jeweiligen Generationszusammenhangs nur an einem zeitlich begrenzten Abschnitt des Geschichtsprozesses partizipieren, abgeleitete neuartige Zugang späterer Generationen wirkt sich damit in doppelter Weise auf den Erziehungsprozess aus: Zum einen erweist sich die bewusste Übertragung kultureller Inhalte als schwierig, insofern das „Zentrum der Lebensorientierung" bei Lehrer und Schüler nicht identisch ist. Zum anderen beruhen die Perspektiven von Lehrern und Schülern bei aller Unterschiedlichkeit auf einer in weiten Teilen vergleichbaren Sicht von Kultur. Das so gekennzeichnete Spannungsverhältnis wird nun nach Mannheim in charakteristischer Weise gelöst:

> „Diese Spannung wäre bei der Tradierung lebendiger Lebenserfahrung beinahe unaufhebbar, gäbe es nicht auch die rückwirkende Tendenz: nicht nur der Lehrer erzieht den Schüler, auch der Schüler den Lehrer. Die Generationen stehen in ständiger Wechselwirkung" (S. 540).

Die aufgezeigte Wechselwirkung lässt sich durch das fünfte Grundphänomen, die *Kontinuierlichkeit im Generationswechsel*, näher bestimmen. Der Ausgleich zwischen den Generationen vollzieht sich nicht etwa zwischen einer jungen und einer alten Generation, sondern zwischen einander näher stehenden „Zwischengenerationen". (Als eine derartige Zwischengeneration können durchaus die „Neuen Alten" oder „Jungen Alten" verstanden werden.) Durch Existenz vermittelnder Zwischengenerationen werden die Unterschiede zwischen junger und alter Generation soweit abgemildert, dass sich ein Ausgleich zwischen den Generationen im Allgemeinen reibungslos vollzieht. Auch für den Fall einer

---

29 So entsteht auch das in früher Jugend gebildete „natürliche Weltbild" als Folge einer unbemerkten Milieueinwirkung.

gesteigerten gesellschaftlichen Dynamik, die sich in deutlicheren Unterschieden zwischen den Lebenswelten jüngerer und älterer Generationen widerspiegelt, resultieren nach Mannheim nicht notwendigerweise ausgeprägte intergenerationelle Konflikte. Gesteigerte gesellschaftliche Dynamik wirkt sich auch insofern auf das Verhältnis zwischen den Generationen aus, als ältere Generationen in stärkerem Maße die Notwendigkeit wahrnehmen, der Jugend gegenüber offen zu sein:

> „Dieser Prozess kann sich soweit steigern, dass die ältere Generation durch eine in der Lebenserfahrung erworbene Elastizität in bestimmten Sphären umstellungsfähiger wird als mittlere Generationen, die ihre erste Lebenseinstellung noch nicht im Stande sind aufzugeben" (S. 541).

6.2 Strukturelle Diskrepanz zwischen gesellschaftlichen und individuellen Potenzialen

Der Begriff der *Kohorte* ist in der Alterssoziologie heute gebräuchlicher als jener der Generation. Dort wird nicht selten eine Abgrenzung derart vorgeschlagen, dass der Begriff der Generation für die Bezeichnung der Generationenfolge innerhalb der Familie reserviert, der Begriff der Kohorte für die Bezeichnung von Personen, die innerhalb eines definierten Zeitraums geboren wurden, gebraucht wird. Doch beschränkt sich der Begriff Kohorte nicht notwendigerweise auf die Bezeichnung von Ähnlichkeiten im chronologischen Alter. Charakteristisch für eine umfassende Definition des Kohortenbegriffs ist der Vorschlag von Mathilda Riley, Anne Foner und Joan Waring.[30] Demnach bilden jene Menschen, die innerhalb eines definierten Zeitraums geboren wurden oder zu einem vergleichbaren Zeitpunkt in ein definiertes soziales System eintreten, eine Kohorte. Dabei lassen sich für jede Kohorte spezifische Eigenarten wie initiale Größe, Zusammensetzung oder altersspezifische Mortalitätsraten und lebenslaufspezifische Erfahrungen, die die jeweilige historische Periode widerspiegeln, beschreiben.

Die im Arbeitskreis von Mathilda Riley entwickelte Altersschichtungstheorie bildet einen heuristischen Rahmen für die Analyse von Zusammenhängen zwischen den in aufeinander folgenden Kohorten beobachtbaren individuellen Alternsprozessen und altersbezogenen gesellschaftlichen Strukturen und Rollen. Die für die Angehörigen einer

---

30 Mathilda Riley/Anne Foner/Joan Waring, *Sociology of age*, in: Neil J. Smelser (Hg.), *Handbook of Sociology*, Newbury Park 1988, 243–290.

Kohorte charakteristischen lebensaltersspezifischen Erlebnisse und Erfahrungen können einerseits als Ergebnis gesellschaftlicher Altersschichtung interpretiert werden: Die Angehörigen einer Kohorte werden je nach Lebensalter mit unterschiedlichen gesellschaftlichen Anforderungen, Erwartungen, Möglichkeiten und Chancen konfrontiert. Individuelles Erleben und Verhalten wird in vielfältiger Weise sozial normiert und sanktioniert. Andererseits ist aber die gesellschaftliche Altersschichtung keine Konstante, mit der sich die Angehörigen aufeinander folgender Kohorten in vergleichbarer Weise auseinanderzusetzen haben. Gesellschaftliche Strukturen spiegeln ebenso den Verlauf und Wandel individueller Alternsprozesse wider wie individuelle Alternsprozesse eine sich wandelnde Sozialstruktur.

Angehörige einer jeden Kohorte werden im Alter mit Möglichkeiten und Anforderungen altersbezogener gesellschaftlicher Strukturen konfrontiert, die nicht mehr mit der aus früheren Lebensabschnitten vertrauten Altersschichtung der Gesellschaft übereinstimmen: Indem sich individuelle Alternsprozesse verändert haben, haben sich auch gesellschaftliche Strukturen gewandelt. Wichtig ist nun, dass der Wandel gesellschaftlicher Strukturen ebenso hinter der Veränderung individueller Alternsprozesse zurückbleiben muss wie sich Individuen nur mit zeitlicher Verzögerung an neue Strukturen anpassen können und Gefahr laufen, dass diese Strukturen nicht mehr unverändert Bestand haben, nachdem die Anpassung vollzogen ist: Mathilda Riley, Anne Foner und John Waring sprechen hier von *struktureller Diskrepanz*. In früheren Kohorten nicht in gleichem Maße erkennbare Potenziale, wie sie in durchschnittlich höheren Bildungsabschlüssen, zusätzlichen finanziellen Ressourcen oder einem besseren Gesundheitszustand deutlich werden, tragen dazu bei, dass die in einer Gesellschaft älteren Menschen zur Verfügung stehenden Rollen in einem nicht mehr tolerierbaren Maße deren Möglichkeiten und Bedürfnissen widersprechen, so dass altersbezogene Strukturen in zunehmendem Maße zur Disposition stehen und verändert werden. Die Anpassung von Strukturen ist aber erst zu einem Zeitpunkt abgeschlossen, zu dem jene Menschen, deren Potenziale den Wandel altersbezogener Strukturen angestoßen haben, bereits älter geworden sind und nicht mehr in vollem Umfang vom Strukturwandel profitieren können. Die Angehörigen späterer Kohorten können zwar in vollem Umfang von den veränderten Strukturen profitieren, doch sind diese Strukturen auf die Möglichkeiten und Bedürfnisse der früheren Kohorte abgestimmt. In dem Maße, in dem sich Möglichkeiten und

Bedürfnisse weiter verändern, müssen deshalb auch die gesellschaftlichen Strukturen weiter entwickelt werden.

7. Abschluss: Ein Anstoß zur persönlichen Reflexion der Frage, was eigentlich „Alter" ist

Wir haben vielfach den Begriff Alter verwendet, ohne diesen wirklich definiert zu haben. Die in diesem Beitrag getroffenen Aussagen zum Alter sollten auch einstimmen auf den nun zu unternehmenden Versuch, einen Anstoß zur persönlichen Reflexion auf die Frage zu geben, was Alter eigentlich ist, was man unter Alter in unserer Gesellschaft zu verstehen hat oder ganz persönlich verstehen kann.

Zunächst ist festzuhalten: Wir sind nicht nur in einer Hinsicht alt – wenn wir vom Alter eines Menschen sprechen, dann haben wir bei ein und derselben Person sehr unterschiedliche „Alter" im Auge. Was genau heißt dies? Es heißt, dass mit „Alter" verschiedenartige Aspekte verbunden sind, je nachdem, welcher Bereich der Person angesprochen ist. In Bezug auf die Leistungsfähigkeit der einzelnen Organe oder der Nervenzellen lassen sich vergleichsweise früh im Lebenslauf erste Rückgänge nachweisen – in einzelnen Organen ab Mitte des vierten Lebensjahrzehnts, in den Nervenzellen bereits ab Ende des dritten Lebensjahrzehnts. Dabei können diese Rückgänge zunächst durch vermehrtes Training (zumindest in Teilen) kompensiert werden – doch nach und nach fällt diese Kompensation schwerer, irgendwann ist sie nicht mehr möglich.

In Bezug auf den Differenzierungsgrad der Erfahrungen und der Wissenssysteme meint Alter hingegen etwas ganz anderes: Unter der Voraussetzung, dass das Individuum in seinem Lebenslauf offen für neue Erfahrungen und Wissensinhalte gewesen ist und auch die Möglichkeit gehabt hat, neue Erfahrungen zu machen und neue Wissensinhalte zu erwerben, bedeutet „Alter" ein Mehr und eine höhere Reichhaltigkeit an Erfahrungen und Wissen. Das eine Mal bedeutet „Alter" somit eher einen Rückgang, das andere Mal hingegen eher eine Zunahme an Leistungskapazität.

Und weiter: In Bezug auf die finanziellen Mittel ist Alter für eine nicht kleine Bevölkerungsgruppe gleichzusetzen mit einem doch beträchtlichen Vermögen – auch wenn hier nicht die Frauen und Männer vernachlässigt werden dürfen, die nur über ein kleines Einkommen verfügen, so kann doch zusammenfassend festgestellt werden: Das Vermögen ist in der Gruppe der 60-Jährigen und Älteren im Durchschnitt erkennbar höher als in den jüngeren Altersgruppen.

Alter kann aber noch Weiteres bedeuten: Nämlich die Möglichkeit, Kinder und Enkelkinder zu haben, die man auf der Grundlage der im Lebenslauf gewonnenen Erfahrungen und des entwickelten Wissens wie auch auf der Grundlage der bestehenden finanziellen Mittel unterstützt. In der entwicklungspsychologischen Literatur wird der Begriff der *Generativität* (man kann diesen übersetzen mit: Mitverantwortung und Fürsorge für nachfolgende Generationen) verwendet, um eine Entwicklungsaufgabe wie auch eine Entwicklungsmöglichkeit von Menschen im Erwachsenenalter zu umschreiben: Eben die Übernahme von Verantwortung für die nachfolgenden Generationen – sei es innerhalb, sei es außerhalb der Familie, sei es in den persönlichen sozialen Netzwerken, sei es in Organisationen und Vereinen. Diese Übernahme von Verantwortung kann im Laufe des Erwachsenenalters stetig zunehmen – nämlich unter dem Eindruck wachsender ideeller und materieller Mittel (Ressourcen). Zu den ideellen Mitteln gehören Erfahrung und Wissen, aber auch Zeit. Erfahrung und Wissen können dazu dienen, jungen Menschen in ihrer schulischen oder beruflichen Bildung zu unterstützen und gegebenenfalls eine Patenschaft zu übernehmen. Sie können zudem eine Grundlage für Mentor-Mentee-Beziehungen im Unternehmen bilden, das heißt, ältere Mitarbeiterinnen und Mitarbeiter führen jüngere ein und stehen ihnen in den ersten Monaten beratend zur Verfügung, wenn dies gewünscht wird. Ein Teil der frei verfügbaren Zeit kann zum Beispiel für die Betreuung von Kindern eingesetzt werden – damit wird vielen Familien geholfen, die beiden Lebensbereiche „Familie" und „Beruf" miteinander zu verbinden. Schließlich sind die materiellen Mittel in ihrer Bedeutung für die Unterstützung der nachfolgenden Generationen nicht zu unterschätzen: Mit der finanziellen Zuwendung wird nicht selten dazu beigetragen, dass junge Familien eine Existenz aufbauen können. „Alter" beschreibt also aus dieser Perspektive auch die Möglichkeit, auf der Grundlage erworbener (ideeller und materieller) Mittel Generativität zu verwirklichen – ein Aspekt, der in unserer Gesellschaft zu selten mit „Alter" assoziiert wird.

Literatur

Paul Baltes/Alexandra Freund/Susan Li, *The psychological science of ageing*, in: Mark L. Johnson (Hg.), *The Cambridge Handbook of Age and Ageing*, Cambridge 2005, 47–71.
Peter Bäurle/Hans Förstl/Heinz Hell/Hartmut Radebold/Ingrid Riedel/Karl Studer (Hg.), *Spiritualität und Kreativität in der Psychotherapie mit älteren Menschen*, Bern 2005.
Bertelsmann Stiftung (Hg.), *Alter neu denken*, Gütersloh 2007.
Bundesministerium für Familie, Senioren, Jugend und Frauen (BMFSFJ), *Fünfter Bericht zur Lage der älteren Generation*, Bonn 2006 (Download auf Homepage des BMFSJF).
Deutscher Bundestag, Expertenkommission Finanzierung Lebenslangen Lernens, *Finanzierung Lebenslangen Lernens. Der Weg in die Zukunft*, Berlin 2004.
Sigrun-Heide Filipp/Ursula Staudinger (Hg.), *Entwicklungspsychologie des mittleren und höheren Erwachsenenalters. Enzyklopädie der Psychologie*. Göttingen 2005.
Peter Gruss (Hg.), *Die Zukunft des Alterns. Die Antwort der Wissenschaft*, München 2007, 240–257.
Hans Gutzmann/Susanne Zank, *Demenzielle Erkrankungen. Medizinische und psychosoziale Interventionen*, Stuttgart 2005.
Gereon Heuft/Andreas Kruse/Hartmut Radebold, *Gerontopsychosomatik und Alterspsychotherapie*, München 2006.
Franz Xaver Kaufmann, *Schrumpfende Gesellschaft. Vom Bevölkerungsrückgang und seinen Folgen*, Frankfurt 2005.
Andreas Kruse, *Gesund altern. Stand der Prävention und Entwicklung ergänzender Präventionsstrategien*, Baden-Baden 2002.
Andreas Kruse, *Das letzte Lebensjahr. Die körperliche, psychische und soziale Situation des alten Menschen am Ende seines Lebens*, Stuttgart 2007.
Andreas Kruse, *Was stimmt? Alter. Die wichtigsten Antworten*, Freiburg 2008.
Andreas Kruse (Hg.), *Weiterbildung in der zweiten Lebenshälfte. Multidisziplinäre Antworten auf Herausforderungen des demografischen Wandels*, Bielefeld 2008.
Andreas Kruse/Mike Martin (Hg.), *Enzyklopädie der Gerontologie. Alternsprozesse in multidisziplinärer Sicht*, Bern 2004.
Ursula Lehr, *Psychologie des Alterns*, Wiebelsheim 2007.
Karl Ulrich Mayer/Paul B. Baltes (Hg.), *Die Berliner Altersstudie*, Berlin 1996.
Leopold Rosenmayr, *Schöpferisch altern. Eine Philosophie des Lebens*, Münster 2007.
John Rowe/Richard Kahn, *Successful aging*, New York 1998.
Ursula Staudinger/Heinz Häfner, *Was ist Alter(n)? Neue Antworten auf eine scheinbar einfache Frage*, Heidelberg 2008.
Hans-Werner Wahl/Vera Heyl, *Gerontologie – Einführung und Geschichte*, Stuttgart 2004.
Siegfried Weyerer/Christina Ding-Greiner/Ursula Marwedel/Teresa Kaufeler, *Epidemiologie körperlicher Er-krankungen im Alter*, Stuttgart 2008.

Altenpolitik: Zivilgesellschaftliches Engagement, Solidarität und kirchliche Raumeröffnungen

Thomas Schlag

1. Das Alter als Politikum

Lebenslagen und Lebensfragen der Generation der „Alten" sind in den vergangenen Jahren augenfällig zum Politikum geworden. Dass „Altenpolitik" gegenwärtig verstärkt in den Aufmerksamkeitsfokus der politischen Öffentlichkeit tritt, ist auf ein komplexes Ursachenbündel zurückzuführen:

Die demographischen Trends und Tatsachen in der bundesdeutschen Gesellschaft weisen unverkennbar darauf hin, dass der Anteil der Altersgruppe „60+" und damit auch ihre gesellschaftliche Bedeutung als Artikulationsfaktor altersspezifischer Interessen und als einflussreiche Wählergruppe in den kommenden Jahrzehnten weiter signifikant ansteigen wird.[1] Ältere Menschen geraten folglich seit den neunziger Jahren des 20. Jahrhunderts immer stärker als „Aktivbürger" in den Blick der politischen Öffentlichkeit.[2]

---

[1] Vgl. Enquête-Kommisson „Demographischer Wandel" des Deutschen Bundestages, *Herausforderung unserer älter werdenden Gesellschaft an den Einzelnen und die Politik – Schlussbericht*, Berlin 2002; Bundesministerium für Familie, Senioren, Frauen und Jugend (Hg.), *Fünfter Bericht zur Lage der älteren Generation in der Bundesrepublik Deutschland. Potenziale des Alters in Wirtschaft und Gesellschaft. Der Beitrag älterer Menschen zum Zusammenhalt der Generationen. Bericht der Sachverständigenkommission an das Bundesministerium für Familie, Senioren, Frauen und Jugend*, Berlin 2005; zu den Konsequenzen für die Renten- und Bevölkerungspolitik Frank Thieme, *Alter(n) in der alternden Gesellschaft. Eine soziologische Einführung in die Wissenschaft vom Alter(n)*, Wiesbaden 2008, hier v. a. 104–113.

[2] Vgl. Sighard Neckels, *Altenpolitischer Aktivismus. Entstehung und Variation eines Politikmusters*, in: Leviathan 21 (1993), 540–563 sowie Jürgen Wolf/Martin Kohli, *Die politische Macht der Älteren und der Generationenkonflikt*, in: Wolfgang Clemens/Gertrud M. Backes (Hg.), *Altern und Gesellschaft. Gesellschaftliche Modernisierung durch Altersstrukturwandel*, Opladen 1998, 147–169.

Vor dem Hintergrund der gegenwärtigen Beschäftigungssituation und Arbeitsmarktpolitik mit de facto immer früheren Freisetzungen sowie der Zunahme von Teilzeitarbeitsverhältnissen stellt der Übergang in den Ruhestand keineswegs mehr automatisch einen tiefen Umbruch von der aktiven Gestaltung des eigenen Lebens in die passive Versorgung bzw. eine entsprechende Versorgungsbedürftigkeit dar. Im Gegenteil zeichnen sich im Sinn einer „Erfahrungs-Renaissance"[3] sogar Entwicklungen ab, bei denen diese Übergänge selbst flexiblere Gestalt annehmen.

Aufgrund der gegenwärtigen medizinischen Möglichkeiten lebt ein grosser Teil von Personen dieses Lebensalters im Durchschnitt nicht nur länger als bisher, sondern ist auch über eine weitere Zeitspanne hinweg als „junge Alte" gesund, aktiv, geistig rege und mobil. Das Alter wird in diesen Fällen vor dem Hintergrund eines privilegierten Lebensstils[4] durchaus als lebenswerte Lebensphase, als gutes Leben und nicht zuletzt als ein Stück politisch bedeutsamer später Freiheit[5] empfunden. Angesichts weiter steigender Möglichkeiten im Bereich medizinischer Diagnose und Therapie gerade auf den Feldern klassischer Alterskrankheiten ist davon auszugehen, dass sich diese Zeitspanne uneingeschränkter Denk- und Handlungsfähigkeiten der Altengeneration weiter ausdehnen wird.

Eine erhebliche Zahl der zukünftigen Alten beiderlei Geschlechts verfügt über hohe Bildungsqualifikationen, vielfältige berufsbiographische Erfahrungen und erhebliche persönliche Potenziale für eine eigenständige und eigenverantwortliche Lebensführung, die kritische Artikulation eigener Überzeugungen sowie die politisch relevante Vernetzung zugunsten gemeinsamer Interessen. Zu unterschätzen ist in diesem Zusammenhang auch nicht die Tatsache, dass eine Vielzahl der zukünftigen Alten – zieht man die Geburtsjahrgänge 1950 ff in Betracht – ganz andere und sehr viel positiver besetzte Erfahrungen mit Politik besitzt als dies etwa noch für die um 1930 herum Geborenen der Fall war.

Ein großer Teil der gegenwärtigen Generation der Alten kann sowohl im Vergleich zu ihren Eltern als auch zu ihren Kindern oftmals auf vergleichsweise große finanzielle und materielle Ressourcen zurückgrei-

---

3   Elisabeth Niejahr, *Alt sind nur die anderen. So werden wir leben, lieben und arbeiten*, Frankfurt a. M. (2004) ²2007, 62.
4   Vgl. Ludwig Amrhein, Die Bedeutung von Situations- und Handlungsmodellen für das Leben im Alter, in: Stefan Blüher/Manfred Stosberg (Hg.), *Neue Vergesellschaftungsformen des Alter(n)s*, Wiesbaden 2004, v. a. 76 ff.
5   Vgl. Leopold Rosenmayr, *Die späte Freiheit. Das Alter ein Stück bewusst gelebten Lebens*, Berlin 1983.

fen. So ist trotz aller sichtbaren Kennzeichen deutlicher Altersarmut bei einem Teil dieser Generation darauf hinzuweisen, dass die zukünftig zu vererbenden Vermögen in der bundesdeutschen Gesellschaft so hoch sind wie noch nie. Die eigene Lebensführung in der letzten langen Lebensphase ist somit keineswegs automatisch durch prekäre, hilfsbedürftige Lebenslagen gekennzeichnet. Im Gegenteil ist sogar intergenerationell festzustellen, dass in vielen familiären Fällen die einstmalig unterstützungsbedürftigen Alten ihrerseits zu hochsolidarischen finanziellen wie logistischen Unterstützern ihrer Kinder und Enkel geworden sind. Insofern finden sich Angehörige dieser Altersgruppe verstärkt in einer Rolle erheblicher Verantwortung wieder, was nicht nur – entgegen mancher landläufig geäußerter Ansicht – auf erhebliche Kontinuitätslinien eines positiven Mehrgenerationenverhältnisses hinweist, sondern zugleich auch Einfluss auf die selbstbewusste Zuschreibung politisch relevanter Gestaltungs- und Einflussmöglichkeiten hat.

Aufgrund der digitalen Kommunikationsmöglichkeiten, der Vielzahl diversifizierter gesellschaftlicher Beteiligungsangebote sowie einer wachsenden Aufmerksamkeit der Werbewirtschaft auf diese Zielgruppe wachsen für die Altengeneration die Chancen der Information, Artikulation und Beteiligung. In diesem Zusammenhang ist durch die Entwicklung von adäquaten Benutzungsformen neuer Medien mit einer steigenden Ausweitung von altersspezifischen Verwendungsmöglichkeiten selbst neuester technischer Errungenschaften zu rechnen.

Durch die Diversifizierung des Politischen, d. h. durch die wachsende gesellschaftliche Thematisierung politischer Beteiligungsmöglichkeiten jenseits der klassischen Formen von Informationsfreiheit und Wahlrecht, weiten sich auch für die Generation der Alten die politischen Gestaltungsmöglichkeiten in zunehmendem Sinn aus. In diesem Zusammenhang ist nicht nur auf zivilgesellschaftliche Formen der Bürgerbeteiligung etwa in kommunalen SeniorInnenbeiräten oder Seniorenbüros zu verweisen, sondern auch auf eine Vielzahl von nicht-gouvernementalen Organisationen, durch die speziell die Belange und Interessen älterer Menschen artikuliert und vertreten werden. So wird etwa durch das im Jahr 2002 gestartete Bundesmodellprogramm „Erfahrungswissen für Initiativen" (EFI) versucht, die spezifischen Fähigkeiten, Fertigkeiten, Kompetenzen sowie die besondere Urteilskraft älterer Menschen, die diese sich im Lebenslauf erworben haben, für die aktive Gestaltung des eigenen Umfeldes selbst nutzbar zu machen. Konkret sieht das Programm hier die Schulung und Ausbildung der Älteren zu so genannten Seniortrainerinnen und -trainern vor.[6]

Allerdings zeigt sich auch hier das Grundproblem gesellschaftlicher und sozialer Ungleichheit in altersspezifischer Weise und verweist damit ebenfalls auf die politische Dimension der Altenpolitik:

> „Mehr aktivitätsbereite und -kompetente ältere Menschen stehen mehr hilfebedürftigen hochaltrigen und einer quantitativ überforderten Familienstruktur und Sozialpolitik gegenüber."[7]

Die Altengeneration stellt somit ein Politikum, weil einen erheblichen „Macht- und Interessenfaktor" für die Gestaltung des Politischen dar: denn „auch die älteren Menschen stehen nicht ohnmächtig in einseitigen Abhängigkeiten, sondern im Flusse ‚fluktuierender Machtbalancen'"[8] und bewegen sich in einem Aktionsraum zwischen Autonomie und Fügsamkeit[9] und zwischen später Freiheit und sozialer Disziplinierung.[10]

Bevor nun die konkreten Implikationen dieses komplexen Bündels von Einflussfaktoren auf die politisch konnotierte Lebensgestaltung älterer und alter Menschen benannt werden, ist grundsätzlich zu betonen, dass eine einheitliche Zuschreibung des „Alters" bzw. „der Alten" der Vielfalt von Lebensmodellen und Lebensstilen, der Verschiedenheit sozialer Bedingungen und Situationen sowie der Individualität der Lebenswirklichkeit alter Menschen kaum gerecht zu werden vermag. Vielmehr ist gerade für die Frage der politischen Dimension des Alters zu bedenken, dass die Kategorie „Alter" grundsätzlich eine Konstruktion darstellt, durch die sehr viel stärker bestimmte gesellschaftlich geprägte

---

6 Vgl. Bundesministerium für Familie, Senioren, Frauen und Jugend (Hg.), *Fünfter Bericht zur Lage der älteren Generation in der Bundesrepublik Deutschland*, a.a.O., 346.
7 Gertrud M. Backes, *Widersprüche und Ambivalenzen ehrenamtlicher und freiwilliger Arbeit im Alter*, in: Klaus R. Schroeter/Peter Zängl (Hg.), *Altern und bürgerschaftliches Engagement. Aspekte der Vergemeinschaftung und Vergesellschaftung in der Lebensphase Alter*, Wiesbaden 2006, 89.
8 Klaus R. Schroeter, *Status und Prestige als symbolische Kapitalien im Alter?*, in: Ders./Zängl (Hg.), *Altern und bürgerschaftliches Engagement*, a.a.O., 50.
9 Vgl. Jan Marbach, *Zwischen Autonomie und Fügsamkeit. Der Aktionsraum im höheren Lebensalter*, in: Andreas Motel-Klingelbiel/Hans-Joachim von Kondratowitz/Clemens Tesch-Römer (Hg.), *Lebensqualität im Alter. Generationenbeziehungen und öffentliche Service-Systeme im sozialen Wandel*, Opladen 2002, 41–70.
10 Vgl. Klaus R. Schroeter, *Die Lebenslagen älterer Menschen im Spannungsfeld zwischen „später Freiheit" und „sozialer Disziplinierung". Forschungsleitende Fragestellungen*, in: Gertrud M. Backes/Wolfgang Clemens (Hg.), *Lebenslagen im Alter. Gesellschaftliche Bedingungen und Grenzen*, Opladen 2000, 31–52.

Sichtweisen des Alters signiert werden als vermeintlich unbestreitbare, essentielle Wesensaussagen über diese Lebensphase. So wird zu Recht vermerkt: „Wer nur nach Alter fragt, kann nicht sehen, wie wenig die meisten Kommunikationen im Leben eines alten Menschen mit dem Thema ‚Alter' zu tun haben."[11] Um es zuzuspitzen:

> „Dass die Alten unproduktiv, undynamisch, feig und fortschrittshemmend in der Gesellschaft als Last und Bürde wirkten, dass sie als unverbesserlich Gestrige der Jugend keine Chance ließen – das alles sind offenbare Ideologien."[12]

Deshalb stellt sich die Frage nach den möglichen Dimensionen und Entfaltungen einer Altenpolitik immer auch als Frage nach den gesellschaftlich zugrunde gelegten Altersbildern. In ideologiekritischer Hinsicht ist folglich eine Sichtweise zu favorisieren, „die ihre Aufmerksamkeit auf die sozialen Konstruktionsprozesse des Alters und die damit verbundenen Normierungen richtet, aus denen sich Anforderungen und Druck auf die Selbstwahrnehmung und Selbstbestimmung der Älteren durch die jeweils gerade gesellschaftlich anerkannten Deutungen des richtigen, aktiven, erfolgreichen etc. Alterns ergeben."[13] Insofern ist es auch für eine Praktische Theologie des Alterns notwendig, sich für die eigene Theoriebildung sowie die kirchliche Praxis die grundlegenden Rahmenbedingungen und unterschiedlichen Beschreibungsleistungen von Altenpolitik so deutlich wie möglich vor Augen zu führen. Dafür stellt eine politologische Perspektive auf die Frage des Engagements älterer und alter Menschen hilfreiche Deutungskategorien bereit.

2. Politologische Perspektiven

Eine politologische Sicht auf die Altengeneration in der Zielperspektive gelingender Altenpolitik knüpft an ein Verständnis von Sozialgerontologie an, demzufolge diese sich „den übergreifenden grundlegenden Fragen nach dem Verhältnis von Individuum und Gesellschaft, Bewusstsein und Sein, Mikro-, Meso- und Makroebene, Entwicklung und

---

11 Irmhild Saake, *Die Konstruktion des Alters. Eine gesellschaftstheoretische Einführung in die Alternsforschung*, Wiesbaden 2006, 270.
12 Anton Amann/Franz Kolland (Hg.), *Das erzwungene Paradies des Alters? Fragen an eine kritische Gerontologie*, Wiesbaden 2008, 23.
13 A.a.O., 57.

Veränderung und der Widerständigkeit sozialer Tatsachen"[14] stellt und angesichts der Multidimensionalität des Alterns gerade auf die Einsichten unterschiedlicher Wissenschaften und damit auf eine grundsätzlich interdisziplinäre Perspektive angewiesen ist.[15]

Die politologische Perspektive nimmt in diesem Zusammenhang die Rahmenbedingungen und Gestaltungsmöglichkeiten des Politischen aus der spezifischen Sicht der Altengeneration auf: Von hier aus lassen sich generell zwei unterschiedliche Konsequenzen der zu Beginn genannten Phänomene unter der doppelten Frageperspektive von gesellschaftlicher Belastung *und* Ressource[16] in den Blick nehmen:

1. Der gesellschaftlich-politische Diskurs über das Alter lässt eine steigende Sensibilität für mögliche ungleichgewichtige Belastungen und Ungerechtigkeiten erkennen, die mit der wachsenden Anzahl der finanziell aufwändigen, medizinischen Versorgung und politischen „Pflege" der Generation der Alten einher gehen. So wird mit Hilfe rhetorischer Mittel der Dramatisierung und Polarisierung angemahnt, dass gerade die demographischen Veränderungen und die ungleiche Verteilung der Lasten und Zuwendungen zu einer Entsolidarisierung der Generationen,[17] gar zu einem Kampf der Generationen[18] gegeneinander führen könnten. Zudem gilt etwa im Blick auf die öffentlichen Entscheidungsträger und Meinungsmacher in Politik, Wirtschaft und Wissenschaft sowie selbst Kultur und Kunst zu bedenken, dass diese Eliten oftmals deutlich über offizielle Pensionierungsgrenzen hinaus in ihren Berufs- und Meinungsbildungsfunktionen verharren, bevor sie sich gezwungen fühlen oder dazu bereit sind, ihr gestaltungskräftiges Deutungsmonopol an die nachrückende Generation abzugeben.

2. In der Konsequenz der benannten Phänomene nehmen aber auch die politischen Artikulationsbedürfnisse der Altengeneration zu, weil er-

---

14 Fred Karl, *Gerontologie und Soziale Gerontologie in Deutschland*, in: Birgit Jansen/Fred Karl/Hartmut Radebold/Reinhard Schmitz-Scherzer (Hg.), *Soziale Gerontologie. Ein Handbuch für Lehre und Praxis*, Weinheim/Basel 1999, 41.
15 Vgl. die Überlegungen zur Gerontologie als interdisziplinärer Alter(n)swissenschaft bei Gertrud M. Backes, *Alter(ns)forschung und Gesellschaftsanalyse – konzeptionelle Überlegungen*, in: Ursula Dallinger/Klaus R. Schroeter (Hg.), *Theoretische Beiträge zur Alternssoziologie*, Opladen 2002, v. a. 69–73.
16 Vgl. Backes, *Widersprüche und Ambivalenzen*, a.a.O., v. a. 64 ff.
17 Vgl. Frank Schirrmacher, *Das Methusalem-Komplott*, München (2004) ²2005.
18 Vgl. Hans Mohl, *Die Altersexplosion. Droht uns ein Krieg der Generationen?*, Stuttgart 1993; Reimer Gronemeyer, *Kampf der Generationen*, München 2004.

hebliche Ressourcen der sachkundigen und strategisch klugen Artikulation vorhanden sind und offenbar weiter ansteigen. Die Zeiten, in denen sich Seniorinnen und Senioren nur mehr als gleichsam passive und betreuungsbedürftige Mitglieder der Gesellschaft verstanden, sind insofern vorbei, als durch diese selbst verstärkt Möglichkeiten des politischen und bürgerschaftlichen Engagements angemahnt und unterschiedliche Formen der Beteiligung entwickelt werden. Gerade die angesprochenen berufsbiographischen Kompetenzen lassen eine Mitgestaltung von Fragen des Politischen als eine gut zu bewältigende Aufgabe für die letzte aktive Phase des Lebens erscheinen. Damit stellen sich im Blick auf diese Altersgruppe Grundfragen der zivilgesellschaftlichen Gestaltung des Politischen im Sinn der beteiligungsorientierten, politischen Selbst-Pflege.

Dieses beschriebene Politikum mitsamt der benannten Belastungsprobleme und Ressourcenpotenziale manifestiert sich in einem doppelten Sinn von „Altenpolitik" als „Politik für die Alten" und als „Politik der Alten". Beide Dimensionen haben ihr gemeinsames Merkmal in der Einsicht politischer Entscheidungsträger, dass die mangelnde Wahrnehmung und Berücksichtigung von „Altenpolitik" über kurz oder lang im Kontext des Politischen zur Verstärkung sozialer Ungleichheiten, politischer Ungerechtigkeit und in der Folge zu erheblichen gesellschaftlichen Friktionen führen dürfte – sei es, weil die benannten Belastungen eben nicht mehr bewältigbar sind oder vice versa die vorhandenen Ressourcen nur unzureichend in politische Gestaltungsprozesse einfließen.

2.1 Politik für die Alten

Klassische Altenpolitik manifestiert sich im Modus einer „Alterspolitik" als eigenständiges Politikfeld in der Beschäftigung mit Fragen der Stabilisierung dieser Generation auf den verschiedenen Politikebenen von der europäischen über die nationale bis zur regionalen und kommunalen Altenpolitik bzw. Altenhilfepolitik nach dem Fürsorgeprinzip. Grundsätzliches Ziel ist dabei die stabile Integration dieser Altersgruppe in die Gesellschaft bzw. die Vermeidung von Exklusionstendenzen aufgrund bestimmter körperlicher oder geistiger Defizite sowie sozioökonomischer Ressourcenmängel.

Hier geht es im finanziellen und rechtlichen Sinn um den Bereich der Gewährleistung von Renten- und Versorgungsansprüchen, im weiteren sozialpolitischen Sinn um die sozialstaatlich infrastrukturelle Sicherung der spezifischen Lebensbedürfnisse älterer und alter Menschen, im medizinischen Sinn um die Frage der notwendigen und angemessenen Pflegeleistungen, im kulturellen Sinn um die Bereitstellung von altersangemessenen Freizeit- und Bildungsangeboten, im intergenerationellen Sinn um die Schaffung von Chancen der Begegnung und Kommunikation über die eigene Altersgruppe hinaus, um so gesellschaftlichen Segmentierungstendenzen entgegenzuwirken sowie schließlich im politischen Sinn um die Eröffnung von altersspezifischen Engagementmöglichkeiten und -formen.

Diese Form der Altenpolitik lebt nach wie vor von der Grundidee, für die altersspezifischen Problemlagen ein möglichst adäquates Versorgungsangebot bereitzustellen bzw. zu gewährleisten oder mindestens doch die bestehende Angebotsstruktur für die Klientel der alten Menschen nicht zu verschlechtern. Politik versteht sich hier als hierarchieförmige Dienstleistung im Sinn der Gewährleistung der Rahmenbedingungen für eine altersspezifische Lebensführung, die mit den faktischen Belastungen möglichst entlastend umzugehen vermag. Insofern differenziert sich das dafür notwendige staatliche Steuerungshandeln in unterschiedliche politische Handlungsfelder und Akteure aus. Dies manifestiert sich darin, dass etwa auf Bundesebene zwar durch das Bundesministerium für Familie, Senioren, Frauen und Jugend (BMFSFJ) entscheidende Koordinationsfunktion ausgeübt wird, zugleich aber auch weitere Ministerien unmittelbar mit den angesprochenen altenpolitischen Teilfragen beschäftigt sind. Zudem bestehen in den Ländern und Kommunen in aller Regel eigene ministerielle und organisatorische Zuständigkeiten für die spezifischen Belange von Seniorinnen und Senioren.

Allerdings wird bei einer solchen „Politik für Alte" von einem vergleichsweise engen Begriff von Politik ausgegangen, der sich insbesondere in interventionistischem Sinn auf Verteilungs- und Finanzierungsfragen fokussiert und in dessen Zusammenhang ältere Menschen vor allem in ihrer Hilfs- und Schutzbedürftigkeit wahrgenommen werden. Bei einer berufszentrierten Bestimmung des Lebensalters wird das Ausscheiden aus dem Berufsleben gar als Rollenverlust und gar als Funktionslosigkeit des alten Menschen angesehen, mit dem dieser dann auch nicht (mehr) als mündiges Mitglied der Gesellschaft anerkannt werden kann. Folgenreich orientierte man sich hier (zu) lange Zeit am Leitbild eines weitgehend defizitär geprägten Alterns und gelangte zu der Annahme, dass ältere Menschen aufgrund nachlassender physischer und psychischer Leistungsmöglichkeiten ihre Aktivitätsformen und eben auch gesellschaftliches Engagement erheblich reduzieren. Ausgegangen wurde hier von einem allgemeinen Rückzug aus den bisherigen sozialen Rollen und einer stetigen Verminderung sozialer Beziehungen im Alter.[19] Vor diesem Hintergrund kamen insbesondere die subsidiären und partizipatorischen Gestaltungsmöglichkeiten dieser Generation nur am Rande in den Blick – kurz gesagt wurden vor diesem Hintergrund alterspolitische Themen bis in die jüngste Gegenwart vornehmlich als „Stiefkind der Gesellschaftspolitik"[20] wahrgenommen.

2.2 Politik der Alten

Die zweite sehr viel weit reichendere Gestaltungsform von Alterspolitik im Sinn einer „Politik der Alten" basiert auf einem Verständnis von „Politik als Lebensform" bzw. einem ressourcensensiblen und mündigkeitsorientierten Begriff des Politischen.

Leitend ist hier die Annahme, dass der Begriff des Politischen über ein Politikverständnis als Dreiklang von *polity* als formal-institutionelle Dimension, von *politics* als prozedurale Dimension des Interessen- und Konfliktaustrags und von *policy* als inhaltlich-aufgabenorientierte Dimension politischen Handelns in substantieller Weise hinausgeht. Das Politische umfasst qualitativ mehr und anderes als dies bei Funktionsbeschreibungen eines bestimmten politischen Regelwerks oder rechtlich garantierter Meinungs- und Willensbildungsprozesse im Blick ist: „Das Politische ist durchaus mehr als die Politik. Es ist mehr als Struktur und Funktion, es ist auch Ethik und Verantwortung. Es ist auch normativ und formativ."[21] Das Politische spielt folglich auf eine grundlegende Dimension menschlicher Existenz an, die ihrerseits auf Freiheit als dem eigentlichen Grundsinn aller Lebensvollzüge beruht: „In diesem Sinne sind Freiheit und Politik identisch, und wo immer es diese Art von Freiheit nicht gibt, gibt es auch keinen im eigentlichen Sinn politischen

---

19 Vgl. zur Disengagementtheorie Klaus R. Schroeter, *Status und Prestige als symbolische Kapitalien im Alter?*, in: Ders./Zängl (Hg.), *Altern und bürgerschaftliches Engagement*, a.a.O., v.a. 42–46.
20 Ulrich P. Ritter/Jens Hohmeier, *Alterspolitik. Eine sozio-ökonomische Perspektive*, München/Wien 1999, 285.
21 Ulrich v. Alemann, *Das Politische an der Politik. Oder: Wider das Verschwinden des Politischen*, in: Karl Hinrichs/Herbert Kitschelt/Helmut Wiesenthal (Hg.), *Kontingenz und Krise. Institutionenpolitik in kapitalistischen und postsozialistischen Gesellschaften*, Frankfurt/New York 2000, 112.

Raum."²² Politik ist in diesem Sinn immer „Lebenspolitik", die als Träger ein Subjekt hat, „das sich selbstreflexiv mit seiner Körperlichkeit, den Beziehungen zum anderen Geschlecht und seinen Bedürfnissen auseinander zu setzen und darüber stimmig zu kommunizieren vermag."²³ Kurz gesagt ist das Politische nur denkbar, wenn die Selbstbestimmung und Mitbestimmung der einzelnen Akteure in ihren je lebenswichtigen Erfahrungswelten ihren konstitutiven Ausgangspunkt darstellt.²⁴

Zugleich ist für die Bestimmung des Politischen die prinzipielle Möglichkeit individuellen Freiheitsvollzugs im Sinn von Partizipation und Intersubjektivität konstitutiv, denn frei sein „können Menschen nur in Bezug aufeinander, also nur im Bereich des Politischen und des Handelns."²⁵ Der Sinngehalt des Politischen manifestiert sich von daher in individuellen *und* gemeinschaftlichen Lebensvollzügen auf der Grundlage werthaltiger Überzeugungen. Das Gelingen des Politischen hängt somit weniger von der Optimierung der institutionellen Bedingungsfaktoren ab als vielmehr von der gleichberechtigten Möglichkeit und Bereitschaft der darin agierenden Personen, Gruppen und Gemeinschaften, Konflikt minimierend zu agieren und „den Streit zu regeln."²⁶

Gerade deshalb liegt dieser Perspektive von Altenpolitik die Grundannahme von erheblichen gesellschafts- und politikbedeutsamen Ressourcen in der Altersphase zugrunde. Älteren und alten Menschen wird somit die Mitwirkung an der konstruktiven Transformation der klassischen politischen Interaktion in gesellschaftlich-partizipatorische Gestaltungsformen unbedingt zugetraut. Zivilgesellschaft und Lebenswelt sind demzufolge nicht nur bloße Ausgangspunkte für die Einflussnahme älterer Menschen auf das politische System. Sondern „indem die Bürger unmittelbar die Regelungen der Angelegenheiten herbeiführen, die alle betreffen",²⁷ wird die Lebenswelt selbst zum Schauplatz politischer Praxis.

Im Zentrum dieses Verständnis des Politischen stehen folglich nicht die Gestaltungsmöglichkeiten durch die institutionalisierte Politik mit-

---

22 Hannah Arendt, *Was ist Politik?*, München 1993, 52.
23 Hans-Joachim Busch, *Demokratische Persönlichkeit*, in: Aus Politik und Zeitgeschichte 11/2007, 10.
24 Vgl. dazu Volker Gerhardt, *Partizipation. Das Prinzip der Politik*, München 2007, hierzu v. a. 24 ff.
25 Hannah Arendt, *Freiheit und Politik*, in: Dies., *Zwischen Vergangenheit und Zukunft*, München 1994, 201.
26 Dolf Sternberger, *Drei Wurzeln der Politik*, Frankfurt a. M. 1984, 445.
27 Thomas Meyer, *Die Transformation des Politischen*, Frankfurt a. M. 1994, 219.

samt ihrer klassischen Herrschaftsinstrumente, sondern gerade die Eröffnung von aktiven Beteiligungsformen der alten Menschen selbst. Notwendig sind dafür transparente Kommunikations- und Versammlungsformen, in denen diese gerade auf dem Hintergrund ihrer erfahrungsgesättigten Ressourcen politische Diskursfähigkeit weiter auszuüben, neu zu entwickeln und einzuüben vermögen. Dahinter steht die wiederum politologische Einsicht, dass Demokratie nicht aus der Wahrheit lebt, sondern „aus der nie ans Ende kommenden Suche nach Wahrheit und der Möglichkeit des Dialogs über sie"[28] und damit zugleich von einer permanenten Entwicklungsfähigkeit und prinzipiellen Reversibilität präferierter Haltungen, gefällter Urteile und getroffener Entscheidungen auszugehen ist.

2.3 Formen zivil- und bürgergesellschaftlichen Engagements im Alter

Im genannten ressourcenorientierten Sinn werden zwar ebenfalls Möglichkeiten eines solchen zivil- bzw. bürgergesellschaftlichen Engagements oftmals von staatlicher Seite aus angestossen und finanziert, allerdings soll dies gerade im Sinn politischer Subsidiarität jenseits staatlicher Obhut Potenziale alter Menschen für politische Mitgestaltung entbinden, ihnen Raum für die aktive bzw. produktive Mitgestaltung ihrer Lebenswelt eröffnen und damit zugleich der individuellen und gemeinschaftsorientierten sozialen Integration dienen.[29]

Generell wird gegenwärtig für viele ältere Menschen ein erstaunlich hohes Maß an Aktivitäten in nachberuflichen Tätigkeitsfeldern, nicht zuletzt im religiösen und sozialen Bereich, konstatiert.[30] Demzufolge sind

---

28 Christian Graf v. Krockow, *Die liberale Demokratie*, in: Iring Fetscher/Herfried Münkler (Hg.), *Politikwissenschaft. Begriffe – Analysen – Theorien. Ein Grundkurs*, Hamburg 1985, 447.
29 Vgl. dazu Gertrud M. Backes, *Arbeit nach der Arbeit. Ehrenamtlichkeit und Freiwilligenarbeit älterer Menschen – Möglichkeiten und Illusionen*, in: Wolfgang Clemens/François Höpflinger/Ruedi Winkler (Hg.), *Arbeit in späteren Lebensphasen. Sackgassen, Perspektiven, Visionen*, Bern 2005, 155–184 sowie Gertrud M. Backes/Jacqueline Höltge, *Überlegungen zur Bedeutung ehrenamtlichen Engagements im Alter*, in: Marcel Erlinghagen/Karsten Hank (Hg.), *Produktives Altern und informelle Arbeit in modernen Gesellschaften*, Wiesbaden 2008, 277–300.
30 Vgl. Martin Kohli/Harald Kühnemund (Hg.), *Die zweite Lebenshälfte. Gesellschaftliche Lage und Partizipation im Spiegel des Alters-Survey*, Opladen 2000 und Harald Kühnemund, *Gesellschaftliche Partizipation und Engagement in der zweiten*

zwar ältere Menschen etwas weniger engagiert als jüngere Altersgruppen, allerdings sinkt das Engagement erst ab etwa dem 75. Lebensjahr signifikant ab.[31] Demnach engagiert sich etwa jeder zehnte ältere Mensch – zwar nicht in Parteien oder verbandlichen Großorganisationen, aber – in Initiativen, selbst organisierten Gruppen oder Selbsthilfegruppen.[32] Durch entsprechende Untersuchungsergebnisse wird eindrücklich eine hohe Pluralität von Formen öffentlicher und politisch relevanter Aktivitäten nachgewiesen. Diese Engagementformen differenzieren sich aus in:

- eine traditionelle ehrenamtliche Tätigkeit in Vereinen, Verbänden und Parteien,
- ein „neues" Ehrenamt in selbst- oder fremdorganisierten Gruppen,
- Engagementformen ohne Anbindung an konkrete Vereine oder Initiativen,
- informelle freiwillige Tätigkeiten und Hilfen jenseits organisatorischer Verankerung.[33]

In der genannten Differenzierung pluraler und flexibler Formen politischen Engagements bis hin zu neuartigen Formen der sozialen Vernetzung kommt zum Ausdruck, dass sich in den letzten Jahren im Bereich des Politischen eine Ausweitung von bisherigen Formen des „alten", klassischen Ehrenamtes zum „neuen" bürgerschaftlichen Engagement älterer Menschen andeutet.[34] Stellte man sich bisher die aktive Mitge-

---

Lebenshälfte. Empirische Befunde zu Tätigkeitsformen im Alter und Prognosen ihrer zukünftigen Entwicklung, Berlin 2001 sowie Ders., *Exemplarische Analysen zum ehrenamtlichen Engagement im Alter*, in: Schroeter/Zängl (Hg.), *Altern und bürgerschaftliches Engagement*, a.a.O., 135–152.

31 Zwischen 1999 und 2004 stieg das ehrenamtliche Engagement bei den 55- bis 64-jährigen um 5% auf 40% und bei den bis 74-jährigen um 5% auf 32%. Von den 75-jährigen und Älteren sind immerhin noch knapp 20% engagiert, vgl. Bundesministerium für Familie, Senioren, Frauen und Jugend (Hg.), *Fünfter Bericht zur Lage der älteren Generation in der Bundesrepublik Deutschland*, a.a.O., 354.

32 Vgl. Ulrich Brendgens/Joachim Braun, *Freiwilliges Engagement älterer Menschen*, in: Sibylle Picot (Hg.), *Freiwilliges Engagement in Deutschland – Freiwilligensurvey 1999. Ergebnisse der Repräsentativerhebung zu Ehrenamt, Freiwilligenarbeit und bürgerschaftlichem Engagement*, Stuttgart (1999) ²2001, 209–302.

33 Vgl. dazu Harald Kühnemund, *Exemplarische Analysen zum ehrenamtlichen Engagement im Alter*, in: Schroeter/Zängl (Hg.), *Altern und bürgerschaftliches Engagement*, a.a.O., 136.

34 Vgl. Joachim Braun/Ingo Becker, *Engagementförderung als neuer Weg der kommunalen Altenpolitik. Dokumentation der Fachtagung vom 22. September bis 23. September 1997 in Bonn*, Schriftenreihe des BMFSFJ, Bd.160, Stuttgart/Berlin/Köln 1997 sowie Thomas Olk, *Modernisierung des Engagements im Alter –*

staltung von Seniorinnen und Senioren gleichsam im – als weitgehend „unpolitisch" verstandenen – Bereich der Nachbarschaftshilfe, von Kirche und Verein, des örtlichen Seniorentreffs oder der eigenen Jahrgangsgruppe vor, so ergibt sich vor dem Hintergrund der beschriebenen Ausweitung des Politikbegriffs eine neue politisch konnotierte Interpretationsmöglichkeit der unterschiedlichen Tätigkeits- und Engagementformen. Anders gesagt: die Beobachtung, dass sich ältere Menschen „immer noch überwiegend in ‚traditionellen' und ‚altersunspezifischen' Engagementbereichen wie Sportgruppen, kirchlichen und sozialen Organisationen oder Freizeit- und Gesellligkeitsgruppen" betätigen und damit „‚neue' und ‚altersspezifische Engagementfelder z. B. in der Seniorenpolitik ... weiterhin eher randständig bleiben",[35] unterschlägt, dass die genannten ‚traditionellen' Felder und Formen sehr wohl intensive Möglichkeiten der politischen Verantwortung und Mitgestaltung eröffnen. Gerade die pluralen Aktivitätsformen lassen sich somit sehr wohl als politisch relevante Artikulations-, Kommunikations- und Interaktionsmöglichkeiten des Politischen deuten.

Dies manifestiert sich auch in der Annahme, dass solche Formen des Engagements eine erhebliche Vergemeinschaftungs- und Vergesellschaftungsfunktion tragen.[36] In diesem Sinn kann bürgerschaftliches Engagement das „Kernelement eines völlig neuen Vergesellschaftungsmodells" darstellen, „das mit der Betonung der Ressourcen und der Handlungspotenziale das Leitbild des verdienten Ruhestandes ergänzt."[37] Dies zeigt sich beispielhaft darin, dass es politisch aktiven Alten keineswegs mehr automatisch nur um die Vertretung altersspezifischer Anliegen und Interessen gehen muss, sondern im Gegenteil die politische Rolle bewusst darin gesehen wird, „auch bei der Behandlung nicht-alterstypischer

---

Vom Ehrenamt zum bürgerschaftlichen Engagement?, in: Institut für Soziale Infrastruktur (Hg.), *Grundsatzthemen der Freiwilligenarbeit*, Stuttgart 2002, 25–48.

35 Bundesministerium für Familie, Senioren, Frauen und Jugend (Hg.), *Fünfter Bericht zur Lage der älteren Generation in der Bundesrepublik Deutschland*, a.a.O., 360.

36 Vgl. dazu schon Helmut Schelsky, *Die Paradoxien des Alters in der modernen Gesellschaft*, in: Ders., *Auf der Suche nach der Wirklichkeit*, Düsseldorf/Köln 1965, 198–220.

37 Franz Kolland/Martin Oberbauer, *Vermarktlichung bürgerschaftlichen Engagements im Alter*, in: Schroeter/Zängl (Hg.), *Altern und bürgerschaftliches Engagement*, a.a.O., 160.

Themen in den jeweiligen Organisationen, Parlamenten, Ausschüssen und dgl."[38] mitzuwirken.

Was bis dahin eher als vor allem selbstbezügliche Beschäftigung des alten Menschen im Sinn einer sinnvollen Füllung der privaten Ruhestandszeit verstanden wurde, erlaubt dann qualitativ neue Bestimmungen dieses Engagements. Galt bis dahin der ältere Mensch aufgrund seiner breit verfügbaren Zeit in gewissem Sinn als bestenfalls unterstützende und hilfreiche Kraft für die Aufrechterhaltung vereinsmäßiger Angebote und Strukturen, so wird dieser vor dem Hintergrund eines weiten Begriffs des Politischen und der faktischen Ausdifferenzierung zivilgesellschaftlicher Partizipationsstrukturen zu nicht weniger als einem maßgeblichen Subjekt des Politischen selbst. In diesem Zusammenhang ist sogar die Rede davon, die weitgehend „entpflichtete" Generation der Alten wieder neu für die Gesellschaft in die Pflicht nehmen zu können.[39]

Gleichzeitig ist allerdings an dieser Stelle auf die Gefahr hinzuweisen, dass die Motivierung zu bürgerschaftlichem Engagement auch im handfesten politischen Interesse der Instrumentalisierung stehen kann, insofern hier eine bestimmte politische und finanzielle Mängelverwaltung der öffentlichen Hand lediglich an bestimmten Kompensationen defizitärer staatlicher Leistungen interessiert ist und dazu in strategischem Sinn primär auf die effektive Nutzung des Humankapitals älterer Menschen abzielt. Zudem ist zu notieren, dass zwar freiwilliges und ehrenamtliches Engagement unter günstigen Bedingungen „einen Beitrag zur Verbesserung der Lebenslage älterer und alter Menschen, zu ihrer sozialen Integration, Gesundheitsförderung, Sinnfindung u.Ä. leisten"[40] kann, aber sich zugleich in der unterschiedlichen Engagementbereitschaft erneut soziale und geschlechtsbedingte Ungleichheiten abbilden: längst nicht alle älteren Menschen, für die ein entsprechendes Engagement von persönlicher Bedeutung sein könnte, „haben Zugang zu einer (qualitativ zufriedenstellenden) sozialen oder politischen freiwilligen Arbeit oder einem Ehrenamt".[41] So ist auffällig, dass freiwilliges soziales Engagement im

---

38 Gerhard Naegele, *Zur politischen Beteiligung älterer Menschen in Deutschland – unter besonderer Berücksichtigung der Seniorenvertretungen*, in: Gerhard Naegele/ Rudolf-M. Schütz (Hg.), *Soziale Gerontologie und Sozialpolitik für ältere Menschen. Gedenkschrift für Margret Dick*, Opladen/Wiesbaden 1999, 246.
39 Vgl. Hans-Peter Tews, *Alter zwischen Entpflichtung, Belastung und Verpflichtung*, in: Adalbert Evers/Kai Leichsenring/Bernd Marin (Hg.), *Die Zukunft des Alterns*, Wien 1994, 155–166.
40 Backes, *Widersprüche und Ambivalenzen*, a.a.O., 75.
41 A.a.O., 86.

Sinn der Übernahme von Betreuung, Pflege oder Nachbarschaftshilfe nach wie vor hauptsächlich von älteren Frauen geleistet wird, während ältere Männer mehrheitlich die prestigeträchtigeren Planungs-, Organisations-, und Entscheidungsprozesse in den entsprechenden Einrichtungen und Netzwerken innehaben. Insgesamt aber gilt: so lange sich ältere Menschen für ihre Mitmenschen engagieren, wird der häufig beschworene Krieg der Generationen „ein zwar ernst zu nehmender, aber auch die Wirklichkeit verzerrend abbildender Kassandraruf bleiben".[42]

Im gelingenden Fall gilt, dass Prozesse der Vergesellschaftung und sozialen Integration im Alter zwar weiterhin primär im Kontext des engeren Kreises von Familie Nachbarschaft und Freundeskreis erfolgen:

> „Aber die neuen Formen gesellschaftlicher Partizipation vermitteln – insbesondere für die Gruppen der ‚neuen Alten' – auch im Zeitalter der Individualisierung' soziale Beziehungen und führen zu einem ausgewogeneren Verhältnis von Individualität und Sozialität."[43]

Nebenbei bemerkt dürfte angesichts gegenwärtiger politischer Debatten das Diktum K. Mannheims aus dem Jahr 1928 noch keineswegs grundsätzlich überholt sein:

> „Es ist nichts unrichtiger, als zu meinen, dass die Jugend progressiv und das Alter eo ipso konservativ sei. Gegenwärtige Erfahrungen zeigen zu Genüge, dass die ältere, liberale Generation politisch progressiver zu sein vermag als bestimmte jugendliche Kreise."[44]

Die politikwissenschaftliche Annäherung an politische Gestaltungsmöglichkeiten im Alter führt zu einer Reihe von praktisch-theologischen Implikationen, die im Folgenden in ihrer politischen Dimensionierung skizziert werden sollen. Dabei gilt grundsätzlich, dass politisch konnotierte Fragen des Alterns für die Praktische Theologie und kirchliche Praxis bisher weitgehend unbedacht geblieben sind.[45]

---

42 Thieme, *Alter(n) in der alternden Gesellschaft*, Wiesbaden 2008, 290.
43 Gertrud M. Backes/Wolfgang Clemens, *Lebensphase Alter. Eine Einführung in die sozialwissenschaftliche Alternsforschung*, Weinheim/München (1998) ³2008, 223.
44 Karl Mannheim, *Das Problem der Generationen*, in: Kölner Vierteljahreshefte für Soziologie 7 (1928), zit. in: Manfred Stosberg, *Netzwerk-, Familien- und Generationenbeziehungen*, in: Jansen/Karl/Radebold/Schmitz-Scherzer (Hg.), *Soziale Gerontologie*, a.a.O., 438.
45 Vgl. im Ansatz Martina Blasberg-Kuhnke, *Gerontologie und Praktische Theologie. Studien zur Neuorientierung der Altenpastoral an der psychischen und gesellschaftlichen Wirklichkeit des alten Menschen*, Diss. Münster 1984, v.a. 231 ff.

3. Praktisch-theologische Implikationen einer engagementförderlichen Altenpolitik

Der zivilgesellschaftliche Aufbruch bringt für die Kirche selbst erhebliche Herausforderungen im Sinn der „Stärkung von Autonomie und Selbstverantwortung"[46] und gerade deshalb auch für politisch relevante Partizipationsmöglichkeiten von Seniorinnen und Senioren mit sich.

3.1 Spielräume einer public church für politisches Engagement im Alter

Von Spielräumen einer public church für politisches Engagement im Alter zu sprechen, hat seine Begründung darin, dass der Öffentlichkeitsauftrag von Theologie[47] und Kirche[48] seinem Ursprung und seiner Sache nach notwendigerweise auch Fragen des Politischen unter den Bedingungen und im Kontext der pluralistischen Gesellschaft beinhaltet. Es wäre folglich wesentlich zu eng gedacht, würde man die kirchlichen Deutungsleistungen allein auf kultische, seelsorgerliche oder diakonische Formen öffentlicher Präsenz begrenzen.

Durch eine bewusste kirchliche Eröffnung des politischen Horizontes können auch Menschen höheren Alters darin unterstützt werden, inmitten der pluralistischen Gesellschaft am Ort der intermediären Institution Kirche ihrer Verantwortung Ausdruck zu geben.[49] Durch ihre spezifischen Ausdrucksgestalten von *leitourgia, koinonia, diakonia* und *paideia* werden dem Selbstverständnis der öffentlichen Kirche zufolge in spezifischer Weise Verbindungen zwischen den ressourcenstarken Lebenshoffnungen ihrer Mitglieder und göttlicher Gnade hergestellt. Kirche

---

46 Ritter/Hohmeier, *Alterspolitik*, a.a.O., 292.
47 Zur Praktischen Theologie als public theology vgl. Elaine Graham/Anne Rowlands (Hg.), *Pathways to the Public Square. Practical Theology in an Age of Pluralism. International Academy of Practical Theology*, Manchester 2003, Münster 2005.
48 Vgl. Wolfgang Huber, *Kirche in der Zeitenwende. Gesellschaftlicher Wandel und Erneuerung der Kirche*, Gütersloh 1998; Eilert Herms, *Kirche für die Welt. Lage und Aufgabe der evangelischen Kirche im vereinigten Deutschland*, Tübingen 1995; Michael Welker, *Kirche im Pluralismus*, Gütersloh 1991; Rolf Schieder, *Wieviel Religion verträgt Deutschland?*, Frankfurt a. M. 2001.
49 Darauf verweisen explizit Backes/Clemens, *Lebensphase Alter*, a.a.O., 211 und von praktisch-theologischer Seite etwa Ulrich Kuhnke, *Gemeinwesenorientierte Altenpastoral*, in: Martina Blasberg-Kuhnke/Andreas Wittram (Hg.), *Altern in Freiheit und Würde. Handbuch christliche Altenarbeit*, München 2007, 189–195.

gewinnt somit öffentlichen Ausdruck durch die Verbindung von individueller Glaubensidentität und öffentlichem Engagement. Die *public church* kann somit gerade auch für ältere und alte Menschen Wegbereiterin einer christlichen Praxis auf dem öffentlichen Marktplatz politischer Diskurse werden.

Neben diese externe sinnstiftende Verantwortungsübernahme muss konsequenterweise die interne kirchliche Fähigkeit zum konsequent demokratischen Umgang mit Pluralität im Sinn der pluralen Orientierungen und Herkünfte älterer Menschen treten.[50] Öffentliche Kirche zeichnet sich folglich nicht nur durch ihren Sinn für die Pflege christlicher Identität und das entsprechende Zugehörigkeitsgefühl aus, sondern auch durch eine signalhafte pluralitätsoffene Grundgestalt nach innen und außen. Die Partizipation älterer Menschen am öffentlichen Leben beginnt mit der Erfahrung partizipativer Strukturen und echter Beteiligungsmöglichkeiten innerhalb der kirchlichen Gemeinde. Die Rede von der Demokratisierung der Kirche hat ihren Kern folglich nicht darin, kirchliche Partizipationsstrukturen einfach an politische Strukturen anzupassen, sondern die Praxis der Kirche als eine Praxis der Gemeinschaft freier und gleicher Christen im Horizont des Priestertums *aller* älteren und alten Menschen zum Vorschein zu bringen. Dies ist gleichsam die ekklesiologische Variante der Forderung, im Bereich der Aktivierung älterer Menschen einen „Zugang für alle zu ermöglichen".[51]

Zudem bildet die kirchliche Gemeinde einen der wenigen und hervorragenden gesellschaftlichen Orte, an denen gerade in der intergenerationellen Begegnung auf kommunikative und interaktive Weise „im Horizont von Lebensalltag, Lebensübergängen und Lebensganzem"[52] für die Herausforderungen des Politischen gelernt werden kann. Denn die Virtualität kirchlicher Bildungsräume – als Schnittstellen „zwischen Realität (aus der die verhandelten Themen kommen) und Künstlichkeit (die in Distanz zum Konkreten einen spielerischen Umgang mit den

---

50 Vgl. James W. Fowler, *Weaving the New Creation. Stages of Faith and the Public Church*, San Francisco 1991, hier besonders 147–171; außerdem Robert Jackson, *International Perspectives on Citizenship, Education and Religious Diversity*, London 2003.
51 Backes, *Widersprüche und Ambivalenzen*, a.a.O., 90.
52 Karl Ernst Nipkow, *Grundfragen der Religionspädagogik 3. Gemeinsam leben und glauben lernen*, Gütersloh 1982, 46; vgl. auch Martina Blasberg-Kuhnke, *Gerontologie und Praktische Theologie. Studien zu einer Neuorientierung der Altenpastoral*, Düsseldorf 1985.

Themen erlaubt)"[53] – bietet im Gegensatz zu Formen beruflicher Weiterbildung die Gelegenheit, „zwanglos und mit Distanz zu drängenden Problemen eigene Sichtweisen zu überdenken, zu erweitern und spielerisch auf mögliche Situationen anzuwenden".[54]

Wollen Kirchen inmitten bestehender gesellschaftlicher Entwicklungen und Konflikte als öffentlich relevante Deutungs- und Urteilsgemeinschaften im Sinn von „schools of public virtue"[55] agieren und anerkannt werden und alten Menschen auch in politischen Fragen Identitätsentwicklung ermöglichen, ist es notwendig, die eigenen Wahrheitsgehalte in allgemein zugängliche Argumentation zu übersetzen. Dies verbindet sich mit der Einsicht, dass „der in der religiösen Praxis in Geltung gebrachte Gehalt ... nur in seiner praktischen Gestalt"[56] ansichtig wird.

3.2 Bildungsräume einer public church für die Gestaltung des Politischen

Grundsätzlich gilt für die kirchliche Bildungsverantwortung inmitten der Zivilgesellschaft:

> „Christlich-religiöse Bildung ist an allen Lernorten auf eine performative, an religiösen Vollzugsformen orientierte Didaktik angewiesen, weil der christliche Glaube sich auf keine allein diskursiv darstellbare Idee gründet, weder auf eine Vernunftwahrheit, noch auf ein supranaturales Sonderwissen, sondern auf das Christusereignis."[57]

Insofern zielen auch die entsprechenden altersspezifischen kirchlichen Deutungsangebote für Fragen des Politischen sinnvollerweise nicht auf die „Zustimmung zu Satzwahrheiten" ab, sondern auf „die Bewahrheitung des Glaubens in Vollzügen der Welt und Lebensdeutung".[58]

Der öffentlichen Kirche kommt somit die Aufgabe zu, älteren Menschen politisch relevante Erfahrungen zu ermöglichen, in denen

---

53 Thomas Bornhauser, *Gott für Erwachsene. Ein Konzept kirchlicher Erwachsenenbildung im Zeichen postmoderner Vielfalt*. Stuttgart 2000, 117.
54 Ebd.
55 Ronald F. Thiemann, *Constructing a public theology. The church in a pluralistic culture*, Louisville 1991, 43.
56 Bernd Dressler, *Religion im Vollzug erschließen! Performanz und religiöse Bildung in der Gemeinde*, in: Hartmut Rupp/Christoph Th. Scheilke (Hg.), *Bildung und Gemeindeentwicklung*, Stuttgart 2007, 175.
57 A.a.O., 180.
58 A.a.O., 182.

christliche Selbstverpflichtung und öffentlichkeitsrelevante Berufung stringent miteinander verbunden werden, um so nicht nur Spielräume für politikrelevantes Handeln zu eröffnen, sondern letztlich auch konfliktvermindernde Solidarbeziehungen zwischen den Generationen zu verstärken.

Dies lässt sich auf dem Feld der kirchlichen Bildungsaufgabe exemplarisch verdeutlichen, indem diese in der Arbeit mit älteren Menschen stärker als bis dato auch politisch zu fassen ist. Eine christliche *paideia* zielt auf nicht weniger als die Verbindung von christlicher Glaubensüberzeugung und Berufung zur öffentlichen politisch relevanten Praxis ab.

In Erinnerung an die biblische Wertschätzung des Alters sind damit Angebote der Aktivierung erfahrungsbezogener politischer Kompetenzen erheblich deutlicher als bisher zu profilieren: Grundsätzlich gilt dafür, dass ältere Menschen von Beginn an als Subjekte der Bildungsarbeit anzusehen sind. Hier ist gerade im Blick auf die „späte Freiheit" des 3. Alters – gegenüber dem 2. Alter der beruflichen Produktivität und familiären Pflichten und dem 4. Alter der Sorge um physische und psychische Stabilität bzw. deren Verlust[59] – eine aktivierende zielgruppenspezifische Erwachsenenbildung vonnöten. Dies bedeutet dann, dass das Ziel einer solchen Arbeit im Horizont einer neuen Kultur des dritten Lebensalters[60] gerade in der Befähigung zum flexiblen und kreativen Umgang mit den spezifischen Anforderungen, Entwicklungsaufgaben und Limitationen dieses Lebensalters bestehen muss. Für einzelne Lernformen bedeutet dies, Angebote zur Aktivität im Sinn von politisch relevanter Selbstverantwortung, Selbststeuerung und Selbstorganisation gerade mit den bisherigen biographiebezogenen politischen Lebenserfahrungen und -entwürfen in ein Korrespondenzverhältnis zu bringen.

Dies lässt auch für das Feld des Politischen eine Unterscheidung der Altersbildungsarbeit in präventiver, augmentativer, krisenbegleitender sowie emanzipativ-befreiender Orientierung als angemessen erscheinen.[61] Hier besteht ein erster emanzipatorischer Schritt schon darin, ältere Menschen dazu zu befähigen, sich selbst von äußeren Zuschreibungen ihrer vermeintlich feststehenden defizitären Altersrolle dann zu distanzieren, wenn ihnen individuell diese Zuschreibungen faktisch schlichtweg

---

59 Vgl. Martina Blasberg-Kuhnke, Art. ‚Alte, Altenbildung', in: Norbert Mette/ Folkert Rickers (Hg.), *LexRP 1*, Neukirchen-Vluyn 2001, 27.
60 Backes, *Alter(ns)forschung und Gesellschaftsanalyse*, a.a.O., 73.
61 Vgl. Blasberg-Kuhnke, Art. ‚Alte, Altenbildung', a.a.O., 25.

nicht entsprechen – etwa im Horizont der Frage: „Was machen alte Menschen, wenn sie gerade mal nicht alt sind?"[62]

Es wäre allerdings eine verkürzte Form von christlicher Bildung, wenn diese sich nur als Gestaltungsziel individueller Lebensführung darstellen würde. Vielmehr bedürfen lernende ältere und alte Menschen auch entwicklungsfähiger und lernender Organisationen, die ihrerseits im Modus sozialer Veranstaltungen Formen des produktiven Lernens unterstützen.[63]

Konkret bedeutet dies für kirchliche Bildungsarbeit, auf das zivilgesellschaftliche und demokratische Engagement „im Alter" vorzubereiten, ein solches Engagement durch entsprechende Impulse und Unterstützung zu begleiten und auch die Grenzerfahrungen individueller politischer Leistungsfähigkeit zu thematisieren und so aufzufangen – all dies im Horizont der Grundaufgabe, Möglichkeiten gesellschaftlicher Partizipation, Intergenerationalität und Solidarität zu eröffnen und immer wieder Ressourcen für Neuorientierungen und neues Engagement freizusetzen. Erst unter dieser Voraussetzung dürften die individuellen und gemeinschaftlichen Fähigkeiten, „mit der Pluralität von Sinnangeboten, Religionen, Weltanschauungen und Lebensentwürfen reflektiert und kritisch umzugehen",[64] tatsächlich nachhaltig gestärkt werden. Hierbei wird es darauf ankommen, die Zeit-Fremdheit der Theologie für alte Menschen als eine Art ‚produktiver Ungleichzeitigkeit' (J.B. Metz) fruchtbar werden zu lassen: „In diesem Sinne ist gerade auch das prophetische Moment der christlichen Botschaft wach und in Erinnerung zu halten."[65]

4. Konkretionen

In diesem Sinn eröffnen sich unter der Doppelperspektive gelebter und gelehrter Religion Möglichkeiten einer religiösen Bildung im Alter, die ihrerseits politische Relevanz bereits unmittelbar in sich trägt. Die Kunst kirchlicher Bildung besteht darin, dass ältere Menschen durch diese im

---

62 Saake, *Die Konstruktion des Alters*, a.a.O., 25.
63 Vgl. Franz Kolland, *Lernen und Altern. Zwischen Expansion und sozialer Exklusion*, in: Amann/Ders. (Hg.), *Das erzwungene Paradies des Alters?*, a.a.O., 215 f.
64 Wolfgang Lück/Friedrich Schweitzer, *Religiöse Bildung Erwachsener. Grundlagen und Impulse für die Praxis*, Stuttgart 1999, 66.
65 Stephan Leimgruber/Rudolf Englert, *Erwachsenenbildung stellt sich religiöser Pluralität. Zusammenfassende Thesen*, in: Dies. (Hg.), *Erwachsenenbildung stellt sich religiöser Pluralität*, Gütersloh/Freiburg 2005, 288.

Sinn einer Dialektik von Aneignung und Vermittlung in die biblische Geschichte und ihre eigene Lebensgeschichte mitsamt aller politischen Erfahrungen und Herausforderungen selbst hineingeraten können: „Religiöse Bildung in der Kirche kann so daran arbeiten, dass die Erzählungen der Bibel, die Metaphern und Symbole der christlichen Religion im Medium ihrer Ingebrauchnahme als eigene Sprachformen verstanden werden",[66] und auf ihre eminent politischen Implikationen hin bedacht und erprobt werden können.

Konkret beinhaltet dies die Thematisierung geprägter Überzeugungen sowie des gewachsenen Lebensstils ebenso wie die produktive Reflexion der eigenen biographischen Prägungen – etwa durch bestimmte politische Ideologien, aber auch durch gelungene politische Erfahrungen – im eigenen Lebenslauf. Insofern kann eine solche Angebotsstruktur durchaus auch Kontinuitätserfahrungen von der bisherigen erwerbsbiographisch bedingten sozialen Integriertheit her in die Zeit des Ruhestands ermöglichen und damit einen gefahrvollen Totalabbruch sozialer Exklusion vermeiden. So gilt auch für den Kontext des Politischen, dass nachberufliche Tätigkeiten dann am ehesten als erfüllende Erfahrungen empfunden werden können, wenn gute Konstellationen zur Weiterführung bereits vorher bestehender Interessen vorgefunden werden, „und damit Kontinuität – zumindest in der persönlichen Zielsetzung"[67] gewahrt werden kann.

In einer über die individuelle Lebenslage hinausreichenden Perspektive bringt dies für eine kirchliche (Bildungs-)Infrastruktur die Herausforderung und Chance mit sich, Angebote zu etablieren, durch die die eigenen biographischen Erfahrungen ihrerseits mit den Erfahrungen anderer Menschen der gleichen Altersgruppe vernetzt werden können. Dies kann etwa dadurch gelingen, dass durch lokalgeschichtliche Recherchen gemeinsam den „politischen" Geschichten der eigenen Kirchengemeinde und Gemeinde auf die Spur gegangen wird und von dort aus Anknüpfungspunkte an die individuelle und gemeinsame Lebensgeschichte im eigenen Ort hergestellt werden. Von besonderer Bedeutung sind hier auch Projekte, in denen intergenerationell solchen Lebensgeschichten vor Ort auf den Grund gegangen wird, etwa durch die gemeinsame Arbeit von

---

66 Dressler, *Religion im Vollzug erschließen!*, a.a.O., 181.
67 Wolfgang Clemens, *Arbeitsleben und nachberufliche Tätigkeiten – Konzeptionelle Überlegungen zum Zusammenhang von Erfahrungen der Erwerbsarbeit und Aktivitäten im Ruhestand*, in: Dallinger/Schroeter (Hg.), *Theoretische Beiträge zur Alternssoziologie*, a.a.O., 191.

KonfirmandInnen und alten Menschen im Sinn gemeinsamer Erkundungen auf dem Hintergrund einer Zeitzeugenarbeit bzw. „oral history".

Eine kirchliche Eröffnung politischer Spielräume und Unterstützung politischer Aktivität ist aber auch bei aktuellen kommunalpolitischen Fragen und Entwicklungen gut denkbar. So kann etwa bei entsprechenden Friktionen und Problemen im örtlichen Gemeinwesen das Engagement älterer Menschen den konkreten „Charakter lokaler Politik" erlangen, indem diese „von den Alten selbst und gemeinsam mit anderen Gemeindegliedern gestaltet wird".[68] Und auch die konkrete Mitarbeit Älterer etwa in lokalen Hospiz- und Besuchsgruppen sowie in privat organisierten Pflegediensten erschließt ein weites Feld möglicher politischer Reflektions- und Artikulationsmöglichkeiten etwa zur Frage der Sterbehilfe oder zu den Härten aktueller Gesundheitspolitik. So eröffnet das Bonmot, dass alte Menschen gefährlich sind, „weil sie keine Angst vor der Zukunft haben"[69] vielfältige Perspektiven für eine kreative und integrierende praktisch-theologische Arbeit im Kontext des Politischen.

Eine gute kirchliche Angebotstruktur in politischer Dimensionierung zeichnet sich allerdings auch dadurch aus, dass den Erfahrungen des Scheiterns, der Schuld und der Fragmentarizität ihrerseits Raum für die Artikulation und barmherzige Bearbeitung eröffnet wird. Dass Veränderungs- und Befreiungspotenziale des Alterns Formen selbstbestimmten, sinnhaften und kreativen Handelns benötigen,[70] ist folglich aus theologischer Perspektive durch die Einsicht zu ergänzen, dass zu dieser Sinnhaftigkeit gerade auch der Umgang mit den Grenzen der eigenen Aktivitätspotenziale notwendig hinzugehört.

Insofern kommen hier auch alle Versuche, politisch konnotierte Angebote für ältere Menschen unter die Leitperspektive von Kompetenzsteigerung und Empowerment zu stellen, an ihre politisch sachgemäße und vor allem an ihre theologisch menschengemäße Grenze: denn im Fall einer Suche nach ausschließlich oder auch nur primär „erfolgreichen" Lebensführungsstrategien besteht mindestens die Gefahr, durch

---

68 Ulrich Kuhnke, *Gemeinwesenorientierte Altenpastoral*, in: Blasberg-Kuhnke/Wittram (Hg.), *Altern in Freiheit und Würde*, a.a.O., 195.
69 So der Untertitel des Buches von Peter Gross/Karin Fagetti. *Glücksfall Alter*, Freiburg/Basel/Wien 2008.
70 Vgl. Franz Kolland/Leopold Rosenmayr, *Altern und zielorientiertes Handeln. Zur Erweiterung der Aktivitätstheorie*, in: Hans-Werner Wahl/Heidrun Mollenkopf (Hg.), *Alternsforschung am Beginn des 21. Jahrhunderts. Alterns- und Lebenslaufkonzeptionen im deutschsprachigen Raum*, Berlin 2007, 203–221.

die „Aufwertung des produktiven Alters ... das nicht mehr produktive Alter – indirekt zumindest – zu einem unnützen zu machen".[71]

Denn die politisch hoch bedeutsame theologische Rede von der Würde des Alters signalisiert nicht nur, dass alte Menschen prinzipiell schutz- und hilfsbedürftig sind und demzufolge aus „rein rechtlichen" Gründen in Ehren zu halten sind,[72] sondern dass ihnen aufgrund ihrer spezifischen Lebenserfahrungen und Lebenslagen unbedingt Mitverantwortung zuzutrauen ist – und dies selbst bis in die Situation und an den Ort der allerletzten Lebensphase.[73]

Für eine solche alterspolitische praktisch-theologische Deutungspraxis ist für die kirchliche Arbeit das Einspielen und Eröffnen biblischer Altersbilder hilfreich, die gerade die Weisheit, Würde und Gelassenheit, Sperrigkeit und Unbequemlichkeit, die Schwäche und Schutzwürdigkeit und nicht zuletzt die Fähigkeit zur Kreativität und lebenslange Möglichkeit der Entwicklung und Erneuerung des alten Menschen in größtmöglicher Anschaulichkeit zur Sprache bringen.[74]

In diesem Sinn trägt eine solche politisch dimensionierte kirchliche Angebotsstruktur erhebliches Zumutungspotenzial für die Praktische Theologie und Kirche in sich: denn es geht um nicht weniger als jedem einzelnen alten Menschen auf der Grundlage seiner Würde und unter Berücksichtigung seiner individuellen Entwicklungsmöglichkeiten Spielraum zur politischen Entfaltung zu eröffnen und an all dem partizipieren zu lassen, was sie und ihn unbedingt angeht – und dies ist nicht zuletzt das *Politische selbst* und das *politische Selbst*.

---

71 Karl Lenz/Martin Rudolph/Ursel Sickendiek, *Alter und Altern aus sozialgerontologischer Sicht*, in: Dies. (Hg.), *Die alternde Gesellschaft. Problemfelder gesellschaftlichen Umgangs mit Alten und Alter*, Weinheim/München 1999, 35.
72 Vgl. Blasberg-Kuhnke/Wittram, *Die christliche Freiheit alt zu sein – Altern in Freiheit und Würde als praktisch-theologische Herausforderung*, in: Dies. (Hg.), *Altern in Freiheit und Würde*, a.a.O., 15–28.
73 Vgl. Laszlo Vaskovics, *Neue Institutionalisierung der Lebensgestaltung von Hochaltrigen*, in: Blüher/Stosberg (Hg.), *Neue Vergesellschaftungsformen des Alter(n)s*, Wiesbaden 2004, 167–182.
74 Vgl. Ursula Schmitt-Pridik, *Hoffnungsvolles Altern. Gerontologische Bibelauslegung*, Neukirchen-Vluyn 2003, v.a. 92–107 und zu den unterschiedlichen, positiv wie negativ bestimmten Altersbildern von der Antike bis ins 20. Jahrhundert Pat Thane (Hg.), *Das Alter. Eine Kulturgeschichte*, Darmstadt 2005.

Literatur

Anton Amann/Franz Kolland (Hg.), *Das erzwungene Paradies des Alters? Fragen an eine kritische Gerontologie*, Wiesbaden 2008.
Hannah Arendt, *Was ist Politik?*, München 1993.
Gertrud M. Backes/Wolfgang Clemens (Hg.), *Lebenslagen im Alter: Gesellschaftliche Bedingungen und Grenzen*, Opladen 2000.
Gertrud M. Backes/Wolfgang Clemens, *Lebensphase Alter. Eine Einführung in die sozialwissenschaftliche Alternsforschung*, Weinheim/München (1998) ³2008.
Stefan Blüher/Manfred Stosberg (Hg.), *Neue Vergesellschaftungsformen des Alter(n)s*, Wiesbaden 2004.
Joachim Braun/Ingo Becker, *Engagementförderung als neuer Weg der kommunalen Altenpolitik. Dokumentation der Fachtagung vom 22. September bis 23. September 1997 in Bonn*, Schriftenreihe des BMFSFJ, Bd.160 , Stuttgart/Berlin/Köln 1997.
Thomas Bornhauser, *Gott für Erwachsene. Ein Konzept kirchlicher Erwachsenenbildung im Zeichen postmoderner Vielfalt*, Stuttgart 2000.
Bundesministerium für Familie, Senioren, Frauen und Jugend (Hg.), *Freiwilliges Engagement in Deutschland – Freiwilligensurvey 1999. Ergebnisse der Repräsentativerhebung zu Ehrenamt, Freiwilligenarbeit und bürgerschaftlichem Engagement*, Stuttgart (1999) ²2001.
Bundesministerium für Familie, Senioren, Frauen und Jugend (Hg.), *Fünfter Bericht zur Lage der älteren Generation in der Bundesrepublik Deutschland. Potenziale des Alters in Wirtschaft und Gesellschaft. Der Beitrag älterer Menschen zum Zusammenhalt der Generationen. Bericht der Sachverständigenkommission an das Bundesministerium für Frauen, Senioren, Frauen und Jugend*, Berlin 2005.
Wolfgang Clemens/Gertrud M. Backes (Hg.), *Altern und Gesellschaft. Gesellschaftliche Modernisierung durch Altersstrukturwandel*, Opladen 1998.
Wolfgang Clemens/François Höpflinger/Ruedi Winkler (Hg.), *Arbeit in späteren Lebensphasen. Sackgassen, Perspektiven, Visionen*, Bern 2005.
Ursula Dallinger/Klaus R. Schroeter (Hg.), *Theoretische Beiträge zur Alternssoziologie*, Opladen 2002.
Enquête-Kommisson „Demographischer Wandel" des Deutschen Bundestages, *Herausforderung unserer älter werdenden Gesellschaft an den Einzelnen und die Politik – Schlussbericht*, Berlin 2002.
James W. Fowler, *Weaving the New Creation. Stages of Faith and the Public Church*, San Francisco 1991.
Volker Gerhardt, *Partizipation. Das Prinzip der Politik*, München 2007.
Reimer Gronemeyer, *Kampf der Generationen*, München 2004.
Peter Gross/Karin Fagetti. *Glücksfall Alter*, Freiburg/Basel/Wien 2008.
Birgit Jansen/Fred Karl/Hartmut Radebold/Reinhard Schmitz-Scherzer (Hg.), *Soziale Gerontologie. Ein Handbuch für Lehre und Praxis*, Weinheim/Basel 1999.
Martin Kohli/Harald Kühnemund (Hg.), *Die zweite Lebenshälfte. Gesellschaftliche Lage und Partizipation im Spiegel des Alters-Survey*, Opladen 2000.

Harald Kühnemund, *Gesellschaftliche Partizipation und Engagement in der zweiten Lebenshälfte. Empirische Befunde zu Tätigkeitsformen im Alter und Prognosen ihrer zukünftigen Entwicklung*, Berlin 2001.
Ulrich Kuhnke, *Gemeinwesenorientierte Altenpastoral*, in: Martina Blasberg-Kuhnke/Andreas Wittram (Hg.), *Altern in Freiheit und Würde. Handbuch christliche Altenarbeit*, München 2007, 189–195.
Stephan Leimgruber/Rudolf Englert (Hg.), *Erwachsenenbildung stellt sich religiöser Pluralität*, Gütersloh/Freiburg 2005.
Karl Lenz/Martin Rudolph/Ursel Sickendiek (Hg.), *Alter und Altern aus sozialgerontologischer Sicht*, Weinheim/München 1999.
Thomas Meyer, *Die Transformation des Politischen*, Frankfurt a. M. 1994.
Hans Mohl, *Die Altersexplosion. Droht uns ein Krieg der Generationen?*, Stuttgart 1993.
Andreas Motel-Klingelbiel/Hans-Joachim von Kondratowitz/Clemens Tesch-Römer (Hg.), *Lebensqualität im Alter. Generationenbeziehungen und öffentliche Service-Systeme im sozialen Wandel*, Opladen 2002.
Gerhard Naegele/Rudolf-M. Schütz (Hg.), *Soziale Gerontologie und Sozialpolitik für ältere Menschen. Gedenkschrift für Margret Dick*, Opladen/Wiesbaden 1999.
Elisabeth Niejahr, *Alt sind nur die anderen. So werden wir leben, lieben und arbeiten*, Frankfurt a. M. (2004) ²2007.
Thomas Olk, *Modernisierung des Engagements im Alter – Vom Ehrenamt zum bürgerschaftlichen Engagement?*, in: Institut für Soziale Infrastruktur (Hg.), Grundsatzthemen der Freiwilligenarbeit, Stuttgart 2002, 25–48.
Ulrich P. Ritter/Jens Hohmeier, *Alterspolitik. Eine sozio-ökonomische Perspektive*, München/Wien 1999.
Hartmut Rupp/Christoph Th. Scheilke (Hg.), *Bildung und Gemeindeentwicklung*, Stuttgart 2007.
Irmhild Saake, *Die Konstruktion des Alters. Eine gesellschaftstheoretische Einführung in die Alternsforschung*, Wiesbaden 2006.
Frank Schirrmacher, *Das Methusalem-Komplott*, München (2004) ²2005.
Ursula Schmitt-Pridik, *Hoffnungsvolles Altern. Gerontologische Bibelauslegung*, Neukirchen-Vluyn 2003.
Klaus R. Schroeter/Peter Zängl (Hg.), *Altern und bürgerschaftliches Engagement. Aspekte der Vergemeinschaftung und Vergesellschaftung in der Lebensphase Alter*, Wiesbaden 2006.
Frank Thieme, *Alter(n) in der alternden Gesellschaft. Eine soziologische Einführung in die Wissenschaft vom Alter(n)*, Wiesbaden 2008.
Hans-Werner Wahl/Heidrun Mollenkopf (Hg.), *Alternsforschung am Beginn des 21. Jahrhunderts. Alterns- und Lebenslaufkonzeptionen im deutschsprachigen Raum*, Berlin 2007.

II. Phänomene

Leiblichkeit: Die rezeptive Dimension des Selbst

Von der Alzheimer-Krankheit zur *conditio humana*

Christina Aus der Au

Das Alter ist relativ. „Man ist so alt, wie man sich fühlt", ist das Credo der Golden Agers, d. h. derjenigen Senioren und Seniorinnen zwischen 55 und 75, die gesund und unternehmungslustig sind, die Geld haben und es auch gerne ausgeben. Diese Alten fühlen sich nicht alt, sondern agil und mobil; sie treiben Sport, reisen gerne, interessieren sich für Finanzanlagen und für Weiterbildung.

„Man ist alt, wenn man sich nicht mehr fühlt", das hingegen könnte über dem Leben derjenigen stehen, die – im selben Alter – der „Auflösung des Ich" entgegengehen, wie die ZEIT einen Artikel über einen Alzheimerpatienten betitelt hat.[1] Diese Menschen sind alt im erschreckendsten Sinne des Wortes. Körperlich sind viele noch erstaunlich fit, und doch müssen sie meist im Pflegeheim untergebracht werden; dort, wo „der Geist vergeht".[2]

Was macht es aus, dass zwischen den beiden Gruppen von Gleichaltrigen so ein riesiger Unterschied besteht? Ist es „lediglich" im geistigen Bereich? Sind die einen einfach noch im Vollbesitz ihres „Ich" bzw. ihres „Geistes", während die anderen auf ihre bloße Körperlichkeit zurückgeworfen sind?

So einfach ist die Aufteilung nicht. Einerseits sind natürlich auch Demenzkrankheiten körperliche Krankheiten, bei denen man – wie im Fall von Alzheimer – das Krankheitsbild auf der Ebene von Proteinen und Neuronen beschreiben kann. Andererseits führt die Krankheit zu einem geistigen Abbau, der erschreckend tief greifende Auswirkungen auf die Persönlichkeit der Betroffenen hat. Aber nicht zuletzt wird dadurch auch die Leiblichkeit beeinflusst, das subjektive empfundene Leben im eigenen Körper, der als Leib – Körper, der man ist, im Gegensatz zum Körper, den man hat – empfunden wird.

---

1   ZEIT 30/2008, S. 13.
2   Susanne Hoffmann, *Meine Mutter, wie ein Kind*, in: Chrismon 11/2008, 64–71 (64).

So ist Alzheimer ein Phänomen, an dem sich das Zusammenspiel der Ebenen Körper – Leib – Geist in besonderer Weise zeigt. Im Folgenden möchte ich dieses Zusammenspiel etwas analysieren. Mich interessieren dabei nicht in erster Linie die empirisch beobachtbaren Vorgänge, sondern vor allem, unter welchen Perspektiven Körper, Leib und Geist wahrgenommen werden. Was beschreiben die Mediziner und Forscherinnen, was ist es, das im Verlauf der Krankheit verloren geht, und welchen Bezug haben die Betroffenen noch zu Angehörigen und Außenwelt? Im Anschluss daran sollen einige Überlegungen zur Frage nach dem Selbst bzw. der Personhaftigkeit von Alzheimer-Patientinnen und -Patienten angestellt werden.

1. Der Körper

Alzheimer ist die häufigste Form von Demenzkrankheiten, von denen es mehr als 50 verschiedene Formen gibt. Alle äußern sich im fortschreitenden Verlust des Erinnerungsvermögens, verbunden mit anderen Funktionsstörungen des Gehirns. Bei Alzheimer vollzieht sich ein Abbau von Nervenzellen in vor allem denjenigen Gehirnregionen, in denen geistige Funktionen wie Sprache, Planen, Handeln und die räumliche Orientierung gesteuert werden. Zu den Symptomen gehören auch Stimmungsschwankungen und generell eine Wesensveränderung der Betroffenen.

Die Krankheit ist nach dem Arzt Alois Alzheimer (1864–1915) benannt, der ab 1888 Assistenzarzt in der Irrenanstalt in Frankfurt am Main war. Sein Kollege Franz Nissl hatte dort neue Färbetechniken entwickelt, die es ermöglichten, Nervenzellen unter dem Mikroskop sichtbar zu machen. Damit gelang es Alzheimer zum ersten Mal, die verdickten Stellen im Hirngewebe zu entdecken, die für die Krankheit charakteristisch sind. 1903 ging Alzheimer als wissenschaftlicher Assistent nach Heidelberg, später an die Königlich Psychiatrische Universitätsklinik nach München. Am 3. November 1906 hielt Alois Alzheimer auf der 37. Jahrestagung der Südwestdeutschen Irrenärzte ein Referat über eine neue Krankheit, die er an der 1901 in Frankfurt eingelieferten und am 8.4. 1906 gestorbenen Patientin Auguste Deter beobachtet hatte. *Der Fall Auguste D.* ging als erste Alzheimerdiagnose in die Medizingeschichte ein. Ihren Zustand formulierte sie laut Alzheimers detaillierten Aufzeichnungen in einem ihrer wenigen klaren Momente so: „Ich habe mich sozusagen verloren."

Nach dem gegenwärtigen Verständnis der Pathogenese führen zum einen Störungen im Enzymhaushalt zu einer verstärkten Anlagerung von Phosphorgruppen an die Tau-Proteine. Diese sind spezifisch für das Nervensystem und unterstützen die Bildung und die Stabilität der Mikrotubuli, d.h. derjenigen Proteinfasern, welche das Zellskelett mitbilden. Die Phosphorylierung beeinträchtigt offenbar die Stabilisierungsfunktion der Mikrotubuli, das veränderte Tau-Protein wird in der Folge davon in den so genannten „Alzheimer-Fibrillen" (gebündelte Fasern) abgelagert, was zum Untergang der Zelle führt.

Hinzu kommt, dass aus diesen Störungen heraus die Enzyme das Protein APP[3] an den falschen Stellen spalten. So entsteht das unlösliche Beta-Amyloid-Peptid,[4] das nicht mehr wie im gesunden Gehirn zersetzt werden kann, sondern sich zu harten, unauflöslichen Ablagerungen, den „amyloiden Plaques", anhäuft. Diese setzen sich an Blutgefässe und Neuronen an, was ebenfalls zu deren Zerstörung führt.

Der Zusammenhang zwischen der Plaque- und Fibrillenbildung ist noch ungeklärt, es scheint aber so zu sein, dass das Beta-Amyloid-Peptid mit Zelloberflächenproteinen interagieren und so entsprechende Signalkaskaden an- bzw. abschalten kann. Auf diesem Weg könnte es eventuell die Hyperphosphorylierung des Tau-Proteins in Gang setzen. Das komplexe Zusammenspiel der einzelnen Komponenten auf der Ebene der Proteine im Gehirn und damit die Ursache der Alzheimer-Krankheit ist allerdings bis heute noch unbekannt.

In Deutschland leiden etwa 1,2 Millionen Menschen an der Alzheimer-Krankheit. Von Alzheimer oder einer anderen Demenzkrankheit betroffen sind ca. 8 % der über 65-Jährigen. Das Risiko steigt aber mit zunehmendem Lebensalter. So schätzt das medizinische Labor Bremen, dass ca. 25 % der 80- bis 89-Jährigen an Alzheimer erkranken werden.[5] Stellt man im Lichte der prognostizierten demographischen Entwicklung in Rechnung, dass die Pflege eines Alzheimer-Kranken in Deutschland durchschnittlich 43.000 € pro Jahr kostet (neuere Schätzungen gehen von bis zu 90.000 € aus), so wird klar, dass dies eines der dringlichsten gesundheitspolitischen Probleme darstellt. Alleine die Alzheimer Forschung Initiative, der größte private Förderer von Alzheimer-Forschung

---

3   Englisch für amyloid precursor protein (Amyloid-Vorläuferprotein).
4   Amyloid ist der Oberbegriff für Protein-Fragmente, die der Körper produziert; ein Peptid ist ein Bruchstück eines Proteins.
5   http://www.mlhb.de/demenz.html (14.11.08).

in Deutschland, hat von 1995–2007 Fördergelder für 66 Projekte in der Höhe von insgesamt 3,625 Millionen € vergeben.[6]

Soweit die physische Seite der Krankheit, wie sie von Medizinerinnen und Forschern beschrieben wird. Diese nehmen dabei die Perspektive des Beobachters ein, die so genannte Dritte-Person-Perspektive. Der Körper – und insbesondere das Gehirn – des Patienten ist dabei das zu untersuchende Objekt. Die Symptome der Alzheimer-Krankheit werden aus dieser Perspektive rein physisch bestimmt; auch wenn man noch nicht weiß, *weshalb* Tau-Proteine hyperphosphorylieren und weshalb das APP in Beta-Amyloid-Peptide gespaltet wird, so kann man doch ein Gehirn, in welchem dieses nicht oder nur in geringem Maße geschieht, emotionslos von einem unterscheiden, in welchem die Alzheimer-Krankheit schon fortgeschritten ist.

Wie kaum eine andere Krankheit hat aber die Alzheimer-Krankheit (wie auch die anderen Demenz-Krankheiten) neben den körperlichen Auswirkungen auch schwerwiegende Konsequenzen für die geistigen Fähigkeiten der Patienten. Der drohende Verlust des Ich bzw. das Schwinden des Geistes, wie es in den eingangs genannten Artikeln formuliert ist, lässt sie zu einer radikalen Bedrohung unseres Selbst werden. Dies kann allerdings nicht aus der Beobachtung und Erforschung der körperlichen Seite der Krankheit beobachtet werden. Das Ich bzw. das Selbst ist ein Phänomen, welches nur aus der Innenperspektive des Subjekts in den Blick kommen kann. Insofern ist die „Auflösung des Ich" keine klinische Diagnose, sondern gehört in den Bereich des Eigenwahrnehmlichen. Nicht aus der Perspektive der Dritten Person, des beobachtenden und beschreibenden Er oder Sie, sondern nur aus der Perspektive der Ersten Person – und der Extrapolation von eigenem Erleben auf dasjenige Anderer – kann vom Ich und vom Selbst gesprochen werden. Diese Perspektive ist unabdingbar, wenn wir über die Auswirkungen von Alzheimer nachdenken wollen.

---

6 http://www.alzheimer-forschung.de/web/foerdermittel/index.htm (14.11.08).

2. Der Geist

Dass die Alzheimer-Krankheit[7] – wie alle Demenzkrankheiten – Körper und Geist beeinträchtigt, zeigt sich neben dem Verlust der Sprache vor allem am Verlust des Erinnerungsvermögens. Der Hippocampus und die angrenzenden Bereiche gehören zu den ersten Gehirn-Regionen, in denen sich die Beta-Amyloid-Peptide ablagern, die dann zum Tod der Nervenzellen führen.[8] Der Hippocampus ist Teil des limbischen Systems und gehört damit zu einer heterogenen Gruppe von Strukturen rund um das Mittelhirn, die mit nicht willentlich gesteuerten Funktionen, Emotionen und Verhaltensweisen verknüpft ist. Für das episodische und kontexuale Gedächtnis, für die Entdeckung von Neuem,[9] für die sprachliche Informationsverarbeitung und die räumliche Erinnerung[10] ist er die wichtigste Hirnregion überhaupt.

In einem frühen Stadium der Krankheit betrifft die Vergesslichkeit vor allem das Kurzzeitgedächtnis. Termine werden verpasst, Gegenstände verlegt und eben erst Gesagtes vergessen. Räumliche und zeitliche Desorientierung kommt hinzu, die Betroffenen vergessen den Tag und die Uhrzeit ebenso wie kürzlich geschehene Ereignisse. Im Endstadium schließlich verirren sich die Patientinnen und Patienten im eigenen Haus und erkennen schließlich selbst ihre Partner und Partnerinnen nicht mehr. Der Untergang von Nervenzellen in Gehirnregionen, welche die für unser Selbstverständnis grundlegenden geistigen Fähigkeiten ermöglichen, betrifft nicht nur unseren Körper, sondern auch und vor allem

---

7 Wenn im Folgenden von Alzheimer-Patienten bzw. -Patientinnen gesprochen wird (in ca. abwechslungsweise männlicher und weiblicher Form), so ist damit immer ein Mensch im Spätstadium der Krankheit gemeint, was den weitgehenden Verlust der Gedächtnis- und der Sprachfähigkeit und das Unvermögen beinhaltet, selbst nahe Verwandte zu erkennen.

8 Der schwindende Hippocampus kann geradezu als ein Kennzeichen von Alzheimer angesehen werden, vgl. Mikko Laakso, *MRI of Hippocampus in Incipient Alzheimer's Disease. Academic Dissertation*, University of Kuopio 1996, http://www.uku.fi/neuro/37the.htm (15.11.08).

9 Vgl. Neal Lemon/Denise Manahan-Vaughan, *Dopamine D_1/D_5 Receptors Gate the Acquisition of Novel Information through Hippocampal Long-Term Potentiation and Long-Term Depression*, in: The Journal of Neuroscience 26(29) (2006), 7723–7729.

10 Vgl. Kazu Nakazawa/Thomas J. McHugh/Matthew A. Wilson/Susumu Tonegawa, *NMDA receptors, place cells and hippocampal spatial memory*, in: Nature Reviews Neuroscience 5 (2004), 361–372.

unseren Geist, und damit uns in unserer innersten Subjektivität und Personalität.

So stellt das Erinnern der eigenen diachronen Identität traditionellerweise einen konstitutiven Bestandteil unseres Personseins dar. Für John Locke bedeutet es sogar die Definition von Person überhaupt. Personale Identität heißt für ihn: „the sameness of a rational being: and as far as this consciousness can be extended backwards to any past action or thought, so far reaches the identity of that person".[11] Der Vollzug der Selbstbewusstheit, das sich selber als dasselbe denkende Subjekt zu unterschiedlichen Zeiten denken Können, konstituiert in dieser Tradition[12] die Person: „For it is by the consciousness it has of its present thoughts and actions, that it is *self* to it *self* now and so will be the same *self* as far as the same consciousness can extend to Actions past or to come".[13] Die personale Identität wird damit als eine geistige Aktivität gesehen, das Selbst ist definiert als das zumindest potentielle, jederzeit abrufbare Bewusstsein vom Selbst.

Aber Alzheimer-Patientinnen wissen nicht mehr, was sie gestern getan haben und wem sie begegnet sind, ja, nicht einmal mehr, wo sie geboren wurden und welchen Beruf sie erlernt haben. Sie sind zur geistigen Aktivität der erinnernden Zusammenschau ihrer vergangenen und gegenwärtigen Gedanken und Handlungen nicht mehr fähig. Damit sind sie laut dieser Definition keine Personen mehr, mit dem Gedächtnis entgleitet ihnen ihr die Zeit überdauerndes Selbst.

Auch wenn man mit Paul Ricoeur zwischen einer Idem- und einer Ipse-Identität unterscheidet,[14] bleibt die Fähigkeit, sich an Vergangenes zu erinnern, wesentlich für die Identität. Der Idem-Identität, der „Selbigkeit mit sich selbst",[15] die Locke mithilfe des Gedächtnisses zu erreichen sucht, stellt Ricoeur die Ipse-Identität gegenüber: Die Selbstheit als narrative Figur, welche durch alle wechselnden Ereignisse hindurch ihre Identität durch die Narration zu wahren vermag.[16] Allerdings ist gerade

---

11 John Locke, *An essay concerning human understanding*, in: Clarendon Press, Oxford 1975, book II, chapt. 27, § 9, 335.
12 In dieser Tradition steht z. B. auch der australische Bioethiker Peter Singer (vgl. so explizit in: Ders., *Praktische Ethik*, Stuttgart 1984, 106 ff), der dem Selbstbewusstsein und dem Sinn für Zukunft und Vergangenheit personkonstituierendes Gewicht beimisst.
13 Locke, a.a.O., § 10, 336 (Hervorhebungen im Original).
14 Vgl. Paul Ricoeur, *Das Selbst als ein Anderer*, München 1996.
15 A.a.O., 156.
16 Vgl. a.a.O., 176.

auch eine Erzählung darauf angewiesen, dass im Jetzt des Geschehens das vorher Geschehene präsent bleibt. Die Erzählung (und mit ihr die Figuren in der Erzählung) ist ja nur deswegen verständlich, weil wir gehört haben (und es auch noch wissen), wie es so kommen konnte. Das geschichts- und geschichtenvergessene Ich bleibt ein Fremdkörper in der Erzählung, nicht nur den Hörern, sondern auch sich selber gegenüber. Ohne die Bindung an seine Geschichte bleiben seine Gedanken und Handlungen willkürlich, und nichts verbindet dieses Ich mit dem Ich einige Episoden vor- oder nachher.

Mit der Degenerierung des Hippocampus geht ebenso der Verlust der Fähigkeit einer, sich zu sich selber zu verhalten. Das episodische Gedächtnis umfasst das historische bzw. autobiographische Gedächtnis, in welchem konkrete und individuelle Erinnerungen daran abgelegt sind, was wann geschah, wie es aussah, wie es sich anfühlte und was für Folgen es hatte. Verliert man diese Möglichkeit des rückwirkenden, zeitlich versetzten Selbstbezugs auf sich selber, so ist das Selbst darauf beschränkt, in der Gegenwart zu existieren. Ich bin dann immer nur diejenige, die ich genau jetzt bin. Das Selbstverhältnis eines auf sich reflektierenden Selbsts ist jedoch auf Zeitlichkeit angewiesen, und Zeitlichkeit wird uns aufgespannt durch das Gedächtnis. Schnurrt die Zeit auf den einzigen Punkt der Gegenwart zusammen, so fällt damit auch unser Selbstverhältnis in eine unmittelbare Subjektivität zusammen. So argumentiert der katholische Philosoph Robert Spaemann zwar vehement gegen das Personverständnis von John Locke, muss aber seinerseits auch Zeitlichkeit voraussetzen, damit Personen über die instantane Subjektivität hinaus auf sich selber als Subjekte reflektieren können: „Indem Personen auf sich als Subjekte reflektieren, sind sie *eo ipso* mehr als Subjektivität. (…) Personen sind über die Innen-Außen-Differenz hinaus, indem sie von ihr wissen. Und zwar wissen sie von ihr aufgrund ihrer Zeitlichkeit. Es ist die Zeitlichkeit, die diese Differenz innerhalb der Subjektivität selbst entstehen lässt und durch die sich das Selbstverhältnis von Personen konstituiert."[17]

Die Folgen von Alzheimer führen nicht nur dazu, dass ein Mensch keinen erinnernden Zugriff auf seine Biographie mehr hat und Zeitlichkeit nicht mehr empfindet, sondern damit einher geht auch, dass er sich nicht mehr zu sich selbst verhalten kann. Er *ist* in einem unmittelbaren Sinne hier und jetzt, so wie wir es auch einem Hund oder einer

---

[17] Robert Spaemann, *Personen. Versuche über den Unterschied zwischen ‚etwas' und ‚jemand'*, Stuttgart 1996, 112.

Katze zuschreiben würden. Er ist zwar zweifellos insofern noch ein Ich in dem Sinne, dass er Subjekt seines Lebens ist. Er erfährt in jedem Moment die Welt und seinen Körper aus seiner subjektiven Perspektive, Ereignisse können *für ihn* besser oder schlechter sein.[18] Aber auch wenn ein solcher Mensch zwar die Erlebnisperspektive der Ersten Person hat, so kann doch diese nicht überstiegen werden auf das transzendentale „ich denke"[19] hin. Kant bezeichnet damit dasjenige Selbstbewusstsein, das alle meine Vorstellungen begleiten können muss, damit mir dies alles durchgängig als *mein* Vorstellen bewusst ist. Er dynamisiert damit Lockes Erinnerungspostulat: Die Biographie wird nicht durch Erinnerung zusammengehalten, sondern durch die Möglichkeit des aktualen Rückbezugs auf das je und je gegenwärtige Ich.

Diese reflexive Struktur fehlt aber dem Alzheimer-Patienten ebenso. Es fehlt ihm damit auch das Selbstbewusstsein im kantischen Sinne und damit auch hier das Selbst. Sein Ich, sowohl das biographische als auch das reflektierte Ich, hat sich im Vergessen und der verlorenen Zeitlichkeit aufgelöst.

3. Der Leib

Allerdings ist eine Alzheimer-Patientin neben dem Geist, der ihr langsam abhanden kommt, und dem Körper, den sie *hat* und in dem die Alzheimer-Krankheit diagnostiziert wird, auch Körper, der sie in einer fundamentalen Weise *ist*. In der deutschen Sprache hat sich für diesen Unterschied die Rede von Körper und Leib eingebürgert. Der Begriff Körper hat seine Wurzeln im lateinischen *corpus*, was ursprünglich vor allem den Leichnam bezeichnete.[20] Er wird auch für Tiere und Lebloses gebraucht und meint den objektivierten Körper, „haupts. im absichtlichen gegensatze zum geiste, zur seele".[21] In der Rede vom menschlichen Körper ist meist ausschließlich der biologische, materielle Körper gemeint. Der Begriff Leib hingegen hat dieselbe Sprachwurzel wie Leben

---

18 Damit ist schon ein moralisches Fundament gelegt, so begründet z. B. Tom Regan daraus seinen „case for animal rights", vgl. Tom Regan, *The case for animal rights*, London/Melbourne 1983.
19 Vgl. Immanuel Kant, *Kritik der reinen Vernunft*, § 16, 132.
20 Vgl. *Deutsches Wörterbuch*, begründet von Jakob Grimm und Wilhelm Grimm, München 1984 (Nachdruck der Ausgabe von Leipzig, Hirzel, 1854–1960), Bd 11, 1833–1838.
21 Ebd., 1834.

Leiblichkeit

und meint ursprünglich den lebenden Menschen, die Person.[22] Während der materielle Körper von einem immateriellen Geist unterschieden wird, sind im Leib Körper und Geist untrennbar.

Der Philosoph Merleau-Ponty hat den Unterschied zwischen Körper und Leib mit einem Beispiel illustriert:[23] Wenn ich eine Hand auf den Tisch lege und mit der anderen Hand darüber streiche, dann ist dies eine alltägliche Erfahrung. Es juckt oder man hat sich wehgetan und streicht mit der Hand über einen Körperteil. Nun vergleicht er aber das Gefühl in der berührenden Hand mit dem Gefühl in der Hand, die berührt wird. Mit der aktiven Hand fühlen wir die passive Hand, spürt die Haut, die Knochen, vielleicht auch den Ring am Finger. Wir fühlen einen Körper, den wir ertasten und erraten können: Aha, das ist eine Hand. Es ist nur zufällig eine Hand, genauso könnte diese aktive Hand einen anderen Körper ertasten, ein Stein oder ein Gerät. Und wir konzentrieren uns auf die Information, welche uns unsere tastende Hand weiterleitet, genauso wie wir es tun, wenn wir im Dunkeln oder mit verdeckten Augen versuchen, mit unseren Fingern zu „sehen". Wenn wir so mit unserer einen Hand über die andere streichen, ertasten wir unseren Körper. Aber wenn wir uns auf das Gefühl in der anderen Hand konzentrieren, derjenigen, die ruhig auf dem Tisch liegt und berührt wird, dann betrifft das Gefühl nun plötzlich nicht mehr nur die Fingerspitzen oder die eine Hand, sondern es umfasst mein ganzes Ich. Nicht nur meine Hand spürt, ich bin es, die da spürt, die geniesst oder der es weh tut. Hier spüren wir: Wir haben nicht nur einen Körper, wir sind Leib.

Kompliziert wird die Sache allerdings dadurch, dass ich genau genommen immer beides spüre. Wenn ich eine Hand berühre, so spürt die aktive Hand im Streicheln nicht nur die andere Hand, sondern auch das Berühren selber. Sie ist also nicht nur Instrument zur Erforschung des Körpers – in diesem Falle der anderen Hand –, sondern gleichzeitig auch selber Leib. Im eigenen Ich fällt beides zusammen, ich habe einen Körper und bin Leib – aber beides ist ineinander verschränkt. Ich habe einen Körper, der mir Leib ist, aber auch mir zum Körper werden kann – den ich wiederum leiblich spüren kann.

Merleau-Ponty will mit diesem Beispiel die Zwischenposition des Menschen zwischen Körperding und dem reinen Empfinden veranschaulichen. Ich bin weder nur Körper (ich spüre und empfinde ja mich

---

22 A.a.O., Bd 12, 580–590.
23 Vgl. Maurice Merleau-Ponty, *Phänomenologie der Wahrnehmung*, Berlin 1966, 117 f.

in meiner Hand), noch reiner empfindender Geist (meine Hand (und damit auch mein Ich) ist auch ein Ding, dass ich als Objekt ertasten kann), sondern Leib. Als Leib nehme ich die Welt wahr, aber diesen meinen Leib kann ich niemals völlig objektivieren. Immer bin es *ich*, die ich mich objektivieren will. Leiblichkeit ist also dasjenige, dem ich nicht entfliehen kann, auch und gerade dann nicht, wenn ich damit die Welt der Objekte erfahre. Mein Leib ist damit für mich nicht ein Gegenstand der Welt, sondern das Mittel der Wahrnehmung von Kommunikation mit der Welt: „Wir haben aufs neue gelernt, unseren eigenen Leib zu empfinden, wir haben, dem objektiven, distanzierten Wissen vom Leib zugrunde liegend, ein anderes Wissen gefunden, das wir je schon haben, da der Leib immer schon mit uns ist und wir dieser Leib sind. In gleicher Weise werden wir eine Erfahrung der Welt zu neuem Leben zu erwecken haben, so wie sie uns erscheint, insofern wir zur Welt sind durch unseren Leib und mit ihm sie wahrnehmen."[24]

Diese leibliche Ich-Perspektive, das „leibliche Selbst", wie es der Phänomenologe Bernhard Waldenfels nennt,[25] ist auch der Alzheimer-Patientin geblieben. Auch sie kann nicht anders, als leiblich mit der Welt zu kommunizieren, auch wenn sie nicht mehr weiß, dass sie es tut und auch wenn sie den Bezug auf Andere nicht zu reflektieren vermag. Sie empfindet – in den Worten von Merleau-Pontys Beispiel – das Berührtwerden, nicht aber das aktive Berühren, insofern dieses das Wissen um die Körperlichkeit des Berührten (das damit meiner Leiblichkeit entzogen und doch zugänglich ist) beinhaltet. Die Differenz von Körper und Geist ist dem Alzheimer-Patienten fremd, und man könnte einwenden, er sei in seiner Leiblichkeit versunken, um nicht zu sagen, gefangen.

Waldenfels wendet sich aber explizit gegen den Gedanken einer unmittelbaren und solipsistischen Perspektive der Leiblichkeit und betont, „dass die Fremdheit schon in meinem eigenen Leben und am eigenen Leibe beginnt."[26] Vermeintlich subjektive Empfindungen wie Angst und Freude sind für ihn keine Zustände, die dem isolierten Einzelnen zugeschrieben werden (und deren körperliche Korrelate z. B. im einzelnen Gehirn auch gemessen werden können), sondern sie sind „die Art und Weise, sich auf die Dinge zu beziehen, und daran sind die Anderen von

---

24 A.a.O., 242 f, s. a. 117.
25 Vgl. Bernhard Waldenfels, *Das leibliche Selbst*, Frankfurt/Main 2000.
26 A.a.O., 284.

vornherein elementar beteiligt."²⁷ Leibliche Existenz ist per se schon Aus-Sein auf das Miteinander mit Anderen. Waldenfels spricht von einer Zwischenleiblichkeit, deren erste Ebene der Erfahrung und der Wahrnehmung die Kohabitation, das gemeinsame Wohnen in der Welt darstellt.²⁸ Die zweite Ebene ist dann das gemeinsame Gespräch oder das gemeinsame Tun, aber eine solche explizite Bezugnahme auf den Anderen ist den Alzheimer-Patienten nicht mehr möglich. Wohl aber bewohnen sie – zumindest teilweise – mit ihren Bezugspersonen zusammen noch immer eine gemeinsame Welt, in eine liebevolle oder eine nüchterne Atmosphäre herrscht, in der geduldig oder ungeduldig miteinander umgegangen wird. Diese nehmen sie leiblich wahr und spiegeln sie leiblich zurück.

So sind auch Alzheimer-Patientinnen, die sich nicht mehr zu sich selber verhalten und sich nicht mehr in Körper und Geist differenzieren können, sondern auf ihre pure leibliche Existenz zusammengeschrumpft sind, nicht von der Außenwelt abgeschlossen, sondern gerade in ihrer Leiblichkeit und durch sie auf diese bezogen.

4. Die rezeptive Dimension des Selbst

Der Alzheimer-Patient ist auf seine Leiblichkeit zurückgeworfen. Der Leib ist und bleibt als solcher das Mittel der Kommunikation mit der Welt, auch wenn der Patient diese nicht mehr als Kommunikation erkennt. Kommunikation ist allerdings immer zweiseitig, und so kommuniziert die Welt ihrerseits auch mit dem Patienten. Dieser vermag aufgrund seiner körperlichen Kondition sich selber weder als ein Ich zu erinnern noch als ein Ich zu erzählen. Aber er kann von außen her als ein Ich *angesprochen* werden. Auch wenn er sich selber aus eigenem Vermögen keines Ichs mehr zu vergewissern vermag, so kann ihm dieses Ich doch zugesprochen werden, indem wir ihm als einem Du begegnen. Während also die körperliche Seite der Krankheit aus der beobachtenden Perspektive der Dritten Person gesehen wird und ihre geistige Seite nur aus der erlebenden und erfahrenden Perspektive der Ersten Person in den Blick kommen kann, soll hier auf die zusätzliche Notwendigkeit einer Perspektive der Zweiten Person verwiesen werden.

---

27 A.a.O., 289.
28 Vgl. a.a.O., 299.

Mit der Perspektive der Zweiten Person ist das Selbstverständnis eines Subjekts gemeint, das sich zwar als ein Ich versteht, dieses Ich-Sein nicht in sich selber begründet, sondern als konstituiert durch die Anrede eines vorgängigen Du sieht. Der Kern dieser Rede besteht darin, dass das Subjekt selber nicht nur das Zentrum einer Perspektive ist, sondern zugleich sich selber als ein Teil dieser Perspektive versteht. Das heißt, dass es zwar, wie das Subjekt der Ersten- und der Dritten-Person-Perspektive, die Welt in einer bestimmten Perspektive wahrnimmt, darüber hinaus aber auch sich selber als in einer Perspektive lokalisiert versteht (nämlich derjenigen, die derjenige auf ihn hat, der ihn als du anredet) und damit über die Erkenntnis der eigenen Perspektivität hinaus auf etwas jenseits seiner Perspektive (den Anderen) hinweist.

Im Falle einer Alzheimer-Patientin fällt das reflektierte Selbstverständnis des Ich als Du in seiner Perspektivität weg, aber umso wichtiger ist die Konstitution dieses Ich durch die Anrede von außerhalb. Ein solches Selbstbewusstsein ist nicht in sich und durch sich selber gegründet, sondern *extra me* verankert. Im Falle eines Alzheimer-Patienten heißt das konkret, dass er seine Biographie nicht mehr durch seine eigene Gedächtnisleistung zusammenhalten kann, aber seine Angehörigen es für ihn tun. Sie sprechen ihn auf sein Ich-Sein, auf seine narrative Personalität, auf seine Vergangenheit an. So können sie z. B. Erinnerungsalben herstellen, in dem Wörter und Bilder aus wichtigen Momenten im Leben eines Menschen gesammelt werden. Eine Bezugsperson kann dieses Album mit der Patientin regelmäßig durchgehen und die ihr nicht mehr verfügbaren Erinnerungen durch Verknüpfen mit eventuell noch abrufbaren Bruchstücken erinnerter Biographie zu einem erzählbaren Ganzen zusammenbinden. „Erinnern heißt Verbindungen herstellen. Jede Erinnerung besteht aus einem Mosaik von Erinnerungsanteilen, die sich durch Erzählen, Betrachten oder Handeln zu einem Ganzen formen."[29]

Aus der zugesprochenen Biographie und Anrede, „*Du* bist das", wird die zugesprochene personale Identität. Du bist noch immer Jemand, nicht Mehrere und auch nicht Etwas, Du hast eine Biographie – und Du hast eine Vergangenheit. Damit wird auch wieder Zeitlichkeit aufgespannt, in die sich die Alzheimer-Patientin (im Idealfall) vertrauensvoll hineinlegen kann. Auch wenn sie sich aktuell nicht als diejenige, die sie jetzt ist, zu derjenigen, die sie damals war, verhalten kann, so wird ihr doch zugesprochen: „Du warst das". So wird das kantische „ich denke"

---

[29] Wilhelm Stuhlmann, *Demenz – wie man Bindung und Biographie einsetzt*, München 2004, 108.

von der Vorstellungswelt in die Erlebniswelt geholt („ich erlebe" bzw. „habe erlebt") und zudem gleichsam ausgelagert, es ist der Andere, der diese Syntheseleistung für die Patientin vollbringt und ihr die unterschiedlichen Momente ihres Lebens als die ihrigen zusammen denkt.

Was gesunde Menschen als Eigenleistung geltend machen können, nämlich das Einnehmen einer Perspektive auf ihren Körper bzw. ihren Geist, ist bei Alzheimer-Patienten abhängig von der Aktivität eines Anderen. „Du" sagen kann ich mir nur in einem sehr abstrakten Sinne selber, ich muss es mir von einem Anderen sagen lassen. So müssen sich Alzheimer-Patienten von anderen ihr Ich-Sein zusprechen, ihre Biographie zu einer Geschichte verknüpfen und ihre Gegenwart mit einer Vergangenheit verbinden lassen. Ihr Personsein hat damit einen rezeptiven Charakter – es ist aber damit nicht weniger Personsein. Nur ist dieses nicht von einem autonomen Geist abhängig, sondern gerade vom Verzicht auf die aktive Konstitution des eigenen Ich.

Robert Spaemann spricht von der Anerkennung des Personseins durch andere, die Personalität allererst wahrnehmen lässt: „Jeder Mensch nimmt diesen Platz [als Person, CA] als geborenes Mitglied kraft eigenen Rechtes ein. Aber er wird nicht empirisch an diesem Platz vorgefunden, sondern dieser Raum wird überhaupt nur wahrgenommen in der Weise der Anerkennung."[30] In der katholischen Tradition des Naturrechts kann man wohl diesen Blick von Nirgendwo, jenseits jeder Anerkennung und Nicht-Anerkennung, einnehmen und davon reden, dass jeder Mensch „kraft eigenen Rechtes" Person sei. Nüchterner können wir davon sprechen, dass der Akt der Anerkennung die Personalität des anderen konstituiert – für uns, aber auch für die so anerkannte Person selber. Im Spiegel der Anerkennung anderer sehen wir uns selber als Person.

Aus diesem – im Falle der Alzheimer-Patientin scheinbar erzwungenen, im Sinne eines relationalen Personenverständnisses aber unabdingbaren – Verzicht auf die Selbstbegründung der eigenen Personalität und des eigenen Ich-Seins kann dann eine gelassene und buchstäblich selbstvergessene Zuwendung zum Anderen entstehen. So schreibt die Journalistin Susanne Hoffmann: „Wenn der Geist erodiert, löst sich auch die Seele auf. Wirklich? Ich habe die Seele meiner Mutter nie intensiver gespürt als in der Endphase ihres intellektuellen Verlöschens. Nie war ihre Fähigkeit zur Empathie, ihr mitleidendes Verstehen größer. Nie ließ sie mich unmittelbarer an Freude und Schmerz partizipieren. Sie versuchte,

---

30 Spaemann, *Personen*, a.a.O., 193.

mich zu trösten, sie schenkte mir die ungeteilte Zuwendung, auf die ich mein Leben lang vergeblich gewartet hatte."[31]

Dieses Geschehen ist theologisch gesehen[32] paradigmatisch für die menschliche Existenz. Wenn wir die Idee loslassen können, „verzweifelt man selbst sein zu wollen", wie Kierkegaard die Krankheit zum Tode beschreibt[33] und uns darauf verlassen, dass wir in einem Anderen gegründet sind, dann „gründet sich das Selbst sich selbst durchsichtig in der Macht, die es setzte"[34] und ist befreit zur Freiheit eines Christenmenschen. Unser Ich können wir nicht in uns selber begründen, sondern es gründet in der Anrede von außen. Und das heißt letztlich: in der Anrede Gottes.

5. Die responsive Seite des Selbst

Interessanterweise haben allerdings gerade die Theologen ein großes Interesse an der Problematik der autonomen Begründung des Selbst entwickelt. So kann sich der moderne Protestantismus „als Religion autonom-selbstgesteuerter, vernünftig-selbstdurchsichtiger, individueller Subjektivität"[35] verstehen, womit es die Aufgabe der Theologie wird, dem religiösen Individuum zu helfen, sich selbst in seiner Subjektivität zu verstehen oder auch „die Religion als Konstitutionsort individueller Subjektivität"[36] durchsichtig zu machen. Gegenstand der Theologie ist

---

31 Hoffmann, *Meine Mutter, wie ein Kind*, a.a.O., 64–71 (71).
32 Es wird im Folgenden deutlich werden, dass dies natürlich nur auf eine bestimmte theologische Tradition zutrifft, für welche die Ausführungen auch ein Plädoyer sein wollen.
33 Sören Kierkegaard, *Die Krankheit zum Tode*, Kopenhagen 1849.
34 A.a.O., 11.
35 Georg Pfleiderer, *Karl Barths praktische Theologie. Zu Genese und Kontext eines paradigmatischen Entwurfs systematischer Theologie im 20. Jahrhundert*, Tübingen 2000, 3.
36 Dieter Korsch, *Glaubensgewissheit und Selbstbewusstsein*, Tübingen 1989, 221. Dabei lokalisiert Korsch allerdings das sich selbst setzende Selbstbewusstsein auf die Ebene des Gesetzes, während das Evangelium mit der Kategorie der Glaubensgewissheit verdeutlicht werden soll. Nur im Bezug auf das individuelle Selbstbewusstsein Jesu Christi ist unser Selbst transzendental konstituiert und empirisch bestimmt (vgl. a.a.O., 274). Das ändert allerdings nichts daran, dass Korsch die Lehre von Gesetz und Evangelium als christologische Individualitätstheorie reformulieren will (vgl. a.a.O., 6), die Frage nach dem menschlichen Selbst das hermeneutische Prinzip darstellt und das Kriterium seines Modells

damit nicht mehr Gott und nicht mehr der Glaube, sondern die menschliche Subjektivität als unmittelbare Selbstgewissheit. Der Glaube ist nämlich, so die entsprechende Denkvoraussetzung, nur dann rational zu verantworten, wenn sich dessen Gewissheit auch rational aufweisen lässt. Dieses ist dann möglich, wenn sich die Gewissheit des Glaubens in der transzendentalen Struktur der Subjektivität selber fundieren lässt. Dafür muss aber diese Subjektivität als allgemein menschlich und als unhintergehbar aufgewiesen werden.

Andere Theologen hingegen „verteidigen, was andere verwerfen, weil sie es gebrauchen wollen, um es selbst auf bestimmte Weise verwerfen zu können",[37] nämlich eben eine solche autochtone Subjektivität als Konstitutiv für das Menschsein. Dies ist dann eine Strategie, wenn man das Unternehmen der Letztbegründung von der anderen Seite her anzupacken versucht und aus dem Scheitern der Selbstsetzung der Subjektivität theologisch profitieren möchte. Aus der philosophisch geleiteten Einsicht in die Nicht-Selbsturheberschaft der eigenen Existenz bzw. der Begrenztheit der eigenen Freiheit und der darin begründeten Einsicht in die eigene Abhängigkeit kann auf ein „Woher" geschlossen werden, das dann mit Gott identifiziert werden kann.[38] Damit eine solche Identifizierung auch wirklich notwendig ist, muss allerdings sowohl für die Unumgänglichkeit dieser Einsicht als auch für die Unerlässlichkeit des sich dazu religiös deutenden Verhaltens als Fundamentalstruktur menschlicher Existenz argumentiert werden.

Dalferth und Stoellger nennen deswegen die Subjektivität „eine Suchformel für das präpopositionale, irrelationale, infallible Subjekt",[39] das „ursprünglich nicht für Beschreibungs- sondern für Begründungszwecke erfunden worden"[40] sei. Diese Zwecksetzung ist sehr problematisch, da die transzendentale Subjektivität bei dieser Aufgabe als Abstraktion des Selbstseins vom konkreten und individuellen Vollzug abstrahiert und so gerade ihre ursprüngliche Bedeutung verliert. Was bei Kant noch das „ich denke" war, das immer mitgedacht werden können

---

dessen subjektivitätstheoretische (und kirchlich-gesellschaftspraktische) Leistungsfähigkeit ist (vgl. a.a.O., 7).
37 Ingolf U. Dalferth, *Die Wirklichkeit des Möglichen. Hermeneutische Religionsphilosophie*, Tübingen 2003, 392.
38 Das klassische Beispiel dafür ist wohl die Theologie Schleiermachers.
39 Ingolf U. Dalferth/Philipp Stoellger, Krisen der Subjektivität – Problemanzeigen und Wegmarken, in: Dies. (Hg.), *Krisen der Subjektivität*, Tübingen 2005, IX-XXXI (XI).
40 A.a.O., XIV.

muss, wird bei dieser Bewegung zur statischen Idee eines „Ich", jenseits jeglichen Vollzugs im Denken.

Das Problem wird gelöst, wenn man das „ich denke" als die Ur-Suchformel der Subjektivität nicht als Prädikation auffasst, die von einem „Ich" (sei dieses nun Substanz oder Bewusstseinsprozess) ausgesagt werden soll, sondern dynamisch, d. h. konkret der empirischen und partikularen Person zukommend, die „ich" sagt bzw. „ich denke" denkt. Der Begriff des „Ich" hat damit eine Indexfunktion und bezeichnet kein Ding oder Wesen, sondern ist nichts anderes als der sprachliche Indikator des Ortes, an dem gedacht wird.[41] Damit kann auch die Vorstellung eines beziehungslosen und autonomen Subjekts vermieden werden. Wenn dieses nämlich hier und jetzt „ich" sagt, dann geschieht das in Anerkennung von und in Abgrenzung zu einem mitmenschlichen „Du". Die Bedingung der Möglichkeit von Indexfunktionen ist „eine kommunizierende und interagierende Gemeinschaft von Menschen",[42] die an ihrem Ort ‚ich' sagen und so andere Menschen als ‚du' oder ‚sie' von sich selber unterscheiden – und die ihrerseits von diesen anderen her als ‚du' oder ‚sie' bezeichnet werden können. Damit ist nicht die Einsamkeit und Abstraktheit des ‚ich denke' fundamental, sondern die Existenz von anderen, die uns dazu nötigen, im Umgang mit ihnen personale Indexzeichen zu gebrauchen. Eine so verstandene Subjektivität ist dann aber keine irreduzible und transzendentale Selbstvertrautheit *vor* aller Erfahrung, sondern die Zuschreibung dieser Fähigkeit, die der Nötigung aus der konkreten Erfahrung von Beziehung entspringt. Sie ist auch keine Fähigkeit eines autonomen Ich, welches diese in der Perspektive der Ersten Person ausüben könnte, sondern die Antwort auf die Erfahrung der Anrede durch andere, also eine Antwort aus der Perspektive der Zweiten Person.

Wenn also „ich" als Indexwort ernst genommen wird, das seine Bedeutung nur im konkreten Gebrauch zu einer bestimmten Zeit und einem bestimmten Ort durch einen bestimmten Menschen gewinnt, der sich damit von anderen Menschen als „nicht-Du" und „nicht-Sie" abgrenzen möchte, dann erhält nicht nur das Selbst-Sein von Alzheimer-Patientinnen, sondern die sich selbst vergewissernde Subjektivität überhaupt einen responsiven Charakter. Sie ist Antwort auf die Situation der Gemeinschaft mit anderen Menschen oder, nochmals mit den Worten

---

41 Vgl. Dalferth, *Die Wirklichkeit des Möglichen*, a.a.O., 379 ff.
42 A.a.O., 386.

von Waldenfels, Antwort auf die Kohabitation, d. h. das gemeinsame Wohnen mit anderen in der Welt.[43]

6. Responsive Subjektivität in theologischer Perspektive

Eine Theologie, welche den Menschen primär in seiner Angeredetheit durch Gott verstehen möchte, wird hier anknüpfen können. Wenn das Selbstverständnis des Menschen nicht philosophisch, d. h. *remoto Deo*, verstanden werden soll, sondern von vorneherein *coram Deo*, d. h. im Bewusstsein der grundlegenden Struktur des Menschseins als Rezeptivität und Responsivität, nämlich als Abhängigkeit von Gott, dann zeigt sich uns die Struktur der Subjektivität in einem anderen Licht als demjenigen der idealistischen Philosophie und der entsprechenden Theologie. Sie ist dann eben gerade nicht selbstbegründet und nicht unhintergehbar – und damit nicht die Antwort auf die Frage nach der Letztbegründung von Erkenntnis, sondern Antwort auf die (allerdings erst a posteriori erkannte und bekannte) Abhängigkeit von der vorgängigen Anrede Gottes.

Dabei verschränken sich *fides qua* und *fides quae*. Ich bekenne, dass mich Gott angeredet hat und in diesem Bekenntnis manifestiert sich mein Selbstverständnis als das Subjekt dieses Glaubens. Es ist „nicht nur ein der Bekenntnisgrammatik geschuldetes Ich, sondern ein Ich, das die Kategorie der Subjektivität theologisch im Glauben begründet, der Ich zu sagen verlangt."[44] So streicht Doris Hiller im Anschluss an Ricoeur und Ebeling die aktive wie auch die rezeptive narrative Konstitution dieses Ich heraus: Das Ich ist sowohl ein erzähltes wie ein erzählendes Ich.[45]

Ernstpeter Maurer argumentiert im Anschluss an Luther und in expliziter Antwort auf die Herausforderung der Neurowissenschaften noch

---

43 Vgl. Waldenfels, Das leibliche Selbst, 299.
44 Doris Hiller, *Das Ich des Glaubens. Theologische Überlegungen zur Kategorie der Subjektivität im Anschluss an Paul Ricoeur*, in: Ingolf U. Dalferth/Philipp Stoellger (Hg.), *Krisen der Subjektivität*, Tübingen 2005, 241–259 (242).
45 „Die hier zu erörternde theologische These (...), dass das Ich des Glaubens ein erzählendes Ich ist, weil es ein angesprochenes und ein sich aussprechendes Ich ist. In diesem relationalen Sprachgeschehen kommt zum Ausdruck, dass das Ich nicht in sich selbst gründet, sondern seinen Grund ausserhalb seiner selbst hat", Hiller, *Das Ich des Glaubens*, 243; vgl. auch den Versuch von Schneider-Flume, dies in eine Dogmatik zu systematisieren (Gunda Schneider-Flume, *Dogmatik erzählen*, in: Neue Zeitschrift für Systematische Theologie 45/2003 (2), 137–148).

radikaler, „dass eine Zentralinstanz namens „Ich" kaum wahrscheinlich ist – und sie ist in der theologischen Sicht auch gar nicht wünschenswert."[46] Es ist gerade der *sündige* Mensch, der sich Gott gegenüber verschließt und so allererst aus sich selbst heraus ein Personzentrum bilden muss oder, wie es Kierkegaard formuliert, verzweifelt man selbst sein will. Demgegenüber ist der neue, von Gott befreite Mensch „dieselbe Person, aber nun eine höchst differenzierte Person, der vor allem eines fehlt: *ein Kern.*"[47] Den Menschen, der sein Ich krampfhaft zu fixieren sucht, nennt Luther „incurvatus in se ipsum", und es ist dieser sündige Mensch, der das Bestreben hat, seine Selbsterkenntnis ganz und eindeutig zu machen. Er ist es, der aus Angst vor der Auflösung an einem Ich festhalten muss.

Der Neutestamentler Samuel Vollenweider zeichnet nach, wie in der paulinischen Anthropologie der Geist Gottes so in die Glaubenden eingeht, dass dieser (und nicht die eigene Selbstsetzung des Menschen) zum wesenhaften Grund ihres eigenen Seins werden kann. In der Heilsrede von Röm 8, 9–11 ist der Geist Gottes das eigentliche Subjekt – im Gegensatz zu Röm 7, 8–11, wo das ohnmächtige Ich seine Handlungskompetenz an die Sünde abtreten muss (s. a. Röm 7, 17). Die paulinische Rede von der Einwohnung des Geistes erweist sich im Gegensatz zur klassischen Vorstellung einer göttlichen Ekstase, wie sie z. B. Philon beschreibt, als durchaus individualistisch und hat nicht die Ausschaltung des Ich- Zentrums zur Folge. Die Rede von „Christus in euch"[48] (Röm 8, 9–11) hat dabei zwar auch eine dualistische Komponente, ist aber dabei von einer „notorischen Unschärfe" gekennzeichnet.

So schillert die Rede zwischen dem Geist als Gabe und göttlich wirkender Macht, was, so Vollenweider, seinen Grund in den Phänomenen selbst haben könnte. Einerseits übernimmt der Geist die Rolle des Subjekts, andererseits ist durchaus Raum für eine „Differenzierung der Innendimension der Glaubenden".[49] So lässt sich der Geist der Glaubenden einerseits als vom göttlichen Pneuma angehaucht, andererseits auch dadurch in seinem innersten Selbst verwandelt verstehen. Der göttliche Geist ersetzt nicht unser Ich, sondern er durchdringt es, wie

---

46 Ernst Maurer, *Der unverfügbare Wille – jenseits von freier Entscheidung und Determination*, in: Berliner theologische Zeitschrift Beiheft 2005, 94–109 (102).
47 A.a.O., 96.
48 Bzw. der Geist Christi oder der Geist Gottes, was hier als synonym behandelt wird, Vollenweider spricht von einer „funktionalen Identität" (Samuel Vollenweider, *Der Geist Gottes als Selbst der Glaubenden*, in: Zeitschrift für Theologie und Kirche 93/1996, 163–192 (173)).
49 Vollenweider, *Des Geist* Gottes, a.a.O., 172.

Vollenweider formuliert, „Das Pneuma handelt nicht anstelle unser selbst, sondern als unser Selbst."[50] Dies wiederum betrifft den gesamten Menschen, wie denn auch Paulus in seiner Paränese darauf hinzielt, die Glaubenden für das Wirken der Liebe aufzuschließen (Röm 6, 11–23). Sie sind Mitarbeitende an Gottes Werk (1. Kor 3, 9), und auch dies weist darauf hin, dass ihr Ich bei der Einwohnung des Geistes nicht aus-, sondern eingeschlossen ist.

Der grundlegende Unterschied zwischen Sünder und Erlöstem besteht darin, dass der befreite Christenmensch sein Zentrum außerhalb seiner selbst hat, und er ist „gehalten in Gottes schöpferischem Geistwirken."[51] Maurer verweist darauf, dass schon Luther dem substantialistischen Menschenbild seiner (und unserer) Zeit ein relationales Konzept entgegengehalten hat, welches das Selbstsein immer schon intrinsisch an die Gottesbeziehung knüpft.[52]

Peter Dabrock skizziert auf ähnliche Weise im Anschluss an den Phänomenologen Waldenfels ein responsives Subjekt, welches durch die Struktur der „Prä/Interferenz" charakterisiert ist.[53] Das Subjekt ist einerseits unhintergehbar eingebunden in vorgegebene Diskursordnungen (Inter), andererseits realisiert sich hier ein unvertretbares und singuläres Antworten auf einen unabweisbaren Anspruch (Prä). Dieser Antwortcharakter, das „nicht nicht antworten können"[54] ist der Ausgangspunkt von Dabrocks Subjektivitätsreflexionen, bei denen „die Versuchung kaum von der Hand zu weisen [ist], das Etikett „Subjektivität" (…) ganz zu streichen."[55]

7. Von der Alzheimer-Patientin zur *conditio humana*

Die Alzheimer-Patientin, in deren Gehirn sich phosphorylierte Tau-Proteine und amyloide Plaques angesammelt haben, verfügt über keinen erinnernden Bezug auf ihre Biographie und so ist ihr auch keine Zeit-

---

50 A.a.O., 183.
51 Maurer, *Der unverfügbare Wille*, a.a.O., 106.
52 A.a.O., 105, vgl. dazu auch Wilfried Joest, *Ontologie der Person bei Luther*, Göttingen 1967.
53 Vgl. Peter Dabrock, *Antwortender Glaube und Vernunft. Zum Ansatz evangelischer Fundamentaltheologie*, Stuttgart 2000, 214 ff., vgl. Bernhard Waldenfels, *Antwortregister*, Frankfurt/Main 1994, 205.
54 Vgl. a.a.O., 241 und 365 f.
55 Dabrock, *Antwortender Glaube und Vernunft*, a.a.O., 257.

lichkeit mehr aufgespannt, innerhalb derer sie sich zu sich selber verhalten könnte. Ihr Geist ist erloschen, ihr Selbst hat sich aufgelöst. Und dennoch ist sie Subjekt, ist sie Person. In ihrer Leiblichkeit ist sie auf die sie umgebende Mitwelt bezogen, und auf deren Anrede ist sie angewiesen, um als angesprochenes „Du" ihr „Ich" konstituieren zu können.

Diese Leiblichkeit umfasst beides, zum einen die Tatsache, dass sie immer noch empfindendes, erfahrendes Subjekt ihres Lebens ist. Sie spürt das Berührtwerden an ihrem Leib, sie empfindet Freundlichkeit und Ablehnung leibhaftig. Auch wenn ihr Dasein lediglich die Gegenwart umfasst, so ist doch diese Gegenwart gefüllt mit qualitativen Erfahrungen, die nicht ihre Hand, ihr Ohr oder ihr Auge empfinden, sondern sie selbst, als Mensch, als Person.

Zum anderen ist ihre Leiblichkeit das Tor zur Welt. Nicht qua selbstbewusstes Subjekt, sondern qua Leib kommuniziert sie mit ihrer Mitwelt. Auch wenn es ihr geistig unmöglich geworden ist, sich zu sich selber zu verhalten, so nötigt sie doch die anderen mit ihrer puren, leibhaftigen Anwesenheit, sich zu ihr zu verhalten. Und wenn diese anderen ihr als Person begegnen, sie als ein Du ansprechen, ihr die Synthese der eigenen Biographie abnehmen, indem sie ihr erzählen, wer sie ist und wer sie war, dann ermöglichen sie der Patientin, damit immer wieder ein Ich zu werden.

Der Körper, bzw. das Gehirn, degeneriert. Der Geist schwindet. Aber der Leib bleibt, und in der Gemeinschaft mit anderen leiblich Anwesenden und mit dem Alzheimer-Patienten interagierenden Menschen bleibt auch das leibliche Selbst des Patienten als ihm zugesprochenes. Dessen Situation kann daran erinnern, dass – theologisch gesprochen – auch unser Selbst (dasjenige der lebensfreudigen Golden Agers mit eingeschlossen) nicht in einer Eigenleistung gegründet werden kann, sondern abhängt von der Anrede und dem Zuspruch Gottes. So wie es Bonhoeffer am Schluss seines Gedichtes formuliert: „Wer bin ich? Einsames Fragen treibt mit mir Spott. Wer ich auch bin, Du kennst, mich, Dein bin ich, o Gott."[56]

---

56 Dietrich Bonhoeffer, *Widerstand und Ergebung*, Gütersloh 1980, 179.

Literatur

Peter Dabrock, *Antwortender Glaube und Vernunft. Zum Ansatz evangelischer Fundamentaltheologie*, Stuttgart 2000.

Ingolf U. Dalferth, *Die Wirklichkeit des Möglichen. Hermeneutische Religionsphilosophie*, Tübingen 2003.

Ingolf U. Dalferth/Philipp Stoellger (Hg.), *Krisen der Subjektivität*, Tübingen 2005.

Johannes Fischer, *Theologische Ethik und Menschenbild*, in: Michael Graf/Frank Mathwig/Matthias Zeindler (Hg.), *„Was ist der Mensch?" Theologische Anthropologie im interdisziplinären Kontext. Wolfgang Lienemann zum 60. Geburtstag*, Stuttgart 2004, 337–349.

Wilfried Joest, *Ontologie der Person bei Luther*, Göttingen 1967.

Ernst Maurer, *Der unverfügbare Wille – jenseits von freier Entscheidung und Determination*, in: Berliner theologische Zeitschrift Beiheft 2005, 94–109.

Maurice Merleau-Ponty, *Phänomenologie der Wahrnehmung*, Berlin 1966.

Paul Ricoeur, *Das Selbst als ein Anderer*, München 1996.

Robert Spaemann, *Personen. Versuche über den Unterschied zwischen ,etwas' und ,jemand'*, Stuttgart 1996.

Samuel Vollenweider, *Der Geist Gottes als Selbst der Glaubenden*, in: Zeitschrift für Theologie und Kirche 93/1996, 163–192.

Bernhard Waldenfels, *Antwortregister*, Frankfurt/Main 1994.

Bernhard Waldenfels, *Das leibliche Selbst*, Frankfurt/Main 2000.

Weisheit: Konzepte der Lebensklugheit

Ralph Kunz

1. Alt und weise

1.1 sapientia initium

Man sagt, mit dem Alter komme die Weisheit. Es gilt aber auch die Rede, dass Alter nicht vor Torheit schützt. Was trifft zu? Offensichtlich ist die Erwartung, die sich in der Phrase ‚alt und weise' ausdrückt, sprichwörtlich widersprüchlich! Kurz vor seinem Tod reduziert der bekannte Altersforscher Paul B. Baltes in einem Interview den komplexen Zusammenhang zwischen Alter und Weisheit auf die einfache Formel:

„Alter als solches bringt nicht unbedingt Weisheit mit sich. Aber man muss lange leben und in einer bestimmten Weise leben, um zu diesem Zustand zu gelangen, den wir als weise bezeichnen."[1]

Dass das Alter keinen evidenten Erklärungsfaktor für Weisheit liefert, hindert die gerontopsychologische Weisheitsforschung nicht daran, nach ihren Voraussetzungen und Umsetzungsmöglichkeiten für das gelingende Altern zu fragen. Baltes geht jedenfalls davon aus, dass sich Weisheitswissen messen, nachweisen und – mit gewissen Einschränkungen – auch vermitteln lasse. Das entwicklungspsychologische Konzept erkennt in der Lebensklugheit das *Ergebnis* der Individuation oder Reifung. Dass in den kulturellen Ressourcen Initiale und Potentiale für diese „bestimmte Lebensweise" stecken, kann die Psychologie zwar anerkennen, aber nicht identifizieren, ohne auf kulturell vermitteltes Weisheitswissen zu rekurrieren.[2]

---

[1] NZZ am Sonntag, 26. November 2006, 70. Baltes Interesse an der Weisheit hängt eng mit seinem verhaltens- und entwicklungspsychologischen Ansatz zusammen. Vgl. Paul B. Baltes/Margret M. Baltes, *Successful aging. Perspectives from the behavioral sciences*, Cambridge 1990.

[2] Dazu gehört auch die Einsicht, dass Alter als solches nicht Weisheit mit sich bringt! Vgl. dazu Karlheinz Müller, *Nicht jeder Alte ist weise … Anmerkungen zum Thema Altersweisheit aus der jüdischen Überlieferung*, in: Erich Garhammer/

Wenn die Praktische Theologie des Alterns über ein Konzept der Lebensklugheit nachdenkt, ist das Traditionsgut der überlieferten Weisheit von Anfang an präsent. Nicht nur das ‚Wozu' auch das ‚Woher' der Weisheit interessieren sie. Daran erinnert die biblische Sentenz *sapientia initium timor domini*. Aber so wie die psychologische Thematisierung der Altersweisheit auf kulturelles Wissen zurückgreift, bezieht sich die theologische Reflexion gelingenden Alterns auf entwicklungspsychologische Konzepte der Lebensklugheit. Das Reklamieren von Deutungshoheiten bei der Bestimmung der weisen Lebensführung und Lebensgestaltung würde also zu törichten Disputen führen. Ein Gespräch über Weisheit kann nur gelingen, wenn sie keiner *hat*. Und ebenso unbestritten ist, dass im Haus der Wissenschaften nicht die alten Freunde der Sophia, sondern die relativ jungen Disziplinen der Diskussion über Konzepte der Lebensklugheit neue Impulse gegeben haben. Auch hier gilt – durchaus biblisch – „ob einer weise ist, liegt nicht am Alter." (Hiob 32,11)

1.2 Weisheitswissen als personale und kulturelle Ressource

Im Buch der Sprüche wird die Weisheit personifiziert als Frau Weisheit (Spr 9,2–6). Sie stellt sich selbst als gute Gastgeberin vor, baut eine Akademie mit sieben Säulen und stiftet ein Symposium. Wer kein Tor sein will, folge ihrer Einladung.[3] Das Bild des Symposiums stiftet eine Einsicht im Blick auf die Lebensklugheit alter Menschen: Weisheit gepachtet haben weder die Psychologie noch die Philosophie noch die Theologie. Selbstverständlich streben auch andere Wissenschaften danach, Weisheit als personale und kulturelle Ressource zu verstehen. Ernsthaft betriebene Weisheitsforschung wird sowohl mündliche wie

---

Wolfgang Weiss (Hg.), *Brückenschläge. Akademische Theologie und Theologie der Akademien*, Würzburg 2002, 207–226 (209 f).

3 Das Bild der einladenden Weisheit in Spr 8,1 ff. wird kontrastiert mit den Lockrufen der Torheit. Bezeichnenderweise stiftet die Torheit kein Symposium! Ihre Gäste lagern in der Tiefe der Unterwelt (Spr 9,18). Zu der Bedeutung der sieben Säulen im Zusammenhang des gesetzlichen Lehrgebäudes vgl. Georg Braulik, *Die sieben Säulen der Weisheit im Buch Deuteronomium*, in: Irmtraud Fischer/Ursula Rapp/Johannes Schiller (Hg.), *Auf den Spuren der schriftgelehrten Weisen*, Berlin/New York 2003, 13–43.

schriftliche Überlieferungen berücksichtigen.[4] Weisheit ist also kein Wissen, das sich eindeutig in Gedachtes verflüchtigt, in Gesprochenes verflüssigt oder in Geschriebenes verfestigt hätte.

Denn mit der *natürlichen Weisheit* verhält es sich ähnlich wie mit der natürlichen Religion. Weisheit erscheint als kulturelles Phänomen immer variabel und kontextuell verortet. Das gilt für die weisheitliche Literatur und erst recht für die flüssige, nur narrativ erschlossene mündliche Lebensklugheit. Weisheit ist einerseits das Ergebnis einer Interpretation und andererseits der Ausgangspunkt für eine Spurensuche in Wissensbeständen. Sie lässt sich weder auf eine bestimmte Einstellung oder ein Bündel von Einsichten reduzieren, die für alle gelten, noch sind Konzepte der Lebensklugheit beliebig austauschbar. Buschmänner in der Kalahari können mit der ‚Weisheit' einer New Yorker Anwältin oder eines deutschen Theologieprofessors wenig anfangen. Weisheitswissen ist also einerseits eine personale und kulturelle Ressource, andererseits sprechen wir ihr eine überindividuelle und transkulturelle Bedeutung zu. Sowohl der *gesunde Menschenverstand* als auch der *common sense* haben starke Argumente für diese universale Dimension der Altersweisheit.

1.3 Einladung zum Gespräch über die Weisheit

Das Bild der einladenden Weisheit liefert der praktisch-theologischen Beschäftigung mit der allgemeinen Weisheit des Alters einen wichtigen Orientierungspunkt.[5] „Lasst fahren die Torheit *auf dass ihr lebt*, und geht einher auf dem Wege der Einsicht." Praktische Theologie erweist sich als *weisheitlich konstituierte Praxistheorie,* wenn sie auf andere Disziplinen hört und weder im theoretischen Diskurs noch im Gespräch über gelingendes Leben auf einen Erkenntnisvorsprung pocht. Sie ist auch eingeladen, ihr Interesse an der Weisheit des Glaubens am Symposium mit einzubringen. Denn was es mit der Verbindung von ‚alt und weise' und den vielen Verbindungen zu anderen Erkenntnishorizonten der Lebenskunst auf sich hat, ist für die Konkretisierung des Alterspastoral sowohl

---

4   Ein solcher Zugang setzt methodisch bei den Kulturwissenschaften an. Vgl. Clifford Geertz, *The Interpretation of Cultures*, New York 1999 (dt. Dichte Beschreibung, Frankfurt a. M. ³2003).
5   Wenn Jesus die Mühseligen und Beladenen einlädt (Mt 11,28 ff), spricht er in der Tradition der einladenden Weisheit. Vgl. Christiane Burbach, *Weisheit und Lebenskunst. Horizonte zur Konzeptionalisierung von Seelsorge*, in: WzM 58 (2006), 13–27 (19).

theoretisch als auch praktisch höchst relevant.[6] Sie wird ihren Beitrag zum Gespräch beisteuern, dabei nicht nur auf die Weisheitstraditionen der Bibel verweisen, sondern auch ihre intensive und zum Teil kontrovers geführte Auseinandersetzung mit der antiken, mittelalterlichen und neuzeitlichen Philosophie in die Diskussion einbringen. Um sowohl dem Phänomen Altersweisheit als auch der Weisheit im Umgang mit Alten auf die Spur zu kommen, frage ich – ausgehend von einem Streiflicht auf die gegenwärtige Diskussion in der Praktischen Theologie (2) – nach den erkenntnisleitenden Interessen der multidisziplinären Weisheitsforschung (3). Es soll dann die Psychologie (4), die Philosophie (5) und die Theologie (6) zu Wort kommen.[7]

Es reicht aber nicht, Wissen über Weisheit zu sichten und zu ordnen. Mit dem Anspruch der Praktischen Theologie, eine *praktische Erkenntnis* zu fördern, ist die Aufgabe verknüpft, die Anwendung in der Praxis stets mit zu bedenken. Praktische Theologie verpflichtet sich, lebenskluges Handeln zu fördern. Dieses richtet sich freilich auf unterschiedliche Teilziele wie zum Beispiel geistige Reife, psychisches Wohlbefinden, Sinnerfüllung oder Gesundheit. Gelingendes Leben ist also eine Chiffre für das Gesamtziel, auf das hin die Teilziele geordnet werden. Die unterschiedlichen methodischen Zugänge eröffnen und begrenzen ein vielschichtiges Deutungsfeld des Weisheitswissens, in dem unterschiedliche Konzepte der Lebensklugheit aneinander stoßen und zuweilen auch aufeinander prallen. Im letzten Gesprächsgang werde ich versuchen, die Diskussionsstränge zu verknüpfen und die kritische Weisheit als Zentral- und Zielperspektive einer gerontologisch fundierten Praktischen Theologie vorzustellen (7).

---

6 Zum Programm des ‚Alterspastoral' vgl. den Entwurf von Martina Blasberg-Kuhnke, *Alterspastoral als gerontologisch verantwortete Praxis*, in: Isidor Baumgartner (Hg.), *Handbuch der Pastoralpsychologie*, Regensburg 1990, 409–423.

7 Auf Weisheitsdiskurse der Ethik und Pädagogik kann in dieser Skizze nicht eingegangen werden. Implizit ist von ihnen natürlich die Rede. Zum Beispiel wenn von den intellektuellen Tugenden (2.1.2) und der Weisheitsberatung in der Praktischen Philosophie (2.1.3) gehandelt wird.

2. Streiflichter der praktisch-theologischen Weisheitsdiskussion

2.1 Renaissance der Lebenskunst in der Praktischen Theologie

Welchen Rang hat die Weisheitsthematik in der Praktischen Theologie?[8] Auf den ersten Blick einen sehr hohen. Denn theoretisch hat es die Praktische Theologie sowohl hinsichtlich der Berufspraxis kirchlicher Mitarbeiter als auch der Lebens- und Glaubenspraxis aller Menschen immer mit Einstellungen, Verhalten und Handlungen zu tun, die im Idealfall weise sind.[9] Insofern ist die adäquate Vermittlung von Glaubens-, Berufs- und Lebensweisheit konstitutiv für die Theorie der gelingenden Kommunikation des Evangeliums. Nicht nur vor Gott, sondern auch *in* der zwischenmenschlichen Begegnung und Verständigung spielt die Weisheit als „Anfang der Werke" (Spr 8,22–29) eine besondere Rolle! Die Verwendung der Kategorie des ‚*Weisheitlichen*' auf dem Spielfeld der gelebten Religion ist in dieser Weite betrachtet omnipräsent.[10]

Fasst man ‚Weisheit' jedoch enger und versteht darunter eine spezifische Wissensform, die andere Wissensformen umspielt und die man als bestimmte biblische Tradition, von (und in) anderen Traditionen unterscheiden kann, differenziert sich das Bild. Lange Zeit galt die Weisheit als ‚dogmatisches Leichtgewicht' im Unterschied zu den Schwergewichten ‚Heil' und ‚Heilung'. Doch das Interesse am Leichtgewicht hat in den letzten Jahren vor allem in der biblischen Theologie deutlich zugenommen. Dazu kommt ein generell erstarktes Interesse an praktischer Philosophie und Themen rund um Lebenskunst und Lebensglück.[11] Dieses

---

8 Vgl. Ralph Kunz, Art. ‚*Weisheit. VI. Praktisch-theologisch*', in: TRE Bd. XXXV, Berlin/New York 2003, 520–522.
9 Ein Beispiel: Martin Leutzsch, *Biblisch-theologische Anmerkungen zum Pfarrerbild. Dimensionen der Weisheit*, in: Deutsches Pfarrerblatt 113 (2008/6), 300–304.
10 Ich verwende die Spielmetapher, um deutlich zu machen, dass es in dieser Praxis um eine Lebenskunst (*Aisthesis*) geht, die Lebensführung (*Ethos*) und Lebenswahrheit (*Pathos*) zusammenbringt.
11 Es sei erwähnt Robert Spaemann, *Glück und Wohlwollen. Versuch über Ethik*, Stuttgart (1989) ^{4}1998; Holmer Steinfath (Hg.), *Was ist gutes Leben? Philosophische Reflexionen*, Frankfurt a. M. (1997) ^{2}1998; Wilhelm Schmid, *Philosophie der Lebenskunst. Eine Grundlegung*, Frankfurt a. M. (1998) ^{3}1999; Ders., *Schönes Leben? Einführung in die Lebenskunst*, Frankfurt a. M. 2000; Annemarie Piper, *Glücksache. Die Kunst gut zu leben*, Hamburg 2001. Vgl. dazu auch Jörg Lauster,

Interesse hat auch in der Praktischen Theologie seinen Widerhall gefunden.

2.2 Leben nach der Orgie

Eine anregende Deutung der Weisheitsrenaissance gibt *Christiane Burbach*. Sie sieht darin ein Symptom der Spätmoderne und nennt Gründe, warum Menschen heute der Gestaltung des eigenen Lebens, dem Lebensstil und der Lebensform verstärkt Aufmerksamkeit schenken.[12] In der Erlebnis- und Risikogesellschaft wird von Individuen erwartet, dass sie sich flexibel einstellen und mobil verhalten. Die Erfüllung dieser Erwartung ist mit dem Risiko behaftet, den Anschluss zu verpassen und sie geht einher mit der paradoxen Erfahrung der Entwertung des Individuellen. Diese Entwicklungen in der postmaterialistischen Gesellschaft sind höchst ambivalent. Wir leben, mit Baudrillard gesagt, „nach der Orgie". Dann stellt sich entweder die Depression ein oder es meldet sich die Vernunft zu Wort, die nach tragfähigen Lebensgrundlagen Ausschau hält. Hier kommt nach Burbach die Lebenskunst ins Spiel. Denn „das Interesse an der Lebenskunst impliziert ja die Fragen: Was können wir eigentlich gestalten? Wer will und kann ich sein im Prozess der Veränderungen? Was ist mir geblieben?"[13]

Auf diese Fragen hält die biblische Weisheitsliteratur keine fixen Antworten bereit. Aber bei einer Betrachtung dieser altehrwürdigen Tradition „lassen sich Verbindungslinien ziehen, die es nahe legen, die Weisheitstradition als ein zu bewohnendes Gehäuse für sowohl religiös als auch ethisch-philosophisch interessierte und ambitionierte Menschen neu zu entdecken und zu gestalten. Dieser Raum der Weisheit, der sich hier öffnet, bietet die Möglichkeit der Wahrnehmung von Ethos und Lebenskunst im Christentum und den ihr vorausgehenden und verwandten Kulturen, Auseinandersetzung mit der Lebenserfahrung, mit Prioritätensetzungen und Lebensmaximen vorangegangener Generationen."[14]

Die Rückkehr des Glücks. Die philosophische Wiederentdeckung des guten Lebens als Herausforderung für die theologische Ethik, in: ZEE 47 (2003) 248–263.

12 Burbach, *Weisheit und Lebenskunst*, a.a.O., 14. Vgl. auch Dies., *Seelsorge in der Kraft der Weisheit. Perspektiven einer Re-Vision der Konzeptualisierung von Poimenik*, in: WzM 52 (2000), 51–68 und Dies., *Weisheit und Lebenskunst*, in: Helga Egner (Hg.), *Neue Lust auf Werte. Herausforderung durch Globalisierung*, Düsseldorf/Zürich 2001, 107–132.
13 A.a.O., 15.
14 A.a.O., 21.

Die Attraktivität der Weisheit als „Raum" für Auseinandersetzung habe wesentlich damit zu tun, dass „hier die Sehnsucht nach Verwurzelung in einer großen Tradition erfüllt werden [kann] ohne die Befürchtung der Dogmatisierung und Bevormundung zu nähren."[15]

So gesehen birgt nach Burbach die Frage nach der Lebenskunst eine große Chance für die gesamte Praktische Theologie. Das wird verdeutlicht mit Blick auf die Poimenik. Zwar kenne man auch in der Seelsorgelehre die Zielvorgabe, das Leben zu bestehen, zu bewältigen und zu gestalten, aber die Konsequenz dieser Einsicht wurde von einer Pastoralpsychologie in den Hintergrund gedrängt, die sich über weite Strecken am therapeutischen Paradigma orientiert habe.[16] Burbach spricht von einer „Wahrnehmungseinstellung", die Krise und Konflikt fokussiere. Die Frage nach dem *gelingenden Leben* ändere die Richtung dieser Einstellung. Statt dass Problembewältigung die Seelsorge dominiere, soll Gelungenes zur Sprache kommen und kreatorische Kraft entfalten.[17] Mit der Frage nach dem gelingenden Leben komme auch die Gestaltung der Gegenwart und Perspektiven für die Zukunft ins Blickfeld. Die Seelsorgerin sei nicht (nur) auf ein helfendes Gespräch aus, sondern ringe auf Augenhöhe mit einer Sparringpartnerin um den Sinn oder den guten und teuren Rat in einer schwierigen Situation.[18]

2.3 Willensarbeit

In eine ähnliche Richtung zielen *Wilfried Engemanns* Überlegungen. Auch er ortet im Gespräch, das nicht unmittelbar auf Erlösung oder Heilung aus ist, eine Chance für die Seelsorge. Es gebe einen Durchbruch ins eigene Leben, der auf die Vermittlung einer Lebenskunde zurückzuführen sei, „die darauf zielt, Spielräume wahrzunehmen, von denen man gar nicht wusste, dass man sie hat."[19] Engemann, der die philosophisch-theologischen Parallelen im Bemühen um die Lebenskunst betont[20], weist

---

15 Ebd.
16 A.a.O., 23.
17 A.a.O., 24.
18 A.a.O., 26.
19 Wilfried Engemann, *Aneignung der Freiheit. Lebenskunst und Willensarbeit in der Seelsorge*, in: WzM 58 (2006) 28–48 (42).
20 Vgl. Ders., *Die Lebenskunst und das Evangelium. Über eine zentrale Aufgabe kirchlichen Handelns und deren Herausforderungen für die Praktische Theologie*, in: ThLZ 129 (2004), 875–896 (875–879).

auf Ratlosigkeiten und Schwierigkeiten der Lebensführung hin, die sich weder als Schuld noch als Krankheit adäquat erfassen lassen.[21] Besonderes Augenmerk richtet er auf jene Basiskompetenzen, über die ein Mensch verfügen muss, um sein Leben selbstbestimmt zu führen.[22]

Wesentlich sei der freie Wille als Kategorie personaler Identität. Sofern nämlich „Lebenskunst" nicht nur ein am Leben *sein*, sondern auch ein Leben *führen* bedeute, sei sie Ausdruck einer angeeigneten Freiheit.[23] Vor allem die protestantische Anthropologie werde wortkarg, wenn es um diese Dimension der Lebensgestaltung gehe. Seelsorge, die eine einseitige Optik auf den Menschen in der Krise übernehme und sich nur als Krisenagentin verstehe, habe darum zum eigentlichen Leben der Menschen nach der Krise kaum etwas zu sagen. Sie blende aus, dass in der seelsorglichen Begegnung auch Nachdenklichkeit und Urteilsbildung gefragt seien.[24] Angeregt vom Berliner Philosophen Peter Bieri entfaltet Engemann die Konturen einer „Willensarbeit", die zur Freiheit leite, weil sie auf die Aufhebung der Grenzenlosigkeit der Wünsche ziele.[25] Bei dieser Arbeit an der Artikulation des Willens gehe es durchaus um eine Stimmigkeit. Haltbar sei diese aber nur auf der Basis des *werdenden Selbst*.[26]

---

[21] Vgl. Ders., *Lebenskunst als Beratungsziel. Zur Bedeutung der Praktischen Philosophie für die Seelsorge der Gegenwart*, in: Michael Böhme u. a. (Hg.), *Entwickeltes Leben. Neue Herausforderung für die Seelsorge, FS für Jürgen Ziemer*, Leipzig 2002, 95–125.

[22] Engemann, *Aneignung der Freiheit*, a.a.O., 32 formuliert als Arbeitshypothese: „Lebenskunst ist die Kunst, unter vorgegebenen Bedingungen ein nicht vorgegebenes Lebens zu führen, indem ich in Auseinandersetzung mit meinen Möglichkeiten und Grenzen einerseits und meinen Wünschen andererseits einen Spielraum erkenne und auf der Basis eigener Urteile freie Entscheidungen treffe, die meinen Willen widerspiegeln und mich in meinem Verhalten bestimmen. Die Ausübung dieser Kunst ist mit einem intensiven Erleben der Gegenwart verbunden und ermöglicht ein Leben aus Leidenschaft."

[23] A.a.O., 35.

[24] A.a.O., 36 f.

[25] A.a.O., 42 ff. Vgl. dazu Peter Bieri, *Das Handwerk der Freiheit. Über die Entdeckung des eigenen Willens*, München/Wien 2001.

[26] A.a.O., 48.

2.4 Die kleine Lebenswelt und der umfassende Sinn

Für einen stärkeren Einbezug des weisheitlichen Denkens votiert *Wolf-Eckart Failing* unter dem programmatischen Titel „Die kleine Lebenswelt und der umfassende Sinn". Failing konkretisiert die von Hans-Günter Heimbrock im selben Band anvisierte weisheitliche Perspektiverweiterung der Theologie[27], indem er das erkenntnisleitende Interesse an einer „Weisheit des Alltags" in Bezug auf das kasuelle Handeln der Kirche entfaltet. Denn in den Kasualien treffe die Kirche auf die Schnittstelle von Alltag und Religion.[28] Der Lebensweltbezug ist im Kasus von Anfang an gesetzt. Im Übergangsritus wird die Lebensgeschichte eines Menschen wahrgenommen. Die Entdifferenzierung der Lebensformen und Nivellierung der Lebensphasen verschleifen aber die Lebensübergänge, was neue Ritualbedürfnisse schaffe. Kritisiert wird deshalb die ritualtheoretische Fokussierung auf die Krise, die auf vormoderne Lebensformen rekurriere und die Kasualtheorie auf Krisenhilfe fixiere.[29] Der „Krisenbegriff [droht] zu einer problematischen Wahrnehmungsverstellung oder zumindest Verengung zu führen."[30] Wenn Menschen an biographischen Wendepunkten verunsichert sind, lasse sich das auch als *Alltagsweisheit* lesen. Failing wehrt sich gegen eine defizitäre Beschreibung der anthropologischen Grundsituation und plädiert dafür, die Kompetenzen an Lebenserfahrung, Lebensweisheit und Glaubenserfahrung der Brautleute, Taufeltern oder Trauernden wahrzunehmen.[31] Die Kritik an den Parametern „Übergangsritual" und „Krisenhilfe" leitet zur produktiven Sicht der Feier, die Lebens-, Welt- und Selbsterfahrung symbolisch verdichtet. Kasualien sind Feiern des Lebens, „das sich einem Gott verdankt, der als

---

27 Hans-Günter Heimbrock, *Welches Interesse hat Theologie an der Wirklichkeit? Von der Handlungstheorie zur Wahrnehmungswissenschaft*, in: Ders./Wolf-Eckart Failing, *Gelebte Religion wahrnehmen. Lebenswelt – Alltagskultur – Religionspraxis*, Stuttgart/Berlin/Köln 1998, 11–36 (21). Heimbrock würdigt Gerhard von Rad (*Weisheit in Israel*, Neukirchen-Vluyn 1970) als einen Theologen, der lange vor dem praktisch-theologischen Rekurs auf Husserl den Lebensweltbezug der Weisheit erkannt hat. Failing nimmt diesen Faden auf und spinnt ihn weiter (a.a.O. 228).
28 Wolf-Eckart Failing, *Die kleine Lebenswelt und der umfassende Sinn*, in: Ders./Heimbrock, *Gelebte Religion*, a.a.O., 200–232 (232).
29 Failing, *Lebenswelt*, a.a.O., 205.212–215.
30 A.a.O., 214.
31 A.a.O., 215.

der Lebendige und als Grund des schöpferischen Lebens bekannt wird und ‚Fülle des Lebens' verheißt."[32]

Da die Kasualie phänomenologisch wie theologisch „als eine integrale Verhaltensfigur von Selbst-, Sozial- und Weltverständnis wahrzunehmen, zu begreifen und zu gestalten"[33] sei, müsse nach einem theologischen Wirklichkeitsverständnis gesucht werden, das diese Verhältnisbestimmung leisten kann. Gefunden wird dieses in der lebenserhaltenden und lebenserschließenden Alltagsreflexion der Weisheit.[34] Failing definiert die Weisheit als „eine bestimmte Form menschlicher Erkenntnisbemühung und Anleitung zur Wahrnehmung der lebendigen und unbelebten Schöpfung mit dem Ziel, in den Realitäten des Lebens sachverständig zu werden."[35] In diesen weisheitlichen Konnex gerückt, werden Kasualien als Einweisung in christliche Lebenskunst und evangelische Weltweisheit begriffen.[36] Denn es geht um gelingendes Leben. Im Anschluss an Hermann Timm und Wilhelm Schmid sieht Failing die Chance der Kasualpraxis darin, „in Gespräch, Ritual und gesprochenem Wort Angebote und Anregungen für diese Lebenskunst durch Bewusstmachung von Sinnbildern, Gestalten oder Konfigurationen wahren Lebens"[37] bereit zu stellen.

2.5 Weisheit – ideales Wissen und ideale Lebensklugheit?

Eine umfassende und gründliche Analyse der praktisch-theologischen Rezeption biblischer und philosophischer Weisheit kann ich hier nicht leisten. Ich beschränke mich darauf, anhand der ausgewählten Beispiele Beobachtungen zu notieren.

Es fällt zunächst auf, dass „Weisheit" in den referierten Ansätzen generell positiv gewertet wird und für jene weite, widerständige und weltoffene Strömung des biblischen Denkens steht, die sich auf attraktive Weise mit dem neuen Interesse an ‚Orientierung' verbinden lässt. Weis-

---

32 A.a.O., 217.
33 A.a.O., 227.
34 Erwähnt wird in diesem Zusammenhang auch der Einfluss von Claus Westermann, *Der Segen in der Bibel und die Handlung der Kirche*, München 1968 auf die Kasualtheorie. Den Vorzug der Weisheits- gegenüber der Segenstheologie sieht Failing darin, dass sie „Phänomene [erfasst], die im Spannungsbogen von Segen und Rettung verloren gehen." (a.a.O., 229)
35 Ebd.
36 A.a.O., 230.
37 A.a.O., 231.

heit ist ein ideales Wissen. Vice versa scheint eine gemeinsame Frontstellung zu bestehen, die sich gegen eine Theologie und Anthropologie der Krise und daraus abgeleitet gegen eine Praxis der Krisenbewältigung richtet. Wolf-Eckart Failings dezidiertes Votum macht deutlich, worauf sich diese Kritik bezieht:

> „Zurückgewiesen wird aber das zwanghafte Moment, alles Geschehen in ein Wahrnehmungs- und Deutungsraster von Rettung und Aufhebung der Verwerfung, von Gericht und Gnade zu rücken und damit Welt- wie Lebenserfahrung zu reduzieren."[38]

Diese Öffnung sowohl für den Reichtum der Schrift wie für außerbiblische Lebenserfahrung ist zu begrüßen und die Kritik an einer verengten Optik der protestantischen Anthropologie sicherlich berechtigt. Anderseits ist die idealtypische Verwendung und Feststellung von „Weisheit" als Chiffre für die theologische Perspektivenerweiterung mit einem hohen Grad an Vagheit und Abstraktheit verbunden, die der Vielfalt der Bedeutungen, die der Weisheit in der Geschichte und Gegenwart zukommen, nicht gerecht werden kann.[39] Weisheit ist nicht nur Lebenskunst, Wegleitung und Anleitung zum glücklichen Leben. Gerade die Maximen des gelingenden Lebens evozierten immer auch den philosophischen und theologischen Widerspruch, der sich in der Weisheit als *Weisheitskritik* niederschlug. So bildet denn auch die biblische Weisheit genauso wie das „Gesetz" oder die „Prophetie" einen Traditionskomplex, der sich nicht ohne Verluste aus der Dynamik der kritischen Reflexion einer biblischen Theologie herauslösen lässt. Insofern ist gegen eine allzu empathische Inanspruchnahme des Weisheitswissens als dogmatisch entschlackter Lebenstheologie eine gewisse Skepsis empfohlen. Fragen stellen sich hinsichtlich der theoretischen und praktischen Verwendung einer Wissensform, die flüssig und fest ist, gesucht und gefunden, vorausgesetzt und angestrebt, vermittelt und ermittelt wird und selbstverständlich auch von denen verscheucht und vertrieben werden kann, die sie mit Löffeln gefressen haben.

Eine zweite Beobachtung: Burbach, Engemann und Failing unterscheiden nicht zwischen Weisheit und Altersweisheit, weil sie sich auf das Leben in allen seinen Phasen beziehen. Das halte ich für sachgerecht. In der Rede der Lebenskunst ist ja die *ars senescendi* und *ars moriendi* inbegriffen. Weisheit, die sich in der Bewältigung der fundamentalen Le-

---

38 A.a.O., 228.
39 Dazu grundsätzlich Martin Hailer, *Theologie der Weisheit. Sapientiale Konzeptionen in der Fundamentaltheologie des 20. Jahrhunderts*, Neukirchen-Vluyn 1997.

bensaufgabe ‚Altern' bewährt, ist demnach eine ideale Form von Lebensklugheit, die sich phasengerecht anpasst.⁴⁰ Für eine solche Weitung auf das ganze Leben spricht, dass die Lebensphase, die wir Alter nennen, ein Drittel der ganzen Lebensspanne betrifft. Anknüpfungspunkte zwischen der praktisch-theologischen und gerontologischen Weisheitsdiskussion sind also gegeben!

3. Klugheit und Weisheit

3.1 Der *common sense* der Weisheit

Ein Anknüpfungspunkt ist die Vorstellung einer idealen Lebensklugheit. Die Klagenfurter Psychologin Judith Glück untersucht, was Menschen über Weisheit denken und wer als weise angesehen wird.[41] Das Bild, das sich aus den Antworten zeichnen lässt, ist erstaunlich konsistent. Es gibt ein alltägliches Wissen von der Weisheit, das sich aus den gemeinsam verwendeten Bedeutungen im Sprachspiel ‚Weisheit' herausfiltern lässt. Untersuchungen, die Vorstellungen von Altersweisheit in unterschiedlichen Kulturen vergleichen, variieren zwar das Bild, lassen aber doch Ähnlichkeiten erkennen.[42] Hätte Glück nach Schlauheit, Raffinesse oder Gerissenheit gefragt, wären andere Merkmale aufgetaucht. Gerissene Menschen nutzen die Tölpelhaftigkeit ihrer Mitmenschen aus, die Schlauen achten auf ihren Vorteil und den Raffinierten kommt niemand auf die Schliche. Nichts davon will zum Sprachspiel Weisheit passen, das die Bedeutung von *Tugendwissen* hat. Folgende Motive tauchen in verschiedenen Kombinationen und Ausprägungen immer wieder auf:

– Weise Menschen haben Lebenserfahrungen gemacht und gelernt, wie man mit Erfahrungen umgeht.

---

40 Die Lebensaufgaben, wie sie beispielsweise Alfons Auer, *Geglücktes Altern. Eine theologisch-ethische Ermunterung*, Freiburg 1995, 188 herausarbeitet, nämlich Chancen nutzen, Zumutungen annehmen und Erfüllungen auskosten, stellen sich in der späten Lebensphase mit größerem Nachdruck, sind aber gerade nicht altersspezifisch definiert.
41 Zu einem ähnlichen Schluss kommt auch Doris Sowarka, *Weisheit im Kontext von Person, Situation und Handlung. Eine empirische Untersuchung alltagspsychologischer Konzepte alter Menschen*, in: Studien und Bericht des Max-Planck-Instituts Bd. 48, Berlin 1989, 178 f.
42 Diese Ähnlichkeiten zu zeigen, ist ein zentrales Anliegen von Leopold Rosenmayr, *Schöpferisch altern – eine Philosophie des Lebens*, Wien/Berlin 2007.

– Weise Menschen können eben darum anderen mit ihrem Rat helfen, weil sie in der Lage sind, ihre eigenen Erfahrungen zu relativieren und sich in die Situation anderer hinein zu denken.
– Weise Menschen werden von anderen weise genannt und halten sich nicht selbst für weise. Sie sind oft gebildet, aber niemals eingebildet.
– Weise Menschen verfügen über die Fähigkeit, scharf zu denken und milde zu urteilen; sie sind nicht schnell, aber sicher im Urteil.

Was ist Weisheit? Ein Wissen, das in Konzepten der *Lebensklugheit* auftaucht, durch *Tugenden* zusammengehalten wird und auf das *gute Leben* ausgerichtet ist.

3.2 Weiser Umgang mit Klugheiten

Das jeweils Kluge ist also nicht mit dem Weisen identisch. Diese Unterscheidung von Weisheit als Ziel und Klugheit als Mittel kann sich auf Aristoteles berufen, der in der Nikomachischen Ethik vom Zielsatz des guten Lebens her Gründe entfaltet, warum Klugheit nicht ohne Tugend auskommt.[43] Für Aristoteles ist aber die Klugheit eine Form des praktischen Wissens, das erst in seiner *Vollendung* Weisheit genannt werden soll. Die Idee der Steigerung der Güter zum höchsten Gut und der gesteigerten Klugheit zur Weisheit bildet die Basis der Metaphysik.

Ich verweise auf das heuristische Potential dieser grundlegenden Unterscheidung: *Klug* soll das Wissen heißen, das Menschen einsetzen, um gesund zu bleiben oder reich zu werden; *weise* heißt es, wenn die Totalität in den Blick kommt, die vom guten, glücklichen und erfüllten Leben reden lässt. Aristoteles nennt diese umfassende Zielbestimmung *Glück*.[44] Der Kluge ist ein Mensch, der versteht, den Wert einer Handlung zu erkennen und sich danach zu richten. Auch das kluge Handeln hat also den Zweck, das *ganze* gute Leben zu fördern. Im aristotelischen Traktat ist Klugheit deshalb eine Praxis und nicht nur eine Technik, weil sie im Dienst des guten Lebens steht, das mehr als die Summe von Gütern ist.[45] Die weise Lebensführung ist geprägt vom klugen Handeln

---

43 Aristoteles, *Nikomachische Ethik*, übersetzt und kommentiert von Franz Dirlmeier, Darmstadt 1991, 1139 ff. Nach Aristoteles bewahrt das Ziel des guten Lebens die Klugheit (*Phronesis*) davor, zu bloßer Gerissenheit (*panourgia*, 1144a 27) zu werden. Vgl. dazu auch Sowarka, a.a.O., 80–82.
44 Aristoteles, *Nikomachische Ethik*, a.a.O., 1142b, 29–33.
45 A.a.O., 1141b, 15.

im Habitus der Nachdenklichkeit. Denn die Bestimmung des Guten versteht sich nicht von selbst.[46]

Für die wissenschaftliche Erforschung des Weisheitswissens ist die Unterscheidung von klugem Handeln als *Teilziel* und Weisheit als *Gesamtziel* nicht unerheblich. Man kann diese Unterscheidung ohne metaphysischen Überbau übernehmen.[47] Der Anspruch, etwas über geglücktes Leben in Erfahrung zu bringen, stößt an die Grenzen des Praktischen. Wissen macht klüger, aber nicht unbedingt weise. Als praktische Erkenntnis, die etwas zur Förderung des lebensdienlichen Wissens tun will, reflektieren die Geisteswissenschaften darum von vornherein die mögliche praktische *Anwendung* ihrer Theorien als Moment ihres Untersuchungsbereichs.[48] Das können sie nur, wenn sie den *Zweck* kennen, dem sie dienen. Im Prozess einer pragmatischen Wissensbildung muss die Reflexion der Anwendung einerseits ständig präsent sein und andererseits mit der sittlichen Zweckbestimmung des Guten verbunden bleiben. Praktisches Wissen kann nicht im Nachhinein „umgesetzt" werden. Zwar scheint, um Aristoteles noch einmal zu zitieren, „jede Kunst und jede Lehre, desgleichen jede Handlung und jeder Entschluss [...] ein Gut zu erstreben, weshalb man das Gute treffend als dasjenige bezeichnet hat, wonach alles strebt. Doch zeigt sich ein Unterschied der Ziele. Die einen sind Tätigkeiten, die anderen noch gewisse Werke oder Dinge außer ihnen."[49]

Wenn die Wissenschaften der philosophischen Fakultät sich mit ‚Wissensformen' beschäftigen, die das Leben glücken lassen, kann nur noch im Plural von den Zielen gesprochen werden. Ein Teilziel kann *Gesundheit* heißen, ein anderes *Reichtum* und ein drittes *Reife* der Persönlichkeit. Jedes dieser Teilziele ist für sich betrachtet wichtig genug, um eine ‚eigene' Wissenschaft zu beschäftigen, die nach Klugheit auf ihren

---

46 A.a.O., 1140, 34 f.
47 In Aufnahme der platonischen und aristotelischen Metaphysik unterschied Augustin zwischen der irdischen und göttlichen Weisheit. Vgl. dazu Art. ‚*Weisheit*', in: Historisches Wörterbuch der Philosophie, Bd 12, Darmstadt 2004, Sp. 376.
48 Ich beziehe mich auf Nico Stehr, *Praktische Erkenntnis*, Frankfurt a. M. 1991, hier 185, der in seinen Überlegungen zur pragmatisch orientierten Sozialwissenschaft davon ausgeht, dass Wissen als Vermögen zu handeln verstanden werden kann, aber nicht mit tatsächlichem Handeln verwechselt werden soll. Umgemünzt auf die Weisheitsforschung: Klugheit erkennen wollen, ohne darüber nachzudenken, wie man klüger werden kann, ist genauso dumm, wie sich einzubilden, man hätte schon klug gehandelt, wenn man sich klüger gemacht hat.
49 Aristoteles, *Nikomachische Ethik*, a.a.O., 1094a.

Anwendungsfeldern streben.[50] Die Aufgliederung der Ziele in ihre ökonomische, medizinische und psychologische Teilzwecke kannte schon Aristoteles. Weisheit war im aristotelischen Wissenskosmos die vollkommenste Wissenschaft.[51] Uns ist heute das Ideal der *Eudämonie*, das in der Nikomachischen Ethik wie eine große Klammer alle Teilziele (skopoi) zu einem großen Ziel (telos) vereint, fragwürdig geworden. Wofür steht denn Weisheit im gegenwärtigen gerontologischen Gespräch?

3.3 Weisheit bleibt das (unerreichbare) Ziel

Ganz gewiss bleibt Weisheit eine *Zielkategorie menschlichen Lebens.* Der Versuch, Weisheit als universelles Ideal der Lebensführung für alle zu bestimmen, muss aber scheitern. Weisheit gibt es nur im Plural. Das ist nicht nur aber auch eine Folge des strukturellen Individualismus in der Moderne. Durch die Ordnung der Orientierungspunkte und Wertung der Ziele entstehen unterschiedliche Konzepte der Lebensklugheit. Reife, Reichtum und Gesundheit stehen nicht wertneutral nebeneinander. Sie ordnen sich nach Wertehierarchien, die einem Gesamtziel gehorchen. Aber es gibt keine Instanz, die Ordnungen allgemein verbindlich ordnet.

Spannungen sind also unvermeidlich. Das wird offensichtlich in der ethischen Debatte über Sinn und Unsinn des Anti-Aging und die Grenzen des *successful aging*.[52] Von daher wird auch deutlich, was der Gerontologie fehlt, wenn sie sich darauf beschränkt, verschiedene Disziplinen zu versammeln, die sich in Sachen Altern und Alte klüger machen, ohne die Frage nach dem Sinn des Alter(n)s oder dem Lebensziel zu stellen. Und es wird ebenso deutlich, dass Gerontologie zu viel verspricht, wenn sie meint, diese Frage könne man wissenschaftlich beantworten.

Die Rede von der Weisheit provoziert eine Explikation der Spannungen und unterbricht durch die ihr inhärente Nachdenklichkeit die herrschenden gesellschaftlichen Diskurse. Geisteswissenschaften und Naturwissenschaften tun also klug daran, sich der Grenzen ihrer Weisheitsforschung bewusst zu bleiben, aber zugleich die Begrenztheit der Zugänge nicht gegeneinander auszuspielen. Denn es wird mit dem wissenschaftlichen Instrumentarium ‚Lebenswissen' erkundet, aber das

---

50 Das gilt insbesondere für die „angewandte Gerontologie". Vgl. dazu Mike Martin/Matthias Kliegel, *Grundlagen der Gerontologie*, Stuttgart 2008, 202–232.
51 Aristoteles, *Nikomachische Ethik*, a.a.O., 1141a.
52 Kritisch Schneider-Flume, *Alter – Schicksal oder Gnade?*, a.a.O., 53–57.

Leben, dem dieses Wissen dient, lässt sich wissenschaftlich nicht ergründen. Leben lässt sich per definitionem *nicht* auf Teile reduzieren. Nicht die Forschung, die nur Teile des Ganzen erkundet, soll durch solche Einsicht in die Grenzen des Wissens gestört werden, sondern die Illusion einer direkten, glatten und reibungslosen Instrumentalisierung von Wissen, das ins Leben gegossen ist und nur durch Leben in Fluss kommt, entlarvt sein.

Die Illusion der Anwendung zu stören, ist die gemeinsame Aufgabe der philosophischen und theologischen Nachdenklichkeit. Die reflexive Unterbrechung direkter Anwendungen ist insofern produktiv und nicht destruktiv, weil dadurch unkluge Kurzschlüsse vermieden und die konvergierenden Optionen der verschiedenen Zugänge erörterbar werden.[53]

Nun wäre es sicher töricht, dem gerontologischen Weisheitsdiskurs Unreflektiertheit zu unterstellen und eine Superweisheit zu installieren, die quasi als kritische Instanz außerhalb der Alternswissenschaften die Hybris der Wissenschaft anklagt. Diese Gefahr einer Spaltung droht, wenn Philosophie oder Theologie aus der Diskursgemeinschaft ausgeschlossen werden oder sich durch allzu steile Ansprüche selbst ausschließen. Dieser Gefahr kann man nur begegnen, wenn man die Alternswissenschaft von vornherein als *kritische Gerontologie* fasst. Mit dem Begriff der kritischen Gerontologie ist auf die Selbstreflexion verwiesen[54], die in jeder praktischen – auf ein Ziel des Handelns ausgerichtete – Erkenntnis begegnet.[55] Eine kritische Gerontologie reflektiert die inhärenten Wertideen ihrer Theorien. Kritisch ist sie, wenn sie sich gegen ein instrumentelles Denken wehrt und sich an *differentiellen Ansätzen* orientiert, um die ganze Vielfalt der Formen des Alterns zu diskutieren.[56]

---

53 Vgl. dazu Beat Sitter-Liver, *Macht Klugheit Prinzipien entbehrlich? Zur Auflösung einer falschen Entgegensetzung*, in: Ders., *Der Einspruch der Geisteswissenschaften. Ausgewählte Schriften*, Freiburg (Schweiz) 2002, 179–208 (ursprünglich erschienen in: DZPh 40/1992, 1313–1332).

54 Vgl. dazu Harry R. Moody, *Toward a Critical Gerontology. The Contribution of the Humanities to Theories of Aging*, in: James E. Birren/Vernon L. Bengtson (Hg.), *Emergent Theories of Aging*, New York 1988, 19–40.

55 Stehr, *Praktische Erkenntnis*, a.a.O., 185 geht in seinen Überlegungen zur pragmatisch orientierten Sozialwissenschaft davon aus, dass Wissen als Vermögen zu handeln verstanden werden kann, aber nicht mit tatsächlichem Handeln verwechselt werden soll.

56 Gerontologie kritisiert stereotype Altersbilder und sorgt mit Forschung, Lehre und Öffentlichkeitsarbeit für neue Impulse in der Altersarbeit. Vgl. Hans-Werner Wahl/Vera Heyl, *Gerontologie – Einführung und Geschichte*, Stuttgart 2004,

Selbstkritisch ist sie aber erst dann, wenn sie das Ziel der Wissenschaft, Wissen zu erweitern, am Maß des weisheitlichen Ideals, Wissen zu vertiefen, misst.

4. Ergebnisse der gerontopsychologischen Weisheitsforschung

4.1 Das weite Feld der psychologischen Weisheitsforschung und der Tiefgang

Kritische Gerontologie im Sinne einer differentiellen und selbstreflexiven Alternswissenschaft behandelt einen wesentlichen Abschnitt des Lebens und berührt existentielle Themen. Es erstaunt daher nicht, dass es Theorien, aber nicht die Theorie des guten Alterns nicht gibt. Denn es ist nicht von vornherein klar, was klüger ist: sich gegen das Altern zu wehren oder sich ins Alter zu schicken. Entsprechend vielfältig und widersprüchlich ist das Altersbild in Erzählungen und ästhetischen Repräsentationen.[57] Ein ebenso großes Spektrum subjektiv erlebter Wahrnehmung des Alterns vermittelt die „narrative Gerontologie".[58] Das Gespräch mit den unverwechselbaren Individuen macht auch auf die Verschiebungen und kulturellen Veränderungen in den Altersbildern aufmerksam. Sie lassen jeden Versuch, aus der Vielfalt *eine* Lehre des Alterns zu ziehen, scheitern.

Der kulturell bedingte Wertewandel spiegelt sich auch in der Theoriediskussion der Alternswissenschaften. Die Väter der *Disengagementtheorie*, Cumming und Henry, definieren:

> „Altern ist ein unvermeidlicher gegenseitiger Rückzug oder ein Disengagement, das aus einer verminderten Interaktion zwischen der alternden Person und anderen Menschen in den sozialen Systemen, denen diese Person angehört, herrührt."

Das Ideal dieser Theorie ist das Gleichgewicht. Wenn nämlich der Alternsprozess gelungen sei, habe „das Gleichgewicht, das im mittleren Alter zwischen dem Individuum und seiner Gesellschaft bestand, einem

---

117 ff. Vgl. dazu auch Ulrich Moser, *Identität, Spiritualität und Lebenssinn. Grundlagen seelsorglicher Begleitung im Altenheim*, Würzburg 2000, 30–33.
57 Außerordentlich lohnend: Hans-Georg Pott, *Eigensinn des Alters. Literarische Erkundungen*, Frankfurt a. M. 2008.
58 Ich verweise auf das reichhaltige Themenheft „*Erzähltes Alter – erzählte Angst*", Psychotherapie & Sozialwissenschaft, Zeitschrift für qualitative Forschung und klinische Praxis 9 (2007/1).

neuen Gleichgewicht Raum gegeben, das durch eine größere Distanz und einen veränderten Typus der Beziehung gekennzeichnet ist."[59]

Im Unterschied zur Disengagementtheorie betont Robert V. Atchley, dass Brüche zwischen den Lebensphasen die Zufriedenheit stark beeinträchtigen. Menschen haben ein starkes Bedürfnis nach Stabilität. Nach Atchley sind ältere Menschen darum bestrebt, *Kontinuität* zu bewahren.[60] Die Brüche, die im Alter gehäuft vorkommen, sind nicht wegzuleugnen, aber durch das Aufrechterhalten innere Strukturen wie Einstellungen, Affekte und Erfahrungen und die Bewahrung äußerer Strukturen wie die Interaktion mit vertrauten Menschen oder die Ausübung vertrauter Handlungen kann der Verlust der Berufsrolle, der Tod des Partners oder der Umzug in ein Altersheim besser bewältigt werden. Die Kontinuitätstheorie stützt sich auf das Konzept der Identität und geht grundsätzlich davon aus, dass die Lebenszufriedenheit von der Fähigkeit abhängig ist, soziale Rollen und Lebenserfahrungen auch bei negativen Veränderungen beizubehalten.[61]

Man kann die beiden großen theoretischen Konzepte, die in den 1960er Jahren entwickelte wurden, in gewisser Weise als Reflex auf das wachsende gesellschaftliche Bewusstsein für den Eigensinn des Alters verstehen und diesen Wandel auch in der Fortentwicklung aktivitätstheoretischer Ansätze erkennen. Ein wichtiges Stichwort für diese jüngste Stufe der Entwicklung ist die *Plastizität*. Generell hat sich der Fokus des Interesses in den letzten Jahren deutlich verschoben von der Defizit- zur Ressourcenorientierung. Heute steht die Frage nach dem gelingenden Altern im Vordergrund. Dabei spielt die entwicklungspsychologische Sicht der späten Lebensphase als eine durch die Weisheit bestimmte finale Stufe der Individuation eine zentrale Rolle.[62]

---

59 Elaine Cumming /William E. Henry, *Growing old. The process of Disengagement*, New York 1961 zit. aus Hans-Dieter Schneider, *Aspekte des Alterns. Ergebnisse sozialpsychologischer Forschung*, Frankfurt a. M. 1974, 92.
60 Robert C. Atchley, *A continuity theory of normal aging*, in: Gerontologist 29 (1989), 183–190.
61 Gertrud M. Backes/Wolfgang Clemens, *Lebensphase Alter. Eine Einführung in die sozialwissenschaftliche Alternsforschung*, Weinheim 1998, 123.
62 Erik H. Erikson, *Der vollständige Lebenszyklus*, Frankfurt a. M. (1988) ²1992, 78 ff.

4.2 Weisheit als Expertenwissen

Die psychologische Weisheitsforschung, die sich am erfolgreichen Altern orientiert, kann gut an der praktischen Philosophie – insbesondere am stoischen Konzept der Altersweisheit anknüpfen.[63] Im ‚Berliner Weisheitsparadigma' wird Weisheit als Expertenwissen im Bezug auf die fundamentalen Tatsachen des Lebens begriffen.[64] Paul M. Baltes und seine Mitarbeiterinnen haben Faktoren erforscht, die in der Entwicklung des Menschen weisheitsbezogenes Wissen fördern. Dabei hat sich gezeigt, dass das kalendarische Alter keine Erklärung liefert.[65] Die Berliner Studien verweisen vielmehr darauf, dass neben der allgemeinen vor allem die soziale Intelligenz, die Kreativität, die Neugierde, die Fähigkeit der emotionalen Regulation und die Toleranz wichtige Faktoren für die Entwicklung weisheitsbezogenen Wissens sind. Weisheit wird in diesem Modell als ein Set von Kompetenzen begriffen, mit denen man schon von Kindesbeinen an *sein Leben meistert* und das mit dem Alter zur Entfaltung kommen kann.[66]

Das ist eine Theorie der Weisheit und nicht ihr letzter Schluss! Ich will zwei andere Ansätze der psychologischen Weisheitsforschung wenigstens kurz erwähnen. Monika Ardelt vertritt in ihrer *dreidimensionalen Weisheitstheorie* die Auffassung, dass Weisheit eine Persönlichkeitseigenschaft ist, die eine kognitive, eine reflektive und affektive Komponente aufweist. In kognitiver Hinsicht lässt sich lediglich von weisheitsbezogenem Wissen reden. Nur wer fähig ist, Dinge aus verschiedenen Perspektiven zu betrachten, sich selbst und andere kritisch zu erkennen, strebe wirklich nach Weisheit. Ardelt betont zudem, dass ein weiser

---

[63] Andere Denktraditionen lassen sich mit dem Modell des erfolgreichen Alterns schwieriger vermitteln. Vgl. Judith Glück u. a. (Hg.), *The wisdom of experience: Autobiographical narratives across adulthood*, in: International Journal of Behavioral Development 29 (2005), 197–208; Paul P. Baltes/Judith Glück, *Using the concept of wisdom to enhance the expression of wisdom knowledge. Not the philosopher's dream, but differential effects of developmental preparedness*, in: Psychology and Aging, 21 (2006), 679–690.

[64] Dazu zählen: die Kontingenz menschlicher Entwicklung, die Notwendigkeit der Lebensorientierung, die Endlichkeit des Lebens und die Begrenztheit des Wissens.

[65] Rund die Hälfte der Hochaltrigen leidet unter Demenz!

[66] Vgl. Ursula M. Staudinger/Jacqui Smith/Paul B. Baltes, *Handbuch zur Erfassung von weisheitsbezogenem Wissen*, Berlin 1994 sowie Paul B. Baltes/Jürgen Mittelstrass/Ursula M. Staudinger (Hg.), *Alter und Altern. Ein interdisziplinärer Studientext zur Gerontologie*, Berlin 1994.

Mensch Liebe für andere Menschen fühlen muss. Ein solches ganzheitliches, praktisches und persönliches Wissen könne nicht aus Büchern gelernt werden, weil es auf Erleben und nicht auf intellektuellem Verstehen beruhe.[67] Robert J. Sternberg setzt den Akzent stärker bei der praktischen Relevanz weisheitlichen Wissens. Er versteht darunter die *Anwendung eines stillschweigenden Wissens* („tacit knowledge"). Daran, wie man ein bestimmtes Ziel innerhalb eines Systems erreicht oder ein bestimmtes Problem löst, lässt sich weises Verhalten und Entscheiden erkennen. Es zeigt sich nach Sternberg dann, wenn optimale Lösungen für alle Beteiligten gefunden werden. Das könne nur durch Balancierung geschehen. Im Umgang mit Umweltkontexten, durch Anpassung, Gestaltung oder Selektion von Kontexten können multiple intra-, inter- und extrapersonale Interessenskonflikte gelöst werden.[68]

Das Paradigma der Berliner Weisheitsforschung widerspricht weder Ardelts noch Sternbergs Ansatz, legt aber stärkeres Gewicht auf Strategien des *gelingenden Alterns*. Aufgrund vergleichender Untersuchungen im Bereich des Expertenwissens sind Paul und Margret Baltes auf solche Strategien gestoßen. Um ihre Leistungsfähigkeit zu erhalten oder sogar zu steigern, gleichen alternde Menschen mittels Selektion, Optimierung und Kompensation Ausfälle in bestimmten Leistungsbereichen aus.[69] Die Erfahrung, die ein Mensch im Laufe seines Lebens als Experte sammelt, hilft ihm, sein Leistungsniveau – in bestimmten Kompetenzbereichen – auch im Alter zu halten. Solches Expertenwissen ist als komplexe Tätigkeit eingewachsen in die multidirektionale Entwicklung eines Men-

---

67 Vgl. dazu Monika Ardelt, *Wisdom and life satisfaction in old age*, in: Journals of Gerontology: Series B: Psychological Sciences and Social Sciences, 52B (1997), 15–27; Dies., *Intellectual versus wisdom-related knowledge. The case for a different kind of learning in the later years of life*, in: Educational Gerontology, 26 (2000), 771–789; Dies., *Wisdom as expert knowledge system. A critical review of a contemporary operationalization of an ancient concept*, in: Human Development, 47 (2000), 257–285; Dies., *Where can wisdom be found?*, a.a.O., 304–307.

68 Robert J. Sternberg, *Implicit theories of intelligence, creativity, and wisdom*, in: Journal of Personality and Social Psychology, 49 (1985), 607–627; Ders., *A balance theory of wisdom*, in: Review of General Psychology, 2 (1998), 347–365; Ders., *Why schools should teach for wisdom. The balance theory of wisdom in educational settings*, in: Educational Psychologist, 36 (2001), 227–245; Ders., *How wise is it to teach for wisdom? A reply to five critiques*, in: Educational Psychologist, 36 (2001), 269–272.

69 Paul B. Baltes/Margret M. Baltes, *Optimierung durch Kompensation und Selektion. Ein psychologisches Modell erfolgreichen Alterns*, in: Zeitschrift für Pädagogik 35 (1998), 85–105.

schen. In ihm sind viele Fähigkeiten und Kenntnisse miteinander verknüpft. Sinkt eine der Leistungen altersbedingt, übernehmen andere die verminderten Funktionen oder entwickeln neue Stärken.

4.3 Kristalline und fluide Intelligenz

Als Bindeglied zwischen den verschiedenen gerontopsychologischen Weisheitskonzeptionen fungiert die *Intelligenzforschung*. Auch hier lässt sich in den letzten Jahren eine bemerkenswerte Umorientierung konstatieren. So konzentrierte sich die ‚alte' Intelligenzforschung noch auf die schulischen Leistungen in den Bereichen der Mathematik und Sprache. Das einseitige und reduzierte Verständnis des Intelligenzquotienten (IQ) wurde in der neueren Forschung durch ganzheitlichere Konzeptionen abgelöst, die unter Intelligenz „die Gesamtheit der einem Individuum zur Verfügung stehenden kognitiven Prozesse verstehen, die diesem Menschen ermöglichen, wichtige geistige und praktische Anforderung des Lebens zu beherrschen".[70] Die Wahrnehmung der unterschiedlichen Aspekte dieser ‚Gesamtheit' führte wiederum zu neuen Forschungsinteressen, deren Ergebnisse die Rede von der sozialen, emotionalen oder spirituellen Intelligenz populär machten. In der psychologischen Diskussion hat sich die Unterscheidung einer *kristallinen* und *fluiden* Intelligenz durchgesetzt.

Unter fluider Intelligenz wird nach Baltes der mechanische Basisprozess der Informationsverarbeitung verstanden. Die Verarbeitungsgeschwindigkeit nimmt mit dem biologischen Altern ab. Anders die kristalline Intelligenz, von Baltes auch „Pragmatik" genannt. Sie ist das gespeicherte sprachgebundene und erfahrungsabhängige Kulturwissen eines Menschen, das auch im Alter konstant bleiben kann.[71] Nachlassende fluide Anteile in einem bestimmten Kompetenzbereich können durch bessere Ausnutzung kristalliner Anteile des Erfahrungswissens kompensiert werden.[72]

Die Neuorientierung der Intelligenzforschung hat konkrete Auswirkungen im Bereich der angewandten Gerontologie. Relevant ist sie nicht

---

70 Karin Wilkening, *Klugheit im Alter*, in: Brigitte Boothe/Bettina Ugolini (Hg.), *Lebenshorizont Alter*, 153–168 (154).
71 Vgl. dazu Paul B. Baltes, *Entwicklungspsychologie der Lebensspanne. Theoretische Leitsätze*, in: Psychologische Rundschau 41 (1990), 1–24.
72 Wilkening, *Klugheit im Alter*, a.a.O., 161.

nur für die praktische Frage, wie man im Alter Gedächtnisleistungen trainieren kann. Der ganzheitliche Ansatz stützt ein ressourcenorientiertes Menschen- und Altersbild. Lebensqualität, Wohlbefinden und Widerstandsfähigkeit können gezielt gefördert werden. Vor allem unterstützt das multiple Intelligenzmodell präventive und therapeutische Möglichkeiten, die auf eine kognitive Umstrukturierung hin arbeiten. Zudem wird die philosophische Denktradition verifiziert, dass alte Menschen bestimmte Aufgaben mit unverminderter Leistungsfähigkeit erfüllen können.[73]

4.4 Kritik am gelingenden Leben und erfolgreichen Altern

Das Modell des erfolgreichen Alterns hat freilich eine Kehrseite. Wenn man erfolgreich Altern kann, ist es auch möglich, an dieser Aufgabe zu scheitern. Die Gründe für ein mögliches Scheitern sind so vielfältig, wie die Faktoren des Gelingens. Schicksalsschläge, Krankheit oder Demenz im Alter können das Potential der Intelligenz massiv vermindern oder sogar vernichten.

Der Soziologe Francois Höpflinger erkennt darum in den aktivitätsorientierten Altersmodellen auch eine Gefahr. Generell tendiert die ‚anti-aging'-Bewegung dazu, jugend- und leistungsorientierte Normen auch im hohen Lebensalter zu erwarten. Dadurch werde auch das hohe Lebensalter allmählich den ‚harten' Leistungszwängen unterworfen. „Die ‚späte Freiheit' der Menschen in der nachberuflichen Lebensphase kann damit gefährdet sein, bevor sie überhaupt richtig aufblühte."[74]

Höpflingers Warnung leuchten auf dem Hintergrund einer life-span-Psychologie unmittelbar ein. Bei Hochaltrigen machen aktivitätsorientierte Modelle keinen Sinn, weil sie nicht phasengerecht sind. Ins Grundsätzliche geht auch die Kritik von Gunda Schneider-Flume an der „bedrohlichen Rede von gelingendem Leben und gelingender Identität". Schneider-Flume hält „Gelingen, als Forderung absolut gesetzt [...] vernichtend wie das Jüngste Gericht" und erinnert an die „durch Stellvertretung eröffnete Geschichte Gottes, in der auch die Fragmente und

---

73 Eva Birkenstock, *Altern – Dialektik eines Themas zwischen Antike und Moderne*, in: Die Philosophin 21 (2000), 43–63 (62).
74 François Höpflinger, *Generativität im höheren Lebensalter. Generationensoziologische Überlegungen zu einem alten Thema*, in: Zeitschrift für Gerontologie und Geriatrie, 35 (2002), 328–334 (332 f).

Bruchstücke menschlicher Zeit und Identität bewahrt werden."[75] Höpflinger kritisiert eine verfehlte Anwendung und Schneider-Flume macht auf das bedrohliche Potential einer absolut gesetzten Norm aufmerksam. Die Kritiker rekurrieren auf ein übergeordnetes Ganzes – eine Zielkategorie, die ich oben mit Aristoteles Weisheit genannt habe. Ich teile ihre Kritik.

Fragwürdig ist aber eine Polemik, die sich zu sehr an der psychologischen Definition des *erfolgreichen Alterns* aufhält.[76] Die deskriptive Unterscheidung zwischen normalen, pathologischen und erfolgreichen Formen des Alterns hat eine heuristische Funktion innerhalb des Gesundheits-Paradigmas. Gefragt sind Strategien, die helfen, zufrieden zu bleiben: trotz der massiven Kränkung des Egos, die das Altern mit sich bringt. Erfolg ist, was hilft, mit dem Misserfolg des Lebens fertig zu werden. Weil es Einstellungen, Haltungen und Vorstellungen gibt, die subjektive Zufriedenheit auch in schwierigen Lebenssituationen erhalten oder sogar erhöhen, wäre es dumm, sie nicht zu erforschen. Darum geht es beim so genannten erfolgreichen Altern.[77]

Der eigentliche Konflikt dreht sich nicht um den missverständlichen Begriff „erfolgreich", sondern um den rechten Gebrauch der Kategorie des guten Lebens im Blick auf das Altern. Zu Recht betont Rüegger, dass Erfolg keine hilfreiche Kategorie ist, um den Prozess des Alterns als ganzes zu verstehen.[78] Das wird vor allem im Blick auf das vierte Alter deutlich. In der letzten Lebensphase rückt der Tod näher. Angesichts des Sterbens wird die Rede von Erfolg, Gelingen oder Glücken im Sinne einer Steigerung oder Verlängerung von Vitalität fragwürdig – biblisch gesprochen eine Torheit! Jede dieser Kategorien misst in dieser Grenzsituation mit dem falschen Maß. Menschen müssen in der letzten Phase ihres Lebens „mit dem Abnehmen leben", das Schwinden der Kräfte akzeptieren und das Aufgeben der Pflichten üben.[79]

---

75 Gunda Schneider-Flume, *Gott in der Zeit*, in: ZThK 97 (2000), 343–363 (360).
76 Die Bezeichnung „erfolgreich" (successful) ist für sich genommen missverständlich. Das wurde in der gerontologischen Diskussion schon mehrfach notiert. Vgl. dazu Martin/Kliegel, *Grundlagen der Gerontologie*, a.a.O., 25.
77 Vgl. dazu Ursula Lehr, *Psychologie des Alterns*, Wiebelsheim 2003.
78 So auch Heinz Rüegger, *Langlebigkeit, Anti-Aging und die Lebenskunst des Alterns*, in: WzM 59,5 (2007), 474–488.
79 Werner Kramer, *Was sind die spirituellen Ziele im Alter aus Sicht des Christentums*, in: Peter Bäurle u.a. (Hg.), *Spiritualität und Kreativität in der Psychotherapie mit älteren Menschen*, 126–135 (134).

Deshalb wird das Leben wie das Sterben eine *Kunst* genannt.[80] Die Kunstmetapher verbindet nicht nur die praktische Philosophie und die Religion mit der Weisheit, sondern wirft auch Licht auf die Herausforderungen einer angewandten Gerontologie. Gefragt ist ein *weiser Umgang* mit erfolgreichen Strategien des Alterns. In der Übersetzung der Kunst in eine Kunstlehre kommen die methodischen Fragen, die sowohl eine unmittelbare praktische als auch theoretische Relevanz haben, zur Sprache. Im Zusammenhang der Diskussion über das erfolgreiche Altern ist es deshalb wichtig, auf die Übergänge, Schnittstellen und Spannungsfelder zwischen ökonomischen, medizinischen, psychologischen und religiösen Kategorien zu achten. Das gerontologische Symposium unter der Leitung der Weisheit hilft, kategoriale Verwechslungen zu vermeiden und den Einsatz der Klugheiten richtig zu koordinieren. Sie kommt dann aber nicht ohne Kunstlehre – ein Nachdenken über die Weisheit – aus!

5. Philosophie des Alters und der Weisheit

5.1 Weisheit als besondere Wissensform – eine platonische Fußnote

Nun gilt für Weisheit, was auch für Theorien und Lehren des Alterns gilt. Weisheiten in Vorschriften, Sprichwörtern und Sentenzen lassen sich problemlos aufspüren – im Singular ist sie nicht fassbar. Aber die Pragmatik des Weisheitlichen lässt sich zumindest beschreiben. Weisheit bezeichnet eine Art und Weise des Wissensumgangs, der im Unterschied zur technischen Wissensanwendung nicht in erster Linie etwas zu beherrschen versucht, sich aber auch nicht auf Kontemplation beschränkt oder im Spekulieren verliert. Weisheit ist eine entwickelte Form des Orientierungswissens, auf das Menschen angewiesen sind und verweisen, wenn sie sich in der Welt verorten und ihr Leben meistern wollen.

Der Versuch, Weisheit zu verstehen, ist somit selbst auf eine Nachdenklichkeit verwiesen, die sich im Denken reflektierend entdeckt. Diese Nachdenklichkeit wird – ein Erbe der alten Griechen – *Philosophie* genannt, weil das Streben nach Erkenntnis dem Drang zur Sache entspringt.[81] Die Philosophie will den Dingen auf den Grund gehen, ohne

---

80 Engemann, *Aneignung der Freiheit*, a.a.O., 32.
81 Die Freundschaft ist auch biblisch gesehen gegenseitig! Die Weisheit spricht: „Ich habe lieb, die mich lieben, und die nach mir suchen, werden mich finden." (Spr 8,17).

den Anspruch zu erheben, alles wissen oder beherrschen zu können. Philosophieren ist eine existentielle Angelegenheit, bei der man zugrunde gehen kann, bei der aber auch Lust, Glück und Freiheit locken.[82] Das philosophische Verständnis der Weisheit lässt zwischen dem natürlichen Streben der Erkenntnis, das jedem sprach- und denkfähigen Menschen eignet und dem besonderen Streben derjenigen, die sich der Klärung des Denkens widmen, unterscheiden.[83] Die Freunde der Weisheit trachten nach einem Wissen, im Gewahrsein dessen, dass sie es nicht erreichen können. Sie verstehen ihr Philosophieren als eine Tätigkeit, die niemals der Weisheit letzten Schluss liefern kann, sondern das besonnene, selbstbewusste und selbstverantwortete Denken und kluge Handeln übt.[84]

Die Weisheit ist also in der klassisch abendländischen Philosophie mehr als ein abstrakter Orientierungspunkt des Denkens. Sie begegnet dem Menschen, ist konkret, dynamisch und zuweilen provokativ. Sie ruft, erleuchtet und erhellt den, der sich ihr nähert. So ist es auch nicht weiter erstaunlich, dass die Weisheit in der Metaphysik sehr häufig als göttliche oder gottähnliche Wissensform betrachtet wurde. Als Größe der Vollendung und Überbietung bleibt sie einerseits unerreichbar und unvermittelbar, andererseits erhebt sie eben diese Größe zur kritischen Instanz menschlicher Beherrschungsgelüste.[85] Weisheit ist Grenzwissen. Sie zeigt sich und bewährt sich dort, wo Tugenden wie Gelassenheit, Mitgefühl, Toleranz oder Entschlossenheit verlangt sind. Am reinsten zeigt sie sich in der Selbstbescheidung des Denkens als Demut.

Am Anfang der abendländischen Philosophie geht es um rechtes Weisheitsstreben. Der Name ‚Weisheitsliebe' zeigt an, woher die Nachdenklichkeit Impulse bezieht und wohin sie sich bewegt. Das Sprachspiel der Weisheitsliebe lässt den *Wesenszug* des Weisheitswissens besser erkennen. Um weise zu werden, muss man nicht philosophieren, aber die

---

82 Vgl. dazu Spr 8, 19.
83 Ingolf Dalferth, *Die Wirklichkeit des Möglichen. Hermeneutische Religionsphilosophie*, Tübingen 2003, 34. Denn „Menschen existieren nicht nur in der Welt, sondern leben in ihr. Sie können nicht in ihr leben, ohne sie und sich selbst zu verstehen und zu deuten. Denn nur indem sie sich so in ihr orientieren, werden sie handlungsfähig."
84 Aristoteles, *Nikomachische Ethik*, a.a.O., 1139a 34 f. unterscheidet zwischen dem Können (*Techne*), das sich auf ein erreichbares Ziel richtet und der Klugheit (*Phronesis*), die das gute Leben erstrebt (1140a 28). Die richtige Entscheidung im Handeln gibt es nicht ohne Klugheit und sittliche Trefflichkeit (*thike arete*, 1139a 22).
85 Hailer, *Theologie der Weisheit*, a.a.O., 28.

Tätigkeit des Philosophierens bringt die Nachdenklichkeit der Weisheit zum Vorschein. Die *Freundschaft* ist gegenseitig, aber sie beruht auf einer Differenz. Philosophie ist mit der Weisheit nicht identisch. Mehr noch: Erst aus dieser Differenz entsteht die Bewegung und wird die Richtung des Philosophierens erkennbar. Es ist die Klärung der Gedanken, wie dies Ludwig Wittgenstein im Tractatus in wünschenswerter Klarheit formuliert:

> „Ein philosophisches Werk besteht wesentlich aus Erläuterungen. Das Resultat der Philosophie sind nicht ‚philosophische Sätze‘, sondern das Klarwerden von Sätzen. Die Philosophie soll die Gedanken, die sonst, gleichsam, trübe und verschwommen sind, klar machen und scharf abgrenzen."[86]

Philosophie nicht als Lehre, sondern als Tätigkeit verstanden, klärt auch die Rede von Dingen, die sich nicht erklären und nur erläutern, erwägen und erkunden lassen wie zum Beispiel existentielle Fragen in der späten Lebensphase. Klärung heißt in diesem Fall immer auch *Läuterung*. Philosophieren will einen Beitrag leisten zur Selbstklärung, also dabei helfen, sich nach bestem Wissen und Gewissen über sich selbst und über die Welt Klarheit zu verschaffen. Weisheit weckt die intellektuellen Tugenden, verbindet die Seele mit dem Verstand und das Pathos mit dem Ethos der philosophischen Tätigkeit. Weisheitsstreben ist – auf einen Begriff gebracht – der Habitus des Philosophierens.

5.2 Weise Philosophieren

Philosophie, die den Anspruch erhebt, Gedanken zu klären, ist nicht mit *Lehre*, die Weisheit als exklusives Wissen, einen Idealzustand oder höchsten Gipfel der Erkenntnis erklärt, zu verwechseln. Weisheitswissen als Lehre wird Gnosis. Es gibt solche Denktraditionen in der Geschichte der Philosophie. Eine Auseinandersetzung mit dieser Traditionslinie kann hier nicht geführt werden. Ich beschränke mich an dieser Stelle auf den Hinweis, dass eine Praktische Theologie des Alterns an hermetischen Weisheitslehren kein Interesse hat, weil evangelische Glaubenslehre die Weisheit – auch die Altersweisheit – als Ideal kennt, aber kritisch reflektiert.

---

86 Ludwig Wittgenstein, *Tractatus logico-philosophicus. Tagebücher 1914–1916. Philosophische Untersuchungen*, Frankfurt a. M. 1984, 4.112.

Jeder vernunftbegabte Mensch ist in der Lage, weiser zu werden. Das ist die Pointe einer Philosophie, die sich vom Anspruch des vollkommenen Wissens entlastet. Das Erkennen der eigenen Grenzen schließt keineswegs aus, dass Menschen auf diesem Weg unterschiedlich weit kommen. Darauf verweist auch das bekannte Paradoxon von Sokrates und wird meistens auf ein „ich weiß, dass ich nicht weiß" verkürzt oder zu einem „ich weiß, dass ich nichts weiß" verstümmelt. Tatsächlich sagt Sokrates, er sei sich bewusst, dass er keine Weisheit besitze und dieses Bewusstsein mache ihn weiser.[87] Deshalb braucht man Lehrer und herausragende Interpreten wie Sokrates, die Weisheit entdecken, andere anleiten und begleiten auf dem *Weg zur Weisheit*. Es ist auch das Ideal einer größtmöglichen Klarheit im Denken nötig. Weisheit ist nicht nur *Gipfelwissen*, sondern auch die Summe der Einsichten, gleichsam das *Basiswissen*, das sich bei vielen Menschen in ähnlichen Situationen bewährt hat, eine Art *Quintessenz praktischen Lebenswissens*, die durch Dialoge gefunden werden muss, aus der sich zwar Regeln, aber keine ewigen Gesetze ableiten lassen, die für jeden gelten.[88]

Denn die Philosophie selbst lehrt keine Lebensklugheiten, Erfahrungen oder Deutungsstrategien, die Menschen anwenden, um die schwierigen Erfahrungen in der letzten Lebensphase verarbeiten zu können. Im besten Fall ist sie eine Schule des Denkens.[89] Ingolf Dalferth formuliert in seinem Entwurf einer orientierungsphilosophischen Reli-

---

87 Plato, *Apologie des Sokrates*, Erste Rede, 21b. Apologie des Sokrates, Erste Rede, 21d: „Ich bin mir jedenfalls bewusst, dass ich keine Weisheit, weder groß noch klein besitze [...] Keiner von uns beiden, so kann man wohl sagen, weiß etwas Schönes und Gutes. Aber dieser glaubt zu wissen und weiß nicht, ich aber, der ich ebenso wenig weiß, glaube das nicht. Daher scheine ich um ein weniges weiser zu sein als dieser, da ich nicht glaube zu wissen, was ich nicht weiß."
88 Orientierungsphilosophisch gesprochen, ist die Lebensorientierung eine unverzichtbare und im Lebensvollzug nie zu Ende zu bringende Aufgabe. Vgl. dazu Dalferth, *Die Wirklichkeit des Möglichen*, a.a.O., 35–41 (38). John Kekes, *Wisdom*, in: APQ 20, 1983, 277–286 (280) beschreibt diese Dimension der Weisheit wie folgt: „The facts a wise man knows are known by everybody. Wisdom consists, partly, in understanding the significance of what everybody knows. Dephts and priorities make this understanding possible. What a wise man knows, therefore, is how to construct a pattern that, given the human situation, is likely to lead to a good life. This knowledge is not esoteric, for it is within everyone's reach; nor does it require a special skill or talent, for it concerns the recognition of possibilities that are the same for everyone."
89 Nach Kant, *Kritik der reinen Vernunft*. Werke hg. von Wilhelm Weischedel, Bd. 2, 1983, B 85, 699 kann man nur philosophieren, aber niemals Philosophie lernen.

gionsphilosophie die Konsequenzen, die sich aus diesem Ansatz für das Verhältnis der Philosophie zur Weisheit erschließen:

> „Als *Liebe zur Weisheit* ist sie [scil. die Philosophie] kein Haben und kein Wissen, sondern ein Streben und ein Tun, praktiziertes *Philosophieren* in lebensweltlichen, wissenschaftlichen, theologischen und vielen anderen Zusammenhängen. [...] Weder ist alles gewiss noch nichts sicher, weder stehen wir völlig im Dunkeln, noch ist alles klar und hell. Das eine wie das andere in der jeweils relevanten Weise herauszufinden und bei der Gestaltung des Lebens angemessen zu berücksichtigen, ist ein Zeichen der Weisheit, um die es beim Philosophieren geht. Philosophisches Denken hat also ein positives und praktisches Ziel, aber es kann dieses Ziel nicht präskriptiv, sondern nur kreativ und kritisch erreichen. Es kann die Möglichkeiten erwägen, Bedingungen erkunden, Fehler aufweisen und Irrwege benennen. Aber worin die angestrebte Einsicht und Weisheit eines Lebens jeweils konkret besteht, das kann nicht vorweg bestimmt werden, sondern ist für jedes Leben selbst herauszufinden und zu entscheiden."[90]

5.3 Die Krise der Alter(n)s als Ende der Weisheit

Eingangs wurde schon darauf hingewiesen: Praktische Philosophie erlebt gegenwärtig eine Renaissance und inspiriert im eben skizzierten nicht-direktiven Sinn der sokratischen Dialoge auch die seelsorgliche Praxis (2.1).[91] Wir haben auch gesehen, dass die gerontopsychologische Weisheitsforschung nach einem Tugendwissen sucht, das Züge der aristotelischen Konzeptionen der Lebensklugheit aufweist.

Nun zeigt sich aber, dass verschiedene Strömungen in der Philosophie gegenüber einer Identifikation der Weisheit als Ideal- oder Tugendwissen kritisch Distanz wahren. Eva Birkenstock bringt in ihrem eigenen Versuch, der Dialektik des Alterns im existentiellen wie praktischen Denken nachzufahren, ihre Vorbehalte gegenüber der Tradition der metaphysischen Philosophie pointiert zum Ausdruck, wenn sie über die Gedanken an eine transzendente Fortexistenz urteilt:

> „Sie besitzen den großen Vorteil, einen hervorragenden Trost über die Negativität des Alterns und des Sterbens zu gewähren, haben jedoch den epistemologischen Nachteil, der existentiellen Verzweiflung nicht ganz gerecht zu werden, und darüber hinaus noch den kommunikativen Mangel, nicht einmal potentiell universal vermittelbar zu sein."[92]

---

90 Dalferth, *Die Wirklichkeit des Möglichen*, a.a.O., 53 f.
91 Vgl. dazu auch Engemann, *Lebenskunst als Beratungsziel*, a.a.O., 341.
92 Birkenstock, *Altern*, a.a.O., 44.

Birkenstock weist auf einen anderen Bogen hin, der sich von der Antike bis zur Neuzeit spannt, und unterscheidet zwei parallel verlaufende Fluchtlinien. Die eine davon lässt sich als negativistisch-pessimistische Schattenseite, die andere als sonnigere Seite des existentiellen Denkens darstellen.[93]
Ihre These lautet, dass erstens „eine ernst zu nehmende Philosophie der späten Lebenszeit vom Boden des Negativismus auszugehen hat, da nur er die tatsächlichen, faktischen Ereignisse des Alterns in vollem Umfang in den Blick bekommt, und *zweitens* aber auch, dass ein humaner Versuch, das Ende der Lebenszeit in ein glückendes Leben zu integrieren, auch heute noch aus der stoisch-epikureischen Tradition der Gelassenheit etwas lernen kann, ohne unter das Verdikt der Oberflächlichkeit oder gar der Verherrlichung einer bloßen, brutalen Vitalität fallen zu müssen."[94] Lernen könne eine Philosophie der späten Lebenszeit von Seneca. Die *stoische Haltung* sei sprichwörtlich mit dem Erdulden des Schicksals in Gelassenheit verknüpft. Das Altern gehört zu den Dingen, die jeder Mensch hinnehmen und erhabenen Sinnes auf sich nehmen muss.[95] Birkenstock ordnet Seneca wie Cicero der optimistischen Seite zu, weil die Stoa dem Menschen zutraut, die Kontingenzen des Lebens zu bewältigen. Der menschliche Geist wird mit dem Unabänderlichen fertig. Die Haltung der Gelassenheit ist Frucht der rechten Lebenskunst.[96]

---

93 Ob in der existentiellen Reflexionstradition weniger kommunikative Mängel herrschen, darüber lässt sich streiten! Zu Recht insistiert Birkenstock aber darauf, dass der Gedanke der transzendenten Fortexistenz kontingent ist. Insofern der Gedanke der transzendenten Fortexistenz zu den Kernthemen einer religiösen Lebensorientierung gehört, ist von einer *doppelten Kontingenz* zu sprechen. Denn mit ‚jener Welt', die kommt, könnte es sich so oder anders verhalten. Die biblische Vorstellung des kommenden Himmelreichs ist eine religiöse Alternative zum platonischen Himmel. Möglich ist aber auch die starke – von Birkenstock gewählte – Alternative, dass die Vorstellung einer Wirklichkeit jenseits der endlichen Existenz – aus genannten Gründen – philosophisch irrelevant ist. Vgl. dazu Dalferth, *Die Wirklichkeit des Möglichen*, a.a.O., 40.
94 Birkenstock, *Altern*, a.a.O., 44.
95 Seneca, *De vita beata. Vom glücklichen Leben*, Stuttgart 1990, 45: „Was immer aufgrund der Beschaffenheit der Welt erduldet werden muss, nehme man erhabenen Sinnes auf sich."
96 Cicero (*Cato maior de senectute*) ist noch optimistischer als Seneca. Für ihn ist klar, dass die Alten gegenüber den Jungen privilegiert sind. Sie werden geliebt und verehrt. Der Verlust an Vitalität wird durch den Zuwachs an Klugheit und Besonnenheit mehr als nur kompensiert.

Es gibt aber auch die gegenteilige Sicht des negativistischen Existentialismus. 1970 erschien „La vieillesse" von Simone de Beauvoir.[97] Grundlage ihrer Arbeit waren ethnologische Studien. De Beauvoir stellt darin fest, dass das Los alter Menschen in vielen Kulturen und zu allen Zeiten kein leichtes sei. Die romantische Vorstellung, dass das Alter früher mehr geschätzt wurde als zur Zeit, sei eine Mär, das harte soziale Schicksal der Alten ein Reflex auf die existentielle Not, in die sie geraten. Äußerlich werden sie hässlicher, das Risiko krank zu werden steigt und klinische Studien zeigen, dass sowohl der Gedächtnisverlust als auch die Einbusse logischer und kreativer Fähigkeiten Tatsachen sind, oftmals begleitet von Depressionen und Eifersucht. Zu einem ähnlichen Schluss kommt auch der Philosoph Norberto Bobbio. Der optimistischen Einschätzung der antiken Philosophie, dass die späte Lebensphase als Zeit der Kontemplation genutzt werden kann, gewinnt der Existentialist wenig ab. Überhaupt mache Philosophie, wenn sie ehrlich und mit Ernst getrieben wird, nicht glücklich. Es ist der Protest gegen das Absurde, der die Philosophie antreibt. Zudem habe die Erfahrung der Älteren nur noch den begrenzten Wert der Erinnerung. Sie bilde ein Refugium in einer sich ständig beschleunigenden Welt. Gerade darum taugen die Alten nicht als Berater der Jungen. Sie sind zu langsam.

Bobbios Reflexion über das Altern mündet in ein resigniertes Fazit. Er kennt seine Grenzen, aber will sie nicht akzeptieren. Nur weil er nicht anders kann, gesteht er sie sich ein.[98] Das resignative Fazit, das ihn aus Sicht der Stoa zum Narren macht, zeigt aber die Spur einer anderen Weisheit – die der Melancholie. Das Alter wird für den, der seine Vollendungsfantasien hat fahren lassen, „zu dem Moment, in dem du die volle Klarheit darüber gewinnst, dass der Weg nicht nur nicht vollendet ist, sondern dass dir auch keine Zeit mehr bleibt, ihn zu vollenden."[99]

Birkenstocks eigene Quintessenz aus ihrer philosophischen Tour d'horizon fällt zwiespältig aus. Sie steckt auf der Basis des Negativismus verbleibend die Chancen und Grenzen einer praktischen Philosophie der

---

[97] Simone de Beauvoir, *Das Alter. Ein Essay*, Reinbek 197, 30 f.
[98] Norberto Bobbio, *De senectute e altri scritti autobiografici*, Turin 1998; dt.: *Vom Alter – De senectute*, Berlin 1997, 61: „Man sagt, die Weisheit eines alten Menschen bestehe im resignierten Akzeptieren der eigenen Grenzen. Doch um sie akzeptieren zu können, muss man sie erkennen. Um sie zu kennen, muss man versuchen, ihnen einen Sinn zu verleihen. Ich bin nicht weise geworden. Die Grenzen kenne ich wohl, aber ich akzeptiere sie nicht. Ich gestehe meine Grenzen ein, aber nur weil ich nicht anders kann."
[99] Bobbio, *senectute*, a.a.O., 39 f.

Lebenskunst ab. Mit Bezug auf die Ergebnisse der gerontologischen Forschung hält sie einerseits fest, dass gut zu altern durchaus erlernbar zu sein scheint, will aber andererseits daraus keine überindividuelle Theorie des Alterns ableiten.

„Wenn es so etwas wie einen Schlüssel zur Möglichkeit eines erfüllten Alters [...] geben könnte, so scheint dieser dort zu suchen zu sein, wo eine Lebenssituation in Verantwortung vor dem eigenen Projekt der Selbstverwirklichung wie vor der sozialen Eingebundenheit aktiv gestaltet werden kann. Wenn nämlich das passive Erleiden dominiert, bleibt bald nur noch das blanke Leid übrig."[100]

6. Das Interesse der Theologie am Weisheitsdiskurs

6.1 Gibt es theologische Weisheit?

Birkenstock geht es um das berechtigte Anliegen, die negativen Aspekte des Alterns unverkürzt und unverblümt wahrzunehmen. Für sich genommen macht Altern und Sterben keinen Sinn. Eine praktische Theologie des Alterns kann dieses negative Urteil nicht unbesehen übernehmen. Ihr Interesse an der Weisheit rührt auch daher, die Gleichung von passivem Erleiden und blankem Leid durch den Widerspruch der Gnade zu widerlegen.[101] Die Koppelung von Autonomie und Lebensglück ist nicht nur aus einer theologischen Perspektive eine sehr verkürzte Sicht menschlicher Existenz. Eine Verachtung der pathischen Dimension führt sowohl ethisch wie entwicklungspsychologisch in Sackgassen.[102] Die Behauptung, dass auch im Leiden und Sterbenselend Sinn gefunden werden kann, hebt die Negativität der existentiellen Erfahrung nicht auf, sondern *deutet* sie *um*.[103]

In welcher Weise theologisches Weisheitswissen im Prozess der *Umdeutung* und kognitiven Umstrukturierung einbezogen wird, soll nun

---

100 A.a.O., 63.
101 Vgl. dazu Gunda Schneider-Flume, *Alter – Schicksal oder Gnade? Theologische Überlegungen zum demographischen Wandel und zum Alter(n)*, Göttingen 2008, 13–24.
102 Heinz Rüegger, *Altern im Spannungsfeld von ‚Anti-Aging' und ‚Successful Aging'. Gerontologische Perspektiven einer seelsorglichen Begleitung älterer Menschen*, in: Ralph Kunz (Hg.), *Religiöse Begleitung im Alter*, Zürich 2006, 143–182 (168–171).
103 So die Quintessenz von Leopold Rosenmayr, *Schöpferisch Altern. Eine Philosophie des Lebens*, Wien/Berlin 2007.

abschließend diskutiert werden. Dabei gehe ich davon aus, dass sich theologisches Weisheitsdenken sich in die Schablone einer metaphysischen Weltsicht noch auf eine Sammlung von Sprüchen festlegen lässt. Entsprechend schief gerät die Rede von der theologischen oder der christlichen Weisheit, wenn damit eine Lehre gemeint wäre. Diese Einschränkung gilt selbstredend auch für die praktisch-theologische Rezeption der exegetischen und systematischen Weisheitsforschung. Je nach theologischer Perspektive werden unter Leitbegrifflichkeiten wie Lebenskunst und Lebensführung andere Aspekte in den Vordergrund gerückt und andere Motive geltend gemacht.[104]

Aus dieser Spannung folgt die methodische Konsequenz, zwar auf eine Definition der Weisheit zu verzichten, aber auf ihrer theologischen Klärung zu beharren.[105] Innerhalb der biblischen Schriften ist die Weisheit ja kein monolithischer Block. Das Weisheitliche ist einerseits ein Produkt der kulturellen Interaktion mit der Umwelt.[106] Vorab in den älteren Schichten der Überlieferung ist der Import offensichtlich. In jüngeren Schichten sind im Laufe der Zeit durch Austausch- und Abstoßungsprozesse eigenständige Weisheitstheologien gewachsen. Sie sind das Produkt einer intensiven innerbiblischen Auseinandersetzung und tauchen oftmals dort auf, wo Anfänge erzählt werden.

6.2 Weisheit und Erkenntnis als Problem

Für das theologisch-philosophische Gespräch bietet Birkenstocks Selektion philosophischer Meilensteine in dieser Hinsicht einen interessanten Anknüpfungspunkt. Der nachdenkliche Umgang mit Altern und End-

---

104 Wie dies Hailer, *Theologie*, a.a.O., 1–15 anhand seiner Darstellung sapientialer Konzeptionen in der Fundamenttheologie des 20. Jahrhunderts eindrücklich vorführt.

105 Es geht darum, einen hermeneutischen Mittelweg zwischen exegetisch informierten und systematisch orientierten Zugängen zu finden. Siehe dazu Walter Mostert, *Glaube – der christliche Begriff für Religion*, in: ZThK 95 (1998), 217–231 (217 f).

106 Zur anti-essenzialistischen Sicht von Kultur seit dem ‚Cultural Turn' in den 1970er Jahren vgl. Rolf Lindner, ‚*Lived Experience'. Über die kulturale Wende in den Kulturwissenschaften*, in: Lutz Musner/Gotthart Wunberg/Christina Lütter (Hg.), *Cultural Turn. Zur Geschichte der Kulturwissenschaften*, Wien 2001, 11–19.

lichkeit lässt Verbindungen zur biblischen *Weisheitskritik* erkennen.[107] Dazu zählt auch Gen 2 f. – ein außerordentlich komplexes Stück der weisheitlichen Reflexion, das auf einer sehr fortgeschrittenen Problemlage basiert.[108]

In der so genannten ‚Sündenfall- oder Paradiesgeschichte' wird berichtet, wie der Mensch zu seinem Wissen gekommen ist. Dass der Mensch weiß, was gut und böse ist – nachgerade der Inbegriff der Weisheit – löst nun aber eine Beziehungskrise mit Gott aus.[109] Die Krise endet nicht in einer Katastrophe, sondern stellt das Verhältnis zwischen Gott und Mensch auf eine neue Basis. Der Erzählung eignet also eine eigenartige Ambivalenz. Nicht nur das *posse peccare*, sondern auch die Fähigkeit, weise zu werden – das *posse sapire* –, ist an die fundamentale Voraussetzung des *Erkenntnisvermögens* geknüpft, die der Mensch mit Gott teilt und die ihn – nach der Selbstaussage Gottes zu schließen – gottgleich macht.[110] Die in der klassischen, von dogmatischen Prämissen gesteuerten Exegese geprägte Rede der Hybris des Menschen, hält einer genauen Textanalyse nicht stand.[111] Die sperrige Pointe der Perikope ist vielmehr die: Bezüglich der Weisheit gibt es nach dem Fall, der eigentlich ein Aufstieg ist, keinen Unterschied mehr zwischen Mensch und Gott.[112] Die Schöpfungsgeschichte gibt dem Leser zu verstehen, warum das Weisheitsstreben zwar ein urmenschliches, aber von Anfang an problematisches Unterfangen ist. Wissen ist zwiespältig. Es ist eine Eigenschaft, die Mensch und Gott verbindet und zugleich den Grund für ihre Entzweiung bildet.[113]

---

107 Es ist hier nicht der Ort, um diese Parallelen zu entfalten. Ich beschränke mich auf den Hinweis, dass sich in der Großen Lyrik des Mimnermos (vgl. Birkenstock, *Altern*, a.a.O., 45) ähnliche Überlegungen wie bei Kohelet finden.
108 Vgl. zum Folgenden Konrad Schmid, *Die Unteilbarkeit der Weisheit. Überlegungen zur sogenannten Paradieserzählung Gen 2 f. und ihrer theologischen Tendenz*, ZAW 114 (2002), 21–39 (23).
109 A.a.O., 29.
110 Annette Schellenberg, *Erkenntnis als Problem. Qohelet und die alttestamentliche Diskussion um das menschliche Erkennen*, Freiburg i. Br. 2002, 297.
111 Schmid, *Die Unteilbarkeit der Weisheit*, a.a.O., 34.
112 A.a.O., 29.
113 Diese Pointe der Schöpfungsgeschichte lässt sich auch umkehren. Gott beschränkt seine Macht dadurch, dass er einen freien Partner schafft. Vgl. Walter Dietrich, *Grenzen göttlicher Macht nach dem Alten Testament*, in: ZThK 96 (1999), 439–457 (448 f.).

Während die Spitzenaussage von Gen 3,22 in der Weisheitsliteratur singulär bleibt[114], stellt die Problematisierung der Erkenntnis ein Kernthema der biblischen Theologie dar, das in Bezugnahmen zwischen den Schriften, in weiterführenden Aufnahmen oder kritischer Abgrenzung entfaltet und intensiv diskutiert wird. Gen 2 f. ist beispielhaft für eine späte Stufe dieses Problembewusstseins. Für eine theologische Klärung der Weisheit ist von Interesse, dass sich die Lebendigkeit dieser Diskussion „besonders deutlich zeigt [...] im weisheitlichen Schrifttum, in dem die Frage des Verhältnisses von Erfahrung und Tradition über längere Zeit hinweg kontrovers verhandelt wird."[115] Die Lektüre des Alten Testaments vermittelt also *keine einheitliche Vorstellung von Weisheit*, sondern offeriert Schichten einer Debatte, die im Neuen Testament – wiederum durchaus kontrovers – ihre Fortsetzung findet.[116]

Ich betone deshalb an dieser Stelle noch einmal, was die Absicht einer theologischen Weisheitsrede ist und was sie nicht sein kann: Es geht nicht darum, orthopraktische oder orthodoxe Lehren zu postulieren, sondern darum zu zeigen, welche *Differenzen* und *Regulative* der biblischen Weisheitsrede Impulse für das praktisch-theologische Gespräch mit der Gerontologie und Philosophie liefern können.[117]

6.3 Weisheit als Gesetz

Grundlegend für die Dynamik der biblisch-theologischen Wahrnehmung und Kritik der Weisheit ist ihre wachsende Konvergenz zum Gesetz. Vor allem in den Gesetzespsalmen (Ps 1, Ps 19,8–15 und Ps 119) wird die

---

114 Schmid, *Die Unteilbarkeit der Weisheit*, a.a.O., 30 denkt an die „Unteilbarkeit der Weisheit", betont aber auch die „Kritik an protologischen Konzeptionen" wie „indirekte Eschatologiekritik" (37) des Textes.

115 Nach Schellenberg, *Erkenntnis als Problem*, a.a.O., 291–299 (291), geht es in dieser Auseinandersetzung um das Problem, wie die Divergenz zwischen diesen beiden Erkenntnisquellen bewältigt werden kann.

116 Ich denke an die jesuanischen Logien, den fulminanten Anfang des Johannesevangeliums (Joh 1), die paulinische Kreuzestheologie (1 Kor 1) oder die deuteropaulinische Christologie (Eph).

117 Dabei kann der Theologe nicht davon abstrahieren, dass er den biblischen Texten zutraut, Fährten auf der Suche nach einer Regelfindung im Bezug auf die ambivalente Wirklichkeit zu legen. Weisheitliche Texte haben insofern regulativen Charakter, als sie Wirklichkeit nicht nur abbilden, sondern in der geformten Sprache strukturieren und für Erkenntnis zugänglich machen. Vgl. Gerhard von Rad, *Weisheit in Israel*, Neukirchen-Vluyn 1970, 49.

Nähe programmatisch ausgestaltet und gleichermaßen das Fundament gelegt – oder besser: ein Abschluss für das *Denkgebäude*, das sich Israel mit der Weisheit geschaffen hat, gefunden.[118] Die Gedichte sind zunächst als Ausdruck der deuteronomischen Gesetzestheologie zu lesen. Ihre Wirkung, so Rudolf Smend, lässt sich kaum überschätzen, weil sie nicht nur den Glauben und das Denken ihrer Dichter wiedergeben, „sondern nach ihrer Anleitung [...] unzählige Fromme mit dem Gesetz umgegangen [sind]".[119]

Das Gedicht vom Menschen, der seine Lust am Gesetz hat, wurde mit Bedacht an den Anfang des Psalters gestellt, er sei „eine Art Schlüssel zur ganzen Sammlung"[120], um in schematischer Weise zwei Lebenshaltungen zu zeichnen: auf der einen Seite steht der exemplarische Fromme, dessen Leben gelingt und Frucht trägt, weil er die Weisung Gottes liest, studiert und befolgt, auf der anderen Seite die Menge Gottloser, deren Leben sich verliert und zerstreut, weil ihr Weg ins Verderben führt. In seiner Prägnanz hat das Bild des rechten Weges eine unmissverständliche Botschaft: Es ist dem Menschen gesagt, was gut für ihn ist (Mi 6,4). Also kann er sich entscheiden! Man muss nicht in den Himmel steigen, um Gottes Gebot zu hören, es ist nicht zu schwer und nicht zu fern. Gott hat sein Wort gesprochen. Wer darauf hört und sich daran hält, wird leben (5. Mos 30,12 f). Man kann die Weisheit nicht aus der Verstrickung des mosaischen Gesetzes herauslösen. Die beiden Größen sind durch die Annahme miteinander verbunden, dass es die Aufgabe des Menschen ist, sich in die Ordnung der Schöpfung einzufügen, soll sein Leben gelingen.[121]

Die in Psalm 1 exemplarisch durchgeführte Verknüpfung des weisheitlichen Tun-Ergehen-Zusammenhangs mit dem Nomismus der deuteronomistischen Gesetzestheologie irritiert die evangelische Theologie. Sie denkt vom Ende des Gesetzes her und problematisiert die Einheit von Weisheit, Gesetz und Heilsweg. Wichtig scheint mir, dass auch vom *blinden Fleck* der evangelischen Interpretation gesprochen wird. Es geht, das praktisch-theologische Unbehagen an einer einseitigen Anthropologie

---

118 A.a.O., 390 spricht vom „Denkraum". Man kann die so genannte „Theologisierung" der Weisheit metaphorisch auch als Gestaltung zum Lehrgebäude verstehen.
119 Rudolf Smend, *Das Gesetz im Alten Testament*, in: Ders., *Die Mitte des Alten Testaments*, Tübingen 2002, 115–147 (139).
120 Ebd.
121 A.a.O., 142. Gerade die deuteronomistischen Texte lassen den Einfluss weisheitlichen Denkens erkennen.

aufnehmend (2.5), nicht nur um die nomistische Dimension der Weisheit, sondern auch um die *weisheitliche Dimension* der Gesetzesfrömmigkeit.[122] Wenn man diese Dimension rechtfertigungstheologisch überblendet, übersieht man die weisheitliche Verbindung zwischen Gesetz und Evangelium und überhört den Grundton der Freude über Gottes gute Ordnung, einen Ton, der von Anfang an in der Schöpfung erklingt und ins Lob Gottes mündet.[123]

6.4 Krise der Weisheit

Zu diesem Klang gehören freilich auch die Dissonanzen. Die Klagelieder sind die „dumpfe Begleitmusik" der Anbetung. Im 90. Psalm, dem Auftakt zum vierten Buch des Psalters wird das „weisheitliche Motiv der Sterblichkeit"[124] aufgenommen und in der Gebetsdynamik der Klage und Bitte moduliert. Nicht nur der Gottlose vergeht. Alle Menschen sind vergänglich. Sie sind wie Gras, das am Morgen grünt und am Abend welkt. Nur Gott ist und bleibt von Ewigkeit zu Ewigkeit. Der Psalmist kann dem langen Leben deshalb nichts abgewinnen:

> „Unser Leben währt siebzig Jahre, und wenn es hoch kommt, sind es achtzig. Das Beste daran ist nur Mühsal und Beschwer, rasch geht es vorbei, wir fliegen dahin" (Ps 90,10).

Der Klage folgt das Bekenntnis der eigenen Sündhaftigkeit (V. 8) und die Bitte:

> „Lehre uns bedenken, dass wir sterben müssen, auf dass wir ein weises Herz gewinnen" (V. 12).

Der Psalm bittet nicht um ewiges Leben, „sondern um die rechte Lebensweisheit, mit dem Wissen um Vergänglichkeit und Begrenztheit des Lebens so umgehen zu können, dass jeder Augenblick des Lebens als

---

[122] Das Bild des Lebensbaums verknüpft Gen 2 f. und Psalm 1. In Spr 3,17 *ist* die Weisheit der Lebensbaum. Alle die von ihm essen, sind glücklich zu preisen!

[123] A.a.O., 142: „Vielleicht ist es doch kein Zufall, dass Ps 19,8–15 sich an den Schöpfungshymnus Ps 19,2–7 anschließt. Vollends im dem großen Ordnungsgefüge, das die Priesterschrift beschreibt, dürften von der Schöpfung an als das geheime Ziel die Ordnungen ins Auge gefasst sein die dann am Sinai offenbart werden."

[124] Vgl. Hans-Peter Müller, *Weisheitliche Deutungen der Sterblichkeit, Gen 3,19 und Pred 3,21; 12,7 im Licht antiker Quellen*, in: Ders., *Mensch-Umwelt-Eigenwelt. Gesammelte Aufsätze zur Weisheit Israels*, 1992, 69–100 (75 f.).

Gabe und als Herausforderung des trotz allem guten Schöpfergottes angenommen werden könne."[125]

Im Unterschied zur schematischen Identifikation der Weisheit als Prinzip des frommen Lebenswandels wird im Durchgang durch Klage und Bekenntnis ein Umgang mit Lebenskrisen beschrieben, der in der *Bitte* um Weisheit kulminiert. Ihre Voraussetzung ist die Erfahrung einer bedrängenden Wirklichkeit und einer fraglich gewordenen Sonntagsweisheit.[126] Lebenskrisen sind nicht nur Gefährdungen der nackten Existenz. Sie erschüttern die Ordnungen und Verortungen des Menschen in der Welt. Auch Weisheiten geraten in den Strudel der Krise – spätestens dann, wenn Gerechte leiden und Frevler in Saus und Braus leben. Was in einzelnen Psalmen ins Gebet des Einzelnen gewendet wird, ist ein Motiv, das prominent in den prophetischen Schriften auftritt. Was es über gelingendes Leben zu wissen gibt, ist dem Menschen gesagt. Aber der menschliche Toragehorsam scheitert. Nur Gott kann das Herz schaffen, das in der Lage ist, das Gesetz zu erfüllen.[127] Weisheit ist therapeutisch und geistlich betrachtet nicht nur die Bedingung, sondern auch die Verheißung der wieder hergestellten Gottesbeziehung. Das weise Herz ist ein *neues Herz*.[128]

6.5 Kritische Weisheit

Die literarische Verarbeitung der Krise des weisheitlichen Wissens im Hiobbuch und in Kohelet legen die Basis für eine *kritische Weisheit*, die – analog zur Schattenseite des existentiellen Denkens – einen skeptischen

---

125 *Stuttgarter Psalter. Mit Einleitung und Kurzkommentaren von Erich Zenger*, Stuttgart 2005, 234.
126 Zur Weisheit als Bewältigung der Wirklichkeit vgl. von Rad, *Weisheit in Israel*, a.a.O., 151–181.
127 In dieser Logik der göttlichen Selbstbindung an Israel und seine Selbstfestlegung auf die Gnade ist auch eine Grenze der göttlichen Allmacht zu sehen. Vgl. Dietrich, *Grenzen*, a.a.O., 453–457.
128 Vgl. Schellenberg, *Erkenntnis als Problem*, a.a.O., 296. Die Krise der Weisheit ist in einem engen Zusammenhang mit der Krise des Gesetzes zu sehen. In der Rede vom ‚neuen Bund' (Jer 31,31–34) wird freilich nicht das Gesetz, sondern das Herz als Empfänger des Gesetzes verändert. Vgl. Smend, *Gesetz*, a.a.O., 144–147 (145). Mit Schmid, *Die Unteilbarkeit der Weisheit*, a.a.O., 38 könnte man den Abschluss der Tora (Dtn 30,15) als eine Lösung für das in Gen 2 f exponierte *Erkenntnisproblem* und die in Dtn 30,6 nachgetragene Herzensbeschneidung als Lösung für das *Gehorsamproblem* lesen.

Ansatz der Erkenntnis vorstellt.[129] Die Kritik am ‚weise-sein-wollen' ist weder einem antiintellektuellen Reflex geschuldet noch einfach fromm motivierte Weltschelte. Sie nimmt vor allem das religiöse ‚Besserwissertum' aufs Korn.

Die Freunde Hiobs sind exemplarische Fälle solcher frommen Besserwisser. Sie argumentieren mit dem weisheitlichen Grundsatz, dass das Ergehen eine Folge des Tuns sei.[130] Hiob, der sich keiner Sünde bewusst ist, macht sich in ihren Augen schuldig, weil er diesen Grundsatz in Zweifel zieht, also behauptet, es nütze dem Menschen nichts, wenn er gottgefällig lebe (Hiob 34,9). Hiob bestreitet, dass Gott dem Menschen nach seinem Wandel vergilt (34,11). In den Augen seiner Freunde – Elihu spricht es aus –, macht ihn eben das zum Lästerer. Hiob wagt es, aufgrund seiner Leidenserfahrung die weisheitliche Ordnung in Frage zu stellen. Dass Gott ihm das Angesicht verweigert, ist für Hiob Grund zum *Klagen*. Elihu kehrt den Spieß um. Weil Hiob sein Leiden nicht zum Anlass nimmt, an sich selbst zu zweifeln, sieht Gott Hiob nicht mehr an (37,24). Nur die Leser, die Gott in die Karten schauen können, wissen, dass Elihu sich irrt. Gott selbst lässt den Satan testen, ob der Tun-Ergehen-Zusammenhang am Ende ein Ergehen-Tun-Zusammenhang sei (Hi 1,9–12). Jetzt antwortet er „aus dem Wetter" und gibt sich als Schöpfer zu erkennen, der das Chaos geschaffen hat. In der Rede wird Hiob darüber aufgeklärt, dass Gott selbst den Behomot gemacht hat (Hi 40,15). Zu Gottes Schöpfung gehören auch die unerklärlichen und erschreckenden Dinge. Auch das Schicksal des Hiob hat darin Platz.[131] Schließlich wird Hiob rehabilitiert und gesegnet. Der Leser erfährt nicht, welche Konsequenzen Hiob zieht, ob er wieder fromm wird oder weise, sie erfahren nur, dass Hiob alt und lebenssatt starb (Hi 42,7–17).

Es ist hier nicht der Ort, die vielfältigen und vielschichtigen Bezüge der Auseinandersetzung zwischen Hiob, seinen Freunden und Gott samt seines diabolischen Gehilfen zu entfalten.[132] In nuce geht es der kritischen Weisheit darum, die Grenzen des *menschlichen Erkennens* angesichts des

---

129 Thomas Krüger, *Kritische Weisheit. Studien zur weisheitlichen Traditionskritik im Alten Testament*, Zürich 1997.

130 Vgl. dazu die Definition von Kurt Rudolph, Art. ‚Wisdom', in: Encyclopedia of Religion, Detroit 2005, Bd. 14, 9749: „The basic idea of the wisdom tradition was [...] the ‚act-consequence connection', that is, the early insight that specific actions have or can have specific consequences in the lives of human beings."

131 Vgl. dazu Dietrich, *Grenzen*, a. a. O, 449 f.

132 Vgl. dazu Manfred Oeming/Konrad Schmid, *Hiobs Weg. Stationen von Menschen im Leid*, BThSt 45, Neukirchen-Vluyn 2001.

unverschuldeten Leidens erkennbar zu machen. Insofern die Anerkennung der Grenzen in eine *Anerkennung Gottes* führt, kommt im Unterschied etwa zu Gen 2 f. in dieser Verarbeitung die Weisheit am Ende wieder auf ihren Anfang – die Gottesfurcht – zurück. Aber die Krise und ihre Überwindung lassen sich nicht ‚fromm' abkürzen.[133] Sie ist mit einer anstrengenden und schmerzhaften Klärung des Unerklärlichen verknüpft. Genau das ist aber dem Menschen verwehrt, wie am Exempel Hiob statutiert wird. Nachdem Gott gesprochen hat, gibt Hiob auf und verstummt. Dass hier auf Seiten Hiobs keine Einsicht herrscht, ist sowohl für die Seelsorge wie für die Erkenntnislehre relevant. Das Spiel bleibt undurchsichtig. Man kann am Beispiel Hiobs wohl verstehen, warum unverschuldetes Leiden weisheitliche Ordnungsvorstellungen stört, aber aus dem Schicksal Hiobs lässt sich keine alternative und praktikablere Weisheitslehre ableiten, die hilft, absurdes Leiden zu bewältigen.

Weder entspricht Hiob dem stoischen Vorbild des Weisen, noch könnte ihn die psychologische Weisheitsforschung zum Exempel für „erfolgreiches Altern" machen (3.3). Hiob ist weder ein stoischer Dulder noch konzentriert er sich auf die ihm verbleibenden Ressourcen und kompensiert so seine Defizite. Er rebelliert vielmehr und wird als Ankläger zum Verteidiger einer göttlichen Gerechtigkeit, die auf dem Hintergrund der Maxime einer schicksalswirkenden Tatsphäre nicht mehr gerecht genannt werden kann. Hiob reagiert darum zu Recht nicht gelassen, ordnet sich nicht der kosmischen Ordnung unter und gibt sich nicht seinem Schicksal hin. Die Botschaft der kritischen Weisheit ist eine Warnung: Leiden lässt sich weder wegdiskutieren noch wegbeten noch restlos klären. Zu verschieden sind die Anlässe, zu einzigartig die Schicksale und zu konkret die Schwierigkeiten.

Jeder Versuch, diese Begrenzung zu überschreiten, würde bedeuten, eine allwissende Position einzunehmen. Die Besserwisser, die nicht rebellieren, machen sich dessen schuldig, was die Griechen Hybris nannten.[134] Das Reden, Nachdenken und das Forschen über das Ideal der

---

[133] Nach Hans-Jürgen Hermisson, *Von Gottes und Hiobs Nutzen*, in: ZThK 93 (1996), 331–351 (349 f) könnte Hiob sein Leiden durchaus auch um Gottes Ehre willen ertragen – also eine Art absolute Frömmigkeit (Gese) beweisen, wenn er gewusst hätte, was im Himmel vor sich gegangen war. Aber weder Hiob noch seine Freunde sind eingeweiht. Hiob fragt Gott zu recht: „Warum machst du mich dir zur Zielscheibe? (Hi 7,20) und bleibt standhaft. Er kann mit einem falschen Bekenntnis Gott keine Ehre antun.

[134] Schellenberg, *Erkenntnis als Problem*, a.a.O., 293. Hybris ist der Größenwahn des Menschen, den den Unterschied zwischen ihm und den Göttern ignoriert. Vgl.

Klugheit wird dadurch nicht überflüssig. Im Gegenteil! Kritische Weisheit bestreitet nicht die *göttliche Weisheit*, sondern problematisiert die Reichweite und Kapazität *menschlichen Erkennens*. Wissen wird nicht negiert, sondern in der Problematisierung differenziert wahrgenommen.

In der Situation der *Anfechtung* erinnert die weisheitskritische Reflexion an die grundlegendste Differenz – den göttlichen Wissensvorsprung. Der leidende Mensch wäre nicht ganz bei Trost, wenn er nicht um Gott, der das Chaos überblickt, wüsste. Aber er leidet zugleich an der Tatsache, dass Gott den Leidenden in seinem Chaos sitzen lässt. Und hätte umgekehrt der Mensch innerhalb seiner begrenzten geistigen Kapazitäten nicht die Möglichkeit, sich wieder neu auf Gottes Wort zu verlassen, wäre der seelsorgliche Trost ein gottloser Trost und Gottes Wort ein trostloses Wort. Von göttlicher und menschlicher Weisheit zu reden, macht freilich nur dann Sinn, wenn die Unterscheidung denkmöglich und wirklich erfahrbar ist. Das Problem der Erkennbarkeit lässt weiter nach den *Erkenntnisquellen* fragen.

In der alttestamentlichen Diskussion wird hier unterschiedlich geantwortet. Während Kohelet die Tradition und Offenbarung als Quelle des Wissens kritisch und Erfahrung positiv bewertet und auf diesem Fundament über Stärken und Schwächen der Weisheit räsonieren kann[135], werden im Hiobbuch alle drei Quellen verworfen. Während in den apokalyptischen Schriften Erkenntnis ein exquisites Gut einer auserwählten Schar ist, taucht in den prophetischen Schriften die Hoffnung auf das weise Herz (Dtn 30,15; Jer 31,31) und eine neue Erkenntnisfähigkeit aller Menschen auf (Joel 2,28 f.). Die kontroverse Beurteilung der gegenwärtigen und zukünftigen Erkenntnisfähigkeit wird – wie erwähnt – auch im Zusammenhang mit ihrem Ursprung (Gen 2 f.) intensiv reflektiert. Dabei bleibt vieles offen oder wird nicht thematisiert. Sowohl das Verhältnis von Erkenntnis und Glaube wie auch das Verhältnis von Gott- und Welterkenntnis werden nicht ausdiskutiert. Andererseits gibt es Grundeinsichten, die man – ohne die Differenzen zu überdecken –

---

dazu Walter Mostert, *Glaube – der christliche Begriff für Religion*, in: ZThK 95 (1998), 217–231 (220).

135 Vgl. dazu Krüger, *Kritische Weisheit*, a.a.O., 313–334. Wenn Kohelet seinen Lesern rät, „sei nicht allzu gerecht und nicht allzu weise" (Koh 7,16), steht auch dieser Rat im Dienste einer größeren Weisheit. Sowohl das übermäßige und anmaßende Streben als auch die Torheit drohen, den Menschen zugrunde zu richten. Deshalb ist es gut, „wenn du dich an das eine hältst und auch jenes nicht aus der Hand lässt; denn wer Gott fürchtet, der entgeht dem allen." (V. 18)

benennen kann, nämlich der *ganzheitlich leibhafte Charakter* und die *dezidierte Rückbindung jeder Erkenntnis an Gott*.

Der Versuch seinen Nächsten, sich selbst, die Welt und Gott zu erkennen stößt an Grenzen. Die *Einsicht* in die Begrenztheit der menschlichen Erkenntniskapazitäten lässt den Menschen nicht verstummen, sondern verleiht ihm Sprache – auch im Verkehr mit Gott. Der biblische Mensch betet am Anfang und nicht am Ende seiner Weisheit. Der ‚blinde Fleck'[136] der Orientierung ist ihm Anlass, auf Gottes *Vorsehung* zu bauen, im Danken und im Loben Gottes wird *Nachsicht* und *Übersicht* gepriesen, in der Klage der Schmerz über den Verlust seines *Angesichts* zum Ausdruck gebracht.

6.6 Am Ende zum Anfang – Weisheit im Neuen Testament

Im Neuen Testament intensiviert, konzentriert und konkretisiert sich die Diskussion über den Zusammenhang zwischen dem Erkennen, Glauben und Schauen an der Person Jesu. Weisheitliches taucht in den Logien und Gleichnisreden[137], aber auch in der Reflexion und Verkündigung der Geschichte Jesu auf.[138] Auffällig oft werden die Bezüge am Anfang oder Ende eines Schlüsseltextes oder einer Textsammlung aufgenommen. Ich denke an die Seligpreisungen am Anfang (Mt 5,1–2) und das weisheitliche Wort vom Haus auf Sand oder Felsen gebaut am Ende der Bergpredigt (Mt 7,26), an das Vorwort zum Johannesevangelium (Joh 1,–18) oder an die Gegenüberstellung von göttlicher und menschlicher Weisheit am Anfang des ersten Briefes an die Korinther (1 Kor 1,17–2.16). Bei aller Variabilität ist für die neutestamentliche Weisheitsrede die Aufnahme der personifizierten Weisheit grundlegend.

So auch im *Logoslied* am Eingang des Johannesevangelium, das wie ein Tor ist, durch das der Leser in die Lektüre des Evangeliums eintreten soll. In dieser eigenartigen Variation der Schöpfungsgeschichte wird der

---

136 Dalferth, *Die Wirklichkeit des Möglichen*, a.a.O., 37.
137 Einen Überblick bietet Karl-Wilhelm Niebuhr, *Jesus als Lehrer der Gottesherrschaft und die Weisheit*, in: Zeitschrift für Pädagogik und Theologie 53 (2001), 116–125 (119 ff).
138 Einen anderen Akzent setzt Claus Westermann, *Das Alte Testament und Jesus Christus*, Stuttgart 1968, 46–48, der betont, dass Segen und Retten zwei verschiedene Arten des göttlichen Handelns sind. Das Weisheitliche ist die natürlich gewachsene und allgemeinmenschliche Erkenntnis des reifen Menschen – eine Wirkung des Segens (48).

Leser nicht nur nach ‚hinten' protologisch in eine Art Vorgeschichte, sondern mit dem Evangelium auch nach ‚vorne' eschatologisch in die kommende Heilsgeschichte verwiesen.[139] Das Vorwort vom Wort erzählt mit einer Collage von Texten und verschiedenen sich thematisch wiederholenden und ineinander verschachtelten textlichen Bauelementen die Rettung der Welt aber auch der Widerstand gegen den göttlichen Rettungsversuch.[140] Zwei Aussagen in diesem Drama stehen spannungsvoll nebeneinander: Dass das Wort menschliche Gestalt gewonnen hat und sichtbar geworden ist (Joh 1,14) und dass die Welt das Licht, das mit dem Wort in die Welt gekommen ist, nicht angenommen hat (1,9). In der dialektischen Verschränkung von Offenbarung und Verbergung spiegelt sich die Beschränkung und Öffnung der menschlichen Weisheit für die göttliche Wahrheit, eine Weisheit, die weder von vornherein erleuchtet noch verfinstert ist. Menschliches Wissen ist auch kein Neutrum und keine Leerstelle. Es produziert Missverständnisse, vor allem wenn es sich auf den Glauben bezieht.[141] Für das Verständnis des Evangeliums, das in den konkreten Begegnungen mit Christus erfahrbar wird, spielen die Missverständnisse eine zentrale Rolle. Sie lassen den Leser über das eigene Verständnis in die überraschende Wahrheit Christi stolpern.

Auch die *Seligpreisungen* im Auftakt der Bergpredigt bilden eine Art Prolog (Mt 5), über den der Leser stolpern soll. Sie liefern wie der erste Psalm für den Psalter einen Schlüssel zum Ganzen. Aber er dreht in eine andere Richtung. In der Tradition der Makarismen knüpfen sie zwar an die nomistische Weisheit an, verknüpfen aber die bedrängende Wirklichkeit mit dem eschatologischen Motiv der geheilten Gottesbeziehung. Die existentielle Krise der Armen, Trauernden und Verfolgten wird zum *Anlass* für die Heilsverheißung. Es gibt bevorzugte Adressaten des

---

139 Vgl. Walter Bindemann, *Der Johannesprolog. Ein Versuch, ihn zu verstehen*, in: James K. Elliott (Hg.), *Novum Testamentum XXXVII*, 4, Leiden 1995, 330–354 (330).
140 Deren einzelnen Elemente sind, abgesehen von den Täufer-Passagen (Joh 1,6–8.15), die vermutlich Einschübe sind, textgeschichtlich nicht eindeutig zu identifizieren. Das ist eine Folge der Rezeptionsgeschichte. Zu den Phasen der Rezeptionsgeschichte – vom Logos-Lied zum Christushymnus (341 ff.) und vom Christushymnus zum Prolog (345 ff.) – vgl. Bindemann, *Johannesprolog*, a.a.O.
141 Das ist Absicht. Bindemann, *Johannesprolog*, a.a.O., 352 f: „Durch die Verschachtelung unterschiedlicher Traditionen entstehen Schnitte und Übergänge, welche die Leser gleich bei Beginn der Lektüre als Partner des Evangeliums engagieren [...]. Die Schnitttechnik impliziert also eine Theologie. Die Leerstellen provozieren die Vorstellungskraft des Lesers und laden ihn zum Diskurs mit der Tradition ein."

Evangeliums. Und diese sind nicht die Weisen und Klugen, die von Amtes wegen die Schriften kennen. Was Gott ihnen verborgen hat, offenbart er den Unmündigen (Mt 11,25).[142] Wahre Weisheit, die sich hier als Offenbarung zeigt, sucht sich das kindliche Gemüt und die Demut der Armut. Denn sie vertrauen Gott. Jesus bestätigt, dass sie allen Grund dazu haben. Die *Basis* des Gottvertrauens ist das Kommen der göttlichen Herrschaft (Mt 4,17), die *Konsequenz* ein Leben, das nicht von der Sorge beherrscht wird (Mt 6,19–34).[143]

Jesus knüpft in der Verkündigung der Gottesherrschaft an weisheitliche Traditionen an. Ein wichtiges Element seiner Logien und Gleichnisse ist der Erfahrungsbezug. Das Proprium dieses Bezugs ist freilich das Moment des *Kontrastes*. Jesus bezieht sich in den Weisheitslogien auf die Lebenswelten seiner Zuhörer und knüpft an deren Erfahrungen an, entwirft aber im Bezugrahmen vertrauter Umgangsweisen mit der Welt überraschende Perspektiven, die den Hörer auf die existentielle Ebene versetzen.[144] Er bezieht sich – im Unterschied zur apokalyptischen Weisheitsanwendung – nicht auf ein exklusives Geheimwissen, sondern auf das, was alle vor Augen haben und alle wissen könnten, wenn sie sich darauf einstellen. Es geht mit anderen Worten weniger darum, die Weisheit in begrenztes menschliches und verborgenes göttliches Wissen aufzuteilen, als darum, die göttliche Initiative, die Einladung an die Mühseligen und Beladenen, sich auf Gott, der ins Herz des Menschen sieht (Mt 5), zu verlassen.

Dasselbe gilt, wenn auch in paradoxer Zuspitzung und dialektischer Anknüpfung, für das *christologische Argument* in der Rede von der Weisheit, das Paulus in 1. Kor 1,17 ff. in Aufnahme der prophetischen

---

142 Ich deute die Stelle im Lichte der *prophetischen Weisheitskritik* nicht als Aussage gegen menschliches Wissen, sondern als Protest gegen die institutionalisierte *classe religieuse*. Vgl. dazu die Untersuchung zu Jer 9,22 f. von Gerlinde Baumann, *Jeremia, die Weisen und die Weisheit*, in: ZAW 114 (2002), 59–79 (78 f): „Eine Ablehnung traditionell weisheitlichen Gedankenguts, dessen Sammlung die Proverbien darstellt, lässt sich weder in Jer 9,22 noch in Jer 9–10 finden." Jeremias – und ich meine das gelte auch für Jesus – vertritt ein ähnliches Gerechtigkeitsethos wie in den Sprüchen, „nur dass dieses Ethos gerade nicht bei den bei Jeremia inkriminierten gesellschaftlich mächtigen Weisen zu finden ist. [...] ‚Wahre' Weisheit erscheint in spätnachexilischer Zeit nicht mehr in der Bindung an Amt oder Position, sondern als ein an Gerechtigkeit und Gebotsbefolgung orientiertes Ethos."
143 Vgl. dazu Pascale Rondez, *Alltägliche Weisheit. Untersuchung zum Erfahrungsbezug von Weisheitslogien in der Q-Tradition*, Zürich 2006, 83–113.
144 Rondez, a.a.O., 191 f.

Weisheitskritik entfaltet. Die Pointe der Argumentation erinnert einerseits an das Motiv der bevorzugten Adressaten von Gottes Heil in der Verkündigung Jesu: Gott hat das, was vor der Welt töricht ist, erwählt, um die Weisen zuschanden zu machen (27a). Andererseits knüpft Paulus an die Verständnislosigkeit an, die das Kreuz auslöst, um sein Verständnis darzulegen. Das Wort vom Kreuz erzählt die überraschende Wende der Heilsgeschichte im Kontrast zum Weltwissen der Weisen. Menschliche Weisheit kann das Scheitern Jesu und die Schwäche Gottes nicht einordnen. Um das Wort vom Kreuz – um den Geist Gottes – zu verstehen, ist der Sinn und Geist Christi notwendig (1. Kor 2,16). Paulus löst mit der Unterscheidung einer natürlichen und geistlichen Erkenntnis das Problem der verlässlichen Erkenntnisquelle durch eine dezidierte Offenbarungstheologie – allerdings nur für die Geistbegabten!

Sieht sich Paulus als einen besseren Weisen an? Identifiziert er – der den Sinn Christi hat! – seine Theologie mit der göttlichen Weisheit? Paulus selber korrigiert das mögliche Missverständnis durch eine christologische Unterscheidung. Er selbst bezeichnet sich als Zeugen, der auf Weisheitsworte verzichtet, weil er darauf setzt, dass sich Gottes Weisheit selbst erweist (1,2–9). Der Nachvollzug der göttlichen Weisheit – die Theologie – ist also weder unvernünftig noch unverständlich. Paulus will und kann nicht darauf verzichten, seinen Verstand zu benutzen und an den Verstand seiner Leser zu appellieren. Gerade weil er die schmerzliche Erfahrung macht, dass er nicht verstanden wird, redet er verständig. Wichtig ist ihm, dass auch in der Gemeinde Rücksicht genommen wird auf Uneingeweihte und Worte mit Verstand gesprochen werden. Denn die Glaubensweisheit, die Weltweisheit in ihre Schranken weist, ist nicht unverständlich (1. Kor 14).

7. Altern weise deuten – Weisheit theologisch klären

7.1 Altern weise deuten

Philosophisches wie theologisches Weisheitsstreben ist bewegt von höchsten Erwartungen an menschliche Vernunft und begleitet von der fundamentalen Kritik des menschlichen Erkenntnisvermögens. Wo die Gefahren übertriebener Kritik wie übertriebener Erwartungen liegen, habe ich notiert: Was Weisheit ist, weder ein für allemal festzulegen – sonst gäbe es wohl mehr Weise –, noch lässt sich feststellen, dass es sie nicht gibt – sonst würde man nicht darüber reden.¹⁴⁵ Der Philosoph Schmitz spricht von einer Leerstelle Weisheit und will von ihr nur noch als < > reden. Ob das ein weiser Rat ist, darüber lässt sich streiten.

Für das gerontologische Gespräch über die Weisheit wäre jedenfalls die Fixierung genauso wie die Negierung ruinös. Schmitz' Vorschlag, Weisheit als Leerstelle zu behandeln, ließe sich auch so auffassen, dass Negierung und Fixierung als Pole einer Ellipse für die Spannung sorgen, die nicht auf die eine oder andere Seite hin vorschnell aufgelöst werden sollte. Aus dieser Spannung erschließt sich, weshalb ‚Weisheit' Thema eines Diskurses ist. Ein Diskurs lebt davon, dass durch das Spektrum aller versammelten Sichtweisen ein Phänomen aus verschiedenen Perspektiven wahrgenommen wird und so seine unterschiedlichen Aspekte zum Vorschein kommen, die einen Erkenntnisgewinn erlauben. Um von diesem Gespräch zu profitieren, müssen die Teilnehmer sich in Demut üben, von eigenen Fokussierungen absehen und aufeinander hören.¹⁴⁶

Weil die Wissenschaften auf Unterschiedliches hören und sehen, versteht es sich von selbst, dass das Feld der Weisheitsforschung nicht auf die strikte Verwendung der Begrifflichkeit eingegrenzt werden kann. Die Weitung ist notwendig und zugleich verwirrend. Wo soll man die Grenze ziehen? Unter Weisheit lässt sich das subsumieren, was in den Erzählungen alter Menschen als *Überlebensstrategie* oder in der Glücksforschung als *Lebenskunst* bezeichnet wird. Mit Weisheit hat auch die Resilienzforschung zu tun, wenn sich nach den *Ressourcen* fragt, die Menschen in schwierigen Situationen helfen, gesund zu bleiben oder wieder gesund zu werden. Aber als Chiffre für alle möglichen Konzepte der Lebensklugheit droht Weisheit tatsächlich eine Leerstelle im Sinne von Schmitz zu werden, also etwas zu bezeichnen, mit dem nichts anzufangen ist, weil alles Mögliche damit gemeint sein kann. Um solche Entleerung zu vermeiden, müssen empirische und hermeneutische Zugänge einander kritisch ergänzen.

Empirisch orientierte Weisheitsforschung arbeitet im Unterschied zu den hermeneutisch orientierten Disziplinen mit der Annahme, dass ‚Weisheit' eine Größe ist, die *entdeckt* werden kann oder dass sich Menschen finden lassen, die für ihre Weisheit *bekannt* sind. Aus der Bekanntschaft mit ‚Weisen' kann auf ein Wissen geschlossen werden, das

---

145 Siegfried Joseph Schmidt, „*Weisheit oder < >*", in: Aleida Assmann (Hg.), *Weisheit. Archäologie der literarischen Kommunikation III*, München 1991, 555–563 (561 f).
146 Vgl. dazu Kunz, *Religiöse Begleitung im Alter*, a.a.O., 7–22.

lernbar oder zumindest erkennbar ist. Dieses Vorgehen ist nicht mit der eben kritisierten Fixierung zu verwechseln. Es ist pragmatisch motiviert und durchaus berechtigt, wenn es darum geht, etwas zu erforschen, das als Phänomen in seiner Existenz nicht bezweifelt und in seiner Essenz von vielen geschätzt wird. Im Fall der Weisheit sind diese Bedingungen zweifellos gegeben.

7.2 Weisheit theologisch klären

Sowohl die homologische als auch die kritische Rezeption der Weisheit prägt die Kultur der Wissenschaftlichkeit, die Theologie am runden Tisch der Gerontologie vertritt. Eine Praktische Theologie des Alterns sucht deshalb Gesprächsforen und -formen, die sowohl universalistische wie partikularistische als auch gesetzliche oder idealistische Weisheitskonzepte kritisch besprechen.

Weisheit sucht die Wahrheit, die Schönheit und das Rechte, aber ist weder mit Philosophie noch mit Kunst noch mit Recht oder Ethik identisch, weil sie zum einen für ein *Vorstadium* dieser ausdifferenzierteren Rationalitäten und zum anderen für eine übergeordnete Sichtweise steht, in der sich mittels einer *Nachdenklichkeit* die jeweiligen Perspektiven in eine Zentralperspektive bündeln lassen. Darum macht es Sinn, vom Ethos der Weisheit zu sprechen.[147]

Im weisheitlichen Denken spielen universale Tugenden wie Selbstbescheidung, Rücksicht und Aufmerksamkeit mit. Der normative Anspruch dieser Tugenden leitet sich vom Ziel des guten Lebens ab. Didaktisch geht Weisheit aber andere Wege als Moral. Sie lädt ein, berät, bedenkt und erwägt. Das gilt für die schriftliche wie mündliche Weisheit. Geschriebene ‚Weisheiten' *sind keine Gesetze*, die verpflichtend vorschreiben, sondern Regeln, die einen Rat erteilen oder Erfahrungen aufschreiben. Und mündliche Weisheit lässt sich nicht *verallgemeinern*. Sie vertritt eine Art Situationsethik. Der Weise kann unter Umständen auch schweigen. Während die schriftliche Weisheit eine Tendenz zur Verfestigung in Richtung des Gesetzes hat, tendiert die mündliche dazu, sich ins Unbestimmte zu verflüchtigen.

---

147 Vgl. dazu Ruben Zimmermann, *Theologisierung der Ethik. Relikt oder Richtmass. Die implizite Ethik der alttestamentlichen Weisheit und ihre Impulse für die gegenwärtige Diskussion*, in: BThZ 19 (2002), 99–124.

Im Alten Testament wird der Geltungsanspruch der verfestigten Weisheit kontrovers diskutiert. Die Grenzen der Weisheit werden erkannt und in einer intensiven theologischen Auseinandersetzung zu einer neuen Weisheit der Grenzen umgedeutet (2.2.5). Der Universalitäts- und Normativitätsanspruch von Weisheiten wird in der existentiellen Auseinandersetzung fraglich: die Tun-Ergehen-Maxime, dass gerechte und nicht ungerechte Lebensführung zum guten Leben führen soll, ist zwar ethisch konsistent, aber empirisch kontingent. Die „christliche Weisheitstheologie" übernimmt und überwindet diese Kontingenz. Sie wird aber nicht bewältigt, sondern ihr wird in und mit der Geschichte Jesu begegnet. Sie wehrt der Verflüchtigung dadurch, dass sie sich an der Liebe, am Glauben und an der Hoffnung, die in der Geschichte Jesu manifest wird, orientiert. *Leben in Christus* konkretisiert, steigert und intensiviert die Vorstellung des guten Lebens. Dass Jesus Christus als gekreuzigter Auferstandener Weisheit verkörpert, wehrt anderseits der Verfestigung einer Weisheitslehre. Denn die Grundlage des guten Lebens, die sich auf den Erlöser beruft, ist die Freiheit und nicht das Gesetz. *Leben in Christus* ist *Leben im Geist*. Die Bestimmung durch den Geist und nicht nach dem Buchstaben ist die Grundausrichtung der christlichen *ars vivendi*, die Orientierung an Christus die Basis ihrer Freiheit, einer Freiheit, die neue Interpretationsspielräume eröffnet, Leben erfüllt und Sterben erlaubt.

Christliche Lebens- und Altersweisheit steht nicht im Widerspruch zu transzendenzoffenen – in der Religionsgerontologie auch „spirituell" genannten – Konzepten der Lebensklugheit für das Alter, wie sie in der praktischen Philosophie erwogen und in der Psychologie erforscht wurden. Es sind nicht die einzelnen Inhalte, Normen oder Werte, die different sind. Die spezifische religiöse Differenz der Glaubenweisheit muss in der Bestimmung zum *Gottesverhältnis* und der Orientierung an der Gottesbeziehung gesehen werden. Die spezifisch christliche Antwort auf die Frage *woher* die Weisheit kommt, ist mit der Bestimmtheit ihrer Realisierung in Christus, die Frage, wohin sie leitet, mit der Offenheit für ihre Aktualisierung im Geist gegeben.[148] Die Differenz von Realisierung und Aktualisierung lässt sich auch dahingehend interpretieren, dass erlösendes Wissen nicht zur Verfügung steht, abgerufen oder eingetrichtert werden kann. Es ist wie alles lebendige Beziehungswissen gestaltbar und gestaltbedürftig.

---

148 Vgl. Theo A. Boer, *Luthers Theologie. Ethik? Christliche Ethik?*, in: Neue Zeitschrift für Systematische Theologie und Philosophie 48 (2006), 18–32.

7.3 Kritische Weisheit als Perspektive einer Praktischen Theologie des Alter(n)s

Die reklamierte ‚Not' der prekären Definibilität von Weisheit lässt von der Notwendigkeit einer Differenzierung der Ebenen sprechen, auf denen das Weisheitliche spielt. Zur theologischen Innerperspektive gehört die Interpretation der überlieferten Weisheitstheologie, zur Außenperspektive zähle ich die Auseinandersetzung mit anderen Konzepten der Lebensklugheit in der gemeinsamen Unterordnung unter die weisheitliche Gesprächsleitung. Es ist die *kritische Weisheit*, die als *Zentralperspektive* der gerontologisch engagierten Praktischen Theologie die Ebenen der Diskussion verknüpft. Denn Ziel der Verknüpfung ist es, die Chancen und Grenzen der Rede von der Weisheit aus theologischer Sicht mit dem Blick auf das Altern zu reflektieren.[149] Von einer Perspektive ist zu reden, weil das Weisheitliche die Handlungen, die besonnen ans Werk geht, auf ein Ziel ausrichtet und zugleich am Anfang der Wahrnehmung des Alter(n)s steht. Die Weisheit wird nicht definiert, aber bestimmt durch den Geist der Liebe.[150]

Sowohl die Ebenendifferenzierung als auch ihre Verknüpfung ist nötig, weil das Thema ‚Altersweisheit' zwischen die Disziplinen fällt. Der gerontologische Weisheitsdiskurs soll kluges Handeln ermöglichen und das heißt, ein Handlungswissen generieren, das nicht nur technisch anwendbar, sondern als praktische Erkenntnis auf konkrete Praxis bezogen wird und theoretisch verfügbar bleibt. Das heißt: Die Regeln, die das transdisziplinäre Gespräch über den gemeinsamen ‚Gegenstand' anleiten, gelten auch für die Anwendung des ‚Wissens' auf der Objektebene. Weil alle Geisteswissenschaften das Menschliche als Gegenüber und nicht als Gegenstand behandeln, sind aber der Anwendbarkeit Grenzen gesetzt. Das gilt im Fall der Weisheit in besonderem Masse. Das ‚Expertenwissen'

---

149 Inspirierend und erhellend sind dazu die Überlegungen von Heinz Rüegger, *Altern im Spannungsfeld*, a.a.O., 147–149, auf die ich mich in diesem Abschnitt beziehe.

150 Johannes Fischer, *Ethische Dimensionen der Spitalseelsorge*, in: WzM 58 (2006), 207–224 (214): „Jemand handelt im Geist der Liebe. In diesem adverbialen Gebrauch wird nicht etwas über den Handelnden und dessen emotionale oder mentale Zustände ausgesagt, sondern über die Handlung, nämlich mit welcher Ausrichtung sie geschieht und was sich durch sie hindurch vermittelt. Geist manifestiert sich m. a. W. in einer bestimmten Gerichtetheit des Handelns und Lebensvollzugs, als Zuwendung, Fürsorge, Liebe usw." Die Bestimmung deckt sich mit den Überlegungen von Ardelt (4.2).

eines Gegenübers entzieht sich der wissenschaftlichen Expertise. Weil es zugleich ein ‚Erfahrungswissen' ist, das sich empirisch nicht einfangen lässt, entsteht die typische Spannung, die jeder Praxistheorie eignet. Um die Komplexität des Phänomens ‚Weisheit' wissenschaftlich adäquat zu erfassen, wird Weisheitswissen auf diejenigen Aspekte reduziert, die in der jeweiligen wissenschaftlichen Perspektive erkenntnisleitend und für die ausgewählten Fälle von Anwendung handlungsleitend sind. Die methodisch kontrollierten, fachgerechten Reduktions- und Abstraktionsverfahren der beteiligten Disziplinen müssen folglich aus verschiedenen Perspektiven kritisch diskutiert werden. Auch dieser Meta-Diskurs soll – wenn er sich nicht im Kreis drehen soll – eine Theorie ermöglichen, die indirekt dem sinnerfüllten Leben dient.

Als akademische Disziplin versteht sich die Praktische Theologie als Praxistheorie. Mit der phänomenologischen Erkundung und der hermeneutischen Klärung ist immer schon die Anwendung des Weisheitswissens im Blick. Dieses Interesse teilt die Theologie mit den anderen praktischen Fächern wie der Gerontopsychologie oder der Geragogik. Sie hat deshalb ein Interesse daran, etwas über die Konzepte der Lebensklugheit zu erfahren, die gegenwärtig von älteren Menschen als hilfreich angesehen werden. Ob diese Menschen sich selbst als religiös oder spirituell oder agnostisch verstehen, schmälert das Interesse an ihren Weisheiten nicht. Es geht darum, möglichst viel zu lernen von der Erforschung der *gelebten Weisheit* und sich klüger zu machen.

Die Theologie nimmt an diesem Gespräch teil, weil sie eine eigene kritische *Weisheitstradition* vertritt, die sie nach allen Regeln der Kunst auslegt und einbringt. Die Aufgabe der Theologie als eine durch Überlieferung gebundenen und kulturell begabten Wissenschaft ist es, die Frage nach dem Vorverständnis zu stellen, das in der psychologischen Erforschung des Phänomens Weisheit leitend ist.[151] Dabei geht es weniger darum, den pragmatischen Zugang der angewandten Gerontologie zu blockieren, als vielmehr darum, nach Verbindungen aber auch Unterbrechungen zwischen der Tradition und der gelebten Weisheit zu suchen.

Die theologische Skepsis gegenüber kurzschlüssig kulturalistischen, empiristischen oder psychologistischen Konstruktionen des Weisheitswissens markiert zugleich das sapientiale Selbstverständnis, mit dem die Theologie ihre Deutungsaufgabe im Rahmen der Gerontologie wahrnimmt. Sie übt eine disziplinierte Nachdenklichkeit, indem sie auf die

---

151 Vgl. Leopold Rosenmayr, *Schöpferisch altern – eine Philosophie des Lebens*, Wien/ Berlin 2007.

Erfahrung des Glaubens bezogen bleibt, eine Erfahrung mit der Erfahrung, in der und aus der heraus sich eine ganz *bestimmte* – und nicht eine allgemeine – Lebensweisheit artikuliert.[152] Kants weise Feststellung, dass man höchstens das Philosophieren, aber niemals Philosophie lernen kann, stimmt insofern auch für die Theologie. Sie ‚theologisiert' über die Frage, wie Menschen in der späten Lebensphase zum produktiven, kreativen und konstruktiven Wissen gekommen sind, das man Weisheit nennt. Weder hat sie die Weisheit gepachtet noch hält sie ihre Abstraktions- und Reduktionsverfahren für weise noch behauptet sie, einen mystischen Zugang zum Weisheitswissen zu kennen. Dass sie auf ein *metanoiete* besteht, hindert sie nicht daran, das *gnoti seauton* in anderen Konzepten der Lebensklugheit zu würdigen.[153]

Die Weisheitstheologie ist darum eine höchst spannende und spannungsvolle Variante des Weisheitswissens, in der sich die Paradoxie der christlichen Freiheit als Paradoxie des Wissens zu erkennen gibt. Wenn es darum geht, unproduktive und destruktive Einstellungs- und Verhaltensmuster zu kritisieren, rekurriert die Theologie auf eine Weisheitstradition, die hilft, Geister zu unterscheiden, wendet aber, wenn sie klug ist, diese Kritik auch auf die religiöse Praxis an, die reklamiert, mit dieser Weisheit begabt zu sein. Das Wissen, das die Weisen beschämt, ist bei den Unmündigen aufgehoben – auch beim Greis, der eigensinnig auf das Erscheinen des Erlösers wartet.[154]

Literatur

Monika Ardelt, *Wisdom as expert knowledge system. A critical review of a contemporary operationalization of an ancient concept*, in: Human Development 47 (2000), 257–285.

Paul B. Baltes/Jürgen Mittelstrass/Ursula M. Staudinger (Hg.), *Alter und Altern. Ein interdisziplinärer Studientext zur Gerontologie*, Berlin 1994.

Paul B. Baltes/Margret M. Baltes, *Optimierung durch Kompensation und Selektion. Ein psychologisches Modell erfolgreichen Alterns*, in: Zeitschrift für Pädagogik 35 (1998), 85–105.

Paul B. Baltes, *Entwicklungspsychologie der Lebensspanne. Theoretische Leitsätze*, in: Psychologische Rundschau 41 (1990), 1–24.

---

152 Vgl. dazu Jürgen Hübner, *Theologie als Weisheit und als Wissenschaft*, in: Anne-Kathrin Finke/Joachim Zehner (Hg.), *Zutrauen zur Theologie. FS Christof Gestrich*, Berlin 2000, 344–357 (357).
153 Engemann, *Aneignung der Freiheit*, a.a.O., 29.
154 Schneider-Flume, *Alter – Schicksal oder Gnade?*, a.a.O., 146.

Eva Birkenstock, *Altern. Dialektik eines Themas zwischen Antike und Moderne*, in: Die Philosophin 21 (2000) 43–63.
Christiane Burbach, *Weisheit und Lebenskunst. Horizonte zur Konzeptionalisierung von Seelsorge*, in: WzM 58 (2006), 13–27.
Walter Dietrich, *Grenzen göttlicher Macht nach dem Alten Testament*, in: ZThK 96 (1999), 439–457.
Wilfried Engemann, *Aneignung der Freiheit. Lebenskunst und Willensarbeit in der Seelsorge*, in: WzM 58 (2006) 28–48.
Karlheinz Müller, *Nicht jeder Alte ist weise … Anmerkungen zum Thema Altersweisheit aus der jüdischen Überlieferung*, in: Erich Garhammer/Wolfgang Weiss (Hg.), *Brückenschläge. Akademische Theologie und Theologie der Akademien*, Würzburg 2002, 207–226.
Martin Hailer, *Theologie der Weisheit. Sapientiale Konzeptionen in der Fundamentaltheologie des 20. Jahrhunderts*, Neukirchen-Vluyn 1997.
Ralph Kunz, Art. ‚Weisheit' VI. *Praktisch-theologisch*, in: TRE Bd. XXXV, Berlin/New York 2003, 520–522.
Leopold Rosenmayr, *Schöpferisch altern. Eine Philosophie des Lebens*, Wien/Berlin 2007.
Heinz Rüegger, *Altern im Spannungsfeld von ‚Anti-Aging' und ‚Successful Aging'. Gerontologische Perspektiven einer seelsorglichen Begleitung älterer Menschen*, in: Ralph Kunz (Hg.), *Religiöse Begleitung im Alter*, Zürich 2006, 143–182.
Heinz Rüegger, *Langlebigkeit, Anti-Aging und die Lebenskunst des Alterns*, in: WzM 59 (2007/5), 474–488.
Annette Schellenberg, *Erkenntnis als Problem. Qohelet und die alttestamentliche Diskussion um das menschliche Erkennen*, Freiburg i. Br. 2002.
Konrad Schmid, *Die Unteilbarkeit der Weisheit. Überlegungen zur sogenannten Paradieserzählung Gen 2 f. und ihrer theologischen Tendenz*, ZAW 114 (2002), 21–39.
Siegfried Joseph Schmidt, „Weisheit oder < >", in: Aleida Assmann (Hg.), *Weisheit. Archäologie der literarischen Kommunikation III*, München 1991, 555–563.
Gunda Schneider-Flume, *Alter – Schicksal oder Gnade? Theologische Überlegungen zum demographischen Wandel und zum Alter(n)*, Göttingen 2008, 13–24.
Ursula M. Staudinger/Jacqui Smith/Paul B. Baltes, *Handbuch zur Erfassung von weisheitsbezogenem Wissen*, Berlin 1994.
Robert J. Sternberg, *Implicit theories of intelligence, creativity and wisdom*, in: Journal of Personality and Social Psychology, 49 (1985), 607–627.
Karin Wilkening, *Klugheit im Alter*, in: Brigitte Boothe/Bettina Ugolini (Hg.), *Lebenshorizont Alter*, Zürich 2003, 153–168.

Erinnerung: Lebensgeschichte im Alter

Wolfgang Drechsel

1. Wer alt ist, der hat etwas zum Erinnern ...

Wer alt ist, der hat etwas zum Erinnern, der hat etwas zum Erzählen. Als seine Lebensgeschichte, Seine Lebensgeschichte. Der hat sein Leben nicht nur hinter sich gebracht, der bringt es auch vor sich.[1] Doch was macht er dann mit dem, was er da vor sich hat? Wie wird aus diesem ausgebreiteten Leben eine Geschichte? Oder ist sie das schon? Reicht es, wenn er dieses Leben für sich allein betrachtet? Oder bedarf gerade das lebensgeschichtlich Er-Innerte immer auch der Ent-Äußerung vor jemandem, dem man dieses Leben mitteilen, mit dem man es teilen kann? Doch findet sich auch jemand, der dem wirklich zuhört, was da zu erzählen ist? Und vor allem: Der sich auch die Zeit dazu nimmt? Denn es kommt darauf an, aus welcher Perspektive der Zuhörer dieses gelebte Leben, das er da hören soll, wahrnimmt, welche Bedeutung er ihm zubilligt. Nimmt er das Bedürfnis, aus der eigenen Lebensgeschichte zu erzählen, als eine Art pathologische Tendenz des Alters wahr, die immer mehr um sich selbst kreist und in der endlosen Reproduktion derselben Geschichte bei Dementen endet? Dann wird mit Abwehr statt mit Interesse zu rechnen sein. Oder sieht der Zuhörer hier das Eigentliche des Alters, die zentrale Aufgabe, die ein jeder angehen muss, wenn es aufs eigene Ende zugeht: In Konstruktion und Rekonstruktion das eigene Leben zu einem Ganzen zu machen, um sich dann zurücklehnen und gehen zu können. Als Lebensbilanz. Als integrative Identitätsarbeit. Dann wird ein deutliches Interesse spürbar werden, aber möglicherweise auch ein Druck, die Abrundung dieses Lebens, eben das End-Gültige, auch leisten zu müssen.

Ohne nun an dieser Stelle auf diese Fragen und Probleme im Umkreis der Feststellung „Wer alt ist, der hat etwas zu erinnern" genauer einzugehen, mag zumindest deutlich werden: Die Frage nach dem lebensge-

---

1 Vgl. Karl Rahner, *Zum anthropologischen und theologischen Grundverständnis des Alters*, in: Ders., *Schriften zur Theologie 15*, Zürich 1983, 315–325 (318): „Wir haben unser Leben im Alter ‚vor uns gebracht'."

schichtlichen Erinnern im Alter, nach der biographischen Rückschau und dem damit verbundenen lebensgeschichtlichen Erzählen beinhaltet unterschiedlichste Ebenen: Von der Frage: „Was ist eigentlich Lebensgeschichte – und wer ist ihr Autor?"[2], über die Differenz der Wahrnehmungsperspektiven (Selbst- und Fremdwahrnehmung) und die Koinzidenz des Allgemeinen mit dem höchst Individuellen bis hin zu dem Phänomen, dass beide Bereiche, Alter und Lebensgeschichte, sowohl im Blick auf die Praxis wie auch im Blick auf die wissenschaftliche Forschung über weite Strecken hoch normativ besetzt sind. Sei es implizit, sei es explizit als fundamentalanthropologische Zielbestimmung. Den mit dieser Vielschichtigkeit und Normativität verbundenen Spannungen soll im Folgenden genauer nachgegangen werden unter Einbezug der Perspektive der Theologie, von der her die Frage nach der Lebensgeschichte im Alter noch einmal eine ganz eigene Sicht erhalten kann.

2. Fraglichkeit und Konstruktion – Kontexte des Lebensgeschichtsthemas

Im Blick auf die Rahmenbedingungen des Lebensgeschichtsthemas im Kontext des Alters ist dabei vorweg festzuhalten: Es ist selbst Ausdruck eines sich wandelnden menschlichen Selbstverständnisses, in dem sich Trends, Interessenslagen und gesellschaftliche Wertigkeiten widerspiegeln, es hat selbst eine Geschichte: „Über den praktischen Wert von autobiographischen Lebenserinnerungen hat in den letzten Jahrzehnten ein entscheidender Wandel stattgefunden. Noch bis vor wenigen Jahren wurden Lebensrückblicke als unnütz und schädlich abgelehnt. Zum Teil wurden sie pathologisiert und als Zeichen von Senilität betrachtet."[3] Dieser Wandel vollzog sich seit den 60er Jahren des letzten Jahrhunderts, exemplarisch mit dem „Life-Review-Konzept" von Butler[4]. Inhaltlich ist

---

2   Vgl. Walter Sparn (Hg.), *Wer schreibt meine Lebensgeschichte? Biographie, Autobiographie, Hagiographie und ihre Entstehungszusammenhänge*, Gütersloh 1990.
3   Pasqualina Perrig-Chiello/Walter Perrig, *Die rekonstruierte Vergangenheit. Mechanismen, Determinanten und Funktionen autobiographischer Erinnerung in der zweiten Lebenshälfte*, in: Hans-Wener Wahl/Heidrun Mollenkopf, *Altersforschung am Beginn des 21. Jahrhunderts. Alterns- und Lebenslaufkonzeptionen im deutschsprachigen Raum*, Berlin 2007, 43–50 u. 55.
4   Vgl. dazu den instruktiven Überblick bei Ulrich Moser, *Identität, Spiritualität und Lebenssinn. Grundlagen seelsorglicher Begleitung im Altenheim*, Freiburg 2000, 328–334.

er bestimmt durch ein – gegenüber der vorausgehenden abwertenden Einschätzung – explizit positives Interesse an Lebensgeschichte. Dabei wird der Lebensrückblick des alten Menschen als wichtiges bzw. entscheidendes Moment des Lebensendes bestimmt, als eine umfassende Integrationsleistung des Subjekts, das im Erzählzusammenhang sich zu seinem Leben noch einmal reflexiv ins Verhältnis setzt (Lebensbilanz) und so sich neu gewinnt in einer ganzheitlich abrundenden Perspektive. Lebensgeschichte wird so entdeckt und aufgewertet als Identitäts- und Sinnfindungsprozess, als Sinn.[5] Sie impliziert immer auch eine stimmige „Vorbereitung auf den Tod".[6]

Dieser Perspektivwechsel in der Frage nach der Lebensgeschichte im Alter ist selbst wiederum eine spezifische Ausdrucksform eines umfassenden und stetig wachsenden Interesses an Lebensgeschichte in den verschiedensten Wissenschafts- und Praxisbereichen innerhalb der letzten fünfzig Jahre, das von der konkreten Biographieforschung bis hin zur Gebrauchsanweisung reicht, wie denn das eigene Leben zu gestalten sei.

Im Blick auf diesen Lebensgeschichts-Boom als einer Art gesamtgesellschaftlicher Mega-Trend erscheint es nun von Gewicht, den Blick auf die Fragen zu richten, welchen größeren Zusammenhängen er sich verdankt bzw. welche Grundperspektiven von (gesellschaftlichem) Leben sich in ihm realisieren, denn diese grundieren und formen das gegenwärtige Bild von Lebensgeschichte im Alter.

Im vorliegenden Rahmen kann dies nur in thesenartiger Form geschehen: Im Lebensgeschichtsthema artikulieren sich auf exemplarische Weise fundamentale Themen der ausgehenden Moderne bzw. Postmoderne, wie Enttraditionalisierung, gesellschaftliche Individualisierung, Pluralisierung und Multioptionalität.[7] Wird im Rahmen einer umfassenden Auflösung von kollektiv geteilten Normen und Traditionen das

---

5   Eine zentrale Rolle spielt in diesem Zusammenhang der Einfluss von Erik H. Erikson, *Identität und Lebenszyklus*, Frankfurt 1966, dessen Bestimmung des Alters immer wieder als normatives Projekt aufgegriffen wird, wie z. B. bei Isidor Baumgartner, *Pastoralpsychologie*, Düsseldorf 1990, 163: „Auch im Alter bedarf es der ‚aktiven' Bearbeitung und Korrektur der eingespielter Deutungsmuster. Es kommt darauf an, sich mit dem gelebten Leben auszusöhnen, sodass ein Zustand der *Integrität* aufkommen kann." (Hervorhebung vom Vf.)
6   Perrig-Chiello/Perrig, *Die rekonstruierte Vergangenheit*, a.a.O., 55.
7   Exemplarisch Ulrich Beck, *Risikogesellschaft. Auf dem Weg in eine andere Moderne*, Frankfurt 1986; Uta Pohl-Patalong, *Seelsorge zwischen Individuum und Gesellschaft. Elemente zu einer Neukonzeption der Seelsorgetheorie*, Stuttgart 1995, 63–145.

Leben aller über es selbst hinausgehenden Perspektiven entkleidet, so hat dies zur Folge, dass Sinn, Zweck und Ziel dieses Lebens innerhalb desselben gefunden werden müssen[8]. Parallel zu diesem Prozess einer Bedeutungsmonopolisierung zeigt sich eine immer größere Variabilität von Lebensgeschichten, deren Verlauf in die Hände des einzelnen Subjektes gelegt ist, das so zugleich aber auch in eine fundamentale Verantwortung für „Gelingen" bzw. „Nicht-Gelingen" seines Lebens gestellt ist. Das Leben wird von allen festen und vorgegebenen Lebenslaufstrukturen früherer Zeiten entbunden[9] und entfaltet sich als individuelle Biographie, die im Kontext des permanenten Zwangs zur Entscheidung unter multioptionalen Bedingungen immer wieder neu entworfen werden muss. Als eine Art Bastelbiographie[10], die einerseits in ihrem Patchworkcharakter die multiple Identität des sich selbst entwerfenden Individuums widerspiegelt[11], die dann andererseits allerdings auch von dem sich selbst und sein Leben konstruierenden Subjekt verantwortet werden muss. Dieser Prozess lässt sich zusammenfassen: Die Konzentration von Lebenssinn und -zweck einzig auf das Leben selbst und die radikale Individualisierung dieses Lebens qua subjektiver Produzierbarkeit und Selbstverantwortung erzwingen geradezu ein Interesse des Individuums an seiner Lebensgeschichte. Dieses stellt sich dar als Frage nach Selbstvergewisserung, Kohärenz und Identität usw. und erhält gesamtgesellschaftlich einen hohen Stellenwert. Dieser findet seinen Ausdruck auch auf der wissenschaftlich-reflexiven Ebene als ein umfassender Trend zum Lebensgeschichtsthema.

Zugleich zeigt sich dann in der Anwendung eines so grundierten Biographieinteresses auf die verschiedenen Lebensphasen die Konstruktionsthematik in je spezifischer Weise: Während im Bezug auf Jugend und mittlere Generation zumindest ein deutlicher Trend wahrzunehmen

---

8 Vgl. dazu Peter Gross, *Die Multioptionsgesellschaft*, Frankfurt 1994, 82: „Die moderne Reformulierung der Differenzen zwischen Wirklichkeit und Möglichkeit, zwischen dem, was ist, und dem, was sein könnte, in der die Himmelsleiter auf die Erde geplatscht ist, verkürzt die Weltzeit auf die Lebenszeit."
9 Vgl. exemplarisch Martin Kohli, *Institutionalisierung und Individualisierung der Erwerbsbiographie*, in: Ulrich Beck/Elisabeth Beck-Gernsheim (Hg.), *Riskante Freiheiten: Individualisierung in modernen Gesellschaften*, Frankfurt 1994, 219–244.
10 Vgl. Ronald Hitzler/Anne Honer, *Bastelexistenz. Über subjektive Konsequenzen der Individualisierung*, in: Beck/Beck-Gernsheim, *Riskante Freiheiten*, a.a.O., 307–315 (311).
11 Vgl. Heiner Keupp, *Riskante Chancen. Das Subjekt zwischen Psychokultur und Selbstorganisation. Sozialpsychologische Studien*, Heidelberg 1988, 131–151.

ist, das Biographiethema weniger als Lebensrückblick, sondern primär als Lebens-Entwurf und zukunftsbezogene Lebensgestaltung zu verhandeln[12], bleibt das Erinnern, das Rückschauen auf das Vergangene vor allem dem Alter vorbehalten. Hier artikuliert sich das Konstruktionsthema qua begrenzter Zukunft primär als *Re-Konstruktionsthema* einer – wie auch immer dann gearteten – Gesamtschau des Gewesenen, die so als ein zentrales Thema des Alters in seiner spezifischen Eigenheit angesehen wird.

Dies beinhaltet für die Frage nach der Lebensgeschichte im Alter:

1. In der Identifikation von Erinnerung und Lebensrückblick mit einer Entwicklungsaufgabe des Alters[13] gelingt es auf grundlegender Ebene, die noch weit über die 60er Jahre hinausgehende Bewertung der Vergangenheitsorientierung im Alter als „Unfähigkeit, sich mit der Gegenwart auseinanderzusetzen", ja als Förderung dementieller Abbauprozesse, radikal umzukehren und in ihrer lebensbereichernden Qualität wahrzunehmen (Herstellung von Kontinuität und Kohärenz, Ressourcenorientierung usw.).[14]
2. Zugleich wird aber der strukturelle Leistungsanspruch, der sich vorher indirekt über Gedanken wie z. B. Erinnerung als Flucht vor der Auseinandersetzung mit der Gegenwart artikulierte, durchaus beibehalten und über Begriffe und (therapeutische) Zielvorstellungen wie z. B. Entwicklungsaufgabe, Stabilität des Selbstkonzepts usw. ins lebensgeschichtliche Erinnern integriert. Gerade in dieser normativ sehr hoch besetzten Produktivitätsforderung an das sich (re-)konstruierende Subjekt kann auch der altersbezogene Lebensgeschichtsdiskurs als Kind seiner Zeit, der Postmoderne, angesehen werden.
3. Umgekehrt erweist sich aber das Alter mit seinem Lebensrückblick, seiner Orientierung an Vergangenheit, an Geschichte und Geschichten usw. als ausgesprochen sperrig gegenüber einer postmodernen Grundausrichtung auf Gegenwart und Zukunft allein mit ihrem tendenziellen Desinteresse gegenüber allem Vergangenen. Unter den Bedingungen, dass die unendliche Wahl der Möglichkeiten durch die

---

12 Vgl. exemplarisch Wolfgang Kraus, *Das erzählte Selbst. Die narrative Konstruktion der Identität in der Spätmoderne*, Pfaffenweiler 1996.
13 Vgl. exemplarisch Robin Lohmann/Gereon Heuft, *Life Review. Förderung der Entwicklungspotentiale im Alter*, in: Zeitschrift für Gerontologie und Geriatrie 28 (1995), 236–241.
14 Vgl. Peter G. Coleman, *Erinnerung und Lebensrückblick im höheren Lebensalter*, in: Zeitschrift für Gerontologie und Geriatrie 30 (1997), 362–367 (362 f.).

inneren und äußeren Umstände (Körper, Beweglichkeit, Verlust von Beziehungen durch Tod usw.) dem sich selbst konstruierenden Subjekt aus der Hand genommen werden und das eigene Festgelegtsein durch Geschichte als Geschichte in den Vordergrund rückt, stellt nicht nur den Optimismus des fröhlichen Sich-Weiterentwickelns in Frage. Es bietet auch Alternativen im Umgang mit Zukunft: Nicht im unmittelbaren Entscheidungsgeschehen, das immer neu in eine unendliche Zukunft hineinspringt, sondern sub contrario im „quasi Rückwärtsgewandten" des lebensgeschichtlichen Erzählens, das allerdings in dieser Geschichtsbezogenheit immer auch Gegenwart konstituiert und mit einer Bedeutung versieht, die Zukunftsoffenheit und Hoffnung beinhaltet. Dies ist dann aber eine Zukunft und Hoffnung, die nicht nur auf die Faktizität des immer Neuen ausgerichtet ist, sondern eine Transzendierung dieser Realisierungen und Realisierbarkeiten beinhaltet. In dieser Sicht artikuliert sich ein Modell von menschlicher Lebenswirklichkeit und Selbstsicht, das zumindest deutlich anders ist als die gängigen leistungs- und freiheitsorientierten Fortschrittsmodelle, wenn es nicht gar ein Gegenmodell darstellt.

3. Endlichkeit und Lebensgeschichte

Die „Sperrigkeit des Alters" lässt sich dann aber selbst im Sinne eines „Erinnerungsmodells" verstehen. Sie erinnert die anderen Generationen an die Begrenztheit allen menschlichen Seins, an ein durch alle Generationen sich durchziehendes Bestimmtsein durch Grenzen, innerhalb derer die Aktivität des Subjekts dann noch einmal und neu zu bestimmen ist.[15] Dies gilt insbesondere für die mittlere Generation mit ihren invasiven Ansprüchen und Übertragungen des eigenen Selbstverständnisses auf das Alter (vom Nicht-Mehr-Modell, über die Erfindung der jungen Alten als Weiterführung des Leistungsmodells der mittleren Generation bis hin zum successful ageing[16]). D. h. dann aber: Im Alter wird auf

---

15 Hier ist dann der Ort, wo die neueren Entdeckungen und Bestimmungen von Entwicklungsaufgaben des Alters ihren sinnvollen Ort haben, ohne in die Gefahr zu geraten, selbst noch einmal die Leistungsorientierung des sich selbst setzenden Subjekts zu reproduzieren.
16 Vgl. z. B. Wolfgang Drechsel, „Wenn ich mich auf deine Welt einlasse." Altenseelsorge als eine Anfrage an Seelsorgetheorie und Theologie, in: Ralph Kunz, Religiöse Begleitung im Alter. Religion als Thema der Gerontologie. Zürich 2007, 187–216

exemplarische Weise das anthropologische Grundthema der Endlichkeit verhandelt. Dabei ist von vornherein festzuhalten: Dies ist kein spezifisches Thema des Alters im Sinne der allgemeinen und abwertenden Nicht-Mehr-Definitionen, sondern im Alter wird dieses Thema, das allen anderen Altersgruppen gleichermaßen gilt, nur auf besondere Weise sichtbar. Verbunden mit dieser Endlichkeit sind u. a. die Gedanken einer fundamentalen Passivität, die dem Leben auch eignet, die Grenzen von Leistung, Autonomie und Selbstkonstruktion des Subjekts, das Gesetztsein von Grenzen durch innere (körperliche) Befindlichkeit wie auch durch Einbrüche ins Leben von außen. In dieser Repräsentanz des fundamentalanthropologischen Themas der Endlichkeit erweist sich das Alter dann allerdings als extrem sperrig gegenüber allen allgemeinen Ansprüchen und Vorstellungen vom menschlichen Leben, die als Menschenbilder und Leitbilder zugleich normativ Selbstbild und Lebensziel der Gesellschaft bestimmen, wie zum Beispiel Autonomie, Leistung, Produktivität, Wachstum und Entwicklung. Diese Sperrigkeit löst Angst aus und insofern Abwehr. Dies wiederum beinhaltet die Konsequenz, dass es gegenüber einem solchen Abwehrverhalten der Gesellschaft, das sich als Abwertung des Alters ausdrückt (vom anti-ageing bis hin zur Ghettoisierung der alten Menschen als ihr Nicht-mehr-sichtbar-Machen), nicht primär darum geht, das Alter zu verteidigen und seine positiven Seiten stark zu machen. Eine solche Position bleibt *immer* strukturell von dem *abhängig*, von dem sie sich abgrenzt. Sondern es gilt, diese Abwehrformen als Aussagen der Gesellschaft über sich zu lesen, als Aussagen darüber, was als Wert angesehen wird und was verboten, abgelehnt und abgewertet werden muss, weil es das Selbstbild und die Ideale der Gesellschaft bedroht. Es geht um die Frage, an welchen Stelle sich das gängige Menschenbild der selbstkritischen Reflexion verweigert, indem es seinen problematischen Eigenanteil projektiv nach außen auslagert und dort verdammt. In der Nichtakzeptanz eigener Endlichkeit, an die das Alter erinnert.

Blicken wir von daher auf das Thema Lebensgeschichte, so kann dieses als eine exemplarische Repräsentanz einer solchen Frage nach der Endlichkeit angesehen werden. Denn keine Lebensgeschichte kann faktisch zu Ende erzählt werden. Weder im Blick auf ihre reale Erstreckung (jedes Erzählen beinhaltet immer noch Zukunft) noch im Blick auf ihre In-

---

(195–198) oder Heinz Ruegger, *Langlebigkeit, Anti-Aging und die Lebenskunst des Alterns*, in: WzM 59 (2007), 474–488 (479–485).

halte.[17] Zugleich erinnert sie, im wahrsten Sinne des Wortes, an das Festgelegtsein, Gestaltetsein und dadurch auch Begrenztsein eines jeden Augenblickes dieses Lebens, sei dieses Begrenztsein nun durch eigene Entscheidung frei gewählt oder durch äußere Umstände bedingt.

So stellt z. B. Petzold die Frage: „Warum Biographiearbeit, Erarbeitung von Biographie im Alter?" und er sieht ihre Bedeutung darin, „die Identität, das Identitätserleben zu stärken". Dies wiederum begründet er mit den klassischen „Nicht-mehr-Argumenten" des Alters (wie Vulnerabilität dieser Identität durch das Bedrohtsein der Gesundheit etc., Reduktion sozialer und finanzieller Ressourcen, Wegfall der beruflichen Leistungsthematik als Identifikationsmöglichkeit usw.[18]). Diese Argumentation lässt dann aber aus der vorliegenden Perspektive auch umkehren: Gerade weil das Alter auf Grund einer deutlichen Wahrnehmung von Endlichkeit das Lebensgeschichtsthema auf besondere und exemplarische Weise hebt, artikuliert sich in demselben eine wichtige anthropologische Perspektive, die als Erinnerung an die eigene Endlichkeit für alle Menschen von Bedeutung ist. In der Frage nach der Lebensgeschichte wird so das Problem des Sich-nicht-selbst-setzen-Könnens des Menschen unter den Bedingungen der Notwendigkeit eigenen Seins und Handelns als selbständiges Subjekt auf exemplarische und hervorragende Weise zum Thema. Als eine Form des Zukunftsentwurfs, der über das Versammeln der Bedeutung des Gewesenen für die Gegenwart als diese bedingend und zugleich eröffnend eine Zukunft entwirft, die nicht nur als Produkt des gestaltenden Subjekts angesehen werden kann und gerade so die reale Zukunft transzendiert.

4. Theologische Perspektiven

Aus der Perspektive der Theologie beinhaltet diese Sicht zuerst einmal einen Rekurs auf das eigene „Altsein" im Sinne einer Vergewisserung der eigenen Geschichte, die als Traditions- und Lebensgeschichte des christlichen Glaubens nicht nur die Frage nach der Endlichkeit als selbstkritische Perspektive, sondern immer auch die Frage nach einem Aufgeho-

---

17 Einen Überblick über die verschiedenen damit verbundenen Fragestellungen bietet Wolfgang Drechsel, *Lebensgeschichte und Lebens-Geschichten. Zugänge zur Seelsorge aus biographischer Perspektive*, Gütersloh 2002, 121–128.
18 Hilarion Petzold, *Mit alten Menschen arbeiten I. Konzepte und Methoden sozialgerontologischer Praxis*, Stuttgart 2004, 254 f.

bensein dieser Endlichkeit im Rahmen einer umfassenden Lebensgeschichte zu ihrem Thema macht. Im Rahmen der Lebens- und Liebesgeschichte Gottes[19] als einer Beziehungsgeschichte, von der her und auf die hin nicht nur Endlichkeit als realitätsbezogene Instanz menschlicher Selbstwahrnehmung, sondern auch menschliches Leben *als* Geschichte verstanden werden kann.

Diese Perspektive beinhaltet eine menschliche Selbstwahrnehmung, die im Begründetsein durch und im Bezogensein menschlichen Lebens auf Gott sich von dieser Beziehung her versteht, also von einem Bezugspunkt her, der außerhalb des Menschen selbst liegt. Lässt sich diese Beziehung in ihrer Ausrichtung auf den Menschen als eine Liebes-Relation verstehen[20], so beinhaltet sie in ihrem Begründungscharakter von menschlichem Leben, dass gerade unter den Bedingungen der Begrenztheit eigenen Lebens, der Endlichkeit, jeder einzelne Mensch, ob alt oder jung, immer schon eine ganz eigene Würde von Gott hat – als geliebter Mensch; eine Würde, die weder verloren gehen kann (wie etwa in der Demenz[21]) noch in irgendeiner Form erst gestaltet oder produziert werden muss. Sie beinhaltet aber auch, als kritische Instanz, die permanente Anfrage an alle Versuche, die allein in seinem Gegebensein bereits angelegte grundlegende Passivität menschlichen Lebens durch eine einseitige Betonung menschlicher Aktivität zu unterlaufen und die eigene Endlichkeit z. B. dadurch zu verschleiern, dass ein bestimmtes durch Eigenständigkeit und Leistung des Subjektes geprägtes Menschenbild, das im Blick auf die aktiven Phasen des Menschseins gewonnen wird, zum normativen Kriterium des gesamten Lebens wird. Diese Anfrage gilt zuerst einmal der Theologie als reflexiver Instanz des christlichen Glaubens selbst – mit all den ihr innewohnenden Tendenzen, qua Adaption an gängige gesellschaftliche Praxis das eigene Bezogensein und die damit verbundene Wahrnehmung eigener Endlichkeit auszublenden.[22]

Das Sich-Besinnen auf das eigene Altsein des Glaubens mit seinen Traditionen der Infragestellung aller menschlichen Versuche einer Ausblendung eigener Endlichkeit mündet dann in der Feststellung, dass diese primär unter dem Stichwort der Sünde verhandelt worden ist. Sie be-

---

19 Vgl. Drechsel, *Lebensgeschichte*, a.a.O., 360–362.
20 Vgl. exemplarisch Markus Mühling, *Gott ist Liebe. Studien zum Verständnis der Liebe als Modell des trinitarischen Redens von Gott*, Marburg 2005, 327–334.
21 Vgl. dazu exemplarisch Heinz Ruegger, *Würde im Alter*, WzM 59 (2007), 137–154 (140–143).
22 Vgl. Drechsel, *„Wenn ich mich auf deine Welt einlasse"*, a.a.O., 201–203.208 f.

inhaltet dann aber auch die Wahrnehmung, dass solche Versuche des Sein-wollens-wie-Gott strukturell ein allmächtiges Gottesbild als allmächtiges Meta-Subjekt in Anspruch nehmen, das gerade nicht dieser liebenden Gottesbeziehung entspricht, in der der trinitarische Gott sich selbst auf die Endlichkeit der Welt eingelassen hat und durch sie hindurch sich als ein zugewandter Gott *in* der Geschichte erweist. Als ein Gott, der aus einer konkreten Geschichte heraus menschliche Geschichte als Beziehungsgeschichte konstituiert.

Aus theologischer Perspektive beinhaltet so die Frage nach der Lebensgeschichte des Christentums als kollektiver Lebensgeschichte wie auch nach der Lebensgeschichte eines jeden einzelnen Menschen immer auch ein Verständnis dieser Lebensgeschichte als Beziehungsgeschichte: als gestaltet und geprägt durch die liebende Zuwendung Gottes, in der dann – unter den Bedingungen realer Endlichkeit – die Selbsttätigkeit des einzelnen Subjekts ihre durchaus zentrale Rolle spielt, allerdings immer als Selbsttätigkeit in Bezogensein auf ein Gegenüber. Dabei ist durch diesen Gottesbezug die je eigene Lebensgeschichte immer auch eingebettet in eine Gottesgeschichte, die als Lebens- und Liebesgeschichte Gottes in ihrer eschatischen Dimension sowohl den Blick auf die Vergangenheit wie auch auf die Zukunft transzendiert.

D. h. dann aber – zumindest aus der Perspektive der Selbstreflexion des Glaubens, dass der Satz: „Ich habe eine Lebensgeschichte" im Sinne eines Besitzes seine Aufhebung findet in dem Gedanken: „Ich *bin* meine Geschichte, meine Lebensgeschichte, begründet und getragen durch die wohlwollende Gottesbeziehung."[23] Was dann seine theologisch stimmige Fassung findet in der Formulierung: „Ich bin *seine* Lebensgeschichte."

Dies bedeutet dann aber nicht, dass damit alle Probleme und vor allem die Leid schaffenden Aspekte der Endlichkeit ausgeblendet werden, wie sie exemplarisch im Alter sichtbar werden. Diese werden eher noch intensiviert, wie z. B. in der Frage: „Wie kann eine Geschichte des Leidens an der Endlichkeit als Ausdruck einer wohlwollenden, liebenden Beziehung verstanden werden?" Eine solche Frage beinhaltet allerdings auch die Möglichkeit, für dieses Leiden im Modus des Zweifels und der Klage auch ein Gegenüber zu haben. Und der Gedanke der Gottesbeziehung entlastet von dem gesellschaftlich immer stärker werdenden Druck, das eigene Leben als ein gelingendes gestalten zu *müssen*. Von dem Druck, der vor allem dort, wo solchem Gestalten durch die Begleiter-

---

23 Vgl. zu diesem Gedanken insgesamt Gunda Schneider-Flume, *Alter – Schicksal oder Gnade*, Göttingen 2008, 27–37.

scheinungen des Alters deutliche Grenzen gesetzt sind oder wo eine als gescheitert erlebte Lebensgeschichte solches Gestalten schlicht nicht zulässt, das eigene Scheitern vorprogrammiert.[24] Gerade in diesem Bereich beinhaltet auch das auf die eigene Endlichkeit bezogene Schwachsein-Dürfen im Rahmen einer Beziehung als geliebtes Subjekt eine würdige Perspektive, die mit Gunda Schneider-Flume als „Gnade des Alters" bezeichnet werden kann.[25]

5. Lebensgeschichte als Beziehungsgeschehen

Nun handelt es sich bei dieser Sicht des christlichen Glaubens (in seiner reflexiven Form als theologische Theorie) um eine spezifische Perspektive, eine Sicht des Menschen, die davon ausgeht, dass die Realisierung der Endlichkeit, exemplarisch in seinem Sein *als* Lebensgeschichte, keine Besonderheit des alten Menschen ist, sondern dass gerade das Alter auf besonders deutliche Weise auf ein Menschsein in Würde und unter der Gnade hinweist. Diese Sichtweise begründet dann aber zuerst einmal eine *Haltung*, die als Grundlage von Seelsorge angesehen werden kann. Hier erhält die Begegnung mit alten Menschen und ihren Lebensgeschichten auf der Grundlage des christlichen Glaubens ihre Praxisgestalt. Diese Haltung geht davon aus, dass – in welcher Begegnung auch immer – auch dieser konkrete Mensch (mitsamt seinem Gewordensein als Lebensgeschichte, die er ist) ein Mensch in Würde ist, ein Mensch in seinem Getragensein durch die wohlwollende Gottesbeziehung, auch dann, wenn er selbst dies nicht so sieht.

Diese Wahrnehmungsperspektive steht dann aber nicht im Gegensatz zu anderen Sichtweisen der Biographieforschung usw., sondern greift diese im Dialog auf. Sie wird aber, so wie sie die Frage nach den Tendenzen, auf endlichkeitsnegierende Menschenbilder zurückzugreifen, selbstkritisch auf das eigene Wahrnehmen und Handeln anwendet, auch ihre kritischen Anmerkungen finden im Blick auf analoge Strukturen in der lebensgeschichtsbezogenen Theoriebildung und ihrer Praxis, um so aus ihrer Grundperspektive heraus eine eigene Sicht auf Lebensgeschichte

---

24 Zu dem zugrunde liegenden Problem vgl. Wolfgang Drechsel, *Der lange Schatten des Mythos vom gelingenden Leben. Theologische Anmerkungen zur Angst vor der eigenen Endlichkeit und zur Frage der Seelsorge*, PTh 95 (2006), 314–328.
25 Schneider-Flume, *Alter – Schicksal oder Gnade?*, a.a.O., 21–24.

und den Umgang mit ihr zu entwickeln. Dem soll im Folgenden nachgegangen werden.

Dabei fällt aus der Perspektive einer Frage nach einem grundsätzlichen und allgemeinen Konstituiertsein von Lebensgeschichte als einem Beziehungsgeschehen (Gottesbezug) auf, dass auch die Unmittelbarkeit des Erzählens von konkreter Lebensgeschichte letztlich auf einem Beziehungsgeschehen aufruht, das bis in die konkrete sprachliche Fassung hinein die jeweilige Lebensgeschichte bzw. die Sicht auf dieselbe und ihre Bedeutung als gegenwartsdeutende und zukunftseröffnende mitgestaltet.

Das heißt: Lebensgeschichte als gegenwartsdeutende und zukunftseröffnende ist nicht die Lebensgeschichte, die man „hat", quasi die Historie der eigenen Biographie, die „irgendwie" präsent ist, sondern immer die erzählte Lebensgeschichte. Die Lebensgeschichte oder die Geschichten aus dem Leben, zu denen sich der Erzähler[26] qua Sprache in ein Verhältnis setzt.

Auf solches Erzählen ist dann auch die gesamte auf Lebensgeschichte ausgerichtete Theoriebildung hin angelegt, von der empirischen Biographieforschung bis zur Biographiearbeit mit alten Menschen. Mit ihrem Interesse entweder an den Inhalten oder am Erzähler selbst, wie bzw. woraufhin das eigene Leben konstruiert bzw. rekonstruiert wird.

In dieser Fokussierung auf die Eigenaktivität des Erzählers, die ihren Anhalt natürlich an der unmittelbar wahrnehmbaren Erzähltätigkeit hat, bleibt aber fast durchgehend ein grundlegender Aspekt unberücksichtigt, nämlich dass das lebensgeschichtliche Erzählen immer ein Beziehungsgeschehen ist und dass die Hermeneutik des Zuhörers einen erheblichen Einfluss darauf nimmt, dass erzählt wird, was erzählt wird und wie bzw. woraufhin erzählt wird.[27]

D. h.: Keine Lebensgeschichte wird allein erzählt. Das Erzählen bedarf immer eines Gegenübers, dem erzählt wird. Sei es eine reale Person, der eigene Hund, die Klagemauer oder Gott, vor dem im Nachtgebet das Leben des Tages ausgebreitet wird.[28] Dies beinhaltet, dass der Erzähl-

---

26 Im Kontext der sprachlichen Abstraktion „der Erzähler, der Zuhörer, der Seelsorger" soll, wie oben teilweise bereits geschehen, aus sprachlichen Gründen nicht weiter geschlechtsspezifisch differenziert werden (wie etwa „der Erzähler, die Erzählerin" usw.).

27 Zum Folgenden vgl. ausführlich Drechsel, *Lebensgeschichte*, a.a.O., 128–135.153–182.

28 Dass selbst das lebensgeschichtliche Erzählen beim Tagebuchschreiben einen „fiktiven Anderen" voraussetzt, hat Henning Luther, *Der fiktive Andere. Mutmaßungen über das Religiöse an Biographie*, in: Ders., *Religion und Alltag. Bau-*

vorgang immer ein reales (oder fiktives) Beziehungsgeschehen voraussetzt, das sich in die Formulierung fassen lässt: „Ich erzähle mich, indem ich mich mit den Augen des Anderen betrachte." Dies wiederum beinhaltet, dass der Erzähler immer auch die Position seines Gegenübers einnimmt und sich selbst von ihr her betrachtet. Diese Position, als Ausdruck einer spezifischen Hermeneutik bzw. Wirklichkeitssicht, wird dem (potentiellen) Erzähler im Gesprächsgeschehen – wenn auch zumeist eher unbewusst – sehr schnell wahrnehmbar; qua Erleben der Art und Weise des Auftretens des Zuhörers, seiner Gestaltung der Beziehung (Vertrauen, Interesse) sowie durch seine Äußerungen und einzelnen Reaktionen.[29] So entsteht eine Hermeneutik-in-Beziehung, durch die – obwohl der Erzähler das einzige sichtbar tätige Subjekt ist und das Erzählte als sein ganz Eigenes versteht („Jetzt habe ich Ihnen meine ganze Lebensgeschichte erzählt") – der Zuhörer einen ausgeprägten Einfluss auf Inhalte, Bedeutung und Perspektive des Erzählens hat und so – gegen den unmittelbaren Augenschein – gleichsam als Koautor des lebensgeschichtlichen Erzählens auftritt.[30]

Aus dieser Perspektive ergeben sich erhebliche Anfragen an alle Theorien von *Konstruktion* bzw. *Rekonstruktion* der eigenen Lebensgeschichte durch den Erzähler als Subjekt[31], da hier immer ein Konzept des

steine zu einer praktischen Theologie des Subjekts, Stuttgart 1992, 37–44, auf exemplarische Weise herausgearbeitet.

29 Dies gilt selbstverständlich auch für die Interviews der klassischen Biographieforschung, bei denen sich zwar im Protokoll selbst die Beteiligung des Zuhörers auf ein Mindestmaß beschränkt, bei denen aber zumeist die Vorgeschichte, die zum Protokoll selbst führt – und in der der Erzähler bereits sehr viel von der Hermeneutik des Interviewers wahrnimmt, zumeist ausgeblendet wird. Exemplarisch deutlich wird das Beziehungsgeschehen an unterschiedlichsten emotionalen Reaktionen der Erzähler, wenn sie im Nachhinein noch Kontakt zum Interviewer aufnehmen (vgl. z. B. Albrecht Lehmann, *Erzählstruktur und Lebenslauf. Autobiographische Untersuchungen*, Frankfurt 1983, 51–61 (57) oder Karl Heinz Bierlein, *Lebensbilanz. Krisen des Älterwerdens meistern – kreativ auf das Leben zurückblicken – Zukunftspotentiale ausschöpfen*, München 1994, 284).

30 Die Bedeutung der Hermeneutik der Situation, nämlich unter welchen z. B. räumlichen Bedingungen erzählt wird, sei an dieser Stelle nur benannt. Wird im Kontext einer Krise erzählt oder in einer Alltagssituation? Findet das Gespräch im Krankenhaus statt oder am Ende des Gottesdienstes oder beim Rollstuhlschieben im frühlingshaften Garten des Altenheims – immer wird der Kontext erheblichen Einfluss haben, was, warum bzw. woraufhin erzählt wird usw. Vgl. dazu Drechsel, *Lebensgeschichten*, a.a.O., 182–190.

31 Exemplarisch im Bereich der Seelsorge Albrecht Grözinger, *Seelsorge als Rekonstruktion von Lebensgeschichte*, in: WzM 38 (1986), 178–188, mit großer Breitenwirkung.

autonomen Subjektes vorausgesetzt wird, während der Beitrag des Zuhörers faktisch eliminiert wird.

Zugleich wird auch deutlich, dass die Intention, mit der der Zuhörer auftritt, das Interesse, mit dem er das Erzählgeschehen eröffnet, auch erheblich die Inhalte gestalten werden. Wer auf Biographiearbeit aus ist, z. B. um im Sinne von Erikson mit seinem Gegenüber an der Aufgabe der Integration des bisherigen Lebens zu arbeiten, der sollte sich zumindest bewusst sein, dass er dadurch gestaltend auf das erzählte Leben einwirkt und erheblichen Einfluss nimmt. Und die Frage sollte zumindest gestellt werden, inwiefern der Gedanke der Biographie*arbeit* mit alten Menschen nicht auch eine heimliche Übertragung des normativen und leistungsorientierten Arbeitsbegriffes der mittleren Generation auf das Alter beinhaltet. In solch einem Fall liegt die Gefahr nahe, obwohl man eigentlich nur das Beste will für das Gegenüber, in der eigenen Faszination durch das zu erreichende Ziel auf unterschwelliger Ebene in eine manipulative Beziehung zu geraten.

Wer sich qua christlich-kirchlicher Profession auf das Zuhören von Lebensgeschichtlichem im Alter einlässt, sollte sich selbst seiner Hermeneutik, seines Interesses und damit auch seines Einflusses auf das gesamte, Inhalte und Ausrichtung umfassende Erzählgeschehen bewusst sein. Denn bereits die Wahrnehmung des „Dass" eines solchen Einflusses ist ein zentrales Element des Ernstnehmens des Gegenübers. Dies führt noch einmal zurück zur Frage nach der Haltung des Zuhörers aus theologischer Perspektive.

6. Seelsorgliche Haltung und Liebesrelation

Diese Haltung, als eine seelsorgliche Haltung, lässt sich auf einer grundsätzlichen Ebene beschreiben als eine Liebes-Relation. Wer aus seinem Glauben heraus davon ausgeht, selbst von Gott geliebte Person zu sein, der wird seine seelsorgliche Beziehung zu seinem Mitmenschen entsprechend wahrnehmen und gestalten. Dabei erscheint der Begriff „Liebe" als ein Element der kollektiven Lebensgeschichte des Christentums, das – in allem „Lieben-Müssen" und der entsprechenden moralischen Vorbelastung des Begriffs im christlichen Kontext – zu erinnern eher schwer fällt, das aber durch alle seine Schattenseiten hindurch durchaus gegenwartsdeutende und -erhellende Relevanz besitzt. Exemplarisch im Blick auf die Frage nach dem Umgang mit fremden Lebensgeschichten.

Im Blick auf Beziehungen lassen sich drei grundlegende Strukturen unterscheiden: 1. Die manipulative Beziehung („Ich möchte, dass du so bist bzw. wirst, wie ich will"). 2. Die merkantile Beziehung („Ich gebe dir etwas, damit du mir etwas gibst"), die wohl den größten Teil von alltäglichen Beziehungen überhaupt gestaltet. Und 3. die Liebes-Relation, in der das Subjekt um seines Gegenübers willen da ist.[32]

Dass eine solche Liebes-Relation auf der unmittelbaren Ebene ein hohes Maß an Selbstreflexion und Beziehungskompetenz voraussetzt, zeigt sich exemplarisch im Blick auf die Frage nach der Lebensgeschichte. Nur zu leicht passiert es, dass aus dem lebensgeschichtsbezogenen Zuhören bei allem guten Willen bzw. wegen dieses guten Willens manipulative bzw. merkantile Beziehungen werden: im Sinne von „Ich möchte, dass du dein Leben jetzt abrundest und auch seine Schattenseiten annimmst." Oder: „Erzähle deine Geschichte, damit ich zufrieden sein kann, dass du wieder ein Stück mehr von dir integriert hast."[33] Allein von daher mag unmittelbar einleuchten, dass eine Liebes-Relation nie auf der Basis einer Gesetzlichkeit gestaltet werden kann, sondern dass sie als eine lebendige Gestalt selbst immer wieder der Vergewisserung des eigenen Geliebtseins bedarf. In dieser Hinsicht ist in jeder seelsorglichen Beziehung die Gottesrelation – die sowohl dem Seelsorger als auch seinem Gegenüber gilt – als diejenige Instanz anzusehen, von der her und auf die hin die reale Liebes-Relation zwischen Seelsorger und seinem Gegenüber ihre Begründung und kritische Infragestellung erhält. Sie ist – psychoanalytisch gesprochen – die Triangulierung einer Zweierbeziehung, die gerade diejenige Selbstdistanz ermöglicht, von der her die paradoxe Situation der Gleichzeitigkeit von realem (allein schon durch die professionelle Situation vorgegebenem) Machtgefälle und Liebes-Relation gegeben ist.[34]

Eine solche Liebes-Relation beinhaltet dann aber im Blick auf das lebensgeschichtsbezogene Zuhören: Es geht um Lebensgeschichtliches um des Erzählers willen. Weil er erzählen will. Weil er seine Lebensge-

---

32 Eine detaillierte Grundlegung zur Liebesrelation (auch in Differenz zur merkantilen und manipulativen Relation) bietet Mühling, *Gott ist Liebe*, a.a.O., 271–295 (274 f) u. 286–293.

33 Dass aus dieser Perspektive durchaus auch das Erleben von Gottesbeziehung betrachtet werden kann, sei an dieser Stelle nur erwähnt.

34 Aus anderer Perspektive: Der Seelsorger ist qua Ausbildung sprachfähig, hat Beziehungskompetenz usw. und ist nicht in die lebensgeschichtlichen Verstrickungen des Gegenübers involviert. Trotz dieses Machtgefälles steht er aber mit seinem Gegenüber auf einer gemeinsamen Ebene vor Gott.

schichte ist, die ihre eigene Würde hat, wie verworren oder verquer sie auch immer wirken mag. Es geht nicht darum, dass er sein Leben abrunden *soll*, Kohärenz herstellen oder Identität konstituieren – vielleicht sogar mit dem Hintergedanken, dass Kohärenz gesundheitsförderlich sein kann.[35] Solche Aspekte können sich einstellen, sie sind aber nicht primärer Zweck und Ziel des seelsorglichen Zuhörens.

Es geht um Lebensgeschichtliches um des Erzählers willen und darum, dass er so viel oder auch so wenig erzählen kann, wie er in dieser konkreten Situation mit diesem Zuhörer möchte. Und dies beinhaltet: Aufmerksamkeit auch auf das Banale, Alltägliche, Harmlose – manchmal vielleicht auch Langweilige, das erzählt wird. Und Wahrnehmung desselben als Selbstausdruck einer Person in Würde. Bis hin zu den immer wieder erzählten Geschichten bzw. den gebetsmühlenartig wiederholten Erzählungsfragmenten von Dementen.

Der seelsorgliche Umgang mit der Lebensgeschichte des Gegenübers im Rahmen einer Liebes-Relation geht von deren Wert an sich aus. Vom Wert dessen, was erzählt wird, das Bedeutung hat für dieses Gegenüber.[36]

Der Umgang mit Lebensgeschichten aus christlicher Perspektive ist nicht ausgerichtet auf Lebensbilanz[37], denn allein der Bilanzbegriff als unterscheidende Abrechnung und Wertung importiert nicht nur eine Wirtschaftshermeneutik als Lebensideal, er induziert auch eine quasirichterliche Funktion des Seelsorgers, vor dem da Bilanz gezogen werden soll, die nicht nur schwerlichst mit einer Liebes-Relation vereinbar ist, sondern die schlicht Gott im jüngsten Gericht vorbehalten bleiben sollte.

Und der Umgang mit Lebensgeschichten aus christlicher Perspektive ist nicht ausgerichtet auf Biographiearbeit, denn hier artikuliert sich auf hochexemplarische Weise das Methodenproblem von Seelsorge überhaupt, indem eine Technik bzw. spezifische Methode, die um ihrer selbst willen Anwendung findet, mit ihren spezifischen Zielen eine Eigendy-

---

35 In der Wirkungsgeschichte von Aaron Antonovsky, *Salutogenese. Zur Entmystifizierung der Gesundheit*, Tübingen 1997.
36 Auch wenn im Folgenden nicht auf alle Eventualitäten der Praxis eingegangen werden kann, so sei doch zumindest darauf hingewiesen, dass im Rahmen Liebes-Relation in Wertschätzung und Annahme auch Konfrontation und Abgrenzung ihren Platz hat. Exemplarisch dort, wo das Erzählen von nationalsozialistisch geprägter Vergangenheit den Seelsorger dergestalt funktionalisieren soll, dass er diese bestätigt und religiös legitimiert.
37 Vgl. dazu Bierlein, *Lebensbilanz*, a.a.O., 54 f, dessen auf einer empirischen Studie beruhender Entwurf Anlass war für eine weite Verbreitung des Themas in der Altenarbeit.

namik annehmen kann, die dann faktisch die seelsorgliche Grundhaltung unterläuft bzw. ausblendet. Erst dann, wenn methodische Lehrbücher zur Biographiearbeit[38] auf Basis der seelsorglichen Grundhaltung eine Anreicherung des eigenen Hintergrundwissens bilden und nicht als funktionale Technik zum Selbstzweck werden (was immer auch als Aussteigen aus der Liebes-Relation angesehen werden muss), können sie im konkreten Fall die Handlungsmöglichkeiten des Seelsorgers erweitern.

7. Erzählperspektiven

Blicken wir von daher auf das Erinnern und Erzählen von Lebensgeschichtlichem im Alter, so ist zuerst einmal davon auszugehen, dass alles lebensgeschichtliche Erinnern auf einer Basis aufruht, die sich aus der Perspektive des alten Menschen beschreiben ließe mit: „Da kommt jemand, der sich *meiner* erinnert. Er kommt um meiner selbst willen und hat Interesse an mir. So kann ich mich erinnern."

Dabei dürfte dann der größte Teil dessen, was erzählt wird, im Bereich des Alltäglichen angesiedelt sein, demgegenüber die „großen Erzählungen" eher die Ausnahme bilden. Von dem „Wie-es-mir-die-letzten-Tage-Ging" über die Begegnungen mit Enkeln bis hin zu der Vielzahl an szenischen Erinnerungen von früher, die fast in jedem Gespräch mit alten Menschen auftauchen und die zumeist assoziativ an Elemente der gegenwärtigen Situation anknüpfen, wie z. B. „Früher bin ich bei so einem Wetter immer mit meinem Hund spazieren gegangen…", oder „Als meine Frau noch lebte…", oder „Damals, nach dem Krieg, war das ja alles anders…". So ergeben sich Rückblicke unterschiedlichster Art, die dann – bei aller „Normalität" – auch eine hohe Dichte erreichen können. Dass dann aufmerksames und wertschätzendes Zuhören als erlebtes Interesse an dem, was da erzählt wird, weitere Räume der Erinnerung öffnen kann, ist keine Frage.

Dabei ist allerdings das Zuhören gerade in diesem Bereich keine so harmlose Aufgabe, wie es vom unmittelbaren Eindruck her scheinen mag. Gerade hier, im Alltäglich-Lebensgeschichtlichen ist pastoralpsychologische Kompetenz angesagt. Nicht allein dadurch, dass das lebensgeschichtliche Erzählen des anderen immer auch die eigene Lebensgeschichte in Bewegung bringt, was nicht nur in einem Bedürfnis zum

---

38 Wie z. B. Hans Georg Ruhe, *Methoden der Biografiearbeit. Lebensspuren entdecken und verstehen*, Weinheim (1998) ³2007.

eigenen Erzählen, sondern vor allem auch in Tendenzen zum Ausdruck kommt, auf das Erzählen mit einer entsprechenden Gegenübertragung zu reagieren. Sondern auch im Blick auf eine aufmerksame Wahrnehmung – im Sinne einer Ausrichtung auf ein Verstehen-Wollen – dessen, was da erzählt wird, gerade in dieser Situation, gerade mit diesem Gegenüber (als Person, als eine im weitesten Sinne „religiös identifizierbare" Person).[39] Das Heben der Bedeutungsqualität des Erinnerten und Erzählten ist dann nicht selten auch Anlass zur Vertiefung, Anreicherung mit neuem Erzählen und der damit verbundenen Fragen.

Grundsätzlich aber gilt: Auch in den kleinräumigen und „harmlosen" Erzählungen aus dem Leben geht es um diesen konkreten alten Menschen *als* Geschichte.

Dabei ist es dann wiederum keine Frage, dass bei einem spürbaren Interesse häufig diejenigen Geschichten auftauchen, bei denen noch etwas offen geblieben ist, Geschichten von Krisensituationen, Geschichten, in denen Schuld oder Schmerz nachwirken. Hier sind die „klassischen" Verstehens- und Gesprächsführungsstrukturen angesagt, wie sie die Seelsorgebewegung auf unhintergehbare Weise herausgearbeitet hat.[40] Nicht selten erhält hier der Seelsorger, die Seelsorgerin die Rolle eines „Containers" (Bion)[41], in dem die „unverdaulichen" Elemente der Lebensgeschichte zuerst einmal Raum finden, aufbewahrt werden können, um irgendwann in einem „verdauten Zustand" zurückgegeben werden zu können. Ähnliches kann auch für die Geschichten gelten, die nie eine wohlwollende Würdigung und Bestätigung gefunden haben, wie es exemplarisch in den häufigen Erzählungen von den Wirren der Kriegs- und Nachkriegszeit zum Ausdruck kommt. So erzählt z. B. eine neu ins Altenheim gekommene Frau ihre Flucht zu Fuß aus Ostpreußen mit einem Säugling und zwei Kleinkindern und entfaltet dann das mühsame Wieder-Fuß-Fassen unter schwierigsten Bedingungen. Und die Altenheimseelsorgerin geht nicht nur auf das Leid ein, sondern würdigt auch die

---

39 Vgl. dazu Joachim Scharfenberg, *Einführung in die Pastoralpsychologie*, Göttingen 1985, 71. Ein ausführliches Beispiel, wie z. B. Überlebensgeschichten aus dem Krieg eine konkrete Gegenwart (hier im Krankenhaus, kurz vor der Operation) deuten, bietet Drechsel, *Lebensgeschichten*, a.a.O., 19–23.
40 Vgl. exemplarisch Michael Klessmann, *Seelsorge. Begleitung, Begegnung, Lebensdeutung im Horizont des christlichen Glaubens*, Neukirchen 2008, insbes. die §§ 6.7.11.2.
41 Vgl. dazu als seelsorgebezogenen Einführung z. B. Wolfgang Wiedemann, *Krankenhausseelsorge und verrückte Reaktionen. Das Heilsame an psychotischer Konfliktbewältigung*, Göttingen 1996.

Kraft, die in diesem Überlebenskampf zum Ausdruck kommt, und die Bewahrung, die sich als Hintergrund durch diese Geschichte hindurchzieht.

Dabei ist es nicht selten, dass erst wenn solche schmerzhaften Seiten der Lebensgeschichte Raum gefunden haben, gemeinsam ausgehalten und durchgestanden sind, auch andere, „hellere" und glückliche Erinnerungen auftauchen können.

Ein eigenes Thema sind dann aber auch – gerade im Kontext der Auswirkung einer multioptionalen Postmoderne – die „fiktiven Erinnerungen" an ein ungelebtes Leben, in denen sich die anderen Möglichkeiten vergangener Entscheidungen widerspiegeln: „Was wäre gewesen, wenn ich damals anders entschieden hätte? Wäre alles nicht viel leichter gewesen usw.?"[42] Gerade hier wird es von entscheidender Bedeutung sein, ob die Haltung des Seelsorgers wirklich auf ein Verstehen-Wollen dessen ausgerichtet ist, was zu solchen Phantasien Anlass gibt. Auf ein Verstehen-Wollen dessen, was da schmerzlich vermisst wird, auf der Basis einer Wertschätzung des Gegenübers *als* diese reale Lebensgeschichte, die es zu dieser konkreten Gegenwart geführt hat, die in ihrer Bedeutung wahrzunehmen auch Zukunft eröffnet.[43]

Selbstverständlich eröffnen sich dann aber auch die großen Momente, in denen sich ein umfassender Rückblick auf das gelebte Leben entfaltet. Wenn da z. B. die Seelsorgerin mit einer Bewohnerin das Fotoalbum oder die Bilder, die an der Wand des Altenheimzimmers hängen, betrachtet und sich die Erinnerungen auf ein ganzes Leben entfalten. Und es ist durchaus nicht selten, dass – gerade im Blick auf den nahen Tod – ein Bedürfnis da ist, noch einmal das eigene Leben auszubreiten, Linien und Strukturen zu finden. So wie z. B. eine Altenheimbewohnerin den Seelsorger fragt, ob er ihre Beerdigung übernehmen möchte, und bei der Rückfrage: „Welchen biblischen Spruch möchten Sie denn über diesem Tag stehen haben?", der alten Frau ihr Konfirmationsspruch einfällt, von dem her sie dann ihr ganzes Leben erzählt, wo er ihr etwas bedeutet hat, wie sie ihn verloren und wieder entdeckt hat und sich auf diese Weise ein eindrucksvolles Bild dieses Leben entfaltet, das über die Person des

---

42 Zum Gedanken des ungelebten Lebens vgl. exemplarisch Albert Zacher, *Kategorien der Lebensgeschichte. Ihre Bedeutung für Psychologie und Psychiatrie*, Berlin 1988, 61–82.
43 Vgl. Thomas Fuchs, *Leib und Lebenswelt. Neue philosophisch-psychiatrische Essays*, Zug 2008, 221–238 (231–237).

Seelsorgers bis in die später auch gehaltene Beerdigung hineinwirkt, diese prägt.

Dabei ist allerdings im Blick zu behalten, dass selbst in Situationen, in denen der Erzähler seine Geschichte beendet mit dem Satz: „Jetzt habe ich Ihnen mein ganzes Leben erzählt", die Feststellung gilt: Dies ist die augenblickliche Sicht auf eine spezifische, erzähler-, zuhörer- und situationsbedingte Auswahl, deren sinnstiftender Charakter als subjektive Ganzheit erlebt wird, wobei bei einer nächsten Erzählung dieses Leben möglicherweise noch einmal in einer ganz anderen Perspektive entfaltet werden kann. Gegenüber allen Festschreibungen einer integrativen Ganzheitsvorstellung, die in der Gegenwart durchaus mythisch-normativen Charakter angenommen hat, mag für den Seelsorger die Feststellung Adornos eine selbstkritische Erinnerung sein: „Das Ganze ist das Unwahre"[44]. Das heißt aus theologischer Perspektive: Wenn der Mensch – mit Henning Luther – in diesem Leben immer Fragment ist und bleibt,[45] kann die Ganzheit seiner Lebensgeschichte getrost dem Erzählen Gottes in der eschatischen Realität überlassen bleiben.

Zugleich aber ist es keine Frage, dass aus solch einem lebensgeschichtlichen Erzählen im geschützten Raum und in vertrauensvoller Atmosphäre neue Perspektiven für den Erzähler erwachsen können. In einem Um-sich-Versammeln und im Betrachten verschiedener Geschichten aus dem eigenen Leben kann die eigene Gegenwart neu perspektiviert werden, sei es im Wiedergewinnen von Überlebensgeschichten als Gegenwartsdeutung, sei es im Entdecken von Kohärenz im eigenen Leben, sei es im Finden von so etwas wie neuer Identität, sei es als eine Form der Sinnstiftung.[46] Dabei geht allerdings der Blick immer auch über die Gegenwart hinaus. Das Schauen auf das eigene Leben, in wel-

---

44 Theodor W. Adorno, *Minima moralia. Reflexionen aus dem beschädigten Leben*, Frankfurt 1970, 57.
45 Henning Luther, *Identität als Fragment*, in: Ders., *Religion und Alltag. Bausteine zu einer praktischen Theologie des Subjekts*, Stuttgart 1992, 160–182.
46 In jedem Erzählen wird eine Auswahl getroffen bezüglich Inhalten und Zusammenhängen. Diese Elemente werden in ein neues Beziehungsverhältnis gestellt, werden neu gewertet, in eine eigene Ordnung des Erzählens gestellt (Erzählzusammenhang einer Geschichte mit Anfang, Mitte, möglichem Höhepunkt und Schluss). In dieser „Synthesis des Heterogenen" (Paul Ricoeur, *Zeit und Erzählung. Bd I: Zeit und historische Erzählung*, München 1988, 7) wird Kohärenz hergestellt, eine Kohärenz des eigenen Lebens, die Bedeutung schafft und Sinn und die gerade darin identitätsstiftend wirkt. Insofern können die Begriffe Kohärenz, Sinn und Identität als zentrale Themen im Kontext der gegenwärtigen Lebensgeschichtstheorie angesehen werden.

chen unterschiedlichen Fragmenten auch immer, ist nicht nur rückwärtsgewandt. Sondern wer sein Leben vor sich ausbreitet und es – in der Selbstdistanz des Betrachtens mit den Augen seines Besuchers – anschaut und erzählt, der sieht nicht nur seine Gegenwart mit etwas anderer Perspektive, sondern der blickt auch über dieses Leben, das vor ihm liegt hinaus: auf eine Zukunft hin, die nicht auf die (möglicherweise gezählten) Tage beschränkt ist, die im Alter noch vor einem liegen. Auf eine Zukunft hin, in der diese gezählten Tage in der versprachlichten Schau auf das gelebte Leben in seiner Selbstdistanz gewinnenden Durchsicht durch dieses Leben selbst durchsichtig werden und eine neue Perspektive erhalten können.

8. Der Beitrag des zuhörenden Seelsorgers und die geistliche Dimension

Alles Erinnern und Erzählen von Lebensgeschichtlichem im Alter ist an eine fundamentale Voraussetzung gebunden. Dass sich jemand meiner erinnert und kommt, Zeit hat zum Zuhören und Interesse hat an dem, was erzählt wird.

Dies wahrzunehmen, gehört zu den Grundanliegen von Seelsorge. Allerdings hat die Seelsorgetheorie und -praxis der letzten vierzig Jahre sich vor allem beschränkt auf Zuhören und Einfühlen, in der gleichzeitigen Fokussierung auf Problem-Geschichten als der eigentlichen seelsorglichen Aufgabe, in ihrer Ausrichtung auf eine Problem-Lösung durch den „Klienten" selbst, wofür der Seelsorger – in deutlicher Zurückhaltung seiner eigenen (auch glaubensbezogenen) Position – eine Art mäeutischer Hilfestellung gibt.

Die Wahrnehmung des Lebensgeschichtlichen um seiner selbst willen, d. h. ohne implizites oder explizites (Therapie-)Ziel, verbunden mit der bereits mehrfach erwähnten Haltung beinhaltet dann aber eine neue Perspektivierung des Beitrags des Seelsorgers als Zuhörer von lebensgeschichtlichem Erzählen.

Dies beinhaltet nicht nur die Wahrnehmung, dass in der Vorstellung als „Pfarrer", „Pfarrerin", „Seelsorger", „Seelsorgerin" immer schon ein zentraler Grund angegeben ist, weshalb man sich des Besuchten erinnert und damit auch der christliche Wirklichkeitsdeutungshorizont als der Rahmen abgesteckt ist, innerhalb dessen sich das folgende Gespräch abspielt; als der Rahmen, der dann den Erzählraum bieten soll. Auch und gerade die Hermeneutik-in-Beziehung, aus der heraus dann das lebensgeschichtliche Erzählen entsteht, beinhaltet, dass der zuhörende Seelsorger als Person und in seiner Rolle immer schon mit einem wesentlichen Anteil an diesem Erzählen beteiligt ist, selbst dann, wenn er selbst meint „ganz beim Anderen" sein zu wollen und sich selbst völlig zurückzuhalten.[47] Dies hat die Konsequenz: Es ist von eminentem Gewicht, sich selbst über die in der eigenen Haltung, die Person und Rolle umfasst und auf der die durch das bloße Zuhören ins lebensgeschichtliche Erzählen eingebrachte Hermeneutik aufruht, Rechenschaft abzulegen, sie als Ausdruck eigener Position zu akzeptieren. Denn als Ausdruck einer um sich selbst wissenden und selbstgewissen Position kann diese dann gegebenenfalls auch explizit ins Gesprächsgeschehen eingebracht werden.

Das heißt: Wenn es etwas mit der Haltung des Seelsorgers zu tun hat, dass er sich auf sein Gegenüber einlässt als einen Menschen, der seine Lebensgeschichte ist und der seine Würde von Gott hat, und dass er dieses tut, weil er sich selbst durch seine Gottesbeziehung liebend begründet weiß, dann beinhaltet diese Sicht – ob sie nun ständig bewusst gemacht wird oder als latenter Hintergrund fungiert, dass auch die Lebensgeschichte des Gegenübers als eingebettet wahrgenommen wird in die große Lebens- und Liebesgeschichte Gottes. Und wenn diese Perspektive als mitgebrachte Hermeneutik immer schon eingeht ins lebensgeschichtliche Erzählen selbst – in welcher subtilen und impliziten Form auch immer, dann entspricht es durchaus einer inneren Logik, zu dieser eigenen Positionalität auch zu stehen und sich nicht hinter eine scheinbare Abstinenz zurückzuziehen – und ihr gegebenenfalls (d. h. wenn im Beziehungsgeschehen stimmig) auch Ausdruck zu verleihen. Als Deutung des Erzählten aus dem Horizont des christlichen Glaubens heraus, als narrative Einbettung bzw. Aufhebung des Erzählten in eine der vielen Erzählungen aus der Lebens- und Liebesgeschichte Gottes.[48] In einer Erzählung aus der biblisch-christlichen Tradition, die ein Thema des erzählten Lebens des Gegenübers aufnimmt, weiterführt und neu perspektiviert – oder auch in einer Gegengeschichte, als Kontrast – im Sinne eines Angebots, dass das Gegenüber sich selbst und seine Ge-

---

47 Vgl. dazu auch Wolfgang Drechsel, *Erzählen*, in: Klaus Eulenberger u. a. (Hg.), *Gott ins Spiel bringen. Handbuch zum Neuen Evangelischen Pastorale*, Gütersloh 2007, 82–89 (86).

48 Vgl. dazu exemplarisch Peter Bukowski, *Die Bibel ins Gespräch bringen. Erwägungen zu einer Grundfrage der Seelsorge*, Neukirchen (1994) ³1996 u. Drechsel, *Lebensgeschichte*, a.a.O., 360–374.

schichte(n) neu sehen kann in seinem Leben als geliebtes Subjekt coram deo, als jemand, der sich selbst neu wahrnehmen kann als wohlwollend Angesehener durch die Augen Gottes.

Auf diese Weise kann die geistliche Dimension, die immer schon da ist im Gespräch und bereits in der Wahrnehmung der Würde des Gegenübers als eine durch Gott gegebene mit konstituiert ist, auch ihre explizite und sprachliche Fassung im Gespräch erhalten.

So stehen in jedem seelsorgeorientierten lebensgeschichtlichen Erzählen letztlich immer drei Lebensgeschichten auf dem Spiel. Explizit und in Sprache gefasst die Lebensgeschichte des Besuchten. Implizit, in Beteiligtsein, Angeregtsein und Mitschwingen die Lebensgeschichte des Seelsorgers, vermittelt durch seine personale Präsenz. Und zugleich auch die Lebens- und Liebesgeschichte Gottes, die die beiden anderen Lebensgeschichten umfasst.

9. „Wir haben unser Leben vor uns gebracht"[49]

Blicken wir aus dieser Perspektive auf die Frage nach Lebensgeschichte und Alter in ihrem größeren Zusammenhang, so lässt sich zumindest festhalten: Während das Lebensgeschichtsthema als Ausdruck einer gegenwärtigen gesellschaftlichen Interessenslage in seinem kollektiven Zusammenhang als eine relativ „junge" Erscheinung angesehen werden muss, schaut es in seiner glaubensbezogenen und theologisch-reflexiven Fassung in der ganzen Ambivalenz des Begriffes „alt" aus. Im Kontext von Glaube und Theologie hat es selbst eine lange Lebensgeschichte, als Glaubensgeschichte, und es erscheint nicht als zufällig, dass die gesellschaftlichen Abwertungen des Alters auf entsprechende Weise auf die theologische Perspektive Anwendung finden.

Gilt aber eine gegenwärtige Tendenz (nicht nur der Gerontologie[50]) einer Neubewertung des Alters in der Betonung von Lebenserfahrung, Eigenständigkeit, Kreativität und auch Weisheit, die sich in der Realisierung eigener Endlichkeit durch den Blick auf die eigene Lebensgeschichte entfaltet, so lässt sich zumindest die Frage stellen, inwiefern aus dieser Perspektive nicht auch das Alter der Theologie und ihre Lebens-

---

49 Als modifiziertes Zitat von Rahner, *Grundverständnis des Alters*, ebd.
50 Vgl. exemplarisch Andreas Kruse, *Chancen und Grenzen der Selbstverantwortung im Alter*, in: WzM 59 (2007), 421–446, mit seiner Hebung von Offenheit, Widerstandsfähigkeit und Kreativität als Potentiale des Alters (433–443).

geschichte betrachtet werden kann. Und dann in der Umkehrung, inwiefern Elemente der Lebensgeschichte des Christentums nicht auch Deutungsperspektiven geben können für gegenwärtige Fragestellungen, an denen sich die Biographieforschung abarbeitet.

Von daher lassen sich bereits die vorausgegangen Ausführungen als ein Versuch lesen, Gegenwart (in Form des aktuellen Lebensgeschichtsthemas) aus der Lebensgeschichte des christlichen Glaubens heraus neu zu deuten und Perspektiven für die Zukunft möglichen Handelns zu entwickeln. Durchaus in Differenz zu dem Versuch vor allem der Praktischen Theologie seit den siebziger Jahren des letzten Jahrhunderts, den Trend zur Enttraditionalisierung auch auf die Theologie und ihre Sprachgestalt anzuwenden und ganz aus der Gegenwart und ihrer empirischen Forschung heraus eine „antimetaphysische" Theologie zu entwickeln. Diese Sicht war sicher zu ihrer Zeit von dringender Notwendigkeit als die Entdeckung der unmittelbaren Gegenwart und ihrer empirischen Fassung. Sie hatte allerdings in der Abgrenzung und Abwertung der Theologie auch eine entsprechende Einseitigkeit, die sich durchaus vergleichen lässt mit der oben benannten[51] Sicht der Lebensrückschau im Alter, die als Flucht verstanden wurde vor den Problemen der Gegenwart, verbunden mit einem Versinken im Vergangenen, das tendenziell zur Demenz neigt. Gerade in dieser Hinsicht erscheint die Wende hin zu einer Wertschätzung von Lebensgeschichte zumindest als eine Anfrage an das Selbstverständnis der Theologie: Könnte es nicht von eminentem Gewicht auch für die Theologie sein, im Blick auf die eigene Identität sich nicht nur auf die jeweilige Gegenwart zu beziehen, sondern im (immer wieder) Neu-Erzählen der eigenen Lebensgeschichte Ressourcen zu entdecken und Kohärenz herzustellen, indem sie sich ihrer Geschichte – als Ausdruck gelebter Endlichkeit und als Zukunftspotential zugleich – vergewissert, auf Identitätsfindung hin. Dabei ist eine solche „Rückschau" gerade nicht als ein Dem-Vergangenen-Verhaftetsein zu identifizieren, sondern im „Vor-sich-Ausbreiten" dieser Lebensgeschichte eröffnen sich durch sie hindurch Zukunft und Hoffnung. Allein schon in der Entdeckung, dass sich in dieser Lebensgeschichte das Lebensgeschichts-

---

51 So Coleman, *Erinnerung und Lebensrückblick*, a.a.O., 362, im Blick auf die grundlegende Haltung gegenüber dem lebensgeschichtlichen Erinnern bis in die späten 60er Jahre mit ihrer Ausrichtung darauf, „dass die Beschäftigung mit dem Alter auf jeden Fall zu vermeiden sei. Die Beschäftigung mit persönlichen Erinnerungen wurde im Regelfall als evasive Reaktion, als Flucht vor den Anforderungen der Gegenwart interpretiert." Durch diese können auch „dementielle Abbauprozesse im Alter gefördert werden."

thema selbst, als Lebens- und Liebesgeschichte Gottes, als Lebensgrund und Lebensgewissheit gewährend erweist. Dabei ist bei der Wahl der entsprechenden Zuhörer für solches Erzählen mit verschiedenen Fassungen dieser Lebensgeschichte zu rechnen. Es werden sich sehr unterschiedliche Erzählungen ergeben, je nachdem ob Gott der Adressat solchen Erzählens ist oder die empirischen Wissenschaften. Doch gerade deren Einfluss über die Hermeneutik-in-Beziehung ist von eminentem Gewicht bezüglich der eigenen Identitätsfindung *in* der Welt und zwingt zugleich zur permanenten Auseinandersetzung mit einer von Gott zugesprochenen Identität.

Zugleich lässt sich diese spekulative Perspektive auch umkehren: in der Frage, inwiefern die Lebensgeschichte von christlichem Glauben und Theologie nicht auch neues Licht auf die Themen der gegenwärtigen Biographieforschung werfen kann. So seien zumindest benannt die Frage nach der (historischen) Wahrheit[52], bezüglich deren Grenzen sich ganze Generationen historisch-kritischer Forscher abgearbeitet haben, oder die Frage nach Auslegung und Gegenwartsgemäßheit, die ihre exemplarische Fassung in der fundamentalen Bestimmung von Kirche als „Erzählgemeinschaft" finden. Oder auch die eschatische Perspektive, die mit lebensgeschichtlichem Erzählen auf eine Transzendierung von Zukunft hin immer schon verbunden ist, in der gegenwärtigen Lebensgeschichtsforschung wenn überhaupt, dann nur in ihrer allgemeinsten Form zum Thema wird und in einem glaubensbezogenen Kontext als zentraler Inhalt angesehen werden muss.[53]

Ohne nun diese Fragestellungen hier weiter auszubreiten, sei zumindest noch ein Aspekt benannt: Die Bedeutung von lebensgeschichtlichem Erzählen in der Perspektive von Karl Rahner, der den Satz „Wir haben unser Leben hinter uns gebracht", umgekehrt in: „Wir haben unser Leben vor uns gebracht", lässt sich aus einer theologischen Perspektive auch verstehen im Sinne der coram-Relation, coram meipso,

---

52 Vgl. dazu z. B. Perrig-Chiello/Perrig, *Die rekonstruierte Vergangenheit*, a.a.O., 45–50.
53 Nur am Rande sei in dieser Hinsicht angemerkt: Es gibt eine Tendenz, biblische Begrifflichkeiten wie „alt und lebenssatt" als eine Art Gebrauchsanleitung, eine Art Lebensideal oder anzustrebendes Ziel gelingenden Lebens zu verwenden, deren Realisierung dann allerdings nur in den seltensten Fällen gelingt. Demgegenüber erhält solche Begrifflichkeit eine ganz andere Bedeutung, wenn sie als eschatische Perspektive des Menschen vor Gott gelesen wird.

coram mundo, coram deo.[54] Im Sinne eines Sich-Einschreibens mit seinem eigenen Leben in die große Leerstelle der Heiligen Schrift, die als große Zusammenfassung der Lebensgeschichte der Menschheit von der Schöpfung bis zum Jüngsten Tag, zwischen den Pastoralbriefen und der Apokalypse Raum lässt für die jeweilige Gegenwart. Und die eigene Lebensgeschichte, das vor sich gebrachte Leben, hier mit einschreiben zu können als „living human document"[55] beinhaltet, dass der Wert und die Würde dieses Lebens, mit all seinen hellen und dunklen Seiten, seinen angemessenen Ausdruck findet, als vor sich und vor Gott gebrachtes Leben.

Selbstverständlich ist dann aber aller Rede von Erinnerung und von Lebensgeschichte eine Grenze gesetzt, durch die Endlichkeit selbst. Spätestens dort, wo jemand sich nicht mehr erinnern kann, wo Demenz und Sprachlosigkeit im Raum stehen, wo alle Rede vom Lebensziel als Lebensbilanz und als end-gültige Identitätsfindung in Ganzheit mit ihrer radikalen Aufhebung konfrontiert ist. In diesem Fall ist – die Grenzen aller Rede von Lebensgeschichte transzendierend – an die Feststellung von Ingolf U. Dalferth zu erinnern: „Das also ist das Gedächtnis, das der Glaube stiftet: Dass wir uns nicht an etwas erinnern müssen, sondern dass wir erinnert werden. Wir sollen gedenken, dass unser gedacht wird. Nicht mehr. Aber das ist das ganze Evangelium: Du wirst nicht vergessen, auch wenn du vergisst. Glaubenserinnerung ist nicht religiöse Wiederholung der Weltweisheit ‚Ohne Erinnerung keine Zukunft', sondern gerade umgekehrt Erinnerung daran, dass wir trotz unseres Vergessens nicht vergessen werden."[56]

---

54 Gerhard Ebeling, *Dogmatik des christlichen Glaubens I*, Tübingen 1979, 348–355.
55 Der Begriff geht auf Anton T. Boisen zurück und hatte für ihn dieselbe glaubensbegründende Wertigkeit wie die Heilige Schrift selbst. Vgl. Michael Klessmann, *Pastoralpsychologie*, Neukirchen 2004, 108 f.
56 Ingolf U. Dalferth, *Glaube als Gedächtnisstiftung*, in: ZThK 104 (2007), 59–83 (82).

Literatur

Aaron Antonovsky, *Salutogenese. Zur Entmystifizierung der Gesundheit*, Tübingen 1997.
Karl Heinz Bierlein, *Lebensbilanz. Krisen des Älterwerdens meistern – kreativ auf das Leben zurückblicken – Zukunftspotentiale ausschöpfen,* München 1994.
Wolfgang Drechsel, *Lebensgeschichte und Lebens-Geschichten. Zugänge zur Seelsorge aus biographischer Perspektive*, Gütersloh 2002.
Ralph Kunz, *Religiöse Begleitung im Alter. Religion als Thema der Gerontologie*, Zürich 2007.
Ulrich Moser, *Identität, Spiritualität und Lebenssinn. Grundlagen seelsorglicher Begleitung im Altenheim*, Freiburg 2000.
Hilarion Petzold, *Mit alten Menschen arbeiten I. Konzepte und Methoden sozialgerontologischer Praxis*, Stuttgart 2004.
Hans Georg Ruhe, *Methoden der Biografiearbeit. Lebensspuren entdecken und verstehen*, Weinheim (1998) ³2007.
Gunda Schneider-Flume, *Alter – Schicksal oder Gnade*, Göttingen 2008.
Walter Sparn (Hg.), *Wer schreibt meine Lebensgeschichte? Biographie, Autobiographie, Hagiographie und ihre Entstehungszusammenhänge*, Gütersloh 1990.
Hans-Werner Wahl/Heidrun Mollenkopf, *Altersforschung am Beginn des 21. Jahrhunderts. Alterns- und Lebenslaufkonzeptionen im deutschsprachigen Raum*, Berlin 2007.
Albert Zacher, *Kategorien der Lebensgeschichte. Ihre Bedeutung für Psychologie und Psychiatrie*, Berlin 1988.

Zeitwahrnehmung: Altern und Kirchenjahr

Jörg Neijenhuis

1. Eröffnung verschiedener Erfahrungsräume im Alter

Wann ist man alt, wann ist man ein älterer Mensch? Cees Nooteboom hat die Zeitwahrnehmung und Zeitdeutung seines eigenen Älterwerdens in seiner Erzählung „Roter Regen" geschildert: „Wann ist man alt? Meine Mutter wird in diesem Jahr siebenundneunzig, ich bin also noch Kind, das hilft. Alle Welt redet von dem immer älter werdenden Menschen, aber was sagt man zu den immer älter werdenden Kindern? Ich bin jetzt vierundsiebzig; was soll man von einem Kind halten, das auf die Achtzig zugeht? Das erste Mal, als mir das schlagartig bewußt wurde, war der Moment, als ein attraktives Mädchen vor mir in der Straßenbahn aufstand. Ich verstand nicht, was sie wollte, und als ich es verstanden hatte, setzte ich mich, um ihr den Gefallen zu tun, aber glücklich war ich nicht. Ich möchte noch immer selbst für ältere Damen und schwangere Frauen aufstehen. (...) Vor allem traf mich die Tatsache, daß sie bereits festgestellt hatte, daß ich alt war, als mir das noch gar nicht in den Sinn gekommen war. Sie sah außen etwas, was ich innen nicht spüre, darauf läuft es hinaus. Andererseits könnte man sagen, es gebe Grund genug, darüber anders zu denken. Allein in den letzten Jahren sind einige Freunde gestorben, die jünger waren als ich. Vielleicht kann man sein Alter an der Zahl toter Menschen messen, die man gekannt hat, und das Bild kippt in dem Moment, in dem man mehr Tote als Lebende kennt."[1] An anderer Stelle bemerkt er, dass das Eigentümliche des Altwerdens darin besteht, „daß fast alles eine Erinnerung wachruft. Offenbar hat man ein umfangreiches Bezugssystem aufgebaut, in dem alles mit allem verbunden ist. Alles in allem, nicht gerade ein Ausdruck, den ich besonders schätze, aber er trifft die Sache."[2] Am Ende seiner Erinnerungsreise hält er fest, dass die Hast der jungen Jahre verschwunden ist, „ich habe Zeit – und vielleicht geht es genau darum, in diesem späten Lebensabschnitt:

---

1 Cees Noteboom, *Roter Regen*, Frankfurt a. M. 2007, 101 f.
2 Noteboom, *Roter Regen*, a.a.O., 95.

daß man sich die Zeit nimmt, die man hat. Die Wolken von heute morgen sind vorbeigezogen. Der Esel meines Nachbarn schreit, wie Esel schon seit Jahrtausenden schreien. Der Regen, der mich auf den Gedanken brachte, alles sei mit allem verbunden, hat sich nicht eingestellt. Statt dessen habe ich an Gilberte Cahen gedacht, an eine Pfeife mit Kif, an den Sturm bei Kap Hoorn, an Homer und mein altes Gymnasium, an Mädchen, die in der Straßenbahn für einen aufstehen, und Freunde, die nicht mehr da sind, kurzum: an den Platz, den wir mit unseren Erinnerungen, wie Proust sagt, in der Zeit einnehmen und der um so vieles größer ist als der, den wir im Raum einnehmen. Man muß lediglich gelebt haben und darf damit nicht aufhören."[3]

Der Platz in der Zeit ist größer als der Platz, den wir im Raum einnehmen. Unter dieser Prämisse der Zeitwahrnehmung und der Zeitdeutung ergibt sich auf das Kirchenjahr bezogen eine eigenwillige Asymmetrie: Wird das eigene Leben als eine lineare Zeitspanne von Geburt bis zum Tod verstanden, konstruiert das Kirchenjahr einen Zyklus, einen immer wiederkehrenden Kreislauf der *einen* Zeit: von Advent bis zum letzten Sonntag im Kirchenjahr, dem Totensonntag oder auch Ewigkeitssonntag, der unter verschiedenen Perspektiven einen ewigen Zeitausblick gewährt, um dann mit dem Kreislauf vom Advent an wieder zu beginnen: Weihnachten, Passion mit Karfreitag und dann Ostern, Himmelfahrt und Pfingsten. Es folgen viele Sonntage nach Trinitatis, Einschnitte in dieser langen Zeit markieren der Johannistag, deutlicher noch das Erntedankfest, bis man sich dann endgültig dem Ende des Kirchenjahres mit Volkstrauertag, Buß- und Bettag bis zum allerletzten Sonntag zuwendet. So werden zeitlich gesehen aufgrund der Feier von Gottesdiensten Erfahrungsräume des Glaubens eröffnet: das Familienfest zu Weihnachten, oder das an die Grenze von Zeit und Raum führende Fest von Karfreitag und Ostern, oder das eher unbekannte Fest Pfingsten, das den Geist als lodernde Flammen darzustellen weiß. Für die kurze Zeit der gottesdienstlichen Feier wird ein Raum im Lebensfluss des eigenen Lebens geöffnet, um ihn dann mit dem Ende der Gottesdienstfeier wieder zu schließen. Schon bald wird ein anderer Raum mit einer anderen Feier geöffnet werden.

Wie viele Kirchenjahreskreisläufe muss man in unzähligen Sonn- und Feiertagsgottesdiensten erlebt haben, um sich in seinem linearen Lebensverlauf als älter oder gar als alt zu erfahren? Wird man des Kir-

---

3   Noteboom, *Roter Regen*, a.a.O., 103 f.

chenjahres beim vierundsiebzigsten Mal Weihnachtenfeiern überdrüssig? Oder ist man noch ein Kind, das auch in diesem Alter wie in den ersten Lebensjahren mit der Mutter das Krippenspiel besucht, auch wenn die Rollen wahrscheinlich getauscht wurden: Der Vierundsiebzigjährige geleitet nun seine siebenundneunzig Jahre alte Mutter zur Kirche. Oder geht der Vierundsiebzigjährige in das Krippenspiel, weil er seinen Enkel in jener Rolle bewundern will, die er vor vielen, vielen Jahren selbst einmal übernommen hatte? Und welche Erinnerungen kommen im zunehmenden Alter bei vielen anderen Sonntagen im Kirchenjahr zum Vorschein, die die junge Generation gar nicht haben kann, weil sie noch vielfach mit den Erst- und Zweiterlebnissen befasst ist?

In welche Erfahrungsräume gelangen wird durch die Zeit? Es sollen im Folgenden einige Erfahrungsräume bedacht werden, in die die Zeit heutige Menschen schickt und die deshalb für die Thematik von Altern und Kirchenjahr relevant sind: Da ist zuerst der Erfahrungsraum des Alterns, der bedacht werden soll, dann der Erfahrungsraum der Moderne als ein Raum, der für alle gegenwärtig lebenden Menschen – auf sie beziehen sich die hier ausgeführten Überlegungen – zeitprägend ist, anschließend der Erfahrungsraum des Kirchenjahres und ergänzend dazu der Erfahrungsraum der eigenen Biographie: Es ist die eigene Lebenszeit, die Menschen in unterschiedlichen Erfahrungsräumen leben lässt – das Altern und die Moderne, das Altern und das Kirchenjahr, das Kirchenjahr in der Moderne etc. So versieht die Zeit diese Erfahrungsräume im Leben eines Menschen mit Relationen, die Zeit stellt Verknüpfungen her, sie stiftet Beziehungen zwischen diesen unterschiedlichen Erfahrungshorizonten des Alterns in der Moderne, in der Begegnung mit dem Kirchenjahr und mit der eigenen Biographie. Diese Relationen ergeben sich, wenn sich Erfahrungshorizonte berühren und sich Sinn einstellt, wenn die aufgrund der Relationen gemachten Erfahrungen als Zeitwahrnehmungen gedeutet werden. „Relation" wird also verstanden als eine Begegnung zweier Erfahrungsräume oder Erfahrungshorizonte, als eine Verknüpfung, eine Verbindung oder Beziehung, als eine Spannung, die durch diese Begegnung entsteht. Wird sie als etwas Eigenes vom Menschen wahrgenommen, kann sie als etwas für ihn Sinnvolles gedeutet werden.

Wenn also unter dem Aspekt der Zeitwahrnehmung und der damit verbundenen Sinngenerierung in diesem Beitrag vorrangig die Relation von Altern und Kirchenjahr bedacht wird, dann stehen sich zwei auf den ersten Blick nicht sofort aufeinander beziehbare Größen gegenüber: Jeder Mensch wird für sich eine je eigene Zeitwahrnehmung und damit Zeitdeutung des Alterns formulieren, wohingegen das Kirchenjahr eine mehr oder weniger festgelegte Deutung der Zeit vorgibt. Auch stehen sich die damit gesetzten Zeitauffassungen gegenüber: Das menschliche Leben verläuft linear und wiederholt sich nicht – ist die Kindheit vorüber, kommt die Jugendzeit, dann das Erwachsenendasein etc., das Kirchenjahr ist dagegen kreisläufig, da die darin festgelegten Feste zyklisch Jahr für Jahr wiederkehren. Wenn also die Relationen, die durch die Begegnung von Altern und Kirchenjahr entstehen, in den Blick gerückt werden, dann geschieht das mit der Frage, ob diese Relationen für den alternden Menschen Sinn generieren bzw. ob seine Zeitwahrnehmung in der Begegnung mit dem Kirchenjahr für ihn Sinn generieren kann. Denn wenn man den Erlebnissen eine Bedeutung zuschreiben kann, wird man die damit verbrachte Lebenszeit als sinnvoll deuten können.[4] So stärkt man die eigene Identität, denn die wird in der Moderne nicht mehr durch einen einheitlichen Sinnhorizont der Gesellschaft bereitgestellt. Es ist die mit der Moderne verbundene Pluralität, die die Sinnfrage aufwirft und die jeden Menschen herausfordert, sie selbst beantworten zu müssen.

Der Begriff Sinn wird in diesem Beitrag verstanden als etwas, das mit den Wahrnehmungen der Sinne beginnt. Diese Wahrnehmungen werden im Bewusstsein des Menschen mit Bedeutungen belegt. Zwischen Sinnenwahrnehmungen und Sinnbedeutungen entstehen Relationen, die hier als sinngenerierend angesehen werden. Aus diesen sinngenerierenden Relationen ergibt sich z. B. Sinn, wenn der Mensch dadurch gewahr wird, dass sein Leben verankert ist in einer letzten Realität; oder es ergibt sich Sinn, wenn diese Relationen dem Menschen zu einer Erkenntnis verhelfen, die ihm z. B. neue Wege des Denkens oder Handelns eröffnet, oder wenn er dadurch etwas für gut halten oder etwas als richtig ansehen kann. Dieses Gewahrwerden von Sinn ereignet sich sowohl im kognitiven als auch im emotionalen Bereich des menschlichen Lebens.

---

4   Dietrich Stollberg, *Glaubensgewissheit und Lebenszufriedenheit im Alter. Pastoralpsychologische Beobachtungen, Deutungen und Vermutungen*, in: PTh 90 (2001), 473–484. Gerhard Ruhbach, *Vollzüge der Frömmigkeit im Alter*, in: Zeitschrift für Gerontologie 10 (1977), 10–14. Uwe Sperling, *Religiosität und Spiritualität im Alter*, in: Andreas Kruse/Mike Martin (Hg.), *Enzyklopädie der Gerontologie*, Göttingen 2004, 627–642 (638–640). Andreas Kruse, *Religiosität*, in: Wolf D. Oswald/Ursula Lehr/Cornel Sieber/Johannes Kornhuber (Hg.), *Gerontologie. Medizinische, psychologische und sozialwissenschaftliche Grundbegriffe*, Stuttgart (1984) ³2006, 318–321.

Es beschäftigt uns also die Frage: Wie können ältere Menschen unserer Zeit in der Begegnung mit dem Kirchenjahr bzw. den Gottesdiensten, die im Lauf des Kirchenjahres gefeiert werden, Sinn erfahren, der ihrem Leben Vergewisserung, Identitätsstabilisierung, Zuversicht etc. vermittelt?[5] Denn letztendlich geht es um die Bewältigung der Erfahrung des Alterns. Diese Erfahrung wird nur dann bewältigt werden, wenn ihr Sinn beigelegt werden kann und wenn die mit ihr zusammenhängenden Fragen sinnvoll beantwortet werden: Wie alt komme ich mir selbst vor? Wie reagieren Menschen auf mich, die jünger, gleichaltrig oder älter sind als ich? Wie werde ich von Institutionen – seien es staatliche, kirchliche, kulturelle oder wirtschaftliche – wahrgenommen als ein Mensch im höheren Alter? Wie verändert sich aufgrund der verrinnenden Lebenszeit die Blickrichtung auf das eigene Leben – wird in dem Raum, in dem zunächst Zukunftsplanungen vonstatten gingen, nun Erinnerungsarbeit, gar Vergangenheitsbewältigung betrieben? In welchem Maße und mit welchem Interesse werden soziale Kontakte gesucht, religiöse Handlungen ausgeführt, wird der Glaube gelebt? Erhält der Glaube im Alternsprozess neue Funktionen?

Es geht also bei der Erkundung dieser Erfahrungsräume um die angemessene Deutung der eigenen Zeitwahrnehmung. Sie soll hier fokussiert werden auf die Feier von Gottesdiensten, weil mit ihnen die durch das Altern entstehenden Lebenssituationen bewältigt und Lebensfragen beantwortet werden können, sodass Menschen, die Gottesdienste feiern, durch sie für sich Sinn generieren können bzw. erleben, dass sich für ihr Leben Sinn einstellt.

2. Zeitwahrnehmung und Zeitdeutung im Erfahrungsraum der Alternsforschung

Die Alternsforschung zeigt auf, dass man summarisch vom Alter als von einer spezifischen, schon gedeuteten Zeitwahrnehmung nicht sprechen kann. Vielmehr stellt sich dieser Begriff „Alter" als eine komplexitätsreduzierende Maßnahme heraus.[6] Daran arbeitet sich der oben zitierte Cees

---

5   Ursula Boos-Nünning, *Dimensionen der Religiosität. Zur Operatonalisierung und Messung religiöser Einstellungen*, München 1972. Martina Blasberg-Kuhnke, *Gerontologie und Praktische Theologie*, Düsseldorf 1985, 168–179.
6   Hans-Werner Wahl/Vera Heyl, *Gerontologie – Einführung und Geschichte (Grundriss Gerontologie, Bd. 1)*, Stuttgart 2004, 20.

Noteboom ab und stellt für sich fest, dass er sich in dieser Kategorie nicht wiederfinden kann. Seine Selbsteinschätzung ist durchaus nachvollziehbar und muss nicht verwundern, denn nachgewiesen ist, dass aufgrund der geistigen Leistungsfähigkeit, der Persönlichkeitsmerkmale, der sozialen Beziehungsformen die „Alten" die heterogenste Altersgruppe überhaupt darstellen.[7] Denn die subjektiven Erlebnisse und Erfahrungen werden sich proportional zur Anzahl der Lebensjahre addieren, die damit erarbeiteten Einstellungen und Weltanschauungen werden gefestigt oder auch verworfen werden. Dadurch ist bedingt, dass sich aufgrund dieser Subjektivität jede Person immer weiter individuell entfaltet: Umso älter Menschen werden, umso verschiedenartiger werden sie sein. So spricht man lieber vom Altern, das als ein lebenslanger Prozess begriffen wird, dessen Merkmale mit den summierten Lebensjahren sichtbarer werden.

Diese Faktoren können für eine Person ganz individuell gelesen und gedeutet werden, wie wir es auch bei Noteboom feststellen konnten. Demnach hat er dabei Teil an einer gesellschaftlichen, universalen Dimension des Alterns, da dieser Prozess bei jedem Menschen, ja sogar bei jedem Tier und jeder Pflanze stattfindet. Mensch, Tier und Pflanze haben dabei gemeinsam, dass sie ein Alter haben, dass sie nicht beeinflussen können – es summiert sich mit den Lebensjahren –, aber das Altern lässt sich – zumindest vom Menschen – durchaus beeinflussen. Denn das Altern zeigt sich nicht allein als ein biologischer Prozess,[8] der eher als ein an Kräften abnehmender Vorgang erfahren wird, sondern ist auch ein Zusammenwirken von psychologischen, sozialen und kulturellen Faktoren, das als ein stetiges Zunehmen an Kenntnissen und Lebensmöglichkeiten erfahren werden kann.[9] Insofern muss das Altern nicht als ein Prozess verstanden werden, der nur unter negativen Vorzeichen verläuft.

---

[7] E. Anne Nelson/Dale Dannefer, *Aged heterogeneity: Fact or fiction? The fate of diversity in gerontological research*, in: The Gerontologist 32 (1992), 17–23 (nach Wahl/Heyl, Gerontologie, a.a.O.).

[8] Gereon Heuft/Gudrun Schneider, *Der körperliche Alternsprozess als Organisator der Entwicklung in der zweiten Hälfte des Erwachsenenlebens – theoretische und empirische Befunde*, in: Hans-Werner Wahl/Heidrun Mollenkopf (Hg.), *Alternsforschung am Beginn des 21. Jahrhunderts. Alterns- und Lebenslaufkonzeptionen im deutschsprachigen Raum*, Berlin 2007, 145–161.

[9] Frieder R. Lang, *Motivation, Selbstverantwortung und Beziehungsregulation im mittleren und höheren Erwachsenenalter*, in: Hans-Werner Wahl/Heidrun Mollenkopf (Hg.), *Alternsforschung am Beginn des 21. Jahrhunderts*, a.a.O., 307–322. Klaus Dörner: *Das Alter gestalten. Eine persönliche und gesellschaftliche Herausforderung*, in: PrTh 41 (2006), 252–259..

Deshalb wird hier das Altern als ein dynamischer Prozess begriffen,[10] in dem für jede Lebensphase ein Wechselspiel von Verlust und Gewinn konstatiert werden kann.[11] Deutlich wird der Gewinn, wenn das höhere Alter als eine Lebensspanne der „späten Freiheit"[12] begriffen und gestaltet wird, da eine gewisse Rollenfreiheit verwirklicht wird: Man ist nicht mehr dem Berufsleben verpflichtet,[13] die Kinder sind außer Haus und man ist finanziell durch die Rente versorgt,[14] sodass man sich um das Einkommen auch keine Sorgen mehr machen braucht. So ergibt sich eine späte Freiheit von vielen Verpflichtungen, der ältere Mensch kann nun anderen Tätigkeiten nachgehen, denen er Sinngenerierung zuschreibt.[15] Hinzukommt die Beobachtung, dass ältere Menschen zu neuen seelischen Dimensionen Zugang finden können.[16] Wer das Leben ausschließlich in einer biologischen, quantitativen Perspektive sieht, wird das Älterwerden, das Sterben und den Tod als lebenszerstörend ansehen müssen. Wer sich

---

10 Fritz Oser/Paul Gmünder, *Der Mensch. Stufen seiner religiösen Entwicklung*, Gütersloh (1984) ⁴1996. Theophil Thun, *Das religiöse Schicksal des alten Menschen. Eine religionspsychologische Untersuchung*, Stuttgart 1969. M. Utsch, *Glaubensentwicklung als Thema der Psychologie*, in: Wege zum Menschen 42 (1990), 359–366.

11 Paul B. Baltes, *Entwicklungspsychologie der Lebensspanne. Theoretische Leitsätze*, in: Psychologische Rundschau 41 (1990), 1–24.

12 Leopold Rosenmayr, *Die späte Freiheit. Das Alter – ein Stück bewußt gelebten Lebens*, Berlin 1983. Karl Foitzik, *Kompetenzen und Engagement älterer Menschen*, in: PrTh 41 (2006), 280–283.

13 Heribert Engstler, *Erwerbsbeteiligung in der zweiten Lebenshälfte und der Übergang in den Ruhestand*, in: Clemens Tesch-Römer/Heribert Engstler/Susanne Wurm (Hg.), *Altwerden in Deutschland. Sozialer Wandel und individuelle Entwicklung in der zweiten Lebenshälfte*, Wiesbaden 2006, 85–154. Andreas Kruse, *Alter hat Zukunft. Stärken des Alters anerkennen und nutzen*, in: PrTh 41 (2006), 245–252.

14 Andreas Motel-Klingebiel, *Materielle Lagen älterer Menschen. Verteilungen und Dynamiken in der zweiten Lebenshälfte*, in: Tesch-Römer/Engstler/Wurm (Hg.), *Altwerden in Deutschland*, a.a.O., 155–230.

15 Leopold Rosenmayr, *Die Kräfte des Alters*, Wien (1990) ²1995. Ders., *Schöpferisch altern. Eine Philosophie des Lebens*, Münster/Berlin (2006) ²2007. Clemens Tesch-Römer/Susanne Wurm, *Veränderung des subjektiven Wohlbefindens in der zweiten Lebenshälfte*, in: Tesch-Römer/Engstler/Wurm (Hg.), *Altwerden in Deutschland*, a.a.O., 385–446. Margot Luecht-Steinberg, *Gespräche mit älteren Menschen*, Göttingen 1981.

16 Franz-Josef Hungs, *Das Alter – ein Weg zu Gott? Orientierung für die Altenpastoral*, Frankfurt 1988.

neue seelische Dimensionen in der Perspektive des Geistigen und Geistlichen erschließt, wird das Älterwerden als einen Gewinn erfahren.[17]

Dass dabei die soziale Umwelt[18] eine wichtige Rolle spielt, wird am oben eingeführten Beispiel des Krippenspiels deutlich. Auch hier lässt sich ein Wechselspiel von Verlust und Gewinn nachvollziehen: Wenn ein Großvater in seiner Jugend die Rolle des Joseph übernommen hatte, kann er sich daran erfreuen, wenn heute sein Enkel diese Rolle übernimmt. Dem Verlust, nicht mehr selbst so jung zu sein, diese Rolle zu spielen, steht der Gewinn gegenüber, dass nun der Enkel den Joseph darstellt. Damit kann der Großvater auf eine Familiengeschichte schauen, die auch die eigenen Kinder in den Blick nimmt: Hier wird eine Glaubensgeschichte sichtbar, an der er selbst, seine Kinder und seine Enkel teilhaben. Alle drei Generationen erfahren sich aufgrund des Krippenspiels miteinander verbunden; es lässt sich eine Transmission von Werten und Glauben feststellen, da ja auch der Enkel die Werte und den Glauben des Großvaters teilt. So wird der Großvater diese Erfahrung nicht ausschließlich als Verlust begreifen müssen, sondern auch als einen Gewinn an Lebenserfahrung, Beheimatung und Verbundenheit in der Familie und Kirche ansehen können. Für ihn generiert sich vermittels dieser Zeitwahrnehmung und Zeitdeutung Sinn.[19]

Nicht nur die Erfahrung des Alterns als ein Prozess von Verlust und Gewinn, sondern auch die Erfahrung mit dem zyklischen Kirchenjahr und dem eigenen linearen Lebensverlauf lässt sich mit den Kategorien von Veränderung und Kontinuität erfassen, so, wie die gängigen Theo-

---

17 Andreas Kruse, *Geronotologische Aspekte und theologische Fragestellungen*, in: Andreas Kruse/Ursula Lehr/Christoph Rott/Frank Oswald (Hg.), *Gerontologie – eine interdisziplinäre Wissenschaft*, München 1987, 466–500. Karl Friedrich Becker, *Zur Lage zwischen Theologie und empirischer Gerontologie*, in: Zeitschrift für Gerontologie 10 (1977), 51–60. Karl Friedrich Becker, *Theologische Aspekte des Alterns*, in: Kruse/Lehr/Rott/Oswald (Hg.), *Gerontologie*, a.a.O., 301–314. Karl Friedrich Becker/Alois Angleitner/Heinz Grombach/Reinhard Schmitz-Scherzer (Hg.): *Kirche und ältere Generation*, Stuttgart 1978. Klaus Dirschauer, *Altenstudie. Standortbestimmung der Kirche*, Bremen 1987. Barbara Städtler-Mach, *Würde, Wert und Sinn des Alters. Theologische Reflexionen*, in: PrTh 41 (2006), 264–271.
18 Heidrun Mollenkopf/Frank Oswald/Hans-Werner Wahl, *Neue Person-Umwelt-Konstellationen im Alter. Befunde und Perspektiven zu wohnen, außerhäuslicher Mobilität und Technik*, in: Wahl/Mollenkopf (Hg.), *Alternsforschung am Beginn des 21. Jahrhunderts*, a.a.O., 361–380.
19 François Höpflinger/Cornelia Hummel, *Enkelkinder und ihre Großeltern – alte Bilder, neue Generationen*, in: Wahl/Mollenkopf (Hg.), *Alternsforschung am Beginn des 21. Jahrhunderts*, a.a.O., 99–119.

rien in der Gerontologie sich Veränderungstheorien und Kontinuitätstheorien zuordnen lassen.[20] Dabei nehmen die Veränderungstheorien eher z. B. den biologischen Alternsprozess, den kognitiven Verlangsamungsprozess, die sich ändernde Zeitperspektive, die sich ändernde soziale Umwelt in den Blick, während die Kontinuitätstheorien stärker z. B. die Intelligenz, die Aktivität, das Selbstbild, die Lebensstile, die Lebenszufriedenheit usw. in ihren Mittelpunkt rücken. Auf die Zeitwahrnehmung bezogen bedeuten diese Zuordnungen, dass sich der Lebensverlauf aus der Perspektive des älteren Menschen aus Veränderungen und Kontinuitäten zusammengesetzt verstehen lässt, die in ihrem Wechselspiel, in den dadurch aufgrund der jeweiligen Lebenssituationen entstandenen vielfältigen Relationen für ihn dann Sinn generieren, wenn er ihnen eine Bedeutung beilegen kann. So zeigen Untersuchungen zur Persönlichkeitsentwicklung im höheren Alter, dass sich das Selbstbild aus Elementen der Veränderung und Elementen der Kontinuität speist, dabei sind die Themen Gesundheit, Identität und soziale Beziehungen zentral.[21] Was die sozialen Beziehungen und die Identität betrifft, nimmt der Glaube, wie er sich in der gottesdienstlichen Perspektive des Kirchenjahres äußert, eine sinnstiftende Funktion ein.

3. Zeitwahrnehmung und Zeitdeutung des Alterns im Erfahrungsraum der Moderne

Neben dem Erfahrungsraum des Alterns ist der Erfahrungsraum der Moderne zu beachten, denn die Moderne hat die Bedingungen des Alterns gegenüber früheren Generationen verändert.[22] Das gilt auch für den jetzt lebenden Menschen, der sich religiös betätigt. Denn wenn er z. B. an einem Gottesdienst teilnimmt, nimmt er ihn unter den Bedingungen der Zeitwahrnehmung in der Moderne als eine eigene Zeitepoche wahr. Auch in dieser Epoche lassen sich Elemente der Veränderung, die die Moderne mit sich bringt, und Elemente der Kontinuität, die die Geschichte, wie sie sich im Kirchenjahr konkretisiert hat, erkennen, da beide Erfahrungshorizonte aufeinandertreffen.

---

20 Wahl/Heyl, *Gerontologie – Einführung und Geschichte*, a.a.O., 144 f.
21 Jaqui Smith/Alexandra M. Freund, *The dynamics of possible selves in old age*, in: Journal of Gerontology 2002, Psychological Sciences, 57B, P1-P9.
22 Pat Thane (Hg.), *Das Alter. Eine Kulturgeschichte. Aus dem Englischen von Dirk Oetzmann/Horst M. Langer*, Darmstadt 2005.

In seiner Beschreibung der Konsequenzen der Moderne hat Anthony Giddens[23] u. a. herausgestellt, dass der Mensch – und damit auch der alternde Mensch – es immer mehr mit Expertensystemen zu tun bekommt. Es sind „Systeme technischer Leistungsfähigkeit oder professioneller Sachkenntnis"[24]. Dazu gehört auch die Kirche, weil sie als System das Kirchenjahr mit professioneller Sachkenntnis am Leben erhält und mit Gottesdiensten – wie oben geschildert – dieses System für die Sinngenerierung des Lebens und des Glaubens bereithält. Nun gilt es allerdings zu bedenken, dass die Kirche nicht nur ein professionelles System ist, sondern auch ein Amateursystem in ihr Leben integriert ist. Beide Systeme greifen ineinander, wie das Krippenspiel am Heiligen Abend verdeutlicht: Sicherlich wird ein Pfarrer anwesend sein als ein sachkundiger Professioneller, aber ebenso sind die Kinder da als Amateurschauspieler, die die Rollen für das Krippenspiel einstudiert haben. So ist dieser Gottesdienst eine Interaktion von professionellem System und Amateursystem.

Auch die von Giddens unterschiedenen „gesichtsabhängigen" und „gesichtsunabhängigen" Bindungen[25] kommen hier im System Kirche zum Tragen. Mit gesichtsabhängigen Systemen bezeichnet Giddens soziale Zusammenhänge, wenn Menschen gemeinsam anwesend sind, also ihr Gesicht zeigen. Gesichtsunabhängig dagegen sind die abstrakten Systeme, die Beziehungen unter symbolischen Zeichen meinen, wie z. B. der Geldverkehr, da der Geldschein zwar den Wert anzeigt, aber selbst nicht den Wert hat. Die Kirche ist auch hier ein Mischsystem, da etwa das Kirchenjahr ja durchaus ein symbolisches Zeichen ist, aber in seiner konkreten Gestaltung und in der persönlichen Erfahrung nur in Verbindung mit dem gesichtsabhängigen System des Gottesdienstes funktioniert, wenn Menschen gemeinsam anwesend sind und einen sozialen Zusammenhang bilden. Giddens hat nicht die Kirche im Blick, wenn er diese Begriffe vorstellt, sondern das Netz der Sozialleistungen, die der Staat ermöglicht, z. B. die Rentenzahlungen oder das Gesundheitswesen, die von Experten gestaltet werden. Der ältere und insbesondere der sehr alte Mensch wird diesen Systemen nur dann im Vertrauen begegnen können, wenn er den Experten und dem mit ihnen verbundene System

---

23 Anthony Giddens, *Konsequenzen der Moderne*, Frankfurt a. M. 1995. Vgl. dazu auch Anton Amann, *„Konsequenzen der Moderne" und das Alter*, in: Wahl/Mollenkopf, *Altersforschung am Beginn des 21. Jahrhunderts*, a.a.O., 3–19.
24 Anthony Giddens, *Konsequenzen der Moderne*, a.a.O., 40.
25 Giddens, *Konsequenzen der Moderne*, a.a.O., 103.

unterstellt, dass sie ihm das Gute und Richtige an Handlungen angedeihen lassen werden. Was anderes bleibt gerade den sehr alten Menschen auch nicht mehr übrig, weil sie nicht mehr über eigene und wirksame Kontrollmechanismen verfügen, um sich gegen Unerwünschtes aus diesen Systemen wehren zu können. Hinzu tritt noch, dass sich die gesichtunabhängigen Systeme durchaus mit einem „Gesicht" präsentieren, wenn ein Mitarbeiter stellvertretend für das System, z. B. als Rentenberater, auftritt, um doch Vertrauen zu erwirken. Für das System Kirche muss das nicht in gleichem Maße gelten, denn das System Kirche ist darauf angelegt, dass Amateure mitwirken, die ihr Gesicht nicht für das Expertensystem präsentieren und darüber hinaus einen eigenen Ort haben, der mehr bedeutet als sich z. B. durch das Rentensystem versorgen zu lassen. Mitverantwortung und Mitwirkung sind grundlegende Werte, ohne die Kirche als System nicht zu denken ist. Das gilt bis in die Seelsorge hinein: Wenn ein Gottesdienst gefeiert wird, wenn in ihm auf das Wort Gottes gehört und gebetet wird, wird das nur als ein grundlegend gemeinsames Tun verstanden werden können. Der Pfarrer – das Gesicht – als Vertreter des Expertensystems wird die Gemeinde nicht mit Gebeten versorgen, wie man durch das entsprechende Expertensystem seine Rentenzahlungen aus der Rentenkasse erhält. Gerade an diesem unabdingbaren Mitwirken als etwas Konstitutivem kann der Mitfeiernde sich in seinem Handeln als sinnvoll erfahren – denn ein Gebet wird für ihn erst dann ein Gebet sein, wenn es nicht der Pfarrer allein spricht, sondern wenn er es selbst mitbetet.

Eher hier als in anderen Systembereichen vermute ich die Suche nach sinngenerierenden Handlungen, die jeder Mensch in jedem Lebensalter als gedeutete Zeitwahrnehmung benötigt, will er sein Alter und sein Altern bewältigen und als erfüllt und lebenswert einstufen. Trotz allen Systemkonfrontationen, die die Moderne mit sich bringt, wird sich ein wesentlicher Bereich des Lebens im Alter in den gesichtsabhängigen, den familiären und kirchlich bezogenen Lebenssituationen ereignen.

Wenn wir nun den nächsten Erfahrungsraum, der Raum der Gottesdienste des Kirchenjahres, betreten, stellt sich die Frage, ob hier ein System Kirche[26] mit dem Subsystem Kirchenjahr in der Weise als Expertensystem funktioniert, dass es Nichtexperten schwer fällt, im Mit-

---

26 Reiner Preul, *Kirchentheorie. Wesen, Gestalt und Funktionen der Evangelischen Kirche*, Berlin/New York 1997.

feiern bestimmter Gottesdienste Sinn zu erfahren und zu finden. Denn das System Kirchenjahr ist zunächst ein gesichtsunabhängiges System.

4. Zeitwahrnehmung und Zeitdeutung im Erfahrungsraum des Kirchenjahres

Das zyklische Kirchenjahr scheint auf den ersten Blick mit dem linearen Lebensverlauf nicht viel gemein zu haben. Gibt es besondere Sonntage, die für das Alter geschaffen sind? Ist es vielleicht ausgerechnet der letzte Sonntag im Kirchenjahr, an dem im Gottesdienst der Toten des vergangenen Kirchenjahres ganz besonders gedacht wird – dann, wenn das Kirchenjahr selbst „alt" wird und an sein eigenes Ende gekommen zu sein scheint?[27] Sicherlich ist dies ein Sonntag im Kirchenjahr, der das eigene Sterben in den Vordergrund stellt: Zum einen wird der Verstorbenen gedacht, zum anderen wird aber auch das ewige Leben nach dem eigenen Tod thematisiert, sodass es neben dem Sonntagsnamen „Totensonntag" auch zu dem Begriff „Ewigkeitssonntag" gekommen ist.[28] Beide je unterschiedlichen, aber aufeinander bezogenen Sachverhalte gehen von verschiedenen Zeitwahrnehmungen aus, die in der eigenen Lebenssituation begründet sind: Wenn man einen solchen Gottesdienst mitfeiert als ein Trauernder, dessen Angehöriger zum Gedenken erwähnt wird, oder wenn man ihn als nicht direkt Betroffener mitfeiert und sich deshalb vielleicht eher auf die Hoffnung auf das ewige Leben nach dem eigenen Tod besinnt, liegen verschiedene und doch aufeinander bezogene Zeitwahrnehmungen vor, die für die derart gedeuteten Situationen eine Sinngenerierung darstellen. Gleichwohl lassen sich noch andere Schwerpunkte und damit weitere Variationen von Sinndeutung vorstellen, denn selbstverständlich nehmen manche Freunde und Bekannte, die ebenfalls schon älter sind, an solchen Gottesdiensten teil, um noch einmal des Toten zu gedenken, aber ebenso nehmen auch des Toten Kinder,

---

27 Karl Friedrich Becker, *Friede – Umkehr – Heimkehr, die letzten Wochen des Kirchenjahres*, Göttingen 1994.

28 Joop M. A. Munnichs, *Endlichkeit und Sterben*, in: Zeitschrift für Gerontologie 6 (1973), 351–358. Herrmann-Josef Fisseni, *Erleben der Endgültigkeit der eigenen Situation. Biographische Aspekte*, in: Zeitschrift für Gerontologie 13 (1980), 491–505. Franz Böckle/Albrecht Roos, *Der alternde Mensch vor der Glaubensfrage*, in: Staatsministerium Baden-Württemberg (Hg.), *Altern als Chance und Herausforderung*, Stuttgart 1988, 167–174. Joachim Wittkowski, *Tod und Sterben. Ergebnisse der Thanatopsychologie*, Heidelberg 1978.

Enkel oder gar Urenkel an diesem Gottesdienst teil. Zwar ist es aus jeder Statistik zu ersehen, dass mehr ältere als jüngere Menschen sterben, aber es wird an diesem Sonntag auch der Toten gedacht, die mitten im Leben standen und ihre Lebensmitte noch nicht einmal überschritten hatten. Es werden auch jener genannt, die als Kinder oder Jugendliche starben. Ein entsprechender Befund ergibt sich umgekehrt, wenn man meint, dass das Weihnachtsfest, noch ganz frisch in den ersten Wochen des Kirchenjahres platziert, eher etwas für Kinder sei; immerhin feiert man ja eine Kindsgeburt, die Kinder spielen ein Krippenspiel. Es sind oft genug die Eltern und die Großeltern, die im Kirchenschiff sitzen, und man täuscht sich vielleicht in der Klassifizierung des Weihnachtsfestes als Kinderfest deshalb, weil die Kinder den aktiven Part der Gottesdienstgestaltung übernommen haben und die anderen mit Fotoapparat und Videokamera immer noch nicht müde werden, Jahr für Jahr weitere Erinnerungsfotos und familiäre Dokumentationsfilme zu drehen, um dann Erinnerungsunterlagen für das Alter zu haben.

Dass sich das Kirchenjahr als wenig ergiebig für eine Altersklassifizierung herausstellt, mag an seiner Genese liegen. Dabei unterliegt die Genese des Kirchenjahres selbst einer erheblichen Zeitspanne, bis alle Feste und Daten unter Berücksichtigung vieler theologischer, kalendarischer und kultureller Faktoren ihre Gestalt erhalten haben.[29] Und immer wieder wird von Neuem an dem alten System verändert, verbessert oder auch verschlechtert.

Schon an der Genese des Kirchenjahres ist zu erkennen, dass Zeitwahrnehmungen eine eminente Rolle spielten und dass mit ihnen das an den heilsgeschichtlichen Ereignissen orientierte Kirchenjahr mit anderen Erfahrungshorizonten verbunden wurde. Vom ältesten Fest, dem Osterfest, und dem um ihn gelagerten Festkreis von Aschermittwoch bis

---

29 Karl-Heinrich Bieritz, *Das Kirchenjahr. Feste, Gedenk- und Feiertage in Geschichte und Gegenwart*, München (1986) ^{7}2005. Ders., *Liturgik*, Berlin 2004, 58–85. Ders., *Das Kirchenjahr*, in: Hans-Christoph Schmidt-Lauber/Michael Meyer-Blanck/Karl-Heinrich Bieritz, *Handbuch der Liturgik*, Göttingen (1995) ^{3}2003, 355–390. Ansgar J. Chupungco (Hg.), *Liturgical Time and Space (Handbook for Liturgical Studies V)*, Collegeville Minnesota 2000. Hansjörg Auf der Maur, *Feiern im Rhythmus der Zeit. I. Herrenfeste in Woche und Jahr*, in: Hans Bernhard Meyer/Hansjörg Auf der Maur/Balthasar Fischer/Angelus A. Häußling/Bruno Kleinheyer, *Gottesdienst und Kirche. Handbuch der Liturgiewissenschaft, Teil 5*, Regensburg 1983. Philipp Harnoncourt, *Der Kalender*, und: Hansjörg Auf der Maur, *Feste und Gedenktage der Heiligen*, in: Bernhard Meyer/Hansjörg Auf der Maur/Balthasar Fischer/Angelus A. Häußling/Bruno Kleinheyer, *Gottesdienst und Kirche. Handbuch der Liturgiewissenschaft, Teil 6,1*, Regensburg 1994.

Pfingsten gibt es erste Zeugnisse aus dem 2. Jahrhundert, da man sich über den rechten Termin für das Osterfest uneinig war. Die kleinasiatischen Gemeinden feierten das Fest am 14. Nisan in enger Anlehnung an den Termin der jüdischen Passahfeier und damit unabhängig vom Wochentag, die römische Gemeinde dagegen feierte das Fest am auf den 14. Nisan folgenden Sonntag, legte damit das Osterfest relativ unabhängig von einem Tagestermin auf einen Sonntag fest und entfernte sich von den jüdischen Bezügen. Damit verbanden sich möglicherweise unterschiedliche theologische Akzentsetzungen und Schwerpunkte der Glaubens- und Lebenspraxis: Ob nun die kleinasiatische Tradition stärker die Passion Jesu betonte oder die römische Tradition wegen der Datierung der Feier auf einen Sonntag stärker die Auferstehung Jesu von den Toten, sei dahin gestellt, deutlich ist jedenfalls, dass nicht nur unterschiedliche Überlieferungen, unterschiedliche Glaubenspraxen und Glaubenserfahrungen das Kirchenjahr in seiner Entstehung und Gestalt geprägt haben,[30] sondern dass es solche Zeitwahrnehmungen und Zeitdeutungen sind, die seine Gestalt entscheidend mitprägten. So sollte es auch weiterhin sein, denn als sich das Christentum in Europa auszubreiten begann, wurde das Osterfest deutlicher mit dem Frühlingsfest verbunden. Hatte doch das Konzil von Nizäa 325 das Osterfest auf den ersten Sonntag nach dem ersten Frühlingsvollmond festgelegt, den Beginn eines neuen Naturjahres.

Neben Ostern, dem im Kirchenjahr bisher einzigen Jahresfest, wurde im 4. Jahrhundert das andere Jahresfest, das Weihnachtsfest, ebenfalls mit dem ihn umgebenden Festkreis, eingerichtet. Es lässt sich erkennen, dass auch das Weihnachtsfest aufgrund von Erfahrungen und Bedürfnissen in den Festkalender aufgenommen wurde, die sich mit Zeitwahrnehmungen und Zeitdeutungen verbanden. Es orientierte sich nicht mehr am jüdischen Kalender und auch nicht mehr am Mondkalender, sondern am Sonnenkalender. Im Rom wurde der 25. Dezember als Weihnachtsfest eingerichtet, im Osten und einigen Gebieten des Abendlandes entwickelte sich der 6. Januar als Fest der Erscheinung Christi. Dass zu diesen Terminen wieder unterschiedliche Zeitdeutungen eine gewichtige Rolle spielten, lässt sich daran sehen, dass der 25. Dezember möglicherweise deshalb gewählt wurde, weil er neun Monate nach der Empfängnis Jesu folgte, die auf den 25. März datiert wurde. Den 25. März wählte man, weil er als der erste Tag des neuen Jahres, der neuen Schöpfung angesehen wurde, was auf Jesus Christus gedeutet heißt, dass mit der Fleischwer-

---

30 Auf der Maur, *Feiern im Rhythmus der Zeit*, a.a.O., 63–70.

dung Gottes eine neue Zeit begonnen hat. Die andere Zeitwahrnehmungshypothese orientiert sich an der Wintersonnenwende und daran, dass Kaiser Aurelian im Jahr 274 das Fest des unbesiegten Sonnengottes auf den 25. Dezember legte. Dazu konnten biblische Überlieferungen in Beziehung gesetzt werden, da der kommende Erlöser bei Maleachi (3,20) als *Sonne der Gerechtigkeit* und im Johannesevangelium (8,12;1,9) Jesus als das *Licht der Welt* beschrieben wurde.

Konnte sich so das eigene Leben von der Geburt bis zum Tod mit der Hoffnung auf das ewige Leben und mit dem Leben Jesu Christi verbinden und sich auf diese Weise eine persönliche, daran angelehnte und parallel verstandene Zeitdeutung als Glaubensvergewisserung realisieren, so bot die weitere Entwicklung des Kirchenjahres dazu noch anderweitige Gelegenheit. Dabei steht wiederum das Leben eines besonderen Menschen im Mittelpunkt, z. B. das eines Märtyrers, der sein Leben an dem des Christus ausgerichtet und für seinen Glauben auch den Tod auf sich genommen hatte. In Anlehnung an den Tod und die Auferstehung Jesu wird das Märtyrergedenken als ein Hinübergehen vom Tod zum Leben gedeutet, sodass der Todestag des Märtyrers zugleich als sein „Geburtstag" eines neuen, nun ewigen Lebens verstanden wurde. Das dergestalt gedeutete besondere christliche Leben wurde als eine eigenständige Form von Zeitdeutung entfaltet, wenn die Gemeinde, zu welcher der Märtyrer gehörte, sich an seinem Grab einfand. Es wurde anhand der Märtyrerakten von seinem Leiden und Sterben berichtet, dann die Eucharistie gefeiert und somit das Leiden und Sterben des Märtyrers mit dem Leiden und Sterben Christi in Verbindung gesetzt als eine gemeinsame Zeitdeutung. Da die Märtyrerakten unter den Gemeinden zirkulierten, wurden auch ortsfremde Märtyrer verehrt und es entwickelte sich ein eigenständiger Heiligenkalender. In ihm wurden neben den Märtyrern auch die Apostel Jesu, dazu die Bekenner aufgenommen, die wegen ihres Glaubens verfolgt wurden, aber nicht das Martyrium erlitten. Hinzu kamen Bischöfe, Kirchenlehrer, Asketen, Jungfrauen und natürlich die Gottesmutter Maria. Sie alle waren Vorbilder des christlichen Glaubens und der christlichen Lebensführung. Orientierte man sich an ihnen, ahmte man gar ihr Leben nach, dann nahm man für sein eigenes Leben eine besondere Zeitwahrnehmung vor: Zum einen wurden auch ihre Feste zyklisch neben den bestehenden Festen gefeiert und kehrten regelmäßig als Erinnerung für das eigene Leben ins Bewusstsein zurück, zum anderen konnten die Heiligen als Fürsprecher bei Gott angerufen werden, um eigene Anliegen besser vor Gott bringen zu können – auch das ist eine Form der Zeitwahrnehmung, die die eigene Lebenszeit mit der Ewigkeit Gottes in eine Relation setzt.

So kann man erkennen, dass die eigene Lebenszeit von der Geburt bis zum Tod, ja bis zum ewigen Leben als Alternsvorgang durchaus im Kirchenjahr vorkommt, wenn man auf die Lebensbezüge sieht, die sich aus dem Leben Jesu Christi sowie der Märtyrer, Apostel und Heiligen ergeben. Betrachtet man das Kirchenjahr allein aufgrund von Festbegriffen wie Ostern oder Weihnachten, ergibt sich zunächst keine Relation zwischen Altern und Kirchenjahr. Das gilt insbesondere für die sogenannten Ideenfeste wie den Sonntag der Dreifaltigkeit oder das Erntedankfest. Hier lassen sich kaum Bezüge auf einen Lebensverlauf entdecken, die für das Fest und seine Verankerung im Kirchenjahr von Bedeutung wären. Darum ist es für die Sinngenerierung nicht zu unterschätzen, dass die Hochfeste im Kirchenjahr – Weihnachten oder Ostern – nicht unter der Hand zu Ideenfesten umfunktioniert werden, mit denen man theologische Lehren in den Vordergrund rückt, sondern dass sie als ein Fest bzw. als eine Festkette begangen werden, wobei es um ein Leben geht, das Leben Jesu von Geburt an über sein Erwachsenwerden, seine Wirksamkeit unter den Menschen, sein Leiden, Sterben und Auferstehen, als um eine besondere Zeitwahrnehmung, die für das eigene alternde Leben Zeitbedeutungen bereithält: Die Mitfeier von Geburt bis zum Tod und die Aussicht auf das ewige Leben wirken sinngenerierend, weil hier der heilsgeschichtliche, der lineare Lebensverlauf Jesu parallel zum eigenen Lebensverlauf wahrgenommen und vermittels des Glaubens gedeutet wird. Denn im Glauben erkennt der Feiernde, dass neben den eigenen Lebenserfahrungen, die die Veränderung des Lebens bewusst machen, das Leben Jesu als das ganz Andere von außen kommende Beständige ist, das seinem Leben Sinn und Halt zu vermitteln vermag.

Wenn die Feiernden in dieser Weise im Glauben Anteil am Leben Jesu haben, löst sich die starre Entgegensetzung zwischen persönlichem linearen Lebensverlauf und dem zyklischen Kirchenjahr in gewisser Hinsicht auf, denn der immer wieder erlebte Zyklus des Kirchenjahres bzw. hier des Lebens Jesu kann das lineare Element der Zeit nicht außer Kraft setzen.

5. Zeitwahrnehmung und Zeitdeutung im Erfahrungsraum der Biographie

Während das zyklische Kirchenjahr und der lineare Lebensverlauf auf den ersten Blick zunächst wenig Relationen zu erkennen gaben, lassen die Kasualgottesdienste dagegen eine völlig andere Beurteilung zu. Sie sind von vornherein am linearen, persönlichen Lebensverlauf orientiert und können daher nicht im Kirchenjahreszyklus verankert werden. So bildet sich eine für den jeweiligen Menschen notwendige Art von Gottesdiensten aus, denn erst in der Kombination von Gottesdiensten, die sich am Kirchenjahr orientieren und Gottesdiensten, die sich an der Biographie, an den Lebenssituationen orientieren, wird eine gewisse Weite des Lebens und seiner Vorkommnisse überhaupt abgedeckt – darum müssen die Kasualgottesdienste ergänzend zum Kirchenjahr mitbedacht werden. Auch sie gehen von einer besonderen Zeitwahrnehmung aus – im Gegensatz zum Kirchenjahr gehen sie sogar ausdrücklich vom Altern aus. Sie markieren Lebensschwellen, man denke etwa an den Einschulungsgottesdienst oder den Konfirmationsgottesdienst, die Jubelkonfirmationen oder die Feier der Goldenen Hochzeit. Sie alle nehmen spezifische Stadien des Alterns auf, seien es die der Jugend oder die der Senioren, markieren besondere Anlässe im Leben der betreffenden Personen und heben sie durch die Segnung in einen besonderen, geistlichen Zusammenhang der Zeitdeutung. Hier geht es nicht um die Parallelisierung des eigenen Lebens mit Christus oder gar um das sich Hineinbilden in das Leben Jesu, sondern um die Segnung der eigenen Lebenssituation.[31]

Kasualgottesdienste bilden neben dem vorrangig am Leben Christi orientierten Kirchenjahr eine an der eigenen Lebensbiographie orientierte Ordnung, die dem linearen Verlauf des Lebens augenscheinlich stärker entspricht und zumindest für das eigene Leben keine Wiederholungen kennt wie das zyklische wiederkehrende Kirchenjahr. Die Kasualgottesdienste nehmen also das Verändernde des Lebens nicht nur auf, sondern stellen es in den Mittelpunkt.

Eine gewisse Beständigkeit mag sich ergeben, wenn ein Mensch an diesen für ihn selbst nicht wiederholbaren Festen wieder teilnimmt, wenn Nachkommen eingeschult oder konfirmiert werden, wenn andere ihre Jubelkonfirmation oder Goldene Hochzeit feiern. Auch in dieser eher begleitenden Perspektive können solche Feiern für ihn sinngenerierend

---

31 Das Sakrament der Taufe als „Kasualie" muss aus diesem Zusammenhang ausgenommen bleiben.

wirken, wenn er sie für die Betroffenen, aber auch für sich selbst als eine bedeutende Lebenssituation ansieht, die ihm durch die Erinnerung Stärkung und Halt zu geben vermag.

Auch hier gilt wie schon für die Entgegensetzung von linearem Lebensverlauf und zyklischem Kirchenjahr, dass die einseitige Parallelisierung von eigenem Lebensverlauf und Kasualgottesdienst nicht die einzige Perspektive ist. Denn wenn ein Mensch nicht seine Konfirmation, sondern die seiner Kinder oder Enkel feiert, wenn er die Kasualien anderer Menschen mitfeiert, dann ergibt sich für ihn zugleich eine zyklische Erfahrung: Die Wiederkehr einer Lebensschwelle, die er jetzt als Mitfeiernder erlebt, bedeutet für ihn eine Erinnerung an seine persönliche Erfahrung der eigenen Konfirmation, die für ihn von Bedeutung ist.

So bilden die Feste des Kirchenjahres und die Feiern der Kasualgottesdienste für die sinngenerierende feiernde Person Relationen aus, die für die sinnvolle Deutung seiner Lebenszeit grundlegend sind: der Bezug des Christen auf Christus durch den Zyklus des Kirchenjahres, der ihm das Leben Christi für das eigene Leben als sinnstiftende Zeitdeutung immer wieder vor Augen stellt, dann die Anlässe besonderer Zeit seines eigenen Lebensverlaufs und damit seines eigenen Älterwerdens, die durch die Segnung als eine sinnvolle Zeitwahrnehmung gedeutet werden, etwa wenn ein Ehepaar mit Dankbarkeit auf fünfzig Jahre gemeinsamer Lebenszeit zurückblicken kann. Denn diese Möglichkeit haben die älteren Menschen den jüngeren Menschen voraus: auf ein Leben zurückzublicken, das an seinem Beginn eine Vielzahl von Chancen offerierte, die im Laufe des Lebens entweder Wirklichkeit wurden oder Möglichkeit blieben, auf die erst jetzt im höheren Alter als auf etwas Gewordenes zurückgeblickt werden kann. Das so erinnerte Leben als eine erlebte Wirklichkeit verlangt nach einer umfassenden Deutung, damit das Individuum darin Sinn erkennen kann. Dabei ist es nicht von Bedeutung, dass die realen Begebenheiten wieder in Erinnerung gerufen werden, sondern es werden m. E. die Interpretationen für das eigene Lebensverständnis als Sinngenerierung hervorgerufen.[32]

---

32 Pasqualina Perrig-Chiello/Walter J. Perrig, *Die konstruierte Vergangenheit. Mechanismen, Determinanten und Funktionen autobiographischer Erinnerung in der zweiten Lebenshälfte*, in: Wahl/Mollenkopf, *Alternsforschung am Beginn des 21. Jahrhunderts*, a.a.O., 43–59.

6. Zusammenfassung

Die gottesdienstlichen Feiern im Kirchenjahr können mithelfen, dass älter werdende Menschen sich nicht als sinnlos erfahren, wenn der Abbau biologischer Vorgänge spürbar wird. Diese Gottesdienste können zur Sinngenerierung beitragen, weil neben allen Veränderungen die Kontinuität, ja das ganz Andere immer wieder in den Erfahrungshorizont gestellt wird. Das Alter und der Alternsprozess werden als sinnvoll erfahren und akzeptiert, weil sie auch einen Gewinn an Erfahrung und Wissen darstellen. Das Kirchenjahr ist eine wichtige Konstante für den Glauben: Immer wieder werden die Heilsereignisse vergegenwärtigt, damit der Glaube und damit auch die Hoffnung auf das Leben nach dem Tod gestärkt wird, damit es neben der Lebenserfahrung der eigenen Biographie auch die Glaubenserfahrung gibt, die ihre Verankerung zwar im ganz Anderen außerhalb des eigenen Lebens hat, aber unbedingt für das eigene Leben bestimmt ist und somit eine von außen kommende Konstante für das sich verändernde Leben darstellt.[33]

Die Kasualgottesdienste stellen das sich entscheidend Verändernde im Leben in den Mittelpunkt. Sie haben die für den eigenen linearen Lebensverlauf zu bewältigenden Lebenserfahrungen an Schwellensituationen als Anlass und werden sinngenerierend gedeutet. Selbst beim Mitfeiern der Kasualien anderer Menschen werden Erinnerungen an die eigene, persönliche Feier solch einer Kasualie wieder hervorgeholt und aus der Perspektive des eigenen Erlebens im sich erinnernden Vergegenwärtigen, im sich seiner eigenen Biographie Vergewissern erneut bearbeitet und gedeutet.

Die im Verlauf des Kirchenjahres gefeierten Gottesdienste wie auch die Kasualgottesdienste generieren auf je ihre Weise Sinn, da sie sowohl auf das Andere setzen als auch beim eigenen Lebenslauf ansetzen.

Insofern bedarf ein älter werdender Mensch beide Möglichkeiten der Zeitwahrnehmung und Zeitdeutung, um sein Leben im Glauben als sinnvoll deuten zu können: die zyklisch vorkommenden Feiern geben seinem Leben den Halt des Beständigen als erfahrenes Kontinuum, die linear vorkommenden Feiern nehmen das Einmalige und Verändernde auf, denn aufgrund ihres einmaligen Charakters ermöglichen es die Kasualgottesdienste, Schwellensituationen im Leben feiernd zu bewältigen und sinngenerierend zu deuten. So verschränken sich zyklische und li-

---

33 Vgl. dazu theologisch Bernhard Joss-Dubach, *Das Alter – eine Herausforderung an die Kirche*, Zürich 1987, 244–249.

neare Zeitwahrnehmungen und Zeitdeutungen. Sie lassen sich zwar nicht scharf trennend dem Kirchenjahr oder den Kasualgottesdiensten zuordnen, da auch das eigene lineare Leben oder die Erinnerung daran mit erneuter sinngenerierender Deutung eine Kontinuität darstellt und im Kirchenjahr, das eher das Beständige bereithält, mit wichtigen Lebensschwellen verbunden werden kann. Die fast nicht mehr überschaubar vielen Relationen, die sich zum einen in der Zeit und aufgrund der Erfahrungsräume und zum anderen erst aufgrund des Alterns bzw. sich z. T. sogar erst im Alter ergeben können, ermöglichen eine Sinngenerierung besonderer Art: Die gelebten Lebensjahre wird man hinnehmen müssen, denn am Alter lässt sich nichts ändern, das Altern jedoch – wenn es denn als ein dynamischer Prozess verstanden wird – birgt Lebenschancen, da es durch Gestaltung beeinflussbar ist. Es hält für die eigene Lebenskultur wie für den Glauben Bedeutungen bereit, sie können für das eigene, älter werdende Leben freigesetzt und gelebt werden.

So ergibt sich aus der einen Relation von Zeitwahrnehmung und Zeitdeutung eine Vielzahl von Relationen, wenn unterschiedliche Erfahrungshorizonte von Altern, Moderne, Kirchenjahr und Biographie in Kontakt kommen. Sie verbinden immer wieder das sich Verändernde und das Konstante oder setzen es in ein spannungsvolles Verhältnis, Kreislauf und Linearität ergänzen sich, ja sind in vielfältiger Hinsicht relational aufeinander bezogen, damit Sinn generiert werden kann, der für die eigene Lebensbewältigung als Alternsprozess unerlässlich ist.

Literatur

Paul B. Baltes, *Entwicklungspsychologie der Lebensspanne. Theoretische Leitsätze*, in: Psychologische Rundschau 41 (1990), 1–24.
Karl Friedrich Becker, *Zur Lage zwischen Theologie und empirischer Gerontologie*, in: Zeitschrift für Gerontologie 10 (1977), 51–60.
Karl Friedrich Becker, *Theologische Aspekte des Alterns*, in: Andreas Kruse/Ursula Lehr/Christoph Rott/Frank Oswald (Hg.), *Gerontologie – eine interdisziplinäre Wissenschaft*, München 1987, 301–314.
Karl Friedrich Becker/Alois Angleitner/Heinz Grombach/Reinhard Schmitz-Scherzer (Hg.): *Kirche und ältere Generation*, Stuttgart 1978.
Karl Friedrich Becker, *Friede – Umkehr – Heimkehr, die letzten Wochen des Kirchenjahres*, Göttingen 1994.
Karl-Heinrich Bieritz, *Das Kirchenjahr. Feste, Gedenk- und Feiertage in Geschichte und Gegenwart*, München (1986) ^{7}2005.
Karl-Heinrich Bieritz, *Liturgik*, Berlin 2004.

Martina Blasberg-Kuhnke, *Gerontologie und Praktische Theologie*, Düsseldorf 1985.
Franz Böckle/Albrecht Roos, *Der alternde Mensch vor der Glaubensfrage*, in: Staatsministerium Baden-Württemberg (Hg.), *Altern als Chance und Herausforderung*, Stuttgart 1988, 167–174.
Ursula Boos-Nünning, *Dimensionen der Religiosität. Zur Operatonalisierung und Messung religiöser Einstellungen*, München 1972.
Norbert Buske, *Alterseelsorge*, in: Handbuch der Seelsorge, Berlin (1983) [3]1986, 289–307.
Ansgar J. Chupungco (Hg.), *Liturgical Time and Space (Handbook for Liturgical Studies V)*, Collegeville Minnesota 2000.
Klaus Dirschauer, *Altenstudie. Standortbestimmung der Kirche*, Bremen 1987.
Klaus Dörner, *Das Alter gestalten. Eine persönliche und gesellschaftliche Herausforderung*, in: PrTh 41 (2006), 252–259.
Herrmann-Josef Fisseni, *Erleben der Endgültigkeit der eigenen Situation. Biographische Aspekte*, in: Zeitschrift für Gerontologie 13 (1980), 491–505.
Karl Foitzik, *Kompetenzen und Engagement älterer Menschen*, in: PrTh 41 (2006), 280–283.
Anthony Giddens, *Konsequenzen der Moderne*, Frankfurt a. M. 1995.
Philipp Harnoncourt, *Der Kalender*, und: Hansjörg Auf der Maur, *Feste und Gedenktage der Heiligen*, in: Hans Bernhard Meyer/Hansjörg Auf der Maur/Balthasar Fischer/Angelus A. Häußling/Bruno Kleinheyer, *Gottesdienst und Kirche. Handbuch der Liturgiewissenschaft, Teil 6,1*, Regensburg 1994.
Franz-Josef Hungs, *Das Alter – ein Weg zu Gott? Orientierung für die Altenpastoral*, Frankfurt 1988.
Bernhard Joss-Dubach, *Das Alter – eine Herausforderung an die Kirche*, Zürich 1987.
Andreas Kruse/Mike Martin (Hg.), *Enzyklopädie der Gerontologie*, Göttingen 2004.
Andreas Kruse, *Alter hat Zukunft. Stärken des Alters anerkennen und nutzen*, in: PrTh 41 (2006), 245–252.
Margot Luecht-Steinberg, *Gespräche mit älteren Menschen*, Göttingen 1981.
Hansjörg Auf der Maur, *Feiern im Rhythmus der Zeit. I. Herrenfeste in Woche und Jahr*, in: Hans Bernhard Meyer/Hansjörg Auf der Maur/Balthasar Fischer/Angelus A. Häußling/Bruno Kleinheyer, *Gottesdienst und Kirche. Handbuch der Liturgiewissenschaft, Teil 5*, Regensburg 1983.
Joop M. A. Munnichs, *Endlichkeit und Sterben*, in: Zeitschrift für Gerontologie 6 (1973), 351–358.
E. Anne Nelson/Dale Dannefer, *Aged heterogeneity: Fact or fiction? The fate of diversity in gerontological research*, in: The Gerontologist 32 (1992), 17–23.
Cees Noteboom, *Roter Regen*, Frankfurt a. M. 2007.
Fritz Oser/Paul Gmünder, *Der Mensch. Stufen seiner religiösen Entwicklung*, Gütersloh (1984) [4]1996.
Wolf D. Oswald/Ursula Lehr/Cornel Sieber/Johannes Kornhuber (Hg.), *Gerontologie. Medizinische, psychologische und sozialwissenschaftliche Grundbegriffe*, Stuttgart (1984) [3]2006.

Reiner Preul, *Kirchentheorie. Wesen, Gestalt und Funktionen der Evangelischen Kirche*, Berlin/New York 1997.
Leopold Rosenmayr, *Die Kräfte des Alters*, Wien (1990) ²1995.
Leopold Rosenmayr, *Die späte Freiheit. Das Alter – ein Stück bewußt gelebten Lebens*, Berlin 1983.
Leopold Rosenmayr, *Schöpferisch altern. Eine Philosophie des Lebens*, Münster/Berlin (2006) ²2007.
Gerhard Ruhbach, *Vollzüge der Frömmigkeit im Alter*, in: Zeitschrift für Gerontologie 10 (1977), 10–14.
Hans-Christoph Schmidt-Lauber/Michael Meyer-Blanck/Karl-Heinrich Bieritz (Hg.), *Handbuch der Liturgik*, Göttingen (1995) ³2003.
Manfred Seitz, *Das Altwerden des Menschen als Aufgabe der Seelsorge*, in: Zeitschrift für Gerontologie 10.
Jaqui Smith/Alexandra M. Freund, *The dynamics of possible selves in old age*, in: Journal of Gerontology 2002, Psychological Sciences, 57B, P1-P9.
Barbara Städtler-Mach, *Würde, Wert und Sinn des Alters. Theologische Reflexionen*, in: PrTh 41 (2006), 264–271.
Dietrich Stollberg, *Glaubensgewissheit und Lebenszufriedenheit im Alter. Pastoralpsychologische Beobachtungen, Deutungen und Vermutungen*, in: PTh 90 (2001), 473–484.
Clemens Tesch-Römer/Heribert Engstler/Susanne Wurm (Hg.), *Altwerden in Deutschland. Sozialer Wandel und individuelle Entwicklung in der zweiten Lebenshälfte*, Wiesbaden 2006.
Pat Thane (Hg.), *Das Alter. Eine Kulturgeschichte. Aus dem Englischen von Dirk Oetzmann/Horst M. Langer*, Darmstadt 2005.
Theophil Thun, *Das religiöse Schicksal des alten Menschen. Eine religionspsychologische Untersuchung*, Stuttgart 1969.
Michael Utsch, *Glaubensentwicklung als Thema der Psychologie*, in: Wege zum Menschen 42 (1990), 359–366.
Hans-Werner Wahl/Clemens Tesch-Römer, *Angewandte Gerontologie in Schlüsselbegriffen*, Stuttgart 2000.
Hans-Werner Wahl/Vera Heyl, *Gerontologie – Einführung und Geschichte (Grundriss Gerontologie, Bd. 1)*, Stuttgart 2004.
Hans-Werner Wahl/Heidrun Mollenkopf (Hg.), *Altersforschung am Beginn des 21. Jahrhunderts. Alterns- und Lebenslaufkonzeptionen im deutschsprachigen Raum*, Berlin 2007.
Joachim Wittkowski, *Tod und Sterben. Ergebnisse der Thanatopsychologie*, Heidelberg 1978.

Generation: Familie und Lebenserwartungen

Michael Domsgen

1. Die Ausweitung der gemeinsamen Lebenszeit von Familiengenerationen – ein relativ junges Phänomen

Die Verlängerung der Lebenserwartung hat entscheidende Auswirkungen auf das Zusammenleben der Generationen in der Familie und bildet die maßgebliche Grundlage für die Möglichkeit Großeltern zu sein.[1] Man kann davon ausgehen, dass Großelternschaft für große Teile der Bevölkerung ein Phänomen des 20sten Jahrhunderts ist, präziser gesagt der Zeit nach dem Zweiten Weltkrieg.

So beschreibt Wolfgang Lauterbach auf der Grundlage seiner Untersuchung von drei Generationen: „Während noch Enkelkinder, deren Großväter oder Großmütter vor 1890 geboren wurden, bereits zu 65 bis 70 Prozent bei der Geburt keine Großeltern mehr hatten, so sieht die Situation für die Enkelkinder von Großvätern bzw. -müttern, die zwischen 1911–1920 geboren wurden, bereits vollkommen anders aus. Neun von zehn Enkelkindern hatten noch eine Großmutter und sieben von zehn Kindern noch einen Großvater. Dies bedeutet, daß erst nach 1950 mehr als die Hälfte der bis zu zehnjährigen Kinder damit rechnen konnte, einen Großvater oder eine Großmutter zu haben."[2] Auffällig ist zudem, dass die Generationenabfolgen stark von einer Dominanz von Frauen gekennzeichnet sind, wozu sowohl die längere Lebenserwartung von Frauen als auch die hohe kriegsbedingte Sterblichkeit der Männer beitrugen. Auch zeigen sich klare Unterschiede nach der sozialen Stellung. „Bei Vätern, die eine höhere berufliche Stellung erreicht haben, überschneiden sich die Lebensverläufe der Generationen im Durchschnitt sechs Jahre länger als bei den Familien, bei denen der Vater einer niedrigeren sozialen Schicht angehörte."[3]

---

1 Bei der Verwendung des Begriffs „Generation" beziehe ich mich allein auf die Position innerhalb einer gegebenen Familie, die veränderlich sein kann. Insofern ist der Generationenbegriff klar von z. B. historisch-gesellschaftlichen bzw. politischen und kulturellen, aber auch pädagogischen Generationenbegriffen zu unterscheiden.
2 Wolfgang Lauterbach, *Die gemeinsame Lebenszeit von Familiengenerationen*, in: Zeitschrift für Soziologie 24 (1995), H. 1, 39.
3 Ebd.

Dass sich mehrere Generationen über längere Zeit hinweg begegnen, ist also ein relativ junges Phänomen. Von herausragender Bedeutung sind in diesem Zusammenhang zum einen die Verlängerung der durchschnittlichen Lebenszeit und zum anderen die Konzentration der Sterblichkeit auf die höheren Altersgruppen. Durch den Rückgang der Säuglingssterblichkeit und die Konzentration der Todesfälle auf das höhere Alter weicht die bisher durch die permanente Todesbedrohung verursachte „Zufälligkeit der Lebensereignisse" dem Muster eines „vorhersehbaren Lebenslaufs"[4]. Bis ins 19. Jahrhundert hinein gab es keine verlässliche Aussicht auf eine gesicherte Lebensspanne. Heute hat sich das geändert mit der – praktisch-theologisch äußerst bedeutsamen – Konsequenz, dass der Tod aus dem frühen und sogar dem mittleren Erwachsenenalter fast vollständig verschwunden ist.

Weil viele Menschen die Erfahrung machen konnten, dass Kinder weniger häufig starben, sank die Zahl der Geburten. Die Verlängerung der durchschnittlichen Lebensdauer verbunden mit der geringen Kinderzahl pro Familie führte also zu einer Verkürzung der Familienphase mit aufwachsenden Kindern im Haushalt auf etwa ein Viertel der gesamten Lebenszeit und damit auf einen vergleichsweise kurzen Abschnitt im Lebensverlauf. Im Zuge dieser Entwicklung akzentuierten sich eigene Lebens- und Familienphasen. Damit entstand auch eine neue biographisch eigenständige Phase, die so genannte „empty-nest"-Phase, in der die Mütter durchschnittlich 50 Jahre und die Väter 55 Jahre alt sind. In dieser Zeit, die in der Regel genauso lange oder noch länger dauert wie die (Kern-)Familienphase selbst und häufig bis zu zwei Jahrzehnten dauern kann, geht es „aus Sicht der Eltern nicht primär um die Problemlösung der eingetretenen ‚Zweisamkeit', sondern um das ‚Wie' der Wahrnehmung der Elternschaft unter Berücksichtigung der aktuellen und veränderlichen Lebenslage der Kinder"[5]. Deshalb sind Bezeichnun-

---

[4] Martin Kohli, *Die Institutionalisierung des Lebenslaufs. Historische Befunde und theoretische Argumente*, in: KZfSS 37 (1985), 5 (im Original kursiv).

[5] Laszlo A. Vaskovics, *Elternschaft nach Auflösung der Zeugungsfamilie – Postfamiliale Elternschaft*, in: Norbert F. Schneider/Heike Matthias-Bleck (Hg.), *Elternschaft heute. Gesellschaftliche Rahmenbedingungen und individuelle Gestaltungsaufgaben*, Opladen 2002, 151. Hinzuweisen ist darauf, dass man von Familienzyklen erst seit ca. 200 Jahren sprechen kann. Vorher gab es aufgrund der „hohen Geburtenzahlen, der geringen Lebenswahrscheinlichkeit, der hohen Wiederverheiratungsquoten und der z. T. großen Altersunterschiede zwischen den Geschwistern" (Rosemarie Nave-Herz, *Wandel und Kontinuität in der Bedeutung, in der Struktur und Stabilität von Ehe und Familie in Deutschland*, in:

gen wie die einer „nachelterlichen Phase" irreführend, da sie den Verlust der Elternrolle suggerieren könnten.

Die höhere Lebenserwartung sowie die Verlängerung der gemeinsamen Lebenszeit mehrerer Generationen führen zu einer neuen Sicht auf die Familie. Es reicht nicht mehr, die Beziehungen der erwachsenen Eltern zu ihren minderjährigen Kindern zu betrachten. Vielmehr ist die Großeltern-Enkel-Perspektive ergänzend mit einzubringen. Damit verbunden ist auch eine neue Profilierung von Familienbeziehungen generell. Beispielsweise führt die deutlich gestiegene Lebenserwartung in Verbindung mit der abnehmenden Kinderzahl dazu, dass die Mutterrolle nicht mehr für die gesamte Lebensspanne als sinnstiftend erachtet wird, sondern nur noch für eine Phase im Lebenslauf.

Wer also unter dem Stichwort der Generationen die Familie betrachtet, weitet den Blick und nimmt nicht nur die kernfamiliale Phase, also die Zeit von Eltern mit ihren minderjährigen Kindern auf.[6] Vielmehr wird dadurch berücksichtigt, dass sich durch die Verlängerung der Lebenszeit und die Ausweitung der gemeinsamen Lebensspanne zwischen Jung und Alt die einzelnen Lebensphasen, also Kindheit und Jugend, mittlere Erwachsenenzeit und Altern sozial akzentuiert haben. Dadurch gewannen die Beziehungen zwischen den Generationen an Bedeutung. Schätzungen lassen den Schluss zu, „dass heutzutage eine Mehrheit der Bevölkerung in Deutschland und in Ländern mit einem ähnlichen Altersaufbau einem drei oder vier Generationen umfassenden Verbund angehören; ersteres trifft etwa für die Hälfte, letzteres für ein Viertel zu"[7]. Im Folgenden soll es darum gehen, das Miteinander der Generationen im Familienverbund in grundlegenden Zügen darzustellen. Dies geschieht schwerpunktmäßig aus der Perspektive der Großelterngeneration.

Dies. (Hg.), *Kontinuität und Wandel der Familie in Deutschland. Eine zeitgeschichtliche Analyse*, Stuttgart 2002, 56 f) keine markierten Zeitpunkte und gegliederten Phasen.

6 Rosemarie Nave-Herz unterscheidet hier drei verschiedene Familienphasen. Die „erste Familienphase" ist die Elternphase bzw. Kernfamilienphase. Die „zweite Familienphase" ist zu unterteilen in die Elternphase, in der alle Kinder das Elternhaus verlassen haben, aber noch kinderlos sind und in die Eltern-/Großelternphase. Als „dritte Familienphase" bezeichnet sie die Phase der Verwitwung. Vgl. Rosemarie Nave-Herz, *Die Mehrgenerationenfamilie unter familienzyklischem Aspekt*, in: Anja Steinbach (Hg.), *Generatives Verhalten und Generationenbeziehungen*, Wiesbaden 2005, 52 f.

7 Frank Lettke/Kurt Lüscher, *Generationenambivalenz – Ein Beitrag zum Verständnis von Familie heute*, in: Soziale Welt 53 (2002), 438.

2. Mehrgenerationenhaushalte und Mehrgenerationenfamilien

Dass die verschiedenen Generationen in einem Haushalt unter einem Dach vereint leben, ist heute ein äußerst seltenes Phänomen. Allerdings war dies in West- und Mitteleuropa auch in vorindustrieller Zeit eher die Ausnahme als die Regel, weil dafür die Voraussetzungen aufgrund der geringeren Lebenserwartung und der hohen Säuglings- und Kindersterblichkeit schon statistisch kaum gegeben waren. Zudem war in den meisten Fällen die ökonomische Basis für ein Zusammenleben der Generationen nicht ausreichend. Doch auch unter den wenigen wohlhabenden Familien gab es nur selten Drei-Generationen-Konstellationen. Zu Recht spricht man deshalb vom „Mythos der Großfamilie"[8].

In Deutschland hat sich die Anzahl der Mehrgenerationenhaushalte, also der Haushalte mit drei oder mehr Generationen, in den letzten Jahrzehnten deutlich reduziert. Nur 0,7 % aller Privathaushalte in Westdeutschland (206.000) und 0,5 % aller Privathaushalte in Ostdeutschland (46.000) sind Mehrgenerationenhaushalte.[9] Deutlich höher liegt der Anteil von sog. Hausfamilien, bei denen mehrere Generationen in separaten Wohnungen unter einem Dach wohnen. Deutschlandweit findet sich ein Anteil von 6,9 %, in denen 13,1 % der Bevölkerung wohnen. Bei 70 % von ihnen handelt es sich um Drei-Generationen-Konstellationen. Auffällig ist, dass sich die Hausfamilien wesentlich stärker in kleinen und kleinsten Gemeinden finden als in Mittel- und Großstädten. Charakterstisch ist eine starke Verwandtenorientierung. Hausfamilien treten „vor allem im traditionalen Milieu auf, das von konfessioneller Bindung und konservativer politischer Orientierung geprägt ist"[10].

Insgesamt gesehen sind der gemeinsame Haushalt von älteren Menschen mit ihren erwachsenen Kindern und Enkeln sowie das Zusammenleben unter einem Dach eher selten. Im Jahr 2000 lebten 49 % der Bevölkerung im Alter von 65 und mehr Jahren in einem Eingenerationenhaushalt, 9,3 % in einem Haushalt mit zwei Generationen und 2,8 % in einem noch größeren Generationenverbund (36,9 % lebten in Ein-

---

8 Michael Mitterauer, *Der Mythos von der vorindustriellen Großfamilie*, in: Ders./Reinhard Sieder (Hg.), *Vom Patriarchat zur Partnerschaft. Zum Strukturwandel der Familie*, München ³1984.
9 Zu den Zahlenangaben vgl. auch im Folgenden: Rüdiger Peuckert, *Familienformen im sozialen Wandel*, Wiesbaden (1989) ⁷2008, 301.
10 Ebd.

Person-Haushalten und 2 % in einem Haushalt mit nicht oder nicht geradlinig verwandten Personen).[11] Auffällig sind dabei geschlechtsspezifische Unterschiede. Während für Frauen etwa ab der Mitte des achten Lebensjahrzehntes der Einpersonenhaushalt die typische Lebensform wird, leben über 80 % der Männer bis zum 80. Lebensjahr in Mehrpersonenhaushalten. Die Gründe dafür liegen hauptsächlich in der höheren Lebenserwartung der Frauen und dem Altersunterschied zwischen den Ehegatten. Dies schlägt sich auch in den Familienbeziehungen nieder. „Männer haben im Alter im Durchschnitt Beziehungen zu Kindern und zur Ehefrau. Mütter hingegen häufig nur noch zu jüngeren Familiengenerationen."[12]

Die abnehmende Anzahl von Mehrgenerationenhaushalten darf nicht darüber hinwegtäuschen, dass die Anzahl der Mehrgenerationenfamilien deutlich zugelegt hat. Die Mehrgenerationenfamilie ist gegenüber der Zweigenerationenfamilie dadurch definiert, dass mindestens drei zu einer Familie gehörende Generationen gleichzeitig leben. So kann Lauterbach nachweisen, dass es im Verlauf des 20. Jahrhunderts tatsächlich zu einer Vergrößerung der Anzahl der zugleich lebenden Generationen in einer Familie gekommen ist. Die gemeinsame Lebenszeit von zwei Generationen hat sich nahezu verdoppelt.[13] Die meisten der verheirateten oder in einer auf Dauer angelegten Partnerschaft lebenden Menschen befinden sich in einer Familie mit gleichzeitig drei lebenden Generationen, bei annähernd 30 % der Familien sind es sogar noch vier Generationen. Allerdings wird sich dies zukünftig mit hoher Wahrscheinlichkeit ändern.

> „Die nachwachsenden Geburtsjahrgänge älterer Menschen werden seltener die eigene Großelternschaft erfahren, da die erwachsenen Kinder häufiger kinderlos bleiben."[14]

Auch das steigende Lebensalter von Frauen bei der Geburt des ersten Kindes verringert die Wahrscheinlichkeit einer parallelen Existenz vieler Generationen.[15]

---

11 Vgl. Heribert Engstler/Sonja Menning, *Die Familie im Spiegel der amtlichen Statistik. Lebensformen, Familienstrukturen, wirtschaftliche Situation der Familien und familiendemographische Entwicklung in Deutschland*, Berlin 2003, 32.
12 Wolfgang Lauterbach, *Die multilokale Mehrgenerationenfamilie. Zum Wandel der Familienstruktur in der zweiten Lebenshälfte*, Würzburg 2004, 227.
13 Vgl. a.a.O.
14 Peuckert, *Familienformen*, a.a.O., 302.
15 Vgl. Andreas Hoff, *Intergenerationale Familienbeziehungen im Wandel*, in: Clemens Tesch-Römer/Heribert Engstler/Susanne Wurm (Hg.), *Altwerden in*

Überhaupt hat sich die Familienstruktur im Zuge der gestiegenen Lebenserwartung deutlich verändert. Durch den Rückgang der Kinderzahl haben sich die verwandtschaftlichen Netzwerke verkleinert. Die Zahl der Generationen in vertikaler Linie nimmt zu, aber die der Verwandten in horizontaler Linie nimmt ab. Die amerikanischen Autoren Bengston, Rosenthal und Burton haben dafür den Begriff der „bean-pole-family" geprägt.[16] Das Familiensystem gleicht einer Bohnenstange, da es immer mehr in direkter Linie lebende Generationen umfasst, aber nur wenige Mitglieder derselben Generation.

Bei der jetzt lebenden Großeltern- bzw. Urgroßelterngeneration sind Frauen aufgrund der höheren Lebenserwartung und der höheren kriegsbedingten Sterblichkeit der Männer stark überrepräsentiert. Allerdings ändern sich hier die Generationenkonstellationen in Abhängigkeit vom Lebensalter. Dabei ist entscheidend, wie groß der Altersabstand ist und ob die Generationenfolge ununterbrochen weiterläuft bzw. durch Kinderlosigkeit unterbrochen wird.[17]

Mehrheitlich leben die Deutschen momentan in der zweiten Lebenshälfte in Familienkonstellationen mit drei Generationen. Drei-Generationen-Konstellationen dominieren in allen Altersgruppen. So leben beispielsweise Frauen im Alter zwischen 60 und 79 zu 59 % in einer Drei-Generationen- und zu 11 % in einer Vier-Generationen-Konstellation. 48 % der 80-jährigen oder älteren Frauen leben in einer Vier-Generationen-Konstellation. Gegenwärtig hat die große Mehrheit der Frauen in der zweiten Lebenshälfte Kinder und Enkelkinder.[18] Dabei nimmt die Zahl der Enkelkinder tendenziell ab. „Von den Frauen, die zwischen 1947 und 1952 Mutter geworden sind, hatten mit 70 Jahren 82 Prozent Enkelkinder, von den Frauen, die zwischen 1959 und 1962

    Deutschland. Sozialer Wandel und individuelle Entwicklung in der zweiten Lebenshälfte, Wiesbaden 2006, 324. Erste Anzeichen für die Auswirkungen des demografischen Wandels machen sich bemerkbar. So kann eine leichte Zunahme der Zwei-Generationen-Konstellationen zulasten der anderen Konstellationen beobachtet werden. (Vgl. a.a.O., 279).

16 Vgl. Vern L. Bengston/Carolyn Rosenthal/Linda Burton, *Families and Aging. Diversity and Heterogenity*, in: Robert Binstock/Linda George (Hg.), *Handbook of Aging and Social Sciences Bd. 3*, San Diego 1990, 263–287.

17 Vgl. Hoff, *Familienbeziehungen*, a.a.O.

18 Vgl. Francois Höpflinger, *Frauen und Generationenbeziehungen in der zweiten Lebenshälfte*, in: *Handbuch „Demografischer Wandel. Die Stadt, die Frauen und die Zukunft"*, hg. v. Ministerium für Generationen, Familie, Frauen und Integration NRW, Düsseldorf 2006, 257.

Mutter wurden, nur noch 75 Prozent."[19] Zukünftig wird sich dieser Trend fortsetzen. Gleichzeitig wird der Anteil der Enkellosen in Zukunft deutlich zunehmen, da immer mehr Menschen in das Großelternalter kommen, die selbst nur wenige oder gar keine Kinder haben. So wird für die Frauengeneration 1965 eine Kinderlosigkeitsquote von 31 % erwartet.[20]

3. Die Beziehungen zwischen den Generationen

Die Thematisierung der Generationenbeziehungen wurde immer wieder von Krisendiagnosen begleitet.[21] So wurde aus dem Rückgang der Mehrgenerationenhaushalte sowie der großen Zahl an Einpersonenhaushalten geschlossen, dass ältere Menschen sozial isoliert in unserer Gesellschaft leben würden und die Generationensolidarität zurückgehen würde. Studien zu Familienstrukturen und familialen Netzwerken zeichnen jedoch ein anderes Bild. Die verschiedenen Generationen in den Familien leben zwar nicht unter einem Dach zusammen, pflegen aber mehrheitlich einen engen Zusammenhalt. Häufige soziale Kontakte und enge emotionale Beziehungen sind Indizien dafür. Bertram spricht deshalb für Deutschland von der „multilokalen Mehrgenerationenfamilie", denn Großeltern haben bezüglich der Kontakthäufigkeit eine größere Bedeutung als die eigenen Geschwister, so dass „eine Differenzierung zwischen Kernfamilie und erweiterter Familie eigentlich nicht mehr aufrechterhalten werden kann"[22]. Familienbeziehungen verschwinden also nicht, sondern werden multilokal. „Hilfeleistungen, Unterstützung und Fürsorge füreinander, das heißt familiäre Solidarität, ist nicht haushaltsgebunden, sondern generationsbezogen."[23]

---

19 Peuckert, *Familienformen*, a.a.O., 303.
20 Vgl. Höpflinger, *Frauen und Generationsbeziehungen*, a.a.O., 258.
21 Vgl. Martin Kohli/Harald Künemund/Andreas Motel/Marc Szydlik, *Generationenbeziehungen*, in: Martin Kohli/Harald Künemund (Hg.), *Die zweite Lebenshälfte. Gesellschaftliche Lage und Partizipation des Alters-Surveys*, Opladen 2000, 176 f.
22 Hans Bertram, *Familienwandel und Generationsbeziehungen*, in: Hans Peter Buba/Norbert F. Schneider (Hg.), *Familie. Zwischen gesellschaftlicher Prägung und individuellem Design*, Opladen 1996, 74.
23 Hans Bertram, *Die verborgenen familiären Beziehungen in Deutschland. Die multilokale Mehrgenerationenfamilie*, in: Martin Kohli/Marc Szydlik (Hg.), *Generationen in Familie und Gesellschaft*, Opladen 2000, 118.

3.1 Zu den Kontakten zwischen den Generationen

Für die Mehrzahl der Bevölkerung reichen die Familienstrukturen weit über die Haushaltsgrenzen hinaus. Wie die Ergebnisse des zweiten Alters-Surveys 2002 zeigen, wohnen viele erwachsene Kinder in der Nähe ihrer Eltern. Von den 70- bis 85-jährigen Deutschen leben 22 % der nächstwohnenden Kinder im selben Haus wie ihre Eltern, 19 % in der Nachbarschaft und 29 % im gleichen Ort. 22 % der Kinder wohnen weiter entfernt, sind aber innerhalb von zwei Stunden erreichbar. Interessant ist, dass mit höherer Bildung sowie steigendem beruflichem Status aufgrund der geforderten Mobilität die Wohndistanz zwischen Eltern und Kindern zunimmt. Gleichzeitig gilt, dass mit dem Älterwerden der Eltern und nach krisenhaften Lebensereignissen (Verwitwung, Scheidung etc.) die räumliche Entfernung zwischen Eltern und Kindern abnimmt (das trifft vor allem für die Töchter zu).[24]

Die räumliche Nähe zwischen Eltern und erwachsenen Kindern geht auch mit einer hohen Kontakthäufigkeit sowie einer hohen Wertschätzung der Familienbeziehungen einher. Erhellend ist dabei ein Blick auf die Ergebnisse des Alterssurveys 1996 sowie der Replikationsstudie 2002.[25]

Auffällig ist eine hohe Kontaktdichte zwischen Eltern und den erwachsenen Kindern, wobei ein Rückgang der täglichen Kontakte zu beobachten ist. Wahrscheinlich ist, dass dies mit den insgesamt steigenden Wohnentfernungen zusammenhängt.[26] Denn ein wichtiger Indikator für die gelingende Gestaltung der intergenerationalen Beziehungen liegt in der Wohnentfernung. So tritt eine Entfremdung zwischen den Generationen besonders dann auf, wenn die Eltern und Kinder weit voneinander entfernt leben. „Generationen, die in der Nachbarschaft oder im gleichen Ort wohnen, entfremden sich kaum. Ein Drittel derer, die für ein persönliches Treffen eine Anreisezeit von mehr als zwei Stunden benötigen,

---

24 Vgl. Wolfgang Lauterbach, *Die multilokale Mehrgenerationenfamilie. Zum Wandel der Familienstruktur in der zweiten Lebenshälfte*, Würzburg 2004.
25 Vgl. Hoff, *Familienbeziehungen*, a.a.O., 265.267.
26 Ein vergleichender Blick auf die Ergebnisse des ersten und zweiten Alterssurveys zeigt, dass – obwohl die überwiegende Mehrheit der Menschen in der zweiten Lebenshälfte in räumlicher Entfernung zu ihren Kindern und Eltern lebt – die Wohnentfernung zwischen Eltern und Kindern zugenommen hat. So hat 2002 der Anteil von am selben Ort lebenden Kindern im Vergleich zu 1996 abgenommen. „Koresidenz von Eltern und erwachsenen Kindern ist 2002 noch weniger die Norm als vor sechs Jahren." Hoff, *Familienbeziehungen*, a.a.O., 279.

	Alter (in Jahren)							
	40–54		55–69		70–85		Gesamt	
	1996	2002	1996	2002	1996	2002	1996	2002
Subjektive Bewertung der Beziehung zur Familie: gut und sehr gut mittel schlecht und sehr schlecht	76 21 3	79 17 4	77 19 4	79 17 3	82 14 4	84 13 3	– – –	– – –
Kontakthäufigkeit zu Kindern: täglich mindestens wöchentlich weniger häufig nie	74 20 5 1	73 20 6 1	51 37 11 1	42 48 9 1	48 40 11 1	42 46 11 0	59 31 10 1	52 38 6 1

Subjektive Bewertung der Beziehung zur Familie und Kontakthäufigkeit der Eltern zu den erwachsenen Kindern außerhalb des Haushalts nach Altersgruppen, 1996 und 2002 (Angaben gerundet in Prozent); bei der Kontakthäufigkeit äußern sich die Befragten zu demjenigen ihrer Kinder ab 16 Jahren, mit dem sie am häufigsten kommunizieren.

hat sich mehr oder weniger auseinandergelebt. Diese Entfremdung ist umso wahrscheinlicher, je weniger Geld intergenerational weitergeben wird. Aktuelle Transfers wirken ebenso als Beziehungskitt wie zukünftig erwartbare Erbschaften.

Eltern, die ihren erwachsenen Kindern Geld- bzw. Sachgeschenke machen oder über Haus-, Wohnungs- oder Grundstückseigentum verfügen, müssen den Rückzug ihrer Nachkommen wesentlich seltener fürchten. Neben Opportunitäten und Bedürfnissen wirken auch familiale und kulturell-kontextuelle Strukturen. Eltern mit mindestens drei Kindern berichten eher von einem Auseinanderleben. Söhne und Väter entfremden sich wesentlich häufiger als Mütter und Töchter."[27]

Insgesamt gesehen ist der Anteil entfremdeter Generationen vergleichsweise gering. Die Ergebnisse zur Kontaktdichte und subjektiven Bewertung der Familienbeziehungen sprechen vielmehr für umfangreiche und

---

[27] Vgl. Marc Szydlik, *Wenn sich Generationen auseinanderleben*, in: Zeitschrift für Soziologie der Erziehung und Sozialisation 22 (2002), H. 4, 371 f.

intensiv gelebte Beziehungen zwischen erwachsenen Kindern und ihren Eltern für den überwiegenden Teil der Bevölkerung. Die Beziehungen zu ihrer Familie werden von den Befragten des Alterssurveys 2002 sogar noch positiver eingeschätzt als 1996. Die wichtigsten Kontaktpersonen sind und bleiben die Familienangehörigen.

3.2 Zum Profil der Generationenbeziehungen

Die Beziehungen zwischen den Generationen werden vor allem in der Tochter-Mutter-Dyade stabilisiert.

> „Frauen sind die eigentlichen Kinkeeper im Intergenerationenverhältnis. Ihre Beiträge für das Funktionieren der Generationenbeziehungen sind besonders bedeutsam."[28]

Auch der Austausch von Unterstützungsleistungen zwischen den Generationen läuft viel stärker über sie als über die Söhne. Töchter leisten mehr Hilfe und erhalten auch mehr Unterstützung von ihren Eltern. Dabei hängt die aktuelle Beziehungsqualität eng mit den Erinnerungen an die in der Kindheit erfahrene Erziehung zusammen.[29]

Die engsten intergenerationellen Beziehungen sind also diejenigen zwischen Müttern und Töchtern, wogegen sich die flüchtigsten familialen Generationenverhältnisse zwischen Söhnen und Vätern zeigen.[30]

Solidar- und Hilfeleistungen zwischen den Generationen verlaufen in vielen Fällen in beide Richtungen, also von den Eltern zu den Kindern und von den Kindern zu den Eltern, wie die Ergebnisse des zweiten Alterssurveys belegen. Inwieweit die Enkelkinder in den Transfer mit einbezogen sind, wird dabei nicht erhoben.

Dabei zeigen sich klare Gewichtungen. So verlaufen die materiellen Transfers vornehmlich von der älteren zur jüngeren Generation. Überhaupt fällt auf, dass Menschen in der zweiten Lebenshälfte mehr soziale Unterstützung an andere leisten, als sie selbst in Anspruch nehmen. Eine Ausnahme bilden hier die instrumentellen Hilfeleistungen in der Gruppe

---

28 Vgl. Fred Berger/Helmut Fend, *Kontinuität und Wandel der affektiven Beziehung zwischen Eltern und Kindern vom Jugend- bis ins Erwachsenenalter*, in: Zeitschrift für Soziologie der Erziehung und Sozialisation 25 (2005), H. 1, 28.
29 Vgl. Beate Schwarz/Pradeep Chakkarath/Gisela Trommsdorff, *Generationenbeziehungen in Indonesien, der Republik Korea und Deutschland*, in: Zeitschrift für Soziologie der Erziehung und Sozialisation 22 (2002), H. 4, 403.
30 Vgl. Höpflinger, *Frauen und Generationsbeziehungen*, a.a.O., 260.

Altersgruppe	Frauen			Männer		
	40–54	55–69	70–85	40–54	55–69	70–85
Instrumentelle Unterstützung*						
leisten	36 %	24 %	15 %	39 %	34 %	17 %
erhalten	20 %	18 %	40 %	25 %	24 %	30 %
Geld- und Sachtransfers						
leisten	27 %	35 %	29 %	28 %	38 %	35 %
erhalten	14 %	6 %	4 %	12 %	5 %	2 %
Kognitive Unterstützung						
leisten	94 %	84 %	76 %	88 %	83 %	73 %
erhalten	83 %	76 %	75 %	77 %	73 %	65 %
Emotionale Hilfe						
leisten	93 %	86 %	77 %	85 %	81 %	69 %
erhalten	83 %	68 %	67 %	65 %	56 %	57 %

*Arbeiten im Haushalt, z. B. beim Saubermachen, bei kleinen Reparaturen oder beim Einkaufen
Quelle: Hoff 2006: Tabellen 9+10 (Alterssurvey 2002)

der 70-85-Jährigen. Die Älteren, die über mehr Zeit verfügen, geben häufiger Geld an ihre erwachsenen Kindern, die wiederum ihren Eltern häufiger instrumentelle Hilfe leisten, obwohl sie weniger Zeit haben.[31] Insgesamt lässt sich festhalten, dass „die 40- bis 54-Jährigen (entsprechend ihrer Leistungsfähigkeit) bei allen immateriellen Unterstützungsarten den größten Anteil der Hilfeleistungen erbringen. Im Gegensatz dazu leisten die 55- bis 85-Jährigen den größten Teil der finanziellen Unerstützung."[32]

Die Befürchtungen, dass die Unterstützungssysteme im Wohlfahrtsstaat die intergenerationale Solidarität negativ beeinflussen könnten,

---

31 Vgl. Peuckert, *Familienformen*, a.a.O., 309.
32 Hoff, *Familienbeziehungen*, a.a.O., 276.

haben sich nicht erfüllt.[33] Nach wie vor funktioniert der informelle Austausch von Unterstützungsleistungen innerhalb der Mehrgenerationenfamilie trotz sich verändernder gesellschaftlicher Rahmenbedingungen.

> „Die haushaltsübergreifenden familialen Netzwerke haben primär die Aufgabe eines flexiblen Hilfepotenzials, das in speziellen Situationen (Krisen, Krankheiten, Bedinderungen) mobilisiert wird. ... Im normalen Alltag treten die familial-verwandtschaftlichen Hilfebeziehungen stärker in den Hintergrund, da jede Generation ihr Alltagsleben weitgehend selbständig zu organisieren versucht. Deshalb vermittelt der normale Alltag häufig wenig Auskunft über das intergenerationelle Hilfepotenzial in Krisenzeiten."[34]

Auch bei der häuslichen Pflege spielt die Familie eine erhebliche Rolle. Zwei Drittel der Pflegebedürftigen werden in der Familie versorgt, wobei bei zwei Dritteln die Angehörigen allein die Pflege übernehmen, ein Drittel erhält Unterstützung durch Pflegedienste. Überwiegend sind hier Töchter und Schwiegertöchter im Einsatz. Mehr als die Hälfte von ihnen ist erwerbstätig. Aufgrund der Anforderungen aus dem Erwerbsleben sowie von Seiten älterer (Pflege) und jüngerer (Kinderbetreuung) Angehöriger wird in einigen Arbeiten die Metapher der „Sandwich-Generation" diskutiert. Im Blick sind damit Frauen mittleren Alters (zwischen 40 und 59 Jahren). Allerdings ist die empirische Relevanz fraglich. Zwar können sich im Einzelfall erhebliche Belastungen ergeben. Aber besondere Belastungen dieser Altersgruppe im Vergleich zu Personen ansonsten gleicher Merkmale sind nur schwer auszumachen.[35] Außerdem nimmt diese Altersgruppe nicht nur Aufgaben wahr und erbringt Leistungen, sondern erfährt auch Unterstützung. Insofern ist die „häufig beschworene

---

33 Vgl. Agnes Blome/Wolfgang Keck/Jens Alber, *Generationenbeziehungen im Wohlfahrtsstaat. Lebensbedingungen und Einstellungen von Altersgruppen im internationalen Vergleich*, Wiesbaden 2008. Die Autoren kommen zu dem Schluss, „dass die familiären Beziehungen zwischen den Generationen das durch den Sozialstaat definierte Generationenverhältnis überlagern und dort angelegte Spannungen zu entschärfen vermögen. ... Je näher die erfragten Einstellungen zum Bereich der Familie kommen und die persönlichen Beziehungen zwischen Eltern und Kindern berühren, desto größer ist der Konsens." (335) Ingesamt wird festgehalten, dass „es wenig Anzeichen für Konflikte zwischen den Generationen gibt" (363).
34 Höpflinger, *Frauen und Generationsbeziehungen*, a.a.O., 261.
35 Vgl. Harald Künemund, *Die „Sandwich-Generation" – typische Belastungskonstellation oder nur gelegentliche Kumulation von Erwerbstätigkeit, Pflege und Kinderbetreuung?*, in: Zeitschrift für Soziologie der Erziehung und Sozialisation 22 (2002), H. 4, 344–361.

Sandwich-Generation ... demnach eine eher seltene Konstellation, ein gerontologischer Mythos'"[36].

Insgesamt bleibt festzuhalten, dass sich die Abhängigkeitsbeziehungen zwischen den Generationen verringert haben (Tradition, ökonomische und materielle Abhängigkeiten). Dies geht damit einher, dass die Bedeutung der intergenerationalen Beziehungen immer stärker auf der Qualität der Beziehungen selbst basiert. Dabei scheint dann die Lebenszufriedenheit am größten zu sein, wenn man in der Nähe, aber nicht zusammen wohnt und dadurch die Freiheiten in der je eigenen Lebensgestaltung erhalten bleiben.

Familiale und außerfamiliale Beziehungen schließen sich nicht aus. Vielmehr wird das „vorgegebene soziale Netzwerk immer mehr ergänzt – in der Regel aber nicht ersetzt – durch ein individuell organisiertes soziales Netzwerk, das auf persönlicher Anziehung aufgrund kultureller Nähe (ähnlichen Einstellungen und einem ähnlichen Lebensstil) beruht."[37]

4. Die Großelternrolle als intergenerationale Familienrolle

Die Verlängerung der gemeinsamen Lebenszeit zwischen den Generationen führt zu einer Vielfalt neuer Beziehungs- und Kommunikationsformen, über die noch wenig bekannt ist. Dazu gehört auch die Großelternrolle. Wie bereits ausgeführt, tritt Großelternschaft heute viel wahrscheinlicher ein als noch vor drei oder vier Generationen. Daraus kann jedoch nicht geschlossen werden, dass frühere Rollenzuschreibungen weiterhin gültig sind, dass sich also die Großelternschaft lediglich quantitativ verändere. Vielmehr kommt es auch zu qualitativen Veränderungen, die noch wenig erforscht sind. So erhöht sich „auch die Wahrscheinlichkeit, dass die Beziehungen zu den Enkeln z. B. in der Folge von Trennung und Scheidung der Eltern abgebrochen werden oder aber, dass ‚neue' (soziale) Enkel hinzukommen."[38] Auch ergibt sich eine neue Verhältnisbestimmung durch die geringere Kinderzahl. „Waren früher Großeltern eine knappe Ressource, sind heute die Enkel knapp

---

36 Peuckert, *Familienformen*, a.a.O., 314.
37 Ebd.
38 Anna Brake/Peter Büchner, *Großeltern in Familien*, in: Jutta Ecarius (Hg.), *Handbuch Familie*, Wiesbaden 2007, 206.

geworden."³⁹ Dazu kommen gesellschaftliche Veränderungen, die unmittelbar prägend wirken auf bildungs- und kulturbezogene Austauschbeziehungen.

> „So sind z. B. die Lebenserfahrungen der Großelterngeneration – selbst bei engen alltäglichen Beziehungen – nicht mehr notwendig ein Maßstab für die Biografiegestaltung der Enkel. Insofern bekommt – so ist zu vermuten – der Konflikt und die Solidarität zwischen den Generationen im Familienzusammenhang eine völlig neue Qualität, wenn das Erfahrungswissen der Großelterngeneration auf Grund der gesellschaftlichen Entwicklungsperspektiven mit einem frühen Verfallsdatum versehen ist und Großeltern sich veranlasst sehen, selbst weiter zu lernen, um kulturell teilhabe- und anschlussfähig zu bleiben."⁴⁰

Insgesamt bleibt festzuhalten, dass die Großelternforschung noch in den Kinderschuhen steckt. Vor allem fehlt eine theoretische Fundierung. Ein erster Versuch liegt im Konzept der „Generationenambivalenz" vor: „Durch die Geburt eines Kindes wird eine neue Generation gebildet, die sich von jener der Eltern unterscheidet. Dies geschieht immer wieder von neuem, doch der Sachverhalt als solcher bleibt derselbe. Leben entsteht aus Leben, aber Eltern und Kinder unterscheiden sich. Geboren wird sowohl das Gleiche als auch das Andere, das eigene Kind, das ein anderer Mensch ist. Darin kann man die Struktur einer grundlegenden Ambivalenz sehen."⁴¹

Intergenerationale Familienrollen, wie die Großelternrolle, unterliegen Wandlungsprozessen. Gleichzeitig sind sie immer aus mehreren Perspektiven wahrzunehmen. So wird die Großelternrolle bisher hauptsächlich aus der Sicht der Großeltern beleuchtet und zu wenig aus der Sicht der Enkel- sowie der Elterngeneration. Auch bildet die Großelternforschung in Deutschland bisher keinen eigenen Forschungszweig. Insofern bieten die vorliegenden Erkenntnisse kein in sich geschlossenes Bild, sondern markieren erste Punkte, die ergänzt werden müssen.⁴²

Grundsätzlich lässt sich festhalten, dass sich die meisten Aktivitäten zwischen Großeltern und Enkeln ergeben, wenn die Enkel zwischen sieben und elf Jahre alt sind.

> „Dabei werden von Kindern auf die Frage, was sie mit ihren Großeltern unternehmen, nicht in erster Linie besondere Ereignisse wie der Besuch eines Erlebnisparks oder der Gang in den Zoo erwähnt, sondern vorrangig alltägliche Aktivitäten, wie z. B. miteinander reden, zusammen kochen, puz-

---

39 Ebd.
40 A.a.O., 204.
41 Vgl. Lettke/Lüscher, *Generationenambivalenz*, a.a.O., 441.
42 Als ersten Überblick vgl. Brake/Büchner, *Großeltern in Familien*, a.a.O.

zeln, vorlesen usw. ... Hier deutet sich an, dass die Großeltern-Enkel-Kontakte eingebettet sind in den Vollzug alltagspraktischen familialen Handelns."[43]

In der Summe zeigen sich auch in der Wahrnehmung der Großelternrolle geschlechtsspezifische Unterschiede: In erster Linie engagieren sich die Großmütter in der Enkelbetreuung (und zwar besonders die Großmütter aus der mütterlichen Linie). Auffällig ist, dass Großmütter insgesamt engere Beziehungen unterhalten. Sie spielen eine hervorgehobene Rolle in familialen Interaktions- und Unterstützungszusammenhängen, und zwar unabhängig von deren Erwerbstätigkeit. Allerdings ist das großmütterliche Engagement auch nicht zu überschätzen.

> „Die allzeit verfügbare, sich aufopfernde Oma, die ihren Lebensinhalt in ihrem Enkelkind sieht, ist nicht typisch [...] Vielmehr dominiert bei den Kontakten zu den Enkeln eher der Besuchscharakter und der Einsatz der Großeltern in familialen Sondersituationen."[44]

Roswitha Sommer-Himmel konstatiert zum erzieherischen Umgang von Großeltern mit ihren Enkeln:

- „Großmütter reflektieren ihr erzieherisches Verhalten gegenüber den Enkelkindern auf der Grundlage früherer Erziehungserfahrungen. Bewußt oder unbewußt werden im Betreuungsalltag Vergleiche zum früheren Mutterverhalten gezogen.
- Großväter dagegen ziehen weniger oder keine Vergleiche zu ihrem Vaterverhalten, da sie sich an der Kindererziehung wesentlich weniger beteiligt haben als sie es heute tun. Die Enkelkindbetreuung wird von ihnen als erste bewußte Erziehungssituation wahrgenommen.
- Großeltern verhalten sich aufgrund der fehlenden alleinigen Verantwortung für ihre Enkelkinder diesen gegenüber nachgiebiger, als sie es bei ihren eigenen Kindern waren.
- Alte Großeltern (70 Jahre und älter) fühlen sich mit der Enkelkindbetreuung eher überfordert als Jüngere.
- Die Frauen, welche sehr familienorientiert gelebt haben, d. h. Haushalt und Kinder prägten ihr Leben, leisten die Betreuung ihrer Enkelkinder als eine unhinterfragte Selbstverständlichkeit. Besonders stark ausgeprägt ist diese Einstellung in ländlicher Umgebung.
- Als unproblematisch wird die Großeltern-Enkelkind Interaktion empfunden, wenn die Eltern nicht dabei sind. Dagegen kann es zu Konflikten kommen, wenn Großeltern erzieherisch eingreifen in Anwesenheit der Eltern oder wenn sich die Enkelkinder auf andere Regeln bei den Großeltern berufen."[45]

---

43 A.a.O., 208.
44 A.a.O., 210.
45 Roswitha Sommer-Himmel, *Großeltern heute. Betreuen, erziehen, verwöhnen. Eine qualitative Studie zum Betreuungsalltag mit Enkelkindern*, Bielefeld 2000, 126.

Insgesamt wird die großelterliche Enkelkinderbetreuung von den Eltern positiv wahrgenommen und als Entlastung erlebt. Für die Großeltern eröffnet das Miteinander der Generationen „eine sinnstiftende Dimension"[46].

Neben der Kinderbetreuung nehmen Großeltern vielfältige Aufgaben im Generationenzusammenhang wahr[47]: Sie können als Ersatzeltern fungieren (bei abwesenden Eltern oder bei Teenager-Schwangerschaften, bei denen die Großeltern in der Regel die Erziehung der Kinder übernehmen), als „Nothelfer" in Krisensituationen, als Helfer und Experten in Erziehungsfragen, als Vermittler kultureller Werte, als Wahrer der Familientradition („Familienhistoriker") sowie als Unterstützer in finanziellen Angelegenheiten. Über den unmittelbaren Familienzusammenhang hinaus dienen Großeltern als Kontaktpersonen zu älteren Menschen überhaupt.[48] Unter praktisch-theologischer Perspektive ist von besonderem Interesse, welche Rolle Großeltern bei der Vermittlung von Religiosität spielen. Darauf soll im Folgenden näher eingegangen werden.

5. Die Tradierung von Religiosität im Kontext des Generationenlernens

Die menschliche Persönlichkeitsentwicklung ist aufs Engste verbunden mit Lernprozessen, die durch Personen vermittelt werden, „die bereits über jene Fähigkeiten verfügen, die zur Teilnahme an einer Gesellschaft und Kultur sowie zu selbständiger Lebensführung erforderlich sind"[49]. Dabei handelt es sich um wechselseitige Lernprozesse „unter Einbeziehung des sich entwickelnden Selbst aller Beteiligten"[50]. Auch die Herausbildung von Religiosität ist in solche Lernprozesse eingebunden. Ihre Entwicklung ist auf Impulse von außen angewiesen. Gleichzeitig handelt es sich nicht nur um die Weitergabe von festen Traditionsbeständen, die von Generation zu Generation bewahrt und angeeignet werden. Zwar

---

46 A.a.O., 255.
47 Vgl. Brake/Büchner, *Großeltern in Familien*, a.a.O.
48 Vgl. Wolfgang Lauterbach, *Kinder in ihren Familien. Lebensformen und Generationsgefüge im Wandel*, in: Andreas Lange/Wolfgang Lauterbach (Hg.), *Bilder in Familie und Gesellschaft zu Beginn des 21sten Jahrhunderts*, Stuttgart 2000, 165 f.
49 Kurt Lüscher/Ludwig Liegle, *Generationenbeziehungen in Familie und Gesellschaft*, Konstanz 2003, 171.
50 Ebd.

lernt die jüngere Generation von der älteren. Aber auch das Umgekehrte gilt: Die ältere lernt von der jüngeren.

Bei diesen Lernprozessen der Generationen spielen auch die Großeltern eine bedeutende Rolle. „Das Kleinkind, das von der Großmutter (oder dem Großvater) liebevoll herumgetragen wird, kann schon früh die Erfahrung machen, dass es nebst der Mutter und dem Vater Menschen gibt, die ihm ihre volle Zuneigung zeigen und dennoch etwas anders mit ihm umgehen als die Eltern dies tun. Allgemeiner gesprochen: Großeltern können Enkelkindern vor dem Hintergrund einer grundsätzlich voraussetzbaren persönlichen Zuwendung und Wertschätzung wichtige Erfahrungen von ‚Differenz' vermitteln."[51] Heutige Großeltern erhalten ihre Autorität weniger als Repräsentanten einer obligatorischen Tradition von Werten und Wissen, sondern vielmehr durch die Qualität ihrer Beziehung zu den jüngeren Generationen. Sie sind wichtig als vertraute Gesprächspartner, mit denen Erfahrungen ausgetauscht und gemeinsame Erwartungen entwickelt werden.

> „Im Ganzen ist davon auszugehen, dass Großeltern einen indirekten, auf Zuwendung und Bestätigung aufbauenden Einfluss ausüben, der aber gerade darin seine Bedeutung als ‚Brücke' gewinnen kann, dass er sich von den Beziehungen zu den Eltern qualitativ unterscheidet und den Kindern eine anders geartete Erfahrungswelt erschließt."[52]

Die größere Distanz zwischen Großeltern und Enkeln geht zudem oft mit einer geringeren Konflikthaftigkeit einher. Das Verhältnis der unmittelbar aufeinander folgenden Generationen ist oft belastet (durch die Erziehungsabsichten der Eltern sowie durch die Bestrebungen der Kinder, selbständig zu werden). Die Großeltern-Enkel-Beziehung ist weniger davon betroffen. Zudem zeigt sich, dass sich der Wandel in der Erziehungspraxis hin zu einem kindorientierten Erziehungsstil (verbunden mit dem Wechsel vom Befehls- zum Verhandlungshaushalt) auf das intergenerationale Machtverhältnis auswirkt. Die Machtverteilung zwischen Alt und Jung ist symmetrischer.[53]

Welche Rolle Großeltern bei der Tradierung von Religiosität an die nachfolgenden Generationen spielen, ist bisher nicht genau geklärt. Fest steht aber, dass sie eine maßgebliche Rolle spielen. Praktische Theologie

---

51 A.a.O., 179.
52 A.a.O., 180.
53 Vgl. Jutta Ecarius, *Familienerziehung im historischen Wandel. Eine qualitative Studie über Erziehung und Erziehungserfahrungen von drei Generationen*, Opladen 2002.

und Religionspädagogik haben vor kurzer Zeit begonnen, der Familie als Lernort des Glaubens verstärkt Aufmerksamkeit zu schenken.[54] Der Zusammenhang zwischen aktueller Religiosität und der retrospektiven Einschätzung des religiösen Klimas im Elternhaus ist offenkundig. Dabei geht es nicht um eine Prägung im Sinne des Determinismus. Vielmehr eröffnet die religiöse Sozialisation in der Familie „Spielräume, innerhalb derer es zu einer eigenständigen Entwicklung der Gestalt der Religiosität kommt"[55]. Die in der Familie erfahrenen Prägungen lassen sich nie völlig ablegen. Hinsichtlich religiöser Praxis zeigt sich:

> „Wer in Kindheit, Jugend und jungem Erwachsenenalter umfassende Praxis eingeübt und sich zu eigen gemacht hat, behält auch diese Formen der Praxis weitgehend bei (mit Schwankungen in der quantitativen Ausprägung je nach Lebenssituation). Wer im ersten Drittel keinen Zugang zu einer religiös-kirchlichen Praxis erhalten hat, gewinnt diesen auch nur selten in den weiteren Lebensphasen."[56]

Vor allem kirchliche Religiosität ist ganz stark in den Generationenzusammenhang eingebettet und auf ihn angewiesen.[57] Interessant sind in diesem Zusammenhang die Untersuchungsergebnisse der vierten EKD-Mitgliedschaftsuntersuchung.[58]

Auf die Frage, welche Personen Einfluss auf ihr Verhältnis zu Religion, Glauben und Kirche entwickelt haben, antworteten die Befragten: Den größten Einfluss auf ihre religiöse Entwicklung haben nach Meinung der Befragten die Eltern, gefolgt von den Großeltern, wobei deren Bedeutung von den Ostdeutschen noch höher eingeschätzt wird als von den Westdeutschen.

Ein Blick auf die Interviews der dritten EKD-Mitgliedschaftsumfrage zeigt, dass die Großmütter häufig erwähnt werden, wenn es um Religion, Glauben und Kirche im eigenen Leben geht.[59] Mütter und Großmütter haben eine besondere

---

54 Vgl. Ulrich Schwab, *Familienreligiosität. Religiöse Traditionen im Prozeß der Generationen*, Stuttgart/Berlin/Köln 2000; Michael Domsgen, *Familie und Religion. Grundlagen einer religionspädagogischen Theorie der Familie*, Leipzig ²2006.
55 Vgl. Walter Fürst/Andreas Wittrahm/Ulrich Feeser-Lichterfeld/Tobias Kläden, *Detaillierter Ergebnisbericht des Forschungsberichtes „Religiöse Entwicklung im Erwachsenenalter"*, in: Dies. (Hg.), *„Selbst die Senioren sind nicht mehr die alten ... " Praktisch-theologische Beiträge zu einer Kultur des Alterns*, Münster 2003, 244.
56 A.a.O., 229.
57 Vgl. Michael Domsgen, *Kirchliche Sozialisation: Familie, Kindergarten, Gemeinde*, in: Jan Hermelink/Thorsten Latzel (Hg.), *Kirche empirisch. Ein Werkbuch*, Gütersloh 2008, 73–94.
58 Die folgende Grafik wurde aus o. g. Beitrag übernommen.
59 Vgl. Domsgen, *Familie und Religion*, a.a.O., 118 ff.

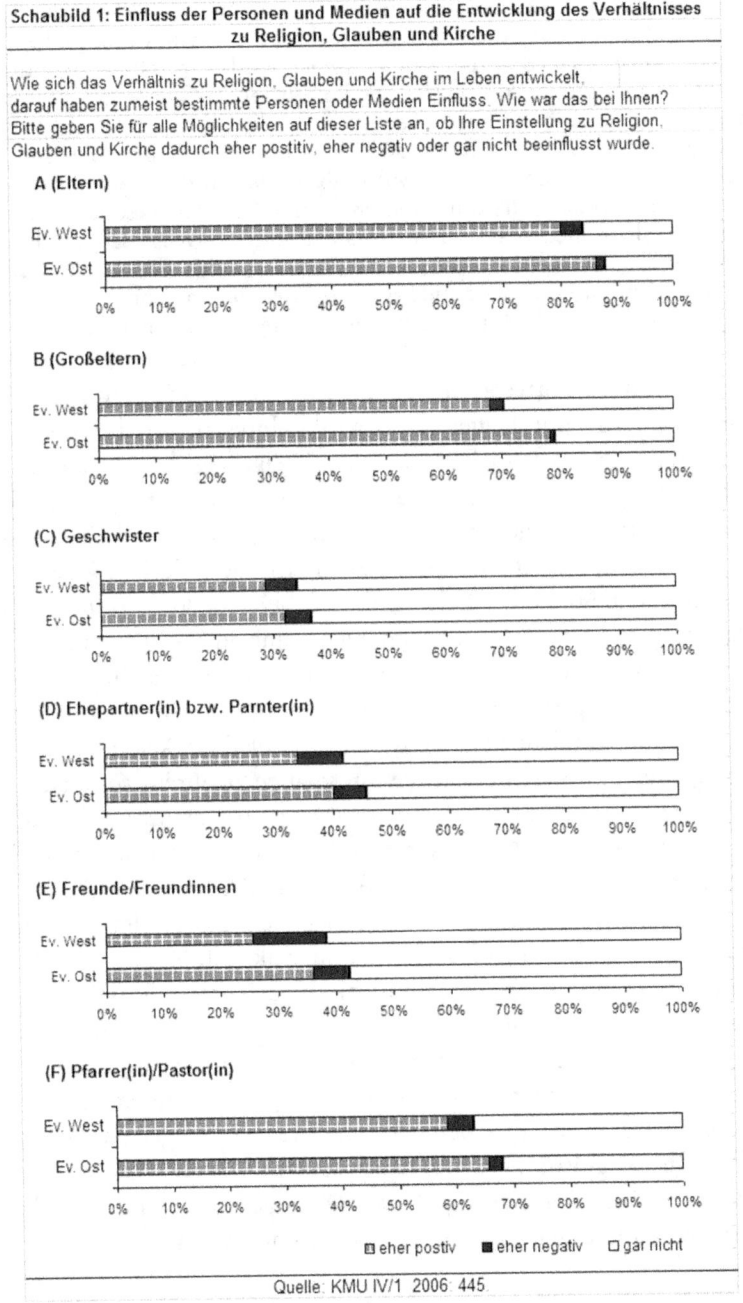

Abb. 1: Einfluss der Personen und Medien auf die Entwicklung des Verhältnisses zu Religion, Glauben und Kirche

Bedeutung bei der Gestaltung der rituellen Dimension der Kirchlichkeit. Es sind überwiegend die Frauen, die religiöse Rituale und Feste in den Familien inszenieren, organisieren und strukturieren. Rituale wiederum tragen wesentlich zur Herstellung und Aufrechterhaltung des kollektiven Gefühls einer Familie von sich selbst bei. Sie stiften Familienidentität. (Dabei spielt auch das gemeinsame Essen eine große Rolle, für das mehrheitlich die Frauen zuständig sind. Viele Enkel gehen um der Großmutter willen ab und an in den Gottesdienst. Auch beim abendlichen Zu-Bett-Ritual spielen Großmütter eine besondere Rolle. Sie singen die alten Lieder aus ihrer Kindheit, die oft religiösen Inhalts sind. Überhaupt spielen Familientraditionen, die oft mit den Großeltern verknüpft sind, eine nicht zu unterschätzende Rolle bei der Inspruchnahme der Kasualien, als grundlegende Verbindungsstellen zwischen Familie und Kirche.

Diese Ergebnisse korrespondieren mit der großen Bedeutung, die den Großeltern insgesamt beigemessen wird. Unter praktisch-theologischer Perspektive bleibt festzuhalten, dass die Aneignung des Glaubens personalisierte soziale Beziehungen voraussetzt und auf die erlebbare Kommunikation des Evangeliums angewiesen ist. Dabei sind die primären Bezugspersonen, zu denen neben den Eltern auch die Großeltern gehören, heute in besonderer Weise gefordert. Dies jedoch ist mit Herausforderungen verbunden, weil Kindererziehung im Großen und Ganzen nicht mehr selbstverständlich in ein weitgehend kirchliches oder christentümlich geprägtes Milieu eingebunden ist, wo man sich über die Religion und den Glauben der Eltern und Großeltern keine Gedanken zu machen brauchte, weil sie „als gewissermaßen in ihrem sozialen Milieu gegeben gelten"[60] konnten. Daraus ergibt sich die praktisch-theologische Herausforderung, Eltern und Großeltern in ihrer religiösen Kompetenz zu fördern. Dazu ist ihre religiöse Ausdrucksfähigkeit zu stärken. Dies hängt jedoch aufs Engste mit ihrer eigenen Religiosität zusammen. Wichtig ist, dass Eltern, Großeltern und Enkelkinder den Glauben als hilfreich erfahren können und ihn nicht als zusätzliche Belastung erleben, die es neben all den anderen Aufgaben auch noch zu meistern gilt. Letztlich geht es um ein Ernstnehmen eigener Erfahrung und die Ermöglichung einer vertiefenden Wahrnehmung. Eine einheitliche religiöse Prägung ist dabei unwahrscheinlich (vor allem, je jünger die Großeltern sind), denn Religiosität entwickelt sich, auch im Alter. Wichtig wäre die Ermutigung zur Explizierung. Denn lebensgeschichtliche Erzählungen sind bedeutsame Bestandteile in der Beziehung zwischen Großeltern und

---

60 Norbert Mette, *Voraussetzungen christlicher Elementarerziehung. Vorbereitende Studien zu einer Religionspädagogik des Kleinkindalters*, Düsseldorf 1983, 322.

Enkelkindern. Sie geben quasi ein Exklusivwissen weiter, über die Eltern, über ihre Biografie, etwas, was sonst nirgendwo erhältlich ist.

Allerdings ist religiöse Erziehung keine Einbahnstraße. Großeltern sind nicht nur Gebende, sondern auch Nehmende im Umgang mit ihren Enkelkindern. Insofern können Enkel eine religionsproduktive bzw. religiositätsklärende Bedeutung haben, wenn Großeltern durch sie mit Fragen konfrontiert werden, denen sie über lange Zeit ausgewichen sind. Allerdings ist darüber bisher kaum etwas bekannt. Die Bedeutung der Großeltern im Familienverbund stellt ein dringendes praktisch-theologisches bzw. religionspädagogisches Forschungsdesiderat dar. Dabei ist gänzlich ungeklärt, welche Bedeutung Enkel für die Entwicklung der Religiosität von Großeltern haben.

> „Mehrgenerationenbeziehungen kommt für die Angehörigen aller Generationen eine große und im Vergleich zu den Beziehungen außerhalb des Verwandtschaftssystems überragende Bedeutung für die lebensbegleitenden und lebenslang andauernden Prozesse des Lernens und der Identitätsbildung der Person zu. Dabei muss es sich freilich nicht immer um eine positiv empfundene oder zu bewertende Bedeutung handeln."[61]

Aber deren Bedeutung ist so immens, dass sie nicht vernachlässigt werden darf. Es geht um ein Ernstnehmen familialer Beziehungen der Einzelnen.

Inzwischen werden die Eltern bzw. Familien in ihrer Bedeutung auch praktisch-theologisch erkannt. Zukünftig wird es darum gehen, die Generationenbeziehungen umfassender zu betrachten und neben der Kernfamilie auch die Großelternfamilie mit einzubeziehen. Damit würde praktisch-theologisch das nachvollzogen, was der Mehrzahl heutiger alter Menschen wichtig ist.

6. Das Alter unter rechtfertigungstheologischer Perspektive

Die Ausführungen zu den Generationenbeziehungen machen deutlich: „Überlegungen zum Altsein betreffen nicht nur Alte selbst."[62] Vielmehr haben das Verständnis und die Wahrnehmung des Alters Auswirkungen auf die Prägung der jüngeren Generation sowie der Kultur insgesamt. In

---

61 Lüscher/Liegle, *Generationenbeziehungen*, a.a.O., 182.
62 Christian Grethlein, *Altwerden als geistliche Aufgabe. Ein Gespräch mit Romano Guardini*, in: Michael Herbst (Hg.), *Spirituelle Aufbrüche. Perspektiven evangelischer Glaubenspraxis*, Göttingen 2003, 164. Auch im Folgenden beziehe ich mich darauf.

diesem Zusammenhang können Romano Guardinis Reflexionen die praktisch-theologischen Überlegungen zum Alter bereichern. In seiner Schrift „Die Lebensalter" unterscheidet er verschiedene Phasen: das Kind, den jungen, den mündigen, den reifen, den alten sowie den senilen Menschen. Den alten Menschen bezeichnet er auch als weisen Menschen: Dieser weiß um die Endlichkeit des Daseins, die „Vergänglichkeit wird fühlbar"[63]. Aus diesem Gefühl der Vergänglichkeit kommt aber auch „etwas in sich selbst Positives: das immer deutlicher werdende Bewußtsein von dem, was nicht vergeht, was ewig ist."[64] Damit verbunden ist die Fähigkeit, Wichtiges von Unwichtigem, Letztes von Vorletztem zu unterscheiden. Der alte Mensch wird „sozusagen durchsichtig für den Sinn"[65]. Er hat eine Würde, „die nicht aus Leistung, sondern aus Sein kommt"[66].

In der Begegnung von Großeltern und Enkeln kommen also zwei Altersgruppen zusammen, bei der die einen ihre Persönlichkeit *nicht mehr* und die anderen *noch nicht* aus Leistung bestimmen (müssen). Sinn kann hier jenseits des Geleisteten durchscheinen. Mit zunehmendem Alter der Enkel, wenn Leistungen für sie immer stärker von Bedeutung sind, kann die junge Generation von der alten die grundlegende Unterscheidung von Letztem und Vorletztem am Modell lernen.

> „Die jüngeren Menschen in ihren vielfältigen Anforderungen und Kämpfen benötigen solche Alten, um der Dimension des Sinnes, der eben nicht in eigener Leistungsfähigkeit, sondern in dem Zurücktreten hiervon durchscheinend wird, ansichtig zu werden."[67]

Insofern kann die alte Generation der jungen die Rechtfertigungsbotschaft plausibel machen.

Im Zusammensein von Großeltern und Enkeln begegnen sich zwei Generationen, bei denen in besonderer Weise offenkundig ist, dass Menschsein In-Beziehung-Sein bedeutet. Beide Altersgruppen verbindet eine „heilsame Angewiesenheitsstruktur geschöpflichen Daseins"[68], indem sie in deutlich wahrnehmbarer Weise mit Begrenzungen verbun-

---

63 Romano Guardini, *Die Lebensalter. Ihre ethische und pädagogische Bedeutung*, Mainz (1953) ⁹2001, 54.
64 A.a.O., 57.
65 A.a.O., 59.
66 A.a.O., 62.
67 Grethlein, *Altwerden als geistliche Aufgabe*, a.a.O., 162.
68 Hans-Martin Rieger, *Altern anerkennen und gestalten. Ein Beitrag zu einer gerontologischen Ethik*, Leipzig 2008, 118.

den sind. So verwundert es auch nicht, dass beide Lebensphasen durch eine besondere religiöse Sensibilität gekennzeichnet sind.

Literatur

Vern L. Bengston/Carolyn Rosenthal/Linda Burton, *Families and Aging. Diversity and Heterogenity*, in: Robert Binstock/Linda George (Hg.), *Handbook of Aging and Social Sciences Bd. 3*, San Diego 1990, 263–287.

Fred Berger/Helmut Fend, *Kontinuität und Wandel der affektiven Beziehung zwischen Eltern und Kindern vom Jugend- bis ins Erwachsenenalter*, in: Zeitschrift für Soziologie der Erziehung und Sozialisation 25 (2005), H. 1, 8–29.

Hans Bertram, *Die verborgenen familiären Beziehungen in Deutschland. Die multilokale Mehrgenerationenfamilie*, in: Martin Kohli/Marc Szydlik (Hg.), *Generationen in Familie und Gesellschaft*, Opladen 2000, 97–121.

Hans Bertram, *Familienwandel und Generationsbeziehungen*, in: Hans Peter Buba/Norbert F. Schneider (Hg.), *Familie. Zwischen gesellschaftlicher Prägung und individuellem Design*, Opladen 1996, 61–79.

Agnes Blome/Wolfgang Keck/Jens Alber, *Generationenbeziehungen im Wohlfahrtsstaat. Lebensbedingungen und Einstellungen von Altersgruppen im internationalen Vergleich*, Wiesbaden 2008.

Anna Brake/Peter Büchner, *Großeltern in Familien*, in: Jutta Ecarius (Hg.), *Handbuch Familie*, Wiesbaden 2007, 199–219.

Michael Domsgen, *Familie und Religion. Grundlagen einer religionspädagogischen Theorie der Familie*, Leipzig ²2006.

Michael Domsgen, *Kirchliche Sozialisation: Familie, Kindergarten, Gemeinde*, in: Jan Hermelink/Thorsten Latzel (Hg.), *Kirche empirisch. Ein Werkbuch*, Gütersloh 2008, 73–94.

Jutta Ecarius, *Familienerziehung im historischen Wandel. Eine qualitative Studie über Erziehung und Erziehungserfahrungen von drei Generationen*, Opladen 2002.

Heribert Engstler/Sonja Menning, *Die Familie im Spiegel der amtlichen Statistik. Lebensformen, Familienstrukturen, wirtschaftliche Situation der Familien und familiendemographische Entwicklung in Deutschland*, Berlin 2003.

Walter Fürst/Andreas Wittrahm/Ulrich Feeser-Lichterfeld/Tobias Kläden, *Detaillierter Ergebnisbericht des Forschungsberichtes „Religiöse Entwicklung im Erwachsenenalter"*, in: Dies. (Hg.), *„Selbst die Senioren sind nicht mehr die alten ..." Praktisch-theologische Beiträge zu einer Kultur des Alterns*, Münster 2003, 217–257.

Christian Grethlein, *Altwerden als geistliche Aufgabe. Ein Gespräch mit Romano Guardini*, in: Michael Herbst (Hg.), *Spirituelle Aufbrüche. Perspektiven evangelischer Glaubenspraxis*, Göttingen 2003, 158–165.

Romano Guardini, *Die Lebensalter. Ihre ethische und pädagogische Bedeutung*, Mainz (1953) ⁹2001.

Andreas Hoff, *Intergenerationale Familienbeziehungen im Wandel*, in: Clemens Tesch-Römer/Heribert Engstler/Susanne Wurm (Hg.), *Altwerden in Deutschland. Sozialer Wandel und individuelle Entwicklung in der zweiten Lebenshälfte*, Wiesbaden 2006, 231–287.

Francois Höpflinger, *Frauen und Generationenbeziehungen in der zweiten Lebenshälfte*, in: *Handbuch „Demografischer Wandel. Die Stadt, die Frauen und die Zukunft"*, hg. v. Ministerium für Generationen, Familie, Frauen und Integration NRW, Düsseldorf 2006, 255–268.

Martin Kohli, *Die Institutionalisierung des Lebenslaufs. Historische Befunde und theoretische Argumente*, in: KZfSS 37 (1985), 1–29.

Martin Kohli/Harald Künemund/Andreas Motel/Marc Szydlik, *Generationenbeziehungen*, in: Martin Kohli/Harald Künemund (Hg.), *Die zweite Lebenshälfte. Gesellschaftliche Lage und Partizipation des Alters-Surveys*, Opladen 2000, 176–211.

Harald Künemund, *Die „Sandwich-Generation" – typische Belastungskonstellation oder nur gelegentliche Kumulation von Erwerbstätigkeit, Pflege und Kinderbetreuung?*, in: Zeitschrift für Soziologie der Erziehung und Sozialisation 22 (2002), H. 4, 344–361.

Wolfgang Lauterbach, *Die gemeinsame Lebenszeit von Familiengenerationen*, in: Zeitschrift für Soziologie 24 (1995), H. 1, 22–41.

Wolfgang Lauterbach, *Die multilokale Mehrgenerationenfamilie. Zum Wandel der Familienstruktur in der zweiten Lebenshälfte*, Würzburg 2004.

Wolfgang Lauterbach, *Kinder in ihren Familien. Lebensformen und Generationsgefüge im Wandel*, in: Andreas Lange/Wolfgang Lauterbach (Hg.), *Bilder in Familie und Gesellschaft zu Beginn des 21sten Jahrhunderts*, Stuttgart 2000, 155–186.

Frank Lettke/Kurt Lüscher, *Generationenambivalenz – Ein Beitrag zum Verständnis von Familie heute*, in: Soziale Welt 53 (2002), 437–466.

Kurt Lüscher/Ludwig Liegle, *Generationenbeziehungen in Familie und Gesellschaft*, Konstanz 2003.

Norbert Mette, *Voraussetzungen christlicher Elementarerziehung. Vorbereitende Studien zu einer Religionspädagogik des Kleinkindalters*, Düsseldorf 1983.

Michael Mitterauer, *Der Mythos von der vorindustriellen Großfamilie*, in: Ders./Reinhard Sieder (Hg.), *Vom Patriarchat zur Partnerschaft. Zum Strukturwandel der Familie*, München ³1984.

Rosemarie Nave-Herz, *Die Mehrgenerationenfamilie unter familienzyklischem Aspekt*, in: Anja Steinbach (Hg.), *Generatives Verhalten und Generationenbeziehungen*, Wiesbaden 2005, 47–60.

Rosemarie Nave-Herz, *Wandel und Kontinuität in der Bedeutung, in der Struktur und Stabilität von Ehe und Familie in Deutschland*, in: Dies. (Hg.), *Kontinuität und Wandel der Familie in Deutschland. Eine zeitgeschichtliche Analyse*, Stuttgart 2002, 45–70.

Rüdiger Peuckert, *Familienformen im sozialen Wandel*, Wiesbaden ⁷2008.

Hans-Martin Rieger, *Altern anerkennen und gestalten. Ein Beitrag zu einer gerontologischen Ethik*, Leipzig 2008.

Ulrich Schwab, *Familienreligiosität. Religiöse Traditionen im Prozeß der Generationen*, Stuttgart/Berlin/Köln 2000.

Beate Schwarz/Pradeep Chakkarath/Gisela Trommsdorff, *Generationenbeziehungen in Indonesien, der Republik Korea und Deutschland*, in: Zeitschrift für Soziologie der Erziehung und Sozialisation 22 (2002), H. 4, 393–407.

Roswitha Sommer-Himmel, *Großeltern heute. Betreuen, erziehen, verwöhnen. Eine qualitative Studie zum Betreuungsalltag mit Enkelkindern*, Bielefeld 2000.

Marc Szydlik, *Wenn sich Generationen auseinanderleben*, in: Zeitschrift für Soziologie der Erziehung und Sozialisation 22 (2002), H. 4, 362–373.

Laszlo A. Vaskovics, *Elternschaft nach Auflösung der Zeugungsfamilie – Postfamiliale Elternschaft*, in: Norbert F. Schneider/Heike Matthias-Bleck (Hg.), *Elternschaft heute. Gesellschaftliche Rahmenbedingungen und individuelle Gestaltungsaufgaben*, Opladen 2002, 145–162.

Orte: Heim(e) und Mobilität

Klaus Raschzok, Konstanze Kemnitzer

1. „Orte: Heim(e) und Mobilität" als Thema einer ökologischen (Religions-)Gerontologie

Dem Thema „Orte: Heim(e) und Mobilität" stellt sich die Praktische Theologie, insofern sie mit Inken Mädler „materiell informiert" Menschen „in ihrer jeweiligen Lebens- und Weltauslegung als leibfundierte, räumlich, zeitlich und sozial situierte Geschöpfe"[1] betrachtet. Der Phänomenbereich der materiellen Kultur bildet „eine exemplarische Verdichtungsstelle des theologisch zu Verantwortenden, die über die Grenze der praktisch-theologischen Unterdisziplinen hinausreicht. Die Beachtung der materiellen Umwelt, welche die alltäglichen Lebenszusammenhänge ebenso modelliert, wie sie als ein anschauliches und begreifbares Modell derselben fungiert, trägt sowohl methodisch als auch inhaltlich zur Erweiterung des theologischen Blickwinkels bei und ermöglicht es, auch die Praktische Theologie in phänomenologischer Erweiterung auszubauen."[2]

Für die Wahrnehmung, Beschreibung, Deutung und Gewichtung kultureller Phänomene sucht die Praktische Theologie das Gespräch mit den „material culture studies".[3] Das Thema „Orte: Heim(e) und Mobilität" führt sie an das Gebiet der ökologischen Gerontologie heran. Diese erforscht die Beziehungen der Menschen zur räumlich-dinglichen Umwelt im höheren Lebensalter.[4] Begibt sich die Praktische Theologie auf

---

1 Inken Mädler, *Transfigurationen. Materielle Kultur in praktisch-theologischer Perspektive*, Gütersloh 2006, 357.
2 Ebd.
3 Vgl. ebd.
4 „Ökologische Gerontologie stellt die Beziehungen von alten Menschen zu ihren räumlich-sozialen Umwelten in den Mittelpunkt des Forschungsinteresses (der Begriff „Ökologie" stammt ursprünglich aus der Biologie und meint die Gesamtheit der Beziehungen des Organismus zu umgebenden Außenwelt [...].) Sie will damit einer Sichtweise von Altern entgegentreten, die ausschließlich die Person des alten Menschen beachtet bzw. nur die soziale Umwelt als maßgeblich

dieses Feld, so findet sie zahlreiche empirische Befunde und systematische Theorien vor.[5] Sie bringt dabei selbst die Perspektive „Kirche und christlicher Glaube", oder noch allgemeiner „Religion" mit ein. Daher können die Ergebnisse dieses Kontakts als praktisch-theologischer Beitrag zu einer „ökologischen Religionsgerontologie" bezeichnet werden.[6]

---

für den Verlauf von Alternsprozessen betrachtet. Es wird stattdessen hervorgehoben, dass Altern stets auch in räumlichen Umwelten stattfindet, die im Sinne von „Möglichkeitsräumen" (Tanner) [...] für Altern verstanden werden." Hans-Werner Wahl, *Ökologische Intervention*, in: Ders./Clemens Tesch-Römer (Hg.), *Angewandte Gerontologie in Schlüsselbegriffen*, Stuttgart 2000, 203. Themen der ökologischen Gerontologie sind das Wohnen in verschiedenen Wohnumwelten und außerhäusliche Mobilität. Vgl. Hans-Werner Wahl/Vera Heyl, *Gerontologie. Einführung und Geschichte*, Stuttgart/New York 2004, 186. Die ökologische Gerontologie ist in sehr direkter Weise mit praxisrelevanten Fragestellungen konfrontiert, z. B.: „Wie sieht eine gute Heimumwelt aus und wie kann für möglichst viele Bewohnerinnen und Bewohner eine optimale Person-Umwelt-Passung realisiert werden? Welche Einflüsse auf den Verlauf von Alternsprozessen besitzt eine „altengerechte" Wohnung? Welche Möglichkeiten, welche Gefahren bringen neue Technologie im Wohnbereich mit sich?" Wahl, *Ökologische Intervention*, a.a.O., 207.

5 Theorieansätze der ökologischen Gerontologie zur Person-Umwelt-Beziehung im Alter sind (1.) der Umweltanforderungs-Kompensations-Ansatz und die sog. Umweltfügsamkeitshypothese von Lawton. Er betont, dass alterskorrelierte Rückgänge der Kompetenz dazu führen, dass der Stellenwert der Umwelt wächst und alte Menschen sich ihrem Druck zunehmend fügen müssen. (2.) Der Person-Umwelt-Passungs-Ansatz von Kathana und Carp berücksichtigt auch die Bedürfnisse des alten Menschen und nimmt an, dass eine fehlende Übereinstimmung zwischen Bedürfnissen und Umweltgegebenheiten zu ungünstigen Effekten im Erleben und Verhalten führt. (3.) Der Person-Umwelt-Streß-Ansatz von Scholer beleuchtet Belastungsaspekte von Umwelten und fragt danach, wie ältere Menschen damit umgehen und welche Bewältigungsstrategien sie ausbilden (personseitige Anpassung oder aktive Umwelteinflussnahme). Vgl. a.a.O., 205 f.

6 Kunz spricht von „Religionsgerontologie" im Sinne einer hermeneutischen Klärung: Das gerontologische Dach ist für ein profiliertes Gespräch mit der Theologie viel zu groß. „Es geht letztlich um die Eingrenzung und die Behauptung von Eigenständigkeit eines Themenbereiches innerhalb der Gerontologie." Darum spricht er für die theologischen Ansätze der Auseinandersetzung zwischen Theologie und Gerontologie von Religionsgerontologie. Er relativiert aber: „Hingegen nimmt, wer heute im deutschsprachigen Raum von einer Religionsgerontologie spricht, seinen Mund noch ziemlich voll." Ralph Kunz, *Einleitung*, in: Ders. (Hg.), *Religiöse Begleitung im Alter. Religion als Thema der Gerontologie*, Zürich 2007, 9. Folgt man seiner Wortschöpfung und nimmt das Thema dieses Aufsatzes hinzu, ergibt sich, ihn als Beitrag zu einer „ökologischen Religionsgerontologie" zu verorten.

2. Problemskizze

Menschliches Dasein ist raumgreifend[7] und vollzieht sich als Leben zwischen Heimischsein und Mobilität. Der Mensch bedient sich des Raumes und schafft sich Orte.[8] Er bewohnt sie als Heim[9] und gestaltet sie aktiv als Zuhause. Diese Fähigkeit nennt die Volkskundlerin Christel Köhle-Hezinger „Heimatinszenierung": Mit Gegenständen, Kleidung, Bildern, Klängen etc. konstruieren Menschen ihre Heimat medial. Sie nehmen kreativ Potenziale ihrer Umgebung auf, Traditionen und gegenwärtige Optionen, und schaffen sich auf diese Weise eine Welt, in der sie sich heimisch fühlen.[10]

Aus theologischer Perspektive bietet Paul Tillich hilfreiche Überlegungen zu diesem Phänomen: „Raum ist kein Ding, auch kein Behälter, in dem Dinge sind, sondern Raum ist die Art des Lebendigen, zur Existenz zu kommen. Raum ist Raummächtigkeit, *Macht des Lebendigen, sich Raum zu schaffen.* Es gibt keinen Raum an sich, sondern es gibt so viele Arten von Raum, wie es Arten des Lebendigen gibt, sich Raum zu schaffen, und d. h., wie es Arten des Lebens gibt, Wirklichkeit zu werden. An seiner Räumlichkeit ist alles Lebendige, ist auch das Menschliche erkennbar."[11] Immer erst von einem konkreten Ort aus, kann – und

---

7 „Die menschliche Existenz ist immer raumgebunden. Die Umwelt des alltäglichen Lebensvollzugs ist eine räumlich-soziale." Winfried Saup, *Altenheime als „Umwelten". Beiträge aus psychologischer und architektonischer Sicht*, in: Andreas Kruse/Hans-Werner Wahl (Hg.), *Altern und Wohnen im Heim. Endstation oder Lebensort?*, Göttingen 1994, 49.
8 „Orte bestehen […] nicht für sich oder sind naturgegeben, sondern das Ergebnis menschlicher Raumproduktion. Orte gibt es folglich nur aufgrund einer Tätigkeit, durch die der Raum zum Medium wird." Stephan Günzel, *Raum im Gebrauch. Medium – Orte – Bilder*, in: Hanns Kerner (Hg.), *Lebensraum Kirchenraum. Das Heilige und das Profane*, Leipzig 2008, 69.
9 Das Wohnen „ist die erste und unmittelbarste Beziehung, die der Mensch zum Raum überhaupt hat. In ihr schafft er sich den Raum, der *sein* Raum ist." Paul Tillich, *Das Wohnen, der Raum und die Zeit (1933)*, in: Ders., *Die religiöse Substanz der Kultur. Schriften zur Theologie der Kultur, Gesammelte Werke Band IX*, Stuttgart 1967, 328.
10 Zum Repertoire der Heimatinszenierung gehören Heimatbücher, -museen, Festzüge, Ortsjubiläen, Festspiele, Märkte und in herausragender Weise das Freilandmuseum. Heimatinszenierung dient der Kompensation des Verlustes der Herkunftswelten durch Rekonstruktion, ermöglicht Erinnern und Inbesitznahme. Vgl. Christel Köhle-Hezinger, *Heimatinszenierungen*, in: Hermann Voesgen (Hg.), *Ganz nah dran. Kulturarbeit in der Region*, Hagen 1994, 133–139.
11 Tillich, *Das Wohnen*, a.a.O., 329.

muss[12] – der Mensch neu „vorstoßen in den Raum überhaupt."[13] Dabei ist dem menschlichen Wesen die Spannung zwischen endlichem und unendlichem Raum eigentümlich: Der Mensch „durchbricht jede Raumgrenze, er schafft sich den unendlichen Raum. [...] Unendlich ist der Raum, weil die menschliche Art des Sich-Raum-Schaffens Durchbrechung jeder endlichen Grenze ist. Endlich ist der Raum, weil der Mensch jeweils einen begrenzten Raum hinstellt, in dem er bleibt und von dem aus er vorstößt ins Unendliche. Endlichkeit und Unendlichkeit des Raumes sind eine Polarität, in der die Mächtigkeit menschlichen Seins zum Ausdruck kommt, in der der Mensch sich Raum und damit Existenz schafft."[14] Jeder Ort, an dem der Mensch heimisch ist, vollzieht sich als Versuch, Gegenwart im begrenzten Raum zu finden.[15] Dabei steht das Heim auch in Gefahr, dass „den Gottheiten des begrenzten Raumes [...] Opfer gebracht werden, die ihnen nicht zukommen."[16] Die Herausforderung des Menschen besteht darin, im raumgreifenden Gestalten die Spannung auszugleichen die sich zwischen dem Willen zur Abgrenzung, dem Schutz vor der einsaugenden Unendlichkeit, das Haus zum Mutterleib zu machen, und dem Willen, ins Unendliche vorzustoßen und aus der tragenden und zugleich engmachenden Höhle herauszugehen.[17]

Heim(e). Die ökologische Gerontologie liefert zahlreiche Informationen zum Daheimsein im Alter: Mit zunehmenden Lebensjahren gewinnt der eigene Wohnbereich an Wichtigkeit.[18] „Alltag im Alter heißt vor allem Wohnalltag."[19] Mehr als drei Viertel ihrer Tageszeit verbringen ältere

---

12 „Wir müssen wieder und wieder den Raum verlassen, der uns umfängt, um der Zeit, um der Zukunft willen. Wie wir ihn verlassen mussten, als wir geboren wurden. Das Wort an Abraham, das ihm gebot, hinauszugehen aus seinem Lebensraum in eine unbekannte Zukunft, ist symbolisch für Menschsein überhaupt." A. a. O., 332.
13 A. a. O., 328.
14 A. a. O., 330.
15 „Jedes Haus ist eine Erfüllung menschlichen Sich-Raum-Schaffens, menschlicher Sehnsucht nach Gegenwart." A. a. O., 332.
16 Ebd.
17 Vgl. a.a.O., 330 ff.
18 Vgl. Frank Oswald, *Wohnen und Wohnpassung in Privathaushalten*, in: Hans-Werner Wahl/Clemens Tesch-Römer (Hg.), *Angewandte Gerontologie in Schlüsselbegriffen*, Stuttgart 2000, 209.
19 Winfried Saup, *Alter und Umwelt. Eine Einführung in die Ökologische Gerontologie*, Stuttgart 1993, 18.

Menschen zuhause.[20] Für ca. 95 % der über 65-Jährigen in Deutschland ist dieses Zuhause eine Privatwohnung.[21] Sie verbinden mit ihr fünf verschiedene Kategorien subjektiver Wohnbedeutungen: Das Erleben von (1.) Wohnlage, Anbindung und Ausstattung, von (2.) Anregung, Gestaltungsmöglichkeit und Autonomie, von (3.) Gewöhnung, Vertrautheit und Verinnerlichung, von (4.) Zufriedenheit, Wohlbefinden und Privatheit und von (5.) sozialen Gefügen.[22] Die subjektive Wohnzufriedenheit daheim ist hoch – unabhängig von der objektiven Situation. Sie nimmt erst ab, wenn Mängel gravierend werden oder eine konkrete Alternative besteht.[23]

Eine klassische Standardintervention zur Verbesserung der Wohnsituation stellen Anpassungsmaßnahmen dar. Die Annahme, dass Interventionen im Wohnbereich unterstützend wirken können, basiert u. a. auf der „Umweltfügsamkeits-Hypothese":[24] Danach geht eine generelle Abnahme körperlicher Fähigkeiten im Alter mit gleichzeitig wachsendem Einfluss der Umweltgegebenheiten einher. Die ältere Person erlebt einen zunehmenden Umweltdruck, dem sie sich anpassen muss. Interventionen dienen der Verminderung dieses Umweltdrucks und der Unterstützung der Person im Alltag zuhause. Interventionen können direkt an der Ausstattung, aber auch indirekt am Wohnverhalten und -erleben ansetzen. Gezielte Interventionen gegen individuelle Schwierigkeiten sind Maximallösungen, die die Wohnung mehr als nötig verändern, vorzu-

---

20 Vgl. Christiana Küster, *Zeitverwendung und Wohnen im Alter*, in: Deutsches Zentrum für Altersfragen (Hg.), *Wohnbedürfnisse, Zeitverwendung und soziale Netzwerke älterer Menschen. Expertenband 1 zum zweiten Altenbericht der Bundesregierung*, Frankfurt 1998, 51–175, zit. nach Wahl/Heyl, *Gerontologie*, a.a.O., 186.

21 Ulrich Schneekloth, *Pflegerische Versorgung im Bereich der stationären Altenhilfe*, in: Zeitschrift für Gerontologie und Geriatrie 30, 1997, 163–172, zit. nach Wahl/Heyl, *Gerontologie*, a.a.O., 186.

22 Vgl. Frank Oswald, *Hier bin ich zu Hause. Zur Bedeutung des Wohnens. Eine empirische Studie mit gesunden und gehbeeinträchtigten Älteren*, Regensburg 1996, zit. nach Wahl/Heyl, *Gerontologie*, a.a.O., 187.

23 Vgl. Wahl/Heyl, *Gerontologie*, a.a.O., 186. Sie verweisen auf die Untersuchungen zum „Wohnzufriedenheitsparadoxon" durch Wolfgang Glatzer, *Lebensqualität in der Bundesrepublik. Objektive Lebensbedingungen und subjektives Wohlbefinden*, Schriftenreihe Mikroanalytische Grundlagen der Gesellschaftspolitik, Bd. 10, Frankfurt 1984 und Andreas Motel/Harald Künemund/Christiana Bode, *Wohnen und Wohnumfeld älterer Menschen*, in: Martin Kohli/Harald Künemund (Hg.), *Die zweite Lebenshälfte. Gesellschaftliche Lage und Partizipation im Spiegel des Alters-Survey*, Opladen 2000, 124–175.

24 Vgl. Oswald, *Wohnen und Wohnpassung*, a.a.O., 210 f.

ziehen. Entscheidend ist der Blickwechsel: Der älteren Person selbst wird eine große Bedeutung für das Gelingen von Interventionen zugesprochen, sie gilt längst nicht mehr als dem wachsenden Umweltdruck ausgeliefertes Opfer der Situation. Ein Problem der Wohnraumanpassung ist, dass ältere Menschen und ihre Angehörige oft nicht über genügend Informationen verfügen. Dazu kommt häufig die Haltung: „Das lohnt sich bei mir nicht mehr". Sie kann dazu führen, dass vorhandene Potenziale der hilfreichen Umweltverbesserung nicht genutzt werden und deshalb unter Umständen ein eigentlich unnötiger Umzug notwendig wird.[25]

Trotz der verbreiteten Tendenz, im Alter lieber daheim wohnen zu bleiben,[26] weisen neuere Untersuchungen darauf hin, dass die Zahl privater Umzüge im Alter zukünftig zunehmen wird.[27] Die etwa gleichwertigen Motive dafür sind zum einen die „Aufrechterhaltung der Selbständigkeit" und zum anderen die „Verwirklichung von Wohnwünschen und Entwicklungsmöglichkeiten."[28] Das Ziel, „Daheim wohnen zu bleiben solange wie möglich", dem gerade auch im Blick auf die Demenzproblematik eine hohe Bedeutung zukommt,[29] dürfte zukünftig für ältere Menschen im Durchschnitt leichter erreichbar sein (durch Zunahme des Wohneigentums, Verbesserung der ambulanten Versorgung

---

25 Vgl. Wahl/Heyl, *Gerontologie*, a.a.O., 205.
26 „Die meisten alten Menschen wollen [...] in den eigenen vier Wänden leben, so lange es irgend geht." Christoph Schneider-Harpprecht, *Altenseelsorge im Kontext – Lebenswelt, Lebensraum und soziale Beziehungssysteme in der Seelsorgearbeit mit alten Menschen*, in: Ralph Kunz (Hg.), *Religiöse Begleitung im Alter. Religion als Thema der Gerontologie*, Zürich 2007, 346. Die Freiburger Vergleichsstudie zu pflegekulturellen Orientierungen zeigte, dass nur ein sehr kleiner Prozentsatz auf keinen Fall zu Hause durch ambulante Pflegedienste und durch Angehörige versorgt werden will. Eine große Mehrzahl der Befragten bevorzugt die Organisation der Pflege durch Angehörige, den Hausarzt und Pflegedienste. Ungefähr 25% wollen ins Pflegeheim. Vgl. *Arbeitsschwerpunkt Gerontologie und Pflege an der Evangelischen Fachhochschule Freiburg, Die Zukunft der Pflege im Landkreis Annaberg*, masch.schr. Freiburg 2005, zit. a.a.O., 346.
27 Vgl. Wahl/Heyl, *Gerontologie*, a.a.O., 187, mit Verweis auf Rolf G. Heinze/Volker Eichener/Gerhard Naegele/Mathias Bucksteg, *Neue Wohnung auch im Alter. Folgerungen aus dem demographischen Wandel für Wohnungspolitik und Wohnungswirtschaft*, Darmstadt 1997.
28 A. a. O., 187, mit Verweis auf Frank Oswald/Hans-Werner Wahl/Karin Gäng, *Umzug im Alter. Eine ökogerontologische Studie zum Wohnungswechsel privatwohnender Älterer in Heidelberg*, in: Zeitschrift für Gerontopsychologie und psychiatrie, 12 (1) 1999, 1–19.
29 Vgl. Jörg Herrmann, *Seniorenarbeit*, in: Wilhelm Gräb/Birgit Weyel (Hg.), *Handbuch Praktische Theologie*, Gütersloh 2007, 692.

und möglicherweise flächendeckende Institutionalisierung von Wohnberatung). Auch Diakonie und Caritas wollen dem mit Angeboten, wie z. B. der ambulanten Pflege entsprechen.[30] „Umziehen zur rechten Zeit" wird der alternativ zu verfolgende Grundsatz sein, ergänzt mit dem Dritten: „Umziehen wenn es nicht mehr anders geht."[31]

Eine Alternative zum Altenpflegeheim bieten Hausgemeinschaften und Wohngruppen. Die neuen Wohnformen haben eine kräftige Zunahme erlebt, und auch wenn diese Möglichkeiten „in Zukunft Angebote für Minderheiten bleiben," sehen Experten „einen zusätzlichen Bedarf bei fast allen neuen Wohnformen, deren weitere Verbreitung durch die Schaffung günstigerer politischer Rahmenbedingungen zu unterstützen ist."[32] Das Kuratorium Deutsche Altershilfe nennt sie die „vierte Generation des Altenpflegeheims".[33] Sie folgt nicht mehr den Leitbildern der Verwahranstalt, des Krankenhauses oder des Wohnheims, sondern stellt das Leitbild der Familie in den Mittelpunkt: Sechs bis acht Bewohnerinnen und Bewohner leben jeweils zusammen. Die Wohngruppen unterliegen nicht dem Heimgesetz. Im Hintergrund stehen Trägerinstitutionen, wie z. B. ein Verein, eine Kirchengemeinde und die Pflegekassen. Präsenzkräfte oder ein hauseigener Pflegedienst bieten solche Betreuungsleistungen, die nicht von den Bewohnern selbst, oder ihren Angehörigen bzw. Freunden erbracht werden können. Das Leben richtet sich dort nicht an vorgegebenen Normen und Dienstplänen aus, sondern orientiert sich an den Bedürfnissen der Bewohnerinnen und Bewohner. Jeder verfügt über ein eigenes Zimmer, außerdem gibt es Gemeinschaftsräume. Zu den neuen Wohnformen werden das Betreute oder Service-Wohnen[34], das Integrierte Wohnen[35], das Mehrgenerationen-

---

30 Vgl. Schneider-Harpprecht, *Altenseelsorge im Kontext*, a.a.O., 346.
31 Vgl. Hans Peter Tews, *Neue Wohnformen*, in: Hans-Werner Wahl/Clemens Tesch-Römer (Hg.), *Angewandte Gerontologie in Schlüsselbegriffen*, Stuttgart 2000, 222.
32 A. a. O., 218.
33 Vgl. Bundesministerium für Gesundheit (BMG) (Hg.), *Hausgemeinschaften. Die 4. Generation des Altenpflegeheimbaus*, erarbeitet vom Kuratorium Deutsche Altershilfe, Köln 2000.
34 „Betreutes oder ‚Service'-Wohnen ist kein geschützter Begriff, es gibt hierfür unterschiedliche Definitionen. Es soll eine barrierefreie und kommunikationsfördernde Gestaltung und Ausstattung von Wohnungen und Wohnumfeld mit einem bedarfsgerechten, frei wählbaren und zuverlässigen Betreuungs- und Pflegeangebot rund um die Uhr verbinden und eine selbständige Lebensführung auch bei Hilfs- und Pflegebedürftigkeit ermöglichen." Tews, *Wohnformen*, a.a.O., 218 f.

Wohnen[36] und die selbst verwalteten Hausgemeinschaften[37] gerechnet. Neue Wohnformen versuchen einerseits, abwechslungsreiche Arten der Gemeinschaft durch stärker kommunikations- und integrationsorientiertes Leben zu schaffen, und damit andererseits Versorgung auf neue Weise zu garantieren.[38] Ihr Konzept verbindet das Ziel des ‚gelingenden Alltags' (Thiersch) mit dem Gedanken der Koproduktion der Wohlfahrt durch unterschiedliche Akteure und Institutionen in einem ‚Welfare-Mix'.[39] Durch die geteilte Verantwortung sollen Überforderungsspiralen verhindert werden und multiperspektivische Sicht- und Verstehensweisen angemessene Formen der Begleitung eröffnen.[40]

Trotz aller moderner Alternativen liegt die Wahrscheinlichkeit, einmal in ein Alten- und Pflegeheim überzusiedeln für Männer bei etwa 20, für Frauen bei etwa 40 Prozent.[41]

---

35 „Integriertes Wohnen zielt auf ältere Menschen als nur eine Gruppe unter anderen, Ältere sind auch seltener die Initiatoren. Integration kann hier eine mindestens dreifache Bedeutung haben: Erstens Integration dieser gemeinschaftlich orientierten Wohnformen im Stadtteil/Quartier, zweitens Integration unterschiedlicher Zielgruppen von Bewohnern, genannt werden kinderreiche Familien, Alleinerziehende, jüngere Behinderte, ältere Menschen, Studenten, Ausländer, [...] und drittens die Integration als geregeltes Zusammenleben selbst." A. a. O., 219 f.

36 „Man kann das Mehrgenerationen-Wohnen auch unter dem Oberbegriff des Integrierten Wohnens mit dem Schwerpunkt des Zusammenwohnens mehrerer Generationen einordnen. [...] Die Planung von Mehrgenerationen-Wohnen richtet sich gegen durch Planungsorientierungen verursachte Entmischungs- und Segregationstendenzen." A. a. O., 220.

37 „Die auf den ersten Blick nahe liegende Übertragung der Wohngemeinschaften jüngerer auf Wohngemeinschaften auch älterer Menschen hat sich nur sehr begrenzt bewährt." Aber „neue Entwicklungen in Richtung Hausgemeinschaften für pflegebedürftige und verwirrte, zumeist demente ältere Menschen gibt es inzwischen auch als Alternative zu den Pflegeheimen bei uns, mit Vorläufern aus den Niederlanden (Hofjes) und Frankreich (Cantous), propagiert und mitgeplant durch das Kuratorium Deutsche Altershilfe (Köln)." A. a. O., 221.

38 Vgl. a.a.O., 216. Er unterscheidet sechs Planungsprinzipien: (1.) Wohnen soll im Vordergrund stehen. (2.) Selbständigkeit und Autonomie sollen gewährleistet und gefördert werden. (3.) Versorgung soll nach Bedarf zur Verfügung stehen. (4.) Kommunikation und Integration sollen ermöglicht oder erleichtert werden. (5.) Partizipation soll stattfinden. (6.) Bauträger und Anbieter von Dienstleistungen werden voneinander getrennt.

39 Vgl. Schneider-Harpprecht, *Altenseelsorge im Kontext*, a.a.O., 353.

40 Vgl. a.a.O., 352 f.

41 Vgl. Wahl/Heyl, *Gerontologie*, a.a.O., 188, mit Verweis auf Bundesministerium für Familie Senioren Frauen und Jugend (Hg.), *Wohnen im Alter. Zweiter Altenbericht der Bundesregierung*, Bonn 1998.

„Der Umzug in ein Heim stellt in der Regel die letzte, meist nicht freiwillig getroffene Wohnentscheidung dar. Als Grund für einen Eintritt ins Heim ist vor allem ein erheblicher krankheitsbedingter Verlust an Alltagskompetenz bei mangelnden Unterstützungsmöglichkeiten im häuslichen Umfeld zu nennen."[42]

Alten- und Pflegeheime sind inzwischen Wohn- und Versorgungsorte vor allem für hoch- und höchstbetagte Menschen. Viele Bewohner dort sind dement oder schwerstpflegebedürftig. Durchschnittlich liegt das Heimeintrittsalter bei ca. 86 Jahren.[43] Für die Hoch- und Höchstbetagten in Alten- und Pflegeheimen „hat die räumlich-soziale Umwelt eine besondere Verhaltens- und Erlebensrelevanz. Während jüngere und rüstige Menschen in verschiedenartigen und unterschiedlich weit sich erstreckenden Umwelten Eindrücke sammeln und Erfahrungen machen können, ist für die Gruppe der alten Menschen mit beschränkten psychophysischen Kompetenzen die Umwelt in der Regel auf die räumlichen Grenzen des Heimes „geschrumpft." […] Für Pflegebedürftige oder dauernd Bettlägerige endet der Aktionsradius nicht selten an den Grenzen des Zimmers oder des Bettes."[44]

In Zukunft ist zu erwarten, dass das Altern vor allem in Ein- oder Zweipersonenhaushalten stattfinden wird. Wahrscheinlich werden aber mehr und mehr neue Wohnformen und vielleicht auch im deutschsprachigen Raum Rentnergemeinden (retirement communities), wie sie in den USA schon seit langer Zeit zu finden sind, etabliert.[45] Pflegeheime werden das Problem der ab 2010/2015 stark zunehmenden und sich bis 2050 gegenüber heute verdreifachenden Zahl an Pflegebedürftigen nicht lösen können, Fachkräfte werden fehlen und Heimunterbringung wird zudem weiterhin den Wünschen der Menschen, ihren Vorstellungen von zufrieden stellendem Wohnen im Alter widersprechen.[46]

---

42 Ebd. mit Verweis auf Schneekloth, *Pflegerische Versorgung*, a.a.O.
43 Vgl. Winfried Saup, *Alten- und Pflegeheime*, in: Hans-Werner Wahl/Clemens Tesch-Römer (Hg.), *Angewandte Gerontologie in Schlüsselbegriffen*, Stuttgart 2000, 242.
44 Saup, *Altenheime als „Umwelten"*, a.a.O., 50.
45 Vgl. Wahl/Heyl, *Gerontologie*, a.a.O., 221, mit Verweis auf Heidrun Mollenkopf/Frank Oswald/Hans-Werner Wahl, *Alte Menschen in ihrer Umwelt. „Drinnen" und „Draußen heute und morgen*, in: Dieselben (Hg.), *Alte Menschen in ihrer Umwelt. Beiträge zur ökologischen Gerontologie*, Wiesbaden 1999, 219–238.
46 Vgl. Schneider-Harpprecht, *Altenseelsorge im Kontext*, a.a.O., 346.

Mobilität. „Fragte man alte Menschen nach den wichtigsten Bedingungen für Lebenszufriedenheit im Alter ließen sich die Antworten recht leicht vorhersagen: Sich ohne Einschränkungen bewegen zu können, dabei nicht auf die Hilfe anderer angewiesen sein und also noch uneingeschränkt ‚mobil' zu sein, gehört zu den bevorzugt genannten Bedingungen – verständlich, da von den 60jährigen und älteren ca. 80 Prozent an Arthrosen leiden, bevorzugt in Knie und Hüftgelenk, und sie in ihrer Bewegungsfähigkeit entsprechend beeinträchtigt sind."[47] Die Zeit, die ältere Menschen außerhalb der eigenen vier Wände verbringen, ist für sie besonders wertvoll: „Aus dem Haus gehen zu können vermittelt auch Gefühle der Autonomie, der sozialen Integration und der gesellschaftlichen Partizipation."[48] Mobilität ist ein emotionales Erlebnis, ein intrinsisches Bedürfnis, die Voraussetzung für gesellschaftliche Integration und Autonomie, die Quelle neuer Eindrücke und Ausdruck eigener Lebenskraft.[49]

Nach einer Untersuchung aus dem Jahr 2001 hatten 90 % der über 55jährigen Befragten innerhalb von drei Tagen ihre Wohnung mindestens einmal verlassen und waren durchschnittlich rund drei Stunden am Tag außer Haus unterwegs.[50] Etwa die Hälfte aller Wege älterer Menschen findet in der näheren Umgebung der Wohnung statt und wird zu Fuß oder mit dem Fahrrad zurückgelegt. Beeinträchtigungen der Bewegungsfähigkeit oder sensomotorische Einbußen, die mit zunehmendem Alter häufiger auftreten und zu Mobilitätseinschränkungen führen, können durch geeignete Verkehrsmittel und eine gute Infrastruktur kompensiert werden.[51] Der öffentliche Personal- und der Individualverkehr, samt der Gestaltung der öffentlichen Verkehrsräume prägen die außerhäuslichen Mobilitätsbedingungen. Im deutschlandweiten Vergleich sind diese in den neuen Bundesländern schlechter als in den Alten.[52]

---

47 Heinz Jürgen Kaiser, *Mobilität und Verkehr*, in: Hans-Werner Wahl/Clemens Tesch-Römer (Hg.), *Angewandte Gerontologie in Schlüsselbegriffen*, Stuttgart 2000, 261.
48 Wahl/Heyl, *Gerontologie*, a.a.O., 189.
49 Vgl. ebd, mit Verweis auf Heidrun Mollenkopf/Hans-Werner Wahl, *Ältere Menschen in der mobilen Freizeitgesellschaft – Konsequenzen für die Verkehrspolitik*, in: Politische Studien 53 (Sonderheft 2), 2002, 155–175.
50 Vgl. a.a.O., 188 mit Verweis auf Heidrun Mollenkopf/Pia Flaschenträger, *Erhaltung von Mobilität im Alter, Bd. 197, Schriftenreihe des Bundesministeriums für Familie, Senioren, Frauen und Jugend*, Stuttgart 2001.
51 Vgl. ebd., mit Verweis auf Mollenkopf/Wahl, *Ältere Menschen*, a.a.O.
52 Vgl. Wahl, *Ökologische Intervention*, a.a.O., 204, mit Verweis auf Hans-Werner Wahl/Heidrun Mollenkopf/Frank Oswald, *Alte Menschen in ihren räumlich-*

Die Unfallbelastung älterer Kraftfahrerinnen und Kraftfahrer wird „in der Öffentlichkeit in der Regel überschätzt."[53] Sie sind im Straßenverkehr deutlich öfter Opfer als Täter.[54]

Überdies ist Mobilität immer auch eine Frage der konkreten Wohnsituation. Sie kann Selbständigkeit, Beweglichkeit und Kompetenz im Alter erheblich fördern oder beeinträchtigen.[55]

Auch das Verreisen spielt für ältere Menschen eine wichtige Rolle im Jahreslauf. Die Reisehäufigkeit von Frauen und Männern ist in etwa gleich hoch. Ihr Verhalten wird durch eine Reihe verschiedener Faktoren beeinflusst: Personen, die keine Gehbeeinträchtigungen aufweisen, über einen PKW verfügen und ein höheres (Renten)Einkommen erzielen, brechen häufiger in die Ferne auf als solche mit Mobilitätseinschränkungen, ohne PKW und geringerem Einkommen. Außerdem zeigen Untersuchungen, dass ältere Menschen, die in Mehrpersonenhaushalten leben, häufiger verreisen als diejenigen, die alleine leben."[56]

Je höher das Lebensalter, desto mehr sinkt die außerhäusliche Mobilität der Menschen, gleich ob motorisiert oder nicht. Die Gründe dafür unterscheiden sich individuell: Nachlassende Kräfte und Fähigkeiten, fehlende finanzielle Mittel oder subjektive Faktoren wie Angst und Unsicherheitsgefühle. Da die Reduktion der Mobilität nicht nur persönliche sondern auch gesellschaftliche und volkswirtschaftliche Nachteile mit sich bringt, fordern Experten, dass Mobilität als Bestandteil einer autarken Lebensführung so lange wie möglich aufrechterhalten werden sollte.[57] Dafür sind Diskrepanzen zwischen Bedürfnissen und Realität zu beachten, „denn Mobilität beginnt im Kopf."[58] Zwei Zielsetzungen werden als zukünftig anzustrebende Interventionen benannt: „Abbau von Mobilitätssperren" und „Aufbau von Mobilitätskompetenz".[59] Außerhäusliche Bedingungen sind durch Förderung eines dichten öffentlichen Verkehrsnetzes, altengerechte Autokonstruktion und günstige Gestaltung des Verkehrs durch Reduktion der Signale und Zeichen, Steigerung der Be-

---

dinglichen Umwelten. Herausforderungen der ökologischen Gerontologie, in: Gerhard Naegele/Rudolf-Maria Schütz (Hg.), *Soziale Gerontologie und Sozialpolitik für ältere Menschen, Gedenkschrift für Margret Dieck*, Wiesbaden 1999, 62–84.
53 Kaiser, *Mobilität und Verkehr*, a.a.O., 262.
54 Vgl. ebd.
55 Vgl. a.a.O., 263.
56 Vgl. Rudolf F. Ratjen, *Reisen*, in: Hans-Werner Wahl/Clemens Tesch-Römer (Hg.), *Angewandte Gerontologie in Schlüsselbegriffen*, Stuttgart 2000, 185.
57 Vgl. Kaiser, *Mobilität und Verkehr*, a.a.O., 266.
58 A. a. O., 261.
59 Vgl. a.a.O., 263.

leuchtung, Reduktion der Geschwindigkeit zu verbessern.[60] Subjektive Gegebenheiten sind durch Verkehrsaufklärung und die Beseitigung sozial-emotionaler Barrieren positiv zu beeinflussen.[61]

In Zukunft ist zu erwarten, dass ältere Menschen noch öfter als heute außer Haus unterwegs sein werden. Mit wachsender Lebenserwartung, erschwinglicher werdenden Reisekosten und wachsendem Komfort einschließlich der ärztlichen Versorgung im Notfall können immer mehr interessante Ziele angesteuert werden.[62] Außerdem werden ältere Menschen zukünftig auch mobil bleiben, wenn sie aufgrund von gesundheitlichen Einbußen das Haus nicht mehr verlassen können: Die Medien, besonders das Internet, eröffnen virtuelle Räume. Dadurch wird sich das Verhältnis von drinnen (in der eigenen Wohnung) und draußen entscheidend verändern. Welterschließung kann vom Wohnzimmer aus erfolgen, Sozialkontakte zu Familienangehörigen und anderen Personen über höchsteffiziente elektronische Kanäle weltweit gestaltet werden, usw.[63] Die „soziale Mobilität ist [...] de facto und de jure unbegrenzt."[64] Darin bestehen aber nicht nur neue Chancen sondern auch Gefahren, besonders in Blick auf virtuelle (Rollen-)Spielwelten. Denn hier kann der aktive wie auch der passive soziale Druck auf die Beteiligten sehr hoch sein. Als Folge davon könnte sich die Tendenz der User verstärken, sich aus anderen sozialen Zusammenhängen zurückzuziehen oder sich auf diese gar nicht einzulassen.[65]

---

60 Vgl. ebd.
61 Vgl. a.a.O., 265 f.
62 Vgl. Ratjen, *Reisen*, a.a.O., 187.
63 Vgl. Wahl/Heyl, *Gerontologie*, a.a.O., 221, mit Verweis auf Mollenkopf/Oswald/Wahl, *Alte Menschen in ihrer Umwelt*, a.a.O.
64 Günzel, *Raum im Gebrauch*, a.a.O., 74.
65 Vgl. a.a.O., 74 f. Er ergänzt: „Hierin besteht letztlich auch eine Herausforderung für die Kirchenarbeit – jedoch nicht in der Weise, dass versucht werden sollte, die betreffenden virtuellen Raumkonstruktionen nachzuahmen; denn ästhetisch wird sie mit dem Angebot nicht mithalten können (hierfür fehlen die finanziellen Ressourcen) und mythisch sollte sie es vielleicht nicht, wenn sie den Grundsätzen einer aufgeklärten Religion und diskursiven Religiosität verpflichtet bleiben will."

3. Thematische Entfaltung

3.1 Zur Geschichte des Problemfeldes

Die Wohnsituation alter Menschen änderte sich grundlegend im Zuge der Industrialisierung.[66] Nun wurden kleinere Wohneinheiten geschaffen, die ein Zusammenleben der Generationen, wie es in Agrargesellschaften üblich war, nicht mehr zuließen. Die Kirchen und andere Wohlfahrtspflegeorganisationen bemühten sich, durch die Entwicklung und Verwaltung der Heime für Menschen, die alt oder pflegebedürftig sind oder durch eine Behinderung besondere Pflege und Fürsorge brauchen, die drohende Ausgrenzung dieser Gruppen aus der Gesellschaft aufzufangen. Diakonie und Caritas schufen durch die Heime Wohnformen für diejenigen, die durch die zunehmende Privatisierung ausgegrenzt wurden. Sie machten durch ihre Angebote die Individualisierung des Wohnens und die Trennung der Generationen, aber auch das selbstbestimmte Wohnen tragbar. Dabei griffen sie auf alte klösterliche Traditionen, z. B. des Hospizes zurück.[67] Seit den 1920er Jahren ist in Deutschland das dreigliedrige Konzept diakonischer Alters-Institutionen aus den USA übernommen und eingeführt: Altenwohnheime (mit Selbständigkeit in einer eigenen Wohnung), Altenheime (eigenes Zimmer mit Betreuung) und Altenpflegeheime.[68]

---

66 Vgl. Albrecht Göschel, Wandel des Wohnens in der „Zweiten" Moderne, in: Ders., Demographischer Wandel in Deutschland. Politik und Kultur in einer alternden Gesellschaft (Herrenalber Forum 53), Karlsruhe 2008, 89–112.
67 Vgl. Schneider-Harpprecht, *Altenseelsorge im Kontext*, a.a.O., 346.
68 Vgl. Herrmann, *Seniorenarbeit*, a.a.O., 691. Er erklärt: „Die Entwicklung zur Kleinfamilie im Kontext der Modernisierungsschübe des 19. Jh. (Industrialisierung, Urbanisierung) und die sozialen Nöte der Weimarer Zeit machten eine stärker diakonische Unterstützung für alte Menschen notwendig. Nach dem Zweiten Weltkrieg wurden die Angebote insbesondere im Rahmen der sozialstaatlichen Entwicklungen in den 1960er und 1970er Jahren erweitert und ausgebaut."

3.2 Orte: Heim(e) und Mobilität – Der Beitrag der Praktischen Theologie

Der Beitrag der Praktischen Theologie als Praxistheorie zur Frage nach den Orten: Heim(en) und Mobilität lässt sich zunächst aus der Sicht der einzelnen Teildisziplinen Seelsorge, Erwachsenenpädagogik, Diakoniewissenschaft und grundlegenden Überlegungen zu allgemeingesellschaftlichen Herausforderungen beschreiben: Letztere sehen Kirche und Diakonie als Träger und Gestalter von Wohnformen im Alter vor der Aufgabe, zur Entwicklung einer Kultur des Wohnens im Alter beizutragen, einer Kultur, „die ethischen Kriterien genügt, [...] die sich orientiert am Selbstbestimmungsrecht der Individuen, an ihrem Bedürfnis, in Gemeinschaft zu leben, an der sozialen Notwendigkeit, einander solidarisch zu unterstützen im sozialen Raum der Familie, der Nachbarschaft und des Gemeinwesens, an ihrem Bedürfnis der wohnungsnahen Religionsausübung."[69] Die ethischen Grundprinzipien bietet die kirchliche Tradition unter den Aspekten „Solidarität und Subsidiarität." Vom Prinzip der Solidarität her ist die Entwicklung von Wohnformen zu unterstützen, die Menschen ermöglichen, füreinander da zu sein. Eine Kultur des Wohnens profitiert und lernt aus der Bildung von sozialen Netzwerken in Nachbarschaften, in denen Menschen selbständig leben können und doch aufgefangen werden.[70] Unter dem Gesichtspunkt der Subsidiarität sind Formen der Selbstorganisation und Modelle der Beteiligung in Alltagsgestaltung und Pflege zu fördern. Alte Menschen sind überdies nicht in erster Linie als Kunden auf dem Wohnungs- oder Pflegemarkt zu betrachten, sondern als Koproduzierende, die zusammen mit staatlichen und privaten Anbietern das gemeinsame Wohnen und die Pflege gestalten.[71]

Christoph Schneider-Harpprecht markiert die Chancen[72] und die Grenzen des kirchlichen Engagements im gesellschaftlichen Diskurs über eine Kultur des Wohnens. Er formuliert als Zielrichtung: Die Kirche „übernimmt weder die Zuständigkeit staatlicher und städtischer Planung für das Alter, noch entlastet sie die Betroffenen von der Übernahme

---

69 Schneider-Harpprecht, *Altenseelsorge im Kontext*, a.a.O., 346.
70 Vgl. ebd.
71 Vgl. a.a.O., 347.
72 Die Kirchen haben viele Möglichkeiten, auf die Einstellungen zu Wohnen und Pflege im Alter einzuwirken, weil sie flächendeckend in den Gemeinden präsent sind und Zugang zu den Menschen haben. Vgl. a.a.O., 347 f.

persönlicher Verantwortung für das Alter. Sie tritt nicht einfach als Akteurin auf dem Wohnungsmarkt auf, um dort in Konkurrenz zu anderen Anbietern wirtschaftliche Eigeninteressen zu vertreten. Ihr Engagement geht jedoch über die Grenzen der [...] religiösen Versorgung in den Gemeinden hinaus. [...] Das Wohnen wird nicht dadurch menschengemäß, dass es alleine dem Markt überlassen wird. Die Kirche übernimmt aus seelsorgerlichem Interesse Verantwortung für die Gestaltung des Sozialen für die Menschen, ihre Würde und ihre Lebensqualität. Sie sucht damit als eine Einrichtung der Zivilgesellschaft die Zusammenarbeit mit anderen Akteuren der Zivilgesellschaft und mit den staatlichen Institutionen, um zum Gemeinwohl beizutragen."[73]

Ein Beispiel, wie Kirche in der Gesellschaft an der Entwicklung einer solidarischen Betreuung von alten Menschen in der Gemeinde und an generationenübergreifenden Diensten teilnehmen und nachbarschaftliche Strukturen aufbauen kann, die die Lebensqualität für alle Beteiligten erhöhen, ist die Bürgergemeinschaft Eichstetten im Kaiserstuhl.[74]

Auf dem Feld der Diakoniewissenschaft wird das Thema „Orte: Heim(e) und Mobilität" im Blick auf die Verantwortung von Kirche und Diakonie als Bauherren und -träger von Alten(wohn)heimen virulent. Kommunikations- und Gestaltungsaufgaben werden benannt: Privathaushalte und Institutionen stehen immer wieder vor der Aufgabe, Wohn- und Lebensraum wie Mobilitätsmöglichkeiten so zu gestalten, dass sich ältere Menschen wohl fühlen. Dies betrifft die Planung, den Bau, oder auch die Gestaltung von Gebäuden und Zimmern.[75] Damit

---

73 A. a. O., 346 f.
74 Dort wurde ein Verein gegründet, dem fast jeder zweite Haushalt des 3250 Einwohner zählenden Dorfes angehört. Er hat vor acht Jahren die Wohnanlage Schwanenhof gebaut. Sie umfasst 17 behindertengerechte Apartments, verfügt über Notruf und Betreuungspersonal auf Abruf. Dort wohnen derzeit 22 alte Menschen, welche von den Eichstettern in rund 4500 Arbeitsstunden pro Jahr betreut und gepflegt werden. In der Seniorenwohnanlage gibt es eine Sparkasse, eine Winzergenossenschaft, ein Reisebüro, eine Ärztin, einen Blumenladen, einen türkischen Imbiss, Gemeinderäume für Krabbelgruppen u. ä. Schaltzentrale ist ein Bürgerbüro. Das ganze Dorf beteiligt sich, hauptamtliche und freiwillige Pflege ergänzen einander, es gibt viele generationenübergreifende Aktivitäten. Vgl. a.a.O., 349 f.
75 „So lassen sich häufig Beleuchtungen noch verbessern, die Gestaltung von Doppelzimmern muss keineswegs dem traditionellen Bett-an-Bett-Muster folgen und farbliche Gestaltungen und Fotos können die Orientierung erheblich unterstützen. Es können Maßnahmen angebracht sein, um die Handlungs- und

wichtige ökologisch-gerontologische Erkenntnisse genutzt werden können, braucht es gute Sensibilisierungs- und Informationsmaßnahmen[76] und die Ausbildung von bzw. den effektiven Umgang mit architektonischer Profession.[77]

Bei der Gestaltung von Lebensorten für Alte ist nicht nur die tatsächliche, sondern auch die phänomenale Umwelt zu betrachten.[78] Beschreibungsmöglichkeiten intersubjektiv (z. B. von Architekten, Gerontologen etc. als Konsens herausgearbeitet) „objektivierter" Merkmale sind: Privatheit, Sicherheit, Flexibilität, Responsivität, Unterstützungsgrad, Stimmulierung und Anregungsgehalt, Orientierungsfunktion, Zugänglichkeit, Autonomie, Kontrollierbarkeit, Erreichbarkeit.[79] Ihnen korrespondieren allgemeine Prinzipien und Ziele für eine altengerechte Optimierung von Umweltbedingungen: Sicherheit, Barrierefreiheit, Unterstützung durch die Umwelt, Erleichterung der Orientierung, Anregung und Stimulierung, Ermöglichung von Umweltkontrolle, Kommunikation und Privatsphärenregulation.[80] „Unterschieden werden

---

Entscheidungsräume der Bewohnerinnern und Bewohner noch weiter zu erhöhen." Wahl/Heyl, *Gerontologie*, a.a.O., 207.

76 „Mittlerweile existieren viele empirische Befunde in Richtung eines guten Milieus für Ältere in Heimen; sie müssen nur umgesetzt werden und Architekten alleine sind hierbei bisweilen überfordert bzw. nicht ausreichend informiert." A. a. O. mit Verweis auf Sybille Heeg, *Bauliches Milieu und Demenz*, in: Hans-Werner Wahl/Clemens Tesch-Römer (Hg.), *Angewandte Gerontologie in Schlüsselbegriffen*, Stuttgart 2000, 233–241.

77 „Ideen zur Optimierung von Umweltbedingungen in Alten- und Pflegeheimen lassen sich aufspüren in Beiträgen aus der Interventionsgerontologie, der ökopsychologischen Beratungspraxis, der Architekturpsychologie, den Planungswissenschaften und der Altenheimarchitektur. [...] Vor allem das Institut für Altenwohnbau des Kuratoriums Deutsche Altershilfe hat durch Grundlagenarbeiten und Planungsempfehlungen zukunftsweisende Möglichkeiten aufgezeigt, wie das Wohnen im Alten- und Pflegeheim verbessert werden kann. [...] Wichtige Anregungen zur Raum- und Milieugestaltung stammen auch von dem Schweitzer Architekturpsychologen Welter. [...] Aus der angewandten Gerontologie kommen Überlegungen zur therapeutischen und prothetischen Umweltgestaltung und zur Planung von förderlichen Wohnbedingungen im Heim." Saup, *Altenheime als „Umwelten"*, a.a.O., 58 f.

78 Psychologie und Architektur unterscheiden zwischen tatsächlicher und phänomenaler Umwelt: „Richtet sich das Interesse auf die tatsächliche Umwelt, so werden Merkmale der Umwelt [...] analysiert und beschreiben, die unabhängig von der Wahrnehmung der Heimbewohner oder des Heimpersonals bestehen. Bei der phänomenalen Umwelt richtet sich das Interesse [...] auf die Umwelt-Perzeption der Altenheimnutzer." A. a. O., 51.

79 Vgl. ebd.

80 Vgl. Saup, *Alten- und Pflegeheime*, a.a.O., 243 f.

können makroökologische und mikroökologische Veränderungsansätze."[81] Beispiele für Verbesserungsmöglichkeiten sind die Modifikation von akustischen Bedingungen, umweltseitige Kompensation bei Seheinschränkungen, stimulierende Umweltbedingungen (durch Neuartigkeit, Überraschungswert, Komplexität und Konflikthaftigkeit – nicht zu neu aber auch nicht zu langweilig), Umweltkontrollmöglichkeiten für Heimbewohner (Entscheidungs-, Einfluss- und Wahlmöglichkeiten in Bezug auf die kleinräumlichen Lebensbedingungen).[82] Besonders die Zimmergröße ist meist zu gering gestaltet. Dagegen ist ein repräsentativer Eingangsbereich für die Bewohner oft nicht so wichtig.[83] Ansatzpunkte für architektonische Gestaltung bieten sich bei der Planung und dem Bau von Heimen und bei der Veränderung bestehender Heimmilieus.[84]

In der Gestaltung der Räume und Häuser soll der christliche Glaube „durch alle Tätigkeiten ‚hindurchscheinen', das heißt, alle Aktivitäten werden auf ihre Kompatibilität gegenüber dem Glauben geprüft und gegebenenfalls korrigiert."[85] Dabei ist auch wichtig, Erwartungen und Möglichkeiten realistisch einzuschätzen. Denn architektonisch-ökologische Interventionen für Menschen im hohen Alter agieren immer gegen körperliche und geistige Abbauprozesse (Multimorbidität, chronische Erkrankungen, dementielle Veränderungen) und das allmähliche oder beschleunigte Nachlassen vieler psychologischer Funktionen und Fähigkeiten der Bewohnerinnen und Bewohner einige Wochen bis Monate vor Eintritt des Todes.[86]

Als didaktisches Instrument für die Fortbildung von Pflegepersonal und Altenheim-Architektinnen und Architekten bieten sich Umweltsen-

---

81 Saup, *Altenheime als „Umwelten"*, a.a.O., 59.
82 Vgl. a.a.O., 60 ff.
83 Vgl. a.a.O., 64.
84 Vgl. Saup, *Alten- und Pflegeheime*, a.a.O., 245 ff.
85 Beate Baberske-Krohs, *Unternehmenskultur und Spiritualität im Raum*, in: Beate Hofmann, *Diakonische Unternehmenskultur. Handbuch für Führungskräfte*, Reihe Diakonie Bildung – Gestaltung – Organisation, Bd.2, Stuttgart 2008, 93, bietet Reflexionsfragen zur Raumwahrnehmung: Was sehen Menschen, wenn sie eine diakonische Einrichtung betreten? Was nehmen ihre Sinne wahr? Welche Botschaft vermitteln ihnen diese Sinneseindrücke, welches Bild von Diakonie entsteht daraus? Entspricht das dem Bild, das die diakonische Einrichtung von sich vermitteln möchte? Holen wir uns professionelle Unterstützung, um durch unser Erscheinungsbild die Botschaften zu senden, die wir senden wollen? Nutzen wir dabei die spirituellen Traditionen, die zu unserem Erbe gehören?
86 Vgl. Saup, *Alten- und Pflegeheime*, a.a.O., 247.

sibilisierungsübungen an, mit denen das Erleben von Hoch- und Höchstbetagten nachempfunden werden kann.[87]

Aus der Erwachsenenpädagogik werden weitere Aspekte beigetragen: „Wohnen und Bewegen im Alter" findet als Thema für eine ganzheitliche Seniorenbildung Beachtung. „Gemeinden und diakonische Einrichtungen sind Orte mit einer Multiplikatorenfunktion für Leitbilder des Wohnens im Alter."[88]

Skizziert man das Ziel kirchlicher Seniorenarbeit mit Bernhard Kraus als Förderung von Kompetenzen in den Bereichen Gedächtnis, Bewegung, Alltagsfähigkeiten und Lebenssinn,[89] werden folgende Lern- und Diskursfelder sichtbar: Information und Unterstützung bei Fragen der Wohnraumanpassung und des Umzugs, Förderung der Sprachfähigkeit und geistigen Vitalität zum Thema „Wohnen", z. B. durch gemeinsames Nachdenken über Sprichwörter und Redewendungen, durch Betrachten von Fotos, z. B. von Haustüren oder Fenstern, durch Orientierungsübungen (Wo liegt meine Brille?), Training des visuellen Gedächtnisses (Beschreibung meines Küchenschrankes) und Memorieren biographischer Erinnerungen („mein Zimmer" als Kind). Die sichere Bewegung im Alter fördern Schulungen im Blick auf Unfallgefahren oder auch auf typische, „falsche" Bewegungen beim Hochheben von Gegenständen. Die Erwachsenenbildung kann für diese Themen auch spielerische Auseinandersetzungsformen anbieten, z. B. Bewegungsgeschichten mit Musik: „Hausputz", Bewegungsübungen mit Küchenutensilien. Entscheidungsspiele („Der Arzt meint, ich kann nicht länger alleine wohnen") und Gesprächsrunden unterstützen Alltagsfähigkeiten. Mobile Hilfsdienste und Wohnberatungen, Informationen zu „Hausnotruf" und „Betreutem Wohnen" oder auch dazu, was in eine „Notfalltasche" gehört, sorgen für mehr Sicherheit und Mündigkeit in Problemlagen. Ermutigungen zum persönlichen Stil, zum Loslassenkönnen von Ballast, zum „in sich Wohnen" und auch zum Nachdenken über jenseitige Perspektiven, z. B. mit dem biblischen Impuls „In meines Vaters Haus sind viele Woh-

---

87 Vgl. Saup, *Altenheime als „Umwelten"*, a.a.O., 52 f.
88 Vgl. Schneider-Harpprecht, *Altenseelsorge im Kontext*, a.a.O., 347 f.
89 Kraus informiert über den neuen Ansatz „Lebensqualität fürs Alter", ein „innovatives Kursangebot in der kirchlichen Bildungsarbeit mit Menschen im 3. und 4. Alter", erarbeitet von den diözesanen Fachstellen der Altenarbeit/Seniorenpastoral und der kirchlichen Erwachsenenbildung. Vgl. Bernhard Kraus, *Lebensqualität fürs Alter. Ein neuer Ansatz in der Seniorenbildung*, in: Lebendige Seelsorge 5 (2002), 260–263.

nungen" (Joh 14,2) unterstützen persönliches Nachdenken über Lebenssinn und -freude.

Im Blick auf die Mobilität älterer Menschen nennt die Erwachsenenpädagogik die Aufgabe, regionale, altengerechte Bedingungen zu verbessern und zum Klima gegenseitiger Aufmerksamkeit im Straßenverkehr durch Aktionen und Kampagnen beizutragen. Evaluierte Erfahrungen zeigen indes, dass weniger effektiv ist, älteren Menschen *alleine* Kurse dazu anzubieten, als gehörten sie einer Problemgruppe an. Besser ist vielmehr ein bildungs-systemischer Ansatz, „bei dem die Interaktion aller Beteiligten und aller Bedingungen untereinander berücksichtigt wird. Schwierigkeiten bei der Befriedigung von Mobilitätswünschen und bei der Verkehrsteilnahme älterer Menschen sind in einem hohen Maße sozial-emotionaler Art: fehlende Begleitung, Ängste und Unsicherheitsgefühle, der hektische und rücksichtslose Umgangsstil der Menschen miteinander im Straßenverkehr."[90]

Auch das Reisen im Alter wird als wertvolles Thema für die Seniorenbildung unterstrichen: Es sei „für viele Ältere ein ideales Mittel, um Altersbeschwerden und auch gewisse Gefühle der Resignation und der Lebenssattheit zu überwinden. Eine Förderung der Fähigkeit und der Möglichkeiten, Reisen zu Nah- und Fernzielen zu unternehmen, erhöht auf jeden Fall die Chance, den Lebensabend auszufüllen und zu genießen."[91]

Die poimenische Perspektive bietet zahlreiche Überlegungen zur Frage nach den „Orten: Heim(en) und Mobilität im Alter". Die Wohnsituation mit ihrem entscheidenden Einfluss auf die Lebenslage begegnet als Thema der Seelsorge im Sinne der cura animarum generalis, der allgemeinen Seelsorge,[92] sowohl im Blick auf ältere Menschen als auch auf ihre Angehörigen. Seelsorgerliche Begleitung kennt z. B. die Form von Entscheidungshilfen (informieren, vielfältige Möglichkeiten sichten helfen, Entscheidungsprozesse begleiten, Austausch mit Menschen in ähnlichen Situationen moderieren), diakonischer Unterstützung im Sinne eines Kompetenz- und Aktivitätsmodells[93], Betreuung in Umzugs-,[94] Abschieds- und Neuorientierungsprozessen, beim Einleben in

---

90 Kaiser, *Mobilität und Verkehr*, a.a.O., 266.
91 Ratjen, *Reisen*, a.a.O., 187.
92 Vgl. Schneider-Harpprecht, *Altenseelsorge im Kontext*, a.a.O., 345.
93 Vgl. Ursula Lehr, *Psychologie des Alterns*, Heidelberg/Wiesbaden (1972) [10]2003.
94 Umzüge sollten dabei „nicht zwangsläufig als Katastrophe und erst recht nicht nur unter der Sichtweise Umzug ins Heim betrachtet werden. So ist es bei-

neue Wohn- und Mobilitätssituationen und auch bei ihrer geistlichen Gestaltung.

In der Seelsorgetheorie werden spezifische poimenische Herausforderungen und Möglichkeiten in unterschiedlichen Wohnformen herausgearbeitet: *Altenheimseelsorge* sollte intensive Begleitung für neue Heimbewohner anbieten, sie beim Knüpfen von Kontakten unterstützen und ihr Bemühen fördern, die eigene Privatsphäre zu wahren und selbstbestimmt zu leben. „Angesichts des Wechsels geht es darum, die Kontinuität der eigenen Lebensgeschichte und der Ich-Identität erlebbar werden zu lassen, aber auch der Trauer über das Verlorene den angemessenen Raum zu geben."[95] Eine weitere Aufgabe für die Seelsorge im Altenheim ist das Konfliktmanagement unter den Bewohnerinnen und Bewohnern und im Verhältnis zum Personal. Auch zur Freizeitgestaltung sollte Seelsorge einen Beitrag leisten, z. B. durch Gesprächsgruppen.

> „Wichtige Themen [...] sind die Kontakte zur Familie und zum Kreis von Freunden und Bekannten, die Auseinandersetzung mit den Einschränkungen des Alters, die Ermutigung, sich weiterhin zu engagieren und ggf. im Heim für andere da zu sein."[96]

In *Wohn- und Hausgemeinschaften* ist Seelsorge ein Teil im Prozess der Alltagsgestaltung in geteilter Verantwortung. Sie wird selten von professionellen Fachleuten wahrgenommen, sondern gemeinschaftlich gelebt.[97] „Alle Funktionen der Seelsorge bis hin zur Gestaltung von gottesdienstlichen Feiern und Ritualen können in den Hausgemeinden der Wohn-

---

spielsweise denkbar, dass – idealerweise mit entsprechender Unterstützung – eine neue, seniorengerechte Wohnung im eigenen Wohnquartier gefunden und ein entsprechender Umzug tatkräftig unterstützt wird. [...] Schließlich sollte gesagt werden, dass das Thema Umzug nicht nur kranke und stark eingeschränkte Menschen betrifft, sondern auch kompetente Ältere, die ihr Leben im Alter noch einmal deutlich verändern (verbessern) wollen." Wahl/Heyl, *Gerontologie*, a.a.O., 206.

95 Schneider-Harpprecht, *Altenseelsorge im Kontext*, a.a.O., 351.
96 Ebd.
97 Vgl. a.a.O., 354 f. Er erklärt: „Die Kooperation von hauptamtlichen und ehrenamtlichen Seelsorgerinnen und Seelsorgern muss bei den Hausgemeinschaften und Wohngruppen neu geregelt werden. Zunächst sind die Hauptamtlichen der Gemeinden zuständig, in deren Gebiet die Wohngruppe liegt. Größere Träger, die Heime und Wohngruppen betreiben, können auch Hauptamtliche mit der Seelsorge in den Wohngruppen beauftragen. Ihre Funktion wird vor allem darin bestehen, die verschiedenen an Seelsorge interessierten Akteure in der Wohngruppe dazu zu befähigen, Seelsorge zu üben und zu begleiten. Erst in zweiter Linie oder wenn es ausdrücklich gewünscht wird oder eine besondere Situation es angeraten sein lässt, begleiten sie die Bewohnerinnen und Bewohner selbst."

gruppen von deren Mitgliedern wahrgenommen werden."⁹⁸ Anregende Modelle finden sich in der kirchlichen Tradition, z. B. bei Martin Luther oder Friedrich von Bodelschwingh.

„Die aktuelle Herausforderung ist die Gestaltung geistlichen Lebens in der diakonischen Hausgemeinschaft unter den Bedingungen des religiösen Pluralismus und der Gleichberechtigung der Akteure. Dafür gibt es übertragbare Beispiele in Europa, etwa die christlichen Hausgemeinschaften der Arche, die Menschen mit Behinderung aus anderen Religionen aufnehmen und ihnen ermöglichen am religiösen Leben ihrer Glaubensgemeinschaft teilzunehmen."⁹⁹

Seelsorge im *Pflegeheim* bewegt sich zwischen der Unterstützung von Alltagsroutine und ihrer kreativen Unterbrechung wie auch symbolischen Transzendierung. Sie begleitet zudem das Personal und die Familien und trägt zur Würdigung der einzelnen pflegebedürftigen Menschen bei. Ebenso gehören Sterbebegleitung und ethischer Rat zu ihren Aufgaben. Seelsorge im Pflegeheim bietet tagesstrukturierende Aktivitäten in der Gruppe an, regelmäßige Gottesdienste – „vergewissernde Zugänge zur Erinnerung, zu vertrauter Kommunikation, zur Symbolik von Festen und Feiern, zu den Jahreszeiten und zu lebensgeschichtlich bedeutsamen Themen."¹⁰⁰ In Pflegeheimen steht die Seelsorge vor besonderen Herausforderungen:

„Der ‚letzte Umzug' ist ein wenn auch vielleicht nur hintergründig bewusster Eintritt in die letzte Lebensphase vor dem Tod. [...] Dennoch ist auch diese Lebensphase noch eine differenzierte und von vielfältigen [...] Veränderungen bewegte."¹⁰¹

Felizitas Muntanjohl beschreibt vier Entwicklungsschritte der Menschen ab dem Einzug im Pflegeheim: In der ersten Phase ist der Umzug als Abschied zu verarbeiten.¹⁰² Seelsorge bedeutet hier, den Abschied zu ge-

---

98 A. a. O., 354.
99 A. a. O., 355.
100 Felizitas Muntanjohl, *Der letzte Umzug. Seelsorge bei Menschen in Pflegeheimen*, in: Ralph Kunz (Hg.), *Religiöse Begleitung im Alter. Religion als Thema der Gerontologie*, Zürich 2007, 351.
101 A. a. O., 296.
102 „Anders als bei früheren Umzügen bedeutet ein Umzug in ein Pflegeheim im Lebensgefühl der Betroffenen nicht einen Neuanfang [...] Mit dem Umzug findet ein Abschied von alten Beziehungen statt, der schwer zu verkraften ist. Fast noch schwerer wiegt aber [...] der Verlust an Erarbeitetem [...] der Verlust der eigenen Geschichte. [...] Nach dem Einzug in eine Pflegestation ist man für die neuen Mitbewohner ein Niemand: die gesellschaftliche und nachbarschaftliche

stalten durch Würdigung des gelebten Lebens, Vergegenwärtigung des Bildes der verlorenen Wohnung und Biographiearbeit, um die eigene Geschichte mitnehmen zu können. Dies kann auch dabei helfen, das Leben nach dem Abschied als neue Chance wahrzunehmen.[103] In der zweiten Phase, dem „Schock des Alternserlebens"[104] hat Seelsorge Raum zu geben, Angst und Ekel auszusprechen, aber auch die Einschätzung der eigenen Fähigkeiten, der persönlichen Individualität zu unterstützen. Außerdem fördert sie den wertschätzenden Blick auf Andere und sich selbst durch Schöpfen aus der Tradition rechtfertigungstheologischer Texte und Lieder. Vom Nationalsozialismus bis zum gegenwärtigen Jugendwahn geprägte Menschen- und Gottesbilder können überwunden werden. In der dritten „Phase des kontinuierlichen Abbaus" reduzieren sich schleichend die geistigen und körperlichen Fähigkeiten.[105] Seelsorge kann sich hier zum Ziel setzen, die Annahme des sich selbst nicht annehmenden Menschen zu fördern, Leiden nicht als Gottverlassenheit erleben zu müssen. Leiser, manchmal auch im Schweigen sich ausbreitender Trost ist hier die Hauptaufgabe.[106] Die vierte Phase ist der „Auszug aus der Welt". Der Mensch ist geistig immer öfter abwesend. Die Nervenverbindungen reduzieren sich – manchmal so weit, dass Menschen am Ende keinerlei Schmerz mehr spüren. Die Aufgabe der Seelsorge ist, Wegbegleiter zu sein auf dem Weg ins Unbekannte, Mut zu machen, den

---

Stellung, die man vorher hatte, garantiert einem dort keine Achtung. [...] Man ist nur noch pflegebedürftig wie andere." A. a. O., 298.

103 „Kontakte sind möglich; oft nach langer Unfähigkeit, die Wohnung über die Treppe noch zu verlassen, endlich wieder Ausflüge in den Garten oder Hof; verschiedenartige Gruppenangebote lassen einen noch vorhandene oder nie genutzte Fähigkeiten entdecken; Konzerte und Filmvorführungen sind, weil im Haus, wieder besuchbar." A. a. O., 299.

104 „Noch kaum hat man das neue Zimmer bezogen und sich damit getröstet, dass man ja jetzt besser versorgt ist, begegnet einem im Flur und im Speisesaal die Gebrechlichkeit des Alterns in einer Massivität, die einem so noch nicht bewusst war. Hat man in der letzten Zeit schon an der zunehmenden Widerspenstigkeit des eigenen Körpers gelitten – jetzt aber sieht man noch weit schlimmere Verfallserscheinungen und beobachtet und hört mit Entsetzen, was aus alten Menschen werden kann. [...] Wut und Empörung schützen ein wenig vor dem Entsetzen. Die eigene Selbstachtung steht in Gefahr, wenn man mit solchen Menschen in einem Haus leben muss." A. a. O., 299.

105 „Die Auflehnung gegen die Situation und die Wut auf die Mitbewohner wird geringer. Aber dafür steigen die Selbstvorwürfe weiter an. [...] Man ist sich selbst und allen andern nur eine Belastung." A. a. O., 302.

106 „Spätestens jetzt stürzt das bequeme Gottesbild ein, dass Gott es dem Glaubenden gut gehen lässt. Jetzt aber kann auch der leidende Christus ganz neu entdeckt werden [...] als Bruder im Leiden." A. a. O., 303.

Abschied zu wagen, auszublicken auf das Neue im Licht der Auferstehungsbotschaft. „Seelsorge horcht auf die Fragen und Nöte, versucht Friedensschlüsse zu ermöglichen […], beruhigt mit Wort, Stimme und Berührung die Angst, singt von der uralten Hoffnung, die unter aller neuzeitlichen Geistigkeit noch wie ein vernachlässigtes Kind schlummern mag."[107] Letzte Aufgabe der Seelsorge im Pflegeheim ist, nach dem Tod den Abschied würdig zu gestalten.

Überblicken wir die einzelnen poimenischen Theoriebeiträge zur Frage nach den Orten des Alters, so zeichnet sich ab, dass zukünftig im Dialog mit der ökologischen Gerontologie noch viel Neues zu erkunden ist: Eine systemisch orientierte Seelsorge wird an Sensibilität für die Menschen gewinnen, wenn sie mit der sozialen und individuellen auch der materielle Dimension weitgehende Beachtung schenkt. Der entscheidende neue Impuls dabei ist, dass alte Menschen als Akteure in einem ökologischen und sozio-kulturellen Multisystem wahrgenommen werden:[108] Auf dem Hintergrund der Umweltproaktivitätshypothese der ökologischen Gerontologie sind ältere Personen nicht als ausgeliefertes Opfer wachsenden Umweltdrucks zu sehen. Seelsorge kann vielmehr ermutigen, Individuen selbst aktiv auf ihre Umwelt einwirken zu lassen und sie gemäß eigener Ideen zu kontrollieren.[109] Zuhörende, mitdenkende Seelsorge, auch im Sinne einer befreienden, diakonischen Perspektive, liefert wichtige Beobachtungen und Anstöße zur persönlichen Situation. Sie strebt gemäß den Erkenntnissen der ökologischen Gerontologie an, dass nicht eine Anpassung der Person an die Wohnung, sondern vielmehr eine Anpassung der Wohnung an die Person stattfindet.[110]

Der gegenwärtige Beitrag der Praktischen Theologie geht überdies noch über die Erkenntnisse aus ihren einzelnen Teildisziplinen hinaus. Eine ästhetisch orientierte Theoriebildung überwindet die Engführung des pastoralpsychologischen Paradigmas und wendet sich der Aufgabe einer umfassenden Wahrnehmung menschlicher Wirklichkeit mit neuem anthropologischen Interesse zu. Sie erkennt die Frage nach Orten, Heim(en) und Mobilität in jedem Lebensalter als eine grundlegende Aufgabe. Mit Reflexionen und Modellvorstellungen zu Heimatkonstruktionen und Transfigurationen der Dinge begleitet und unterstützt sie die

---

107 A. a. O., 305.
108 Vgl. Schneider-Harpprecht, *Altenseelsorge im Kontext*, a.a.O., 323.
109 Vgl. Oswald, *Wohnen und Wohnpassung*, a.a.O., 211 f.
110 Vgl. a.a.O., 213.

Praxis der Raumwahrnehmung und -gestaltung. Damit fördert Praktische Theologie die räumlich-dingliche Professionalität christlicher Glaubensgestaltung. Die Auseinandersetzung mit der ökologischen Gerontologie gibt der Praktischen Theologie hierfür neue Ansichten und Instrumentarien in die Hand, die sie noch viel Neues entdecken lassen können. Sie ermöglichen umfassendere Wahrnehmungsakte ebenso wie die Korrektur von stereotypen Vorannahmen, z. B. über zwangsläufige Abbauprozesse im Alter.

Gerade weil dieser Aspekt lange vernachlässigt wurde, ist festzuhalten: Die Kunst, Räume zu gestalten, ist eine Grundfunktion des Glaubens. Sie vollzieht sich an vielen privaten und öffentlichen Orten des Lebens von Christinnen und Christen. Für die praktisch-theologische Theoriebildung bietet der Umgang mit dem Kirchengebäude als Teil christlicher Lebenskunst eine Grundlage und exemplarische Beobachtungsfläche zur Auseinandersetzung mit der Frage nach „Orten: Heim(en) und Mobilität": Der Kirchenraum sensibilisiert für die Leistung von Räumen im Leben wie im Glauben. Er ist ein transparenter Übergangsraum, der zwischen Lebens- und Glaubensgestaltung vermittelt.[111] Hier verdichten sich die Potenziale der christlichen Tradition zur Inspiration einer ökologischen Religionsgerontologie.

3.3 Geistliche Impulse der christlichen Tradition

Bei den zahlreichen geistlichen Impulsen der christlichen Tradition zur Auseinandersetzung mit dem Thema „Orte: Heim(e) und Mobilität im Alter" ist die Kunst des „abschiedlichen Lebens" besonders hervorzuheben. Wohnraumgestaltung und -anpassung ist auch als geistliches Geschehen zu begreifen: Gelassenheit, Bescheidenheit, Verzichten und Loslassen sind spirituelle Haltungen („Haben als hätten wir nicht" 1.Kor 7,31). Gerade unter Anerkennung ihrer Leistung und ihres Wertes ist Freiheit im Umgang mit irdischen Dingen und Räumen zu entdecken. In der Regel von Taizé ist zu lesen:

> „Im materiellen Bereich müssen wir unsere Aufmerksamkeit darauf richten, die Mittel unserer Existenz und unserer Arbeit ruhig und dauernd zu

---

[111] Vgl. Klaus Raschzok, *„… geöffnet, für alle übrigens" (Heinrich Böll) Evangelische Kirchenbauten im Spannungsfeld von Religion und Gesellschaft*, in: Hanns Kerner (Hg.), *Lebensraum Kirchenraum. Das Heilige und das Profane*, Leipzig 2008, 17–36, 32 f.

überprüfen mit dem Ziel, alles, was nicht wesentlich ist und uns also nur behindern würde, [...] auszuscheiden. Möbel, Bücher, Papiere, Kleider, Rücklagen jeder Art können nach und nach ohne dass wir uns darüber Rechenschaft abgeben ein bleiernes Gehäuse um uns bilden."[112]

Darum braucht es die Förderung des kritischen, prüfenden Blicks[113] auf die tatsächlichen eigenen Bedürfnisse und die Unterstützung der Kraft, marktschreierischen kostspieligen Anbietern oder anderen Luxusfallen moderner Wohn- und Mobilitäts- (besonders auch ökologisch wie ökonomisch zu hinterfragenden Reise-) Kultur gegebenenfalls eine Absage zu erteilen.

Dass der alternde Mensch nicht nur Objekt oder gar Opfer seiner Umgebung, sondern Lebensraumgestalter ist, hat eine ökologische Religionsgerontologie im Sinne eines Autonomiezuwachses zu markieren und mit Verweis auf das Paradigma der christlichen Freiheit zu unterstreichen. Ihr Potenzial ist dabei der ehrliche, durch den christlichen Glauben ermöglichte Blick auf die Endlichkeit des Daseins:

„Obwohl wir Gott nie gesehen haben, sind wir wie Zugvögel, die an einem fremden Ort geboren, doch eine geheimnisvolle Unruhe empfinden, wenn der Winter naht, einen Ruf des Blutes, eine Sehnsucht nach der frühlingshaften Heimat, die sie nie gesehen haben und zu der sie aufbrechen, ohne zu wissen, wohin."[114]

Das Wort aus dem Hebräerbrief begleitet alle Bemühungen um Orte, Heime und Mobilität aus christlicher Perspektive: „Wir haben hier keine bleibende Stadt, sondern die zukünftige suchen wir" (Hebr 13,14). Daraus wächst christliche Lebenskunst im Umgang mit Lebensräumen: Sie erfasst die Möglichkeiten der jeweiligen Situation, engagiert sich und gestaltet irdische Bedingungen – und sie verliert sich doch nicht darin. Denn sie schöpft aus den Sprachbildern und Sprachräumen des christ-

---

112 Roger Schutz, *Die Regel von Taizè*, Gütersloh 1963, 105 f. – Eine Kurzgeschichte erzählt: Ein Wanderer kommt an einem Kloster vorbei und möchte dort übernachten. Als einer der Mönche ihm die spärlich eingerichteten Zimmer zeigt, ist der Wanderer ganz verunsichert: „Wo habt ihr denn eure Möbel und euer Inventar?" Der Mönch lächelt und fragt zurück: „Lieber Wanderer, wie hältst du es denn? Hast du nur diesen Rucksack bei dir – und sonst nichts? – Wo sind denn deine Möbel, wo ist denn deine Habe?" Der Wanderer versteht gar nicht, was der Mönch sagen will: „Aber, ich bin doch auf der Reise, wozu brauche ich denn Möbel?" „Siehst du", erklärt ihm der Mönch, „genauso geht es uns. Wir sind hier auch nur auf der Durchreise."
113 Nach 1. Thess 5,21.
114 Ernesto Cardenal, *Ufer zum Frieden*, Wuppertal 1977, 18.

lichen Glaubens. Sie transzendiert mit ihnen die eigenen Orte, um sie dann umso getroster zu gestalten.

Die Gabe der Imagination innerer Räume zu üben, beschreibt Eva Zeller als eine zentrale Aufgabe gerade für alt werdende Menschen:

> „Such dir beizeiten ein Bild / das dein letztes sein soll / unseren fliederumzogenen / Garten zum Beispiel die / große grüne Blüte von der du sagtest sie könne auch / eine getarnte Gottesanbeterin / sein den Briefkasten in dem / die Amsel nistete oder das / Mühlrad vorm Fenster wenn / der Frost es angehalten hat / und die hängenden Eisspeere / den Bach durchbohrten was du / gesehen hast hast du gesehen / Such dir beizeiten ein Bild / das die Unschuld der Augen / wiederherstellen könnte / sonst ist das letzte der / Triangel der vorm Bettgalgen / hängt der Kolben in einer / Spritze der blaue Vorhang / rechts und links vom Fenster- / kreuz die Hand der Nacht- / schwester mit dem Schwamm / für die trockenen Lippen / Such dir beizeiten woran / du dich halten willst sonst / erscheint dir zum Bilde / zu guter Letzt der / verspottete Leib / dem deine Zweifel / mit einem Speer / die Seite geöffnet haben."[115]

Literatur

Beate Baberske-Krohs, *Unternehmenskultur und Spiritualität im Raum*, in: Beate Hofmann, *Diakonische Unternehmenskultur. Handbuch für Führungskräfte*, Reihe Diakonie Bildung – Gestaltung – Organisation, Bd. 2, Stuttgart 2008.

Bundesministerium für Familie Senioren Frauen und Jugend (Hg.), *Wohnen im Alter. Zweiter Altenbericht der Bundesregierung*, Bonn 1998.

Bundesministerium für Gesundheit (BMG) (Hg.), *Hausgemeinschaften. Die 4. Generation des Altenpflegeheimbaus, erarbeitet vom Kuratorium Deutsche Altershilfe*, Köln 2000.

Ernesto Cardenal, *Ufer zum Frieden*, Wuppertal 1977.

Wolfgang Glatzer, *Lebensqualität in der Bundesrepublik. Objektive Lebensbedingungen und subjektives Wohlbefinden*, Schriftenreihe Mikroanalytische Grundlagen der Gesellschaftspolitik, Bd.10, Frankfurt 1984.

Albrecht Göschel, *Wandel des Wohnens in der „Zweiten" Moderne*, in: Ders., *Demographischer Wandel in Deutschland. Politik und Kultur in einer alternden Gesellschaft* (Herrenalber Forum 53), Karlsruhe 2008, 89–112.

Stephan Günzel, *Raum im Gebrauch. Medium – Orte – Bilder*, in: Hanns Kerner (Hg.), *Lebensraum Kirchenraum. Das Heilige und das Profane*, Leipzig 2008, 57–75.

Sybille Heeg, *Bauliches Milieu und Demenz*, in: Hans-Werner Wahl/Clemens Tesch-Römer (Hg.), *Angewandte Gerontologie in Schlüsselbegriffen*, Stuttgart 2000, 233–241.

---

115 Eva Zeller, *Stellprobe. Gedichte*, Stuttgart o.J., 94 f.

Rolf G. Heinze/Volker Eichener/Gerhard Naegele/Mathias Bucksteg, *Neue Wohnung auch im Alter. Folgerungen aus dem demographischen Wandel für Wohnungspolitik und Wohnungswirtschaft*, Darmstadt 1997.
Jörg Herrmann, *Seniorenarbeit*, in: Wilhelm Gräb/Birgit Weyel (Hg.), *Handbuch Praktische Theologie*, Gütersloh 2007, 687–697.
Heinz Jürgen Kaiser, *Mobilität und Verkehr*, in: Hans-Werner Wahl/Clemens Tesch-Römer (Hg.), *Angewandte Gerontologie in Schlüsselbegriffen*, Stuttgart 2000, 261–267.
Christel Köhle-Hezinger, *Heimatinszenierungen*, in: Hermann Voesgen (Hg.), *Ganz nah dran. Kulturarbeit in der Region*, Hagen 1994, 133–139.
Bernhard Kraus, *Lebensqualität fürs Alter. Ein neuer Ansatz in der Seniorenbildung*, in: Lebendige Seelsorge 5 (2002), 260–263.
Ralph Kunz, *Einleitung*, in: Ders. (Hg.), *Religiöse Begleitung im Alter. Religion als Thema der Gerontologie*, Zürich 2007, 7–22.
Christiana Küster, *Zeitverwendung und Wohnen im Alter*, in: Deutsches Zentrum für Altersfragen (Hg.), *Wohnbedürfnisse, Zeitverwendung und soziale Netzwerke älterer Menschen. Expertisenband 1 zum zweiten Altenbericht der Bundesregierung*, Frankfurt 1998, 51–175.
Ursula Lehr, *Psychologie des Alterns*, Heidelberg/Wiesbaden (1972) [10]2003.
Inken Mädler, *Transfigurationen. Materielle Kultur in praktisch-theologischer Perspektive*, Gütersloh 2006.
Heidrun Mollenkopf/Hans-Werner Wahl, *Ältere Menschen in der mobilen Freizeitgesellschaft – Konsequenzen für die Verkehrspolitik*, Politische Studien 53 (Sonderheft 2), 2002, 155–175.
Heidrun Mollenkopf/Pia Flaschenträger, *Erhaltung von Mobilität im Alter*, Bd. 197, Schriftenreihe des Bundesministeriums für Familie, Senioren, Frauen und Jugend, Stuttgart 2001.
Heidrun Mollenkopf/Frank Oswald/Hans-Werner Wahl, *Alte Menschen in ihrer Umwelt. „Drinnen" und „Draußen" heute und morgen*, in: Dieselben (Hg.), *Alte Menschen in ihrer Umwelt. Beiträge zur ökologischen Gerontologie*, Wiesbaden 1999, 219–238.
Andreas Motel/Harald Künemund/Christiana Bode, *Wohnen und Wohnumfeld älterer Menschen*, in: Martin Kohli/Harald Künemund (Hg.), *Die zweite Lebenshälfte. Gesellschaftliche Lage und Partizipation im Spiegel des Alters-Survey*, Opladen 2000, 124–175.
Felizitas Muntanjohl, *Der letzte Umzug. Seelsorge bei Menschen in Pflegeheimen*, in: Ralph Kunz (Hg.), *Religiöse Begleitung im Alter. Religion als Thema der Gerontologie*, Zürich 2007, 295–306.
Frank Oswald, *Hier bin ich zu Hause. Zur Bedeutung des Wohnens. Eine empirische Studie mit gesunden und gehbeeinträchtigten Älteren*, Regensburg 1996.
Frank Oswald/Hans-Werner Wahl/Karin Gäng, *Umzug im Alter. Eine ökogerontologische Studie zum Wohnungswechsel privatwohnender Älterer in Heidelberg*, in: Zeitschrift für Gerontopsychologie und -psychiatrie, 12 (1) 1999, 1–19.
Frank Oswald, *Wohnen und Wohnpassung in Privathaushalten*, in: Hans-Werner Wahl/Clemens Tesch-Römer (Hg.), *Angewandte Gerontologie in Schlüsselbegriffen*, Stuttgart 2000, 209–215.

Klaus Raschzok, „... *geöffnet, für alle übrigens*" *(Heinrich Böll). Evangelische Kirchenbauten im Spannungsfeld von Religion und Gesellschaft*, in: Hanns Kerner (Hg.), *Lebensraum Kirchenraum. Das Heilige und das Profane*, Leipzig 2008, 17–36.

Rudolf F. Ratjen, *Reisen*, in: Hans-Werner Wahl/Clemens Tesch-Römer (Hg.), *Angewandte Gerontologie in Schlüsselbegriffen*, Stuttgart 2000, 184–188.

Winfried Saup, *Alter und Umwelt. Eine Einführung in die Ökologische Gerontologie*, Stuttgart 1993.

Winfried Saup, *Altenheime als „Umwelten". Beiträge aus psychologischer und architektonischer Sicht*, in: Andreas Kruse/Hans-Werner Wahl (Hg.), *Altern und Wohnen im Heim. Endstation oder Lebensort?*, Göttingen 1994, 49–66.

Winfried Saup, *Alten- und Pflegeheime*, in: Hans-Werner Wahl/Clemens Tesch-Römer (Hg.), *Angewandte Gerontologie in Schlüsselbegriffen*, Stuttgart 2000, 242–248.

Ulrich Schneekloth, *Pflegerische Versorgung im Bereich der stationären Altenhilfe*, in: Zeitschrift für Gerontologie und Geriatrie 30, 1997, 163–172.

Christoph Schneider-Harpprecht, *Altenseelsorge im Kontext – Lebenswelt, Lebensraum und soziale Beziehungssysteme in der Seelsorgearbeit mit alten Menschen*, in: Ralph Kunz (Hg.), *Religiöse Begleitung im Alter. Religion als Thema der Gerontologie*, Zürich 2007, 321–363.

Hans Peter Tews, *Neue Wohnformen*, in: Hans-Werner Wahl/Clemens Tesch-Römer (Hg.), *Angewandte Gerontologie in Schlüsselbegriffen*, Stuttgart 2000, 216–223.

Paul Tillich, *Das Wohnen, der Raum und die Zeit (1933)*, in: Ders., *Die religiöse Substanz der Kultur. Schriften zur Theologie der Kultur, Gesammelte Werke Band IX*, Stuttgart 1967, 328–332.

Hans-Werner Wahl/Vera Heyl, *Gerontologie. Einführung und Geschichte*, Stuttgart/New York 2004.

Hans-Werner Wahl, *Ökologische Intervention*, in: Ders./Clemens Tesch-Römer (Hg.), *Angewandte Gerontologie in Schlüsselbegriffen*, Stuttgart 2000, 203–208.

Hans-Werner Wahl/Heidrun Mollenkopf/Frank Oswald, *Alte Menschen in ihren räumlich-dinglichen Umwelten. Herausforderungen der ökologischen Gerontologie*, in: Gerhard Naegele/Rudolf-Maria Schütz (Hg.), *Soziale Gerontologie und Sozialpolitik für ältere Menschen, Gedenkschrift für Margret Dieck*, Wiesbaden 1999, 62–84.

Eva Zeller, *Stellprobe. Gedichte*, Stuttgart o. J.

Medienwirklichkeit: Altersbilder

Wilhelm Gräb, Lars Charbonnier

Unsere Gesellschaft wird älter – in einem bisher nicht da gewesenen Ausmaß. Das ist neu, aber nicht bedrohlich, wenn es gelingt, den Wandel zu gestalten. Er berührt alle Lebensbereiche: Wie werden wir wohnen, lernen, arbeiten, Wohlstand und Gesundheit sichern, in kultureller Vielfalt zusammenleben? Wie werden wir das Miteinander der Generationen gestalten und den Zusammenhalt der Gesellschaft sichern? Wie nutzen wir die sich bietenden Chancen? Die ARD will den Prozess des Wandels begleiten und die Diskussion beflügeln. In der Themenwoche präsentiert sie Denkanstöße, Ideen und Modelle.[1]

Mit diesem ‚Mission Statement' überschrieb die ARD ihre im April 2008 durchgeführte Themenwoche *Mehr Zeit zu leben: Chancen einer alternden Gesellschaft*[2]. Eine ganze Woche lang war das Programm der öffentlich-rechtlichen Sender der ARD von Altersdiskursen bestimmt. Ein gutes Jahr zuvor hatte das ZDF mit seiner Science-Fiction Dokumentation *2030 – Aufstand der Alten*[3] nicht nur ein neues Fernsehformat vorgestellt, sondern einen für viele erschütternden, fiktiven Blick auf die zukünftige Situation der alten Menschen angesichts der demografischen Entwicklung geworfen. Fernsehsendungen wie diese, Bücher wie *Das Methusalem-Komplott*[4] oder die zahlreichen Autobiografien der politischen oder intellektuellen Generation über 70[5], Talkshows und Diskussionsrunden[6]

---

1 Jürgen Heuser, *Demografischer Wandel. ARD treibt gesellschaftliche Debatte an*, in: Media Perspektiven 8 (2008), 382–385 (382).
2 http://themenwoche.ard.de/ (Zugriff am 25.01.2009). Das Thema der Religion spielte in dieser Woche so gut wie keine Rolle.
3 http://www.zdf.de/ZDFde/inhalt/15/0,1872,4294895,00.html (Zugriff am 25.01.2009).
4 Frank Schirrmacher, *Das Methusalem-Komplott. Die Menschheit altert in unvorstellbarem Ausmaß. Wir müssen das Problem unseres eigenen Alterns lösen, um das Problem der Welt zu lösen*, München 2004.
5 Z. B. Helmut Schmidt, *Außer Dienst*, München 2008; Günter Grass, *Beim Häuten der Zwiebel*, Göttingen 2006. Dazu gehören auch Werke wie Henning Scherf, *Grau ist bunt. Was im Alter möglich ist*, Freiburg (2006) ³2007.
6 So allein bei *Menschen bei Maischberger* am 08.01.2008 „Die neuen Alten: Klüger, begehrter, glücklicher?", am 25.03.2008 zu „Diagnose Alzheimer: Warum vergesse ich mich?"; am 22.04.2008 zum Thema „Alle Macht den Alten?".

belegen deutlich das wachsende Interesse am Altersthema. Sie zeigen zugleich, dass die wachsende Popularität des Themas wesentlich den Medien zu verdanken ist. Die Forderung von Entwicklungspsychologie, kritischer Sozialwissenschaft und Gerontologie von einem Wandel der Altersbilder in unserer Gesellschaft brauchte die Massenwirksamkeit der Medien und wusste, dass dieser Wandel nur durch die Medien tiefenwirksam vollzogen werden konnte.

Das ‚Mission Statement' der ARD-Themenwoche markiert diesen Wandel in der Wahrnehmung und Darstellung des Alters in den Medien deutlich. Ein Blick in die Geschichte der Medien zeigt, dass gerade die Massenmedien das Altersthema Jahrzehnte lang kaum berücksichtigt haben. Wenn überhaupt, wurden sehr begrenzte Altersstereotype dargestellt, die wesentlich der Disengagement-Theorie zugeordnet und unter Ageism-Verdacht gestellt werden können, die aber teilweise bis heute nachwirken.[7] Nach wie vor sind alte Menschen in den Produktionen des Fernsehens und Kinos deutlich unterrepräsentiert, v. a. alte Frauen sind kaum präsent. Bis in die 90er Jahre waren alte Menschen als Zielgruppe der Medien schlichtweg uninteressant und als Inhalt der medialen Präsentation unattraktiv oder wurden grundsätzlich als Problemphänomen thematisiert.[8] Heute rücken alte Menschen verstärkt mit der Frage nach einem erfolgreichen, gelingenden Altern in den Vordergrund. Entdeckt wurden sie zuerst von der Werbeindustrie, die in der Generation der 50-70-Jährigen die größte Kaufkraft der deutschen Bevölkerung antrifft. Von ihr wird mit vielerlei Angeboten von Versicherungen über Geldgeschäfte, Pharmazie, Kosmetik, Einrichtungsgegenstände, Gesundheit, Sport, Hobbys und Wellness bis zu Immobilien und Reisen dieser Markt

---

[7] Solche Stereotype lassen sich z. B. nach wie vor in den Daily-Soaps finden, vgl. Hanns J. Flueren/Marion Klein/Heidrun Redetzki-Rodermann, *Das Altersbild der deutschen Daily Soaps. Ergebnisse einer quantitativ-qualitativen Studie*, in: medien praktisch 1 (2002), 23–27. Die Autoren erkennen „Altruisten", „Professionelle", „Die nicht von der Bühne abtreten wollen" sowie „Die Autoritären" als Handlungstypen innerhalb der untersuchten Daily Soaps.

[8] Der Neologismus „Rentnerschwemme" war 1996 das Unwort des Jahres. Vgl. die Darstellung in Ursula Schmitt-Pridik, *Hoffnungsvolles Altern. Gerontologische Bibelauslegung*, Neukirchen 2003. Erst in den letzten Jahren wird bei Mediennutzungsumfragen die Altersgruppe 50+ noch weiter differenziert, was die Analyseschärfe der Mediennutzungsuntersuchungen deutlich erhöht, vgl. Nicole Gonser/Helmut Scherer, *Die vielfältige Mediennutzung älterer Menschen. Eine Auswertung der Media-Analysen im Hinblick auf Menschen ab 50 Jahren*, in: Jörg Hagenah/Heiner Meulemann (Hg.), *Sozialer Wandel und Mediennutzung in der Bundesrepublik Deutschland*, Münster 2006, 122–138.

der ‚woopies' (well-off older people) bedient.⁹ Die Werbung propagiert allerdings recht einheitlich – ebenfalls einseitig – das aktive, selbstbestimmte, eigentlich doch noch sehr junge Alter, das aktiv genießt, clever konsumiert, die Lebenskunst auch im Alter beherrscht.¹⁰ Diese gegenwärtig die Altersdiskurse prägenden Modelle von pro-aging, anti-aging, succesful aging bieten damit ebenso ein Bild des Alterns, das kaum Anhalt an der durchschnittlichen empirischen Realität haben dürfte und in vielerlei Hinsicht kritisch zu betrachten ist.¹¹

Der den Autoren vorgegebene Titel „Medienwirklichkeit: Altersbilder" ermöglicht insofern die Behandlung unterschiedlicher Aspekte: Er legt zum einen nahe, dass Medien vielschichtige und plurale Wirklichkeit(en) produzieren, konstruieren und kommunizieren. Zum anderen fokussiert der zweite Begriff Altersbilder einerseits mit den Altersbildern auf einen Aspekt dieser Medienwirklichkeiten und führt damit andererseits implizit vor Augen, dass auch Alte und Alter heute nur im Plural zu erfassen, in ihren eigenen Prozessen von Differenzierung und Individualisierung¹² wahrzunehmen und gerade im Zusammenhang mit den Medienwirklichkeiten immer auch als soziokulturelle Konstruktionen zu beschreiben sind.¹³ Altersbilder sind nicht statisch, sie werden erzeugt,

---

9 Vgl. Hans-Dieter Kübler, *Alter und Medien*, in: Jürgen Hüther/Bernd Schorb (Hg.), *Grundbegriffe Medienpädagogik*, München (1997) ⁴2005, 17–23 (17).

10 Vgl. Thomas Klie, *Die Grauen als Bild und Vorstellung. Wenn Verheißung auf alt macht*, in: Martina Kumlehn/Ders. (Hg.), *Aging – Anti-Aging – Pro-Aging. Altersdiskurse in theologischer Deutung*, Stuttgart 2009, 176–188; Susanne Femers, *Die ergrauende Werbung. Altersbilder und die werbesprachliche Inszenierung von Alter und Altern*, Wiesbaden 2007.

11 Vgl. Heinz Rüegger, *Altern im Spannungsfeld von „Anti-Aging" und „Successful Aging". Gerontologische Perspektiven einer seelsorglichen Begleitung älterer Menschen*, in: Ralph Kunz (Hg.), *Religiöse Begleitung im Alter. Religion als Thema der Gerontologie*, Zürich 2007, 143–182.

12 Zum entwicklungspsychologischen Ansatz der multidirektionalen Entwicklung über die Lebensspanne vgl. schon klassisch Paul B. Baltes, *Entwicklungspsychologie der Lebensspanne*, in: Psychologische Rundschau 41 (1990), 1–24.

13 Vgl. die Beiträge im zweiten Teil dieses Bandes sowie grundlegd Andreas Kruse/Mike Martin (Hg.), *Enzyklopädie der Gerontologie*, Bern 2004, darin v. a. Eric Schmitt, *Altersbild – Begriff, Befunde und politische Implikationen*, 135–147. Zwar gibt es relativ typische Prototypen des Alters – Schmitt nennt sieben, die durch US-amerikanische empirische Forschung erhoben wurden, z. B. Perfect Grandparent, Golden AgerSeverely Impaired oder Despondent – doch auch dieses Repertoire wandelt sich. Vgl. auch Gerd Göckenjan, *Das Alter würdigen. Altersbilder und Bedeutungswandel des Alters*, Frankfurt a. M. 2000; Josef Ehmer, *Das Alter in Geschichte und Geschichtswissenschaft*, in: Ursula M. Staudinger/

verändert, im Diskurs ausgehandelt. Sie sind Teil von Produktions- wie von Rezeptionsprozessen. Sie führen die Rezipienten in Auseinandersetzungen mit den ihnen angebotenen Fremdbildern und ihrem je individuellen Selbstbild des Alterns. Sie beschreiben, erklären und werten das Alter. Deshalb sind sie kritisch zu überprüfen. Auch von und in den Medien. Denn die populären Medien festigen durch die Ermöglichung dieser Diskurse über das Alter(n) zugleich die Altersbilder in ihrer jeweiligen Zeit.[14]

Deshalb ist weniger das Mediennutzungsverhalten der alten Menschen heute ausschlaggebend für den Wandel der Altersbilder, obwohl auch hier wesentliche Prozesse der Identifikation für die Aufnahme der Fremdbilder in die Selbstbilder wirksam sind. Vielmehr interessiert mit Blick auf den gesellschaftlich-demografischen Wandel der kommenden Jahrzehnte die Frage nach den Altersbildern in den Medien im Allgemeinen, die alle ihre ganz unterschiedlich alten Rezipienten prägen.

Im Rahmen einer „Praktischen Theologie des Alterns" tritt zu diesen zwei Phänomenbereichen ein dritter, die Frage der Religion im Kontext von Medienwirklichkeiten und Altersbildern. Auch in der Praktischen Theologie ist das Altersthema mittlerweile ein Forschungsfeld oberster Priorität geworden.[15] Eine sich als religionskulturhermeneutisch verstehende Praktische Theologie interessiert sich dabei wesentlich für die Altersbilder, die zugleich etwas über die Religion im Alter aussagen. Sie konzentriert sich im Paradigma lebensgeschichtlicher Sinndeutung im Unbedingtheitshorizont auf diejenigen Funktionen, Strukturen und Gehalte, die für die Individuen in ihrem je eignen Leben religionsproduktiv relevant sind. Damit hat sie sich intensiv auch mit der Rolle der Medien

---

Heinz Häfner (Hg.), *Was ist Alter(n)? Neue Antworten auf eine scheinbar einfache Frage*, Heidelberg 2008, 149–172; Otfried Höffe, *Bilder des Alters und des Alterns im Wandel*, in: Ursula M. Staudinger/Heinz Häfner (Hg.), *Was ist Alter(n)?*, a.a.O., 189–197.

14 In der zweiten Hälfte des 18. Jahrhunderts z.B. propagierten die Moralischen Wochenschriften („Der Greis") ein Ideal des aufgeklärten, ehrwürdigen Greises. Die Familienzeitschriften („Gartenlaube", „Daheim") verbreiteten seit den 1850er Jahren das bürgerliche Leitbild der Großelternschaft inmitten der Familienidylle. S. Christian Mulia, *Alter, populäre Kultur und Religion. Praktisch-theologische Erkundungsgänge in ein unerschlossenes Terrain*, in: Praktische Theologie 41, 4 (2006), 295–305 (295).

15 Aus der Vielzahl der jüngeren Veröffentlichungen sei verwiesen auf die bereits genanten Bände Kumlehn/Klie, *Aging – Anti-Aging – Pro-Aging*, a.a.O.; Ralph Kunz, *Religiöse Begleitung im Alter*, a.a.O.; sowie Martina Blasberg-Kuhnke/Andreas Wittrahm (Hg.), *Altern in Freiheit und Würde. Handbuch christliche Altenarbeit*, Stuttgart 2007.

für die Religion zu beschäftigen. Der Mittelteil dieses Beitrags beschäftigt sich deshalb intensiv mit der Bedeutung der modernen Massenmedien für die Religion im Allgemeinen und die Frage der Altersbilder im Speziellen. Zu Beginn stehen einige Bemerkungen zur Mediennutzung alter Menschen. Anhand zweier ausgewählter Beispiele werden abschließend Altersbilder und das in ihnen enthaltene religionsproduktive Potential in den großen Filmen des Kinos knapp vorgestellt.

1. Alte(r) in den Medien: Präsenz und Rezeption

1.1 Die Mediennutzung alter Menschen

Die Mediennutzung steigt im Kohortenvergleich über die letzten Jahrzehnte insgesamt kontinuierlich an. Den stärksten Zuwachs der Nutzungszeit verzeichnet das Radio in fast allen Kohorten, gefolgt vom Fernsehen.[16] Beide sind zugleich die Hauptmedien, die alte Menschen konsumieren. Das Fernsehen bleibt eindeutig das Leitmedium und mit dem Image des „Alleskönners" behaftet: Im Jahr 2008 verbrachten die über 60-Jährigen durchschnittlich mindestens 4,5 Stunden am Tag vor dem Fernseher.[17] Während das Radio überwiegendes Begleitmedium ist, hat das Fernsehen damit seine alltagsstrukturierende, informierende und unterhaltende Funktion gerade bei den Menschen zwischen 60 und 80 Jahren ausgebaut. Neben diesen beiden ist die Tageszeitung das für diese Altersgruppe spezifische Medium im Unterschied zur Gesamtbevölkerung.[18] Deutlich differenzierter stellt sich die Zielgruppe im Gebrauch des Internets dar: Die Generation der 60-69-Jährigen ist im Vergleich mit der Gesamtbevölkerung durchschnittlich häufig im Internet unterwegs. Sie unterscheiden sich aufgrund ihrer Informations- und Gebrauchswertorientierung eher durch das Nutzungsinteresse. Ab 70 Jahren und älter nimmt die Internetnutzung allerdings rapide ab, was sicherlich mit der fehlenden Technikerfahrung und Mediensozialisation zu tun hat.[19]

---

16 Vgl. Bernhard Engel/Stefanie Best, *Mediennutzung und Medienbewertung im Kohortenvergleich*, in: Media Perspektiven 11 (2002), 554–563.
17 Andreas Egger/Birgit van Eimeren, *Die Generation 60plus und die Medien. Zwischen traditionellen Nutzungsmustern und Teilhabe an der digitalen (R)evolution*, in: Media Perspektiven 11 (2008), 577–588 (581).
18 A.a.O., 579 f.582.
19 A.a.O., 584 f.

Letzteres zeigt, dass auch die Alten in der Mediennutzung längst keinen monolithischen Block mehr darstellen: Im Zuge der Pluralisierungs-, Individualisierungs, Differenzierungs- und auch Ästhetisierungsprozesse der letzten Jahrzehnte verfährt deshalb auch die Mediennutzungsforschung zunehmend mit Typologien statt mit einzeln ausgewerteten Merkmalsaussagen. Sie nehmen neben den nach wie vor wesentlichen Determinanten Alter und Bildung auch Freizeitaktivitätsmuster und Konsumgewohnheiten, lifestyle und Wertorientierungen in den Blick, ohne sich einseitig auf einen dieser Aspekte zu beschränken.[20]

Betrachtet man diese Typologien genauer, so lassen sich deutlich Abweichungen in der typologischen Zusammensetzung der Menschen ab 60 gegenüber der Gesamtbevölkerung feststellen:

> „Lebensstile, die auf traditionelle Wertvorstellungen (Sicherheit, Harmonie, geordnete Verhältnisse, Sekundärtugenden) beruhen, eine häusliche Orientierung sowie eine hohe Kulturaffinität aufweisen, sind in diesem Alterssegment – zum Teil deutlich – überrepräsentiert."[21]

Zugleich wird deutlich, dass sie keine homogene Gruppe darstellen. Die zweite Version der MedienNutzerTypologie, die MNT 2.0 aus dem Jahr 2006, erkennt vier Typen, die in diese Zielgruppe wesentlich sind:[22] Die *Häuslichen*, die *Vielseitig Interessierten*, die *Kulturorientierten Traditionellen* und die *Zurückgezogenen* (der mit durchschnittlich 69 Jahren älteste Typ) lassen sich bei der Zusammenstellung ihrer Medien- und Programmmenüs mit deutlich unterschiedlichen Schwerpunkten unterscheiden:

So zeichnen sich die *Häuslichen* durch ein starkes Bedürfnis nach Sicherheit und Kontinuität im Alltag aus und orientieren sich meist an relativ festgefügten traditionellen Wertvorstellungen und Rollenbildern. Zu ihren Werten gehören Bescheidenheit, Pflichterfüllung und Heimatverbundenheit. Ihre Freizeitaktivitäten leben sie wesentlich im privaten Bereich aus, in Haus und Garten. Ihre Interessen im Medienverhalten beziehen sich besonders auf Natur und Tiere, Medizin und Gesundheit, Partnerschaft und Familie, den eigenen Wohnort oder die Region, schließlich auf Menschen und Schicksale. Auch Kirche und

---

20 Ekkehardt Oehmichen, *Die neue MedienNutzerTypologie MNT 2.0. Veränderungen und Charakteristika der Nutzertypen*, in: Media Perspektiven 5 (2007), 226–234.
21 Vgl. Egger/van Eimeren, *Die Generation 60plus und die Medien*, a.a.O., 578.
22 Oehmichen, *Die neue MedienNutzerTypologie MNT 2.0*, a.a.O., 231–233.

Glaube stellen im Vergleich zur Gesamtheit ein überdurchschnittlich hohes Interessengebiet dar. 54 % der Häuslichen sind Männer, 44 % noch berufstätig.

Die *Vielseitig Interessierten* bieten ein besonders breites Interessenspektrum. Es handelt sich um einen sehr aufgeschlossenen, sehr aktiven, erlebnisfreudigen und geselligen Nutzertyp, das „vitalste Segment unter den Senioren"[23]. Sicherheit und Unabhängigkeit sind gleichermaßen wichtig, sie sind sozial und politisch aktiv und engagiert. Thematische Schwerpunkte liegen, stärker als bei anderen Typen, bei den Themen Partnerschaft und Familie, Medizin, Gesundheit und Ernährung, Natur und Tiere. Haus und Garten, Kinder, Erziehung und Schule. Ihnen sind Wirtschaft und Verbraucherfragen wichtiger als Politik oder Zeitgeschichte. Die Vielseitig Interessierten sind ausdauernde und intensive Fernseh- und Hörfunknutzer. 62 % dieses Typs sind weiblich, 30 % über 70 Jahre alt. Sie verfügen über eine relativ hohe formale Bildung (8 % haben ein Studium absolviert).

Kulturorientierte Traditionelle vertreten ein eher konservatives und traditionell bürgerlich geprägtes Weltbild. Ihnen ist der häuslicher Radius neben hochkulturelle Aktivitäten besonders wichtig. Obgleich sich auch in der älteren Generation der Elitestatus relativiert, bleibt er prinzipiell vorhanden und in dieser Gruppe repräsentiert: Sie sind selbstbewusst und elitär in ihren Weltanschauungen und verfügen i. d. R. über einen hohen sozialen und ökonomischen Status. Im Fernsehen schauen sie regelmäßig 3Sat und ARTE, ihre Radios stellen sie auf die von der ARD verantworteten Kultur- und Info-Programme ein. 66 % der Kulturorient Traditionellen sind weiblich, 23 % haben Abitur oder sogar einen Hochschulabschluss. Berufstätig sind lediglich noch 25 %.

Für die *Zurückgezogenen* stehen Sicherheit und Harmoniebedürfnisse und das Streben nach Geborgenheit im Mittelpunkt des Alltags. Sie orientieren sich an Bewährtem und sind meist skeptisch gegenüber neuen Entwicklungen. Ihr tägliches Leben ist ganz stark auf ihr näheres Umfeld, Haus und Garten beschränkt. Sie haben relativ wenig soziale Kontakte, allenfalls das kirchliche Leben spielt als sozialer Kontaktraum noch eine Rolle. Ihre zurückgezogene Lebensweise ist deshalb oft mit Einsamkeit verbunden. Sie haben extensiven Fernsehkonsum: 85 % der Zurückge-

---

23 A.a.O., 232.

zogenen sehen täglich fern, selten unter sechs Stunden.²⁴ Auch das generelle Themeninteresse ist bei den Zurückgezogenen insgesamt schwächer als bei anderen Nutzertypen: Lokales und Regionales stehen mit Abstand an der Spitze der Interessen, gefolgt von Natur und Mensch, Medizin und Gesundheit, Menschen und Schicksale, Haus und Garten sowie Kirche und Glauben. Im Fernsehen sind vor allem Nachrichten und Service-Sendungen sowie Heimat- und Spielfilme wichtig. Die Zurückgezogenen haben kaum Internetzugang. 67 % der Zurückgezogenen sind Frauen; mehr als 50 % sind über 70. Auch im Vergleich zur eigenen Generation verfügen sie über nur unterdurchschnittliche Schulbildung (2 % haben Abitur bzw. einen Studienabschluss).

Mit den nachwachsenden Generationen wird sich dieses Feld weiter differenzieren und v.a. in der Mediennutzungskompetenz deutlich verändern.

1.2 Altersbilder und ihre Rezeption in der Medienkommunikation

> Jedenfalls hat das Kino mehr für mein spirituelles Leben getan als die Kirche. Meine Vorstellungen von Ruhm, Erfolg und Schönheit stammen alle von der Leinwand. Während sich die christliche Religion überall auf dem Rückzug befindet und immer mehr an Einfluss einbüßt, füllt der Film dieses Vakuum und versorgt uns mit Mythen und handlungssteuernden Bildern. Film war für mich während einer bestimmten Phase meines Lebens eine Ersatzreligion.²⁵

John Updikes Äußerung verweist auf die religiöse Dimension des Kinos. Sie macht zugleich darauf aufmerksam, dass es biografische Konjunkturen der Kinofilmerfahrung gibt. Untersuchungen zeigen, dass der im Kino rezipierte Spielfilm vor allem ein Medium der Jugendlichen und der jungen Erwachsenen ist. 70 % der Kinogänger sind zwischen 14 und 29

---

24 Vgl. Ulrich Neuwöhner/Carmen Schäfer, *Fernsehnutzung und MNT 2.0. Die MedienNutzerTypologie im AGF/GfK-Panel*, in: Media Perspektiven 5 (2007), 242–254. In kirchlicher Hinsicht nicht uninteressant ist die Tatsache, dass auf der Top Ten der meistgesehenen Sendungen des Jahres 2006 für die Zurückgezogenen die deutsche Serie *Um Himmels willen* sechs Mal vertreten war, s. a.a.O., 253.
25 John Updike, „Amerika hat sein Versprechen gehalten." *Star-Autor John Updike über Kirche, Kino und das Land der unbegrenzten Möglichkeiten*, in: Focus, 31 (1998), 96–98 (98).

Jahren alt.²⁶ Die kinointensivste Phase der Medienbiographie beginnt also in der Teenagerzeit und endet zumeist mit der Aufnahme der Berufstätigkeit und/oder der Familiengründung. Alte Menschen hingegen gehen kaum ins Kino. Im Jahr 2008 gaben gerade einmal 3,1 % der über 50-Jährigen an, einmal im Monat oder öfter ins Kino zu gehen, 73,6 % hingegen nie.²⁷ Warum ist das so?

Eine erste Antwort lässt sich entwickeln, wenn wir einen kurzen Einblick in die Medienerfahrungen Jugendlicher anhand einer Studie des Deutschen Jugendinstituts nehmen. Im Rahmen dieser Studie wurden im Zeitraum von 1992 bis 1998 22 Münchner Jugendliche und deren Eltern über die Adoleszenz hinweg (vom 13. bis zum 20. Lebensjahr) zu ihren Medienerfahrungen befragt.²⁸ Erstmals wurde hier der Verlauf der Medienbiografie im Intermediavergleich für die Jugendzeit im Rahmen eines ethnografischen Ansatzes mit drei Befragungswellen im angegebenen Zeitraum erforscht. Auf der Basis von 143 qualitativen Interviews wurden aufschlussreiche Beobachtungen zur Mediensozialisation Jugendlicher gemacht.²⁹ Die Ergebnisse der Studie verdeutlichen, dass Medien, im Jugendalter insbesondere im Kino (oder im Rahmen von privaten oder geselligen Videosessions) rezipierte Spielfilme, nicht nur Vergemeinschaftungs- und Unterhaltungsfunktionen haben, sondern dass sie in einer alle identitätsrelevanten Bereiche umfassenden Weise (Stil- und Geschmacksorientierung, Geschlechterrollenorientierung, Gefühlsorientierung, Sinn- und Wertorientierung) der Arbeit am eigenen Selbstbild dienen.³⁰

Gilt das auch für alte Menschen? Sie gehen selten ins Kino, schauen aber überdurchschnittlich viel fern und lesen Zeitung. Sie hören Radio

---

26 Vgl. Elisabeth Prommer, *Kinobesuch im Lebenslauf. Eine historische und medienbiographische Studie*, Konstanz 1999, 16.
27 Basisauswertung der Verbrauchs- und Medienanalyse 2009, zu finden unter http://www.vuma.de/fileadmin/user_upload/meldungen/pdf/VuMA_2009_Basisauswertung.pdf, 7 (Zugriff am 25.01.2009).
28 Jürgen Barthelmes/Ekkehard Sander, *Erst die Freunde, dann die Medien. Medien als Begleiter in Pubertät und Adoleszenz. Medienerfahrungen von Jugendlichen*, Bd. 2, Opladen/München 2001; Dies., *Medien in Familie und Peergroup. Vom Nutzen der Medien für 13- und 14jährige. Medienerfahrungen von Jugendlichen*, Bd. 1, München 1997; Dies., *Familie und Medien. Forschungsergebnisse und kommentierte Auswahlbibliographie*, München 1990.
29 Vgl. bes. Dies., *Erst die Freunde*, a.a.O., 288–303.
30 Vgl. Jörg Herrmann, *Medienerfahrung und Religion. Eine empirisch-qualitative Analyse zur Medienreligion*, Göttingen 2007.

und blättern mehr als andere Kohorten in den ‚bunten Blättern'.[31] Überall da begegnen sie immer wieder auch Altersbildern. Allerdings sind dies fast ausschließlich Bilder von Alten, die nicht wirklich alt sind. Es sind die Bilder der rüstigen Alten, derer, die sich fit gehalten haben, die die dritte Lebensphase genießen, reisen und dem Leben zuletzt die schönen Seiten abzugewinnen vermögen. Nur selten werden die Gebrechen des Alters, die dann insbesondere die vierte Lebensphase zeichnen, angedeutet. Das geschieht meistens in einem klar abgegrenzten Kontext: in der Werbung für Stärkungs- und Heilmittel. Gezeigt wird, was zu leben hilft, jung hält und den unaufhaltsamen körperlichen Verfall hinauszögert.[32]

So verwundert es nicht, dass der Schriftsteller John Updike, inzwischen selbst alt geworden, meint, es seien ihm die „Vorstellungen von Ruhm, Erfolg und Schönheit" durch das Kino vermittelt worden. Die Vorstellungen davon, was es heißt alt zu werden, hat er dort offensichtlich nicht gefunden. Hat er sie in seinen Büchern selbst entwickelt? Gewiss. Vor allem in seiner Rabbit-Roman-Tetralogie findet sich einiges. Aber zu einem konsistenten Bild will sich das nicht fügen. Die Medien eignen sich dazu offensichtlich nicht. Laufen auch die Schriftsteller und Filmemacher dem Altwerden davon? Schreiben sie vielleicht deshalb, bringen sie die Bilder ins Laufen, um dem Altwerden und damit eben auch dem eigenen Vergehen etwas entgegenzustellen? Sie versuchen jedenfalls das eigene, endliche Dasein zu transzendieren.

Es wäre naiv, zu meinen, dass die Macht der medialen Bilder und Erzählungen vom Leben ohne Folgen für das Älterwerden bliebe. Das Alter ist zu einer sozialen Lebensphase transformiert, die meist mit dem Ausscheiden aus der Berufsarbeit beginnt. Zugleich ist es eine kulturelle Konstruktion. Als solche ist das Altwerden konstitutiv eingebunden in die symbolischen Welten, in denen sich die Vorstellungen vom Leben und die Einstellungen zum Leben bilden. Die Massenmedien in allen ihren Formen, die Printmedien, die audiovisuellen Medien, das Internet arbeiten mit an den Konzepten, die in einer Kultur vom Alter entwickelt werden.

Indem die Massenmedien die symbolischen Welten errichten, in denen sich uns das Bedeutungsgewebe entfaltet, das sich über unser Leben und die einzelnen Phasen in ihm legt, sich unsere Auffassung von

---

31 Vgl. die Daten der VUMA (Anm. 17) sowie Gonser/Scherer, *Die vielfältige Mediennutzung älterer Menschen*, a.a.O.
32 Vgl. Klie, *Die Grauen als Bild und Vorstellung*, a.a.O.

Jugend und Erwachsensein, schließlich auch vom Altwerden bilden, sind sie ein enorm wichtiger Faktor in modernen Gesellschaften geworden.[33] Die Massenmedien, Bücher, Zeitschriften, Tageszeitungen, Radio, Fernsehen, das Internet schließen die Individuen an eine gesellschaftliche Kommunikation an, die sie wiederum selbst aufbauen. Sie vermitteln unser Wissen von der Welt, den Ereignissen in ihr, die sie zur Nachricht machen, von denen sie berichten, mit denen sie uns unterhalten. Vor allem aber – das ist der hier entscheidende Aspekt: Die Massenmedien vermitteln auch die Sinnformen, die symbolischen Horizonte, innerhalb derer wir unsere alltagsweltlichen Erfahrungen deuten, mithilfe derer unsere Wünsche, Hoffnungen und Ängste, überhaupt unsere Vorstellungen vom Leben und unsere Einstellungen zum Leben, unsere Bilder von Jugend und Schönheit, dann auch vom Alter und den Strategien im Umgang mit dem Alter Ausdruck und Sprache finden.

Wir leben im Zeitalter des Internet, dem ersten interaktiven Massenmedium. Damit haben die älteren Massenmedien jedoch keineswegs ausgedient. Das gedruckte Buch, das früheste Massenmedium ist durch die audiovisuellen Medien, durch Film, Radio und Fernsehen, nicht verdrängt worden ist. Es tritt auch das Internet nicht an die Stelle seiner Vorgängermedien. Es setzt diese vielmehr voraus, schließt an sie an und setzt sich in ihnen fort.[34] Mediengenerationen lösen einander nicht ab. Sie gehen intrikate Vermittlungen ein, wobei sie jeweils entscheidenden Einfluss auf unseren Selbst- und Weltumgang haben.

Wie Medien ihre Wirkung wechselseitig verstärken, zeigte zuletzt der Harry-Potter-Boom.[35] Nie zuvor ist ein Buch, das Medium der eigentlich der Vergangenheit angehörigen „Gutenberg-Galaxis"[36], mit einer solch hohen Startauflage auf den Markt gebracht worden. Doch dass es dazu

---

33 Vgl. in kulturwissenschaftlicher Sicht Angela Keppler, *Mediale Erfahrung, Kunsterfahrung, religiöse Erfahrung. Über den Ort von Kunst und Religion in der Mediengesellschaft*, in: Anne Honer/Roland Kurt/Jo Reichertz (Hg.), *Diesseitsreligion. Zur Deutung der Bedeutung moderner Kultur*, Konstanz 1999, 183–200; Hans-Georg Soeffner, *Zum Verhältnis von Kunst und Religion in der ‚Spätmoderne'*, in: Dieter Fritz-Assmus (Hg.), *Wirtschaftsgesellschaft und Kultur*, Berlin 1998, 239–255.
34 Vgl. Gerhards/Klingler, *Mediennutzung in der Zukunft. Traditionelle Nutzungsmuster und innovative Zielgruppen*, in: Media Perspektiven 2 (2006), 75–90.
35 Vgl. die vortreffliche religions- und kulturhermeneutische Analyse von Matthias Morgenroth, *Der Harry-Potter-Zauber. Ein Bestseller als Spiegel der gegenwärtigen Privatreligiosität*, in: Pastoraltheologie 90 (2001), 66–87.
36 Vgl. zu diesem Begriff Norbert Bolz, *Am Ende der Gutenberg-Galaxis*, München (1993) ²1995.

gekommen ist, dafür haben neben einer perfekten Marketingstrategie gerade auch die Harry-Potter-Fan-Clubs gesorgt, die sich über das Internet konstituieren und ausschließlich über dieses Medium kommunizieren bzw. in ihm ihren Bestand haben. Für seine Leserinnen und Leser, das zeigen diese Foren, ist Harry Potter in all dem reich an Anregungen, auf selbst Erlebtes, Befürchtetes, Erhofftes zurückzuschließen und vor allem der eigenen Phantasie und ihren Bildern etwas zuzutrauen, ihr eine Gestalt im eigenen Lebensvollzug zu geben.

Es müssen freilich nicht immer die Inhalte wesentlich sein: Allein schon die medientechnologischen Erfindungen – von den ersten Schriftzeichen bis zum Mikrochip – beeinflussen die symbolischen Formen der Kultur manchmal mehr als die vermittelten Botschaften, die Theorien, die Literaturen, die Bilder der Kunst usw. So der Literaturwissenschafter Jochen Hörisch[37] im Anschluss an die bahnbrechende These des kanadischen Medienwissenschaftlers Marshall McLuhan, wonach das Medium die Botschaft sei.[38] Das Medium ist die eigentliche Message – und nicht seine Inhalte. Das sollte nach McLuhan besagen, dass die Medien, die Hardware, nicht die Software – wie wir inzwischen im Computerzeitalter zu sagen uns angewöhnt haben – unsere menschliche Situation entscheidend verändern. Das gesellschaftsevolutionäre Potential liegt in den Medientechnologien, der Erfindung des Buchdrucks, der Telegraphie, des Telefons, der Television, des Computers. Es waren jeweils ursprünglich an die menschlichen Sinne des Greifens, Hörens und Sehens gebundene Leistungen, die einerseits durch die Zwischenschaltung technischer Apparate zu einer enormen, Raum und Zeit überwindenden Steigerung ihrer Reichweite geführt wurden. Andererseits hatten diese Techniken und ihre Wandlungen veränderte und neue Prägungen unserer Sinneinstellungen und Lebensformen zur Folge. Man darf McLuhans These deshalb nicht so verstehen, als ob es unter den gesellschaftsevolutionären Bedingungen der Massenmedien auf die gedruckten, gesendeten und abrufbaren Inhalte nicht mehr ankäme. McLuhans These meint erstens, dass die Gesellschaft durch die immer wieder neuen Erfindungen in der Medientechnik jeweils stärker verändert wird als durch die gedruckten und gesendeten Inhalte, auch wenn manch

---

37 Vgl. Jochen Hörisch, *Der Sinn und die Sinne. Eine Geschichte der Medien*, Frankfurt a. M. 2001; vgl. Ders., *Einleitung*, in: Peter Ludes, *Einführung in die Medienwissenschaft. Entwicklungen und Theorien*, Berlin 1998, 11–32 (11 f).
38 Vgl. Marshall McLuhan, *Die magischen Kanäle* („*Understanding Media*" – Englische Originalausgabe 1964) Düsseldorf/Wien 1968.

Kulturschaffender in Wissenschaft, Kunst und Kirche bis heute meint, es sei umgekehrt. Zu verstehen ist McLuhan zweitens so, dass mit dem Aufkommen und der historischen Durchsetzung der Massenmedien alle Inhalte gesellschaftlicher Kommunikation in Wissenschaft, Kunst und Religion, aber auch in der alltäglichen Lebenswelt unter der Bedingung stehen, durch die Massenmedien vermittelt zu sein. Im Bezug auf die Altersdiskurse sind somit einerseits die Bilder gemeint, die wir uns vom Altwerden machen, wie schließlich der enorme Druck, der auch auf die Alten ausgeübt wird, sich der jeweils nächsten Mediengeneration zu stellen. Auch wenn diejenigen Alten, die aus Berufsgründen den Anschluss an das Internet verpasst haben, diesen vermutlich auch in Zukunft nicht aufholen werden, steigt die Zahl der Internetnutzer in den älteren Generationen kontinuierlich an.[39] Immer mehr Alte, zumal die zukünftigen Alten, nutzen das Internet, versenden Emails, halten Kontakte, informieren sich über ihre Interessen und kaufen ein. Auch das Angebot an speziellen Seiten für alte Menschen wächst.[40]

2. Medienrealität, Alterswirklichkeiten und die Religion

„Was wir über unsere Gesellschaft, ja über die Welt, in der wir leben, wissen, wissen wir durch die Massenmedien."[41]

Unsere Realität ist die „Realität der Massenmedien": Das gilt, wie Niklas Luhmann zu Recht meint, auch vom Jungsein und Altwerden, von un-

---

39 So waren es 22% der 50–59Jährigen, die 2000 das Internet zumindest gelegentlich genutzt haben, und bereits 57% 2005. Auch bei den Befragten der Generationen 60+ steig die Zahl von 4% im Jahr 2000 auf 18% 2005 a, vgl. Maria Gerhards/Walter Klingler, *Mediennutzung in der Zukunft*, a.a.O., 85. S. auch Birgit von Eimeren/Beate Frees, *Internetverbreitung. Größter Zuwachs bei Silver-Surfern*, in: Media Perspektiven 7 (2008), 330–344; Michael Doh/Roman Kaspar, *Entwicklung und Determinanten der Internetdiffusion bei älteren Menschen*, in: Hagenah/Meulemann (Hg.), *Sozialer Wandel und Mediennutzung in der Bundesrepublik Deutschland*, a.a.O., 139–156.
40 Z. B. www.s-wie-senioren.de, www.vsiw.de oder www.seniorennet.de. Vgl. Kübler, *Alter und Medien*, a.a.O. Für den kirchlichen Bereich s. Gunda Ostermann, *Surft Methusalem im World Wide Web? – Ältere Menschen und das Internet*, in: Blasberg-Kuhnke/Wittrahm (Hg.), *Altern in Freiheit und Würde*, a.a.O., 293–302.
41 Niklas Luhmann, *Die Realität der Massenmedien*, Opladen 1996, 9. Vgl. auch den zentralen Stellenwert, den die Medien in Luhmanns letztem großen Werk haben: Ders., *Die Gesellschaft der Gesellschaft*, Frankfurt a. M. 1997, 190–412.

serem Verhältnis zu einer transzendenten Realität und dem Glauben von Menschen an sie, von der Religion und den Religionen, von der Kirche. Das meiste von dem, was wir über die Welt, über uns selbst und nicht zuletzt über Gott wissen, wissen wir nicht aus eigener Anschauung und Erfahrung, auch nicht aus persönlichen Begegnungen und den Erzählungen anderer. Gewiss, die persönlichen Beziehungen, die interpersonale Kommunikation, die Sozialisation in der Familie, der Nachbarschaft, dem Freundeskreis sind unverzichtbar. Sie prägen unser Leben von Kindheit an. Aber, was sich uns lebenssinnorientierend mitteilt, durch die Erzählungen und Berichte, den Kontakt mit Eltern, Lehrern, Freunden und Bekannten, schließt immer schon an die Medienkommunikation an, ist bereits durch sie vermittelt.

Gewiss, es gibt die Wissenschaften, die die Wahrheit über die Welt, die Gesellschaft, die Geschichte, die Natur herausfinden wollen. Aber auch von deren – ebenso vielstimmigen – Erkenntnissen wissen wir nur vermittels der Medien – selbst wenn wir zu den Personen gehören, die im Wissenschaftssystem tätig sind. Denn all unser Wissen bewegt sich in symbolischen Formen. Das Wissen selbst ist eine symbolische Form. Alle symbolischen Formen aber haben sich aufgrund medientechnologischer Entwicklungen längst von den Primärmedien, den menschlichen, leiblich-gestischen und sprachlichen Äußerungsformen gelöst, auch wenn diese natürlich fortbestehen. Immer sind zugleich technische Vermittlungswege zwischen unsere Interaktionen und Kommunikationen geschaltet. Wir kommen an den technologischen Massenmedien nicht mehr vorbei und nicht hinter sie zurück.

Das führt zu der Einsicht, dass auch die Wissenschaften immer nur bestimmte, perspektivische Beschreibungen der Wirklichkeit geben. Sie dienen bestimmten Zwecken und sind für die Kommunikation ihrer Ergebnisse auf die Medien angewiesen.[42] Dennoch sind wir nie sicher, ob wir den Medien, diesen Quellen unseres Wissens über die Welt trauen können. Aber das ändert nichts daran, dass den Medien in der Konstitution unseres Wissens eine geradezu transzendentale Funktion zukommt. Sie formen die Strukturen unseres Selbst- und Weltumgangs. Sie prägen die Vorstellungen, die wir uns vom menschlichen Leben machen. Sie prägen uns die Bilder von Jugend und Schönheit, vom Alter und dem zufriedenen Leben im Alter ein.

---

42 Vgl. Richard Rorty, *Kontingenz, Ironie und Solidarität*, Frankfurt a. M. 1992; Ders., *Wahrheit und Fortschritt*, Frankfurt a. M. 2000.

„Wir wehren uns mit einem Manipulationsverdacht, der aber nicht zu nennenswerten Konsequenzen führt, da das den Massenmedien entnommene Wissen sich wie von selbst zu einem selbstverstärkenden Gefüge zusammenschließt. Man wird alles Wissen mit dem Vorzeichen des Bezweifelbaren versehen – und trotzdem darauf bauen, daran anschließen zu müssen."[43]

Deshalb ist unsere Rede vom Leben in einer „Mediengesellschaft" richtig. Ein Begriff, den Jürgen Habermas geprägt und dabei zunächst auf den seit dem 18. Jahrhundert dynamisch sich fortsetzenden „Strukturwandel der Öffentlichkeit"[44] bezogen hat. In Habermas' Auffassung vom Projekt der Moderne kommt den Medien diese zentrale, Wirklichkeit setzende Bedeutung zu. Die Medien haben, angefangen vom Buchdruck um 1500, dann mit dem Aufstieg des Bürgertums, den Wandel hin zur funktional differenzierten, modernen Gesellschaft entscheidend forciert. Sie haben ein eigenes, rekursives, sich selbst erhaltendes System des Wissens von der Gesellschaft und ihrer Welt herausgebildet. Sie sind dann allerdings in Habermas' Sicht auch erheblich an der ‚Kolonialisierung der Lebenswelt' beteiligt, arbeiten mit an der Zerstörung der kommunikativen Strukturen unseres interpersonalen Selbst- und Weltumgangs.[45] Sie tragen zur Kälte in den sozialen Beziehungen bei. Sie machen menschliche Nähe, den Kontakt in leibhafter Kopräsenz seltener. Medientechnologien erleichtern einerseits, gerade auch für alte Menschen, zwar die Kommunikation mit anderen, andererseits schaffen sie Distanz und verstärken so soziale Entwicklungen, die ein Lernen der Generationen von einander kaum noch zustande kommen lassen. Wo die Alten im familiären Umfeld nicht mehr präsent sind, ein gemeinsames Leben mit ihnen – aufgrund der von den Jungen geforderten Mobilität, der Auslagerung der Alten in Senioren-, Pflegeheime und Hospizzentren – kaum noch möglich ist, dort bilden sich auch die Bilder vom Altwerden nicht mehr in persönlichen

---

43 Luhmann, *Die Realität der Massenmedien*, a.a.O., 9 f.
44 Vgl. Jürgen Habermas, *Der Strukturwandel der Öffentlichkeit. Untersuchungen zu einer Kategorie der bürgerlichen Gesellschaft*, Frankfurt a. M. 1990. Als Antikritik zu Habermas' kritischer Sicht auf die Medien in der neueren Theorieperspektive der Cultural Studies, die die Aneignungspraxis und ihre Formierung durch die soziokulturellen Milieus berücksichtigen, vgl. Rainer Vowe, *Medien und Öffentlichkeit*, in: Traugott Jähnichen/Wolfgang Maaser/Joachim von Soosten (Hg.), *Flexible Welten. Sozialethische Herausforderungen auf dem Weg in die Informationsgesellschaft*, Münster 2002, 189–199.
45 Vgl. Jürgen Habermas, *Theorie des kommunikativen Handelns*, Frankfurt a. M. 1981.

Kontakten, sondern eben im Anschluss der Individuen an die Medienwelten.

Die Vorstellungen davon, was es heißt alt zu werden, entstehen aus dem, was es darüber Gedrucktes zu lesen gibt, aus den Bildern, die elektronisch empfangen werden. Natürlich findet zwischen Jungen und Alten immer noch personale, interpersonale Kommunikation auch in leibhafter Kopräsenz statt. Es braucht sie allein schon zur Vorbereitung und Nachbereitung dessen, was über das Altwerden und Altsein gedruckt und gesendet wird. Aber eben genau darin zeigt sich, was allgemein gilt: Alle leibhaft gebundene, personale Kommunikation schließt an die Medienkommunikation und die durch sie bewirkte Unterbrechung der Interaktion unter Anwesenden an.

Wir stehen allerdings im Begriff, in ein neues Stadium der Mediengesellschaft einzutreten, in dem nun auch noch die Interaktion und Kommunikation zwischen (leiblich) Abwesenden mit technologischen Mitteln möglich wird. Die Massenmedien werden interaktional. Bislang wurde personale Interaktion im systeminternen Aufbau medialer Wirklichkeitskonstruktion durch Technik ausgeschlossen. Mit dem Computer wird nun durch Technik auch Interaktion von Abwesenden möglich. So ist das im Internet. Natürlich, Technik hat auch bisher schon die Kommunikation zwischen Abwesenden vermittelt, denkt man etwa an den Brief, den die Post übermittelt, oder vor allem das Telefon. Aber der Brief und das Telefon sind keine Massenmedien in dem Sinne, dass sie den Aufbau und die Verbreitung desjenigen Wissens betreiben, welches dann die Realität der Gesellschaft ausmacht. Der Brief und das Telefon sind technische Kommunikationsmedien, aber gerade so, dass sie nicht öffentliche Massenkommunikation ermöglichen. Wir legen vielmehr Wert darauf, dass das Postgeheimnis gewahrt bleibt und unser Telefon nicht abgehört wird.

Dominantes Kennzeichen der Realitätskonstruktion der Massenmedien ist die Interaktions- und Kommunikationsunterbrechung. Und in gewisser Hinsicht gilt das ja auch für das Internet. Mit den Servern und Datenbanken ist auch hier Technik zwischengeschaltet. Aber das Internet ist dadurch ein Massenmedium, dass seine Kommunikationsangebote allgemein zugänglich sind. Die Programme laufen ab und werden durch die Internetportale präsent gehalten, unabhängig davon, ob und wie stark es zu einer Interaktion und Kommunikation mit Empfängern kommt. Auch das Internet trägt insofern, trotz seines interaktionalen Charakters zur Verstärkung sozialer Distanzerfahrungen bei. Es erleichtert den Alten z. B. den Einkauf im Supermarkt, verhindert aber zugleich das Gespräch an der Kasse. Es ermöglicht das Aufrechterhalten von Kontakten aufgrund abnehmender Mobilität, verringert aber zugleich die Chance zu persönlichen Kontakten. So stellt es sich zumindest heute dar – für die Alten der Zukunft wird die durch das Internet geschaffene Medienwirklichkeit aufgrund der eigenen Mediensozialisation sicher anders sein.[46]

2.1 Funktionsmechanismen der Massenmedien

Gerade die Unterbrechung der direkten und wechselseitigen Kommunikation zwischen Sender und Empfänger führt dazu, dass die Massenmedien zu einem sich selbst steuernden System in der Gesellschaft werden konnten. Mit technologischen Mitteln wird Information und Unterhaltung vermittelt. Die Medien können dabei ausschließlich auf sich selbst reagieren und den Gebrauch, den die Empfänger von ihren Angeboten machen, diesen selbst überlassen. Nachrichten beziehen sich auf Nachrichten, die Stories der Unterhaltung auf Stories der Unterhaltung, die Slogans der Werbung auf Slogans der Werbung. Die Realität der Medien ist diese selbst bzw. das, was sie darüber zu lesen, zu hören und zu sehen geben. Eben dadurch kann der Gebrauch, den die Empfänger von den Medien, ihren Informations-, Unterhaltungs- und Werbeprogrammen machen, von deren individuellen Sinnbedürfnissen gesteuert werden. Sie bieten diesen jedenfalls die Möglichkeit, ihr Interesse an Information, aber auch an ihrer eigenen lebensgeschichtlichen Identität mit den Erzählungen und Bildern zu bedienen, die ihnen die literarischen und audio-visuellen Medienprodukte vorsetzen.

Denn die Medien konstruieren nicht nur Realität. Sie setzen Anschlusskommunikationen und Aneignungsprozesse frei. Diese sind zweifellos immer auch durch Standardisierungen und Trivialisierungen gekennzeichnet. Sie korrespondieren aber vor allem Individualisierungsprozessen. Was der Leser mit dem Buch oder dem Zeitungsartikel macht, ob und wie er das Gelesene versteht, sich aneignet, mit anderen darüber kommuniziert, ist dem Printmedium vollkommen entzogen. Genauso ist es beim Radio und Fernsehen oder auch beim Filmabend im Kino. Die Rezipienten sich frei, ihr eigenen Lesarten und Sichtweisen einzutragen. Die Arbeit an der personalen Identität kann aufgenommen werden, je in Entsprechung zur lebensgeschichtlichen Situation, im Blick z. B. auf die

---
46 Vgl. von Eimeren/Frees, *Internetverbreitung*, a.a.O.

mediale Präsentation von Lebenskonzepten, die das Altwerden, die Lebensphase nach dem Ausscheiden aus dem „Berufsleben" mit Inhalt füllen können.

Die Individualisierung, damit die eigenen Sinnbedürfnissen folgenden Möglichkeiten des Medienkonsums, wird sich unter den Bedingungen der Vernetzung von Internet und Fernsehen in Zukunft enorm steigern. Es wird kein allen Fernsehzuschauern in der gleichen Weise vorliegendes Programmangebot mehr geben, für das die Sendeanstalten zuständig sind und das in Programmzeitschriften veröffentlicht wird. Es gibt keine festen Programmschemata mehr, in denen man sich gleichermaßen bewegt, auch keine institutionellen Zuständigkeiten dafür, dass ein sortiertes Angebot von Programmen in einer gewissen Abstimmung aufeinander gesendet wird. Durch das Internet wird es in Zukunft zu einer erheblichen Deregulierung auf Seiten der Programmanbieter kommen. Dann ist z. B. leicht vorstellbar, dass für das Angebot an Unterhaltungsprogrammen nicht mehr wie bisher die öffentlich-rechtlichen und privaten Sendeanstalten aufkommen, sondern Videotheken sich online ein neuer Markt erschließt, auf dem sich die dann alten Menschen ohne Problem bewegen werden. Sie haben, als sie noch jünger waren, gelernt, sich der neuen Medien in vollem Umfang und ihren individuellen Sinnbedürfnissen entsprechend zu bedienen.

2.2 Massenmedien und die symbolischen Sinnformen

Diese Beobachtungen und Problemanalysen hinsichtlich der die Gesellschaft verändernden Kraft der Massenmedien lassen die neuen Herausforderungen für Theologie und Kirche erkennen. Es ist zu diskutieren, inwieweit der Einfluss, den die Medien auf das Erleben und Handeln der Menschen, auf ihre Wirklichkeitsauffassungen und Sinneinstellungen haben, auch als ein religionsbildender in Betracht zu nehmen ist. Es kann nicht darum gehen, so schlichte Thesen zu diskutieren, wonach das Kino die Kirche und der Fernsehapparat den gottesdienstlichen Altar ersetzen. Es geht vielmehr eben darum zu sehen, dass die Medien im Wesentlichen die symbolischen Ordnungen der Gesellschaft errichten und somit entscheidende Funktionen bei der Befriedigung der lebensgeschichtlichen Sinn- und Orientierungsbedürfnisse der Menschen erfüllen. Darin liegt ihre religiöse Bedeutung. Die Medien bieten mit allen ihren Programmen Sinnformen an, die das Alltägliche transzendieren und sinnstiftende Orientierung im Umgang mit den Krisen- und Grenzerfahrungen des

Lebens geben. Zunehmend machen die Talk-Shows des Fernsehens und Filme, made in Hollywood, auch das Altwerden zum Thema. Sie zeigen, wie mit ihm zurecht zu kommen ist, welche Chancen die dritte Lebensphase in sich birgt, welche Verluste es aber auch zu notieren gilt, es sei denn, man zieht rechtzeitig die Konsequenzen und stellt sein Lebenskonzept noch um – bevor es zu spät ist. Filme, die das Altwerden thematisieren, sind immer auch an die noch Jungen gerichtet, nicht selten in Form eines impliziten Appells, das Leben rechtzeitig zu ändern.[47]

Die Medien informieren mit ihren ‚Nachrichten' über das, was in der Welt geschieht. Die Medien orientieren mit ihren ‚Kommentaren' und ‚Talk-Runden' über die in der Gesellschaft diskutierten Werte. Die Medien bieten mit ihren Unterhaltungssendungen, ihren Filmerzählungen und ‚Daily Soaps' Sinnformen an, welche die Alltagsmoral stärken, zur Bewältigung der Beziehungsarbeit in Familie, Partnerschaft und Freundeskreis helfen, Antwort geben auf die Frage nach der eigenen Identität, schließlich daran mitwirken, wie wir das Altwerden in unsere Lebensvorstellungen integrieren können. Filme entwickeln starke Bilder und einprägsame Metaphern für gelingendes wie für scheiterndes Altwerden. Sie stellen vor Augen, wie zurecht zu kommen ist mit den verpassten Gelegenheiten, dem Schmerz über das ungelebte und doch vergangene Leben, wie das Leben zu Ende zu leben ist, im Bewusstsein der Erfüllung wie des Versagens. Die Slogans der Werbung geben darüber hinaus unserem unbändigen Lebenswillen die Gefühlsmuster vor und der Sehnsucht nach Unsterblichkeit eine Sprache.[48]

Science-Fiction-Filme wiederum, Horrorvideos, Videospiele, aber auch die sensationslüsterne Boulevard-Presse demonstrieren (lustvoll) die dunkle Seite der Realität, das ungeheuer Böse, die Gewalt. Die Gewalt wird zelebriert, auch das Töten. Seltener thematisiert oder gar gezeigt wird das Sterben, noch seltener das Sterben der Alten, dann, wenn es eintritt nach langer Krankheit und Gebrechlichkeit. Hin und wieder zeigen sie das Sterben in den Krankenhäusern und Hospizheimen. Wir geraten dann mit hinein – auf der symbolischen Ebene – in die Sprachlosigkeit angesichts von Gewalt, in die Ströme voll Blut, die durch die Menschheitsgeschichte fließen – auch in die Einsamkeit von Sterbezimmern. So führen die Medien in letzte, offene Fragen nach dem Sinn des Ganzen von Welt und Leben.

---

47 Der Film *About Schmidt* zeigt dies auf eindrückliche Weise, s. u.
48 Vgl. Klie, *Die Grauen als Bild und Vorstellung*, a.a.O.

Man muss sich aber eben klar machen, dass die Medien auf symbolische Weise die Möglichkeit realisieren, etwas stattdessen zu tun, die Gewalt im Spiel und nach seinen Regeln auszuüben, statt in der realen Realität. Das Altwerden und seine Einsamkeit sind immer das der anderen, nie das im eigenen Leben. Darin liegt auch eine Entlastung. Indem die Medien die einsamen Alten zeigen, appellieren sie zugleich daran, dass das nicht sein soll. Die Fähigkeit zur Unterscheidung von medialer Fiktionalität und realer Realität, die kulturell gelernt wird, kann freilich auch verloren gehen. Das zeigt dann die Dringlichkeit von Medienethik und Medienpädagogik. Mit der symbolischen Präsentation der dunklen Seite der Wirklichkeit, der ungeheuren Macht des Bösen, der Gewalt, den tödlichen Beziehungsverlusten, realisieren die Medien freilich bereits Religion, arbeiten sie an der Kultur des Verhaltens zum Ungeheuren.[49]

Der religionstheoretisch entscheidende Problembezug kommt in den Blick, wenn wir sehen, dass mit der Karriere der Medien die Ablösung der Religion von ontologischen und szientifischen Zumutungen und Ansprüchen einhergeht. Die Religion hat keine Zuständigkeit mehr in den sachlich-gegenständlichen Wirklichkeitsbezügen. Sie erklärt die Welt nicht, informiert nicht über die Wirklichkeit. Sie deutet jedoch die existentiell relevanten, die Lebensführung der Individuen orientierenden und ihre lebensgeschichtliche Identität konstituierenden Sinnbeziehungen. Sie strukturiert die Sinn- und Verhaltensmuster, die uns zur Bewältigung der Krisen in den Sozialbeziehungen und individuellen Lebensgeschichten verhelfen. Die Religion ist diejenige Formierung unseres Sinnbewusstseins, vermöge deren wir uns auch noch zu den Gründen und Abgründen unseres bewussten Lebens, zu den Fragmenten unserer Lebensgeschichte, zum Ganzen unserer riskanten Weltstellung verhalten können. Also solche ist die Religion eine Form gelebter Spiritualität, eine sinnbildende Aktivität der Individuen.[50] So kommt sie in den Medienerzählungen und -bildern objektiv vor, auch wenn sie dort vielfach nicht erkannt wird, weil man sie nur in ihren institutionalisierten Gestalten vermutet. So realisiert sie sich vor allem in subjektiven Medienrezeptionsprozessen. Es darf vermutet werden, dass Alte eher als Junge, indem

---

49 Vgl. René Girard, *Das Heilige und die Gewalt*, Zürich 1987; Barbara Ehrenreich, *Blutrituale. Ursprung und Geschichte der Lust am Krieg*, München 1997.
50 Zum Zusammenhang von Individualisierung, Religion und Spiritualität vgl. Wilhelm Gräb/Lars Charbonnier (Hg.), *Individualisierung – Spiritualität – Religion. Transformationsprozesse auf dem religiösen Feld in interdisziplinärer Perspektive*, Münster 2008

sie Bücher lesen und Filme sehen, zugleich in bilanzierender Sinnarbeit mit eigenen Lebenserfahrungen und der eigene Lebensgeschichte befasst sind.[51]

Diese lebensgeschichtliche Sinnarbeit ist immer an symbolische Repräsentanzen angeschlossen. Diese werden heute, nicht vollständig, aber in erheblichem Maße von den Medien aufgebaut. Sie bilden in unseren Selbst- und Sozialverhältnissen die Sinnhorizonte aus, die bei Sinnsuchenden unterstützend in die lebensgeschichtliche Sinnarbeit eingreifen und eine subjektiv sinnbildende Anverwandlung an ihre persönlichen Sinnbedürfnisse erfahren.

Was heißt das für die Kirchen? Sie werden ihr Gewicht für die Kommunikation eines (religiösen) Sinnbewusstseins behalten, auch dort, wo es durch die Medien vermittelt und geprägt ist. Die Kirche wird ein eigenes religiöses Kommunikations- und Bildungssystem bleiben, das nicht ins System der Massenmedien überführt werden kann. Für die Kirche bleibt die Interaktion unter leibhaft Anwesenden charakteristisch. Unter den Bedingungen der Mediengesellschaft muss sie heute jedoch den Ausbau der Anschlussmöglichkeiten an die Informations- und Unterhaltungsprogramme der Medien verstärkt suchen. Dort werden Konzepte lebensgeschichtlicher Sinndeutung aufgebaut, die sich in Entsprechung zu den subjektiven Sinnbedürfnissen persönlich aneignen lassen. Diese medial vermittelten Sinnkonzepte können mit explizitem Anschluss an die christliche Tradition in kirchlicher Alten-Bildungsarbeit aufgenommen, vertieft und kritisch weitergeführt werden.

Denn in Zukunft wird die Mediengesellschaft diese Individualisierung der Praxis religiöser Sinnbildungen weiter befördern. Die Jungen von heute, die zu „zerstreuten Televisionären" (Hörisch) geworden sind, sind die Alten von morgen. Die Individuenreligion, die sich nicht mehr kirchlich einbinden und anschlussfähig machen lässt, breitet sich weiter aus. Die Deregulierung des medialen Marktes führt zu einer weiteren Deregulierung auch des ‚religiösen Feldes' (Bourdieu).[52] Eine Internetseite mit der Adresse „www.pfarrer.de", auf der Predigten, Lebensberatung, seelsorgerliche Kontakte angeboten werden, kann von jedem X-

---

51 Vgl. Karl Heinz Bierlein, *Lebensbilanz. Krisen des Älterwerdens meistern. Kreativ auf das Leben zurückblicken. Zukunftspotentiale ausschöpfen*, München 1994; Sabine Sautter (Hg.), *Leben erinnern. Biografiearbeit mit Älteren*, Neu-Ulm (1999) ³2004.
52 Vgl. Pierre Bourdieu, *Rede und Antwort*, Frankfurt a. M. 1992; Ders., *Über das Fernsehen*, Frankfurt a. M. 1998.

Beliebigen ins Netz gestellt werden. Ob der Betreffende etwas mit einer der offiziellen kirchlichen Institutionen zu tun hat, ist durch die Internetadresse „www.pfarrer.de" noch keineswegs verbürgt. Es gibt auch keine allgemeine Instanz, die den Inhalt dieses religiösen Angebots zu überprüfen Anlass hätte. Dies zu tun, ist Sache des einzelnen ‚users'. Er kann die Internetseite zum Anlass des Einstiegs in eine religiöse Kommunikation nehmen, oder wenn eine Brauchbarkeit für die persönlichen Belange nicht ersichtlich ist, dies lassen. Das interaktive Massenmedium des Internet befördert sowohl die Marktförmigkeit religiöser Kommunikationsangebote wie die Individualisierung und vor allem Privatisierung der Entscheidungen, auf sie einzugehen.[53]

2.3 Die kirchliche Arbeit angesichts der religiösen Funktion der Massenmedien

Obwohl die Medien mit ihren Programmen wesentliche Funktionen der traditionellen kirchlichen Religionskultur übernehmen, wird diese nicht überflüssig. Es wandelt sich aufgrund der religiösen Funktion der Massenmedien eher die religiöse Funktion der Kirche und ihrer Gemeinden. Die Mediengesellschaft ist, so könnte man sogar sagen, auf spezifische Weise erneut religionsbildend. Dies kann gerade auch den Kirchen und religiösen Gemeinschaften zu Gute kommen. Dazu müssen sie sich aber auf den Formwandel der Religion einstellen und eine neue Religionsfähigkeit entwickeln – nicht zuletzt dann, wenn sie für diejenigen Alten, die in der Mediengesellschaft alt geworden sind, attraktive Angebote machen wollen.

Die Medien bewirken eine ungeheure Beschleunigung, Dynamisierung und eben auch Verflachung des Lebens, Zeitschrumpfung und Raumverkürzung. Beidem kann die kirchliche Religionskultur begegnen. Sie kann die Zeit wieder dehnen, indem sie Erinnerungsarbeit betreibt. Sie kann den Raum weit machen, ihm wieder Tiefe geben, indem sie Standpunkte setzt und Perspektiven aufs Ganze öffnet. Zur Welterklärung brauchen die Menschen die Kirche nicht mehr. Auch nicht unbe-

---

[53] Vgl. Sherry Turkle, *Life on the Screen. Identity in the Age of the Internet*, New York 1995; Nicola Döring, *Sozialpsychologie des Internet. Die Bedeutung des Internet für Kommunikationsprozesse, Identitäten, soziale Beziehungen und Gruppen*, Göttingen 1999; Jürgen Schwab/Michael Stegmann, *Die Windows-Generation. Profile, Chancen und Grenzen jugendlicher Computeraneignung*, München 1999.

dingt als Institution der Sinnvermittlung und Wertorientierung, jedenfalls nicht in einem alltagsweltlich elementaren Sinn. In einer immer dynamischer sich entwickelnden Mediengesellschaft verlangen die Menschen jedoch nach Orten der Entschleunigung, der Verlangsamung, der Vertiefung, nach einem Ort vor allem, der in die Sinnvergewisserung führt. Ein solcher Ort der Verlangsamung und Vertiefung, der Öffnung von Zeit- und Raumerfahrung kann die explizite, spirituelle Religionspraxis, kann die Kirche sein.

Die Massenmedien sorgen für das eigentliche Modernitätsbewusstsein, die Prävalenz des Neuen, die das Alte sehr schnell als überholt erscheinen lässt. Sie beschleunigen und dynamisieren die Lebensverhältnisse. In ihrer globalen Vernetzung dehnen sie Gleichzeitiges auf Ungleichzeitiges aus. Sie arbeiten erheblich mit an dem in vielen Lebensbereichen nach wie vor starken Fortschrittsdenken. Der geradezu neurotische Zwang in der Wirtschaft und in der Wissenschaft, ständig etwas Neues anbieten zu müssen, hängt mit den kulturprägenden Effekten der Massenmedien zusammen. Auch in Wirtschaft, Politik, Wissenschaft und Kunst geht es ständig darum, Neues zu schaffen und hervorzubringen, für Veränderung zu sorgen. Diese Veränderungsdynamik ist in die Gesellschaft eingebaut, und das ist nicht immer so gewesen. Sie kommt in der Selbstbezeichnung der Gesellschaft als der ‚modernen' oder dann schon wieder ‚postmodernen' Gesellschaft zum Ausdruck. Das Neue veraltet permanent und muss durch Neues ersetzt werden. So kann auch die Moderne nicht modern bleiben, sie muss sich mit der ‚Postmoderne' selbst überholen. Wie sollen sich da realistische Altersbilder entwickeln können?

Mit diesen Vorgängen verbinden sich dann immer auch Bewertungen, die positiv oder negativ ausfallen, je nachdem, ob die (unbekannte) Zukunft und das Neue, das sie bringen wird, optimistisch oder pessimistisch beurteilt werden. Aber selbst diese zwanghafte Notwendigkeit, Entwicklungen bewerten zu müssen, dürfte noch dadurch ausgelöst sein, dass die Massenmedien täglich neu informieren und damit sowohl das Bewusstsein permanenten Wandels und stetiger Veränderung erzeugen, als auch ein Gesamturteil verlangen, wie man sich diesem dynamischen Prozess von Veränderungen gegenüber einstellen soll. Auch dieses Verlangen zur Selbstbewertung wird von den Medien provoziert und in der Regel zugleich befriedigt, indem bestimmte Einstellungspräferenzen durch die Medien selbst vermittelt werden. Nostalgie oder Fortschrittsoptimismus sind beide Medienerzeugnisse.

2.4 Medien und der jugendverliebte Dynamismus der modernen Kultur

Die Medien sind der entscheidender Faktor bei dieser Dynamisierung der Gesellschaft, die das Altwerden im Grunde nicht erlaubt. Man könnte mit Luhmann auch sagen: Sie halten die Gesellschaft wach – und jung.[54] Sie erzeugen eine ständig erneuerte Bereitschaft, mit Neuigkeiten, Überraschungen, ja mit Störungen zu rechnen. Insofern ‚passen' die Massenmedien zu der ebenfalls beschleunigten Eigendynamik anderer Funktionssysteme wie der Wirtschaft, der Wissenschaft und der Politik, welche die Gesellschaft ständig mit neuen Problemen konfrontieren.

Weitere Krisenprovokation, zusätzliche Beschleunigung, Veränderung, Störung, Verunsicherung wird man daher auch Religion und Kirche kaum als ihre Sache zumessen wollen. Ihr Aufgabe kann es eigentlich nicht sein, mit Neuem zu konfrontieren, mit überraschenden Nachrichten, aufregenden Botschaften usw. Kirchlichem Selbstverständnis scheint es zwar hin und wieder zu entsprechen, sich der von den Massenmedien erzeugten Veränderungsdynamik unreflektiert anzuschließen. Dann soll das Evangelium als (gute) Nachricht verbreitet werden. Dann sollen die Menschen ihr Leben ändern. Dann soll die Kirche als missionarische Kirche eine unerhörte, den Menschen bislang nicht bekannte Wahrheit verkündigen.

Damit kommt die Kirche bei den Menschen freilich selten an. Aus verständlichen Gründen. Die Botschaft der Kirche ist nicht neu. Sie hat als solche zunächst einmal keinen Informationswert. Sie ist hochgradig redundant und muss das auch sein. Die Redundanz, die Wiederholung, die Erinnerung kann aber wieder zur Information werden – durch Aufmerksamkeitssteigerung für das Alte, Bekannte, in seiner Substanz gar nicht Verbesserungsfähige. Die Werbung macht das ständig vor. Sie bringt keine Überraschungen, verstört nicht mit Neuem, macht aber das Alte, Bekannte, Vertraute doch immer wieder attraktiv. Wodurch? Durch Weckung von Aufmerksamkeit, Perspektivenverschiebungen, das Erfinden von Metaphern, den Entwurf von Bildern, an denen das Auge haften bleibt. Im Erzählen von schönen Geschichten. Durch die kreative Arbeit an der symbolischen Form hält die Werbung das längst Bekannte in der Erinnerung. Bringt sie immer wieder in Kontakt mit Ur-Vertrautem.

In solchem Verfahren liegt im Grunde auch die Chance der Religion und der Kirche. Es ist der Weg nicht der Überraschung mit Neuem, sondern tieferer Gründung im Vertrauten. In der Kirche können die alten

---

54 Luhmann, *Die Realität der Massenmedien*, a.a.O., 47.

Geschichten und Bilder vom Gelingen des Lebens erzählt werden. Kirchliche Bildungsarbeit kann die Erinnerungsarbeit der Individuen aktivieren und in die Tiefe führen. Die religiöse Dimension sensibilisiert dann für das Bleibende in der Dynamik des Wandels, für das Ganze, in das sich die Fragmente der eigenen Lebensgeschichte fügen.

Die Sinn-Anschauung, die die Religion gibt, kann eine Gestalt gewinnen, an der die Sinne haften. Dann arbeitet sie mit den längst bekannten Geschichten. Sie setzt darauf, dass sie gerade angesichts ungeheuer dynamisierter Zeiterfahrungen an das Bleibende erinnern. Sie zeigt auf die Gestalt des Sinns, die heutige Lebenserfahrung in allen Lebensphasen im Vollzug der Aneignung der überlieferten Sinnzeichen des Glaubens finden kann. Bei dem allem sind allerdings die Individuen als solche anzusprechen, die in ihrer subjektiven Sinnkonstruktionsarbeit selbst begriffen sind.

2.5 Wirklichkeit als kulturelle Konstruktion im Horizont des Unverfügbaren

Mit ihren Nachrichten und Berichten, dann mit ihren Kommentaren zum Zeitgeschehen erzeugen die Massenmedien Information. Sie konstruieren die gesellschaftliche Wirklichkeit im Aufbau des Wissens von ihr.[55] Nachrichten setzen die Fakten bzw. das, was wir, die Leser, Hörer, Zuschauer der ‚Nachrichten', dann dafür halten.[56] Berichte vermitteln Hintergrundinformationen. Sie leuchten Zusammenhänge aus. Sie fügen für uns Leser, Zuhörer, Zuschauer die Vielzahl der Fakten in ein Gesamtbild der Wirklichkeit.[57] Die Kommentare setzen die Medien ins Verhältnis zu der von ihnen aufgebauten Wirklichkeit. Sie reflektieren auf dieses Verhältnis und vermitteln so den Teilhabern an der massenmedialen Kommunikation nicht nur die Wirklichkeit, sondern zugleich das Wissen darum, dass sie durch die Medien konstruiert ist. Sie zeigen, dass

---

55 Vgl. Peter L. Berger/Thomas Luckmann, *Die gesellschaftliche Konstruktion der Wirklichkeit. Eine Theorie der Wissenssoziologie*, Frankfurt a. M. 1970; John Fiske, *Introduction to Communication Studies*, London/New York (1982) ²1990.

56 Vgl. Knut Hickethier, *Das Erzählen der Welt in den Fernsehnachrichten. Überlegungen zu einer Narrationstheorie der Nachricht*, in: Rundfunk und Fernsehen 1 (1997), 5–18.

57 Vgl. Knut Hickethier, *Zwischen Gutenberg-Galaxis und Bilder-Universum. Medien als neues Paradigma die Welt zu erklären*, in: Geschichte und Gesellschaft 25 (1999), 146–171.

sie perspektivisch dargestellt wird, je nach Standpunkt und Betrachtungsweise, wie sie von einem Autor bzw. Sender eingenommen werden.[58] Kommentare beurteilen die gesellschaftliche Konstruktion der Wirklichkeit, die durch die Medien geleistet wird, in einer bestimmten Perspektive. Sie korrelieren die Wirklichkeit mit der Differenz von Wirklichkeitsverständnissen. Sie machen den Vorgang der Symbolisierung bewusst, der in sie eingeht. Sie artikulieren die standpunktbezogene, perspektivische Subjektivität der Sender und Empfänger von Nachrichten und Berichten.

Insofern es in den Kommentaren immer auch um die gedeutete Wirklichkeit geht, haben sie die größte Nähe zur Religion. Dennoch hat man erst Veranlassung von einem implizit religiösen Gehalt medialer Wirklichkeitsdeutung zu sprechen, wenn es ums Ganze geht, um eine Sprache, um Bilder, die an die Grenze gehen – insbesondere nach Katastrophen dies auch tun, freilich nur solange der Neuigkeits- bzw. Sensationswert erhalten bleibt. Ins Religiöse gehen die den Nachrichten, Berichten und Kommentaren zum Wirklichkeitsgeschehen impliziten Wirklichkeitsdeutungen, wenn sie ansprechen (müssen), dass wir ins menschlich Unverfügbare, ins Ungeheure geraten – Katastrophen, Skandale, Ausbrüche sinnloser Gewalt und mörderischen Terrors. Dann stellen sie die Fragen nach dem Sinn so, dass sie – menschlich gesehen – ohne Antwort bleiben müssen. Dann geraten wir vor die Leere, ins Offene, stehen vor dem Unfasslichen. Religiöse Momente klingen in den Nachrichten, Berichten und Kommentaren an, wenn ihre Leser, Hörer und Zuschauer dieser Schrecken des Absurden und offenkundig Sinnlosen ergreift.

Um diese Dimension der Deutung des Wirklichkeitsgeschehens im Horizont des Unbedingten, Unverfügbaren, Unfasslichen geht es in den Nachrichten, Berichten und Kommentaren selbstverständlich nicht immer, aber doch immer wieder. Und sofern es darum geht, rühren sie ans Religiöse unseres sinnbewussten Wirklichkeitsverhältnisses. Dann arbeiten sie, zumindest auf implizite Weise, an einer Symbolisierung der transpragmatischen Sinnbedingungen unseres Selbst- und Weltumgangs.

---

58 Deshalb gehen alle Medientheorien in die Irre, die im Blick auf die Medienrezeption und -nutzung nicht auf die Unterscheidung zwischen der wirklichen Wirklichkeit und ihrer symbolischen Repräsentation durch die Medien setzen. Die Medien selbst sorgen dafür, dass diese Unterscheidung nicht eingezogen wird. Vgl. dazu die erhellende Studie von Angela Keppler, *Wirklicher als die Wirklichkeit? Das neue Realitätsprinzip der Fernsehunterhaltung*, Frankfurt a. M. 1994.

Alle Programme der Massenmedien erfüllen implizit auch religiöse Funktionen, weshalb die These zu diskutieren bleibt, ob nicht das gesellschaftliche System der Massenmedien – mit Ausnahme der freilich nicht unwesentlichen menschlichen Nähe und Gemeinschaftserfahrung – die entscheidenden sinnproduktiven Funktionen des Religionssystems erfüllt und im Grunde an dessen Stelle getreten ist: Die Nachrichten und Berichte vermitteln das gesellschaftlich dominante Verständnis von der Wirklichkeit, in der wir leben. Sie zeigen diese Wirklichkeit zugleich als eine dynamisch auf Veränderung angelegte. Die Werbungs- und Unterhaltungsprogramme vermitteln sinndeutende Muster unseres Wirklichkeitsverhältnisses. Da geht es um die Deutung der informierten Gesellschaft, um den Umgang mit existentiellen Konflikten, Beziehungskrisen, um Lebensgeschichten, um moralische Orientierungen, um die Macht des Bösen, die Verfolgung der Täter, um die Suche nach Gerechtigkeit, um den Kampf für das Gute. Die Individuen können in den Medienprogrammen immer auch nach Möglichkeiten der Bewältigung, Steigerung, Perspektivierung und Darstellung individuellen Lebens suchen. Dann machen sie sie zu Medien der (religiösen) Sinnkonstruktion ihres eigenen Lebens.[59]

Implizit bzw. strukturell liegt ohne Zweifel in allen massenmedialen Programmen zugleich religiöse Kommunikation vor. Funktionen aber, die nur implizit bzw. strukturell vorliegen, erfüllen darin ihre Leistung aber noch nicht in unserem bewussten Leben. Selbst wenn es stimmen sollte, dass wesentliche Funktionen der Religion gesellschaftlich durch das System der Massenmedien erfüllt werden, muss dies auch für die Individuen wirklich werden können. Es muss sich deshalb immer auch explizite religiöse Kommunikation anschließen. Die religiöse Ansprache, die Predigt, die kirchliche Bildungsarbeit, die Explikation religiösen Sinns und somit Orte, an denen das geschehen kann, sind letztendlich durch die Medien doch nicht ersetzbar, dann jedenfalls nicht, wenn Menschen im Selbstverhältnis ihres bewussten Lebens erreicht werden. Das wird auch in Zukunft freilich am ehesten dann gelingen, wenn die Kirche mit allen ihren Kommunikationsangeboten, auch in ihrer Alten-Bildungsarbeit die Menschen als Subjekte ihrer lebensgeschichtlichen Sinnarbeit anerkennt.

---

59 Vgl. Herrmann, *Medienerfahrung und Religion*, a.a.O., 173–264.

3. Altenbilder in den Medien: Beispiele aus dem Kino

Nicht nur wissenschaftliche Analysen stellen die negative Typisierung des Alters in den Medien fest. Die Hollywood-Schauspielerin Demi Moore etwa klagt über Altersdiskriminierung in Hollywood: Die Filmemacher böten „nur wenig gute Rollen für Frauen jenseits der 40"; „obwohl sie sehr viel mehr könnten", müssten ältere Darstellerinnen häufig „die Ehefrau oder Mutter eines anderen spielen".[60]

Demi Moore Aussagen machen den Stellenwert alter Menschen im Hollywood-Kino deutlich. Über Statistenrollen oder eben sehr gebräuchliche Rollenstereotype (etwa den verrückten Alten, die aufopferungsvolle Großmutter, den weisen alten Herren) hinaus spielten alte Menschen oder gar die ernsthafte Auseinandersetzung und Thematisierung des Alter(n)s keine Rolle. Auch das ändert sich langsam. Ein Grund sind die alternden Granden Hollywoods selbst: In Filmen wie *Stirb langsam 4.0* (USA 2007), *Indiana Jones und das Königreich des Kristallschädels* (USA 2008) oder *Rocky Balboa* (USA 2006)[61] sind es in die Jahre gekommene Helden, die in einer sich wandelnden Welt dennoch aufgrund ihrer Erfahrung und ihres großen Willens nach wie vor ihre Aufgaben meistern, nicht ohne humoristische Anspielungen auf das eigene Altern. Neben dezidierten Literaturverfilmungen besonders des Autors Phillip Roth wie etwa *Der menschliche Makel* (USA 2003) oder *Eligy oder die Kunst zu lieben* (USA 2008) stellen Filme wie *Calendar Girls* (GB/USA 2003) oder jüngst *Young@Heart* (USA 2007) aber auch bewusst ältere bzw. alte Menschen in den Mittelpunkt ihrer Geschichten.

Im Folgenden sollen zwei Filme im Sinne einer Praktischen Theologie als religiöser Kulturhermeneutik[62] mit besonderem Bezug auf das Altersthema hin analysiert werden: Welche Altenbilder werden dargestellt? Welche letztinstanzlichen Sinndeutungspotentiale für das Alter werden eröffnet? Diese Fragestellungen wurden bisher selten an Filme

---

60 Birgitta Ronge, „*Ab 40 zu alt für Hollywood*", in: Rheinische Post, 28.11.2006, B8. Vgl. Thomas Küpper, *Filmreif. Altersdarstellungen im Kino*, in: *Die Kunst des Alterns*, Ausst.-Kat., hg. von der Neuen Gesellschaft für Bildende Kunst (NGBK) Berlin und dem Kunsthaus Dresden, Berlin 2008, 100–107.
61 Vgl. die Analyse in Küpper, *Filmreif*, a.a.O., 6–8.
62 Wilhelm Gräb, *Sinn fürs Unendliche. Religion in der Mediengesellschaft*, Gütersloh 2002. Ders., *Religion als Deutung des Lebens. Perspektiven einer Praktischen Theologie gelebter Religion*, Gütersloh 2006.

herangetragen.⁶³ Bei einem ähnlichen Vorgehen hat Christian Mulia die in Film und Literatur massenmedial kommunizierten Altersbilder der Gegenwart auf in ihnen erkennbare Erscheinungsformen spätmoderner Religiosität hin analysiert. Er konstatiert vier wesentliche Motive:⁶⁴

Die „Konversion des Alten durch die viva vox pueri" anhand der Filme *Heidis Lehr- und Wanderjahre* (1880) und *Der kleine Lord* (1886): Beide Romane erzählen von durch Lieblosigkeit, Kälte und Zurückgezogenheit gezeichneten Alten – Mulia spricht von „sündiger Existenz"⁶⁵ – und ihrer Wandlung durch die vertrauensvolle Liebe ihrer Enkel, die schließlich zu einer „neuen Deutung der eigenen Person"⁶⁶ führt, einmal im Kontext des Christlichen (Heide), einmal ohne Bezug auf genuin christliche Explikationen. Dieses Motiv der Umkehr der sich im Leben verrannten Alten findet sich auch in Filmen wie *Forrester – Gefunden!* (GB/USA 2000) oder *Million Dollar Baby* (USA 2004).

Die „Einführung in das Leben" am Beispiel von *Harold und Maude* (1971): In Umkehrung zum zuvor genannten Motiv wird hier erzählt, wie ein alter Mensch einem jungen das Leben lehrt. Harold lernt durch Maude die eigene Freiheit kennen und schätzen und kann auch nach Maude's Tod tanzend seinen Weg ziehen. Dieses Motiv weist deutliche Nähe zu einem dritten von Mulia analysierten Motiv auf, das zugleich am deutlichsten einem der klassischen Altersbilder entspricht:

---

63 Zur religionshermeneutischen Analyse von Kinofilmen vgl. Wilhelm Gräb/Jörg Herrmann/Kristin Merle/Jörg Metelmann/Christian Nottmeier, *„Irgendwie fühl ich mich wie Frodo…!" Eine empirische Studie zum Phänomen der Medienreligion*, (Religion – Ästhetik – Medien, Bd. 1), Frankfurt a. M. u.a. 2006.
  Für den Bereich der Literatur liegen mittlerweile einige interessante Untersuchungen vor. Eine historische Analyse findet sich Helmuth Kiesel, *Das Alter in der Literatur*, in: Staudinger/Häfner (Hg.), *Was ist Alter(n)?*, a.a.O., 173–188. Die Literatur bietet, anders als das Medium Film, außerdem bereits einige Darstellungen des Alterns im Leiden und Sterben, gerade im Bezug auf Alzheimer und Demenz, vgl. dazu Martina Kumlehn, *Vom Vergessen erzählen. Demenz und Narrative Identität als Herausforderung für Seelsorge und theologische Reflexion*, in: Dies./Klie (Hg.), *Aging – Anti-Aging – Pro-Aging*, a.a.O., 201–212.
64 Mulia, *Alter, populäre Kultur und Religion*, a.a.O., 296–304.
65 A.a.O., 297.
66 A.a.O., 298.

Der „weise Alte", repräsentiert durch Albus Dumbledore in der *Harry-Potter*-Reihe (1997–2007): Als Schulleiter und wichtiger Mentor für den Zauberschüler Harry Potter in seinem Kampf gegen das Böse verkörpert Dumbledore den „Spiritus Rector einer humanen Ethik, die den Denk- und Handlungsweisen seiner Widersacher kontrastiert wird"[67]. Dumbledore hilft Harry Potter dabei, produktiv mit seinen Grundimpulsen von Schmerz, Sehnsucht und Liebe umzugehen.

Die „Kraft des lebensgeschichtlichen Erzählens" anhand des Films *Grüne Tomaten* (1991): Schon der Ort dieses Films ist besonders, wird doch ein Altenpflegeheim selten zum primären Handlungsort eines Films gemacht. In *Grüne Tomaten* erweist es sich hingegen als „Ort einer befreienden Erinnerungs- und Erzählkultur"[68]. Die drei Protagonisten finden über die erzählerische Verarbeitung ihrer Lebensgeschichte zu einem selbstbestimmten und sinnerfüllten Leben im Alter, das – ganz im Sinne moderner Religiosität, die sich im authentischen Biografiebezug expliziert[69] – sie jeweils ganz unterschiedlich bestimmen und gestalten.

Mulia sieht in diesen Kategorien Altersbilder, die dem negativen Altersstereotyp entgegenstehen und zu einem kritisch-kreativen Umgang mit Selbst- und Fremdbildern vom Alter anregen, was vor allem in der kirchlichen Praxis über die Biografiearbeit Gestalt gewinnen sollte. Zwei weitere Filme und in ihnen vorkommende Altersbilder seien zum Abschluss kurz vorgestellt:

Der Eintritt in ein neues Leben: About Schmidt[70]

Die Zeiger der großen runden Uhr über der Tür rücken in dem ihnen vorgeschriebenen Tempo voran. Es ist 16:59 Uhr, und außer dem mechanischen Ticken ist es im Raum mucksmäuschenstill. Die Wände sind kahl, nur in einer Ecke steht eine größere Anzahl von Archivkartons mit

---

67 A.a.O., 300. Mulia analysiert Dumbledore im Muster des dreifachen Amtes Christi im Sinne einer königlichen, priesterlichen und prophetischen Funktion.
68 A.a.O., 303.
69 Vgl. Folkart Wittekind, *Kirche oder Kultur? Überlegungen zu Möglichkeit und Rahmen religiöser Interpretation moderner Kunst anhand des Films „Grüne Tomaten"*, in: International Journal of Practical Theology 3 (1999), 157–184.
70 Vgl. Lars Charbonnier/Georg Pfleiderer, *Rentenbescheid/Alter*, in: Dietrich Korsch/Lars Charbonnier (Hg.), *Der verborgene Sinn. Religiöse Dimensionen im Alltag*, Göttingen 2008, 365–383.

der Aufschrift „Warren Schmidt". Im Schreibtischstuhl sitzt der 66-jährige Warren Schmidt, den Blick starr auf die wandernden Zeiger der Uhr gerichtet. 56, 57, 58, 59 – um Punkt 17:00 Uhr steht Schmidt auf, nimmt seinen abgewetzten Aktenkoffer, zieht den Mantel vom Bügel hinter der Tür ab und verlässt zum letzten Mal sein Büro. Hinter ihm liegen Jahrzehnte eines geregelten Arbeitslebens als Fachmann für die Risikokalkulation bei Lebensversicherungen. Vor ihm liegt der Ruhestand, für den er auf Wunsch seiner Frau Helen schon ein riesiges Wohnmobil gekauft hat. So beginnt der Film *About Schmidt* (USA 2002) mit Jack Nicholson in der Hauptrolle. Wenige Szenen später bekommt Schmidt von seinem (vermeintlich) besten Freund auf seiner ‚Happy Retirement'-Verabschiedungsveranstaltung folgende Rede präsentiert:

> Eine Bedeutung, eine wirkliche Bedeutung, Warren, hat die Erkenntnis, sein Leben etwas Sinnvollem gewidmet zu haben. Produktiv gewesen zu sein, für ein gutes Unternehmen gearbeitet zu haben [...]. Eine wundervolle Familie gegründet und ihr ein schönes Heim erbaut zu haben. In der Gemeinde geachtet zu werden. Tiefe, dauerhafte Freundschaften aufgebaut zu haben. Und wenn am Ende seiner Laufbahn ein Mann sagen kann „Ich habe es geschafft! Ich habe meine Arbeit getan!", dann kann er sich zufrieden zurückziehen und die Reichtümer genießen, die sich ihm jenseits materiellen Wohlstands bieten. Also, Ihr jungen Leute, schaut ihn Euch genau an, und Ihr wisst, wie ein reicher Mann aussieht!

Dass Warren Schmidt selbst sich als in diesem Sinne reichen Mann betrachtet, scheint nicht der Fall. In einem ersten Brief an sein neues Patenkind Ndugu, ein sechsjähriger Junge in Tansania, schreibt er sich seinen Frust von der Seele: Seine Frau ist für ihn zu einer Fremden geworden, die ihn eher anekelt als Freude hervorruft. Seine einzige Tochter Jeannie will einen Mann heiraten, der Wasserbetten verkauft und für Warren den Typus des Totalversagers vortrefflich repräsentiert. Schließlich hat ihm ein Besuch bei seinem Nachfolger gezeigt, dass sein Rat in der Firma nicht mehr gefragt ist – so fühlt er sich selbst wie die alten Archivkartons mit seinem Namen, die er bei den Müllcontainern in der Einfahrt der Firma entdeckt hat. „Ich kann kaum glauben, dass ich das bin!" stellt er schließlich in Anbetracht seiner eigenen Situation über sich selbst fest. Dabei wollte er „einer dieser Männer werden, über die man etwas liest", jemand, der „zumindest halb so wichtig ist" wie „Walt Disney oder Henry Ford". „Aber irgendwie hat es nicht so geklappt", muss er feststellen. Alles ändert sich, als seine Frau Helen am nächsten Tag plötzlich stirbt.

Schmidt probiert notgedrungen das Leben allein, muss aber schnell einsehen, dass er kaum in der Lage ist, dieses zu meistern. Deshalb macht er sich auf, die nun wichtigste Mission seines Lebens zu erfüllen: seine Tochter Jeannie von der Hochzeit abzuhalten. Die vertröstet ihn auf eine Woche später, daraufhin geht Warren mit dem großen Wohnmobil auf Reisen. Er besucht die wichtigsten Orte seines Lebens: sein Elternhaus und sein College. Ihm wird auf der Reise klar, wie viel er an seiner Helen hatte, und dass er es war, der sie vernachlässigt hat, nicht umgekehrt. Wenigstens bei seiner Tochter will er das nun ändern. Als er ihr vehement verbietet, den Wasserbett-Verkäufer zu heiraten, muss er einsehen, dass er auch das Leben Jeannies zu lange vernachlässigt hat: Sie lässt sich nicht von ihrem Plan abbringen. Die Gedanken Warrens erfährt der Betrachter dabei jeweils aus den Briefen, die er an Ndugu schreibt. Schließlich quält sich Warren durch die Hochzeit und fährt einsam nach Hause. Es ist ein erster Brief Ndugus, der am Ende des Films ein anderes Zeichen setzt: Ein selbst gemaltes Bild, das nach Angabe der Betreuerin ihn und Ndugu darstellen soll, zeigt einen kleinen Jungen und einen großen Mann, Hand in Hand, beschienen von der Sonne. Warren Schmidt beginnt zu weinen ...

Der Film *About Schmidt* (USA 2002) mit Jack Nicholson in der Hauptrolle erzählt ebenso anschaulich wie berührend, wie das Leben für jemanden aussehen kann, der plötzlich zu den Rentnern zählt. Waren jahrzehntelang der Tagesablauf und die überwiegende Zahl der Sozialkontakte sowie die Themen, mit denen man (diese Situation ist in der Tat vor allem bei Männern zu beobachten) sich überwiegend beschäftigt, klar definiert, gilt es nun, sich völlig neu zu orientieren. Der Film zeigt keinen Idealtypus eines erfolgreichen Ruheständlers, und macht gerade so höchst anschaulich deutlich, was die Schwelle ausmacht, die zu überschreiten man herausgefordert ist, wenn einen der Rentenbescheid ereilt. Auch wenn diese Grenze vielfach flexibel geworden ist, so hält der Film vor Augen, dass es sie gibt. Dass sie einem die Möglichkeit eröffnet, sein Leben noch einmal anders, neu zu beginnen. Dass dieser Neubeginn aber nicht aus heiterem Himmel zu gestalten ist, sondern der Vorarbeit braucht. Vorarbeit, die sich vor allem in den Beziehungen zu anderen Menschen auswirken sollte. Der Film ermahnt insofern, an das Alter nicht erst zu denken, wenn es erreicht ist: Bedenke des Alters!

Glück im Alter finden: *Was das Herz begehrt*

Funktionieren Liebesfilme nur mit jungen Darstellern? Nicht zuletzt die zitierte Aussage von Demi Moore lässt diese Frage aufkommen. Wie attraktiv ist die Liebe im Alter für die Darstellung im Kino? Im Jahr 2003 hat der Film *Was das Herz begehrt* (USA) gezeigt, dass ein Liebesfilm auch mit einem älteren Paar ein Publikumsfavorit sein kann. Kurz zum Inhalt, der in vielerlei Hinsicht den ganz klassischen plot einer Liebeskomödie darstellt: Harry, gespielt von Jack Nicholson – sicherlich ein ganz wesentlicher Faktor für den Erfolg des Films –, ist ein bekennender Playboy, auch noch mit seinen mittlerweile 63 Jahren. Er geht grundsätzlich nur mit Frauen unter dreißig aus und bekennt, dass er noch nie eine Frau über 30 nackt gesehen habe. Mitten im Liebesspiel mit einer neuen Eroberung erleidet er eine Herzattacke. Unfähig, für sich selbst zu sorgen, muss Harry für kurze Zeit von Erica, der alleinstehenden Mutter einer jungen Geliebten, umsorgt werden. Nach einigen Startschwierigkeiten entwickelt sich langsam eine vertrauliche und intime Beziehung zwischen den beiden ‚Älteren'. Harry entdeckt die Reize einer Frau weit über die dreißig hinaus. Erica entdeckt ihrerseits ihre erotischen Möglichkeiten neu, obwohl sie sich vor langer Zeit vom Liebesleben verabschiedet hat. Die wachsende Zuneigung zwischen Erica und Harry kommt in eine Krise, als sie ihn abermals mit einer jungen Frau sieht und sich ihrerseits von dem jugendlichen, attraktiven Arzt Julian umwerben lässt. Nach einer Reihe von Missverständnissen, Entbehrungen und Enttäuschungen finden Erica und Harry am Ende aber doch zueinander und gestehen sich ihre Liebe.

Der Film bietet zum einen ein interessantes Spiel und schließlich Aufbrechen mit gewohnten Altersbildern im Hinblick auf die Attraktivität von alten Menschen.[71] Besonders alte Frauen sind in den Medien deutlich unterrepräsentiert, werden oft zusätzlich als unattraktiv dargestellt. Thomas Küpper rückt den Film in seiner Analyse deshalb zu Recht in

---

71 Wichtig ist dabei, dass der Film nicht nur erzählt, sondern dem Publikum die Attraktivität Ericas auch visuell vor Augen führt. Ähnlich ist es im Film *Calendar Girls*, wo die älteren Frauen ebenfalls in ihrer Attraktivität visuell erfahrbar sind. Das Thema Sex im Alter wurde auf dramatische und zugleich intensiv berührende Weise jüngst im Film *Wolke 9* (D 2008) thematisiert. Er zeigt nicht nur das Begehren, sondern auch die Dramatik, die entsteht, wenn sich Paare im hohen Alter trennen, die eine in eine rosige Zukunft sieht, der andere keine Zukunft mehr sieht und sich deshalb das Leben nimmt.

den gesellschaftlichen gender-Diskurs:[72] „Erica, dargestellt von Diane Keaton, wird zu einer Art Testfigur weiblichen Sex-Appeals im Alter. Anfangs scheint der Film zu bestätigen, was Susan Sontag „the double standard of aging" nennt: Von Frauen werde in der Gesellschaft verlangt, jung zu sein, um als schön zu gelten; entsprechend erführen sie das Altern als niederschmetternden Vorgang. Für Männer hingegen werde das Altern nicht in gleicher Weise zum Problem, da man ihnen zubillige, sich durch Kompetenz und Autonomie auszuzeichnen – Eigenschaften, die im Laufe der Jahre sogar noch stärker hervortreten können." Der Film liefert gleich zwei Belege für dieses Phänomen: Harry hat zunächst nur mit weitaus jüngeren Frauen Affären, und auch Ericas ehemaliger Mann geht eine neue Verbindung zu einer Frau ein, die im Hinblick auf ihr Alter seine Tochter sein könnte. Allerdings kommt im Verlauf des Films aufgrund der Geschichte von Erica und Julian Bewegung in dieses Spiel der Zuordnungen von Alter und Geschlecht: Ein Paar aus alter Frau und jungem Mann ist eher selten zu finden. Die Ordnung wird zum Schluss des Films allerdings wieder neu hergestellt: Die Verbindung von Harry und Erica entspricht den Konventionen. Dennoch wird die Anziehungskraft Ericas auf Julian nicht relativiert, sodass durchaus festgehalten werden kann, dass der Film gängige Alterstereotype hier ins Wanken bringt.

Er tut das auch in einer zweiten Hinsicht: Gezeigt werden in den beiden Protagonisten zwei alternde Menschen, die ihre Sicht auf das Leben gefunden haben und nicht den Eindruck erwecken, diese ändern zu wollen. Aber – natürlich ganz dem Genre Liebeskomödie entsprechend – sie müssen umlernen, diese Muster überdenken und überwinden, um zueinanderzufinden. „Auch damit werden Altersstereotype aufgeweicht: Das Alter ist nicht starr, der ‚ewige Junggeselle' bleibt kein ‚ewiger Junggeselle', die Frau, die ihr Liebesleben hinter sich zu haben schien, hat noch vieles vor (sich). Der Film veranschaulicht, dass Alter nicht vor Liebe schützt."[73]

Der Film zeigt damit schließlich, dass die Begehren des Herzens nicht mit dem Alter weniger oder weniger wichtig werden. Liebe ist möglich, auch im Alter. Glück kann gefunden werden, auch wenn es schon verabschiedet schien, so im Falle Ericas. Eine Anpassung an das Alter ist ebenfalls möglich, ohne auf Freude und Zufriedenheit verzichten zu müssen, was Harry demonstriert.

---

72 Vgl. Küpper, *Filmreif*, a.a.O.
73 A.a.O., 105.

Literatur

Norbert Bolz, *Am Ende der Gutenberg-Galaxis*, München (1993) ²1995.
Andreas Egger/Birgit van Eimeren, *Die Generation 60plus und die Medien. Zwischen traditionellen Nutzungsmustern und Teilhabe an der digitalen (R)evolution*, in: Media Perspektiven 11 (2008), 577–588.
Gerd Göckenjan, *Das Alter würdigen. Altersbilder und Bedeutungswandel des Alters*, Frankfurt a. M. 2000.
Wilhelm Gräb, *Sinn fürs Unendliche. Religion in der Mediengesellschaft*, Gütersloh 2002.
Wilhelm Gräb, *Religion als Deutung des Lebens. Perspektiven einer Praktischen Theologie gelebter Religion*, Gütersloh 2006.
Wilhelm Gräb/Lars Charbonnier (Hg.), *Individualisierung – Spiritualität – Religion. Transformationsprozesse auf dem religiösen Feld in interdisziplinärer Perspektive*, Münster 2008.
Jürgen Habermas, *Theorie des kommunikativen Handelns*, Frankfurt a. M. 1981.
Jörg Herrmann, *Medienerfahrung und Religion. Eine empirisch-qualitative Analyse zur Medienreligion*, Göttingen 2007.
Knut Hickethier, *Zwischen Gutenberg-Galaxis und Bilder-Universum. Medien als neues Paradigma die Welt zu erklären*, in: Geschichte und Gesellschaft 25 (1999), 146–171.
Otfried Höffe, *Bilder des Alters und des Alterns im Wandel*, in: Ursula M. Staudinger/Heinz Häfner (Hg.), *Was ist Alter(n)? Neue Antworten auf eine scheinbar einfache Frage*, Heidelberg 2008, 189–197.
Jochen Hörisch, *Der Sinn und die Sinne. Eine Geschichte der Medien*, Frankfurt a. M. 2001.
Angela Keppler, *Mediale Erfahrung, Kunsterfahrung, religiöse Erfahrung. Über den Ort von Kunst und Religion in der Mediengesellschaft*, in: Anne Honer/Roland Kurt/Jo Reichertz (Hg.), *Diesseitsreligion. Zur Deutung der Bedeutung moderner Kultur*, Konstanz 1999, 183–200.
Thomas Küpper, *Filmreif. Altersdarstellungen im Kino*, in: Neue Gesellschaft für Bildende Kunst (NGBK) Berlin und Kunsthaus Dresden (Hg.), *Die Kunst des Alterns*, Ausst.-Kat., Berlin 2008, 100–107.
Martina Kumlehn/Thomas Klie (Hg.), *Aging – Anti-Aging – Pro-Aging. Altersdiskurse in theologischer Deutung*, Stuttgart 2009.
Ralph Kunz (Hg.), *Religiöse Begleitung im Alter. Religion als Thema der Gerontologie*, Zürich 2007.
Niklas Luhmann, *Die Realität der Massenmedien*, Opladen 1996.
Christian Mulia, *Alter, populäre Kultur und Religion. Praktisch-theologische Erkundungsgänge in ein unerschlossenes Terrain*, in: Praktische Theologie 41, 4 (2006), 295–305.

Profession: Altern im Beruf

Gerald Kretzschmar

„In seinem Beruf zu altern, ist ein viel zu wenig beachtetes Thema."[1] Diese Einschätzung von Elke und Günther Dobner erscheint auf den ersten Blick überraschend. Schließlich sind vom Altern im Beruf alle betroffen, die einen Beruf ausüben. Im Beruf älter zu werden, ist keine Krise, die irgendwann mit einem Datumswechsel beginnt. Vielmehr beginnt der Prozess des Alterns im Beruf mit dem ersten Tag der Ausbildung.

Die folgenden Ausführungen befassen sich mit dem Altern am Beispiel des Pfarrberufs.[2] Dabei werden zum einen Aspekte angesprochen, die sich allgemein auf das Altern im Beruf beziehen. Zum anderen wird am Pfarrberuf aufgezeigt, wie sich der Prozess des Alterns in einem konkreten Beruf niederschlagen kann. In einem ersten Schritt werden zwei unterschiedliche Zugänge vorgestellt, mit denen man der Frage nach dem Altern im Beruf begegnen kann. Der zweite Schritt wendet sich dem Pfarrberuf zu. Hier werden aus professionstheoretischer Sicht die Konturen des Pfarrberufs beschrieben und eine empirisch zu untersuchende Hypothese formuliert. Ein dritter Schritt präsentiert die Ergebnisse einer Umfrage unter Pfarrerinnen und Pfarrern. Der Beitrag endet mit einem zusammenfassenden Fazit.

---

1 Elke Dobner/Günther Dobner, *Älter werden im Beruf. Instrumente zur flexiblen Mitarbeiterführung*, Heidelberg 2002, 5.
2 Die folgenden Ausführungen beziehen sich dezidiert auf Gemeindepfarrerinnen und -pfarrern. Die Berücksichtigung von Funktions-, Sonder- und Spezialpfarrämtern würde auf Grund stark differierender Berufsstrukturen den für die Bearbeitung des Themas notwendigen einheitlichen Bezugspunkt auflösen.

1. Altern im Beruf – Mögliche Zugänge

1.1 Anti-Aging

Ein erster Zugang zum Altern im Beruf knüpft an die vorherrschende Nicht-Thematisierung des Phänomens an. Zahlreiche Unternehmen betreiben eine jugendorientierte Personalpolitik, die mit einem negativen Altersbild korrespondiert. Veränderungen, die das Alter mit sich bringt, werden mit körperlichem und geistigem Abbau gleichgesetzt. Im gesellschaftlichen Diskurs firmiert dieser Zugang unter der Überschrift des Anti-Aging.[3]

Auf dem Arbeitsmarkt hat das zunehmende Alter wenig Attraktives zu bieten. Für weite Teile des Arbeitsmarktes gelten junge Menschen dagegen als attraktiv, flexibel, leistungsfähig und jederzeit einsatzbereit.[4] „Ein 40-jähriger, der eine neue Arbeit sucht, hat mit vielen Vorurteilen zu leben, ein 50-jähriger bekommt nur noch in den seltensten Fällen eine Chance"[5], so das Resümee von Elke und Günther Dobner.

Die Liste der Vorurteile gegenüber älteren Mitarbeitern ist lang. Sie umfasst Aspekte wie zum Beispiel „veraltetes Wissen aufgrund mangelnder Weiterbildungsbereitschaft", „abnehmende Lern- und Leistungsfähigkeit", „höherer Krankenstand durch erhöhtes Krankheitsrisiko", „gesundheitliche Einschränkung auf Grund des körperlichen Verschleiß" und im Vergleich zu jüngeren Mitarbeitern die „Verursachung höherer Personalkosten".[6] In den vergangenen Jahren haben sich viele Unternehmen durch Angebote der Frühverrentung und Altersteilzeit von weiten Teilen ihrer älteren Belegschaft getrennt. Personalpolitisch wird dem Altern im Beruf auf diese Weise ein vorzeitiges Ende gesetzt.

---

[3] Vgl. die kritische Analyse dieses Diskurses von Heinz Rüegger, *Altern im Spannungsfeld von „Anti-Aging" und „Successful Aging". Gerontologische Perspektiven einer seelsorglichen Begleitung älterer Menschen*, in: Ralph Kunz (Hg.), *Religiöse Begleitung im Alter. Religion als Thema der Gerontologie*, Zürich 2007, 150–155.

[4] Vgl. Nadine Pahl, *Erfolgreich Altern im Beruf. Handlungsempfehlungen für die erfolgreiche Personalpolitik*, Saarbrücken 2007, 14.

[5] Dobner/Dobner, *Älter werden im Beruf*, a.a.O., 30.

[6] Pahl, *Erfolgreich Altern im Beruf*, a.a.O., 20.

1.2 Altern als Aufgabe und als Chance

Der Haltung des Anti-Aging steht ein Zugang gegenüber, der die positiven Seiten des Alterns hervorhebt. Motiviert ist dieser Zugang zum einen durch Notwendigkeiten, die sich aus der demografischen Entwicklung der Bevölkerung ergeben. Zum anderen lassen sich neben Phänomene des Abbaus eine Reihe von Potentialen stellen, die sich überhaupt erst mit zunehmendem Alter entfalten und die Berufstätigkeit positiv beeinflussen.

Es ist davon auszugehen, dass sich die Veränderungen der gesamtgesellschaftlichen Altersstruktur in besonderem Maße auf die Bevölkerung im erwerbsfähigen Alter auswirken werden. Bereits im Jahr 2010 werden 58 Prozent der Berufstätigen älter als 50 Jahre sein. Parallel dazu lässt die konstant niedrige Geburtenrate die Schülerzahlen und damit die Zahl junger erwerbstätiger Menschen weiter sinken. Im Vergleich zum Jahr 2003 wird sich in Folge dieser Entwicklung das Durchschnittsalter erwerbstätiger Personen von 39,6 Jahren auf 41,7 Jahre im Jahr 2020 erhöht haben.[7] Schon in absehbarer Zeit wird es auf Grund dieser Entwicklung einen signifikanten Rückgang des sogenannten Mittelalters geben, aus dem zur Zeit noch die Kernbelegschaften der Unternehmen bestehen. Der heute schon herrschende Nachwuchs- und Fachkräftemangel wird sich somit in Zukunft noch weiter verstärken.

Was für die altersstrukturellen Veränderungen auf dem Arbeitsmarkt im Allgemeinen gilt, wird auch die Altersstruktur der Pfarrerschaft betreffen. Das Durchschnittsalter der Pfarrerinnen und Pfarrer wird in den nächsten Jahren steigen. Gegebenenfalls noch stärker als auf dem allgemeinen Arbeitsmarkt. Schließlich konnten viele Landeskirchen auf Grund finanzieller Engpässe vor allem während der 90er Jahre nur vermindert junge Theologinnen und Theologen einstellen. Parallel dazu boten viele Landeskirchen älteren Stelleninhabern großzügige Vorruhestandregelungen an. Der mittelfristig zu erwartende Bedarf junger Pfarrerinnen und Pfarrer wird nicht ausreichend zu decken sein, da die Studierendenzahlen im Fach evangelische Theologie zu niedrig sind. Immer weniger Pfarrerinnen und Pfarrer in immer höherem Alter werden die pfarramtliche Tätigkeit in den Gemeinden zu bewältigen haben.

Aus demografischen Gründen legt es sich für die Kirche sowie für alle anderen Arbeitgeber nahe, konstruktiv mit dem Phänomen des Alterns umzugehen. Ausschließlich jugendlich und am Paradigma des Anti-Aging

---

7 Vgl. a.a.O., 12.

orientierte Formen der Personalpolitik werden sich künftig schon aus Mangel an jungen Menschen nicht mehr realisieren lassen.

Neben die demografische Notwendigkeit tritt ein weiterer Aspekt, der einen positiven Zugang zum Altern im Beruf nahelegt. Er kreist um die Frage, „warum Unternehmen die Arbeitskraft eines jüngeren Mitarbeiters vorziehen und die Schaffung und den Erhalt von Arbeitsplätzen für jüngere Mitarbeiter höher bewerten als die Einbeziehung älterer Arbeitnehmer in das Berufsleben."[8] Die Haltung, Alter und Altern im Beruf pauschal mit körperlichem und geistigem Abbau gleichzusetzen, ist ein bei genauer Betrachtung nicht zu haltendes Vorurteil. Einem *natürlichen Altersabbau* unterliegen zum Beispiel die Leistungsfähigkeit der Sinnesorgane, die Muskelkraft und die Schnelligkeit. Dagegen gibt es aber auch *Fähigkeiten, die mit dem Alter zunehmen*. Dazu zählen beispielsweise Erfahrung, Zuverlässigkeit, Verantwortungs- und Qualitätsbewusstsein.[9] *Altersbeständige Fähigkeiten* sind Aufmerksamkeit, Lern- und Konzentrationsfähigkeit.[10]

Damit steht neben altersbedingten Abbauvorgängen ein Zuwachs an Fähigkeiten, der ältere Mitarbeitende von jüngeren unterscheidet. Im Anschluss an Ulrich Menges[11] und Elke und Günther Dobner[12] nennt Nadine Pahl die folgenden Fähigkeiten und Persönlichkeitsmerkmale, die sich erst mit fortschreitendem Alter herausbilden: Lebens- und Berufserfahrung, Genauigkeit, Qualitätsbewusstsein, Zuverlässigkeit, soziale Kompetenz, Berurteilungsvermögen und vorausschauende Berücksichtigung potenzieller Komplikationen.[13]

---

8 Vgl. a.a.O., 18.
9 Zur altersbedingten Dynamik von Abbau und Zuwachst kommen Wolf D. Owald und Thomas Gunzelmann zu dem Ergebnis: „Altern in psychischer Hinsicht ist nicht gleichbedeutend mit Abbau. Im Bereich von Wissen und Erfahrung können wir bis ins hohe Alter einen Zuwachs erfahren. Im Bereich der Geschwindigkeit unseres Denkens kommt es allerdings zu einem Nachlassen. Aber durch regelmäßige Aktivität können wir auch dieses Nachlassen hemmen oder verzögern. – Insgesamt geht Altern nicht nur mit negativen Veränderungen einher, viele körperliche und psychische Funktionen bleiben weitgehend unverändert, in einigen Bereichen sind sogar Wachstumsprozesse möglich."; Wolf D. Owald/Thomas Gunzelmann, *SIMA – Kompetenztraining*, Göttingen 1995.
10 Vgl. Pahl, *Erfolgreich Altern im Beruf*, a.a.O., 19.
11 Ulrich Menges, *Ältere Mitarbeiter als betriebliches Erfolgspotenzial*, Köln 2000, 160–164.
12 Dobner/Dobner, *Älter werden im Beruf*, a.a.O., 43–54.
13 Pahl, *Erfolgreich Altern im Beruf*, a.a.O., 30.

Ein differenzierender Blick zeigt, dass das Altern im Beruf ein dynamischer Prozess ist, in dessen Verlauf altersbedingte Einschränkungen in die Lebensführung integriert werden und gleichzeitig eine Vertiefung und ein Ausbau berufsbezogener Fähigkeiten und Kompetenzen erfolgen.[14] Altern im Allgemeinen und Altern im Beruf im Speziellen aus dieser Perspektive heraus zu betrachten, schließt an neuere gerontologische Forschungen an, die unter der Arbeitshypothese des *Successfull Aging* firmieren. Um jedoch das Missverständnis zu vermeiden, unter der Programmformel vom erfolgreichen Altern[15] würden einseitig nur altersbedingte Positivphänomene betrachtet, Negativphänomene dagegen würden ausgeblendet, könnte im Begriff der *Reifung* im Sinne eines erfüllten, sinnvollen Alterns eine sprachliche Alternative zur Formel des erfolgreichen Alterns bestehen.[16]

2. Die Profession als Raum zum Altern – Eine Hypothese zum Altern im Pfarrberuf

Der Pfarrberuf zählt zu den klassischen Professionen. Damit orientiert er sich an einer *zentralen Sachthematik von außeralltäglicher und identitätsrelevanter Bedeutung*. Die Sachthematik des Pfarrberufs sind „die *dogmatischen Inhalte* und *Programme* evangelischer Theologie, die unterschiedlich akzentuiert und interpretiert werden können, die sich aber alle auf die Weckung und Erhaltung des *Glaubens* beziehen und damit auf Jesus Christus als das eine Wort Gottes."[17] Wesentlich ist die *persönliche Vermittlung* dieser Sachthematik. Der *direkten, interaktiven Kommunikation* unter körperlich Anwesenden kommt aus diesem Grund ein hoher Stellenwert zu. *Soziale Kompetenz und persönliche Glaubwürdigkeit* spielen dabei eine große Rolle. Auf Grund der hohen Bedeutung, die der *Person*

---

14 Die gerontologische Kategorie der Plastizität bezieht sich auf solche Vorgänge. Zum Begriff der Plastizität vgl. Tania Singer/Ulman Lindenberger, Art. „Plastizität", in: Hans-Werner Wahl/Clemens Tesch-Römer (Hg.), *Angewandte Gerontologie in Schlüsselbegriffen*, Stuttgart 2000, 39–43.
15 Einen Überblick über die gerontologische Programmformel des erfolgreichen Alterns bietet der Band: Margret M. Baltes/Martin Kohli/Klaus Sames, *Erfolgreiches Altern. Bedingungen und Variationen*, Bern u. a. 1989.
16 Eine kritische Auseinandersetzung mit dem Begriff des Successful Aging erfolgt bei Rüegger, a.a.O., 155–159.
17 Isolde Karle, *Der Pfarrberuf als Profession. Eine Berufstheorie im Kontext der modernen Gesellschaft*, Gütersloh 2001, 170.

der Pfarrerin oder des Pfarrers zukommt, ist die *Handlungs- und Gestaltungsautonomie* im Vergleich zu anderen Berufen außergewöhnlich weitreichend.[18]

Betrachtet man diese Professionsmerkmale, entsteht der Eindruck, dass sich das Altern und der Pfarrberuf konstruktiv ergänzen. So bietet die weitreichende Handlungs- und Gestaltungsautonomie vielfältige Möglichkeiten, die berufliche Praxis dem *natürlichen Altersabbau* in Bezug auf die Leistungsfähigkeit der Sinnesorgane, der Muskelkraft und der Schnelligkeit so anzupassen, dass der Beruf auch mit voranschreitendem Alter ausgeübt werden kann.

Entscheidender für das Altern im Beruf ist jedoch, dass zu den Professionsmerkmalen des Pfarrberufs auffallend viele Aspekte zählen, die sich überhaupt erst mit zunehmendem Alter herausbilden. Die *persönliche Vermittlung* der Sachthematik, die direkte und interaktive *Kommunikation unter Anwesenden* sowie die *persönliche Glaubwürdigkeit* sind Merkmale, die sich unter die Kategorie der sozialen Kompetenz subsummieren lassen. Diese wiederum, so zeigen es die Ausführungen des vorangegangenen Abschnitts, steigt mit zunehmendem Alter.

Als empirisch zu prüfende *Hypothese* in Bezug auf den Zusammenhang zwischen Altern und Pfarrberuf kann somit formuliert werden: Der Pfarrberuf ist ein Beruf, der das Altern auf Grund der hohen Handlungs- und Gestaltungsautonomie und nicht zuletzt auf der Grundlage der beamtenrechtlich garantierten Arbeitsplatzsicherheit nicht nur in formaler Hinsicht ermöglicht. Vielmehr wirkt sich das Altern auf den Pfarrberuf geradezu *positiv* aus, da in diesem Beruf Fähigkeiten und Kompetenzen im Mittelpunkt stehen, die sich erst mit voranschreitendem Alter herausbilden.

3. Altern im Pfarrberuf – Eine explorative Studie

Auch bei Pfarrerinnen und Pfarrern beginnt das Altern im Beruf mit dem ersten Tag der Ausbildung. Wer das Altern im Pfarrberuf empirisch analysieren möchte, steht damit vor der Aufgabe, eine rund 40-jährige Ausbildungs- und Berufsbiografie wahrnehmen zu müssen. Diese wiederum folgt keinem Standardmuster. Vielmehr bieten die professionsspezifischen Gestaltungsspielräume des Pfarrberufs eine Vielzahl an

---

18 Vgl. zu den genannten Merkmalen Isolde Karle, Art. „*Professionalisierung, II. Pfarrberuf*", in: RGG[4], Bd. 6, Tübingen 2003, 1680 f.

Möglichkeiten, die Ausbildungs- und Berufsbiografie zu konturieren. Um annähernd repräsentative Typen und Muster des Alterns im Pfarrberuf benennen zu können, wäre die Durchführung einer umfangreichen empirischen Studie unter Pfarrerinnen und Pfarrern erforderlich.

Im Folgenden bietet die Auswertung einer explorativen Studie erste empirische Befunde zum Phänomen des Alterns im Pfarrberuf. Die Ergebnisse dieser Studie sind jedoch weder repräsentativ noch empirisch belastbar. Sie verweisen lediglich auf erste Anhaltspunkte und Impulse, mit deren Hilfe Forschungsperspektiven zum Altern im Pfarrberuf formuliert und angestoßen werden können.

3.1 Methodik und Vorgehen der empirischen Studie

Insgesamt wurden acht Pfarrerinnen und Pfarrer im Ruhestand angeschrieben und um eine schriftliche Stellungnahme zum Thema „Altern im Pfarrberuf" gebeten. Vermittelt wurden die Kontakte zu den Pfarrerinnen und Pfarrern durch eine Theologin, die in der Vergangenheit Pastoralkollegs zur Vorbereitung auf den Ruhestand angeboten hat. Die angeschriebenen Pfarrerinnen und Pfarrer stammen aus unterschiedlichen Landeskirchen. Insgesamt antworteten sieben Personen auf das Anschreiben. Zwei konnten aus zeitlichen Gründen keine Stellungnahme verfassen, drei Pfarrerinnen und zwei Pfarrer schickten den gewünschten Text.

Die Altersstruktur der Befragten liegt zwischen 70 und 80 Jahren. Vier Befragte waren während ihrer Berufstätigkeit ausschließlich im Gemeindepfarramt tätig, eine Person in Gemeinde, Schule und Krankenhaus.

Um den Befragten die Stellungnahme zum Altern im Pfarrberuf zu erleichtern und das Erkenntnisinteresse der Befragung zu konkretisieren, wurden folgende Leitfragen gestellt:
– Altern im Pfarrberuf – was fällt Ihnen dazu spontan ein?
– Hat sich Ihre Berufspraxis im Laufe Ihrer Berufsbiografie mit voranschreitendem Alter geändert? Wenn ja, in welcher Weise?
– Gab es pfarramtliche Aufgaben, die Ihnen im Laufe Ihrer aktiven Dienstzeit zunehmend leichter oder schwerer fielen?
– Haben sich Ihre theologischen Standpunkte im Laufe der Berufsbiografie geändert? Wenn ja, in welcher Weise?

– Wie begreifen Sie das Ende Ihres aktiven Dienstes? Endet der Pfarrberuf mit der Pensionierung?

Die Form, in der sich die Befragten zum Altern im Beruf äußerten, folgte teils explizit den Leitfragen, teils wurden die gestellten Fragen in einem frei gestalteten Fließtext beantwortet. Alle Befragten gaben Auskunft über den Verlauf der Berufsbiografie und die jetzige Lebenssituation.

Die Auswertung der Stellungnahmen und die Ergebnispräsentation folgen den Regeln des *kontrastiven Vergleichs*. Dabei werden die Einzelfälle in einem ersten Schritt in der Perspektive des *minimalen Vergleichs* hinsichtlich geringer Unterschiede kontrastiert. Strukturelle und inhaltliche Ähnlichkeiten, sich wechselseitig bestätigende Sachverhalte und das Aufzeigen von Stereotypen in allen oder mehreren Fallbeispielen stehen dabei im Vordergrund. In einem zweiten Schritt erfolgt der *maximale Vergleich*. Dabei werden die Fälle hinsichtlich höchster Verschiedenheit kontrastiert. Sich unterscheidende, gegebenenfalls auch sich widersprechende Inhalte sind hier von Interesse.[19] Die Ergebnisse des kontrastiven Vergleichs werden separat für jede der gestellten Leitfragen präsentiert.

3.2 Empirische Befunde

3.2.1 Zwischen Irrelevanz und natürlichem Wandlungsprozess – Grundsätzliche Gedanken zum Altern im Pfarrberuf

Den vorliegenden Texten lassen sich zwei Standpunkte zur Frage nach dem Altern im Beruf entnehmen. Auf der einen Seite steht die Feststellung von Frau A.:

> „[S.c. Der Pfarrberuf] schließt so hohe Anforderungen in sich, dass man, wenn Gott die gesundheitlichen Kräfte und Gaben gibt, nicht anders als ,jung' bleiben kann. Man hat gar keine Zeit, über ,Altern' nachzudenken."

In gewisser Weise betrachtet Frau A. den Pfarrberuf und das Altern als sich gegenseitig ausschließende Gegensätze. Zwar schildert Frau A., wie sie im Laufe der Berufsbiografie die Stationen Schul-, Gemeinde- und Krankenhauspfarramt durchlief. Doch plausibilisiert sie die Abfolge

---

19 Zum Verfahren des kontrastiven Vergleichs vgl. Armin Nassehi, *Die Deportation als biographisches Ereignis. Eine biographieanalytische Untersuchung*, in: Georg Weber u. a. (Hg.), *Die Deportation von Siebenbürger Sachsen in die Sowjetunion 1945–1949, II. Die Deportation als biographisches Ereignis und literarisches Thema*, Köln u. a. 1995, 348–352.

dieser Berufsstationen nicht mit dem voranschreitenden Alter. Vielmehr begründet sie die Abfolge der Stationen mit der Aussage: „[...] die ‚Sparten‘ und damit ‚Notwendigkeiten‘ sind andere geworden, andere Strukturen, andere Menschen." Äußere Gegebenheiten, so die Stellungnahme von Frau A., haben die Berufsbiografie strukturiert, nicht aber das Alter.

Ganz ähnlich argumentiert Herr E.: „Ein Pfarrer im Amt wird nicht älter." Auch er begründet Veränderungen in der Berufspraxis mit äußeren Gegebenheiten:

„Änderungen bei mir selber vollzogen sich zum Einen als Reaktion auf gestellte Herausforderungen in unterschiedlichen Landgemeinden und zum Anderen als Wahrnehmung wechselnder Kooperationsmöglichkeiten mit Kirchenvorständen, Mitarbeitern wie Küstern, Kirchenmusikern und Jugendarbeitern, aber auch Nachbarkollegen, Vikaren, Zivildienstleistenden."

In einer gewissen Nähe zu Frau A. und Herrn E. steht Frau B.. Zwar geht sie im Unterschied zu den beiden davon aus, dass das Altern eine Rolle im Pfarrberuf spielt. Das bringt sie zum Ausdruck durch die Einschätzung, ältere Kollegen seien „nicht mehr beweglich genug" und machten „den alten Stiefel weiter", was schließlich zum „Einschlafen der Gemeinde" führe. Bezogen auf die eigene Berufsbiografie grenzt die Stellungnahme Frau B.'s dagegen das Altern aus. Die Schilderung des Eintritts in den vorzeitigen Ruhestand mit 58 Jahren präsentiert einen Weg, die zuvor beschriebenen negativen Folgen des Alterns im Pfarrberuf zu umgehen. Die eigene Berufsbiografie stellt Frau B. als Phase vitaler und kontinuierlich innovativer Berufsausübung dar. Die Abstimmung der beruflichen auf die familiären Interessen und umgekehrt wird als Mittel präsentiert, mit dessen Hilfe das negativ konnotierte Altersthema aus der Berufsbiografie herausgehalten wurde. Das Ende der Familienphase, so lässt es Frau B.'s Stellungnahme erkennen, ist identisch mit dem Eintritt in den vorzeitigen Ruhestand. Dieses Zusammentreffen bewahrt Frau B. davor, mit den von ihr problematisierten negativen Folgen des Alterns im Beruf konfrontiert zu werden.

Stehen die Stellungnahmen von Frau A., Herrn E. und Frau B. für eine niedrige Bedeutung des Themas Altern im Pfarrberuf, so messen Herr C. und Frau D. dem Altern eine hohe Bedeutung für den Pfarrberuf bei. „Pfarrer altern wie andere Menschen: die Leistungsfähigkeit nimmt ab", so Herr C. Doch bezogen auf die eigene Berufsbiografie und die Rolle des Alterns belässt es Herr C. nicht bei der einseitigen Negativwertung. Stattdessen beschreibt er eine Reihe positiver Veränderungen der Berufspraxis mit zunehmendem Alter. Pointiert bringt Frau D. positive Veränderungen auf den Punkt:

> „Pfarrberuf und Altern schließt sich natürlich nicht aus. Einmal wächst das Verständnis für ältere Mitmenschen, dann machen einen langjährige Erfahrungen im Gemeindeleben und im Umgang mit Mitarbeitern gelassener. Man ist auch bald die Erinnerung der Gemeinde. [...] Man erlebt auch, wenn man lange in der Gemeinde ist, die Generationenfolge der Familien und erlebt viel Vertrauen, auch bei Jüngeren."

Die Voten zur grundsätzlichen Bedeutung des Alterns im Pfarrberuf stützen tendenziell die oben formulierte Hypothese. Indem Frau A., Herr E. und Frau D. dem Altern in der eigenen Berufslaufbahn keine Bedeutung beimessen, bringen sie implizit zum Ausdruck, dass das Altern – zumindest bis zu einem gewissen Zeitpunkt – problemlos in den Pfarrberuf integrierbar ist. Herrn C.'s und Frau D.'s Stellungnahmen gehen darüber hinaus. Sie bestätigen den zweiten Teil der Hypothese, wonach sich das Altern positiv auf den Beruf auswirkt.

3.2.2 Konstanz der Aufgaben bei gleichzeitiger Weiterentwicklung von Fähigkeiten und Persönlichkeitsmerkmalen – Veränderungen der Berufspraxis mit voranschreitendem Alter

Die Befragten unterscheiden sich hinsichtlich der Intensität, in der sie auf die Frage nach altersbedingten Veränderungen in der Berufspraxis eingehen, und im Hinblick auf die Bedeutung, die sie in diesem Zusammenhang dem Altern beimessen, wieder deutlich. Der kontrastive Vergleich aller Stellungnahmen hebt Frau A. abermals hervor. Sie misst dem Thema Altern keine Bedeutung für Veränderungen in der Berufsbiografie bei. Ähnliches gilt für die Stellungnahme von Herrn E.. Er schildert zwar Veränderungen, die sich im Laufe der Berufsbiografie ergeben haben. Doch stellt er fest: „Das alles waren keine altersbedingten Veränderungen."

Explizit geht Frau B.'s Stellungnahme ebenfalls nicht auf altersbedingte Veränderungen in der Berufspraxis ein. Implizit aber lässt sie durchaus altersbedingte Veränderungen erkennen. So beschreibt Frau B., wie das Familienleben mehr und mehr in das Berufsleben integriert wurde:

> „Die Zeit, die wir für die Familie einsetzten, ließ sich ja auch ganz gut für die Gemeinde verwenden. Das hieß aber auch, je älter wir wurden, je weniger private Zeit hatten wir."

Diese Äußerung kann als Beschreibung eines temporalen Prozesses betrachtet werden, bei dem mit voranschreitender Berufspraxis das Familienleben so sehr zum strukturbildenden Faktor für die Gestaltung der Berufstätigkeit wird, dass Berufs- und Familienleben deckungsgleich werden und das Privatleben im Berufsleben aufgeht.

Eine weitere altersbedingte Veränderung bezieht sich auf die Auswirkungen zunehmender Routinisierung:

„Routine im Schulunterricht und in der Vorbereitung von Gruppenstunden, KV-Sitzungen […] hat sicher auch viel Erleichterung geschaffen. Aber da waren eben auch neue Fragen und Anforderungen, auf die reagiert werden musste."

Diese Äußerung kann als Hinweis auf die Möglichkeit gesehen werden, durch Routinisierung die Leistungsfähigkeit im Pfarramt mit zunehmendem Alter zu steigern.

Eine dritte altersbedingte Veränderung, die Frau B.'s Stellungnahme anspricht, zielt auf den Bereich der Jugendarbeit. Gegen Ende des aktiven Dienstes merkten Frau B. und ihr Mann, „dass der Abstand […] zwischen uns und den Jugendlichen immer größer werden würde." In der Problematisierung der Arbeit mit Jugendlichen liegt eine Gemeinsamkeit mit den Stellungnahmen von Frau D. und Herrn C.. Beide berichten, wie gut es ihnen tat, sich mit voranschreitendem Dienstalter aus der Arbeit mit Jugendlichen zurückzuziehen. Abgesehen von dieser Gemeinsamkeit zu Frau B. unterscheiden sich Frau D. und Herr C. auch hinsichtlich der Frage nach altersbedingten Veränderungen im Beruf wieder signifikant von Frau A., Frau B. und Herrn E..

So kommt Frau D. zwar zu der rückblickenden Einschätzung, die Berufspraxis habe sich im Laufe der Jahre wenig geändert. Dennoch nennt sie mit dem zunehmenden Erfahrungswissen einen Aspekt, der an das Voranschreiten des Alters gekoppelt ist und die Arbeit mit Ehrenamtlichen, die das Begleiten von Familien und das Treffen gemeindeleitender Entscheidungen erleichtert.

Am ausführlichsten geht Herr C. auf altersbedingte Veränderungen in der Berufspraxis ein. Er beschreibt die zunehmende Freude und Offenheit in Bezug auf die Zusammenarbeit mit jüngeren Kolleginnen und Kollegen:

„In den letzten Berufsjahren hatte ich die Freude, mit einem jungen Kollegen zusammenarbeiten zu können, der eine neu errichtete halbe Pfarrstelle in meinem Kirchspiel übernommen hatte. […] Neue Impulse brachten die Vikarinnen und Vikare mit, die mir zur Begleitung zugewiesen wurden. Ihre

> Fragen regten zur Überprüfung der eigenen pfarramtlichen Praxis an; ihre
> Frische nahm den ‚Alten' auf neue Wege mit."

Neben die Zunahme sozialer Kompetenz in der Zusammenarbeit mit jungen Kolleginnen und Kollegen tritt bei Herrn C. mit voranschreitendem Alter eine Zunahme sozialer Kompetenz bei der seelsorgerlichen Begegnung mit Gemeindegliedern.

> „Sobald in unserer Landeskirche Pastoralkollegs zur Fortbildung angeboten
> wurden, habe ich an Veranstaltungen zur Praxis der Seelsorge teilgenommen.
> Das hat wesentlich dazu beigetragen, dass ich meine Scheu vor Hausbesu-
> chen verloren habe. Ich hatte bis dahin die Befürchtung, Leuten zu nahe zu
> treten. Mit der Zeit lernte ich, ihnen nahe zu kommen, indem ich mich
> ihnen öffnete."

In der Zusammenschau fällt auf, dass die vorliegenden Stellungnahmen kaum altersbedingte Veränderungen ansprechen, die mit einem Wechsel von Aufgabenbereichen oder Tätigkeitsfeldern zu tun haben. Die einzige Ausnahme diesbezüglich stellt die Arbeit mit Jugendlichen dar. In diesem Fall scheint mit dem Voranschreiten des Alters ein Rückzug einherzugehen. Die sonst genannten Aspekte beziehen sich auf *Fähigkeiten* und *Persönlichkeitsmerkmale*, die sich mit voranschreitendem Alter einstellen. Dabei handelt es sich um die zunehmende *Integration des Familienlebens in das Berufsleben* sowie eine Zunahme an *Routinisierung, Erfahrungswissen und sozialer Kompetenz*.

3.2.3 Leichteres Arbeiten durch die Zunahme sozialer Kompetenz – Erschwernisse und Erleichterungen im Laufe der Berufsbiografie

Als einziges Tätigkeitsfeld, das mit voranschreitendem Alter schwerer fällt, wird die Arbeit mit Jugendlichen angesprochen. Sonst gehen die Stellungnahmen nur auf Tätigkeiten ein, die im Laufe der Zeit leichter fallen. Herr C. und Herr E. nennen in diesem Zusammenhang die *Seelsorge*. Herr E. erinnert sich:

> „Je älter ich wurde, desto wichtiger wurden mir die persönlichen Begeg-
> nungen. Stand am Anfang eher eine gewisse Frustration, nicht allen Ge-
> meindegliedern gerecht werden zu können, weil es zu viele waren oder hier
> und da die ‚Wellenlänge' nicht stimmte, konnte ich mich später gelassener
> geben."

Frau D. nennt mit der *Seniorenarbeit*, der *Begleitung von Familien* und der *Gemeindeleitung* drei Tätigkeitsfelder, die ihr zunehmend leichter fielen. Auch diese Erleichterungen können als Auswirkungen der altersbedingten Zunahme an sozialer Kompetenz gesehen werden.

Ein weiteres Tätigkeitsfeld, von dem mit voranschreitendem Alter Erleichterungen berichtet werden, ist das *Unterrichten.* „Unterrichten wurde im Laufe der Jahre leichter", so Frau A.. Ebenso äußert sich Frau B.. Auch die Erleichterung bezüglich des Unterrichtens kann in einem Zusammenhang mit der Zunahme an sozialer Kompetenz gesehen werden. Ferner kann hier die Zunahme an Routine und Erfahrungswissen im Hintergrund stehen.

Die Tatsache, dass die Befragten abgesehen von der Arbeit mit Jugendlichen keine Tätigkeiten und Aufgaben nennen, die ihnen mit zunehmendem Alter schwerer fielen, weist auf eine positive Korrelation zwischen zunehmendem Lebensalter und Arbeitserleichterung im Pfarrberuf hin. Der altersbedingten Zunahme sozialer Kompetenz kommt in diesem Zusammenhang eine tragende Bedeutung zu.

3.2.4 Vom Dogma zur Lebenswelt – Änderung theologischer Standpunkte

Alle Stellungnahmen gehen auf berufsbiografische Veränderungen der theologischen Standpunkte ein. Durchgängig wird eine altersbedingte theologische Schwerpunktverlagerung berichtet, die die Dogmatik in den Hintergrund treten lässt und die Lebenswelt der Menschen zum Ausgangs- und Bezugspunkt theologischer Reflexion nimmt. Prägnant spiegeln das insbesondere die Stellungnahmen von Frau A., Frau D. und Herrn E. wider.

Die Hinwendung zur Lebenswelt bringt Frau A. durch den Hinweis zum Ausdruck, sie sei mehr und mehr auf die Bedürfnisse und Wünsche der Gemeindeglieder eingegangen. Frau D. illustriert die Hinwendung zur Lebenswelt durch den Wandel der Haltung, in der sie den Menschen begegnete:

> „Je älter man wird, desto weniger redet man um Lebensfragen herum, versucht auch nicht zu belehren, sucht viel mehr Antworten mit."

Herr E. schließlich zeichnet den Weg der Änderungen seines theologischen Standpunkts so nach:

> „Meine Predigt in der ersten Zeit der 1950er Jahre war eher der Theodizee gewidmet als dem Trost oder der Lebenshilfe. [...] Nach meiner Erinnerung bedeutete für mich die erste Aktion ‚Brot für die Welt' im Jahre 1958 einen völlig neuen Impuls: Die Weltverantwortung der Kirche, die ökumenische Dimension der Ortsgemeinde, Mission als Auseinandersetzung mit anderen Glaubens- und Lebensformen – solche Themen bekamen theologisches Gewicht. [...] 1968er Ereignisse, Friedensbewegung, Initiative ‚Bewahrung der Schöpfung' – das waren Themen, die in den folgenden Jahrzehnten zu

> verarbeiten waren und auch das Geschehen in Predigt, Unterricht und Gemeindearbeit bestimmten. [...] Geändert haben sich in meiner theologischen Biografie die Gewichte und Schwerpunkte. Theologie prägt sich praktisch aus im Vollzug von Gottesdienst, Unterricht, Seelsorge und verliert mehr und mehr ihren akademisch-theoretischen Charakter. Der Anspruch der Gemeinde bringt mich dazu, aus Standpunkten keine Festungen zu machen, sondern sie zu prüfen und sie u. U. neu zu definieren."

Der Überblick über die Stellungnahmen zur berufsbiografischen Veränderung des theologischen Standpunkts zeigt einen dynamischen Prozess. Nicht nur die Art und Weise, in der die professionstypischen Aufgaben des Pfarramtes ausgeführt werden, variiert altersbedingt, sondern auch die je individuelle Umsetzung des dogmatischen Rahmens, den die Sachthematik vorgibt. Hinsichtlich der in den vorliegenden Stellungnahmen zu beobachtenden Tendenz einer Abwendung von kerygmatisch-dogmatischen Haltungen hin zu einer lebensweltlichen Orientierung der theologischen Standpunkte stellt sich die Frage, ob hierin ein allgemeingültiges Phänomen des Alterns von Pfarrerinnen und Pfarrern gesehen werden kann, oder ob es sich dabei um ein zeit- und kontextabhängiges Phänomen handelt, das in dieser Weise nur auf die heute zwischen 70 und 80 Jahre alten Ruhestandsgeistlichen zutrifft. Berücksichtigt man die oben aufgezeigte altersbedingte Zunahme sozialer Kompetenz im Pfarrberuf, kann jedoch vermutet werden, dass die mit steigendem Alter zunehmende lebensweltliche Orientierung des theologischen Standpunkts eher ein allgemeines Phänomen des Alterns im Pfarrberuf ist.

3.2.5 Selbstbestimmtes Berufsende – Altern im Beruf nach der Pensionierung

Mit der Ordination zur Pfarrerin oder zum Pfarrer wird das Recht zur öffentlichen Wortverkündigung und Sakramentsverwaltung auf Lebenszeit übertragen. Die Pensionierung einer Pfarrerin oder eines Pfarrers ist eine dienstrechtliche und organisatorische Notwendigkeit, die den aktiven, an eine Pfarrstelle gebundenen Dienst beendet. Die durch die Ordination erworbenen Rechte bleiben davon jedoch unberührt. Vor diesem Hintergrund kann die Pensionierung als lediglich vorläufiges Ende der Berufstätigkeit betrachtet werden. Es ist somit eine Besonderheit des Pfarrberufs, dass sich die Frage nach dem Altern im Beruf auch über die Ruhestandsgrenze hinaus stellt. Wie füllen Pfarrerinnen und Pfarrer den Beruf nach dem Ruhestand aus?

Von den befragten Pfarrerinnen und Pfarrern hat niemand den Pfarrberuf mit der Pensionierung endgültig beendet. Einige Befragte berichten, dass und wie sie immer noch aktiv sind. Andere schildern, in welcher Weise sie nach der Pensionierung weiter aktiv waren und wann sie den Beruf endgültig beendet haben. Alle Stellungnahmen unterstreichen, wie wohltuend es nach der Pensionierung war, sich nur noch den angenehm empfundenen Tätigkeiten widmen zu können. Das Engagement nach der Pensionierung umfasst Gottesdienstvertretungen, Urlauberseelsorge, kirchengeschichtliche Studien, diakonische und politische Tätigkeiten sowie die Leitung von Gemeindekreisen.

Bezogen auf das Altern im Beruf nach der Pensionierung und das endgültige Ende der Tätigkeit als Pfarrerin und Pfarrer lassen die Befragten unterschiedliche Formen und Präferenzen erkennen. Herr E. stellt fest: „Ich selber will ‚für mein Leben gern' Pfarrer bleiben." Ähnlich auch der Standpunkt von Frau D. Zu Urlauberseelsorge und Gottesdienstvertretung sagt sie: „Ich werde das tun, solange es meine Kräfte zulassen." Frau A. dagegen beschreibt, wie sie sich sukzessive aus dem Beruf zurückzieht:

> „Seit diesem Jahr habe ich allerdings keine Gottesdienstvertretungen mehr übernommen, weil ich meine, es ist genug und ich brauche Zeit zu anderen – schriftlichen – Arbeiten, will auch Zeit für mich selbst."

Und Herr C. schließlich berichtet, wie er nach einer arbeitsintensiven Vakanzvertretung seinen Beruf endgültig beendet hat:

> „Als die Wiederbesetzung der Pfarrstelle hier im Ort bevorstand, [sc. habe ich] im September einen letzten Gottesdienst gehalten und nach dem Segen vor dem Altar meinen Talar ausgezogen, um nur noch Gemeindeglied zu sein. Man muss aufhören, solange die Gemeindeglieder noch sagen ‚Ach, schade!' anstatt ‚Na, endlich!'"

Das Altern im Pfarrberuf nach der Pensionierung wird von den Befragten unterschiedlich wahrgenommen. Einigkeit besteht darüber, dass das Altern im Beruf, so weit es bis zur Pensionierung vorangeschritten ist, kein Grund ist, den Pfarrberuf endgültig zu beenden. Im Gegenteil: Gerade das Altern im Pfarrerberuf und die damit einhergehende Zunahme an sozialer Kompetenz, Routine und Erfahrungswissen scheinen zu einer Fortführung der Berufstätigkeit zu motivieren. Gefördert wird die Bereitschaft weiterzuarbeiten nicht zuletzt durch den Wegfall der pfarramtlichen Pflichten, so dass die Tätigkeit ganz den eigenen Wünschen und Vorstellungen entsprechend gestaltet werden kann. Die Unterschiede bezüglich des tatsächlichen Berufsendes, so wie sie die Stellungnahmen zu erkennen geben, liegen in der Frage *wie*, *wann* und *warum* das Ende gesetzt wird. Das Spektrum reicht vom Nachlassen der Kräfte bis zu einer

Beendigung der ehrenamtlichen Tätigkeit als Pfarrerin oder Pfarrer, die sich neuen Schwerpunktsetzungen in der Lebensgestaltung verdankt.

4. Profiliert Altern im Pfarrberuf – Zusammenfassung und Fazit

„Der Pfarrberuf ist ein Beruf, der das Altern auf Grund der hohen Handlungs- und Gestaltungsautonomie und nicht zuletzt auf der Grundlage der beamtenrechtlich garantierten Arbeitsplatzsicherheit nicht nur in formaler Hinsicht ermöglicht. Vielmehr wirkt sich das Altern auf den Pfarrberuf geradezu *positiv* aus, da in diesem Beruf Fähigkeiten und Kompetenzen im Mittelpunkt stehen, die sich erst mit voranschreitendem Alter herausbilden."

So lautet die eingangs formulierte Hypothese. Die hier präsentierten empirischen Befunde stützen diese Hypothese. Keine der befragten Personen wertet das eigene Altern im Beruf negativ. Im Gegenteil: Das Altern im Pfarrberuf ist durchgehend positiv konnotiert. Es bringt, so der empirische Befund, eine Zunahme an *Routinisierung*, *Erfahrungswissen* und *sozialer Kompetenz* mit sich. Das führt zu einer altersbedingten Erleichterung der Arbeit in *Seelsorge*, *Gemeindeleitung* und *Unterricht*.

Dieser auf den Pfarrberuf bezogene empirische Befund knüpft an die in Abschnitt 1.2. genannte Liste von Persönlichkeitsmerkmalen und Fähigkeiten an, die sich allgemein und unabhängig von einem bestimmten Beruf mit zunehmendem Alter herausbilden. Dabei handelt es sich um Lebens- und Berufserfahrung, Genauigkeit, Qualitätsbewusstsein, Zuverlässigkeit, soziale Kompetenz, Beurteilungsvermögen und vorausschauende Berücksichtigung potenzieller Komplikationen. Das Vorurteil, wonach das Altern im Beruf ausschließlich mit körperlichem und geistigem Abbau gleichzusetzen ist, ist somit auch für den Pfarrberuf unhaltbar. Stattdessen stellen die empirischen Befunde den Pfarrberuf als einen Entfaltungsraum dar, in dem das Altern je individuell stattfinden kann.

Sollten die Ergebnisse der hier vorgestellten explorativen Studie verallgemeinerungsfähig sein, dann verfügt die Kirche mit dem Pfarrberuf und seinen spezifischen Konturen über ein wertvolles Gut. *Schließlich steht mit jeder Pfarrstelle ein Arbeitsplatz zur Verfügung, der sich nicht gegen Phänomene des Alterns sperrt, sondern diese zulässt und positiv aufgreift.* In gesamtgesellschaftlicher Perspektive dürfte das eine Besonderheit sein. Der Rahmen, der das ermöglicht, ist die *professionsförmige* Gestaltung des Pfarrberufs. Die professionsspezifischen Determinanten der *Orientierung an einer Sachthematik*, der *Personenbezogenheit* sowie der *weiten Gestaltungs- und Handlungsautonomie* ermöglichen es Pfarrerinnen und Pfarrern, auf eine je individuell *profilierte* Weise zu altern. Davon profitieren die betroffenen Personen sowie auch die Kirche als Arbeitgeber gleichermaßen. Im Hinblick auf das kontinuierlich steigende Durchschnittsalter der Pfarrerinnen und Pfarrer ist die positive Rolle, die das Altern im Pfarrberuf spielt, kaum zu überschätzen. An dieser Stelle ist die Kirche bereits heute zukunftsfähiger als andere Arbeitgeber.

Vor diesem Hintergrund sind Überlegungen, die die professionstypischen Merkmale des Pfarrberufs zugunsten funktionaler und zweckgebundener Berufsprofile in den Hintergrund stellen wollen, sorgfältig zu bedenken. Wären die Veränderungen so weitreichend, dass der Professionscharakter des Pfarrberufs verloren ginge, dann würde wohl auch das Altern im Pfarrberuf zu einem Problem.[20]

---

20 Ein aktueller Vorstoß, der diese Problematik mit sich bringen könnte, ist die in dem Impulspapier „*Kirche der Freiheit*" genannte Empfehlung, bis zum Jahr 2030 jede vierte Kirchengemeinde in eine Profilgemeinde umzuwandeln; vgl. Kirchenamt der EKD (Hg.), *Kirche der Freiheit. Perspektiven für die evangelische Kirche im 21. Jahrhundert. Ein Impulspapier des Rates der EKD*, Hannover 2006, 55–57. Die Arbeit in einer Profilgemeinde droht insbesondere mit einer weitreichenden Reduktion der Gestaltungs- und Handlungsautonomie von Pfarrerinnen und Pfarrern einherzugehen. Das ist insbesondere bei der Neubesetzung von Pfarrstellen in Profilgemeinden der Fall. Die neuen Stelleninhaber finden unter Umständen Arbeitsplatzstrukturen vor, die nicht personenbezogen abgeändert werden können. Damit ist auf solchen Stellen auch eine *altersbedingte Selbstprofilierung*, die im Laufe der Zeit den eigenen Bedürfnissen angepasst wird, unmöglich. Wenn tatsächlich ein Viertel aller Kirchengemeinden Profilgemeinden wären, dann müssten zahlreiche Pfarrerinnen und Pfarrer in einer Weise tätig sein, die dem Professionsverständnis des Pfarrberufs nicht mehr entspricht.

Literatur

Margaret M. Baltes/Martin Kohli/Klaus Sames, *Erfolgreiches Altern. Bedingungen und Variationen*, Bern u. a. 1989.

Elke Dobner/Günther Dobner, *Älter werden im Beruf. Instrumente zur flexiblen Mitarbeiterführung*, Heidelberg 2002.

Hermann Hesse, *Mit der Reife wird man immer jünger*, Frankfurt a. M. 2003 (Darin besonders: *Über das Alter*, 68–74, und *Stufen*, 87).

Isolde Karle, *Der Pfarrberuf als Profession. Eine Berufstheorie im Kontext der modernen Gesellschaft*, Gütersloh 2001.

Isolde Karle, Art. „*Professionalisierung, II. Pfarrberuf*", in: RGG^4, Bd. 6, Tübingen 2003, 1680 f.

Kirchenamt der EKD (Hg.), *Kirche der Freiheit. Perspektiven für die evangelische Kirche im 21. Jahrhundert. Ein Impulspapier des Rates der EKD*, Hannover 2006.

Ralph Kunz (Hg.), *Religiöse Begleitung im Alter. Religion als Thema der Gerontologie*, Zürich 2007.

Ulrich Menges, *Ältere Mitarbeiter als betriebliches Erfolgspotenzial*, Köln 2000.

Armin Nassehi, *Die Deportation als biographisches Ereignis. Eine biographieanalytische Untersuchung*, in: Georg Weber u. a. (Hg.), *Die Deportation von Siebenbürger Sachsen in die Sowjetunion 1945–1949, II. Die Deportation als biographisches Ereignis und literarisches Thema*, Köln u. a. 1995, 5–412.

Wolf D. Oswald/Thomas Gunzelmann, *SIMA – Kompetenztraining*, Göttingen 1995.

Nadine Pahl, *Erfolgreich Altern im Beruf. Handlungsempfehlungen für die erfolgreiche Personalpolitik*, Saarbrücken 2007.

Heinz Rüegger, *Altern im Spannungsfeld von „Anti-Aging" und „Successful Aging". Gerontologische Perspektiven einer seelsorglichen Begleitung älterer Menschen*, in: Ralph Kunz (Hg.), *Religiöse Begleitung im Alter. Religion als Thema der Gerontologie*, Zürich 2007, 143–182.

Wilhelm Schmid, *Vom Kindsein und vom Älterwerden. Über Anfang und Ende der Lebenskunst*, in: Ders.: *Mit sich selbst befreundet sein. Von der Lebenskunst im Umgang mit sich selbst*, Frankfurt a. M. 2004, 383–432.

Tania Singer/Ulman Lindenberger, Art. „*Plastizität*", in: Hans-Werner Wahl/Clemens Tesch-Römer (Hg.), *Angewandte Gerontologie in Schlüsselbegriffen*, Stuttgart 2000.

Demenz: Seelsorgliche Kommunikation bei Rationalitätsverlust

Klaus Depping

1. Einleitung

1.1 Epidemiologie der Demenz

In Deutschland leben zur Zeit knapp 1 Mio. Demenzkranke. Prognosen gehen davon aus, dass sich die Anzahl demenziell erkrankter Menschen in Zukunft noch erheblich steigern wird. Für das Jahr 2040 schätzt man etwa 1,4 Mio. Erkrankte, eine Zunahme um etwa 50%; einige Schätzungen für 2040 gehen sogar von mehr als 2 Mio. aus.[1] Die Demenzproblematik wird demnach unsere Gesellschaft und damit auch die Kirche in Zukunft noch verstärkt fordern.

Hauptbetroffene sind ältere, vor allem hochbetagte Menschen. Eine Häufigkeitsverteilung bezogen auf Altersgruppen ergibt folgendes Bild:[2]

- 65 – bis 69- Jährige 1,2%
- 70 – bis 74- Jährige 2,8%
- 75 – bis 79- Jährige 6,0%
- 80 – bis 84- Jährige 13,3%
- 85 – bis 89- Jährige 23,9%
- über 90- Jährige 34,6%

Die Herausforderung stellt sich demnach vor allem dar im Bereich der Diakonische Altenhilfe und der Altenseelsorge als Heimseelsorge aber auch als Altenseelsorge im Kontext der Gemeinde, da der überwiegende Teil der dementen Menschen in häuslicher Umgebung von pflegenden Angehörigen gepflegt und begleitet wird, die dann auch ihrerseits der seelsorglichen Begleitung bedürfen. Weiterhin wird es in einer Zeit, in der Lebenswert und Existenzberechtigung dieser Menschen des Öfteren

---

1 Horst Bickel, *Epidemiologie der Demenz*, in: Konrad Beyreuther u.a., *Demenzen. Grundlagen und Klinik*, Stuttgart/New York 2002, 25.
2 Bickel, *Epidemiologie der Demenz*, a.a.O., 23.

philosophisch aber auch im Alltagsbewusstsein vieler bestritten wird, die Aufgabe der Ethik sein, die Würde auch dieser Menschen vernehmbar und in der Breite der Öffentlichkeit nachvollziehbar zum Ausdruck zu bringen. Motivationsfördernd wird dabei sein, wenn Wege aufgewiesen werden, auf denen diese Menschen dennoch erreicht werden können, um ihre Lebensqualität zu verbessern. In der vorliegenden Abhandlung geht es um die Frage, wie in einer seelsorglichen Begegnung mit älteren dementen Menschen kommuniziert werden kann.

1.2 Klassifikation der Demenz

Voraussetzung für das Verstehen dementer Menschen und die Entscheidung für erreichende verbale und nonverbale Umgangsweisen ist ein gewisses Maß an Vertrautheit mit dem gerontopsychiatrischen Problemfeld. Dieses ist auch erforderlich, um mit anderen Bezugsgruppen qualifiziert kooperieren zu können. Was ist Demenz? Man unterscheidet primäre und sekundäre Demenzen. Primäre Demenzen haben ihren Ausgangs- und Wirkungsort im Gehirn; sekundäre Demenzen nehmen ihren Ausgang in Krankheiten außerhalb des Gehirns, die dann eine Folgewirkung auf das Gehirn haben können wie es etwa bei verschiedenen Stoffwechselstörungen oder einer chronisch-obstruktiven Lungenkrankheit möglich ist. Die primären Demenzen werden unterteilt in degenerative Demenzen und vaskuläre Demenzen. Die wohl bekannteste und häufigste degenerative, d. h. abbaubedingte Demenz ist die Alzheimer Krankheit, die etwa 50–60 % aller Demenzen ausmacht. Weitere Demenzen aus dem Formenkreis der degenerativen Demenz sind die Lewy-Körper-Demenz und die fronto-temporale Demenz. Etwa 30 % der Demenzen sind vaskuläre, d. h. gefäßbedingte Demenzen. Sie können als Multi-Infarkt-Demenz in der Hirnrinde auftreten oder als Binswanger-Krankheit unterhalb der Hirnrinde. Degenerative und vaskuläre Demenzen können sich auch vermischen. Auf eine ausführlichere Beschreibung der Demenzarten muss hier verzichtet werden. Im Detail beschränken wir uns hier auf Veränderungen, die für die Kommunikation mit den Kranken von Bedeutung sind. Dabei werden neurowissenschaftliche und entwicklungspsychologische Erkenntnisse dargelegt und ihre Konsequenzen für seelsorgliches Handeln aufgewiesen. Im Gegensatz zu einer diagnostischen Betrachtungsweise legen wir im Blick auf eine seelsorglichen Begegnung den Schwerpunkt nicht auf vorhandene Defizite sondern auf verbliebene Fähigkeiten und Möglichkeiten.

1.3 Kommunikationsrelevante Veränderungen

Die Kernproblematik der Demenz besteht in Kognitionsstörungen. Das heißt, es kommt zu Funktionsverlusten in den Bereichen Denken, Gedächtnis, Sprache. „Der Kranke kann zunehmend weniger logisch denken, kombinieren, Begriffe bilden und Sinn-Zusammenhänge erfassen. Abstraktes Denken wird ihm unmöglich, konkret anschauliches Handeln tritt in den Vordergrund"[3]. Was das Gedächtnis anbetrifft, so ist zunächst das Arbeitsgedächtnis (früher Kurzzeitgedächtnis) beeinträchtigt. Der Mensch hat Schwierigkeiten Neues aufzunehmen. Er vergisst Namen, Termine, Aufbewahrungsorte. Im Gespräch vergisst er, wovon eben noch die Rede war. Später kommt es zu Ausfällen im Langzeitgedächtnis. Erst sehr spät ist das Altgedächtnis betroffen, das Wissens- und Erlebnisbestände aus den frühen Abschnitten des Lebens enthält. Im sprachlichen Bereich kommt es in aktiver wie in passiver Hinsicht zu einer Komplexitätsverringerung bezüglich der Rezeption wie auch der Produktion von Sprache bis hin zu reiner Lautproduktion.

Gegen Ende des dementiellen Krankheitsverlaufs erlöschen die kognitiven Fähigkeiten des Menschen. Es kommt zu einem Sprachverfall. Die Denkfähigkeit ist total erloschen. Auch sind Inhalte des Altgedächtnisses nicht mehr ansprechbar. Der Zustand des Menschen entspricht dem eines Kleinkindes oder dem eines Säuglings. Rationale Zugänge sind nicht mehr möglich, wohl aber vielfältige emotionale.[4] „Die gemütsmäßige Ansprechbarkeit und Ausdrucksfähigkeit sowie die Grundmerkmale der Persönlichkeit bleiben auch bei einer fortgeschrittenen Demenz verhältnismäßig gut erhalten"[5]. Im Bezug auf die religiöse Dimension stellt Johannes Fischer[6] fest, dass der demente Mensch auch bei „Verlust des Bewusstseins", wenn der „reflexive Selbstbezug abgeht" selbst im komatösen Zustand Adressat von Seelsorge bleibt, weil ihm eine „geistliche Empfänglichkeit" erhalten bleibt.

Demenz ist ein langandauerndes prozesshaftes Geschehen. Neurowissenschaftlich spricht man von einer „neurokognitiven Retrogenesis". Der kognitive Funktionsverlust vollzieht sich hierarchisch, setzt ein bei

---

3 Erich Grond, *Pflege Demenzkranker*, Hannover (1998) ³2005, 25 f.
4 Grond, *Pflege Demenzkranker*, a.a.O., 46 f.
5 Alexander Kurz, *Klinik*, in: Konrad Beyreuther u. a., *Demenzen. Grundlagen und Klinik*, Stuttgart/New York 2002, 171.
6 Johannes Fischer, *Ethische Dimension der Spitalseelsorge*, in: Wege zum Menschen 3 (2006), 218.

den ontogenetisch jüngsten Hirnfunktionen und bewegt sich auf die älteren Funktionen zu. Die Teile des Gehirns, die spät ihre Funktionsreife erlangen, weisen früh krankhafte Veränderungen wie Amyloid-Plaques, neurofibrilläre Tangles oder granulovacuole Degeneration auf; die Teile die früh ausgereift sind, werden von der Krankheit spät oder gar nicht betroffen.[7] Dieses sind „kontinuierliche Vorgänge, die einer überindividuellen Gesetzmäßigkeit folgen"[8].

Es ist üblich, den Verlauf der Demenz in Stadien einzuteilen. Mehrere Autoren gehen davon aus, dass entwicklungspsychologisch betrachtet sich der funktionelle Abbau spiegelbildlich zu dem von Piaget beschriebenen Funktionserwerb verhält. Es kommt zu regressiven Veränderungen in Richtung auf früh erworbene Kompetenzen. Folgender Verlauf wird systematisch zurückgenommen: 1. sensumotorische Entwicklung, 2. das Stadium des voroperativen, anschaulichen Denkens, 3. das Stadium der konkret-operatorischen Strukturen, 4. das formal-operatorische Stadium.[9]

James W. Fowler[10] hat in enger Anlehnung an Piaget und andere Entwicklungspsychologen auch „Entwicklungsstufen des Glaubens" erforscht und beschrieben. Von den sieben beschriebenen Stufen beschränken wir uns hier auf die ersten vier:

– Der „erste Glaube" ist ein undifferenzierter, vorsprachlicher Glaube: Wahrnehmen von wertvoll, geborgen sein, umhegt werden in Gegenwart von Bezugspersonen, die zu „Vor-Bildern" einer mächtigen und vertrauenswürdigen letzten Instanz werden.
– Dann die Empfänglichkeit für Gesten, Rituale und Wörter, die Erwachsene in ihrer Glaubenssprache benutzen. Die Ausrichtung auf das Göttliche wird durch die Wahrnehmung der Glaubensüberzeugungen der Erwachsenen geformt. Ihre Geschichten werden als Tatsachen genommen.
– Es folgt die Fähigkeit, Glaubensvorstellungen in Frage zu stellen. Die Geschichten werden an den eigenen Wahrnehmungen getestet.

---

7 Hans Förstl, *Antidementiva*, München 2003, 81.
8 Kurz, *Klinik*, a.a.O., 169.
9 Rolf Oerter/Leo Montada (Hg.), *Entwicklungspsychologie*, Weinheim u. a. (1982) [6]2008, 418 ff.
10 James W. Fowler, *Glaubensentwicklung. Perspektiven für Seelsorge und kirchliche Bildungsarbeit*, München 1989, 76 ff; Ders., *Theologie und Psychologie in der Erforschung der Glaubensentwicklung*, in: Concilium 18 (1982), 444 ff.

– Möglichkeit der Reflexion, des abstrakten Denkens, des Umgangs mit Begriffen, Erfahrungen anderer werden mit einbezogen. Es kommt zu einer Synthese des Glaubens.

Die Erfahrung zeigt, dass bei Demenz auch hinsichtlich der Glaubensentwicklung die rückläufige Entwicklung vorhanden ist. Solche regelhaften Verläufe sind besonders bei den degenerativen Demenzen festzustellen und am detailliertesten bei der Alzheimer Krankheit beschrieben.

Aus dem Gesagten ergibt sich folgende Schlussfolgerung: In der Kommunikation mit dementen Menschen ist nicht nur die Frage von Bedeutung, was den Menschen thematisch bewegt. Außerordentlich wichtig ist auch die Frage, auf welchem funktionalen Level er seine Thematik präsentiert und Begleitung möglich ist. Im Weiteren beleuchten wir unterschiedliche Dimensionen und Aspekte des kommunikativen Geschehens.

2. Verbale Kommunikation

2.1 Der Modus der syntaktischen Sprachverwendung

Hirnorganisch betrachtet ist die Sprache des Menschen in zwei linkshemisphärischen Arealen placiert, im Broca-Areal, das sich im linken mittleren Frontallappen (Lobus frontalis) befindet und im Wernicke-Arial im linken oberen Schläfenlappen (Lobus temporalis). Das Broca-Areal ist zuständig für die Rezeption und Produktion syntaktisch komplexerer Sätze. Seine Funktionsfähigkeit beginnt etwa im dritten Lebensjahr. Das Wernicke-Areal erlangt seine Funktionsfähigkeit bereits im ersten Jahr nach der Geburt. Es erlaubt die Rezeption und Produktion einfacher Wortbedeutungen und Sätze. Im Zuge der Krankheitsentwicklung gehen die an das Broca-Areal gebundenen Funktionen sehr bald verloren. Lange Zeit erhalten bleiben hingegen die an das Wernicke-Areal geknüpften Funktionen. Für die Gesprächspraxis bedeutet dieses: Die Kommunikation mit dementen Menschen schon im frühen bis mittleren Stadium der Demenz geschieht ausschließlich in Hauptsätzen. Satzgefüge, Haupt- mit Nebensätzen, können nicht mehr realisiert werden. Je weiter die Demenz fortschreitet um so mehr reentwickelt sich die Hauptsatzkapazität vom Mehrwort-Satz über den Dreiwort-Satz zum Zweiwort-Satz bis hin zur satzwertigen Einwort-Kommunikation. Im Gespräch kommt es darauf an, das syntaktische Niveau des dementen Menschen wahrzunehmen, sich dem im eigenen Sprachverhalten anzupassen, Über- wie auch Unterforderungen zu vermeiden. An anderer Stelle ist umfangreicher dargestellt, wie man auch mit einfachen sprachlichen Mitteln sinnvoll kommunizieren, das jetzt Wesentliche im profanen wie im religiösen Erfahrungsbereich thematisieren kann.[11] Darüber hinaus gibt es eine Übungsanleitung für die Modifikation des Sprachverhaltens mit dementen Menschen.[12]

2.2 Operationen des Denken

Hirnorganisch betrachtet ist das Denken des Menschen im Frontallappen (Lobus frontalis) placiert. Der präfrontale Cortex ist zuständig für zeitlich-räumliche Strukturierung, Handlungsplanung, Problemlösung, ist Sitz des Arbeitsgedächtnisses. Der über den Augenhöhlen gelegene orbitofrontale Cortex vollzieht divergentes Denken, Einschätzen der Konsequenzen eigenen Verhaltens, emotionale Kontrolle, ethische Überlegungen, ist Sitz des Gewissens. Die Bereiche des Frontallappens werden ab der 2. Hälfte des ersten Lebensjahrs langsam funktionsfähig.

Die Fähigkeit des Menschen abstrakt zu denken beginnt etwa mit 12 Jahren. Davor kreist das Denken um das, was konkret, bildhaft, anschaulich vor Augen tritt. Demente Menschen verlieren sehr schnell die Fähigkeit zum abstrakten Denken. Sie haben keine Urteilsfähigkeit mehr. Geistige Operationen vollziehen sich wieder produktiv wie rezeptiv als anschauliches Denken. Relevant sind wieder nur konkret-anschauliche Gegebenheiten.

Dem entspricht die gängige Wortverwendung: im Bereich der Substantive Konkreta statt Abstrakta, im Bereich der Adjektive Eigenschaften, welche die Person oder das Objekt von sich aus zur Schau stellt, im Bereich der Verben solche, die sichtbare Aktivitäten, Vorgänge und Zustände ausdrücken.

Das bedeutet etwa hinsichtlich des Frageverhaltens, dass nur solche Fragen beantwortet werden können, die bildzugänglich sind, Fragen mit den Interrogativpronomen Wer, Was, Wo, Wie wirken Bilder generierend. Personen, Gegenstände, Örtlichkeiten, bestimmte Eigenschaften

---

11 Klaus Depping, *Altersverwirrte Menschen seelsorgerlich begleiten, Bd 1. Hintergründe, Zugänge, Begegnungsebenen*, Hannover (1993) ³2008, 54 ff.
12 Klaus Depping, *Altersverwirrte Menschen seelsorgerlich begleiten, Bd 2. Eine Vermittlungshilfe für Aus- und Fortbildende verschiedener Bereiche*, Hannover (1993) ²2000, 43 ff.

können anschaulich werden, vor Augen treten. Hingegen entziehen sich Fragen nach der Kausalität (warum, weshalb?) oder der Finalität (wozu?) einer anschaulichen Erschließung. Auch ist konditionales, konsekutives, konzessives oder diskriminierendes Denken nicht mehr möglich und diesbezügliche Fragen müssen daher ins Leere gehen bzw. machen depressiv oder aggressiv, weil sie die Grenzen erlebbar machen.

2.3 Gesprächsinhalte

Mit dementen Menschen lässt sich sehr bald nicht mehr über gegenwartsrelevante Sachverhalte kommunizieren. Auch Gegebenheiten, die Jahrzehnte zurück liegen, verlöschen bei fortgeschrittenem Verlauf der Demenz. Der Grund liegt darin, dass der Hippokampus, der für die Einspeicherung und für den Abruf von Gedächtnisinhalten zuständig ist, zahlreiche krankhafte Veränderungen aufweist und von daher die im Temporallappen abgelegten Erfahrungsbestände nicht mehr aufgerufen werden können. Lange erhalten bleibt hingegen das sogenannte Altgedächtnis, das lange bekannte Wissensbestände, Gegebenheiten und Ereignisse aus der Kindheit, der Jugend und eventuell noch aus dem frühen Erwachsenenalter enthält. Einige Autoren vermuten, dass es im Bereich des deklarativen Gedächtnisses ein Bekanntheits- oder Vertrautheitsgedächtnis gibt, dass vom Hippokampus unabhängig ist.[13]

Da der demente Mensch aufgrund von krankhaften Veränderungen im Frontallappen an Zeitgitterstörungen leidet, werden die Inhalte dieses Gedächtnisses aber nicht im Präteritum behandelt, sondern im Präsens. Der demente Mensch erinnert sich nicht an das Früher; er lebt vielmehr in der Vergangenheit, so als ob sie noch Gegenwart wäre; er ist sozusagen in die Vergangenheit entrückt. Er ist wieder Bauer, der das Feld bestellen muss, Mutter, die ihre Kinder versorgen muss, Gottesdienstbesucher, der eine Kirche aufsuchen will, die im 2. Weltkrieg zerstört wurde.

Das lange Zeit praktizierte Realitätsorientierungstraining (ROT) mit dem Ziel den Menschen zeitlich wieder zurechtzurücken, ist heute weitgehend aufgegeben. Vielmehr belässt man den Menschen in seiner Welt, lässt ihn aus seiner Welt erzählen, akzeptiert ihn in seinem Sosein und vermittelt ihm dadurch ein Gefühl der Sicherheit in einer verunsi-

---

13 Gerhard Roth, *Fühlen, Denken, Handeln. Wie das Gehirn unser Verhalten steuert*, Franfurt/Main ²2003, 155, 169 f.

chernden, nicht mehr verstehbaren Umwelt. An anderer Stelle sind spezielle Gesprächsstrategien dargestellt.[14]

Man kann unterscheiden zwischen einem zeitgeschichtlichen, generationsspezifischen Altgedächtnis und einem persönlichen, biographischen Gedächtnis. Um einen dementen Menschen in seiner mentalen Lebenswelt zu verstehen, ist es unerlässlich, sich vertraut zu machen mit den historischen Verhältnissen, unter denen er in der Frühzeit seiner Biographie gelebt hat, mit den Verhältnissen in der Weimarer Zeit und der NS-Zeit.[15] Weiter ist dann zu fragen, was ihn ganz persönlich berührt hat, was sein Selbst bestimmt hat. Barbara Romero[16] hat speziell für den Umgang mit Menschen, die an der Alzheimer-Krankheit leiden, das Konzept der Selbst-Erhaltungs-Therapie (SET) entwickelt. Erhalten werden soll das „personale Selbst". Gefragt werden soll nach dem „selbstbezogenen, selbstnahen Wissen". Dazu gehören dann auch Inhalte der religiösen Sozialisation, die Kenntnis von Liedern, Gebeten, Sprüchen, biblische Geschichten wie religiöse Erlebnisse in Familie, Schule und Gemeinde. Die Erfahrung lehrt, dass solches lange Zeit reaktivierbar ist.

3. Mediale Kommunikation

Schon bei einem geistig gesunden alten Menschen ist das Problem nicht so sehr, dass gewisse Gedächtnisinhalte verloren gehen, sondern dass er ein Abrufproblem hat. Dieses verstärkt sich erheblich bei dementen Menschen. Von daher ist es nötig, gezielt relevante Abrufreize in das biographische Gespräch einzugeben. Dieses kann durch rein sprachliche Stimuli geschehen. Oft wirkungsvoller sind Abrufreize, die neben dem akustischen Apparat auch andere Sinneskanäle mit einbeziehen. Kommunikation mit dementen Menschen wird sich möglichst multi-sensorisch gestalten.

---

14 Depping, *Altersverwirrte Menschen seelsorgerlich begleiten, Bd 1.*, a.a.O., 52 ff.
15 A. a. O., 24 ff.
16 Barbara Romero, *Sprachverhaltensstörungen bei Morbus Alzheimer*, in: Serge Weis/ Germain Weber, *Handbuch Morbus Alzheimer*, Weinheim 1997, 921– 973.1209–1251. Dies., *Selbsterhaltungstherapie. Konzept, klinische Praxis und bisherige Ergebnisse*, in: Zeitschrift für Gerontopsychologie und -psychiatrie 17 (2) 2004, 119–134.

3.1 Optische Abrufreize

Für den visuellen Kanal bieten sich Bilder an, Bilder, die etwas darstellen, was im Altgedächtnis präsent ist. Man konfrontiert mit alten Bildern aus dem Familienalbum. In religiöser Hinsicht bietet sich das Bild der Kirche an, in der der Mensch konfirmiert oder getraut worden ist. Bewährt haben sich biblische Bilder etwa aus dem alten Gesangbuch oder Darstellungen von Julius Schnorr von Carolsfeld. Solche Bilder regen das Erzählen von lebensrelevanten Geschichten an. Sie ermöglichen ein stückweit Identitätserleben im Dasein abgängigen Icherlebens, vermitteln ein stückweit Kontinuität in einem Umfeld voller Diskontinuitäten. Das visuelle System befindet sich überwiegend im Hinterhauptslappen (Occipitallappen). Von der Alzheimer Krankheit ist bekannt, dass dieser Arealbereich kaum krankhafte Veränderungen aufweist.[17]

Bilder lassen sich selbst dann noch einsetzen, wenn der Mensch nicht mehr in der Lage ist, die dargestellten Objekte und Personen zu identifizieren (visuelle Agnosie). Es handelt sich um Bilder, die eine besondere emotionale Ausstrahlungskraft haben. Neurowissenschaftlich gesehen verfügt der Mensch über zwei optische Wahrnehmungswege. Wenn die reflexive Verarbeitung des Bildes (high road) nicht mehr möglich ist, verbleibt noch die intuitive Wahrnehmung des Stimmungsgehaltes (low road). Geeignet sind hier Bilder, die lächelnde Gesichter darstellen, auch Bilder aus der religiösen Tradition, etwa Fröhlichkeit ausdrückende Engelsgestalten. Untersuchungen zeigen, dass solche Bilder stimmungsübertragend wirken.[18] Natürlich wird man sich auch fragen, was für ein Bild ich abgebe, welche Stimmung mir im Gesicht steht.

3.2 Haptische Abrufreize

Bei einem Besuch legte ich Frau G. ein altes Gesangbuch vor. Sie reagierte: „Ach Sie haben das. Hab ich von meiner Patentante Anna bekommen, die war gerade hier, zur Konfirmation. Gehört ein Ziertaschentuch drauf und ein Myrtenzweig. Haben gesungen: Mein Schöpfer steh mir bei. Und zum Schluss: Jesu geh voran auf der Lebensbahn." Frau A. hält eine Kerze in der Hand. Sie sagt: „Steckt Mutter heute abend an." Sie faltet die Hände. Sie spricht und singt schließlich: „Der Mond ist aufgegangen". Bei einer Gruppenveranstaltung reichte ich eine Engelsfigur herum. Ein alter Bauer erzählt: „So einer sitzt bei uns am Haus, im

---

17 Serge Weis/Germain Weber, *Handbuch Morbus Alzheimer*, Weinheim 1997, 765.
18 Depping, *Altersverwirrte Menschen seelsorgerlich begleiten, Bd 1.*, a.a.O., 66 f.

Balken." Eine Frau sagt: „Meine Mutter sagt immer: Dein heiliger Engel sei mit dir, dass der böse Feind keine Macht an dir findet".

In einer frühen Entwicklungsphase des Menschen ist sein handfester Umgang mit den Dingen der Umwelt charakteristisch. Begreifen geschieht sozusagen durch Greifen.[19] Diese Erkenntnisstrategie erlangt bei dementen Menschen etwa im mittleren Stadium der Demenz wieder verstärkt an Bedeutung. Von daher kann es sinnvoll sein, haptische Angebote zu machen. Man sucht nach Gegenständen, die biographisch relevant sind. Dieses kann unter geschlechtsspezifischen, beruflichen oder regionalen Gesichtspunkten geschehen. In religiöser Hinsicht kann man neben den schon erwähnten Beispielen etwa mit einem Kreuz, Dürers betende Hände oder dem gerahmten Konfirmationsspruch in Berührung bringen. Sind die Dinge vertraut, so lösen sie Assoziationen aus, führen zu kleinen Geschichten und bringen Emotionen hervor.

4. Prosodische Kommunikation

Im Spätstadium der Demenz wird Sprache inhaltlich nicht mehr verstanden. Dennoch ist die Ansprache des dementen Menschen bis zuletzt sinnvoll. „Das auditorische System bleibt in allen seinen Anteilen weitgehend frei von alzheimertypischen Veränderungen."[20] „Die phonematische Struktur bleibt zumeist ungestört."[21] Die Hörfähigkeit des dementen Menschen ist am Ende sogar geschärft und erlischt erst 20 Sekunden nach dem klinischen Tod.[22]

Sprache ist nicht nur ein kognitiver Informationsträger, sondern auch ein Klangkörper und hat als solcher eine emotionale Komponente. Was den Menschen immer noch erreicht, ist der prosodische Charakter der Sprache, der sich darstellt in den suprasegmentalen Merkmalen der Sprache wie Tonhöhe, Betonung, Lautheit, Schnelligkeit, Pausen.

Hirnorganisch betrachtet spielt in diesem Zusammenhang das schon zum Zeitpunkt der Geburt ausgereifte und voll funktionsfähig gewordene Mittelhirn (Mesencephalon) eine Rolle.

---

19 Oerter/Montada, *Entwicklungspsychologie*, a.a.O., 162 ff.
20 Konrad Beyreuther u. a., *Demenzen. Grundlagen und Klinik*, Stuttgart/New York 2002, 126.
21 Weis/Weber, *Handbuch Morbus Alzheimer*, a.a.O., 923.
22 Grond, *Pflege Demenzkranker*, a.a.O., 204 f.

Dieses subcorticale, im oberen Teil des Hirnstammes gelegene Gebilde besteht u. a. aus dem oben gelegenen Mittelhirndach (Tectum) mit vier Hügeln (Vierhügelplatte): die beiden vorderen Hügel (Colliculi superiores) und die beiden hinteren Hügel (Colliculi inferiores). Die hinteren Hügel sind wichtige Zentren des Hörsystems, sind zuständig für die unbewusste Verarbeitung von Hörinformationen, reagieren auf Töne. Die vorderen Hügel spielen eine Rolle bei der Auslösung von auditorisch ausgelösten Blick-, Kopf-, Hand – und Armbewegungen, sodass die prosodische Erreichbarkeit auch wahrnehmbar wird.[23] Entwicklungspsychologisch betrachtet steht am Anfang der Sprachentwicklung die Erfassung der affektiven und emotionalen Tönung der Sprache und der Sprachmelodie, die bereits vor der Geburt beginnt und auch nach der Geburt lange Zeit dominant ist bis ein kognitives Erfassen von Sprachinhalten hinzu kommt. Diese emotionale Sprachverwertung wird auch im Spätstadium der Demenz wieder dominant.

„Auf keinen instrumentellen Klang reagiert der Mensch so direkt und so berührt wie auf den Klang der menschlichen Stimme"[24]. Erich Grond weist darauf hin, dass demente Menschen vor dem klinischen Tod einen kommunikativen Tod sterben, wenn nicht mehr mit ihnen gesprochen wird.[25] Dass Sprache mehr ist als ein kognitiver Impuls, klingt bereits in der biblischen Tradition an. Sprache kann emotional bereichern, kann zu einer Wohltat werden. „Wie wohl tut ein Wort zur rechten Zeit" (Sprüche 15, 23). „Dein Wort ist meines Fußes Leuchte und ein Licht auf meinem Wege" (Psalm 119, 105). „Als Elisabeth den Gruß Marias hörte, hüpfte das Kind in ihrem Leibe" (Lukas 1, 41). Michael Heymel tritt dafür ein, „Seelsorge phonetisch als Klanggeschehen zu verstehen, das sich auf Ur-Erlebnisse des Hörens zurückbezieht"[26]. Als wohltuendes Mittel in der seelsorglichen Begegnung sind vor allem die Poesie und die Musik hinsichtlich ihres prosodischen Charakters zu nennen.

---

23 Roth, *Fühlen, Denken, Handeln*, a.a.O., 96.
24 Hans-Helmut Decker-Voigt, *Aus der Seele gespielt. Eine Einführung in die Musiktherapie*, München 2000, 279.
25 Erich Grond, *Altenpflege als Beziehungspflege. Ein interaktionelles Pflegekonzept*, Hagen 1997, 101.
26 Michael Heymel, *Seelsorge als Klanggeschehen*, in: Wege zum Menschen 1 (2005), 41.

4.1 Die Sprachmagie der Poesie

Auch wenn im Spätstadium der Demenz Gedichte textlich nicht mehr aufgenommen werden können, auch bekannte nicht mehr erinnert werden können, so haben sie dennoch eine aufbauende Wirkung. „Ein Gedicht ist ein... Gebilde, bestehend aus einem Spannungsgeflecht von absoluten Kräften, die suggestiv auf vorrationale Schichten einwirken...Sprachmagie, als eine der wichtigsten Merkmale der Poesie, steht vor dem Sprachgehalt"[27]. Kurt Marti vertritt die Auffassung, dass Theopoesie „neue Pforten der Wahrnehmung" vermittelt, wenn „Logik und Theologik vergeht".[28] Fritz Hegi[29] weist darauf hin, dass Gedichte, in denen die Vokale A und O dominant sind, einen besonderen geistlichen Gehalt ausstrahlen. Diese Vokale „schwingen in die Tiefe". Sie „wirken nach innen". Sie haben „Heilwirkung". Sie „haben eine religiöse Wirkung". Im Gebet gesprochen „setzen sie eine bestimmte Klangschwingung in Bewegung, aktivieren religiöse Empfindungszentren und vermögen dementsprechende Energie zu mobilisieren." Dabei vermittelt das O das Empfinden von „Liebe, Wärme, Geborgenheit, Verbundenheit". Das A erzeugt einen „orgelartigen Klang" und vermittelt „Offenheit". Über das A dichtete Josef Weinheber in seiner „Ode an die Buchstaben": „Wie Balsam legt labend auf das Versagte sich das Amen des klaren A".

Man wird Gedichte demnach nicht nur unter dem Gesichtspunkt der inhaltlichen Aussage auswählen, sondern auch nach ihrem prosodischen Wert. Hier seien einige Texte angeführt, in denen die Vokale A und O dominant klingen.

In allen meinen Taten
Lass ich den Höchsten raten,
Der alles kann und hat... (EG 368, 1)

Der Tag ist nun vergangen,
Die güldnen Sternlein prangen
Am blauen Himmelssaal... (EG 477,3)

Ja, ich will euch tragen
Bis zum Alter hin.
Und ihr sollt einst sagen... (EG 380)

Lobe den Herren, was in mir ist,
Lobe den Namen. Alles, was Odem hat,
Lobe mit Abrahams Samen
(EG 317, 5)

---

27 Decker-Voigt, *Aus der Seele gespielt*, a.a.O., 180.
28 Kurt Marti, *Theologie der Zärtlichkeit*, in: Adam Weyer, *Almanach 10*, Wuppertal (1972) ³1977, 22–26.
29 Fritz Hegi, *Improvisation und Musiktherapie. Möglichkeiten und Wirkungen von freier Musik*, Paderborn 1986, 83 f; 60 ff.

Der Mond ist aufgegangen,
Die goldnen Sternlein prangen
Am Himmel hell und klar (EG 482, 1)

Nun lasst uns Gott dem Herren
Dank sagen und ihn ehren
Für alle seine Gaben... (EG 320, 1)

O wohl dem Land, o wohl der Stadt,
So diesen König bei sich hat.
Wohl allen Herzen insgemein... (EG 1,3)

Einer wacht und trägt allein
Ihre Müh und Plag,
Der lässt keinen einsam sein...
(EG 487,2)

Phonetisch schwingt das „a" auch im „ei". So in dem Kindergebet:

Ich bin klein.
Mein Herz mach rein.
Soll niemand drin wohnen als Jesus allein.

Für Kurt Marti ist Theopoesie Ausdruck von Zärtlichkeit und er tritt für eine „Theologie der Zärtlichkeit" ein, die in „gelebter Poesie" Gestalt gewinnt. Dichter haben ein spezielles Mittel, um das Empfinden von Zärtlichkeit zu vermitteln, die Diminutivform. Sie verkleinern mit „lein".[30] Diese Form kommt häufiger in der Gesangbuchpoesie vor. Zärtlich wird der Mensch angesprochen: Kinderlein, Kindelein, Küchlein, Schäflein. Zärtlich begegnet das Heilige: Jesulein, Röslein, Lämmlein, Blümlein. Zärtlich umgibt die Natur: Sternlein, Sternelein, Lichtlein, Lüftlein, Fischlein, Täublein, Vögelein, Körnlein, Zweiglein. „In der Zärtlichkeit leuchtet Versöhnung auf, ein Funke vielleicht der großen, der möglichen Versöhnung zwischen Gott und den Menschen".[31]

4.2 Die Musik als symbolische Gestalt

„Die Musik als symbolische Gestalt beginnt dort, wo die Sprache als Gebrauchssprache des zwischenmenschlichen Kontakts mit ihrer Verständigungskraft aufhört".[32] „Studien bzw. Erfahrungsberichte zeigen,

---

30 Horst J. Frank, *Wie interpretiere ich ein Gedicht? Eine methodische Anleitung*, Tübingen u. a. (1991) ^{6}2003
31 Marti, *Theologie der Zärtlichkeit*, a.a.O., 25.
32 Hegi, *Improvisation und Musiktherapie*, a.a.O., 152.

dass durch die Anwendung von Musik bei Dementen vor allem Dingen Unruhezustände und Angst gemindert werden können".[33]

Von besonderem Wert ist dabei religiöse Musik. „Kirchenmusik symbolisiert u. a. Gott und ‚Kirchenraum'". Sie „vermittelt dem Hörer Gefühle von sehr tiefer (göttlicher) Nähe und Beschütztheit".[34] Elisabeth Schillinger hat in ihrem Buch „Das Lächeln des Narren"[35] sehr eindrucksvoll ihre Erfahrungen mit religiöser Musik in der Begleitung eines dementen Menschen dargestellt: „Aber die Musik gibt es. Immer wieder durchfluten Klänge den Raum, erreichen das Wesentliche, trösten. Die Messe aus der Klosterkirche, Kyrie – erbarme dich, weich lockt der wiegende Rhythmus in den Anfang. Weich schwingt der wiegende Rhythmus der Messe – dona nobis pacem. Heiterkeit umgibt den schlaffen Körper, Heiterkeit, die aus der Seele kommt." Edda Klessmann berichtet von der Wirkung der Musik am Ende des Lebens einer dementen Frau.[36] Das Vorspielen unter anderem von Bachs h-Moll-Messe hatte zur Folge: „M. entspannte sich, lächelte und schlief sanft ein."

Hans-Helmut Decker-Voigt[37] unterscheidet zwei Arten von Musik: ergotrope Musik und trophotrope Musik. Ergotrope Musik ist stimulierende, aktivierende Musik, die u. a. gekennzeichnet ist durch stark akzentuierte Rhythmen, Dur-Tonarten, betonte Dissonanzen. Trophotrope Musik ist beruhigende, entspannende Musik, die u. a. gekennzeichnet ist durch schwebende Rhythmen, Moll-Tonarten, Konsonanzen. Am Ende des Lebens geht es nicht mehr um das Aktivieren, vielmehr um die Gewährung und Herstellung von Ruhe. Diese vermittelt die trophotrope Musik. Sie „ernährt", indem sie Kraft vermittelt. Sie „füllt", indem sie das aufnehmen lässt, was verausgabt wurde. Geeignet sind hier unter anderem abendliche Kinderlieder wie: „So schlafe nun, du Kleine" (Matthias Claudius), „Guten Abend, gut Nacht" (Johannes Brahms), „Schlafe mein Prinzlein, schlaf ein" (Wolfgang Amadeus Mozart). Sie entsprechen der Lebenswelt, in der sich demente Menschen am Ende wieder bewegen.

---

33 Gabriela Stoppe/Lienhard Maeck, *Therapie von Verhaltensstörungen bei Menschen mit Demenz*, in: Zeitschrift für Gerontopsychologie und -psychiatrie 20 (1) 2007, 55.
34 Decker-Voigt, *Aus der Seele gespielt*, a.a.O., 185.
35 Elisabeth Schillinger, *Das Lächeln des Narren. Eine Geschichte vom Sterben und von der Liebe*, Freiburg i. Br. 1989.
36 Edda Klessmann, *Wenn Eltern Kinder werden und doch Eltern bleiben. Die Doppelbotschaft der Alzheimerdemenz*, Bern (1990) [6]2006, 165.
37 Decker-Voigt, *Aus der Seele gespielt*, a.a.O.

5. Kommunikation als symbolisches Handlungsgeschehen

5.1 Rituelle Kommunikation

„Die Vermittlung des Heiligen erfolgt nicht nur in Worten, sondern in einem ritualisierten Geschehen, das alle Dimensionen menschlicher Existenz umfasst." Seelsorge muss mehr sein als Anwendung von „Bewusstseinstheologie", sondern „energetische Seelsorge".[38] Ganz besonders bei Menschen, die in ihren Bewusstseinsprozessen beeinträchtigt sind, ist dieses von hervorragender Bedeutung. Es geht um das Inszenieren eines Handlungsgeschehens. Neben der Segnung, auf die noch besonders eingegangen wird, und der Salbung können hier auch rituelle Handlungen aus dem Alltagsgeschehen von symbolischer Bedeutung sein und religiösen Charakter haben. Miteinander essen und trinken, wie es Jesus häufig tat, ist Ausdruck von Gemeinschaft. Gemeinsam essen und trinken kann nach einem Konflikt unausgesprochen Ausdruck von Vergebung sein. Sich wieder mit jemanden an einen Tisch setzen, bedeutet: Nun sind wir uns wieder gut. Seelsorge muss sich nicht in einer Stuhl-zu-Stuhl oder Stuhl-zu-Bett-Konstellation vollziehen. Wo es möglich ist, kann man ein Stück miteinander gehen. „Ich möcht, dass einer mit mir geht". Auch im gemeinsamen Gehen wird Gemeinschaft erlebt, ein Gefühl von Heimat und Zuhause im Zustand der Heimatlosigkeit und des Unbehaustseins vermittelt. Was nicht mehr argumentativ sinnerhellend vermittelt werden kann, kann sehr wohl noch handelnd, emotional-sinnhaft erlebbar gemacht werden.

Möglicherweise spielt hier ein besonderer Bereich des Gedächtnisses eine Rolle, der ohne Reflexion aktiv wird: das sogenannte prozedurale Gedächtnis. Dabei geht es nicht nur um einmal gelernte und nun automatisch ausgeführte Fertigkeiten wie Radfahren oder die Betätigung der Tasten beim Klavierspielen. Auch vertraute soziale Gewohnheiten mit positiven Konsequenzen dürften von hier aus ohne große Reflexionsanforderungen organisiert werden bzw. intuitiv in ihrem Sinn erlebt werden.[39] Auf jeden Fall gehört das Erlernen von Ritualen einschließlich religiöser Rituale in der Entwicklung zu den Früherfahrungen, die auch unter Demenz lange erhalten bleiben.

---

38 Manfred Josuttis, *Segenskräfte. Potentiale einer energetischen Seelsorge*, Gütersloh (2000) ²2002, 103.
39 Roth, *Fühlen, Denken, Handeln*, a.a.O., 156 ff.

5.2 Somatosensorische Kommunikation

Ein besonders körpernahes Handlungsgeschehen ist die somatosensorische Kommunikation. Das somatosensorische System des Menschen ist zuständig für die Körperempfindungen des Menschen. Es reagiert auf Tast- Druck- und Berührungsreize der Haut und der Haare und auf Temperaturschwankungen. Neben den Klangerfahrungen gehört die Erfahrung der körperlichen Begegnung zu den zentralen Früherfahrungen des Menschen. Auch im Spätstadium der Demenz bleibt die Sensibilität für taktile Zuwendungen erhalten, ja wird nach dem Wegfall kognitiver Erfahrungsmöglichkeiten dominant bis einzigartig. Erich Grond stellt für den Umgang mit dementen Menschen die Bedeutung der handvermittelten Zärtlichkeit heraus.[40] Bis zu 10 Minuten über den klinischen Tod hinaus kann der Mensch Berührungen unbewusst wahrnehmen. Edda Klessmann erlebte im Endstadium der Demenz, neben der Musik „waren Umarmungen, aber auch das Händehalten die letzten Kontaktbrücken".[41]

Körperkontakt und Wärme verhindern das Gefühl der sozialen Isolation. Biochemisch kommt es zur Ausschüttung des Neuropeptids Oxytozin wie einst bei der Geburt und während der Stillzeit. Es trug einst zur Ausbildung der Bindung zwischen Mutter und Kind bei und vermittelt auch im weiteren Leben bei liebenden Körperkontakt das Gefühl von Gemeinschaft und hat einen beruhigenden Effekt.[42]

Körperliche Zuwendung hat eine lange bis in biblische Zeit zurückgehende religiöse Tradition. Mehr als 200 mal kommt im Alten Testament die Hand als Gottessymbol vor. Dabei geht es um unterschiedliche Formen des Körperkontakts mit jeweils spezifischen Ausdrucksintentionen. Die Hände in die Nähe des Körpers bringen, ohne zu berühren, erzeugt Wärme, Wärme, die unterschwellig mit einer Kraft assoziiert ist, die von außen kommt und Mut macht: „Du hälst deine Hand über mir" (Psalm 139,5b). Hände zusammen mit den Armen drücken das Getragensein aus. „Ich will euch tragen bis ins Alter" (Jesaja 46,4). Hände können stützen und halten. „Tue die Hand nicht von mir ab" (Psalm 27,9). Das Umarmen lässt spüren : Ich bin geborgen in etwas, das größer und mächtiger ist als das Ich. „Von allen Seiten umgibst du mich" (Psalm

---

40 Grond, *Pflege Demenzkranker*, a.a.O., 128 ff.
41 Klessmann, *Wenn Eltern Kinder werden und doch Eltern bleiben*, a.a.O., 165.
42 Jochen Müsseler/Wolfgang Prinz (Hg.), *Allgemeine Psychologie*, Heidelberg (2002) ²2007, 246 f.

139a). Im Neuen Testament legt Jesus den Kranken segnend die Hände auf, vermittelt ihnen damit Lebenskraft.

Johannes Fischer unterscheidet zwei Arten von Seelsorge: Seelsorge in mittelbarer Weise und Seelsorge in unmittelbarer Weise.[43] Seelsorge in mittelbarer Weise stellt sich dar als Beratungsgespräch, das Bewusstseinsfähigkeit, Reflexionsvermögen erfordert. Seelsorge in unmittelbarer Weise ist eine Möglichkeit, wenn Menschen ohne Bewusstsein sind wie es bei komatösen und am Ende bei dementen Menschen der Fall ist. Auch in dieser Daseinsweise ist der Mensch „geistlich empfänglich etwa für die Zuwendung, die sich in einer Berührung ausdrückt".

Malcom Brown hat in seiner „organismischen Psychotherapie" den Begriff der nährenden Berührung geprägt.[44] Kennzeichnend für die nährende Berührung ist, dass der Körper des Menschen mit der Hand ohne Bewegung und Druck, langsam und nahezu passiv berührt wird. Die Hände werden leicht, in sanfter Weise auf die Haut verschiedener Körperregionen wie etwa Hände, Füße, Schädel, Hinterkopf, Nacken, Schultern gelegt. Auf diese Weise erlebt der Mensch, dass seiner Verzweiflung Aufmerksamkeit geschenkt wird. Aktiver Händekontakt mit Bewegung und Druck kann als bedrohlich erlebt werden. Nährende Berührung hingegen vermittelt Wärme, das Erleben geliebt zu werden, das Gefühl des Gehaltenwerdens.

Charles V. Brooks spricht im Kontext von „Sensory Awareness" von dem einfachen physikalischen Kontakt.[45] Ruhig werden die Hände auf die Stirn, auf die Schultern, auf die Knie, um die Füße oder auf die Handflächen des anderen gelegt. Es geht nicht um streicheln, kraulen oder tätscheln. All das kann als Manipulation und Einengung erlebt werden. Der Mensch fühlt sich geachtet und gut versorgt. Es entsteht ein Gefühl wie bei einem kleinen Kind, dass die Mutter nach dem Stillen sanft in die Arme nimmt.

Erich Grond stellt für den Umgang mit dementen Menschen die Wichtigkeit der handvermittelten Zärtlichkeit heraus, die den Menschen bis zuletzt erreicht.[46] Wichtig ist das Handauflegen, durch das Wärme-Energie vermittelt wird. Das Stützen der Hand lässt Fürsorglichkeit er-

---

43 Fischer, *Ethische Dimension der Spitalseelsorge*, a.a.O., 218 f.
44 Malcom Brown, *Die heilende Berührung*, Essen (1985) ²1988, 135 ff.
45 Charles V. W. Brooks, *Erleben durch die Sinne*, München 1991, 97 ff.
46 Grond, *Pflege Demenzkranker*, a.a.O., 128 ff.

leben. „Wer nicht berührt wird, fühlt sich nicht mehr liebenswert. Berühren tröstet, beruhigt, vermittelt das Gefühl, angenommen, akzeptiert zu sein". Im Berühren wird erlebbar das „Ich bin bei Dir".

Da wo Evangelium nicht mehr verstanden, rational verarbeitet werden kann, kann es dennoch erspürt, erlebt werden. Da wo der Mund als Mittel der Verkündigung keine Chance mehr hat, kann die Hand immer noch erreichen. „Die Gesten der Hand sind symbolische Handlungen, nämlich Vorwegrealisationen des Reiches Gottes. Sie weisen über sich hinaus und erhalten ihren Sinn in der Perspektive der Reich-Gottes-Verkündigung".[47]

6. Haltung und Ziele in der Kommunikation

Wer mit dementen Menschen aufbauend kommunizieren will, der wird der Diagnostik trotzen. Bei allen kognitiven Störungen der Sprache, des Denkens und des Gedächtnisses wird er aus sein auf vorhandene Ressourcen, die zum Anknüpfungspunkt für Interventionen werden können, die dennoch die Lebensqualität verbessern. Lange Zeit lässt sich dem dementen Menschen Identität erhalten durch die Offenheit für seine Geschichte und die Förderung seiner Geschichten mit sprachlichen und auch optischen und gegenständlichen Mitteln. Auf diese Weise bewahrt man den Menschen vor dem Gefühl des Nichtsseins. Man wird ihm allerdings zugestehen, dass er sich in einer Welt bewegt, die für uns fremd ist, ihm aber irgendwie angemessen ist. Wer ihn darin akzeptiert, bewahrt ihn vor dem Gefühl des Verrücktseins. Auch in späteren Stadien der Demenz wird der Mensch nicht zur „Nicht-Person" oder „Postperson". Er bleibt ein emotionales Selbst. Der Mensch reagiert gemeint auf wohltuende Klänge und körperliche Zuwendungen wie es am Anfang seiner Lebensgeschichte war. Seelsorglich Begleitende „sorgen für den anderen wie ein Vater, wie eine Mutter. Sie können dabei zum Abbild von Gottes väterlich-mütterlicher Liebe werden".[48]

---

[47] Peter Biehl, *Symbole geben zu lernen. Einführung in die Symboldidaktik anhand der Symbole Hand, Haus und Weg*, Neukirchen-Vluyn (1989) ³2002, 137.
[48] Rolf-Heinz Geissler, *Symbole und Rituale. Zeichensprache der seelsorgerlichen Begegnung*, in: Susanne Kobler-von Komorowski/Heinz Schmidt, *Seelsorge im Alter. Herausforderung für den Pflegealltag*, Heidelberg 2005, 115.

Literatur

Konrad Beyreuther u. a., *Demenzen. Grundlagen und Klinik*, Stuttgart/New York 2002.
Horst Bickel, *Epidemiologie der Demenz*, in: Konrad Beyreuther u. a., *Demenzen. Grundlagen und Klinik*, Stuttgart/New York 2002, S. 17–41.
Peter Biehl, *Symbole geben zu lernen. Einführung in die Symboldidaktik anhand der Symbole Hand, Haus und Weg*, Neukirchen-Vluyn (1989) ³2002.
Charles V. W. Brooks, *Erleben durch die Sinne*, München 1991.
Malcom Brown, *Die heilende Berührung*, Essen (1985) ²1988.
Hans-Helmut Decker-Voigt, *Aus der Seele gespielt. Eine Einführung in die Musiktherapie*, München 2000.
Hans-Helmut Decker-Voigt, *Handbuch Musiktherapie*, Lilienthal/Bremen 1983.
Klaus Depping, *Altersverwirrte Menschen seelsorglich begleiten, Bd 1. Hintergründe, Zugänge, Begegnungsebenen*, Hannover (1993) ³2008.
Klaus Depping, *Altersverwirrte Menschen seelsorglich begleiten, Bd 2. Eine Vermittlungshilfe für Aus- und Fortbildende verschiedener Bereiche*, Hannover (1993) ²2000.
Johannes Fischer, *Ethische Dimension der Spitalseelsorge*, in: Wege zum Menschen 3 (2006).
Hans Förstl, *Antidementiva*, München 2003.
James W. Fowler, *Glaubensentwicklung. Perspektiven für Seelsorge und kirchliche Bildungsarbeit*, München 1989.
James W. Fowler, *Theologie und Psychologie in der Erforschung der Glaubensentwicklung*, in: Concilium 18 (1982), S. 444 ff.
Horst J. Frank, *Wie interpretiere ich ein Gedicht? Eine methodische Anleitung*, Tübingen u. a. (1991) ⁶2003
Rolf-Heinz Geissler, *Symbole und Rituale. Zeichensprache der seelsorgerlichen Begegnung*, in: Susanne Kobler-von Komorowski/Heinz Schmidt, *Seelsorge im Alter. Herausforderung für den Pflegealltag*, Heidelberg 2005, S. 104–122.
Erich Grond, *Pflege Demenzkranker*, Hannover (1998) ³2005.
Erich Grond, *Altenpflege als Beziehungspflege. Ein interaktionelles Pflegekonzept*, Hagen 1997.
Fritz Hegi, *Improvisation und Musiktherapie. Möglichkeiten und Wirkungen von freier Musik*, Paderborn 1986.
Michael Heymel, *Seelsorge als Klanggeschehen*, in: Wege zum Menschen 1 (2005), S. 29–42.
Manfred Josuttis, *Segenskräfte. Potentiale einer energetischen Seelsorge*, Gütersloh (2000) ²2002.
Edda Klessmann, *Wenn Eltern Kinder werden und doch Eltern bleiben. Die Doppelbotschaft der Alzheimerdemenz*, Bern (1990) ⁶2006.
Alexander Kurz, *Klinik*, in: Konrad Beyreuther u. a., *Demenzen. Grundlagen und Klinik*, Stuttgart/New York 2002, S. 168–186.
Kurt Marti, *Theologie der Zärtlichkeit*, in: Adam Weyer, *Almanach 10*, Wuppertal (1972) ³1977, S. 22–26.
Jochen Müsseler/Wolfgang Prinz (Hg.), *Allgemeine Psychologie*, Heidelberg (2002) ²2007.

Rolf Oerter/Leo Montada (Hg.), *Entwicklungspsychologie*, Weinheim u. a. (1982) ⁶2008.

Barbara Romero, *Sprachverhaltensstörungen bei Morbus Alzheimer*, in: Serge Weis/Germain Weber, *Handbuch Morbus Alzheimer*, Weinheim 1997, S. 921–973, S. 1209–1251.

Barbara Romero, *Selbsterhaltungstherapie. Konzept, klinische Praxis und bisherige Ergebnisse*, in: Zeitschrift für Gerontopsychologie und -psychiatrie 17 (2) 2004, S. 119–134.

Gerhard Roth, *Fühlen, Denken, Handeln. Wie das Gehirn unser Verhalten steuert*, Franfurt/Main ²2003.

Elisabeth Schillinger, *Das Lächeln des Narren. Eine Geschichte vom Sterben und von der Liebe*, Freiburg i. Br. 1989.

Gabriela Stoppe/Lienhard Maeck, *Therapie von Verhaltensstörungen bei Menschen mit Demenz*, in: Zeitschrift für Gerontopsychologie und -psychiatrie 20 (1) 2007, S. 53–58.

Serge Weis/Germain Weber, *Handbuch Morbus Alzheimer*, Weinheim 1997.

Sterbebegleitung:
Christliche Perspektiven und Aufgaben

Michael Klessmann

1. Sterben und Tod[1]

Sterben stellt für die einen den Abbruch des Lebens dar, für andere ist es Vollendung und Zielpunkt, für wieder andere Übergang in eine jenseitige Welt – in jedem Fall bezeichnet es eine besonders schwierige, wegen ihrer Unwiderruflichkeit mit vielen Ängsten und Unsicherheiten besetzte Lebensphase (Sterben gehört zum Leben!), die seit alters her von den Lehren und Ritualen der Religionen gestaltet und begleitet worden ist. Der religiöse Rahmen ist in der Gegenwart weitgehend weggebrochen; damit wird das Sterben zu einer Aufgabe der Gestaltung für Individuen und kleine Gruppen; ob die Kirchen mit ihren Angeboten an Ritualen und Seelsorge anlässlich dieses großen Übergangs eine bleibende Funktion behalten oder sie mehr und mehr an freie Ritualgestalter verlieren, ist im Moment schwer absehbar.

Der Tod ist zwar für alle Menschen gleich – das Sterben hat jedoch ganz unterschiedliche Gesichter. Das Sterben eines alten Mannes, der müde und des Lebens überdrüssig ist, wird ganz anders erlebt als der Tod eines Kindes, das sein ganzes Leben noch vor sich hat; das Sterben einer jungen Mutter, die mehrere Kinder zurück lässt, schneidet unzählige Beziehungen ab und löst kaum zu ermessende Trauer aus; eine einsame alte Frau dagegen, die noch dazu unter starken Schmerzen leidet, mag den Tod als Erlösung herbeisehnen, und vielleicht ist da kaum noch jemand, der sie betrauert. Den einen reißt der Tod durch Unfall, Krieg oder Katastrophe aus einem erfüllten Leben, kein Abschied ist möglich, alle Beziehungen, Pläne und Hoffnungen brechen brutal ab; ein anderer siecht langsam und schmerzlich dahin, kann sich aber wenigstens ver-

---

1   Dieser Text stellt eine erweiterte Fassung des Abschnitts „Seelsorge mit und an Sterbenden" aus meinem Buch, *Seelsorge. Begleitung, Begegnung, Lebensdeutung im Horizont des christlichen Glaubens. Ein Lehrbuch*, Neuenkirchen 2008, 383 ff. dar.

abschieden und seine Dinge ordnen (obwohl viele Menschen in ihrer Angst vor dem Sterben eben diese Aufgabe scheuen). Der Tod der einen reißt tiefe, nie wieder vernarbende Wunden, das Sterben der anderen wird als Erleichterung und Erlösung erlebt. Nicht nur junge Menschen fürchten und verdrängen Sterben und Tod, auch alte leben so, als seien sie unsterblich; andererseits gibt es viele Menschen, die mit dem Tod spielen (z. B. beim Autofahren oder Extremsportarten) und deren Verhalten man eigentlich nur als Ausdruck einer latenten Todessehnsucht verstehen kann. Auch Süchte und Abhängigkeiten können als Ausdruck eines langsamen Sterbens auf Raten verstanden werden. Dabei ist die kulturelle Bewertung von Sterben und Tod nicht zu vernachlässigen: In der Gegenwart gilt Leben als höchstes Gut, das mit möglichst allen Mitteln zu erhalten ist, während es Religionen und Diktaturen gegeben hat (und noch gibt), die von ihren Anhängern den Einsatz selbst des eigenen Lebens fordern. Der Tod als Ende eines Prozesses ist für alle gleich – aber der Weg dahin verläuft sehr unterschiedlich und wird in seinem Gewicht äußerst vielfältig erlebt.

Dass der Tod für alle gleich ist, gilt im Übrigen auch nur eingeschränkt: Die Statistik erweist, dass z. B. Selbstständige und Beamte eine deutlich höhere Lebenserwartung haben als Arbeiter. Bessere Bildung verbürgt längeres Leben, nicht zuletzt, weil man sich besser und bewusster ernährt oder frühzeitiger zum Arzt geht als andere; auch Tätigkeit schützt eine Zeit lang vor dem Tod: Arbeitslose sterben früher als ihre berufstätigen Kollegen aus derselben Berufsgruppe. Auch verheiratete Personen leben statistisch gesehen deutlich länger als gleichaltrige Unverheiratete.[2]

Zur Begrifflichkeit: Sterben bezeichnet den „Vorgang des Erlöschens der Lebensfunktionen bis zum Tod".[3] Von Sterbenden sprechen wir, „wenn ein Mensch in seiner Lebensexistenz akut oder in absehbarer Zeit ernstlich gefährdet ist durch Krankheit oder Unfallfolgen."[4]

---

2   Vgl. Marc Luy, *Differentielle Sterblichkeit. Die ungleiche Verteilung der Lebenserwartung in Deutschland*, Rostocker Zentrum zur Erforschung des Demografischen Wandels, 2006. www.rostockerzentrum.de
3   *Pschyrembel Klinisches Wörterbuch*, Berlin/New York [256]1990, 1585.
4   Andreas Ebert/Peter Godzik (Hg.), *Verlaß mich nicht, wenn ich schwach werde. Handbuch zur Begleitung Schwerkranker und Sterbender*, Hamburg 1993, 25.

2. Veränderung der gesellschaftlich-kulturellen Bedingungen gegenwärtigen Sterbens

Die sozialen und kulturellen Bedingungen, unter denen Menschen zu Beginn des 21. Jahrhunderts in Deutschland sterben, unterscheiden sich tiefgreifend von denen, die noch vor 100 Jahren gültig waren.

1. Bis zum Beginn des 20. Jahrhunderts konnte man Sterben und Tod als relativ alltägliche und öffentliche Vorgänge ständig miterleben. Die Kindersterblichkeit war hoch und die allgemeine Lebenserwartung niedrig. Noch 1890 betrug die mittlere Lebenserwartung bei der Geburt für Frauen 40 Jahre, für Männer 37 Jahre. Gut hundert Jahre später hat sich die durchschnittliche Lebenserwartung verdoppelt, ist für Frauen auf 81 und für Männer auf 75 Jahre gestiegen. Die stark angewachsene Lebenserwartung hat Sterben und Tod in unserer gegenwärtigen Wahrnehmung an das Ende eines *langen* Lebens gerückt. Dass wir „mitten im Leben" vom Tod umfangen sind, wie es der alte Hymnus „media vita in morte sumus" formuliert (Evangelisches Gesangbuch 518), bleibt zwar richtig, entspricht aber ganz und gar nicht mehr der Alltagserfahrung. Wenn jemand in seinen 60er Jahren stirbt, empfinden Angehörige das häufig schon als einen frühzeitigen Tod.

2. Die Entstehung des modernen Krankenhauses und die Einrichtung von Alten- und Pflegeheimen haben zu einer Hospitalisierung des Sterbens geführt: Etwa 50 % der Menschen unseres Landes sterben im Krankenhaus, weitere 25–30 % in Alten- und Pflegeheimen; nur noch eine Minderheit der Menschen stirbt zu Hause. Dieser Trend wird verstärkt durch die Veränderungen unserer Lebensformen: die Zahl der Single-Haushalte nimmt zu, in einer Partnerschaft sind meistens beide berufstätig, erwachsene Kinder und Eltern leben häufig nicht mehr am selben Ort, stabile Nachbarschaftsverhältnisse gibt es immer seltener, d. h. es wird, trotz der Zunahme von ambulanten Pflegediensten immer schwieriger, schwer kranke Menschen im häuslichen Umfeld zu pflegen und zu betreuen. Krankenhaus, Heim oder stationäres Hospiz sind dann manchmal die einzige Möglichkeit, sterbende Menschen angemessen zu versorgen. Gleichzeitig häufen sich Berichte, dass schwer kranke und sterbende Menschen in Heimen wegen Personalmangel oder unzureichend ausgebildetem Personal nicht angemessen versorgt und begleitet werden.[5]

---

5 Ausführlich dazu Oliver Tolmein, *Keiner stirbt für sich allein*, München 2007.

3. Hospitalisierung bedeutet häufig auch Medikalisierung, d. h.: Das Sterben wird durch die enormen Möglichkeiten der Intensiv- oder Hochleistungsmedizin gesteuert, es nimmt nur noch selten seinen „natürlichen" Verlauf. Damit wird der „eigene Tod", wie es Rainer Maria Rilke genannt hat, also der nicht durch fremde Intervention bestimmte Verlauf des Sterbens vielen Menschen vorenthalten. Entsprechend groß und verbreitet sind Ängste, dass sich das Sterben qualvoll in die Länge ziehen könnte – und viele Erfahrungsberichte bestätigen diese Ängste. Der in früheren Jahrhunderten gefürchtete „jähe" Tod wird heute von vielen herbeigesehnt, weil er eher ein relativ leidfreies Sterben verspricht.

4. Die früher selbstverständliche begrenzte Öffentlichkeit des Sterbens ist einer weitgehenden Privatisierung und Individualisierung gewichen: Während Sterben bis ins 19. Jahrhundert hinein im Beisein von Geistlichen, Familienangehörigen, Nachbarn und Freunden geschah, ist das Sterben heute eine einsame und höchst private Angelegenheit geworden. Das eigentliche Sterben bekommen höchstens noch nahe Angehörige mit; die Bewältigung des Abschieds und der Trauer, die Auswahl der Bestattungsform, die Auseinandersetzung mit einer möglichen Sinngebung – alles ist den Einzelnen überlassen, ein übergreifender und stabilisierender Handlungs- und Sinngebungsrahmen ist weitgehend weggebrochen.

5. Dem physischen Sterben geht oft ein soziales Sterben voraus. In Krankenhäusern hat man festgestellt, dass das Pflegepersonal sterbende Menschen tendenziell meidet, seltener zu ihnen ins Zimmer geht als zu anderen Kranken. Sterbende vereinsamen, weil sich auch Freunde und selbst Angehörige nicht mehr trauen hinzugehen bzw. das offensichtliche Thema anzusprechen. Sterben und Tod machen Angst, der man ausweicht, indem man die Begegnung mit Sterbenden meidet.

6. Eine fast unausweichliche Folge der Individualisierung ist eine zunehmende Tendenz zur Professionalisierung im Umgang mit Sterben und Tod. Wenn familiale und nachbarschaftliche Hilfsmöglichkeiten ausfallen, treten Spezialisten an deren Stelle: Hospizhelfer bieten Sterbebegleitung an, Bestattungsunternehmer richten den Leichnam her und übernehmen die Formalia, Trauerbegleiter helfen zur richtigen Trauer. Wenn Professionelle alles übernehmen, was im Umfeld von Sterben und Tod gemacht werden muss, werden selbstverständliche zwischenmenschliche Kompetenzen der Angehörigen nicht mehr abgefragt. Hospizarbeit setzt sich deswegen auch zum Ziel, Angehörige anzuleiten, einfache, aber wichtige Tätigkeiten und Verhaltensweisen bei der Sterbebegleitung (wieder) zu übernehmen (s. u. Nr. 4).

7. Die fortschreitende Säkularisierung unserer Gesellschaft trägt zur Verunsicherung in der Einstellung gegenüber Sterben und Tod bei. Nur noch ein Drittel der Menschen vertrauen darauf, dass es ein wie auch immer verstandenes Leben nach dem Tod für sie geben wird, der Glaube an eine Auferweckung von den Toten durch Gott wird noch seltener geteilt. Das Vertrauen auf ein Aufgehoben-Sein bei Gott über den Tod hinaus schwindet – und damit auch das darin enthaltene Trost- und Hoffnungspotential. Das Schicksal gilt nicht mehr als etwas, das man mehr oder weniger demütig hinzunehmen hat, in das man sich fügt, sondern als etwas, das man bis zum letzten Augenblick gestalten kann und muss. Was man früher von einem Leben nach dem Tod erhoffte, muss jetzt in diesem Leben realisiert werden, die Gefährdung des Lebens, seine Brüchigkeit und Begrenztheit muss dann möglichst weitgehend ausgeblendet werden.

8. Der Umgang mit Sterben und Tod ist längst von der in unserer Gesellschaft allgegenwärtigen Ökonomisierung erfasst: In Krankenhäusern werden Verstorbene möglichst bald nach dem Todeseintritt in den Kühlraum gebracht, denn das Bett muss aus wirtschaftlichen Gründen umgehend neu belegt werden. Bestattungen sind zu einem lukrativen Markt geworden; die stetig steigende Zahl anonymer Bestattungen hat auch damit zu tun, dass alte Menschen ihren Angehörigen sowohl in finanzieller wie in emotionaler Hinsicht nicht zur Last fallen wollen.

9. Schließlich ist schon lange eine Virtualisierung des Themas durch die Medien zu beobachten. In der Welt des Fernsehens, der Comics, des Internet und der Computerspiele sind Sterben und Tod zur Unterhaltung geworden. Im deutschen Fernsehen sind auf allen Kanälen zusammen etwa 500 Morde pro Woche zu sehen; für die USA hat man geschätzt, dass ein Kind allein während der Grundschulzeit ca. 8000 Morde und 100000 Gewalttaten auf dem Bildschirm sieht.[6] Ein Vergleichgültigungs- oder Abstumpfungseffekt stellt sich ein: Sterben betrifft offenbar nur die Anderen.

10. Seit einer Reihe von Jahren sind auch gegenläufige Tendenzen zu den oben beschriebenen Trends zu beobachten: Der Hospizgedanke findet mehr Verbreitung, Kliniken richten Abschiedsräume für Sterbende und ihre Angehörigen ein; in Alten- und Pflegeheimen wird zunehmend eine Kultur des Verabschiedens von verstorbenen Mitbewohnern gepflegt.

---

6 Ulrich Becker, *Sterben und Tod in der Lebenswelt und Lebensgeschichte von Kindern*, in: Ulrich Becker/Klaus Feldmann/Friedrich Johannsen, *Sterben und Tod in Europa*, Neukirchen 1998, 31.

Die verbreitete These von der Verdrängung des Todes in unserer Gesellschaft ist insofern nicht mehr uneingeschränkt zutreffend.

3. ars moriendi – Vorbereitung auf das Sterben

Im Mittelalter galt die Vorbereitung auf das Sterben als selbstverständlicher Teil des Lebens. Der jähe Tod war gefürchtet, weil man dann die angemessenen geistlichen Zurüstungen nicht mehr in Anspruch nehmen konnte. In den schrecklichen Pestzeiten des ausgehenden Mittelalters entstand eine Literaturgattung („ars moriendi"), die in Texten und Bildern (u. a. den verbreiteten Totentanzdarstellungen) zur Auseinandersetzung mit Sterben und Tod anregen und zugleich, sofern kein Priester erreichbar war, Anleitung zu einem „seligen Sterben" vermitteln sollte (Gebete, Beichte und Absolution).[7] Auch Luthers „Sermon von der Bereitung zum Sterben" von 1519 steht in der Traditionslinie der ars moriendi.

Diese Art der Vorbereitung auf das Sterben ist in der Gegenwart so nicht mehr vermittelbar. An ihre Stelle sind Verhaltensweisen getreten, die indirekt einen ähnlichen Effekt haben können:

1. Schwer kranke Menschen haben nicht selten das Bedürfnis, auf ihr Leben zurückzublicken und eine Art von Lebensbilanz zu ziehen: sich noch einmal im Gespräch mit anderen über Gelungenes zu freuen, Misslungenes zu betrauern und offen Gebliebenes vielleicht noch abschließen zu können. In diesem Sinn Bilanz zu ziehen, stellt eine wichtige Möglichkeit dar, auch unabhängig vom tatsächlichen Sterben das Leben bewusst in seiner Begrenztheit und Endlichkeit wahrzunehmen. Jeder (runde) Geburtstag, jeder Jahrestag, jeder Jahreswechsel bietet Gelegenheit zurückzuschauen, aus dieser Rückschau sich mit den Wünschen an das verbleibende Leben auseinander zu setzen, die Endlichkeit des Lebens zu realisieren – und sich dergestalt indirekt auf das Sterben vorzubereiten.

---

7 Vgl. Artur E. Imhof, *Die Kunst des Sterbens (Ars moriendi) einst – und heute? Oder: Erfüllt leben – in Gelassenheit sterben*, in: Ulrich Becker/ Klaus Feldmann/ Friedrich Johannsen (Hg.), *Sterben und Tod in Europa*, Neukirchen 1998, 118–127.

2. Etwas Ähnliches meint die Psychotherapeutin Verena Kast, indem sie das Stichwort vom „abschiedlich leben" geprägt hat[8]: Es gilt, die kleinen und großen Abschiede des Lebens (der erste Abschied von den Eltern beim Beginn des Kindergartens oder der Einschulung, Weggehen von zu Hause zum Zweck einer Ausbildung, eines Studiums, Beendigung von Freundschaften und Paarbeziehungen, Abschied vom Beruf etc.) mit ihren Schmerzen und Traurigkeiten, aber möglicherweise auch mit Gefühlen von Befreiung bewusst wahrzunehmen und sich auf diese Weise auf den endgültigen Abschied vorzubereiten.
3. Angesichts der fast unbegrenzten Möglichkeiten der modernen Intensivmedizin gewinnt eine Patientenverfügung zunehmende Bedeutung (auch wenn ihr rechtlicher Status immer noch umstritten ist): Nur so kann man im Fall der Äußerungsunfähigkeit die eigenen Wünsche und Absichten an die Behandelnden und Pflegenden vermitteln. Eine Patientenverfügung abzufassen setzt voraus, dass man sich intensiv mit dem Gedanken an das eigene Sterben und den Tod auseinandersetzt. Nur wenn eine solche Verfügung entsprechend differenziert ausfällt, also verschiedene Möglichkeiten am Lebensende konkret vorstellt und abwägt, ist sie aussagekräftig. Insofern kann man ihre Abfassung zweifellos als eine moderne Form der ars moriendi verstehen.

4. Sterben als Prozess

Bis in die 60er Jahre des 20. Jahrhunderts galt Sterben in den westlichen Gesellschaften nicht nur als Tabu-Thema, es war auch in Medizin und Theologie weitgehend unerforscht und unbearbeitet. Man hatte kaum eine Vorstellung davon, was eigentlich passiert, wenn Menschen sterben und wie sie sterben.

Elisabeth Kübler-Ross (1926–2004), eine in die USA übergesiedelte Schweizer Ärztin, gilt als Pionierin der sog. Thanatologie, der Sterbeforschung. Mitte der 60er Jahre begann sie an der Universität von Chicago ein Seminar mit dem Ziel, in der Universitätsklinik sterbende Menschen zu besuchen und zu interviewen. Ihre Zielsetzung sah sie darin: Die Sterbenden sollen die Lehrenden der Lebenden sein; die Lebenden können etwas über das Sterben und damit für ihr eigenes Leben

---

8 Verena Kast, *Trauern. Phasen und Chancen des psychischen Prozesses*, Stuttgart 1982, 139 ff.

lernen, wenn die Sterbenden bereit sind, von ihren Erfahrungen zu erzählen.[9]

In den vielen Gesprächen mit sterbenskranken Menschen hat Kübler-Ross eine diesen Gesprächen gemeinsame Struktur entdeckt, die sie als Sterbephasen bezeichnete. Eine solche Phasenabfolge ist vielfach kritisiert worden, weil sie die Begleitenden dazu verführt, schematisch zu denken und damit der Einzelperson nicht gerecht zu werden. Insofern muss man sagen: Es kommt nicht auf die von Kübler-Ross beschriebene Reihenfolge an. Vielmehr zeigt die Entdeckung und Beschreibung dieser Phasen, dass Sterben einen emotional höchst intensiven und von vielfältigsten Gefühlen bestimmten komplexen Prozess darstellt. Der sterbende Mensch ist Subjekt dieses Geschehens – dazu ist es notwendig, dass die Umwelt seine Kommunikation versteht und sensibel darauf eingeht.[10] Für eine Sterbebegleitung ist es deswegen hilfreich, die von Kübler-Ross dargestellten Phasen und ihre Dynamik zu kennen.

Eine erste Phase nennt Kübler-Ross die Phase des Nichtwahrhabenwollens und der Isolierung. Damit ist die erste Reaktion auf die Mitteilung einer schweren Krankheit bzw. einer infausten Prognose gemeint: „Das kann doch nicht wahr sein", „wahrscheinlich irrt sich der Arzt", „vielleicht sind die Laborwerte verwechselt worden" sind verbreitete Reaktionen. Die Diagnose löst Entsetzen und Angst aus – das Nichtwahrhabenwollen schützt zunächst vor diesem Erschrecken. Das Nichtwahrhabenwollen geschieht nicht nur einmal, wenn man zum ersten Mal die Diagnose hört, sondern immer wieder. Vielleicht kann ein Kranker die Angst für einen kurzen Moment wahrnehmen und ertragen – und muss dann wieder schnell von ihr weggehen, indem er das ganze Geschehen leugnet. Die Abwehr schützt auch das Gegenüber vor der Wahrheit. „Die Kranken stellen oft sehr rasch fest, mit welcher Schwester oder mit welchem Angehörigen sie realistisch über ihre Krankheit und ihr drohendes Ende sprechen können; alle anderen, die den Gedanken an ihr eigenes Ende nicht ertragen, verschonen sie mit diesen Themen"(44). Für Angehörige, Pflegende oder Seelsorgende ist es wichtig, einerseits einen solchen Widerstand zu respektieren und stehen zu lassen, andererseits

---

9 Elisabeth Kübler-Ross, *Interviews mit Sterbenden*, Stuttgart/Berlin 1972. Die im Folgenden genannten Seitenzahlen beziehen sich auf dieses Buch.
10 Zur kritischen Auseinandersetzung mit dem Modell von Kübler-Ross vgl. Randolph Ochsmann, Sterbephasen, in: Johann-Christoph Student (Hg.), *Sterben, Tod und Trauer. Handbuch für Begleitende*, Freiburg/Basel 2004, 217–220.

aber auch Angebote zu machen, aus denen die sterbende Person entnehmen kann, dass sie ihre Angst aussprechen kann.

Die Konsequenzen einer längeren Verleugnung bestehen darin, dass der kranke Mensch sich isoliert. Alle Beziehungen bauen dann auf einer Illusion auf. Häufig ist auch die Familie eines Sterbenden daran interessiert, die Verleugnung aufrecht zu erhalten, damit sie sich dem Schmerz und der Trauer nicht wirklich stellen müssen. Es kommt dann zu keinem wirklichen Kontakt mehr zwischen den Beteiligten, weil alle auf Vermeidung bedacht sind.[11]

Eine weitere Phase charakterisiert Kübler-Ross mit den Begriffen Zorn, Groll, Wut, Neid. Schwer kranke Menschen stellen sich die Frage: „Warum trifft es gerade mich – und nicht die Nachbarin, die so ungesund lebt oder den Bekannten, der so leichtsinnig Auto fährt"? „Wieso muss gerade ich so viel leiden?" „Das Leben ist so ungerecht!" etc. Solche Reaktionen sind für Angehörige, Pflegepersonal und Seelsorgende schwer auszuhalten, weil die Betroffenen ihre Wut in alle Richtungen austeilen: Die Ärzte sind unfähig, das Krankenhaus taugt nichts, die Schwestern sind nicht einfühlsam genug, die Angehörigen kommen zu selten oder sind nicht sensibel genug: Man kann es dem Menschen kaum recht machen.

Außenstehende sollten sich klar machen, dass Wut und Zorn Ausdruck einer natürlich berechtigten Verzweiflung sind:

– Der betroffene Mensch beginnt, sich mit dem Ende seines Lebens und das heißt vor allem mit dem Ende der eigenen Möglichkeiten auseinander zu setzen: „Während andere voll im Leben stehen, Projekte entwickeln, Urlaub planen, liege ich hier im Bett und werde dies alles voraussichtlich nicht mehr können und erleben."
– Man ist als schwer Kranker völlig abhängig von anderen, wird fremdbestimmt, hat keine Intimsphäre mehr.
– In dieser Situation kann auch alter Ärger hochkommen, der auf die neue Lage übertragen wird. Kübler-Ross berichtet von einer Nonne, die als Patientin recht zornig wirkte; im Gespräch wurde deutlich, dass sie viel Ärger auf ihre Mutter und ihre Schwester mit sich herum trug, der sich jetzt gegen Pflegepersonal und Mitpatientinnen entlud. Nachdem die Nonne im Gespräch mit Kübler-Ross und einem Pfarrer

---

11 Ein eindrückliches und tragisches Beispiel dafür erzählt Kurt Lückel, *Begegnung mit Sterbenden. ‚Gestaltseelsorge' in der Begleitung sterbender Menschen*, Gütersloh 1981, 45 f.

viel von diesem Ärger erzählen konnte, wirkte sie ruhiger und weniger aggressiv.

So wird dann auch deutlicher, dass die Wut oft gar nicht persönlich gemeint ist: Der Zustand des Kranken ist Auslöser der Wut, nicht das Verhalten der Besuchenden!

Eine weitere Phase nennt Kübler-Ross Verhandeln: Schwer Kranke versuchen, das Unvermeidliche durch offenes oder stillschweigendes Verhandeln und Bitten etwa mit den Ärzten hinauszuschieben. Wie Kinder bieten sie ein bestimmtes Wohlverhalten an, um eine längere Lebensspanne oder eine Zeit ohne Schmerzen und Beschwerden herauszuholen. Auch Gott kann zum Gegenüber eines solchen Verhandelns werden: „Wenn du mir einen Aufschub gibst, will ich in Zukunft wieder regelmäßig zur Kirche gehen" o. ä. Gerade bei Verhandlungen mit Gott ist es wichtig, auf mögliche Schuldgefühle im Hintergrund zu achten. Erstaunlich viele Patienten erleben ihre Krankheit als Strafe für heimliche Verfehlungen, für Rauchen, Trinken oder sexuelle Fehltritte. Da kann es hilfreich sein, wenn jemand solche Schuldgefühle aussprechen und Distanz zu ihnen bekommen kann.

Eine vierte Phase bezeichnet Kübler-Ross als Depression. „Wenn der Todkranke seine Krankheit nicht länger verleugnen kann, wenn neue Eingriffe, neuer Krankenhausaufenthalt notwendig werden, wenn immer neue Symptome auftreten und er schwächer und elender wird, dann kann er seinen Zustand nicht immer mit einem Lächeln abtun. Erstarrung, Stoizismus, Zorn und Wut weichen bald dem Gefühl eines schrecklichen Verlustes"(80). Die Autorin unterscheidet eine reaktive Depression von einer vorbereitenden. Die reaktive Depression ist die natürliche Reaktion auf die Realisierung des Verlustes: Verlust der Schönheit, der Identität als Frau oder Mann (z. B. bei Brustkrebs oder bei Blasen- bzw. Prostatakrebs), der Kraft und Energie etc. Auch Sorgen um Kinder, Ehepartner, Haushalt gehören in diesen Zusammenhang.

Die vorbereitende Depression hat die Funktion, sich innerlich auf das Ende, den Abschied vom Leben, vorzubereiten. Häufig reagiert die Umgebung dann mit Ablenkung und Verharmlosung, versucht aufzuheitern oder weist auf die noch schönen Dinge des Lebens hin. Solche Aufmunterungen und Ablenkungen sind fehl am Platz, weil sich der / die Kranke innerlich auf den Weg macht, Abschied zu nehmen. In diesem Zustand gibt es nicht viel zu sagen. Man betrauert vorbereitend den

Abschied vom Leben. Trauer braucht Raum und Trauer braucht Gemeinschaft.

Eine letzte Phase nennt Kübler-Ross Zustimmung: „Wenn der Kranke Zeit genug hat und nicht plötzlich stirbt, wenn er Hilfe zur Überwindung der ersten Phasen fand, erreicht er ein Stadium, in dem er sein ‚Schicksal' nicht mehr niedergeschlagen oder zornig hinnimmt. Er hat seine Emotionen aussprechen dürfen, Neid auf die Lebenden und Gesunden, Zorn auf alle, die ihren Tod nicht so nahe vor sich sehen. Er hat den drohenden Verlust so vieler geliebter Menschen und Orte betrauert, und sieht seinem Ende mit mehr oder weniger ruhiger Erwartung entgegen... Die Phase der Einwilligung darf nicht als ein glücklicher Zustand verstanden werden: Sie ist fast frei von Gefühlen. Der Schmerz scheint vergangen, der Kampf ist vorbei, nun kommt die Zeit der ‚letzten Ruhe vor der langen Reise', wie es ein Patient ausdrückte"(99).

In Ruhe gelassen werden heißt aber nicht, allein gelassen zu werden. Es ist wichtig, dass jemand da ist, dabei sitzt, schweigend die Hand hält, gelegentlich den Mund befeuchtet, die Stirn abwischt.

An der Beschreibung dieser letzten Phase wird besonders deutlich, dass eine solche Phasenabfolge natürlich normative Implikationen enthält, die durchaus problematisiert werden müssen.[12] Jedes Lebensschicksal ist unterschiedlich, entsprechend auch jeder Sterbeprozess. Ob jemand eine solche Zustimmung findet oder nicht, sollte nicht Gegenstand einer Bewertung sein. Menschen, die bis zuletzt kämpfen und protestieren, sind nicht schlechter als die, die zu einer solchen Zustimmung finden. Es scheint von außen so, als ob die, die zur Zustimmung finden, es leichter hätten, leichter für sich selbst und für die Umgebung. Aber ob das wirklich so ist, wer weiß es?

Auch aus einem theologischem Grund erscheint die Phase der Zustimmung fragwürdig: Sie könnte bedeuten, dass man die Macht des Todes akzeptiert und ihr zustimmt, dass man den Tod als von Gott verhängt annimmt. Dagegen haben Christen schon immer protestiert. Der christliche Glaube nimmt die Realität von Krankheit und Sterben an,

---

12 Alternative Verlaufsmodelle, die versuchen, der Komplexität des Vorgangs differenzierter gerecht zu werden, finden sich bei Andreas Ebert/Peter Godzik (Hg.), *Verlaß mich nicht, wenn ich schwach werde*, a.a.O., 38 f.

aber er protestiert zugleich gegen sie.[13] Die Form der Klage ist dann eine Möglichkeit, den Protest, das Nicht–Einverständnis zu artikulieren. Zustimmung auf einer persönlich-psychologischen Ebene und Klage und Protest auf einer religiös-theologischen Ebene schließen sich, so gesehen, nicht gegenseitig aus.

Fast immer durchzieht alle Sterbephasen ein Element von (kleiner und großer) Hoffnung: Hoffnung auf (wenigstens vorübergehende) Besserung, auf Schmerzlinderung vielleicht nur für ein paar Stunden, auf Zeiten der Ruhe, auf ein letztes gutes Aufgehobensein bei Gott. Eine solche Hoffnung gilt es lebendig zu halten; sie trägt einen Menschen bis zuletzt.

4. Sterbebegleitung – Begleitung im Sterben

Sterbebegleitung bezeichnet eine Aufgabe, die früher selbstverständlich von Familien, Freunden und Nachbarn wahrgenommen wurde: Bei einem schwer kranken und sterbenden Menschen präsent zu sein, Schmerzen und Unwohlsein zu lindern, körperliche Berührung anzubieten (z. B. die Hand zu halten), Zeit zu haben für Gespräche, Musik zu hören oder einen Text vorzulesen. Während in früheren Jahrhunderten der Vollzug bestimmter religiöser Riten (z. B. Kerzen entzünden, Gebete sprechen, biblische Texte, vor allem Psalmen lesen, geistliche Lieder singen) selbstverständlich war, ist diese Selbstverständlichkeit in der Gegenwart weitgehend abgebrochen. Angehörige sind häufig verunsichert durch die Sterbesituation und brauchen Anleitung und Ermutigung, einen sterbenden Menschen zu begleiten.

Sterbebegleitung als Begleitung im Prozess des Sterbens ist zu unterscheiden von *Sterbehilfe* im Sinn einer Hilfe zum Sterben, die den Tod herbeiführen will. Bei diesem ethisch höchst umstrittenen Begriff ist es hilfreich, vier Stufen zu unterscheiden:

– Sterben lassen meint, auf lebensverlängernde Maßnahmen wie Antibiotika oder künstliche Ernährung oder Beatmung zu verzichten. Man überlässt einen Menschen dem Prozess seines Sterbens.
– Indirekte Sterbehilfe bezeichnet eine primär auf Schmerzlinderung zielende Behandlung, die als Nebenwirkung starker Schmerzmittel ein früheres Sterben billigend in Kauf nimmt.
– Beihilfe zur Selbsttötung liegt dann vor, wenn z. B. ein Arzt einem Schwerkranken ein Medikament zur Verfügung stellt, mit dem dieser sein Leben

---

13 So Manfred Josuttis, *Der Sinn der Krankheit. Ergebung oder Protest?*, in: Ders., *Praxis des Evangeliums zwischen Politik und Religion*, München 1974, 123.

beenden kann. Wenn der Arzt dem Patienten das Mittel jedoch selber verabreicht, macht er sich strafbar.
– Tötung auf Verlangen bedeutet, dass ein Arzt auf Wunsch eines Patienten eine tödliche Spritze oder, wie es neuerdings heißt, eine „terminale Sedierung" gibt. Diese Handlung stellt in Deutschland eine strafbare Tötung dar.

Hospizmitarbeitende betonen immer wieder, dass der Wunsch nach einer vorzeitigen Beendigung des Lebens nicht auftaucht, wenn ein Mensch psychosozial gut begleitet ist, Schmerzen gestillt werden (was in der großen Mehrzahl der Fälle medizinisch möglich ist) und Ängste ernst genommen und aufgegriffen werden.

Im Vordergrund der Begleitung steht, die vielfältigen Bedürfnisse Sterbender wahrzunehmen, zu erspüren und so weit wie möglich sensibel zu beantworten:[14]

– Bedürfnisse des Körpers: Es geht darum, so weit wie möglich die Atmung zu erleichtern, Schmerzen zu lindern, bei den Ausscheidungen behilflich zu sein. Sterbende haben oft wenig Appetit, brauchen aber häufig Flüssigkeit in kleinen Mengen oder wenigstens, dass man ihre Lippen befeuchtet. Der Schlaf ist oft unterbrochen: die Anwesenheit anderer Personen beruhigt, gibt Sicherheit und verbessert Entspannung und Schlaf.
– Bedürfnisse nach Sicherheit: Es müssen Personen da sein, die im Notfall verfügbar sind und einem beistehen und einen halten können – bei Schmerzen, beim Erbrechen. Dazu gehört auch, dass man klagen und quälende Fragen stellen kann, die dann eine ehrliche Antwort verdienen.
– Bedürfnisse nach Liebe, nach Zärtlichkeit, nach körperlicher Berührung und Zuwendung: Berührt, umarmt oder gehalten zu werden, zählt zu den tiefsten Wünschen und Sehnsüchten eines Menschen. Am Anfang und am Ende des Lebens sowie in Krisenzeiten ist es unerlässlich, dass diese Wünsche wenigstens begrenzt beantwortet werden.
– Bedürfnisse nach Achtung und Respekt: Die Unabhängigkeit der sterbenden Person ist zu respektieren, ihre Wünsche, Vorlieben und Abneigungen. Auch Sterbende möchten als erwachsene und autonome Menschen gesehen werden. Ungefragtes Duzen, wie es leider immer noch in Krankenhäusern und Altenheimen vorkommt, verbietet sich von selbst.

---

14 Zum Folgenden vgl. Franco Rest, *Den Sterbenden beistehen. Ein Wegweiser für die Lebenden*, Heidelberg 1981, 32 ff.

- Bedürfnisse nach Selbstverwirklichung: Auch Sterbende möchten noch Wünsche realisieren, möchten noch im Rahmen des ihnen Möglichen Verantwortung für sich übernehmen.
- Spirituelle Bedürfnisse: Sinnfragen stellen zu können und in einfacher Weise beantwortet zu bekommen, heilsame Rituale zu erleben und mit dem eigenen spirituellen Erleben ernst genommen zu werden, ist bis zuletzt von großer Bedeutung.

Die Seelsorgerin und Musiktherapeutin Monika Renz erzählt in ihrem Bericht über die Begleitung vieler sterbender Menschen, wie häufig ihr bei Sterbenden spirituelle Erfahrungen oder Gotteserfahrungen begegnet sind.[15] Sie unterscheidet dabei fünf Erfahrungsweisen:

- Einheits- und Seinserfahrungen (ein 50jähriger Mann sagt: „Alles ist ein großes Sein. Aber ich fühle Sinn. Alles geht auf, in dieser Ordnung hat alles seinen Platz".);
- Gegenüber-Erfahrungen (z. B. die Erfahrung einer letztgültigen und unbedingten Würdigung der eigenen Person);
- der beschützende, väterliche, mütterliche Gott (eine von tiefen Ängsten geplagte sterbende Frau sagt „eigentlich kann Gott mich im letzten nicht fallen lassen... er trägt.");
- der „Gott inmitten" („Gott lebt in mir, ich spüre seine Anwesenheit in mir");
- eine Erfahrung Gottes als Alles durchdringender Geist der Wahrheit, der Liebe und des Lebens.

Zur Berücksichtigung der Bedürfnisse sterbender Menschen gehört, ihre manchmal verschlüsselte, symbolgeladene Sprache sorgfältig wahrzunehmen und zu verstehen.[16] Sterbende Menschen sprechen oft eine andere Sprache, um das Unsagbare und Geheimnisvolle auszudrücken; die Sprache der Tatsachen erscheint dafür wenig geeignet. Sie sagen, sie wollen sich auf eine Reise machen; sie wollen noch einmal nach Hause; sie fragen, ob das Geld noch reicht; sie sprechen mitten im Sommer davon, dass es kalt und dunkel sei; alte Menschen erzählen von Krieg und Flucht: Sie erleben offenbar ihren gegenwärtigen Zustand so, dass er sie an das frühere Leiden erinnert. Auch Träume stellen eine Sprache für das Unsagbare dar:[17] Träume sind in der Regel voller Symbole, enthalten verdichtete und verfremdete Erfahrungen, die als Spiegel der gegenwärtigen Situation zu verstehen sind. Träume ernst zu nehmen, sie im Ge-

---

[15] Vgl. Monika Renz, *Grenzerfahrung Gott. Spirituelle Erfahrungen in Leid und Krankheit*, Freiburg/Basel ³2006, 184 ff.
[16] Vgl. Jutta Rittweger, *Hoffnung als existentielle Erfahrung am Beispiel onkologischer Patienten in der Strahlentherapie*, Leipzig 2007, 284 ff.
[17] Lückel, *Begegnung mit Sterbenden*, a.a.O.

spräch auszulegen und weiter zu spinnen, kann ein hilfreiches Verstehen der gegenwärtigen Situation des anderen Menschen eröffnen. Wer die symbolische Sprache Sterbender als unverständlich, bizarr oder verrückt abtut, stößt sie in die Einsamkeit zurück.

Zu den Bedürfnissen eines sterbenden Menschen kann auch gehören, noch einmal Rückschau zu halten und eine Art Lebensbilanz zu ziehen – für sich selbst oder in Kommunikation mit den Angehörigen (s. o.).[18] Lebensbilanz zu ziehen heißt: Stationen des Lebens zu erinnern, Wichtiges von Unwichtigem zu unterscheiden, sich über Gelungenes zu freuen, Misslungenes zu betrauern, unerledigte Situationen ins Bewusstsein zu rufen in der Hoffnung, dass sie noch abgeschlossen werden können (wenn es z. B. um die Versöhnung mit einem Familienmitglied geht). In einer solchen – vielleicht sehr begrenzten Bilanz – wird der sterbende Mensch noch einmal Subjekt und Autor seines Lebens: Er macht sich sein Leben zu Eigen, tritt darüber noch einmal in intensive, persönliche Kommunikation zu anderen und kann das Leben dann möglicherweise auch leichter loslassen.

Ein 78jähriger, unheilbar an Krebs erkrankter Mann erzählt dem ihn besuchenden Pastor in Abschnitten und unter zunehmender Mühe von Stationen seiner Biographie. Er beendet sein Erzählen mit letzter Kraft und dem Satz: „Das war's. Nun geb ich's Ihm zurück."[19]

Im Rahmen der Begleitung kranker und sterbender Menschen können auch Rituale eine wichtige Rolle spielen: Segen mit Handauflegung, Salbung, Abendmahl bzw. Eucharistie (die mehrheitlich nur noch von Menschen mit einer deutlich kirchlichen Bindung gewünscht wird). Rituale oder Symbolhandlungen vermitteln ihre Botschaft sinnlich-ganzheitlich und damit in tieferer Weise erfahrbar als es Worte können. Sie bieten eine geprägte Sprache an in Situationen, in denen man selber nichts mehr zu sagen weiß. Die Handlauflegung beim Segen lässt etwas spüren von dem Behütetsein, das Gott zusagt; die Salbung lässt ahnen, dass Gott auch im Leiden da ist; die Speise des Abendmahls lässt schmecken, dass Gott nahe ist.

---

18 Zum Folgenden Lückel, *Begegnung mit Sterbenden*, a.a.O., 49 ff.
19 Aus Lückel, *Begegnung mit Sterbenden*, a.a.O., 51.

5. Hospizarbeit

Angesichts der Medikalisierung und Institutionalisierung des Sterbens (s. o. 2) ist es unbestreitbar, dass ein selbstbestimmtes Sterben in Würde sehr erschwert ist. Die Gründerin der modernen Hospizbewegung[20], die Krankenschwester und Ärztin *Cicely Saunders* (1918–2005), wollte diesen Tendenzen etwas entgegen setzen und sterbenden Menschen „rounded care", umfassende Betreuung anbieten. Dazu gehört: Sterbenden einen Ort der Geborgenheit zu verschaffen (möglichst das Zuhause), so dass sie im Kreis vertrauter Menschen sterben können; kompetente Schmerzlinderung durchzuführen; Hilfestellung im Regeln letzter Dinge zu geben; Fragen nach dem Sinn von Leben und Sterben zuzulassen.[21] Aus dieser Aufgabenstellung erwächst die Notwendigkeit eines interdisziplinären Teams, in dem Personen aus Medizin, Pflege, Sozialarbeit, Psychologie und Seelsorge zusammen arbeiten.

Hospiz bezeichnet also primär ein Handlungskonzept oder eine Lebenshaltung und erst in zweiter Linie ein Gebäude (stationäres Hospiz): Sterben und Tod werden als Teil des Lebens akzeptiert; der Tod soll weder mit medizinischen Mitteln beschleunigt noch hinausgezögert werden. Die Bedürfnisse des Patienten haben Priorität. Spirituelle Bedürfnisse werden ernst genommen. Patienten und Behandelnde begegnen einander mit Wahrhaftigkeit und Offenheit. Hospizarbeit wird überwiegend von Ehrenamtlichen getragen, die für diese Tätigkeit entsprechend geschult werden. Die vielen lokalen Hospizinitiativen sind zusammen geschlossen im Deutschen Hospiz- und Palliativverband e.V.

Bestandteil der Hospizidee ist die sog. Palliativmedizin, die sich langsam auch in Deutschland ausbreitet und von der WHO so definiert worden ist:

„Palliativmedizin ist die aktive, ganzheitliche Behandlung von Patienten mit einer progredienten, weit fortgeschrittenen Erkrankung und einer begrenzten Lebenserwartung zu der Zeit, in der die Erkrankung nicht mehr auf kurative Behandlung anspricht und die Beherrschung der Schmerzen, anderer Krankheitsbeschwerden, psychologischer, sozialer und spiritueller Probleme höchste Priorität besitzt."[22]

---

20 Zur langen Geschichte des Hospizgedankens vgl. Oliver Seitz/Dieter Seitz, *Die moderne Hospizbewegung in Deutschland auf dem Weg ins öffentliche Bewusstsein*, Herbolzheim 2002, 10 ff.
21 Vgl. Seitz/Seitz, *Die moderne Hospizbewegung*, a.a.O., 74.
22 Zitiert nach Seitz/Seitz, *Die moderne Hospizbewegung*, a.a.O., 200.

Krankenhäuser richten in zunehmender Zahl Palliativ-Stationen ein; darüber hinaus gibt es mobile, rund um die Uhr einsatzbereite Palliativ-Care Teams, die Patienten zu Hause aufsuchen. Ihre Mitarbeit als Pfarrerin in einem solchen Team beschreibt *Hanna Kreisel-Liebermann*. Sie bezeichnet ihre Rolle im multidisziplinären Team sowohl als Fachfrau für die Seele, die auf Fragen nach dem Sinn des Lebens, nach Gott und einem Leben nach dem Tod kompetent eingehen kann wie auch als Priesterin, die religiöse Rituale zelebriert. Als eine ihrer wichtigsten Aufgaben nennt sie, das Tabu des Todes aufzubrechen:

„Die meisten Krebspatienten hätten in der Tat Zeit zum Abschiednehmen. Dennoch wird diese Zeit oft nicht genutzt. Einer der Gründe ist die Scheu, die auch der Sterbende, vor allem aber die Angehörigen vor dem Thema Sterben haben.... Ich habe mich daher in meinen Gesprächen mit Sterbenden und ihren Lieben bemüht, das Tabu um den Tod aufzubrechen. Wenn dies in Familien oder Partnerschaften gelang, gedieh oft noch kurz vor dem Ende eine besondere Innigkeit und Intimität."[23]

Die Hospizbewegung macht darauf aufmerksam, dass Seelsorge auch die Verpflichtung hat, sich für eine Kultur des würdigen Sterbens einzusetzen. Dazu gehört, dass in Krankenhäusern und Altenheimen Abschiedsräume zur Verfügung gestellt werden, in denen Sterbende und ihre Angehörigen ungestört zusammen sein können, in denen Angehörige auch nach dem Tod noch eine Zeit lang bleiben können, um sich in angemessener Weise von ihrem Verstorbenen verabschieden zu können. Dazu gehört auch, dass ärztliches und pflegerisches Personal für einen sensiblen Umgang mit Sterbenden fortgebildet werden.

6. Religiöse Dimensionen der Sterbebegleitung[24]

Die Begleitung sterbender Menschen ist eine ganzheitliche Aufgabe, in der körperliche, seelische und geistig-geistliche Aspekte ineinander verwoben sind. Die Frage, was im Horizont des christlichen Glaubens in zugleich elementarisierter und theologisch verantwortbarer Weise in der Begleitung Sterbender gesagt und getan werden kann, bedarf jedoch

---

23 Hanna Kreisel-Liebermann, *Dem Leben so nah. Schwerstkranke und Sterbende begleiten*, Göttingen/Zürich 2001, 73 f.
24 Vgl. zum Folgenden Wilfried Härle, *Dogmatik*, Berlin/New York (1995) ³2007, 600 ff.

besonderer Aufmerksamkeit. Die im Folgenden genannten biblisch-theologischen Hinweise werden selten in direkter Form ins Gespräch einfließen, bilden aber den Hintergrund einer theologisch reflektierten Haltung der Seelsorgeperson.

- Die Wahrnehmung der Angst, der Not, der Schmerzen, des Leidens und der Hoffnungen des anderen Menschen und von dessen Angehörigen bildet immer den Ausgangspunkt einer seelsorglichen Begleitung. Es ist sinnvoll auszusprechen, wie man den anderen Menschen wahrnimmt – mit persönlichen Worten oder auch in überindividueller Weise etwa mit geprägten Worten aus den Psalmen (z. B. Ps 69, 1–4, 14–17; Ps 77, 1–11; Ps 102, 1–8 und 13).
- Das Leben ist nach christlicher Überzeugung Gabe des Schöpfers, also nicht etwas, das wir uns selber gegeben haben, das wir nicht selber um jeden Preis aufrecht erhalten sollten, das wir nach Möglichkeit auch nicht eigenhändig beenden sollten. Auch da, wo Krankheit, Schmerzen oder Behinderung so im Vordergrund stehen, dass sie alles andere in den Hintergrund drängen, bleibt gültig, dass das geschöpfliche Leben von Gott her seine unverlierbare Würde hat und deswegen bis zuletzt entsprechenden Respekt verdient.
- Es gehört zur Geschöpflichkeit des Lebens, dass es endlich und begrenzt ist. Es hat keinen Sinn, gegen diese Endlichkeit anzurennen, sie hinauszuzögern oder überwinden zu wollen. Im Gegenteil: Die Annahme der Endlichkeit ist etwas, das Weisheit oder Lebensklugheit vermitteln und zu einer Intensivierung des Lebens führen kann: „Herr, lehre uns bedenken, dass wir sterben müssen, auf dass wir klug werden" (Ps 90,12).
- Bestandteil des christlichen Glaubens in Bezug auf den Menschen ist die Aussage, dass er der Entfremdung, der Verfehlung der Liebe, traditionell gesprochen: der Sünde nicht entkommen kann. Ausdruck dessen ist die Anfälligkeit jedes Lebens für Versagen und Schuld – ein Faktum, das Menschen gerade im Sterben besonders belasten kann. Wenn solche Erfahrungen in der Seelsorge zur Sprache kommen, liegt es nahe, zum einen, nach Möglichkeiten zu suchen, wie Versagen und Schuld noch bearbeitet werden können (es gibt zahlreiche Berichte, dass angesichts des Sterbens Familienkonflikte noch gelöst werden konnten), zum anderen dem betroffenen Menschen verbal und rituell Gottes Vergebung zuzusagen. Die in der katholischen Kirche übliche „Versehung" mit den Sterbesakramenten (zu denen Beichte und das Zusprechen der Vergebung gehören) hat auch diese Funktion.

– Die verbreitete Frage, was nach dem Tod kommt, hat mit der Angst des Menschen zu tun, sich mit dem Tod ins Nichts zu verlieren. Ein Trostversuch, zu dem viele Menschen immer wieder greifen, ist die dualistische Anthropologie, also die Annahme einer unsterblichen Seele, die im Tod den Leib verlässt und ewig erhalten bleibt. Auch wenn diese aus der griechischen Antike stammende Anthropologie christlich schwer zu akzeptieren ist (obwohl sie in der alten Kirche weit verbreitet war), sollte man sie nicht abwerten, sondern die dahinter stehende Sehnsucht würdigen. Die christliche Antwort besteht eher darin, auf den Glauben, auf die Hoffnung zu verweisen, dass Gottes Liebe auch den Tod des Menschen überdauert und umfasst: Leben nach dem Tod kann dann heißen, am göttlichen Leben, an der göttlichen Liebe teilzuhaben.
– Der Gedanke an ein „jüngstes", d. h. letztes Gericht hat Jahrhunderte hindurch Menschen Angst gemacht; in dieser Dimension entspricht die Gerichtsvorstellung der verbreiteten Erfahrung, dass es ein „zu spät" im Leben gibt und wir nicht aus der Verantwortung für unser Leben entlassen werden. Darüber hinaus interpretieren Theologen die Vorstellung vom Gericht als „das endgültige Zurecht-Bringen des getanen und erlittenen Unrechts und die endgültige Auf-Richtung der Gebeugten."[25]
– Die christliche Rede von der Auferstehung der Toten meint sowohl, dass die Toten in Gottes Leben aufgehoben sind als auch die Hoffnung, dass unser wesenhaft fragmentarisches Leben im Reich Gottes vollendet sein wird. Der von Sterbenden häufig geäußerte Wunsch, bei Gott Verwandte und Freunde wieder zu sehen, ist seelsorglich als Ausdruck dieser Sehnsucht ernst zu nehmen, dogmatisch aber als Spekulation zu werten.
– Die Aussagen des christlichen Glaubens stehen in Spannung zu Reinkarnations- und Seelenwanderungsvorstellungen, die inzwischen vielfältig begegnen. Diese Vorstellungen sind populär, weil sie eine Fortsetzung des Lebens auf andere Weise suggerieren und damit die Härte des Todes abmildern. Ihre Kehrseite ist darin zu sehen, dass sie die Einmaligkeit des Lebens nicht wirklich ernst nehmen; sie schwächen die Zusammengehörigkeit von Leib und Seele ab (das Eigentliche des Menschen ist danach sein geistiges Wesen, das sich in verschiedenen Leiblichkeiten inkarnieren kann); und sie verbinden sich mit

---

25 Jürgen Moltmann, *Im Ende – der Anfang. Eine kleine Hoffnungslehre*, Gütersloh 2003, 131.

einer Art von Selbsterlösungsvorstellung, insofern sich der Mensch durch gute Taten und höhere Erkenntnis aus dem Rad der Wiedergeburten selbst erlösen muss.[26] Der christliche Erlösungsgedanke geht demgegenüber davon aus, dass Erlösung Teilhabe an der Liebe bedeutet, die Gott uns zukommen lässt, die wir nicht selber verdienen können oder müssen.

- Die Aussagen des christlichen Glaubens zu Sterben, Tod und einem Leben danach lassen sich am besten in Bildern bzw. Symbolen vermitteln. Bilder haben die Kraft, Imagination und Sehnsucht anzuregen und damit über die gegenwärtige Situation hinaus zu greifen. Wer mit Sterbenden Bilder meditiert, öffnet ihnen gewissermaßen ein Tor zu dem, was sein könnte. Es können Bilder des Alltags sein (die Reise, der Frühling, der Garten), es können eigene Träume oder Symbole aus der Biographie sein, es können Bilder aus der biblischen Tradition sein: Die grüne Aue, das Haus Gottes mit den vielen Wohnungen, die bergende Hand Gottes, das Licht Gottes, das ewige Leben.[27]

Karin Kiworr erzählt von einer jungen Frau, die mit Brustkrebs im Endstadium im Krankenhaus liegt.[28] Sie hat die Seelsorgerin rufen lassen. Die Frau sagt: „Aber es ist mir sehr wichtig, mit Ihnen zu sprechen. Ich weiß, dass ich nicht mehr lange leben werde. Und ich kann eigentlich nicht glauben. Aber ich hatte eine Freundin, die war sehr gläubig. Und ich habe immer gedacht, das muss schön sein, sich so geborgen zu fühlen. Ich bin auch nie aus der Kirche ausgetreten..." Die Seelsorgerin fragt sie, ob es etwas gäbe im christlichen Glauben, das ihr etwas bedeutet hätte. „Sie überlegt eine Weile, dann sagt sie: ‚Ja, die Vorstellung vom Schutzengel.' Wieder eine Pause. Dann: ‚Ich stelle mir das so schön vor, gewissermaßen von seinen Flügeln umhüllt zu sein'. Wir bleiben bei dem Bild, lassen es zu uns sprechen: Eine Gestalt, ein Bote Gottes, dessen Flügel wie bei einem Vogel Schutz bieten in der Gefahr. Sie schläft ein. In der Nacht stirbt sie an einem Herzinfarkt."

Fragen, die auf das Leben als Ganzes, auf seine Qualität, seine Bestimmung zielen, öffnen das Gespräch für Perspektiven der Lebensdeutung:[29]

- Wenn Sie an Ihr Leben als Ganzes denken: Wofür sind Sie besonders dankbar und worüber sind Sie unglücklich (oder was bedauern Sie)?

---

26 Härle, *Dogmatik*, a.a.O., 607 f.
27 Vgl. Karin Kiworr, *Bilder der Hoffnung im Angesicht des Todes. Ein Weg christlicher Sterbebegleitung*, Mainz 2005.
28 Kiworr, *Bilder der Hoffnung*, a.a.O., 111.
29 Vgl. Werenfried Wessel, *Seelsorge*, in: Johann Christoph Student (Hg), *Sterben, Tod und Trauer*, Freiburg 2004, 194–197.

– Gibt es etwas, das offen geblieben ist und das Sie nach Möglichkeit noch klären oder abschließen möchten?
– Was macht Ihnen im Blick auf die nächste Zeit besondere Angst oder Sorge?
– Wonach sehnen Sie sich? Worauf hoffen Sie?

Auch das Angebot, etwas zu singen oder Musik vorzuspielen, kann wichtiger Bestandteil von Sterbebegleitung sein.[30] Musik hat eine eminent geistliche und zugleich therapeutisch-entspannende Wirkung. Im Singen oder Musik-Hören wird das Unsagbare artikuliert, es geht um einen ganzheitlichen Ausdruck von Frömmigkeit. Aber auch bei Nicht-Gläubigen hat Musik eine entspannende und insofern heilsame Wirkung.

Singen bietet eine Art von Bewusstseinserweiterung und Identitätsentgrenzung an, die gerade im Sterben hilfreich sein kann. Der Übergang von der Schwere des jetzigen Lebens in die Leichtigkeit eines neuen Lebens wird ansatzweise vorweggenommen. Außerdem weckt das Singen Erinnerungen an frühe Erfahrungen, in denen die Mutter das Kind in den Schlaf gesungen hat, Erinnerungen von Geborgenheit und angenehmer Regression. In diesem Sinn galten geistliche Lieder schon immer als „Arznei für betrübte Seelen" oder als „Vorgeschmack des Himmels".[31]

7. Schluss

Die demographische Entwicklung in unserem Land (starke Zunahme von alten und hochaltrigen Menschen) sowie die seit längerem zu beobachtende Veränderung des Krankheitspanoramas (viel weniger Menschen als in früheren Zeiten sterben an akuten Infektionen, statt dessen nimmt die Zahl chronisch kranker Menschen, die möglicherweise über Jahrzehnte an einer oder mehreren Krankheiten leiden, auf Grund der medizinischen Möglichkeiten jedoch ein hohes Alter erreichen, immer weiter zu[32])

---

30 Vgl. Michael Klessmann, *Kirchenmusik als Seelsorge*, in: Gotthard Fermor/Harald Schroeter-Wittke (Hg.), *Kirchenmusik als religiöse Praxis. Praktisch-theologisches Handbuch zur Kirchenmusik*, Leipzig 2005, 230–234; Michael Heymel, *Lieder am Krankenbett und in der Sterbebegleitung*, ThBeitr 34 (2003), 60–70.
31 Heymel, Lieder, a.a.O., 66.
32 Im *Handwörterbuch zur Gesellschaft Deutschlands*, hg. von Bernhard Schäfers und Wolfgang Zapf, Opladen 2001, heißt es: „Die chronisch kranken Patienten dominieren heute das Bild. Etwa zwei Drittel der zu einem bestimmten Zeitpunkt Kranken sind chronisch krank, bei den 15-40-Jährigen 33%, bei den 40-65-Jährigen 72% und bei den über 65-Jährigen 86%." Zum Stichwort „Wandel

machen es zu einer immer wichtiger werdenden Aufgabe, den vielen schwerkranken und sterbenden Menschen gute und einfühlsame Begleitung anzubieten. Die Hospizbewegung erscheint als angemessene Antwort auf diese gesellschaftliche Entwicklung. Jedoch ist der Anteil sterbender Menschen, die Hospizdienste in Anspruch nehmen können, immer noch relativ gering[33], so dass hier das Gesundheitswesen insgesamt, besonders aber auch die christlichen Kirchen vor einer unverändert großen Herausforderung stehen.

Literatur

Philippe Aries, *Geschichte des Todes (1980)*, München 1995.
Andreas Ebert/Peter Godzik (Hg.), *Verlaß mich nicht, wenn ich schwach werde. Handbuch zur Begleitung Schwerkranker und Sterbender*, Hamburg 1993.
Norbert Elias, *Über die Einsamkeit der Sterbenden in unseren Tagen*, Frankfurt 1982.
Elisabeth Kübler-Ross, *Interviews mit Sterbenden*, Stuttgart/Berlin 1972.
Kurt Lückel, *Begegnung mit Sterbenden ‚Gestaltseelsorge' in der Begleitung sterbender Menschen*, Gütersloh (1981) [5]2001.
Jürgen Moltmann, *Im Ende – der Anfang. Eine kleine Hoffnungslehre*, Gütersloh 2003.
Fuat Oduncu, *In Würde sterben. Medizinische, ethische und rechtliche Aspekte der Sterbehilfe, Sterbebegleitung und Patientenverfügung*, Göttingen 2007.
Norbert Ohler, *Sterben und Tod im Mittelalter*, Düsseldorf 2003.
Franco Rest, *Den Sterbenden beistehen. Ein Wegweiser für die Lebenden*, Heidelberg 1981.
Franco Rest, *Sterbebegleitung statt Sterbehilfe*, Freiburg 1997.
Heinz Rüegger, *Das eigene Sterben. Auf der Suche nach einer neuen Lebenskunst*, Göttingen 2006.
Cicely Saunders, *Hospiz und Begleitung im Schmerz*, Freiburg 1993.
Oliver Seitz/Dieter Seitz, *Die moderne Hospizbewegung in Deutschland auf dem Weg ins öffentliche Bewusstsein. Ursprünge, kontroverse Diskussionen, Perspektiven*, Herbolzheim 2002.
Ina Spiegel-Rösing/Hilarion Petzold (Hg.), *Die Begleitung Sterbender. Theorie und Praxis der Thanatotherapie*, Paderborn 1984.
Fulbert Steffensky, *Mut zur Endlichkeit. Sterben in einer Gesellschaft der Sieger*, Stuttgart 2007.

---

des Krankheitspanoramas" vgl. die Prognosen von Heinrich Schipperges, *Homo Patiens*, München 1985, 292.

33 Der Deutsche Hospiz- und Palliativverband e.V. spricht davon, dass es gegenwärtig erst 17 Hospiz- und Palliativbetten auf eine Million Einwohner gibt, während der tatsächliche Bedarf auf etwa 50 Betten pro 1 Million Einwohner geschätzt wird.

Johann-Christoph Student (Hg.), *Sterben, Tod und Trauer. Handbuch für Begleitende*, Freiburg 2004.
Oliver Tolmein, *Keiner stirbt für sich allein. Sterbehilfe, Pflegenotstand und das Recht auf Selbstbestimmung*, München 2007.

Bestattungskultur:
Umgangsformen angesichts des Todes

Thomas Klie (Rostock)

1. Kolumbarium-Pyramide

Ein bemerkenswertes Bauwerk der Sepulkralkultur wurde 2008 auf dem Rostocker Neuen Friedhof seiner Bestimmung übergeben: ein Kolumbarium in Pyramidenform. Kolumbarien (latein. *columbarium:* der Taubenschlag) – so genannt aufgrund den einem Taubenschlag ähnelnden, reihenweise übereinander angebrachten Nischen zur Aufnahme von Urnen in altrömischen Grabkammern – dienen zur würdevollen Aufbewahrung der Totenasche. Am weitesten verbreitet sind Kolumbarien im südeuropäischen Raum, etwa 100 solcher Gebeinstätten sind bereits im antiken Rom belegt. In Deutschland entsteht diese Form der Aufbewahrung erst mit dem Aufkommen der Feuerbestattung Ende des 19. Jahrhunderts. Als 1878 in Gotha das erste Krematorium in Dienst gestellt wurde, errichtete man auch hier die ersten Kolumbarien der Neuzeit. In aller Regel waren sie einem Friedhof oder direkt einem Krematorium angegliedert. Für das Gothaer Krematorium reichte anfangs eine etwa 50 m lange Urnenkolonnade aus. Nachdem dann seit den 1970er Jahren auf den Friedhöfen vermehrt sehr viel kostengünstigere anonyme Gräberfelder angelegt wurden, stagnierte der Bau von Kolumbarien. – Die in jüngster Zeit wieder neu errichteten Beinhäuser knüpfen kulturgeschichtlich an die alten Bestattungsformen an. Mit ihnen etabliert sich eine Art Gegenbewegung gegen das naturnahe und anonyme Rasenbegräbnis.

Das Besondere am Rostocker Kolumbarium ist demzufolge weniger die Tatsache, dass zu Beginn des 3. Jahrtausends eine alte Tradition wiederbelebt wird, sondern wie und was hier architektonisch zitiert wird. Die Bauform zeigt eine zwölf Meter hohe, begehbare, stumpfe Pyramide, die mit schwarzen Natursteinplatten verkleidet ist. Während neuerdings Kolumbarien gezielt in aufgelassenen Kapellen oder Kirchen eingerichtet werden[1], hat man hier im spätchristlich-nachsozialistischen Nordostdeutschland auf eine dezidiert vorchristliche Bauform zurückgegriffen. Sie konnotiert den im Zusammenhang mit der aufwändigen Beisetzung von Pharaonen praktizierten ägyptischen Totenkult. Als Gehäuse sicherten Pyramiden die nachtodliche Existenzweise der Verblichenen; Mumifizierung, Grabbeigaben und entsprechende Riten ebneten dabei den Übergang ins Jenseits. Anders als im orientalischen Original ist hier die Pyramide einem kontingenten Kollektiv gewidmet – eine auf verhältnismäßig engen Raum verdichtete Nekropole in Plattenbauweise. Die Hansestadt Rostock, Trägerin des Neuen Friedhofs, beabsichtigte mit dem Neubau, die städtische Friedhofskultur „um eine gestalterisch anspruchsvolle Bestattungsform zu erweitern".[2] Platz ist in dem Gebäude für bis zu 130 Urnen; für eine Bestattung werden bei der gesetzlichen Mindestruhezeit von 20 Jahren 3.000 bis 3.500 Euro berechnet.[3]

In der Rostocker Pyramide fallen Trauerhalle und Beisetzungsort zusammen; die Angehörigen „sollen die Möglichkeit bekommen, in Stille und Abgeschiedenheit ihrer Verstorbenen gedenken zu können".[4] Oberhalb der Eingänge gibt es Glasbänder, die den Bau symmetrisch in vier Teile zerlegen. „Damit wird eine sehr ruhige und besinnliche Lichtstimmung im Gebäudeinneren erreicht. (...) Das Lichtkreuz in Wänden und Dach bietet vielfältige Assoziationsmöglichkeiten: So kann der Gegensatz von statischer Festigkeit und körperloser Transparenz (Körper u. Geist) symbolisiert werden, von Ewigkeit und Vergänglichkeit, nicht zuletzt die Assoziation vom Kreuz des christlichen Glaubens".[5]

In dieser Form und in der Semantik ihrer Begründung erweist sich das pyramidale Kolumbarium als ein Paradigma spätmoderner Bestattungskultur. Galten die sepulkralen Routinen noch vor einer Generation als ein konservatives Widerlager gegen den Zeitgeist, geraten nun auch sie in den Sog kultureller Modernisierungen. Man gibt sich nicht mehr zufrieden mit dem konventionellen Ausdruck und sucht milieukonform

---

1 Z. B. in der katholischen Allerheiligenkirche in Erfurt (seit 2007) oder in der ehemaligen Pfarrkirche St. Konrad in Marl-Hüls (seit 2006).
2 Norddeutsche Neueste Nachrichten vom 14.5.2008, 13.
3 Zum Vergleich: Eine Urnengrabstätte kostet ca. 250 Euro, ein Platz in einer Gemeinschaftsanlage mit Namensstele 830 Euro, eine traditionelle Erdbestattung etwa 1.200 Euro und eine Seebestattung zwischen 2.000 und 3.000 Euro (Stand: Mai 2008).
4 Studie „*Neubau Kolumbarium auf dem Neuen Friedhof in Rostock*" vom 24.3.2004 (unveröffentlicht).
5 Ebd.

nach zeitgemäßen Formen für die nachtodliche Darstellung der Person. Mit Doppelt- und Mehrfachkodierungen umspielt man gefühlte Festlegungen. Die Gestalt der Grablege scheint sich hier aus der Abstraktion der bloßen Zweckdienlichkeit zu befreien; in ihr verdichten sich vielmehr ästhetische Fiktion und symbolische Funktion.[6] Wenn tradierte Sinn- und Handlungslogiken fragwürdig werden, dann entsteht zwangsläufig auch eine polyglotte Thanatosemiotik. Die „Gnade des Hinnehmenmüssens verflüchtigt sich"[7], und an ihre Stelle treten die Vielheit der Optionen und der Zwang zur ästhetischen Repräsentation. Sinnhorizonte vermehren, widersprechen sich und werden neu vernetzt. Das Rostocker Kolumbarium kontrastiert in einer vorbewussten Melange aus römischer Antike und altägyptischem Totenkult die ökonomische Pragmatik des anonymen Urnenfeldes gleich nebenan.

Kulturell birgt jede Form ihren Antagonisten und ihre Fortschreibung in sich. Überhöhung und Entsorgung, Formgebung und Anästhetik, intensivierte Subjektivität und die kollektiven Muster einer Reihengrabanlage – Fragen des Umgangs mit den Toten, die sich vor allem in Ostdeutschland längst von der christlichen Deutungskultur emanzipiert haben[8], werden zunehmend an Instanzen delegiert, die das Risiko individueller Entscheidungen abfedern. Die Dynamik der Ausdifferenzierung im Bereich der Bestattungskultur hebt aber auch ins Bewusstsein, wie sehr die gesellschaftliche Entroutinisierung Sinnkonstruktionen freisetzt, die an den Grund menschlicher Existenz rühren. Beck/Beck-Gernsheim folgern in individualitätstheoretischer Perspektive: „Die Entscheidungen der Lebensführung werden ‚vergottet'. Fragen, die mit Gott untergegangen sind, tauchen nun im Zentrum des Lebens wieder auf. Der Alltag wird postreligiös ‚theologisiert'."[9] In seinen zahlreichen Performanzen wird der Tod ein Zeichen seines Gegenteils: des Lebens. Das individualisierte, formgenötigte Subjekt äußert sich zum Tod in den authentischen Medien der Individualität und ihrer Transzendenzen. Wer es sich leisten kann „ausführlich zu sterben" (Rilke), nimmt die Inszenierung des

---

6 Vgl. Wolfgang Welsch (*Unsere postmoderne Moderne*, Berlin (1987) ⁵1997, 20), für den die Formel von der Doppelkodierung das „Fundamentalkriterium postmoderner Architektur" darstellt.
7 Ulrich Beck/Elisabeth Beck-Gernsheim, *Riskante Freiheiten. Individualisierung in modernen Gesellschaften*, Frankfurt a. M. 194, 18.
8 Vgl. ausführlich dazu Jan Hermelink, *Die weltliche Bestattung und ihre kirchliche Konkurrenz. Überlegungen zur Kasualpraxis in Ostdeutschland*, in: Jahrbuch für Liturgik und Hymnologie 39/2000, 65–86.
9 Beck/Beck-Gernsheim, *Freiheiten*, a.a.O., 19.

Umgangs mit seinem leblosen Körper strategisch vorweg; wer es sich nicht leisten kann, nimmt dafür die Hilfe des Bestattungsgewerbes in Anspruch.

Die Statistik weist aus, dass trotz stetig ansteigender Sterberate die Zahl der Erdbestattungen kontinuierlich abnimmt. Immer weniger Menschen nehmen für sich und ihre Angehörigen eine traditionelle Beisetzung in Anspruch, bei der der Leichnam in einem Holzsarg beigesetzt und der Ort dieser Beisetzung mit einem Grabstein markiert wird. Man ist heute geneigt, die neu zutage tretende Vielfalt in ihrer Eigenart anzuerkennen und für sich wie seinen sozialen Kontext zu legitimieren. Der „unabhängige Suchdienst" *www.bestattungsplanung.de* unterscheidet insgesamt 21 Bestattungsarten: „Almwiesenbestattung, anonyme Erdbestattung, anonyme Feuerbestattung, Baumbestattung, Beisetzung im Kolumbarium, Beisetzung im Urnengrab, Beisetzung in einer Urnenstele, Diamantbestattung, Erdbestattung, Felsbestattung, Flugbestattung, Gemeinschaftsgrab mit/ohne Namenstafel, Körperspende, Kryonik, Luftbestattung, Naturverstreuung, Plastination, Rasengrab Erdbestattung, Seebestattung, Totenasche im Wohnzimmer".[10] – Selbst unter der Voraussetzung, dass einige reichlich exaltierte Bestattungsarten bislang noch auf eine eher geringe Akzeptanz stoßen, ist diese Liste doch ein deutliches Indiz für das gestiegene Interesse an alternativen Bestattungsformen. Die Kunsthistorikerin Jutta Schuchard vom Zentralinsitut für Sepulkralkultur in Kassel bilanziert: „Der Umgang mit dem Tod und die Formen von Bestattung sind immer Spiegel der Gesellschaft gewesen."[11] Die Beziehung zum Tod und seinen Folgen sind in die Reichweite individueller Entscheidungen geraten. Dabei werden die sterblichen Überreste zum Dispositiv und damit auch die heortologischen Formate, die seit alters her die rituelle Distanz zwischen den Angehörigen und dem Leichnam gewährleisten. Komplexionseffekte und Hybridbildungen gründen in der Logik der Pluralisierung, Irritationen und Geschmacklosigkeiten ebenfalls. Festzuhalten bleibt jedoch, dass jede deutende Bestandsaufnahme der spätmodernen Bestattungskultur vom Boden einer wohl unhintergehbaren Vielheit aus zu erfolgen hat.

---

10 Zugriff am 10.2.2008; ausführlich dazu: Thomas Klie, *Einleitung – die finale Imposanz des Todes und die Suche nach neuen Formen*, in: Ders. (Hg.), *Performanzen des Todes. Neue Bestattungskultur und kirchliche Wahrnehmung*, Stuttgart 2008, 7 ff.

11 Jutta Schuchard, *Neue Entwicklungen und Tendenzen in der Bestattungskultur*, in: Klaus Grünwaldt/Udo Hahn (Hg.), *Vom christlichen Umgang mit dem Tod. Beiträge zur Trauerbegleitung und Bestattungskultur*, Hannover 2004, 9–21 (9).

2. Ausdifferenzierung der Bestattungskultur

Die Pluralisierung der Beisetzungsformen nahm ihren Anfang mit dem Aufkommen der technischen Kremierung.[12] Mit ihr setzte eine Dynamik ein, die die Wahrnehmung des toten Körpers nachhaltig veränderte. Die beschleunigte Metamorphose des Körpers in der Brennkammer „versachlichte" die Praxis der Totenfürsorge, stellte das Hantieren mit den sterblichen Überresten auf eine andere materielle Basis und beschleunigte letztlich auch die Hybridisierung der Riten. Als einzige Alternative zum naturhaften Zerfall bewirkt die Feuerbestattung „eine radikale, da physikalische Auflösung des materiellen Substrats. Während bei Luft-, Erd- und Seebestattung oftmals sehr dauerhafte Relikte bleiben können, wie die Praxis der Exhumierung von Skeletten und deren Bewahrung in so genannten Beinhäusern als memento mori belegt, verbleibt bei der Einäscherung – abgesehen von künstlichen ‚Ersatzteilen' – kein identifizierbarer Rest. Auch gentechnische Analysen könnten rückblickend keine Zuordnung dieser Asche mit jener Person ermöglichen. Jede Identifikation bleibt ausgeschlossen, denn die materiale Transformation des Individuums ist total."[13] Eine Ähnlichkeit, d. h. eine indexalische oder ikonische Relation kann nicht mehr ausgemacht werden, der die Person leibhaft repräsentierende Körper ist aktiv „ausgelöscht" worden.

Schaut man auf das Gesamt spätmoderner Bestattungsformen und korreliert dabei die divergierenden Phänomene mit den ihnen zugrunde liegenden kulturellen Motivlagen, dann lassen sich idealtypisch drei sinngebende Stilpräferenzen voneinander abheben.[14] Als Alternativen zur klassisch-kirchlichen Erdbestattung haben sich herausgebildet: ein *naturreligiös-ökologischer Code*, ein *ästhetisch-performativer Code* und ein *anonymisierend-altruistischer Code*.

---

12 Vgl. u. a. Arbeitsgemeinschaft Friedhof und Denkmal (Hg.), *Raum für Tote. Die Geschichte der Friedhöfe von den Gräberstraßen der Römerzeit bis zur anonymen Bestattung*, Braunschweig 2003; Norbert Fischer, *Zwischen Trauer und Technik. Feuerbestattung, Krematorium, Flamarium. Eine Kulturgeschichte*, Berlin 2002; Roland Uden, *Wohin mit den Toten? Totenwürde zwischen Entsorgung und Ewigkeit*, Gütersloh 2006.

13 Inken Mädler, *Die Urne als ‚Mobilie'. Überlegungen zur gegenwärtigen Bestattungskultur*, in: Thomas Klie (Hg.), *Performanzen des Todes. Neue Bestattungskultur und kirchliche Wahrnehmung*, Stuttgart 2008, 57–75 (61).

14 Die folgende Typologie entspricht dem Gedankengang in Klie, *Einleitung*, a.a.O., 8–11.

2.1 Der naturreligiös-ökologische Code

Bestattungsformen, die aus dieser Motivation heraus bevorzugt werden, setzen eine Transsubstantiationslogik voraus. Die Aschereste verwandeln sich im Boden in einen organischen Nährstoff, der von den Wurzeln aufgenommen wird und den Bäumen über ihre Wurzeln zum Aufbau von Biomasse dient. Die menschliche Generationenfolge findet ihre mentale Entsprechung und reale Fortsetzung also im Kreislauf der Natur. – Am deutlichsten tritt diese Stilpräferenz hervor bei der Bestattung einer kompostierbaren Urne in einem der vielen Friedwälder oder Ruheforste. Hier werden die sterblichen Überreste nach der Einäscherung im Wurzelbereich eines Baumes in die Erde eingebracht. Die ursprünglich aus der Schweiz stammende Idee fand auch in Deutschland schnell Verbreitung. Der Vorstellungszusammenhang „Auferstehung" begegnet hier als biochemischer Stoffwechselzyklus. Wahlweise kann man seine Asche auch unter der Grasnarbe eines „Gemeinschaftsfelsens" verstreuen lassen, wer sich z. B. in der „Oase der Ewigkeit"[15] in den Walliser Alpen der Natur anvertrauen will. Grundsätzlich gilt für alle diese Bestattungsarten, dass der natürliche Charakter des jeweiligen Biotops erhalten bleiben und auf alle kulturellen Anzeichen einer Beisetzung (Anlegen von Wegen, Grabkreuzen oder Grabsteinen und Blumenbepflanzung) verzichtet werden soll. Die „Grabpflege" übernimmt die Natur; sinnenhafter Träger des kulturellen Gedächtnisses ist das markante Landschaftsbild (Felsen, Baum, Baumgruppe).

Von kirchlicher Seite wurde gegen die Friedwald-Konzeption vor allem geltend gemacht, dass hier naturreligiös verbrämte Reinkarnationsvorstellungen Gestalt annehmen, die mit christlichen Glaubensvorstellungen nicht ohne weiteres vereinbar sind. Zudem müsse der Öffentlichkeitscharakter des Todes gewahrt bleiben, das ausgewiesene Waldstück also öffentlich zugänglich sein. Es solle auch, auf Wunsch des Verstorbenen bzw. der Angehörigen, der Name des Verstorbenen sichtbar markiert werden. Ferner solle der Beisetzungsort mit christlicher Glaubenssymbolik gekennzeichnet werden können (Bibelvers, Kreuz, Fisch, Kelch usw.). Die Evangelische Kirche Deutschlands (EKD) räumt allerdings ein: „Bei Beachtung dieser Bedingungen ist die Friedwald-Konzeption mit den christlichen Grundüberzeugungen zur Würde des Toten(-Gedenkens) jedenfalls nicht vollkommen inkompatibel. Denn

---

15 www.naturbestattungen.de/index.php?pos=home.html (Zugriff am 20.12.2008).

öffentlich zugängliche Orte können die je eigene Trauer heilsam relativieren, individuell gekennzeichnete Bestattungsstellen vermeiden „utopische Trauer", und gemeinschaftliche Begräbnisorte ermöglichen, die nach christlichem Verständnis unerlässliche Gleichheit und Gemeinschaft aller Menschen im Tode angemessen zu symbolisieren. Und allein die Tatsache, dass die Friedwald-Konzeption bisher nur von privaten Betreibern initiiert und unter Kostenersparnisgesichtspunkten entwickelt wurde, ist wohl doch kein hinreichender Grund, diese Konzeption für unvereinbar mit christlichen Grundsätzen zu halten, auch wenn sie natürlich faktisch eine nicht unerhebliche Konkurrenz zu den bisherigen öffentlichen oder kirchlichen Friedhofsträgern darstellt."[16] – Mittlerweile entstehen vielerorts auch bereits christliche Friedwälder. Im Mai 2007 wurde z. B. der erste Friedwald in kirchlicher Trägerschaft auf dem Schwanberg/Mainfranken seiner Bestimmung übergeben.[17]

Auf eine ganz ähnliche naturreligiöse Semantik gehen auch die früher nur Seeleuten vorbehaltene Seebestattung sowie die Bestattung auf einer Aschestreuwiese zurück. Letztere stellt gewissermaßen eine Seebestattung an Land dar. Dieses ungewöhnliche Zeremoniell sieht vor, dass ein Urnenträger gemessenen Schrittes eine Wiesenfläche abschreitet. Dabei verstreut er die Asche auf einem gesondert ausgewiesenen Rasenstück; die Angehörigen wohnen der Zeremonie am Rand der Streuwiese bei und legen Blumen und Gebinde an vorgesehenen Plätzen ab. Der Rostocker Westfriedhof, auf dem diese Bestattungsform schon seit den 1970er Jahren praktiziert wird, war lange Zeit der einzige Friedhof in Deutschland mit einer Streuwiese; heute ist die Ascheausstreuung auch in Berlin, Brandenburg, Thüringen und Nordrhein-Westfalen auf den Friedhofsgeländen möglich.[18]

Zeitdiagnostisch betrachtet ist die zunehmende Attraktivität dieser „natürlichen" Entsorgung eine Individualisierungsfolge: Die Grabpflege und damit der zeit- und kostenintensive Besuch der letzten Ruhestätte kann entfallen. Die Ortsbindung über mehrere Generationen hinweg, die

---

16 Kirchenamt der EKD (Hg.), *Herausforderungen evangelischer Bestattungskultur. Ein Diskussionspapier* (2004); http://www.ekd.de/EKD-Texte/bestattungskultur.html (Zugriff am 2.1.2009).
17 http://www.friedw.de/EFS_Start.AxCMS?ForestName=Schwanberg (Zugriff am 2.1.2009).
18 Die verschiedenen Formen der in Deutschland (noch) verbotenen Luftbestattung via Heißluftballon (Schweiz, Frankreich, Spanien), Feuerwerksrakete oder Flugzeug (Tschechien) bilden eine artifizielle Spezialform der „Seebestattung an Land".

ehedem ein traditionelles Erdgrab mit Stein, Inschrift und Bepflanzung plausibilisierte, ist vor allem in den städtischen Ballungszentren kaum mehr gegeben. Auch die demographische Entwicklung macht es wahrscheinlicher, dass man einsam alt wird, nicht im Beisein von Verwandten oder Bekannten stirbt und anonym beigesetzt wird. Modernität entbindet – letztlich auch von traditioneller Sepulkralkultur.

2.2 Der ästhetisch-performative Code

Als eine Art Gegenbewegung zum naturreligiös-ökologischen Code, der von der Substitution kultureller Umgangsformen durch „natürliche Vorgänge" lebt, haben sich in jüngster Zeit stark ästhetisierte Sepulkralformen herausgebildet. Hier wird vor allem auf die Inszenierungsqualitäten gesetzt, die die letzte Lokalisierung bzw. Dislocation der Leiche zu entbinden vermag. Der Tod wird gerade nicht als das natürliche Ende der menschlichen Sinnproduktion angesehen, das Ableben wird vielmehr zum ultimativen Anlass, gelebtes Leben sinnvoll zur Darstellung zu bringen. Diese Stilpräferenz orientiert sich stark am selbstbestimmten Subjekt, dessen Individualität auch und gerade nachtodlich inszeniert werden will. Das Begräbnis soll möglichst „persönlich" gestaltet werden, alte und neue Rituale[19] schaffen eine gefühlte Verbindung mit dem Verstorben. Kirchliche Vorgaben, z. B. in Friedhofsordnungen werden dagegen eher als Reglementierung verbucht. Die volle Autonomie im Umgang mit der Leiche ist eine Nebenfolge der neuzeitlichen Option auf selbstbestimmtes Leben.

Entgegen der alltagstheoretisch immer wieder vertretenen These von der „Verdrängung" und „Tabuisierung" des Todes in der Moderne[20] äußert sich mit diesem Motivbündel eine ganz neue Wertschätzung der sterblichen Überreste. Man ehrt das Leben im Medium des toten Körpers. Generalisierte man den ästhetisch-performativen Code, wäre dem-

---

19 Vgl. Marianne Kramer Abebe, *Aufbruch zu neuen Ritualen. Eine Annäherung an die Praxis freiberuflicher Ritualbegleiter und Ritualbegleiterinnen*, in: Jahrbuch für Liturgik und Hymnologie 39/2000, 35–64.

20 Volker Drehsen (*Tod – Trauer – Trost. Christlich-religiöse Kultur des memento mori zwischen Verdrängung und Vergewisserung*, in: Ders., *Wie religionsfähig ist die Volkskirche?*, Gütersloh 1994, 199–219) vertritt die These, dass die gegenwärtige Bestattungskultur weniger durch Verdrängung als durch eine „Intimisierung" der akuten Todeserfahrung und eine „Pluralisierung" der symbolischen Kommunikation gekennzeichnet ist.

gegenüber eher von einer massenmedial dauerpräsenten Nekrophilie, einer Todesversessenheit auszugehen, gewissermaßen ein postmortales Pendant zur Lebensversessenheit.[21] Abzulesen ist diese Form stark individualisierten Totenumgangs nicht zuletzt auch an den sich stark verändernden musikalischen Präferenzen; immer häufiger werden fröhliche Popsongs oder die Lieblingslieder der Verstorbenen als Begleitmusik zur Beisetzung gewünscht. Selbst Särge werden gegenwärtig zum Ausdruck eines neuen ästhetischen Bewusstseins; das Internetportal des Verbands für das Bestattungsgewerbe e.V. (*www.sargwelten.de*) präsentiert die neuesten Designermodelle.

Ein extremes Beispiel für den ästhetisch-performativen Code ist die sog. „Diamantbestattung". Aus den durchschnittlich ca. 2 kg Kremationsasche eines Menschen können auf Wunsch der Hinterbliebenen in einem besonderen Verfahren unter hohem Druck mehrere Diamanten gefertigt werden. Durch einen entsprechenden Feinschliff entstehen dann tragbare „Erinnerungsdiamanten" oder „Lebensjuwelen". Entsprechende Sammelleidenschaft vorausgesetzt, läge es also durchaus im Bereich des Möglichen, nach einiger Zeit seine gesamte verstorbene Verwandtschaft auf einem Schmuckhalsband aufzureihen.[22] – Das Ziel einer postmortalen Zurschaustellung verfolgt auch die Plastination von Leichen, auf die der Anatom Gunther von Hagens das Patent besitzt. Dabei wird dem Leichnam unter Vakuum Gewebefett und Wasser entzogen und durch flüssigen Kunststoff ersetzt – eine spätmoderne Form der Einbalsamierung.[23] Beide Techniken „veredeln" den toten Körper, indem sie ihn zu kunstgewerblichen Artefakten synthetisieren. Da Transformationsprozesse im Blick auf ihre Erzeugnisse „ganz neue Ewigkeitsphantasien"[24] erzeugen, rücken letztlich auch diese Techniken in den Horizont religionsaffiner Motive. Beide Umformungen verhelfen dem, was „verweslich

---

21 Peter Fuchs kommt in seiner systemtheoretischen Betrachtungsweise zu diesem Schluss: *„Media vita in morte sumus". Zur Funktion des Todes in der Hochmoderne – systemtheoretisch betrachtet*, in: Petra Gehring u. a. (Hg.), *Ambivalenzen des Todes. Wirklichkeit des Sterbens und Todestheorien heute*. Darmstadt 2007, 31–50.
22 Das bekannte Goethe'sche Diktum hieße dann in diesem sehr speziellen Fall: ‚Was du ererbst in Form deines Vaters, erwirb es, um ihn zu besitzen.'
23 Eine ausführliche praktisch-theologische Auseinandersetzung mit der „Körperwelten"-Ausstellung findet sich bei Jan Hermelink, *„Ich wäre gern ein Ganzkörperplastinat". Gunther von Hagens' „Körperwelten" provozieren Sinn und Form der Bestattung*, in: Klie (Hg.), *Performanzen des Todes*, a.a.O., 77–99.
24 Dagmar Schmaucks, *Opa blitzt und Oma funkelt. Ganz neue Ewigkeitsphantasien?*, in: Zeitschrift für Semiotik, Bd. 27, H. 4/2005, 407–408 (407).

gesät" wurde, zu einer Art unverweslicher Auferstehung (1. Kor 15, 42), dies allerdings auf dem Wege einer technischen Optimierung des Fleisches. In unserer Kultur signifizieren die jeweiligen Endmaterialien Unvergänglichkeit auf sehr verschiedene Art und Weise: Steht Plastik durch seine Formbarkeit und Elastizität für schmiegsame Permanenz, gilt ein Diamant als reinste und dauerhafteste Substanz überhaupt. – Auf eine analoge Darstellungslogik ließe sich auch die (noch) hochexklusive Weltraumbestattung reduzieren. Hierbei werden die (Mikro-)Urnen von einer Taurus-Trägerrakete der Firma Celestis auf eine erdnahe „ewige" Umlaufbahn geschossen.[25] In popularisierter Form erfüllen auch die verschiedenen Spielformen virtueller Friedhöfe im Internet die Funktion einer ästhetisch anspruchsvollen Verewigung.

Sehr viel bodenständiger zeigt sich demgegenüber die sepulkrale Verewigung in der (Fußball-)Fankultur. Der Hamburger Sportverein (HSV) hat 2008 als erster Bundesligist einen eigenen Fan-Friedhof eingeweiht.[26] HSV-Fans können sich in der Nähe ihres Lieblingsvereins bestatten lassen. Die rund 5.000 Quadratmeter große Anlage im Schatten der Westtribüne der Arena am Volkspark bietet Platz für 300 bis 500 Gräber. Auf dem Areal mit echtem Stadionrasen sollen die Urnen-, Reihen- oder Doppelgräber in einem angedeuteten Stadionrund angelegt werden. Ein symbolisches Fußballtor bildet den Eingang für das Gräberfeld. Die Möglichkeit, sich auf dem HSV-Friedhof beerdigen zu lassen, ist ausschließlich Vereinsmitgliedern vorbehalten. Die Kosten dafür sind mit gewöhnlichen Bestattungen vergleichbar; auf die Zeremonie will der Bundesligist keinen Einfluss nehmen.

Eine Sonderform ästhetischer Performanz im Bereich der Bestattungskultur sind die vermehrt an den Straßen von Angehörigen für Unfallopfer aufgestellten Kreuze.[27] Solche Straßenkreuze (oft mit Blumenschmuck und Grabkerze) werden zwar in der Regel gerade nicht für ältere Verkehrsopfer aufgestellt, doch in diesem relativ jungen Phänomen verdichten sich paradigmatisch die Motive dieser Stilpräferenz. Denn hier erscheinen unzweideutige Todeszeichen im öffentlichen Raum, die den Unfalltod eines einzelnen Menschen anzeigen: keine Verdrängung, kein altruistischer Entzug, sondern die öffentlichkeitswirksame Demonstration eines plötzlichen Todes. Analog zu den mittelalterlichen Sühnekreuzen

---

25 www.weltraumbestattung-lessing.de (Zugriff am 20.2.2008).
26 www.grabmale-otto-ihlenfeld.de/hsv.php (Zugriff am 10.12.2008).
27 Andrea Löwer, *Kreuze am Straßenrand. Verkehrstod und Erinnerungskultur*, Frankfurt a. M. 1999.

manifestieren sie ein Memento mori, doch anders als jene drücken sie individuelle Trauer, unmittelbare Anteilnahme und persönliche Beziehung von direkt Betroffenen aus.

2.3 Der anonymisierend-altruistische Code

Eine harte Kontrastfolie zur Inszenierungsoption zeigt sich in der dritten Stilpräferenz. Mit dem schleichenden Rückzug des Totenumgangs aus der gesellschaftlichen Öffentlichkeit nehmen vielfach nur noch die engsten Familienangehörigen an den Trauerfeiern teil. Mobilität und soziale Vereinsamung im Alter führen vor allem in den städtischen Ballungsgebieten dazu, dass oft noch nicht einmal diese primäre Bezugsgruppe anwesend ist. Viele alte Menschen, die ihr soziales Umfeld in dieser Weise identifizieren und daraufhin bewusst ihre Bestattung planen, entscheiden sich für eine unprätentiös-schlichte Lösung. Man will niemandem zur Last fallen, auch nicht den nächsten Angehörigen, zumal wenn sie nicht vor Ort wohnen. Wenn in den letzten Lebensjahren vorhersehbar ist, dass die Grabpflege mit einiger Sicherheit an den Friedhofsgärtner delegiert werden muss und möglicherweise das eigene Grab nur selten aufgesucht wird, drängt sich der Gedanke einer anonymen Bestattung förmlich auf – paradoxer Weise als eine letzte Form familialer Fürsorge.

Ein weiterer Beweggrund für die in kirchlichen Stellungnahmen oft beklagte Anonymisierung des Todes ist – kulturell betrachtet – die gesteigerte Diskretionsbedürftigkeit der Betroffenen. Dass eine anonyme Bestattung, sei es auf einem Urnenfeld, einer Streuwiese oder auf hoher See, auch sehr viel kostengünstiger ist, mag in dem diffusen Motivbündel, das eine solche Bestattungsform generiert, sicher auch Berücksichtigung finden. Die anonyme Bestattung aber direkt mit dem Kostenargument kurzzuschließen, unterstellt mehr als es erklärt. Die Option auf die Anonymität wahrenden Formen ist vielfach auch nur eine pragmatische, moralneutrale Nebenfolge des Zeitdrucks, der mit dem Todeszeitpunkt einsetzt. Hinterbliebene sehen sich nach dem Ableben Angehöriger stark unter Zugzwang, was sich nicht zuletzt auch auf finanziellem Gebiet äußert. In kurzer Zeit müssen kostenintensive Entscheidungen getroffen werden. Der Fortfall des sog. „Sterbegeldes" in Deutschland (seit Januar 2004) hat den ökonomischen Druck am Lebensende noch zusätzlich verstärkt. Wer die finanziellen Belastungen, z.B. über eine testamentarische Festlegung, nicht selbst tragen kann, mag sie, insofern er noch entscheidungsfähig ist, auch nicht Anderen aufbürden. Fehlen die finanziellen Mittel oder wollen sie vom Verstorbenen oder den Angehörigen nicht aufgewandt werden, dann fallen für ein anonymes Urnengrab noch die geringsten Kosten an. Daraus erklärt sich der anhaltende Trend zu Discount-Beerdigungen und preiswerten Särgen bzw. Urnen.[28]

Auch bei diesen Präferenzen bildet die Kremierung der Leiche die materiale Grundlage. Erst die Verbrennung ermöglicht derartige Schlichtformen, wie etwa die Beisetzung auf einem anonymen Gräberfeld, die Seebestattung oder (in Universitätsstädten) die Körperspende an die Anatomie[29]. Niemand soll hierbei noch einen Totenort aufsuchen oder für dessen Pflege aufkommen müssen. Das „Weiterleben in den Herzen der Lieben" ist auf keinen identifizierbaren Ort mehr angewiesen. Damit verlagern sich die bestattungskulturellen Semantiken radikal: von der dauerhaften Repräsentation, die ausdrücklich nicht gewünscht wird, zurück auf die „utopische" Imaginationskraft der Überlebenden, die im besten Falle inspiriert wird von der Gestaltqualität der Trauerfeier.

Nicht in jedem Fall lassen sich die drei idealtypischen Motivbündel trennscharf voneinander abheben. In Überschneidungsbereichen werden die Motive vielfach kombiniert; das Moment des Additiven macht den Formenreichtum der Bestattungskultur zu einem typisch spätmodernen Phänomen. Der kritische Blick auf den nach wie vor kulturnormierenden Vorstellungszusammenhang „Erdbestattung" belegt, dass sich auch hier die Formen und Funktionen überlappen. Es spricht viel dafür, dass genau dies die Wirkmächtigkeit des traditionellen Zeremoniells garantierte. Eine formvollendete Erdbestattung vermochte nämlich all die Momente, die sich derzeit zu verselbständigen beginnen, in einem rituellen Kompositum zu vereinigen. Auch hier sind die sterblichen Überreste natürlich einem organischen Zersetzungsprozess ausgesetzt, allerdings über einen sehr viel längeren Zeitraum als bei der pyrolytisch beschleunigten Kre-

---

28 Neu im Angebot sind Pappsärge, sog. „Peace Boxes"; sie sind faltbar und zu einem Preis von unter 100 Euro erhältlich. Ein Bestattungsunternehmer aus Würzburg beschreibt auf seiner Homepage die Vorzüge dieses Produkts: eine mit Wasserfarbe aufgedämpfte Holzstruktur (Mahagoni), hat zusammengefaltet die klassische Form eines Sarges und eine hohe Standfestigkeit bei einem Leergewicht von nur 12 kg. Die „Peace Box" besteht zu 60 Prozent aus Kaktus- und Kartoffelstärke, ist vom TÜV Südwest geprüft und wird im Erdreich sehr schnell umgesetzt. – www.bestattungen-papke.de (Zugriff am 2.1.09).
29 Vera Christina Pabst, *Danken – Gedenken – Trauern? Die Bedeutung der Kasualie im Kontext des „Präparierkurses" im Medizinstudium*, in: Berliner Theologische Zeitschrift, H. 1/2007, 80–103.

mierung. Die Beisetzung auf einem Friedhof mit parkähnlichem Baumbestand, die traditionelle Grabbepflanzung, das Holz als natürliches Sargmaterial und nicht zuletzt auch die in dieser Form nicht in der Bibel begegnende Erdwurf-Formel („Erde zu Erde, Asche zu Asche, Staub zu Staub") lassen durchaus naturreligiöse bzw. in kirchlicher Perspektive: schöpfungstheologische Lesarten zu. – Und die inszenatorischen Aspekte einer solchen Beisetzung zeigen sich z.B. im zum Teil recht üppigen Kranz- und Sargschmuck, in den Bekleidungscodes, bei den Gesängen, der Orgelmusik und der teilöffentlichen Prozession von der Friedhofskapelle zum Grab.[30] Allein das Moment der Anonymisierung ist innerhalb des traditionellen Formenspiels nicht belegt. Allerdings erlangt dieses Motiv erst auf dieser Kontrastfolie seine Prägnanz, erscheint es doch als ein gegenkultureller Reflex auf die christliche Wertschätzung des Namens (Jes 43, 1).

Die Statistik belegt die ungebrochene Dynamik der Bestattungskultur. Nach einer 2007 vom Bestatterportal „Aeternitas" bei TNS Infratest in Auftrag gegebenen repräsentativen Studie[31] wünschten sich nur noch die Hälfte aller Befragten für die eigene Beisetzung das übliche Erd- oder Urnengrab (51 %; 1998 betrug der Anteil noch 87 %). Allerdings sehen gerade mal 10 % der Bundesbürger in der anonymen Bestattung eine Alternative. Die Zustimmung steigt hier signifikant mit dem Lebensalter und der Größe des Wohnortes. 16 % können sich dagegen eine „moderne Bestattungsform" vorstellen; ihr Interesse gilt besonders der Baumbestattung oder der Verstreuung der eigenen Asche (Luftbestattung, Streuwiese, Seebestattung). Einen Friedhof besuchen etwa 70 % mindestens einmal pro Jahr; für die Mehrheit ist die Grabpflege der Hauptgrund dafür. Nur etwa 16 % gaben an, nie einen Friedhof zu besuchen. Bemerkenswert ist, dass immerhin ein Viertel der Befragten auf einen Friedhof gehen, um dort eine ruhige Parkanlage zu genießen. – Aufschlussreich sind in diesem Zusammenhang auch die finanziellen Vorstellungen: Zwei Drittel der Befragten wollen nicht mehr als insgesamt 4.000 Euro für eine Bestattung aufwenden, wobei sich nach Aus-

---

30 Ausführlich dazu Thomas Klie, *Todeszeichen. Topologie der Bestattung*, in: Berliner Theologische Zeitschrift, H. 1/2003, 57–68.
31 www.aeternitas.de/inhalt/news_und_trends/2007_04_05__09_47_16/show_data (Abfrage am 4.1.2009). – Interessante Einsichten in die Kommunikation von Friedhofsbesuchern bietet auch die Untersuchung von Gerhard Schmied, *Friedhofsgespräche. Untersuchungen zum „Wohnort der Toten"*, Opladen 2002.

sagen von Bestattern die meisten Angehörigen durchaus überrascht zeigen, wenn sie mit den tatsächlichen Kosten konfrontiert werden.

3. Umsonst ist der Tod ...

In dem Maße, wie die verschiedenen kulturellen Modernisierungen die Sterbebegleitung und die Totenfürsorge dem häuslichen Bereich entfremdeten und die Kirche ihre kulturprägende Kraft einbüßte, entstand ein dichtes institutionelles Netz todesnaher Dienstleistungen. Die zentrale Schaltstelle, die alle organisatorischen, hygienischen, rechtlichen und rituellen Belange einer Beisetzung koordiniert, ist heute der Bestattungsunternehmer. Als Dienstleister betreibt der Bestatter sein Geschäft mit den „letzten Dingen" – inzwischen gibt es schon ganze Ketten, Filialbetriebe und Verbände mit entsprechenden Internet-Portalen[32]. Für seine Dienstleistung ist die größte Summe im Zusammenhang mit einem Sterbefall aufzuwenden.[33] Eine durchschnittliche Bestattung mit Überführung, Sarg/Urne mit Dekoration, Totenbekleidung, Aufbahrung und Begleitung der Trauerfeier und Erledigung aller Formalitäten kostet derzeit im Durchschnitt etwa 6.000 Euro (Stand: 2008), aufwändige Feiern können auch mit weit mehr als 10.000 Euro in Rechnung gestellt werden. Konnte man früher mit dem Sterbegeld von der Krankenkasse noch eine durchschnittliche Beisetzung begleichen, sind heute ältere Menschen vielfach nicht mehr in der Lage, ausreichend Geld für die eigene Bestattung anzusparen. Wie sehr sich bereits die Gesamtwahrnehmung eines Trauerfalls von der traditionell rituellen Ebene auf die merkantile verschoben hat, wird im Geschäftsgebaren der Bestattungsinstitute besonders deutlich. Die gefühlte Opposition von Preis und Pietät scheint hier völlig aufgehoben.[34]

---

32 Z. B. www.aeternitas.de, www.grabmal-portal.de, www.krematorien.de, www.gute-bestatter.de.

33 Exemplarisch aus der Fülle der populärwissenschaftlichen Bücher zum Thema: Peter Waldbauer, *Die Bestattungs-Mafia. Wie mit dem Tod Geschäfte gemacht werden*, München 2007.

34 Die Warenhaftigkeit des Gesamtvollzugs „Bestattung" zeigt sich u. a. auch daran, dass sich die „Stiftung Warentest" seiner angenommen hat. Im Sonderheft vom November 2008 „Spezial Bestattung" werden die verschiedenen Aspekte einer Beisetzung nach Kosten-Nutzen-Kalkülen rationalisiert. Darunter fallen bezeichnender Weise auch „Trauerbewältigung" (58), „Trauerbegleitung" und

Der ökonomische Druck korreliert mit dem allgemeinen Trend zu schlichteren Formen (Urnenbeisetzungen, Gemeinschaftsanlagen). Je weniger man aufwenden kann und will, desto mehr verstärkt sich die Anonymisierung. Aber auch in der Gegenrichtung gilt: Die Entwicklung hin zu anonymen Bestattungsformen, favorisiert vor allem im anonymisierend-altruistischen Segment, hat direkte Rückwirkungen auf die Beisetzungskosten.

„Die Nachfrage nach Gemeinschaftsgräbern für Urnenbeisetzungen hat seit Jahren zugenommen. Reihengräber und sog. Wahlgräber werden hingegen immer seltener gewünscht. In vielen Städten Deutschlands gibt es somit einen Überhang an Friedhofsfläche, was vielfach zu einer Erhöhung der Friedhofsgebühren zum Zwecke der Kostendeckung führt. Demgegenüber werden traditionelle Erdgrabstätten teurer und somit noch unattraktiver."[35]

Discountbestattung und die Dynamik gesellschaftlicher Pluralisierung sind zwei Seiten ein und derselben Medaille.

4. Erwartungserwartungen: die familiale Kommunikation über die letzte Ruhe

Immer noch ist die Familie der Ort, an dem die alltägliche Konversation kommunikative Vergemeinschaftung stiftet. Sie ist aber zugleich auch der prominenteste Ort für Missverständnisse, Unausgesprochenes und Übertragungsphänomene. Sie ist dies trotz oder besser: gerade wegen der intimen Vertrautheit.[36] Dies gilt in besonderer Weise für das Gespräch über den Tod naher Angehöriger wie über die Bestattungsmodalitäten. Nur wenige wissen von ihren Eltern und Großeltern, wie jene „unter die Erde" kommen wollen. Zum Thema werden Bestattungswünsche allenfalls bei einer Erkrankung im hohen Alter ohne Hoffnung auf Genesung. Erst dann kann über diese „Formalitäten" gesprochen werden. Mitkommuniziert werden dabei immer auch Erwartungen und Erwartungser-

---

„Rituale" (63) sowie „Trauernde Kinder" (68). Die Grenzen zwischen Pietät, Marktwerten, Qualitätskriterien und Preisvergleichen sind hierbei fließend.
35 Schuchard, *Entwicklungen*, a. a. O, 14.
36 Vgl. dazu u. a.: Karin Ulrich-Eschemann, *Lebensgestalt Familie – miteinander werden und leben. Eine phänomenologisch-theologisch-ethische Betrachtung*, Münster 2005; Alfred Drees, *Intuition in der Sterbebegleitung in Klinik, Hospiz und Familie*, Lengerich 2001; Helga M. Käsler-Heide, *Diagnose: Tod und Sterben*, Berlin 1999; Angela Keppler, *Tischgespräche. Über Formen kommunikativer Vergemeinschaftung am Beispiel der Konversation in Familien*, Frankfurt a. M. 1995.

wartungen bzw. im psychoanalytischen Sprachspiel: Übertragungen und Gegenübertragungen.

Es verdichten sich allerdings auch die Anzeichen dafür, dass das gegenseitige Verschweigen je länger, je mehr von einer pragmatischen Verbalisierungsstrategie abgelöst wird. Waren alte Menschen früher sehr verschlossen, wenn man auf ihren Tod zu sprechen kam, so interessieren sich heute nach Auskunft von Bestattern viele für die Formalitäten und die Möglichkeiten einer Vorsorgeregelung.[37] In der Studie von Gerhard Schmied, der Interviews mit Friedhofsbesuchern führte und sie u. a. auch danach befragte, wie ihr eigenes Grab später aussehen solle, gab gut die Hälfte der Interviewpartner zum Teil sehr detaillierte Antworten, ungefähr ein Drittel hatte auch schon sehr konkrete Pläne.[38] Die Angehörigen erfahren aber vielfach erst über die Vorstellungen und Vorkehrungen bezüglich der Beisetzung aus dem Testament, wie folgender Ausschnitt aus einem längeren persönlichen Erfahrungsbericht belegt:

> „Als mein Großvater mit der Diagnose Oberschenkelbruch nach einem Sturz ins Krankenhaus eingeliefert wurde, dachten wir noch, dass das schon wieder werden würde. Er wurde dann einige Tage später in eine Pflegeeinrichtung verlegt, was Grund zur Hoffnung auf vollständige Genesung gab. Leider kam es dann innerhalb von zwei Tagen zu Komplikationen, an denen er dann eine Woche später verstarb. In seinem Testament hatte er verfügt, dass er eingeäschert werden möchte. (...)."[39]

Eine testamentarische Verfügung, in der auch bereits die Form der Bestattung bestimmt ist, entlastet die Angehörigen entsprechend, in relativ kurzer Zeit diese weitreichende Entscheidung zu treffen. Gleiches gilt für den Fall, dass ein Elternteil schon verstorben ist und vorsorglich in einem Doppelgrab beigesetzt wurde. Im Normalfall sehen sich die Hinterbliebenen einer Übermacht an Formalitäten, Nachlassangelegenheiten und Kontenklärungen gegenüber, angesichts derer die Form der Beisetzung nur eines unter vielen zu lösenden Problemen darstellt. Die oben bereits zitierte Infratest-Untersuchung belegt, dass besonders in der Gruppe derer, die an eine moderne Bestattungsform denken, ein großes Maß an Unentschlossenheit herrscht. Es ist innerfamiliär keineswegs immer schon

---

[37] Interview mit dem Präsidenten des Schweizerischen Verbandes der Bestattungsdienste in der „RZ Oberwallis" vom 17.11.2005.
[38] Schmied, *Friedhofsgespräche*, a.a.O., 157 ff. – Das hier gewählte Sample fällt mit 43 Befragten allerdings sehr klein aus.
[39] www.stelzer-bestattungen.de/feuerbestattung-religion.html (Zugriff am 10.12.2008).

klar, für welche Option man sich entscheidet. – In dem folgenden Fall[40] war dies anders:

> „Meine Mutter war eine starke Frau. Sehr vorausschauend, rational und selbstbewusst. Sie überließ nichts dem Zufall. Gar nichts. Aufgrund ihrer Krankheit und des voraussehbaren Verlaufs verfasste sie zunächst eine Patientenverfügung und schloss mit uns, meiner Schwester und mir, einen Betreuungsvertrag. (…) Was ich eigentlich damit sagen möchte, ist, dass sie sich sehr auf ihren Tod vorbereitet hat. Sie verfasste diese wirklich wichtigen Verfügungen und sprach oft mit uns über ihre Beerdigung. Sie wusste sehr genau, dass sie verbrannt werden wollte. Sie wusste auch, dass sie kein Grab wollte, das niemand pflegt (meine Schwester und ich leben Hunderte Kilometer weit weg). Viel eher konnte sie sich eine anonyme Bestattung vorstellen, irgendwo auf der Wiese eines Friedhofes."

Hier erscheint die Entscheidung für eine Kremierung als eine reflektierte Reaktion auf die individuellen Folgen der gesellschaftlichen Differenzierungsprozesse. Eher altruistische Motive legen die anonyme Bestattung nahe. Wie diffizil sich diese Präferenz der Verstorbenen mit einer naturreligiös-ökologischen Motivation der Hinterbliebenen überlappt und welche Rolle dabei Erwartungserwartungen spielen, zeigt sich im Fortgang des Berichts:

> „Einige Wochen vor ihrem Tod wurde im Fernsehen über eine Bestattungsform berichtet, die es bisher in der Form nur in der Schweiz gegeben hatte, inzwischen aber auch in Deutschland genehmigt war und nun langsam bekannt wurde. Die Friedwald-Bestattung. Meine Mutter war sofort begeistert, sofern man bei der eigenen Beerdigung überhaupt von Begeisterung reden kann. Sie erzählte uns davon und bat uns, uns darum zu kümmern, wenn es soweit sei. Als sie dann gestorben war, suchten wir die notwendigen Papiere (Stammbuch, Lebens- und Sterbegeldversicherungen) zusammen und wählten aus dem Telefonbuch ein Bestattungsunternehmen aus. Schon eine Stunde später saßen wir im Büro eines Bestatters und waren trotz unserer Trauer gezwungen, die Beerdigung zu planen. (…) Im Stammbuch fand der Bestatter dann einen Zettel ‚Vergesst nicht: Friedwald!' (…) Und so kamen wir einen Tag später zum ersten Mal in den Friedwald B. (…) Gemeinsam mit dem Förster wanderten wir also durch den Wald und suchten nach einem geeigneten Baum. Wie gesagt – wir stapften durch einen urwüchsigen Wald, stolperten über Wurzeln, fanden Spuren verschiedener Tiere, hörten die Vögel zwitschern und fühlten uns rundherum wohl. Ja, hier würden wir unsere Mutter gern bestatten, hier würde sie sich wohlfühlen so inmitten unberührter Natur. (…) Endlich kamen wir ans Ziel und hatten einen atemberaubenden Blick über die Stadt B. und die umliegenden Wälder. Hier wollten wir einen Baum suchen, unter dem unsere Mutter zur

---

40 www.ciao.de/Friedwald_Bestattung__Test_3207604 (Zugriff am 11.12.2008). – Aus diesem Text sind auch die folgenden Zitate entnommen.

letzten Ruhe gebettet werden sollte. (…) Es dauert dann nicht lange, bis sich das Gefäß in der Erde vollständig zersetzt hat und die Asche des Verstorbenen frei im Erdreich liegt. Die Wurzeln des Baumes nehmen die Asche als Nährstoffe auf und malen uns so ein Sinnbild des Fortbestehens des Lebens. Wie ich finde, ein schönes, ein sehr friedvolles Bild. Da unsere Mutter sich das so gewünscht hat und auch, weil diese Bestattungsart auch für uns etwas wirklich Schönes hatte, entschieden wir uns schnell für den Friedwald B."

Wie auf dem Friedhof, so konstituiert auch in einem Friedwald mit seinen „Familienbäumen", „Freundschaftsbäumen" und „Gemeinschaftsbäumen" das Gesamt aller Grabstätten einen Raum mit eigener Ästhetik. Tote werden traditionell im öffentlichen Nahraum beigesetzt. Kann bei einer christlichen Trauerfeier der Verbleib des Verstorbenen nur mit einer im Glauben fassbaren Fern-Nähe („bei Gott") angegeben werden, so zeugen Gräber und Grabmale von dem (allzu) menschlichen Bemühen, dieses uneinholbare Getrennt-Sein in eine erträgliche, weil zugängliche Distanz umzuwandeln. Dies kommt schon rein äußerlich durch die Lage und Anlage eines Friedhofes oder wie hier: eines Friedwaldes zum Ausdruck.

„Meiner Mutter, die ihren Garten so liebte, die ihn hegte und pflegte, die immer darin herumwuselte, ihn immer absolut in Ordnung hielt, missfiel einfach der Gedanke an ein Grab mit verwelkten Stiefmütterchen und braun gewordener Buchsbaumhecke. Ihr missfiel auch der Gedanke an einen Grabstein mit der Aufschrift ‚Hier ruht …, geb. am …, gest. am …'. Hier im Friedwald konnten wir unsere Mutter getrost lassen. Hier übernimmt die Natur die Grabpflege, hier sagen sich Fuchs und Hase gute Nacht. Hierher kann die Familie jederzeit kommen und picknicken, hier können die Kinder spielen und lachen, ausgelassen sein und toben, ohne das jemand ‚Psst!' macht oder die Nase rümpft. Der Friedwald ist ein Wald. Und im Wald regiert das Leben. Nicht der Tod."

In letzter Konsequenz zeigt sich hier die Dynamik einer Individualisierung, die „am Ende" zu sich selbst kommt: Der Tod diffundiert in die Intuition der Angehörigen und wird Teil des innerfamiliären kommunikativen Gedächtnisses. Erodiert auch dies, gerät der tote Angehörige unweigerlich in Vergessenheit. Auch der gegenüber früheren Generationen sehr viel größere Fundus visueller personengebundener Zeugnisse (Fotos, Filme etc.) vermag diesen Regress nicht abzufedern – wenn niemand mehr die abgebildeten Personen namhaft machen kann, ist die Erinnerung irreversibel erloschen. Mit dem Verzicht auf die Fixierung von Namen, Lebensdaten und Ort, mit dem Verzicht auf Identifizierbarkeit und Lokalisierung durch Grabmale, werden die Trauernden selbst zum Träger der Todeszeichen. Die Angehörigen selbst werden dem Verstorbenen zum Grabmal, sind sie doch die einzigen, die bei einer anonymen Bestattung über den Toten noch Auskunft geben können.

5. Ausblick

Vieles spricht dafür, dass der Prozess der Entkonventionalisierung der Bestattungskultur irreversibel ist und die rituelle Sicherheit, die die christlich inszenierte Erdbestattung allen Beteiligten lange Zeit gewährte, heute auf andere Weise generiert werden muss. Praktisch-theologisch spricht jedoch nichts dagegen, sich der kulturellen Modernisierung auch und gerade auf dem Terrain der Sepulkralkultur zu stellen. Nicht alles, was auf diesem weiten Terrain seine stimmige Form noch nicht gefunden hat, ist darum auch schon dogmatisch obsolet. Im Gegenteil: In unsicheren Lagen ist eine evangelische Deutung in Wort, Ritus und Realien gefordert. Je mehr sich der kulturelle Kontext des Ablebens und Verbleibens irritiert zeigt, desto mehr ist die Kirche den Zeitgenossen ihre Sicht der Dinge schuldig. In aller Regel tut sie dies, indem sie die Osterbotschaft homiletisch-liturgisch zur Darstellung bringt und auf den gemeindeeigenen Friedhöfen für Ordnung sorgt. Mit welchen Umgangsformen sie diese Deutungsarbeit verschränkt, ist kontingent. Die Kirche ist frei, in zeitgemäßen Riten und Worten die biblische Rede von der Auferstehung zu kultivieren. Nicht um Ewigkeitssurrogate christlich zu überhöhen, sondern um gelebtes Leben *sub specie Christi* mahnend und tröstend zu vergegenwärtigen.

Literatur

Ulrich Becker (Hg.), *Sterben und Tod in Europa. Wahrnehmungen, Deutungsmuster, Wandlungen*, Neukirchen-Vluyn 1998.
Norbert Fischer, *Wie wir unter die Erde kommen. Sterben und Tod zwischen Trauer und Technik*, Frankfurt a. M. 1997.
Norbert Fischer, *Zwischen Trauer und Technik. Feuerbestattung, Krematorium, Flamarium. Eine Kulturgeschichte*, Berlin 2002.
Petra Gehring/Marc Rölli/Maxine Saborowski (Hg.), *Ambivalenzen des Todes. Wirklichkeit des Sterbens und Todestheorien heute*, Darmstadt 2007.
Klaus Grünwaldt/Udo Hahn (Hg.), *Vom christlichen Umgang mit dem Tod. Beiträge zur Trauerbegleitung und Bestattungskultur*, Hannover 2004.
Hans-Martin Gutmann, *Mit den Toten leben – eine evangelische Perspektive*, Gütersloh 2002.

Thomas Klie (Hg.), *Performanzen des Todes. Neue Bestattungskultur und kirchliche Wahrnehmung*, Stuttgart 2008.

Michael Nüchtern/Stefan Schütze, *Bestattungskultur im Wandel* (Evang. Zentralstelle für Weltanschauungsfragen), Berlin 2008.

Oliver Roland (Hg.), *Friedhof – ade? Die Bestattungskultur des 21. Jahrhunderts*, Mannheim 2006.

Rüdiger Sachau, *Der tote Mensch in Medizin, Theologie und Bestattungskultur. Perspektiven und Probleme im Umgang mit dem menschlichen Leichnam*, Bad Segeberg 1995.

Gerhard Schmied, *Friedhofsgespräche. Untersuchungen zum „Wohnort der Toten"*, Opladen 2002.

Roland Uden, *Wohin mit den Toten? Totenwürde zwischen Entsorgung und Ewigkeit*, Gütersloh 2006.

Peter Waldbauer, *Die Bestattungs-Mafia. Wie mit dem Tod Geschäfte gemacht werden*, München 2007.

III. Handlungsfelder

Homiletik: Predigen (nicht nur) für alte Menschen

Helmut Schwier

1. Annäherung

Die Gottesdienstgemeinde an einem normalen Sonntagvormittag in einer durchschnittlichen deutschen evangelischen Kirche besteht in der Regel mehrheitlich aus alten Menschen. Das bestätigen Pfarrerinnen und Pfarrer, belegen die sonst sehr unterschiedlichen Gemeindebeschreibungen der meisten homiletischen Seminar- und Examensarbeiten und ist auch statistisch gesichert. Aber: Was ist damit genau gesagt und was bedeutet dies für die Predigttheorie und die Predigtpraxis?

Die homiletischen Standardwerke berücksichtigen, soweit ich sehe, weder diese Normalsituation des Sonntagsgottesdienstes noch bieten sie Ansätze oder Reflexionen, die besondere Situation dieses Lebensalters als Herausforderung der Predigt zu beschreiben oder gar den speziellen Kontext eines Gottesdienstes und einer Predigt im Altenheim in den Blick zu nehmen. Auch dieses Schweigen[1] hat neben möglichen Ursachen weitreichende Konsequenzen.

In dieser Konstellation sind die folgenden Überlegungen erste Geländeerkundungen und Suchbewegungen im Feld der Homiletik.

2. Empirische Befunde

2.1 Zur Religiosität und Kirchlichkeit

Nicht nur Religiosität und Spiritualität, sondern auch die Kirchlichkeit, messbar am Kirchgang und insgesamt an der Teilnahme an öffentlicher religiöser Praxis ist für alte Menschen breit belegt. Das gilt allerdings vor

---

[1] Zur Poimenik vgl. Wolfgang Drechsel, *Das Schweigen der Hirten? Altenseelsorge als (kein) Thema poimenischer Theoriebildung*, in: Susanne Kobler-von Komorowski/Heinz Schmidt (Hg.), *Seelsorge im Alter – Herausforderung für den Pflegealltag*, VDWI 24, Heidelberg 2005, 45–63.

allem für die alten, nicht für die neuen Bundesländer. Der Kirchgang 1x pro Monat oder häufiger hat unter den 60 bis 74-Jährigen im Westen eine hohe (29,1 %), bei den Hochaltrigen eine sehr hohe (37,1 %) Angabe.[2] Allerdings geben 15,3 % der Alten und 22,7 % der Hochaltrigen im Westen an, nie den Gottesdienst zu besuchen.[3] Auch die eigene Religiosität wird von der Mehrheit der Hochaltrigen im Westen als sehr hoch eingeschätzt.

Insgesamt sind die statistischen Angaben klar zu deuten:

> „Religiosität im Alter ist nach den vorliegenden Daten in Deutschland durch einen, im Vergleich zu den jüngeren und mittleren Jahrgängen, größeren Anteil von Personen geprägt, die einer Kirche angehören, regelmäßig Gottesdienste besuchen und sich als religiös einschätzen. Die gilt insbesondere für die Gruppe der über 75-Jährigen."[4]

Es wäre zu voreilig, dies insgesamt auf das Alter an sich und seine möglicherweise besonderen Lebensfragen zu beziehen. Vorsichtiger formuliert, handelt es sich um die Generation, die auch in früheren Jahren am ehesten mit christlicher Religion und Kirche verbunden war – pointiert: „Es handelt sich ... weniger um einen Alters- als vielmehr um einen Kohortenunterschied."[5] Hier bleibt allerdings abzuwarten, ob die Prognosen abnehmender Kirchlichkeit (und Religiosität) bei künftigen Generationen tatsächlich zutreffen.

In dieses allgemein beschreibbare Feld sind nun die konkreten Einstellungen und Erwartungen einzubeziehen. Dabei liegt der Fokus auf der Wahrnehmung und Erwartung von Predigthörern.

2.2 Einstellungen, Wahrnehmungen und Erwartungen älterer Predigthörer

Die Heidelberger Umfrage zur Predigtrezeption (2006) konzentrierte sich vor allem auf die Verbindung von ablaufsimultanen Reaktionen beim Hören einer Predigt mit einer Reihe von globalen Daten zur religiösen Praxis, zu kirchlichen und gemeindlichen Einstellungen, zu Erwartungen

---

2 Zahlenangaben auf der Grundlage von ALLBUS 2000 bei Uwe Sperling, *Religiosität und Spiritualität im Alter*, in: Andreas Kruse/Mike Martin (Hg.), *Enzyklopädie der Gerontologie*, Bern u.a. 2004, 628 f.
3 Im Osten liegen die Werte bei jeweils über 50 %.
4 Sperling, *Religiosität*, a.a.O., 629.
5 A. a. O., 633.

und Wahrnehmungen von Predigt, zu soziologischen Daten. Die Umfrage wurde mit 212 Teilnehmenden in acht Gemeinden der Evangelischen Kirche in Baden durchgeführt. Sie ist nicht repräsentativ, kann aber verstanden werden als differenzierte Meinungsäußerung von in der Mehrzahl mit der Kirche hoch verbundenen Mitgliedern. Einige Ergebnisse der globalen Daten, die für die vorliegende Fragestellung relevant sind, werden hier erstmals präsentiert.[6]

Von den 212 Teilnehmenden waren 135 Frauen und 77 Männer. Für die Altersgruppen bis 45 Jahre, 46–59 Jahre, 60 bis 66 Jahre und über 67 Jahre ergaben sich in etwa gleichstarke Quartile; die beiden letzten Untergruppen umfassten jeweils 51 Personen. Signifikante Unterschiede zwischen der dritten und vierten Altersgruppe sind in unseren Fragestellungen nicht zu verzeichnen. Etwas anders stellt sich das Bild dar, wenn die älteste (im Durchschnitt 72,6 Jahre) mit der jüngsten Gruppe (33,2 Jahre) verglichen wird und zur Kontrolle die älteste mit allen übrigen. Dies wird im Folgenden auf die Selbsteinschätzung des eigenen Glaubens (Religiosität), der Erwartungen an Predigten und der durchschnittlichen Wahrnehmung von Predigten bezogen.

Der eigene Glaube wird eingeschätzt in Bezug auf die Spezifizierung als Hoffnung, Zuversicht und Gewissheit, in Bezug auf das Gottesbild anhand von neun Begriffen und in Bezug auf die persönliche Sicht der Evangelien als Beschreibung des Lebens und Wirkens Jesu, als Darstellung seiner Unterweisungen, als Fortschreibung der Heilsgeschichte und als Hoffnung für Zeit und Endzeit. Im ersten und dritten Bereich findet sich also eine Reihung von zunächst offenen und nicht spezifisch christlich-kirchlichen Positionen zu solchen, die eine inhaltlich und dogmatisch stärkere Profilierung zeigen, während im zweiten Bereich eher traditionelle Gottesbegriffe zur Auswahl gestellt wurden.[7]

Im ersten Bereich (Tab. 1) erhielten die Spezifizierungen auf der Skala 1...10 hohe und leicht abfallende Mittelwerte: 8.03 (Hoffnung), 7.82 (Zuversicht), 6.96 (Gewissheit). Die vierte Altersgruppe hat hier durchgängig höhere Werte als die Gruppe der Jungen, wobei der Unterschied zwischen beiden bei der Spezifizierung als „Zuversicht" am

---

6   Zur Umfrage der Heidelberger Abteilung für Predigtforschung des Praktisch-Theologischen Seminars der Universität, die von Dr. Sieghard Gall, München, und mir konzipiert und durchgeführt wurde, vgl. Helmut Schwier/Sieghard Gall, *Predigt hören. Befunde und Ergebnisse der Heidelberger Umfrage zur Predigtrezeption*, Heidelberger Studien zur Predigtforschung Bd.1, Berlin 2008.
7   Der Heilige, Schöpfer, Richtende, Barmherzige, unser Vater, Erlöser, Vollender, Sinnstifter, die Liebe.

Tab. 1: Selbsteinschätzung persönlicher Glaube
GLO Einschätzung Glaube, Global bzgl. Alter (N=212)

COD	FRAGESTELLUNG	MWT	GUU	GOO	Diff	DiffÜ
112	Alter (Jahre)	56.1	33.2	72.6	39.4	
131	Hoffnung	8.03	7.75	8.21	0.46	0.25
132	Zuversicht	7.82	7.41	8.12	0.71	0.41
133	Gewissheit	6.96	6.92	7.10	0.18	0.19

Gliederung in vier Teilgruppen nach Alter [112]
Angabe des Mittelwerts [MWT],
der jüngsten [GUU] und der ältesten [GOO] Gruppe,
der Differenz zwischen beiden [Diff] und
der Differenz zwischen GOO und allen Übrigen [DiffÜ]

Tab. 2: Selbsteinschätzung Sicht der Evangelien
GLO Einschätzung Evangelien, Global bzgl. Alter (N=212)

COD	FRAGESTELLUNG	MWT	GUU	GOO	Diff	DiffÜ
112	Alter (Jahre)	56.1	33.2	72.6	39.4	
151	Leben+Wirken Jesu	8.04	8.15	7.73	-0.42	-0.42
152	Unterweisungen Jesu	7.67	7.39	7.77	0.38	0.14
153	Heilsgeschichte	7.21	7.13	7.43	0.30	0.29
154	Hoffnung Zeit+Endzt.	7.84	7.47	8.12	0.65	0.38

Gliederung in vier Teilgruppen nach Alter [112]
Angabe des Mittelwerts [MWT],
der jüngsten [GUU] und der ältesten [GOO] Gruppe,
der Differenz zwischen beiden [Diff] und
der Differenz zwischen GOO und allen Übrigen [DiffÜ]

größten (0.71), bei „Gewissheit" am kleinsten (0.18) ist. Die gleiche Tendenz zeigt sich auch, in den Differenzen noch etwas abgeschwächt, im Vergleich der vierten Altersgruppe zu allen übrigen.

Bei der Sicht der Evangelien (Tab. 2) erhalten wir ebenso zunächst hohe und leicht abfallende Mittelwerte: 8.04 (Leben und Wirken Jesu), 7.67 (Jesu Unterweisungen), 7.21 (Heilsgeschichte); jedoch zeigt auch hier der Aspekt der Hoffnung einen relativ hohen Wert: 7.84. Eine gewisse Altersdifferenz ist erkennbar: Während bei der zweiten und dritten Frage die vierte Altersgruppe etwas höher als die Mittelwerte liegt (7.77 zu 7.67 und 7.43 zu 7.21), ist sie bei der ersten Frage, und nur hier, ablehnender als die Jungen und alle anderen und bei der letzten Frage deutlich höher (8.12). Auch beim Vergleich mit den Jungen und allen übrigen ist bei der ersten und bei der letzten Frage die Differenz am deutlichsten: -0.42/-0.42 bzw. 0.65/0.38.

Tab. 3: Selbsteinschätzung Gottesbilder
GLO Einschätzung Gottesbild, Global bzgl. Alter (N=212)

COD	FRAGESTELLUNG	MWT	GUU	GOO	Diff	DiffÜ
112	Alter (Jahre)	56.1	33.2	72.6	39.4	
144	Barmherzige	7.89	7.98	7.59	-0.39	-0.41
145	Vater	8.12	7.70	8.31	0.61	0.25
147	Vollender	7.17	6.62	7.23	0.61	0.07
148	Sinnstifter	7.16	6.69	7.30	0.61	0.19
149	Liebe	8.54	8.49	8.26	-0.23	-0.38

Gliederung in vier Teilgruppen nach Alter [112]
Angabe des Mittelwerts [MWT],
der jüngsten [GUU] und der ältesten [GOO] Gruppe,
der Differenz zwischen beiden [Diff] und
der Differenz zwischen GOO und allen Übrigen [DiffÜ]

Bei den Gottesbildern und -begriffen (Tab. 3) haben bis auf zwei Ausnahmen die Älteren stärker zugestimmt als die Jüngeren; deutlich ist der Unterschied bei Gott als „Vater", als „Vollender" und als „Sinnstifter": Hier liegt der Unterschied zwischen der ersten und der vierten Altersgruppe bei jeweils 0.61, während im Vergleich zu allen übrigen nur kleine Unterschiede bestehen. Bei den auf Vollendung und Sinn bezogenen Gottesbildern sind die Alten deutlich zustimmender als die Jungen und die Jungen deutlich kritischer als alle anderen. Demgegenüber sind die Alten – jedoch auf insgesamt hohem Zustimmungsniveau – ablehnender als die Jungen und als alle Übrigen bei den Gottesbildern „der Barmherzige" (Diff. -0.39 bzw. -0.41) und „die Liebe" (Diff. -0.23 bzw. -0.38).

Die Daten reichen nicht aus, ein inhaltlich gefülltes Profil der Selbsteinschätzung von Glauben und Religiosität der verschiedenen Altersgruppen zu zeichnen.[8] Allerdings kann vermutet werden, dass die im Vergleich zu den Jüngeren stärkere Zustimmung beim Verständnis des Glaubens als „Hoffnung" und „Zuversicht" sowie der Evangelien als „Hoffnung für Zeit und Endzeit" und die größere Ablehnung eines Gottesbildes, das (nur) aus Barmherzigkeit und Liebe bestünde, auch altersspezifische Gründe hat. Möglicherweise legen es die vielfältigen Erfahrungen eines langen Glaubens und Lebens eher nahe, den Glauben nicht als Gewissheit und Besitz, sondern als von Menschen auch kon-

---

8 Vgl. hierzu Stefan Huber, *Spirituelle Räume. Ein Beitrag zur Phänomenologie des religiösen Erlebens und Verhaltens im Alter*, in: Ralph Kunz (Hg.), *Religiöse Begegnung im Alter. Religion als Thema der Gerontologie*, Zürich 2007, 45–71.

Tab. 4: Erwartungen Predigt im Gottesdienst
GLO Erwartungen Pred. i. Gd., Global bzgl. Alter (N=212)

COD	FRAGESTELLUNG	MWT	GUU	GOO	Diff	DiffÜ
112	Alter (Jahre)	56.1	33.2	72.6	39.4	
210	Pers. Gew. Pred.	8.47	8.03	8.73	0.70	0.35
Relevanz von Aspekten d. Predigt						
221	klare verst. Sprache	8.84	8.55	9.03	0.48	0.25
222	Lebendigkeit	8.71	8.60	8.78	0.18	0.10
223	Transparenz	8.66	8.44	8.72	0.28	0.08
224	Gedanken im Gedächtnis	8.93	8.79	8.59	-0.20	-0.46
225	Glaubhaftes Zeugnis	8.30	8.00	8.72	0.72	0.57
Erwartung an Impulsen d. Predigt						
231	Relig. Erbauung	6.59	7.09	6.45	-0.64	-0.19
232	Geistige Anregung	7.97	8.11	7.67	-0.44	-0.40
233	Theol. Bildung	6.84	6.23	7.13	0.90	0.39
234	lebenspr. Orientierung	8.20	7.43	8.51	1.08	0.43

Gliederung in vier Teilgruppen nach Alter [112]
Angabe des Mittelwerts [MWT],
der jüngsten [GUU] und der ältesten [GOO] Gruppe,
der Differenz zwischen beiden [Diff] und
der Differenz zwischen GOO und allen Übrigen [DiffÜ]

trafaktisch zu wagende Hoffnung und Zuversicht zu beschreiben und gleichzeitig auf zu positive Gottesbilder verhalten zu reagieren.

Die Erwartungen an die Predigt im Gottesdienst (Tab. 4) werden von den Hörern differenziert geäußert. Gefragt nach der persönlichen Gewichtung der Predigt hat die vierte Altersgruppe den höchsten Wert (8.73), die größte Differenz zu den Jüngsten (0.70) bei insgesamt hohen Angaben (Mwt 8.47). Bei den in der Mehrzahl hoch verbundenen Kirchenmitgliedern hat die Predigt also einen enorm hohen Stellenwert. Konkretisiert auf die Relevanz unterschiedlicher Aspekte einer Predigt sind den Alten eine klare verständliche Sprache enorm (9.03), innere Lebendigkeit (8.78), transparente Gedankenführung (8.72) und das glaubhafte Zeugnis des Predigers (8.72) sehr wichtig. Auch hier sind die Erwartungen der Jungen schwächer. Nur an einer Stelle übersteigen sie die Erwartungen der Ältesten: Gedanken, die im Gedächtnis bleiben, werden nicht von den Ältesten, sondern von den Jüngeren stärker erwartet; hier liegt die Differenz der Ältesten zu allen Übrigen sogar noch deutlicher bei -0.46. Bezüglich der Impulse, die von einer Predigt erwartet werden, votieren die Ältesten bei zwei Impulsen stärker, bei zwei

Tab. 5: Wahrnehmungen Predigt im Gottesdienst
GLO Wahrnehmungen Pred. i. Gd., Global bzgl. Alter (N=212)

COD	FRAGESTELLUNG	MWT	GUU	GOO	Diff	DiffÜ
112	Alter (Jahre)	56.1	33.2	72.6	39.4	
311	Pos. angespr. v. Pred.	6.60	6.72	6.48	-0.24	-0.17
Relevanz von Aspekten d. Predigt						
321	klare verst. Sprache	7.47	7.53	7.30	-0.23	-0.24
322	Lebendigkeit	7.07	7.05	7.08	0.03	0.01
323	Transparenz	6.68	6.67	6.72	0.05	0.06
324	Gedanken im Gedächtnis	6.58	6.89	6.40	-0.49	-0.24
325	Glaubhaftes Zeugnis	6.95	7.11	7.13	0.02	0.24
Erwartung an Impulsen d. Predigt						
331	Relig. Erbauung	5.46	5.92	4.95	-0.97	-0.70
332	Geistige Anregung	6.46	6.70	6.37	-0.33	-0.12
333	Theol. Bildung	5.87	5.96	5.87	0.09	0.00
334	lebenspr. Orientierung	6.15	6.52	6.11	-0.41	0.05

Gliederung in vier Teilgruppen nach Alter [112]
Angabe des Mittelwerts [MWT],
der jüngsten [GUU] und der ältesten [GOO] Gruppe,
der Differenz zwischen beiden [Diff] und
der Differenz zwischen GOO und allen Übrigen [DiffÜ]

Impulsen schwächer als die Jungen und alle Übrigen. Am stärksten wird von ihnen eine lebenspraktische Orientierung (8.51), schwächer theologische Bildung (7.13) erwartet; hier liegen die Differenzen zu den Jungen bei 1.08 und bei 0.90, zu allen Übrigen immer noch bei 0.43 und 0.39. Zwar werden von den Ältesten auch stark eine geistige Anregung (7.67) und schwach Impulse für religiöse Erbauung/Spiritualität (6.45) erwartet, jedoch sind in diesen beiden Feldern die Differenzen zu den Jungen (-0.44 und -0.64) bzw. zu allen Übrigen (-0.40 und -0.19) ausgeprägt, die diese Impulse stärker als die Ältesten erwarten.

Insgesamt kann man bei den Erwartungen zusammenfassen, dass die Ältesten im Vergleich zu den Jungen (und etwas abgemildert zu allen Übrigen) der Predigt enorme grundsätzliche Bedeutung zugestehen, sie persönlich stark gewichten und von der konkreten Kanzelrede vor allem eine klare, verständliche Sprache erwarten, die lebendig, transparent und persönlich glaubwürdig lebenspraktische Orientierung und theologische Bildung vermittelt, während geistige Anregung, spirituelle Impulse und behaltbare Gedanken etwas weniger wichtig sind.

Die erwarteten Aspekte und Impulse wurden auch hinsichtlich der durchschnittlichen Wahrnehmung der bisher insgesamt gehörten Predigten erfragt (Tab. 5). Dabei bleiben erwartungsgemäß die durchschnittlichen Wahrnehmungen jeweils schwächer als die vorher geäußerten Erwartungen, die ja auch ein Idealbild widerspiegeln. Die Differenzen zwischen Erwartung und Wahrnehmung, also zwischen den in Tab. 4 und Tab. 5 angegebenen Werten, sind jedoch in der vierten Altersgruppe durchgängig stärker ausgeprägt als bei den Jungen und allen Übrigen. Auffällig hoch ist der Unterschied zwischen Erwartung und Wahrnehmung bei der lebenspraktischen Orientierung (Diff. 2.40), bei Gedanken, die im Gedächtnis bleiben (2.19), bei der transparenten Gedankenführung (2.00) und bei der klaren, verständlichen Sprache (1.73), während bei theologischer Bildung (1.26) und geistiger Anregung (1.30) die schwächsten Differenzen vorliegen. Auch die Differenz zwischen der hohen persönlichen Gewichtung der Predigt und der Wahrnehmung, von Predigten insgesamt positiv angesprochen worden zu sein, ist bei der vierten Altersgruppe hoch (2.25), gerade auch im Vergleich zu den Jungen (1.31). Außerdem ist festzustellen, dass die Wahrnehmung erbaulich-spiritueller Impulse nicht nur insgesamt den niedrigsten Wert aufweist, sondern ebenso bei den Ältesten, dies jedoch wiederum mit auffälliger Differenz zu den Jungen (-0.97) und allen Übrigen (-0.70).

Bei aller gebotenen Zurückhaltung in der Deutung der Ergebnisse, ist für die Gruppe der Alten und Ältesten erkennbar, dass sie der Predigt im Gottesdienst den höchsten Stellenwert zumisst und gleichzeitig die gehörten Predigten als schwächer wahrnimmt als die übrigen Altersgruppen.[9] Vor allem die oft nicht wahrgenommene lebenspraktische Orientierung ist in ihrer Sicht ein wichtiger Kritikpunkt; auch Klarheit und Durchschaubarkeit der Gedanken und Verständlichkeit der Sprache werden hier stärker vermisst als von den übrigen Altersgruppen; spirituelle Impulse liefert die Predigt wenig oder kaum; sie werden allerdings im Unterschied zu manchen Ansprüchen und Doktrinen auch weniger erwartet.

Die älteren Predigthörer besuchen also die Gottesdienste und hören die Predigten, weil sie viel von ihnen erwarten und obwohl (!) ihre Erwartungen stärker als die der Jungen enttäuscht werden. Die Alten sind also gerade keine kritiklosen Predigthörer, sondern im Gegenteil bezüglich der Differenzen zwischen Erwartungen und Wahrnehmungen gerade

---

9 Über eine mögliche Wechselwirkung zwischen größter Erwartung und größter Enttäuschung können hier keine Aussagen getroffen werden.

die Erfahrensten und Sensibelsten. Die von Praktikern häufig geäußerte Einschätzung, dass alte Menschen im Grunde jede Predigt akzeptieren und goutieren würden, ist endgültig ad acta zu legen. Hierbei handelt es sich wohl eher um den Versuch, eigene Mängel und Inkompetenzen zu verschleiern. Die Predigenden sind vielmehr neu vor die Herausforderung gestellt, gute Predigten vorzubereiten und zu halten.

3. Was ist eine gute Predigt?

Auf dem Hintergrund der Heidelberger Untersuchung zur Predigtrezeption und in Aufnahme homiletischer Konzeptionen zeichnet sich eine gute Predigt vor allem durch vier Merkmale aus.[10]

Eine gute Predigt verbindet erstens die Auslegung der Bibel mit einem erkennbaren Lebensbezug. Theologie als Schriftauslegung ist ein „kritisches wie strittiges Zusammenerzählen von Perspektiven, bei dem die Geschichte des Erbarmens Gottes neue Erfahrungen und neue Wirklichkeit erschließt."[11] Eine solche Schriftauslegung wird in der Predigt konkret, wenn sie weder einerseits aus der – auch vielen alten Menschen nicht mehr nachvollziehbaren – „Sprache Kanaans" oder aus Exegese auf der Kanzel besteht noch andererseits aus der theologisch unverarbeiteten Aneinanderreihung heutiger Beispiele und Lebenserfahrungen. Das Zusammenfügen der Perspektiven kann nur gelingen, wenn es – bereits im Predigtvorbereitungsprozess – kritisch und strittig geschieht. Ziel ist, dass biblische Perspektiven, aus der Gegenwart befragt, die gegenwärtigen Erfahrungen, Einsichten oder Handlungen stärken und korrigieren. Die starke Erwartung lebenspraktischer Orientierung bei gleichzeitiger Ablehnung bevormundender Predigt richtet sich gegen autoritäre Sprache und Haltungen auf der Kanzel, aber auch gegen eine nur allgemein deutende Predigt. Der Bibelbezug soll den Hörenden eigene Entdeckungen ermöglichen, die konkret und alltagstauglich sind oder im Verstehen und Aneignen werden können.

---

10 Vgl. hierzu Schwier/Gall, *Predigt hören*, a.a.O., 237–248.
11 Gunda Schneider-Flume, *Grundkurs Dogmatik. Nachdenken über Gottes Geschichte*, Göttingen 2004, 84. Zum theologischen Verständnis der Lebensgeschichte(n) als Teil der Geschichte des Erbarmens und Gedenkens, der Gerechtigkeit und der Stellvertretung vgl. Gunda Schneider-Flume, *Alter – Schicksal oder Gnade? Theologische Überlegungen zum demographischen Wandel und zum Alter(n)*, Göttingen 2008, 79–104.

Eine gute Predigt ist zweitens lebendig und verständlich in der Sprache. Sie hat eine klare und nachvollziehbare Gedankenführung oder Erzählstruktur und bietet auch Formulierungen, Bilder und Geschichten, die im Gedächtnis bleiben. Dabei lässt sie sich vom Reichtum der biblischen Sprach- und Formenwelt und der in ihr enthaltenen Axiome und Motive[12] immer neu anregen und stören.

Eine gute Predigt ist drittens prägnant im Inhalt und dauert innerhalb eines normalen Gemeindegottesdienstes nicht länger als 15 Minuten.[13] Weitschweifigkeit und große Redundanz – meist Kennzeichen schlecht vorbereiteter Redner – sind zu vermeiden. Wer länger predigt, muss auch etwas zu sagen haben.

Eine gute Predigt bietet schließlich viertens den Hörenden eine Gratifikation durch die Wahrnehmungsmöglichkeit lebenspraktischer, theologischer, geistiger und spiritueller Impulse.[14] Darin wirkt sie anregend, stärkend, ermutigend, orientierend, also lebens- und glaubensfördernd.

Diese Merkmale einer guten Predigt konkretisieren das Verständnis der Predigt als Kommunikation des Evangeliums, das auf Partizipation der den Gottesdienst feiernden Menschen zielt. Wie der Gottesdienst mit der Vielfalt seiner Medien und Zeichen so ist auch die mündliche Kanzelrede ausgerichtet auf die durch das Evangelium eröffnete Orientierung, Vergewisserung und Erneuerung des Menschen.

4. In Kontexten predigen – nicht nur für alte Menschen

4.1 Kirchenjahr und Sonntag

In der dreifachen Ausrichtung auf Orientierung, Vergewisserung und Erneuerung durch das Evangelium wird die genannte prinzipielle Verbindung von Schriftauslegung und Lebensbezug nicht nur theologisch fokussiert, sondern zugleich auch als im Rhythmus des Kirchenjahres wiederkehrend erfahrbar. Vor allem die großen Feste – Weihnachten,

---

12 Vgl. hierzu Gerd Theißen, *Exegese und Homiletik. Neue Textmodelle für neue Predigten*, in: Uta Pohl-Patalong/Frank Muchlinski (Hg.), *Predigen im Plural. Homiletische Aspekte*, Hamburg 2001, 57–59.
13 Dass hierbei noch verschiedene kontextuelle Faktoren zu berücksichtigen sind, ist deutlich; vgl. Schwier/Gall, *Predigt hören*, a. a. O, 221 f.240 f.245–247.
14 Vgl. a.a.O., 207–216.241 f.247 f.

Karfreitag, Ostern und Pfingsten, aber auch Erntedankfest, Buß- und Bettag und Totensonntag – bieten in der Verschränkung von erlebter Feier, erinnerter Festtradition und aktueller Festpredigt vielfältige Anlässe zur Auslegung elementarer biblischer Botschaften in lebensweltlicher und lebensgeschichtlicher Verbindung.[15]

Darüber hinaus kann das Kirchenjahr in Gemeindearbeit und Gottesdienst gezielt generationenübergreifend gestaltet werden. Vor allem in Ortsgemeinden, in denen durch Trägerschaft oder Kooperationen Kindergärten und Schulen erreicht werden, ist dies leicht möglich. Dabei dürfen aber alte Menschen nicht auf „großelterliche" Zuschauerhaltungen festgelegt werden, sondern sie sind als im öffentlichen Raum agierende und als in spezifischer Weise lebenserfahrene Experten zu achten. Gerade durch kreative Zugänge zur kirchlichen Festtradition und durch öffentliches Begehen werden Gemeinden Vorbilder im generationenübergreifenden und -verbindenden Feiern und stellen damit auch erkennbare Orte einer altersfreundlichen Kultur dar.[16] Dabei hat die Festpredigt in besonderer Weise die Aufgabe, Traditionen zu erinnern und zu aktualisieren und darin das Evangelium auszulegen.

Die besonderen Festsymbole ermöglichen in Gottesdiensten in Altenheimen Erinnerung und Anschaulichkeit. Gleichzeitig ist deutlich, dass alle Predigten in diesem Kontext nur in enger Beziehung zur Liturgie, den verwendeten Bildern, Symbolen, Liedern und Geschichten, und zur versammelten Gemeinde, ihren Möglichkeiten und Begrenzungen, gestaltet und gehalten werden können.[17] Gottesdienst und Predigt haben Festerinnerungen aufzugreifen und anschaulich in Worte zu bringen; wenn es dabei zu Reaktionen oder Äußerungen seitens einiger Mitfeiernder kommt, ist dies nicht per se eine Störung, sondern ein vom

---

15 Vgl. Kristian Fechtner, *Im Rhythmus des Kirchenjahres. Vom Sinn der Feste und Zeiten*, Gütersloh 2007, 61–143; Andreas Leipold, *Die Feier der Kirchenfeste. Beitrag zu einer theologischen Festtheorie*, Göttingen 2005, 85–134.
16 Vgl. dazu aus gerontologischer Perspektive Andreas Kruse, *Ältere Menschen im „öffentlichen Raum". Perspektiven einer altersfreundlichen Kultur*, in: Hans-Werner Wahl/Heidrun Mollenkopf (Hg.), *Altersforschung am Beginn des 21. Jahrhunderts. Alterns- und Lebenslaufkonzeptionen im deutschsprachigen Raum*, Berlin 2007, 345–359. Zur Koinonia-Dimension der Liturgie vgl. aus katholischer Sicht Martin Lätzel, *Ältere Gemeindemitglieder im Gottesdienst*, in: Martina Blasberg-Kuhnke/Andreas Wittrahm (Hg.), *Altern in Freiheit und Würde. Handbuch christliche Altenarbeit*, München 2007, 204–211.
17 Vgl. hierzu die 24 vorbildlichen Praxisbeispiele (Liturgie und Predigt) bei Martina Plieth, *Gnade ist bunt. Gottesdienste im Altenheim*, Neukirchen-Vluyn 2008, 17–184.

Prediger zu integrierender Bestandteil der Verkündigung. Ein solcher Zugang über das Kirchenjahr und seine Symbole können am ehesten auch Menschen mit Demenz erreichen; hierbei ist allerdings im Einzelfall zu prüfen, ob eine kurze Predigt, in der mit Hilfe von Symbolen und ‚alten' Gegenständen erzählt wird, gehalten werden kann oder nicht.[18]

So wie das Kirchenjahr im Jahreszyklus die Unterbrechung des Alltags und den Einbruch des heilschaffenden und lebenserneuernden Evangeliums in menschliche Zeit und Geschichten markiert, so nimmt der Sonntag dies im Wochenrhythmus auf. Dabei ist es die besondere Aufgabe der Predigt, mit Hilfe der vorgeschlagenen Perikopen, aber auch biblischer Personen, Bücher oder Themen die Vielfalt der biblischen Botschaft zu erschließen. Gerade die Sonntagspredigt oder die Predigt im Wochengottesdienst im Altenheim fordert dazu heraus, nicht in allgemein oder abstrakt bleibender Weise, sondern konkret zu sprechen. Während die Predigten zu den großen Festen eher bestärkend, erinnernd und deutend auszurichten sind, können sie gerade im wöchentlichen Gottesdienst auch lebenspraktische Orientierung vermitteln.

4.2 Andachten

Bereits auf Luther geht die evangelische Tradition zurück, dass in jedem Gottesdienst und jeder Andacht nicht nur gebetet, gesungen und aus der Hl. Schrift gelesen werden soll, sondern immer auch zu predigen sei. Auch nach – zumindest mitunter – bedrückenden Erfahrungen wortlastiger Gottesdienste und oberflächlicher Ansprachen und trotz ermutigender Wiederentdeckungen geprägter Formen in Tageszeitengottesdiensten oder Taizé-Andachten ohne Predigt sind erneut die positiven Aspekte dieser Tradition zu berücksichtigen. Die Predigt als aktuelle Auslegung kennzeichnet ein spezifisches Verständnis der Evangeliumskommunikation: Sie zielt auf die Ermöglichung und Stärkung des Glaubens des Einzelnen, der im Sinne der *fides ex auditu* das Evangelium ‚in sein Herz' aufnimmt, wenn es nicht nur zitiert, sondern als *viva vox*

---

[18] Vgl. hierzu Regine Keetmann/Urte Bejick, *Verwirrte alte Menschen seelsorglich begleiten*, in: Susanne Kobler-von Komorowski/Heinz Schmidt (Hg.), *Seelsorge im Alter – Herausforderung für den Pflegealltag*, VDWI 24, Heidelberg 2005, 135–141; Andrea Fröchtling, *„Und dann habe ich auch noch den Kopf verloren …". Menschen mit Demenz in Theologie, Seelsorge und Gottesdienst wahrnehmen*, APrTh 38, Leipzig 2008, 465–467.

aktuell entfaltet und zugesprochen wird; außerdem muss sich das Evangelium nicht als museales, sondern stets als gegenwärtiges Wort als wirksam erweisen. Auch wenn in besonderen und meist ausgesprochen seltenen Situationen bereits das bloße Zitat einer Bibelstelle verändernd und stärkend wirken kann, so ist es für den hörenden und glaubenden Menschen auf Auslegung und Interpretation angelegt. Auf dieses theologische Verständnis bezogen – und nicht, wie man häufig den Eindruck gewinnt, auf das Genrevorbild von Grußworten – sind Andachten zu gestalten.

Andachten werden in vielfältigen Zusammenhängen und Situationen gehalten, z. B. in verschiedenen Gemeindegruppen, an Geburtstagen, Jubiläen, bei Hausbesuchen oder am Krankenbett. Hier besteht nicht nur die Möglichkeit, sondern vielfach geradezu die Veranlassung, stärker vom Lebensbezug und Kasus auszugehen, den oder die Menschen genau wahrzunehmen und eine biblische Vertiefung zu wagen. Nicht nur bei alten Menschen wird hierdurch auch deren mögliche Praxis einer durch die Herrnhuter Losungen oder verschiedene Andachtskalender geprägte Bibelfrömmigkeit[19] zu stärken. Die spezifischen Gefährdungen durch oberflächlich anknüpfende, bloß bestätigende oder die Fremdheit der Lebenswelt des Alters[20] nicht respektierende Reden sind von exegetisch, homiletisch und poimenisch ausgebildeten Theologen zu durchschauen und zu vermeiden. Die Fehlformen in der Praxis sind meist durch defizitäre Vorbereitungen und große Zeitknappheit verursacht; ihnen liegen also falsche Prioritätenentscheidungen zu Grunde, die prinzipiell korrigierbar sind.

Auf dem Hintergrund der beschriebenen Predigterwartungen und -wahrnehmungen sind die Andachten vor allem in ihrer handwerklichen Gestaltung ernst zu nehmen: klare Gedankenführung, einprägsame Bilder und verständliche Sprache sind hier besonders gefordert und ebenso in der Regel eine freie, nicht manuskriptgebundene Rede; ob das Zeugnis des Predigers glaubhaft wirkt, ist in den kleinen Formen oft direkter wahrzunehmen als im liturgisch reichen Festgottesdienst. Auch dies begründet den Appell, Andachten und ihrer Vorbereitung genug Zeit und

---

19 Vgl. hierzu Helmut Schwier, *Bibel*, in: Wilhelm Gräb/Birgit Weyel (Hg.), *Handbuch Praktische Theologie*, Gütersloh 2007, 219 f.222 f.
20 Vgl. hierzu Wolfgang Drechsel, *„Wenn ich mich auf deine Welt einlasse …". Altenseelsorge als eine Anfrage an Seelsorgetheorie und Theologie*, in: Ralph Kunz (Hg.), *Religiöse Begegnung im Alter. Religion als Thema der Gerontologie*, Zürich 2007, 194–203.

Energie zu widmen und eigene Formen biblisch geprägter Spiritualität zu entwickeln und einzuüben.

4.3 Praktische Herausforderungen einer Predigt für alte Menschen

Eine der größten Herausforderungen einer Predigt für alte Menschen ist die in diesem Lebensalter häufig auftretende Schwerhörigkeit und die hiermit verbundenen tiefgreifenden, nicht nur Handhabung und Gewöhnung eines Hörgerätes betreffenden Fragen.[21] In Kirchen, Gemeinderäumen und Altenheimen ist eine angemessene technische Ausstattung ebenso notwendig wie die alltägliche Unterstützung und Ermutigung, Hörgeräte zu benutzen. Da auch die beste Versorgung mit Hilfsmitteln und eine hohe persönliche Akzeptanz nicht einfach ein „normales" Hören bedeutet, sind die Predigenden gefordert, stets auf das Gesicht des Gegenübers gerichtet, gut artikuliert, in angemessener Geschwindigkeit und normaler Lautstärke zu sprechen. Auch die Schwerhörigkeit ist neben der Immobilität eine Ursache dafür, dass hochaltrige Menschen seltener oder gar nicht mehr den Gemeindegottesdienst besuchen; hier bieten Radio- und Fernsehgottesdienste stark wahrgenommene Alternativen. Die Verbindung zur Ortsgemeinde sollten Pfarrerinnen und Pfarrer durch Angebote zu Besuchen und Hausandachten, wenn gewünscht verbunden mit häuslichen Abendmahlsfeiern, zuverlässig ermöglichen. Gerade die Sakramentsfeier kann, wenn sie nicht mit den bedrohlichen Deutungen eines letzten Abendmahls oder eines Sterberituals verbunden ist, eine besonders hilfreiche Weise der Evangeliumskommunikation sein, auch für schwerhörige, gehbehinderte oder bettlägerige Menschen.

In Gemeindegottesdiensten und in Gottesdiensten im Altenheim ist damit zu rechnen, dass einige Mitfeiernde deutlich begrenzte Aufmerksamkeitsspannen haben, vielleicht auch nicht sehr lang sitzen können. Die Erwartungssicherheit, dass Gottesdienste und Predigten eine klare Zeitbegrenzung haben und dass die bereits benannten sprachlich-hand-

---

[21] Vgl. zum Ganzen Dietfried Gewalt, *Trost im Alter für Hörgeschädigte*, WzM 48 (1996), 432–438. Bei der Altersschwerhörigkeit ist zu beachten, dass auch eine hohe Lärmempfindlichkeit besteht, so dass lautes Reden auch als unangenehm oder sogar als Schmerz empfunden werden kann. Zu den gerontologischen Aspekten vgl. Clemens Tesch-Römer/Hans-Werner Wahl, *Seh- und Höreinbußen*, in: Dies. (Hg.), *Angewandte Gerontologie in Schlüsselbegriffen*, Stuttgart/Berlin/Köln 2000, 314–318.

werklichen Aspekte von Predigenden berücksichtigt werden, ist zu gewährleisten.

In besonderen Gottesdiensten und Andachten ist auch bei der Predigt darauf zu achten, dass sie mehr als nur den Hörsinn anspricht. Vor allem Symbol- und Liedpredigten bieten hierzu viele Gestaltungsmöglichkeiten. Aber auch Predigten über bekannte Bibelsprüche oder Katechismusformeln ermöglichen z. B. durch Mitsprechen der Verse eine aktivere Partizipation.

Gottesdienste und Predigten in Altenheimen und Krankenhäusern können häufig auf die Zimmer übertragen werden. Predigende müssen sich dafür einsetzen, dass dies nicht nur technisch klappt, sondern die Geräte und Hörkissen auch tatsächlich auf den Stationen und Zimmern eingeschaltet sind. Hierzu bedarf es einer guten Kooperation mit dem Pflegepersonal. Auch die in der Regel aufwändige Begleitung der Patienten oder Bewohner zum Gottesdienstraum braucht Kooperationen mit Angehörigen, Ehrenamtlichen, Pflegepersonal und der Leitung der Einrichtungen. Dabei machen vielleicht nicht nur die Predigenden, sondern auch die Begleitungen die Erfahrung, dass eine Predigt über den Gottesdienst hinaus wirkt und der Rückweg zum Zimmer Teil der Evangeliumskommunikation werden kann. Dies gilt umgekehrt auch für den Hinweg: Wie in den Ortsgemeinden beginnen Gottesdienst und Predigt nicht erst mit der liturgischen Eröffnung, sondern mit dem Kirchgang, der allerdings in Altenheimen und Krankenhäusern durchaus mit intensiveren Vorbereitungen und Gesprächen verbunden ist.

Sollen Predigten für alte Menschen besondere Inhalte aufweisen, also die Fragen nach Leben, Sterben, Trauer und Einsamkeit thematisieren? Deutlich ist, dass diese Fragen nicht nur alte Menschen betreffen und nicht nur in Predigt und Gottesdienst ihren Ort haben.[22] Ebenso deutlich ist aber auch, dass die „lebenslange Gewissheit des Todes ... im Alter ein neues Gesicht"[23] erhält und spürbar zum eigenen Geschick wird. Die

---

22 Vgl. insgesamt Karin Wilkening, *Spirituelle Dimensionen und Begegnungsebenen mit Tod und Sterben im Alter*, in: Ralph Kunz (Hg.), *Religiöse Begegnung im Alter. Religion als Thema der Gerontologie*, Zürich 2007, 121–142; zu Schuld und Vergebung vgl. Klaus Schwarzwäller/Peter Weigandt, *Vom Leben im Alter. Tatsachen – Träume – Horizonte*, Neuendettelsau 2007, 218–229, zu Religion und Spiritualität als Frage nach der De-Zentrierung des Subjekts angesichts der Erfahrung der Endlichkeit vgl. Drechsel, „Wenn ich mich auf deine Welt einlasse", a.a.O., 208–213.

23 Schneider-Flume, *Alter*, a.a.O., 120 (mit Hinweis auf eine Vorlesung von Klaus Peter Hertzsch).

Annahme der Grenze des eigenen Lebens als ein gnädiges Geschick ist in der Zusage des Evangeliums begründet. Sowohl aufgrund der Erfahrung als auch aufgrund der Zusage des Evangeliums sind diese existentiellen Fragen also bereits Bestandteil christlicher Existenz. Sie in der Predigt auszusparen, verbietet sich daher von selbst, sie leichthin beantworten zu wollen, ebenso. Die Selbsteinschätzung älterer Predigthörer, dass der christliche Glaube vor allem Hoffnung und Zuversicht zum Ausdruck bringe, erfordert auch in der Predigt eine Sprache und Rechenschaft der Hoffnung, die Zeit und Ewigkeit, Auferstehung und Gericht, Liebe und Vollendung neu zu sagen wagen – vielleicht nicht mehr so vollmundig wie in vergangenen Jahrhunderten, aber auch nicht so selbstsäkularisierend und kleinmütig wie in den letzten drei Jahrzehnten. Damit ist die Homiletik herausgefordert, die Verbindung von Bibel und Leben auch in den Fragen der Eschatologie zu suchen und zu bestimmen.

Literatur

Wolfgang Drechsel, *Das Schweigen der Hirten? Altenseelsorge als (kein) Thema poimenischer Theoriebildung*, in: Susanne Kobler-von Komorowski/Heinz Schmidt (Hg.), *Seelsorge im Alter – Herausforderung für den Pflegealltag, VDWI 24*, Heidelberg 2005, 45–63.

Wolfgang Drechsel, *„Wenn ich mich auf deine Welt einlasse …". Altenseelsorge als eine Anfrage an Seelsorgetheorie und Theologie*, in: Ralph Kunz (Hg.), *Religiöse Begegnung im Alter. Religion als Thema der Gerontologie*, Zürich 2007, 187–216.

Kristian Fechtner, *Im Rhythmus des Kirchenjahres. Vom Sinn der Feste und Zeiten*, Gütersloh 2007.

Andrea Fröchtling, *„Und dann habe ich auch noch den Kopf verloren …". Menschen mit Demenz in Theologie, Seelsorge und Gottesdienst wahrnehmen*, APrTh 38, Leipzig 2008.

Dietfried Gewalt, *Trost im Alter für Hörgeschädigte*, WzM 48 (1996), 432–438.

Stefan Huber, *Spirituelle Räume. Ein Beitrag zur Phänomenologie des religiösen Erlebens und Verhaltens im Alter*, in: Ralph Kunz (Hg.), *Religiöse Begegnung im Alter. Religion als Thema der Gerontologie*, Zürich 2007, 45–71.

Regine Keetmann/Urte Bejick, *Verwirrte alte Menschen seelsorglich begleiten*, in: Susanne Kobler-von Komorowski/Heinz Schmidt (Hg.), *Seelsorge im Alter – Herausforderung für den Pflegealltag, VDWI 24*, Heidelberg 2005, 124–141.

Andreas Kruse, *Neue Seelsorge mit alten Menschen*, in: Susanne Kobler-von Komorowski/Heinz Schmidt (Hg.), *Seelsorge im Alter – Herausforderung für den Pflegealltag, VDWI 24*, Heidelberg 2005, 34–44.

Andreas Kruse, *Ältere Menschen im „öffentlichen Raum". Perspektiven einer altersfreundlichen Kultur*, in: Hans-Werner Wahl/Heidrun Mollenkopf (Hg.),

Alternsforschung am Beginn des 21. Jahrhunderts. Alterns- und Lebenslaufkonzeptionen im deutschsprachigen Raum, Berlin 2007, 345–359.

Martin Lätzel, *Ältere Gemeindemitglieder im Gottesdienst*, in: Martina Blasberg-Kuhnke/Andreas Wittrahm (Hg.), *Altern in Freiheit und Würde. Handbuch christliche Altenarbeit*, München 2007, 204–211.

Andreas Leipold, *Die Feier der Kirchenfeste. Beitrag zu einer theologischen Festtheorie*, Göttingen 2005.

Martina Plieth, *Gnade ist bunt. Gottesdienste im Altenheim*, Neukirchen-Vluyn 2008.

Gunda Schneider-Flume, *Grundkurs Dogmatik. Nachdenken über Gottes Geschichte*, Göttingen 2004.

Gunda Schneider-Flume, *Alter – Schicksal oder Gnade? Theologische Überlegungen zum demographischen Wandel und zum Alter(n)*, Göttingen 2008.

Klaus Schwarzwäller/Peter Weigandt, *Vom Leben im Alter. Tatsachen – Träume – Horizonte*, Neuendettelsau 2007.

Helmut Schwier, *Bibel*, in: Wilhelm Gräb/Birgit Weyel (Hg.), *Handbuch Praktische Theologie*, Gütersloh 2007, 214–226.

Helmut Schwier/Sieghard Gall, *Predigt hören. Befunde und Ergebnisse der Heidelberger Umfrage zur Predigtrezeption, Heidelberger Studien zur Predigtforschung Bd. 1*, Berlin 2008.

Uwe Sperling, *Religiosität und Spiritualität im Alter*, in: Andreas Kruse/Mike Martin (Hg.), *Enzyklopädie der Gerontologie*, Bern u. a. 2004, 627–642.

Clemens Tesch-Römer/Hans-Werner Wahl, *Seh- und Höreinbußen*, in: Dies. (Hg.), *Angewandte Gerontologie in Schlüsselbegriffen*, Stuttgart/Berlin/Köln 2000, 314–318.

Gerd Theißen, *Exegese und Homiletik. Neue Textmodelle für neue Predigten*, in: Uta Pohl-Patalong/Frank Muchlinski (Hg.), *Predigen im Plural. Homiletische Aspekte*, Hamburg 2001, 55–67.

Karin Wilkening, *Spirituelle Dimensionen und Begegnungsebenen mit Tod und Sterben im Alter*, in: Ralph Kunz (Hg.), *Religiöse Begegnung im Alter. Religion als Thema der Gerontologie*, Zürich 2007, 121–142.

Liturgik: Alte im Gottesdienst – Gottesdienst für Alte

Thomas Klie (Rostock)

1. Die Alten und die Liturgie – empirisch

„Gottesdienst ist eine Form der Altenarbeit" – diese Antwort erhielt der Vikar von einem Gemeindepastor im Zentrum einer norddeutschen Großstadt, den er zusammen mit seinem Vikarskurs Mitte der 1980er Jahre aus Anlass einer „Gemeindeerkundung" besuchte und sich nach dem Stellenwert der Liturgie innerhalb der Gemeindearbeit erkundigte. – Diese provozierende These entbehrt auf den ersten Blick nicht einer empirischen Logik. Das Durchschnittsalter protestantischer Gottesdienstbesucher liegt deutlich über dem der Gesamtbevölkerung. Den rituellen Bestandteilen der liturgischen Kommunikation ist ihre lange Traditionsgeschichte abzuspüren, ebenso den meisten Liedern aus dem „Evangelischen Gesangbuch" (EG). Die biblischen Lesungen muten altertümlich an, wenn sich mit ihnen keine persönliche Lerngeschichte verbindet; auch das Phänomen einer langen religiösen Rede erscheint unvereinbar mit dem Medienkonsumverhalten jüngerer Menschen. Für viele Konfirmanden ist darum der Gottesdienst der potentielle Versammlungsort ihrer Großelterngeneration; für sie bilden „alt" und „Gottesdienst" Synonyme. Im katholischen Bereich ist das Bonmot bekannt: „Mit dem Alter kommt der Psalter".[1]

Religionssoziologische Erhebungen bestätigen diesen Befund.

> „Die mit Abstand größte Gruppe unter den häufigen BesucherInnen evangelischer Gottesdienste bilden ältere Menschen, deren formale Bildung – dem dieser Generation insgesamt relativ niedrigen Bildungsgrad entsprechend – gering ist."[2]

---

1   Zit. n. Walter Fürst/Andreas Wittrahm/Ulrich Fesser-Lichterfeld/Thomas Kläden (Hg.), *„Selbst die Senioren sind nicht mehr die alten …" Praktisch-theologische Beiträge zu einer Kultur des Alterns*, Münster 2003, 7.
2   Ingrid Lukatis, *Der ganz normale Gottesdienst in empirischer Sicht*, in: Praktische Theologie 38. Jg., 4/2003, 255–268 (261). – Vgl. auch Martin Lätzel, *Ältere*

Von den 70-79-Jährigen geben immerhin 23 Prozent an, „jeden oder fast jeden Sonntag" den Gottesdienst zu besuchen, weitere 18 Prozent gehen „ein- bis zweimal im Monat" zur Kirche;[3] die entsprechenden Zahlen bei den unter 50-Jährigen sind um etwa den Faktor 4 geringer, sie liegen bei 5 bzw. 10 Prozent. Menschen in der achten Lebensdekade zeigen ihre ohnehin schon ausgeprägten kirchlichen Neigungen auch am Urlaubsort; geben von den unter 50-Jährigen nur 10 Prozent an, auch im Urlaub zur Kirche zu gehen, so sind es bei den 70-79-Jährigen immerhin 20 Prozent. Die liturgischen Präferenzen dieser Gruppe liegen bei erwartbaren Gottesdienstverläufen sowie bei vertrauten Liedern und Gebeten. Man bevorzugt „vor allem klassische Kirchenmusik" und hat erkennbar Mühe mit „neue(n) Formen, wie z. B. Tanz, Theater, Pantomime". Demzufolge geben auch nur 17 Prozent der über 70-Jährigen an, der „Stil, in dem Gottesdienste gefeiert werden", gefalle ihnen nicht; bei den unter 50-Jährigen sind dies 40 Prozent. Der agendarische Gottesdienst entspricht offenbar dem Lebensgefühl von Menschen im höheren Erwachsenenalter in einem sehr hohen Maße, so sie denn Kirchgänger sind.

1.1 Milieu, Kohorten, Biographie

Diese zunächst einmal noch relativ unspezifische Datenbasis ist im Blick auf das Feiern der Liturgie in drei Richtungen zu präzisieren: im Blick auf die kulturelle *Milieubindung*, die individuelle *Religionsbiographie* und die demographischen *Kohorten*.

Milieubindung: Bereits die einflussreiche Kultursoziologie der „Erlebnisgesellschaft" von Gerhard Schulze konstatierte nicht nur eine besondere Nähe zwischen den Merkmalen „Religiosität" und „älteren Milieus", sondern auch eine Affinität zwischen „Lebensalter", „Religiosität" und

---

Gemeindeglieder im Gottesdienst, in: Martina Blasberg-Kuhnke/Andreas Wittrahm (Hg.), *Altern in Freiheit und Würde. Handbuch christliche Altenarbeit*, München 2007, 204–211.

3 Petra-Angela Ahrens, *Generation 50+ im Gottesdienst. Teilnahme und Erwartungen. Eine Analyse von Daten aus der 4. Kirchenmitgliedschaftsuntersuchung der EKD*, Hannover 2009 (unveröffentl. Manuskript). Die in diesem Absatz zitierten Daten beziehen sich auf diese Untersuchung. – Hierbei ist zu berücksichtigen, dass die Antworten der Befragten keineswegs dem aus Zählungen ermittelten Gottesdienstbesuch im sonntäglichen Hauptgottesdienst entsprechen. Es wird nicht nach Alter differenziert.

dem sog. „Integrationsmilieu".⁴ Eine starke Affinität zum gottesdienstlichen Geschehen haben aber auch die beiden anderen älteren Milieus („Harmoniemilieu" bzw. „Niveaumilieu"). Betrachtet man hierbei die Freizeitgewohnheiten und -interessen, dann weichen die Gottesdienstbesucher der verschiedenen Milieus bei genau *den* alltagsästhetischen Merkmalen vom Gesamtsample ab, die auch als signifikante Kennzeichen älterer Milieus gelten: Sie mögen keine Rock- und Popmusik (Unterhaltungsmilieu) und sie bevorzugen eher Heimatfilme, Volksmusik und deutsche Schlager (Selbstverwirklichungsmilieu). Lukatis hält es milieutheoretisch für eine gesicherte Aussage, dass „ein spürbares Maß an kultureller Distanz" besteht zwischen denen, die häufig einen Gottesdienst besuchen und denen, die nur selten in der Kirche sind.

> „Nach theologischem Verständnis versammelt sich im Gottesdienst die ‚ganze Gemeinde'; empirisch betrachtet begegnet er uns jedoch als ‚milieugebundenes' Geschehen: In Stil und Bedürfnis-Entsprechung wirkt er eher einladend auf Menschen aus ‚älteren' Milieus."⁵

Religiöse Entwicklung: Das Bonner Forschungsprojekt „Religiöse Entwicklungen im Erwachsenalter"⁶, das die Katholisch-Theologische Fakultät Bonn in Zusammenarbeit mit dem Bistum Aachen von 1999–2003 durchgeführt hat, kommt zu dem Ergebnis, dass sich in jüngster Zeit „religiöse Entwicklungsverläufe" erstaunlich schnell ausdifferenziert haben. Dabei verändert sich allerdings die religiöse Praxis weit weniger dramatisch als die religiösen Einstellungen: „Wechsel in den religiösen Kognitionen (ziehen) nicht unbedingt auch Verhaltensänderungen nach sich."⁷ Die lange Zeit die kirchliche Arbeit bestimmende Hypothese, wonach die in der Kindheit grundgelegten religiösen Einstellungen als prästabile Konstanten ein Leben lang bestimmend bleiben und dann im

---

4 Gerhard Schulze, *Die Erlebnisgesellschaft. Kultursoziologie der Gegenwart*, Frankfurt a. M. 1992. Schulze definiert das Integrationsmilieu wie folgt: „Das Besondere an diesem Milieu ist seine Durchschnittlichkeit. ... (Es) herrscht entweder die Mittellage oder eine reduzierte Form von Besonderheit." (301). – Zur Rezeption der Milieutheorie vgl. Wolfgang Vögele (Hg.), *Soziale Milieus und Kirche*, Würzburg 2002; Jan Hermelink/Thorsten Latzel (Hg.), *Kirche empirisch. Ein Werkbuch*, Gütersloh 2008.
5 Lukatis, *Gottesdienst*, a.a.O., 267 f.
6 Fürst u. a. (Hg.), *Senioren*, a.a.O.
7 Thomas Kläden, *Zentrale Ergebnisse des Forschungsprojektes „Religiöse Entwicklung im Erwachsenenalter" im Überblick*, in: Fürst u. a. (Hg.), *Senioren*, a.a.O., 67–84 (75).

hohen Alter als „eiserne Reserve" abrufbar sind, lässt sich durch diese Studie nicht halten.

> „Ebenso konnte die Annahme, dass mit dem Alter die Intensität der Frömmigkeit ansteigt und der Glaubensvollzug mit wachsender Lebenserfahrung Schritt für Schritt auch eine reifere bzw. erwachsenere Form annimmt, so nicht bestätigt werden. Sie muss zumindest im Hinblick auf die zweite Lebenshälfte ganz erheblich revidiert werden."[8]

Es spricht viel dafür, dass die Gestalt religiöser Orientierung einem lebenslangen Wandel unterliegt; die Glaubensentwicklung verläuft keineswegs linear. Problematische Erfahrungen führen zu Asynchronien und gegenläufigen Entwicklungen.

Kohorten: Diese durchaus brüchige religiöse Sozialisation im hohen Erwachsenalter lässt sich vermehrt in der jüngeren Alterskohorte beobachten. Dabei legt sich die Vermutung nahe, dass sich die kulturellen Modernisierungen, die Ende der 1960er/Anfang der 1970er Jahre auch das kirchliche Binnenklima prägten, für die *damals* kirchlich Aktiven als Liberalisierung und Deinstitutionalisierung realisierten. Genau diese Gruppe verlängert mit relativ hoher Vorhersagewahrscheinlichkeit diese Erfahrungen in ihr Alter hinein. Es zeigt sich, dass sich der für die religiöse Entwicklung im Alter konstatierte Prozess der Pluralisierung für die Geburtsjahrgänge 1950–55 „sogar nochmals deutlich beschleunigt und verstärkt. Fragepartner mit einem äußerlich bewegten Lebenslauf weisen auch häufigere Gestaltwandel ihrer Religiosität auf."[9]

1.2 Redundanter Exzess – rituelle Kontinuität

Bezieht man die skizzierten empirischen Befunde auf die Darstellung und Wahrnehmung von Liturgie, dann wird man sagen können: Die derzeit statistisch wahrnehmbare relativ hohe Frequenz bei der Gottesdienstteilnahme von älteren Menschen ist noch kein Beleg dafür, dass sich die nachwachsende Generation analog verhalten wird. Ob man als älterer Mensch die liturgische Darstellung des Evangeliums für sich als eine relevante Lebensdeutung gelten lässt, hängt davon ab, welchem Milieu man angehört, welche prägenden Erfahrungen die Gleichaltrigen dieses Milieus gemacht haben und in welcher Weise individuelle biographische

---

8 Fürst u. a. (Hg.), *Senioren*, a.a.O., 160.
9 A. a. O., 161.

Brüche liturgisch jeweils adäquate Deutungen erfahren haben. Liturginnen und Liturgen können sich also keineswegs darauf verlassen, dass die jetzt gottesdienstlich eher abstinenten Kirchenchristen „ganz automatisch" wieder zur Kirche gehen, wenn sie älter werden. Gegenwärtig spricht viel dafür, dass auf die Kirche „eine immer ‚ungläubigere' junge Generation zu(kommt), die vollkommen andere Probleme und Erwartungen hat als die ältere Generation."[10]

Die Auswirkungen auf die zukünftige Gottesdienstkultur sind heute noch kaum abzusehen. Die Parameter sind komplex und es fehlt an breit angelegten Längsschnittuntersuchungen. Man geht aber sicher nicht fehl, im gegenwärtig zu beobachtenden „liturgischen Wildwuchs"[11] einige erste Indizien zu erkennen für die zukünftige Ausdifferenzierung der Gottesdienstkultur. Analog zur gesellschaftlichen Pluralisierung erfährt der agendarische Sonntagsgottesdienst heute eine Erweiterung um eine Vielzahl von Nebengottesdiensten, Zielgruppen- bzw. Sondergottesdiensten sowie Kasualien zu „neue(n) biographische(n) und gesellschaftliche(n) Anlässe(n)"[12]. Was sich derzeit in den religionsproduktiven Gemeinden bestimmter urbaner Milieus in exponierter Form äußert, spiegelt längst schon den liturgischen Alltag der Großkirchen. Es ist das Abschmelzen religiöser Normalitätserwartungen, was die heute Alten nach ritueller Verschonung im Traditionellen suchen lässt, dagegen die Kohorte der morgen und übermorgen Alten jedoch nach unkonventionellen Formen und einer noch größeren Varianz liturgischer Angebote. Die Anforderungen an die liturgische Bildung[13] der Pfarrerinnen und Pfarrer sowie an die ihrer Gemeinden werden dadurch spürbar steigen, will man nicht einer Stillstellungs- und Versorgungsstrategie den Vorzug geben. Die überaus bunten religiösen Biographien der jetzt unter 50-Jährigen verlangen in absehbarer Zeit sehr viel nachdrücklicher nach lebendigen Gottesdiensten, nach ebenso schmiegsamen wie deutungskräf-

---

10 Bernhard Dieckmann/Carmine Maiello, *Glaube und Lebensalter. Zusammenhänge religionssoziologischer Merkmale mit dem Lebensalter*, in: Klaus-Peter Jörns/Carsten Großeholz (Hg.), *Was die Menschen wirklich glauben. Die soziale Gestalt des Glaubens – Analysen einer Umfrage*, Gütersloh 1998, 53–79 (76).

11 Ralph Kunz (Hg.), *Der neue Gottesdienst. Ein Plädoyer für den liturgischen Wildwuchs*, Zürich 2006.

12 Vgl. hierzu v.a. die Münsteraner Habilitationsschrift von Lutz Friedrichs, *Kasualpraxis in der Spätmoderne. Studien zu einer Praktischen Theologie der Übergänge*, Leipzig 2008, 185–227.

13 Bärbel Husmann/Thomas Klie, *Gestalteter Glaube. Liturgisches Lernen in Schule und Gemeinde*, Göttingen 2005.

tigen Liturgien und Kanzelreden. Die hohe Vorhersagewahrscheinlichkeit in der Formensprache, die heute ältere Menschen stark für den traditionellen Gottesdienst einnimmt, werden die neuen Alten voraussichtlich eher als „redundanten Exzess"[14] ablehnen.

Die empirischen Ergebnisse sind aber auch bereits jetzt von Brisanz für die liturgische Praxis. Denn die besonderen Rezeptionsweisen und Gewohnheiten von Menschen im dritten oder vierten Lebensalter normieren als quantitativ größte Gruppe indirekt die traditionelle Ästhetik des Gottesdienstes. Eine Mehrheit der „Kerngemeinde" lässt Formgestalten, die von der gefühlten Norm abweichen, als Ausnahme erscheinen, die die Regel bestätigen. Die Erwartungshaltungen dieser Gruppe und die Erwartungserwartungen der Liturginnen und Liturgen bilden empirisch ein starkes Widerlager gegen liturgische Innovationen. Wie in vielen anderen Bereichen, so entbindet auch im Gottesdienst das Faktische seine normative Kraft. Korreliert man das Lebensalter mit bestimmten Stilpräferenzen bzw. sozialen Milieus, wie es die moderne Religionssoziologie nahe legt, dann bildet sich das Alter der Teilnehmer nicht nur auf der *syntaktischen* Ebene ab, es wird auch in *semantischer* und vor allem *pragmatischer* Hinsicht relevant. Ein vornehmlich von alten Menschen besuchter Gottesdienst neigt eben nicht nur dazu, den traditionellen Ablauf fortzuschreiben. Er fordert auch bestimmte Themen und Grundorientierungen. Religionspsychologisch legt sich die Vermutung nahe, dass sich die „Grundgeste des Bewahrens"[15] realisiert in der Perseveranz narrativer Identität, im fraglosen Beherrschen memorierter Versikel und Responsorien, im Kanon „bekannter" Lieder und in dem, was man geistlich aus dem Gottesdienst „mitzunehmen" erwartet. Zugespitzt formuliert: Der „Normalfall Sonntagsgottesdienst"[16] ist in einer durchschnittlichen Gemeinde längst zu einer Senioren-Kasualie geworden,

---

14 Wilfried Engemann bezeichnet in der Homiletik Phänomene einer Übercodierung und die daraus resultierende Voraussagbarkeit ganzer semantischer Komplexe als „redundanten Exzess" (*Semiotische Homiletik. Prämissen – Analysen – Konsequenzen*, Tübingen 1993, 166 ff.).

15 David Plüss (*Liturgie ist Stilsache*, in: Praktische Theologie 38. Jg. 4/2003, 275–286) unterscheidet vier verschiedene liturgische „Stiltypen": den traditionsbezogenen, den erfahrungsbezogenen, den situationsbezogenen und den inszenierungsbezogenen Stiltyp.

16 Kristian Fechtner/Lutz Friedrichs (Hg.), *Normalfall Sonntagsgottesdienst? Gottesdienst und Sonntagskultur im Umbruch*, Stuttgart 2008.

deren Orientierungsmuster und religionsästhetischen Präferenzen rückwirken auf die Kompositionslogik.[17]

2. Die Alterstauglichkeit der Liturgie

Sind theologische Sätze zu Alter und Alten direkt abbildbar auf die Conditio humana[18], so gilt dies nicht in gleicher Weise für *praktisch-theologische* Sätze, insbesondere nicht im Bereich der Liturgie. Denn eine Hermeneutik der liturgischen Praxis in der Perspektive alternder Menschen muss sich auf deren besondere Aneignungs- und Deutungsoptionen einlassen. Eine lebensphasen-spezifische Betrachtungsweise nötigt dazu, die dogmatischen und historischen Theoriezugriffe um einen im weitesten Sinne phänomenologischen zu erweitern. Gilt es doch, die das Christliche symbolisierenden Vollzüge im Medium von Theologie und im Hinblick auf Gestaltungsbedarfe auszulegen. Zu fragen ist also in beiden Richtungen: nach der liturgischen Relevanz des Alters bzw. nach der Altersrelevanz der Liturgie.

Im Folgenden soll dem nachgegangen werden anhand der fundamentalliturgischen Kategorie der Anamnesis, der Wirkungslogik exemplarischer liturgischer Rubriken und anhand von Altenheimliturgien aus der Anleitungsliteratur[19].

---

[17] Angesichts der enormen Reichweite dieser empirischen Befunde ist die Literatur- und Forschungslage diesbezüglich absolut ungenügend; die liturgiewissenschaftliche Rezeptionsforschung steckt noch nicht einmal „in den Kinderschuhen", sie muss vielmehr erst noch „geboren" werden.

[18] Udo Kern, *Der Mensch bleibt Mensch. Anthropologische Grunddaten des alten Menschen*, in: Martina Kumlehn/Thomas Klie (Hg.), *Aging – Anti-Aging – Pro-Aging. Altersdiskurse in theologischer Deutung*, Stuttgart 2008, 56–102.

[19] Kennzeichnend für die derzeitig desolate Forschungslage im Bereich der Religionsgerontologie im deutschsprachigen Raum ist die Hausse der Praxishilfen, die weit gehend unberührt von praktisch-theologischer Theoriebildung ihre „Modelle" und „Module" präsentieren. Hier scheint sich eine Entwicklung zu wiederholen, wie sie in den 1970er Jahren im Bereich der sog. Seelsorge-Bewegung zu beobachten war. Trainingsprogramme wurden konzipiert, pastorale Berufsbilder kreiert und Sonderpfarrstellen geschaffen auf der Basis einer theologisch nur unzureichend reflektierten Praxiswahrnehmung.

2.1 Anamnesis – biographisch

Je älter ein Mensch wird, desto mehr weiß er zu erinnern. Erlebnisse sind im Laufe des Lebens zu Erfahrungen geronnen, Erfahrungen haben eine Weltsicht geformt, die sich dann im Idealfall in Formen einer Altersweisheit[20] als Distanzgewinn niederschlägt. Existenzielle Auseinandersetzungen sind im Laufe der Zeit (Lebens-)Geschichte geworden und stehen als dichtes Netz von Verweisen, Lesarten und Deutungsressourcen zur Verfügung. Verlusterfahrungen werden mit Altersgewinnen verrechnet; Unbedeutendes und Unangenehmes ist in das Vergessen abgesunken. Erinnert wird meist nur, was sich als individuell bedeutsam erwiesen hat. Auch wenn das subjektive Erleben des Alters im Einzelfall sehr verschieden ausfällt, kann man doch generell voraussetzen, dass Menschen in fortgeschrittenem Alter in ihrem Biographieverlauf mit grundlegenden Sinnfragen konfrontiert wurden. Je nach thematischer Strukturierung[21] haben diese dann lebenspraktische Antworten gefunden bzw. persönlichkeitsspezifische Bewältigungsstrategien (Resilienz) entwickelt.

Auf dieser Grundlage können nun im Alter eigene oder fremde Konflikte mit einer ganzen Fülle biographischer Szenen abgeglichen werden. Es hat sich die Fähigkeit entwickelt, aktuelle Widerfahrnisse aus einem großen Fundus erinnerten Wissens zu bebildern.

> „Die mit dem Alternsprozess auftretenden Veränderungen beschränken sich nicht allein auf Verluste – wie zum Beispiel die Anpassungsfähigkeit des Organismus oder der Abnahme der Informationsverarbeitungsgeschwindigkeit. Sie schließen im seelisch-geistigen Bereich auch potenzielle Gewinne ein – wie zum Beispiel die Entwicklung von hoch organisierten und damit leicht abrufbaren Wissenssystemen sowie von effektiven Handlungsstrategien."[22]

Diese Deutungsleistungen sind vom jeweiligen Zeithorizont abhängige Variablen; je aktuelle Befindlichkeiten werden auf die biographische Achse projiziert. Das Heute amalgamiert sich in der Lebensperspektive eines hohen Erwachsenenalters mit einem imaginierten „Früher".

---

20 Vgl. den Beitrag von Ralph Kunz in diesem Band.
21 Der Heidelberger Gerontologe Martin Kruse definiert mit Bezug auf Hans Thomae „thematische Strukturierung" als „die Art und Weise, wie das Individuum Anforderungen und Gestaltungsmöglichkeiten in seinem Leben deutet und auf diese antwortet" (*Chancen und Grenzen der Selbstverantwortung im Alter*, in: Wege zum Menschen 59 (2007), 421–446 (431)).
22 Ebd.

Der Endlichkeit menschlichen Seins ist es geschuldet, dass dabei Zeit (im Allgemeinen) und Lebenszeit (im Besonderen) immer mehr Vergangenheit wird und immer weniger Zukunft vergegenwärtigt. Die raumgreifende Erinnerung ist eine der Konstanten im alterstypischen Erlebens- und Verhaltensstil; sie entfaltet sich im Plural erlebter Szenen und in Form narrativer Darstellungen. Das biographische Gedächtnis vermittelt zwischen dem individuellen Selbst- und Weltverhältnis und dem kulturell vermittelten Modus, diese Relation zu kommunizieren. Im Zentrum steht dabei die Arbeit an der Konstitution eigener Identität.[23] Sie lässt sich vor diesem Hintergrund als ein höchst aktives Geschehen verstehen, als ein Balanceakt zwischen authentischem Erleben und permanenter biographischer Konstruktion. Denn erzählerisch dargebotenes Leben kann nie mit dem gelebten Leben, das der Erzählung als „Rohmaterial" voraus liegt, zur Deckung kommen. Erinnertes ist immer auch gedeutetes Erleben. Die Verknüpfung heterogener Erfahrungen zu einem kohärenten Lebenslauf ist eine synthetische Ich-Leistung, die das Subjekt zu sich selbst in ein ebenso kritisches wie krisenanfälliges Selbstverhältnis setzt. Der Mensch *ist* nicht nur Geschichte, sondern er *hat* auch Geschichte. Und wenn er alt geworden ist, weiß er sich und anderen viele dieser Geschichten zu erzählen. Als „Darstellungs- und Mitteilungsart eines menschlichen Lebens" wird die vergegenwärtigte bzw. zu vergegenwärtigende Lebensgeschichte zu einer wichtigen Antwortressource auf die Frage nach dem Selbst.[24] Hauptmovens für das in einer Lebensbeschreibung thematisierte Selbst ist die „Rechtfertigung von Lebensgeschichten".[25]

Biographische Kontinuität wird also erst im Rückblick gewonnen – unabhängig davon, ob die permanente Rückbesinnung kritisch, larmoyant oder grandios ausfällt. Als gerontologisch gesichert kann gelten, dass sich im Alter Kontinuität und Wandel keineswegs ausschließen. Längsschnittuntersuchungen haben ergeben, dass zwar grundlegende Persönlichkeitsmerkmale relativ stabil bleiben, aber persönlichkeitsnahe Kommunikationen, wie etwa Selbstdefinitionen und biographische Kon-

---

23 Paul Schladoth, *Identitätsvergewisserung im Alter zwischen Lebensrückblick und -ausblick*, in: Martina Blasberg-Kuhnke/Andreas Wittrahm (Hg.), *Altern in Freiheit und Würde. Handbuch christliche Altenarbeit*, München 2007, 112–121.
24 Walter Sparn, *Wer schreibt meine Lebensgeschichte? Biographie, Autobiographie, Hagiographie und ihre Entstehungszusammenhänge*, Würzburg 1990, 13.
25 Wilhelm Gräb, *Rechtfertigung von Lebensgeschichten. Erwägungen zu einer theologischen Theorie der kirchlichen Amtshandlungen*, in: Pastoraltheologie 76 (1987), 21–38.

struktionen auch und gerade im Alter bemerkenswerte Veränderungen erfahren.[26] In der Dialektik aus gelebtem und erinnertem Leben kommt der Erzählung eine „hermeneutische Zentralstellung"[27] zu, die auch liturgisch von Bedeutung ist. Denn ihre Gestaltung und ihr jeweiliger „Sitz im Leben" öffnen das Erzählte und Erinnerte in Predigt und Liturgie für eine theologische Deutung. Im Gottesdienst treten biographische Erinnerungen in Kontakt zu einem performativ verfassten Deute- und Referenzrahmen, der nicht minder durch Erzählungen, Erinnerungen und Zeitverständnisse geprägt ist. Im gelingenden Fall kommt es zu Identifikationen mit der erinnerten und gedeuteten Gottesgeschichte.

In der liturgischen Feier wird Zeit als ästhetisches Artefakt vergegenwärtigt; inszeniert wird eine dramaturgische Abbreviatur vielfältiger Zeiterfahrungen. Das gemeinsame darstellende Handeln im Gottesdienst hält Zeitverläufe präsent, deutet sie im Blick auf die Geschichte Gottes wie auf den Lebenslauf des Menschen und verdichtet sie zur Option auf religiöse Gewissheit. Dies kommt bereits in den vier Basismodulen des Gottesdienstablaufs im „Evangelischen Gottesdienstbuch"[28] zum Ausdruck: 1. Eröffnung und Anrufung, 2. Darbietung und Reflexion von Texten, 3. das heilige Essen und 4. der Weg zurück ins Leben. Die Gemeinde performiert im Singen und Beten einen symbolischen Zeitlauf, in dem Nähe und Distanz, Annäherung und Vergegenwärtigung, religiöses Gefühl und theologische Reflexion als gemeinsam zu beschreitender „Weg in das Leben"[29] Gestalt annimmt. Auf der Folie biblischer Deutungen werden dabei so unterschiedliche Stationen „begangen" wie das gegenseitige Vorstellen im liturgischen Gruß (vgl. Gal 6,18), das Austarieren von Nähe und Distanz in der Kyrie-Gloria-Fuge (Mt 17,15 bzw. Lk 2,14), das Einstimmen in den Engelsgesang des Sanctus beim Abendmahl (Jes 6,3) und das Weggeleit im Segensgestus (Num 6,24–26). An allen diesen Stationen findet Erinnerung, Anamnese statt. Entgegen einem auf die eucharistische Christus-Anamnese fokussierten Li-

---

26 Kruse, *Chancen*, a.a.O., 436.
27 Diesen Konnex macht Albrecht Grözinger im Blick auf die Seelsorge stark (*Seelsorge als Rekonstruktion von Lebensgeschichte*, in: Wege zum Menschen 38/1986, 178–188 [180]).
28 Kirchenleitung der VELKD, *Evangelisches Gottesdienstbuch. Agende für die Evangelische Kirche der Union und für die Vereinigte Evangelisch-Lutherische Kirche Deutschlands*, Berlin/Bielefeld/Hannover 1999.
29 Vgl. Manfred Josuttis, der dieses Motiv zum Strukturprinzip seiner Liturgik erhoben hat: *Der Weg in das Leben. Eine Einführung in den Gottesdienst auf verhaltenswissenschaftlicher Grundlage*, Gütersloh (1991) ²1993.

turgieverständnis hat sich heute ein eher ökumenisch-weites Konzept erinnernden Handelns im Gottesdienst durchgesetzt. Danach kann die gesamte Liturgie, Wort- und Sakramentsgottesdienst samt Eröffnung und Sendung als anamnetisches Geschehen verstanden werden.[30] Denn in der symbolischen Konstruktion verschränken sich unter der gottesdienstlich gesetzten Wirklichkeit Erinnerung und Verheißung, Alltags- und Sonntagserfahrung, biographische und heilsgeschichtliche Anamnese. „Der Gottesdienst setzt die Heilswirklichkeit in dem Wissen darum, dass dieses eine unmögliche Möglichkeit ist, gleichzeitig jedoch eine verheißene und gebotene Möglichkeit"[31]. Die Liturgie kann gerade auch insofern für ältere Menschen therapeutische Qualität erlangen, als in ihr Vergangenes und Erinnertes durchgearbeitet wird. Die Spannweite reicht von der Erinnerung an die Geschöpflichkeit (z. B. im ersten Artikel des Credo) bis hin zu österlichen Erfahrungen eines „Siehe-ich-mache-alles-Neu" (Offb 21,5).

Zum Sinnträger werden in diesem Zusammenhang nicht nur die kurzen Takte, wie die agendarische Iteration biblischer Wortlaute, sondern auch der äußere Zeittakt des Sonntags und die größeren Zyklen, wie das Kirchenjahr und die Festkreise. Tendenziell können alle Zeitebenen für das Zeiterleben der Gottesdienstteilnehmer transparent werden. Schon durch die Terminierung des Gottesdienstes auf den Morgen des ersten Tages der Woche wird die Feier liturgice als Auferstehungsfeier charakterisiert. Kulturell wirkt der Sonntag als Synchronisation, er „setzt eine Ordnung im sonst unstrukturierten Fluss der Zeit"[32]. Eine ähnliche Strukturierungsleistung erfüllt auch das Kirchenjahr, das zwischen dem zyklischen Prinzip des Naturjahres und dem linearen Prinzip der Heilsgeschichte vermittelt. Es zeichnet die religiös wie kulturell codierten Hoch-Zeiten der verschiedenen Festzyklen in das eher Gleichförmige eines Lebenslaufes ein. Das Alltägliche tritt den Feiernden im Außerge-

---

30 Exemplarisch greifbar ist das anamnetische Liturgieverständnis bei Michael Meyer-Blanck, *Inszenierung des Evangeliums. Ein kurzer Gang durch den Sonntagsgottesdienst nach der Erneuerten Agende*, Göttingen 1997, 81 ff. Vgl. a. Olaf Richter, *Anamnesis – Mimesis – Epiklesis. Der Gottesdienst als Ort religiöser Bildung*, Leipzig 2005.
31 Michael Meyer-Blanck (*Inszenierung*, a.a.O., 80) macht in diesem Zusammenhang eine Analogie zum Therapieverständnis Sigmund Freuds geltend, der für seine psychoanalytische Arbeit den Dreischritt aus Erinnern, Durcharbeiten und Widerholen reklamiert.
32 Christoph Dinkel, *Was nützt der Gottesdienst? Eine funktionale Theorie des evangelischen Gottesdienstes*, Gütersloh 2000, 275.

wöhnlichen des Festes in ästhetisch gebrochener Form entgegen und nötigt dadurch zu erhöhter Deutungsleistung. Dies macht das Kirchenjahr noch nicht zum Psychodrama[33], aber es setzt im Lebenslauf signifikante Erinnerungsmarken und prägt das kulturelle Zeitempfinden.

2.2 Zur Altersrelevanz liturgischer Rubriken

Die Liturgie ist die prominente Vollzugsgestalt kirchlich gelebter Religion – sie trägt agendarischen Charakter. Auf der Ausdrucksebene zeigt sie sich als eine geschichtlich gewachsene Folge aus Sprechakten, Riten und Gesängen. Diese Handlungsfolge setzt einen theologisch bestimmten Zeit-Raum, der überkommenen Spielregeln unterliegt und sich als ein bedeutungsvoller Überlieferungs- und Zeichenprozess darstellt. Natürlich verdanken sich weder das komplette gottesdienstliche Szenario noch die einzelnen Sinneinheiten einer altersspezifischen Kompositionslogik. Trotzdem eröffnen einzelne Rubriken unter der Perspektive einer im Alter aufkommenden Sensibilität für Zeit und Lebenszeit durchaus alternsaffine Lesarten. Wer mehr oder weniger bewusst auf ein langes Leben zurückblicken kann und bei sich im Alter zwangsläufig häufenden Trauerfeierteilnahmen mit der biblisch-nüchternen Befristung in Psalm 90,10 („Unser Leben währet siebzig Jahre und wenn's hoch kommt, so sind's achtzig Jahre") konfrontiert wurde, der hat ein feines Gefühl entwickelt für die Relativität von Zeitmaßen und individuellen Zeitreserven. Es liegt auf der Hand, dass gottesdienstliche Partituren, die semantisch auf der Zeit-Achse liegen, in *dieser* Rezeptionssituation leicht mit biographischer Erfahrung aufgefüllt werden. Jeder interpretative Dialog, auch die teilnehmende Beobachtung im Gottesdienst, ist eingelagert in die Pragmatik von Rezeptionsverhältnissen, in denen Leerstellen subjektiv plausibilisiert werden. Die Bedeutungszuschreibung verläuft dabei in den wenigsten Fällen denotativ, vielmehr ephemer, tentativ und assoziativ. – Exemplarisch sollen diese möglichen Lesarten aufgezeigt werden anhand der evangelischen *Sakramente*, der *Choräle* und des *Kyrie eleison*.

Neubeginn und Sein zum Tode – Taufe und Abendmahl: Theologisch spannt sich das gottesdienstliche Geschehen aus zwischen den beiden

---

33 Vgl. Michael Meyer-Blanck, *Inszenierung*, a.a.O., 138 ff. mit Bezug auf Anselm Grün/Michael Reepen, *Heilendes Kirchenjahr. Das Kirchenjahr als Psychodrama*, Münsterschwarzach 1985.

Sakramenten Taufe und Abendmahl. Wie die Taufe den Initialakzent christlichen Lebens setzt und gleichsam jeden Kirchgang motiviert[34], so macht sich beim Abendmahl Gott in Gestalt des am Kreuz leidenden Menschensohnes gegenwärtig. Dass er sich in der zweiten trinitarischen Person einlässt auf Sterben und Tod, wird von der anwesenden Gemeinde als ein beständiges Neuwerden erinnert. Martin Luther stellt diesen theologischen Zusammenhang in seiner Schrift „De captivitate Babylonica" in einen biographischen Kontext:

> „Die Taufe aber, die nach unserer Meinung dem ganzen Leben gilt, wird wirklich genug sein anstelle aller Sakramente, die wir nun im Leben gebrauchen sollen (uti debeamus). Das Abendmahl aber ist wahrhaftig das Sakrament der Sterbenden und Verscheidenden, weil wir ja dabei des Wegganges Christi aus dieser Welt gedenken (memoramur), um ihm nachzufolgen. Und lasst uns diese beiden Sakramente so verteilen, dass die Taufe dem Anfang und dem gesamten Verlauf des Lebens, das Abendmahl aber dem Ende und dem Tode zugeordnet wird. Und durch beide soll ein Christ sich üben in diesem armen Leibe, bis er vollkommen getauft und gestärkt hinübergehe aus dieser Welt, hineingeboren in das ewige, neue Leben, um mit Christus zu essen im Reich seines Vaters, wie er es beim Abendmahl versprochen hat (...). So entsteht deutlich der Eindruck, dass er das Abendmahl zum Empfang des zukünftigen Lebens gestiftet hat. Dann nämlich, wenn die Sache beider Sakramente erfüllt ist (impleta), werden Taufe und Abendmahl aufhören."[35]

Das Abendmahl rückt die Problematik des Lebenserhalts in die Perspektive des Gottesverhältnisses ein. Die allfälligen Gefährdungen des Lebens durch Krankheiten, existenzielle Krisen und Abbrüche werden hierdurch nicht kaschiert, sondern vielmehr vertieft und rituell ins Bewusstsein gehoben.

> „Durch das Abendmahl wird das Leben so gegliedert, dass es auf den Rhythmus von Leben und Tod, von Tod und Leben eingestellt wird. Angesichts der Vertiefung aber kann das Leben in der Tat allen Schwankungen standhalten. Das Abendmahl ist insofern die Feier der *Beständigkeit des Lebens vor und mit Gott.*"[36]

---

34 Die katholische Praxis, beim Betreten einer Kirche nach dem Anfeuchten der Finger im Weihwasserbecken die Obsignatio crucis zu vollziehen und damit eine individuelle, rituell codierte Taufanamnese zu vollziehen, ist protestantisch unüblich.
35 WA 6, 572, 23–34; *De captivitate babylonica* (1520).
36 Dietrich Korsch, *Dogmatik im Grundriss. Eine Einführung in die christliche Deutung menschlichen Lebens mit Gott*, Tübingen 2000, 261 (Kursivierung im Original).

Ist die „Beständigkeit im Neuanfang" die soziale Wirkung des Abendmahls[37] für *alle* Kommunikanten, so kann sich dieser Akzent für alte Menschen je individuell verschieben hinsichtlich einer geschärften Einsicht in Schuldverstrickungen bei der vorläufigen Lebensbilanz.

Sich konsonant machen – Lieder: Das Wort kann man ergreifen – Gesang aber ist ergreifend. Die Geschichte des Kirchenliedes gleicht dem fortwährenden Versuch, dieses Ergriffensein durch musikalische Formgebung in Gemeinschaft stiftende Bahnen zu lenken. Beim Singen eines Liedes koinzidieren Tonerzeugung und Kommunikationsfunktion. Singende erzeugen mit den Mitteln des Leibes ein klingendes Ineinander von Ton und Sprache. Sie konstituieren sich im wahrsten Sinne des Wortes als *Person* (latein. *personare* – durch etw./jmd. hindurch tönen, widerhallen). Erst durch den je aktuellen Gesang nimmt ein Lied für die beteiligten Personen Gestalt an – für Hörende wie für Singende. Liturgisch wurde die Gemeinde mit der Einführung des deutschen Chorals in den Gottesdienst durch die Reformation wieder ins Recht gesetzt. Denn sie durfte nun mitsingen und konnte das Gesungene auch verstehen. Die verschiedenen Liedtexte sind nicht nur Ausdruck eines unmittelbaren religiösen Empfindens, zu jeder Zeit haben die Dichter und Komponisten auch versucht, im Choral kirchliche Lehre zu vermitteln oder einen inneren Monolog wiederzugeben.

Anders als die zyklische Grundordnung der meisten Taizé-Gesänge (Kanon, Repetitionen) folgen die meisten Strophenlieder des traditionellen Kirchenlied-Repertoires aus dem EG einem linearen Modell mit Anfangs- und Endpunkt.[38] Der strophische protestantische Choral ist primär „Handlungsmusik", seine Strophen vollziehen einen thematischen Bogen. Es gibt also einen erkennbaren Anfangs- und einen ebensolchen Zielpunkt. Münden sie nicht aus liturgischen Gründen in einer trinitarischen Doxologie (Gloria-Patri-Strophe), dann schließen viele Lieder mit einem Ausblick auf den individuellen Tod bzw. die Auferstehung. So lautet z. B. die achte und letzte Strophe des Paul Gerhard-Liedes „Auf, auf, mein Herz, mit Freuden" (EG 112):

„Er bringt mich an die Pforten, / die in den Himmel führt, / daran mit güldnen Worten / der Reim gelesen wird: / ‚Wer dort wird mit verhöhnt, /

---

37 Ebd.
38 Auf diesen Umstand hat hingewiesen Andreas Marti, *Weg und Raum als Metaphern von Liturgie und Gemeindegesang*, in: Jahrbuch für Liturgik und Hymnologie Bd. 39. Göttingen 2000, 179–190.

wird hier auch mit gekrönt; / wer dort mit sterben geht, / wird hier auch mit erhöht."³⁹

Lebenszeit tritt als endliche in Klanggestalt und wird singend vergegenwärtigt. Im Bild vom Epigramm am Himmelstor vermittelt sich göttlicher Trost; an der Pforte zum Paradies wird der toten Seele die ausgleichende Gerechtigkeit verheißen. Die singenden Kirchenchristen machen sich hier gleichsam *konsonant* mit der Gnade Gottes. Die „Einübung in das sterbliche Leben"⁴⁰, eine der zentralen Aufgaben des Alters, geschieht in solchen Liedstrophen in einer Form, die das Zu-Ende-Gehen ästhetisch antizipiert, ohne dabei die notwendige Distanznahme zu verstellen.

Die Lebenserfahrung alter Menschen und damit einhergehend auch die Erfahrung des Sterbens älterer Angehöriger oder Bekannter machen diese letzten Strophen zwanglos transparent und zu einer Anfrage an das eigene Leben (und Sterben). In der rituellen Sicherheit des kollektiven Gemeindegesangs erfährt der singende Gottesdienstbesucher gewissermaßen eine symbolische Begegnung mit der Endlichkeit.

Die alte Litanei des Lebens – Kyrie eleison: Liturgiegeschichtlich betrachtet stellt das Kyrie im Eingangsteil des Gottesdienstes die auf ihren Kernbestand verdichtete Schwundform einer längeren Litanei dar. Der Liturg intoniert kurze Gebetsanliegen, und die Gemeinde fällt jeweils ein mit dem „Kyrie eleison". Es äußert sich darin die Grundbefindlichkeit eines Menschen, der sich klagend-anklagend an jemanden wendet, der das „ängstliche Harren der Kreatur" (Rö 8,19) glaubhaft transzendiert. Im Kyrie fallen Akklamation und Erbarmensbeschwörung ineins. Vollzieht man also das Kyrie bewusst, dann erschließt sich einem dabei ein Sprechakt, in dem eine Instanz namhaft gemacht wird („Kyrie!"), man sich in tiefer Not auf eine gemeinsame Geschichte mit dem Namensträger beruft und den Gnadenakt des Erbarmens einklagt. Religionspsychologisch ist diese Rubrik eine der wenigen Passagen im Gottesdienstverlauf, die eine Art Ventilfunktion erfüllt. Sie bietet die Möglichkeit einer *gerichteten* Klage, die sich je nach liturgischer Inszenierung und individueller Realisierung mit ganz konkreten Anliegen verbinden kann. Josuttis plädiert dafür, die „psychologische Stringenz" der Kyrie-Sequenz zu steigern, indem man sie liturgisch gerade nicht mit konkreten Gebets-

---

39 Vgl. aus der Fülle der Beispiele die EG-Lieder 64, 115, 117, 122, 352, 367.
40 Heinz Rüegger, *Das eigene Sterben. Auf der Suche nach einer neuen Lebenskunst*, Göttingen 2006, 15.

inhalten auffüllt.⁴¹ Dadurch erhöhe sich die Wahrscheinlichkeit, so die These, dass der fremd-spröde Wechselgesang in der reduzierten Form als offenes Kunstwerk wirken könne:

> „Gerade in jener Fassung, die auf jede Konkretion verzichtet, enthält das Kyrie die Definition der existenziellen Situation der Beter vor Gott, die Einschränkung ihrer Allmachtswünsche, das Bekenntnis ihrer Angewiesenheit, den Ausdruck demütiger Unterwerfung, die Artikulation umfassenden Vertrauens."⁴²

In den sich im Alter häufenden Grenzsituationen⁴³ kann das Kyrie als ein sinnstiftendes Medium wahrgenommen werden. Konstellationen, die durch ihre Ausweglosigkeit und Endgültigkeit gekennzeichnet sind und demzufolge einen starken Assimilationsgestus fordern, sind schon aus sich heraus offen für die Klage. Das Kyrie-Responsorium kultiviert diesen Affekt im Modus religiöser Kommunikation. Wenn unter Umständen das Ganze der Existenz betroffen ist, dann wirkt eine das personifizierte Erbarmen als Adressaten (Jes 55,7) voraussetzende Klage wie ein liturgisches Antidepressivum. In der Namensnennung artikuliert sich eine religiöse Gewissheit, die um das fürsorgliche Da-Sein Gottes weiß (Rö 8,26). Die Perspektivenverengung, die eine solche Lage hervorruft und die den Erbarmensruf allererst motiviert, kann auch insofern aufgebrochen werden, als in den individuellen Erbarmensruf auch die anderen Gottesdienstteilnehmer sowie respondierend der Liturg selbst einstimmen. Der Beter weiß sich also in seiner bedrängenden Situation getragen vom Gesamt der Anwesenden. Das Erleben des Homo faber kann sich auf neue Weise differenzieren und sei es auch nur dahingehend, dass man das Unabwendbare subjektiv integriert und sich mit seinen Begrenzungen arrangiert.

3. Alterskasualien

3.1 Kasualjubiläen

Eine besondere Form kasueller Zielgruppengottesdienste für Menschen ab der zweiten Lebenshälfte sind die verschiedenen Jubiläen, vor allem die Konfirmations- und Ehejubiläen. Diese Gottesdienste bilden im Unter-

---

41 Josuttis, *Weg*, a.a.O., 233.
42 Ebd.
43 Vgl. den Beitrag von Andreas Kruse in diesem Band.

wird hier auch mit gekrönt; / wer dort mit sterben geht, / wird hier auch mit erhöht."³⁹

Lebenszeit tritt als endliche in Klanggestalt und wird singend vergegenwärtigt. Im Bild vom Epigramm am Himmelstor vermittelt sich göttlicher Trost; an der Pforte zum Paradies wird der toten Seele die ausgleichende Gerechtigkeit verheißen. Die singenden Kirchenchristen machen sich hier gleichsam *konsonant* mit der Gnade Gottes. Die „Einübung in das sterbliche Leben"⁴⁰, eine der zentralen Aufgaben des Alters, geschieht in solchen Liedstrophen in einer Form, die das Zu-Ende-Gehen ästhetisch antizipiert, ohne dabei die notwendige Distanznahme zu verstellen.

Die Lebenserfahrung alter Menschen und damit einhergehend auch die Erfahrung des Sterbens älterer Angehöriger oder Bekannter machen diese letzten Strophen zwanglos transparent und zu einer Anfrage an das eigene Leben (und Sterben). In der rituellen Sicherheit des kollektiven Gemeindegesangs erfährt der singende Gottesdienstbesucher gewissermaßen eine symbolische Begegnung mit der Endlichkeit.

Die alte Litanei des Lebens – Kyrie eleison: Liturgiegeschichtlich betrachtet stellt das Kyrie im Eingangsteil des Gottesdienstes die auf ihren Kernbestand verdichtete Schwundform einer längeren Litanei dar. Der Liturg intoniert kurze Gebetsanliegen, und die Gemeinde fällt jeweils ein mit dem „Kyrie eleison". Es äußert sich darin die Grundbefindlichkeit eines Menschen, der sich klagend-anklagend an jemanden wendet, der das „ängstliche Harren der Kreatur" (Rö 8,19) glaubhaft transzendiert. Im Kyrie fallen Akklamation und Erbarmensbeschwörung ineins. Vollzieht man also das Kyrie bewusst, dann erschließt sich einem dabei ein Sprechakt, in dem eine Instanz namhaft gemacht wird („Kyrie!"), man sich in tiefer Not auf eine gemeinsame Geschichte mit dem Namensträger beruft und den Gnadenakt des Erbarmens einklagt. Religionspsychologisch ist diese Rubrik eine der wenigen Passagen im Gottesdienstverlauf, die eine Art Ventilfunktion erfüllt. Sie bietet die Möglichkeit einer *gerichteten* Klage, die sich je nach liturgischer Inszenierung und individueller Realisierung mit ganz konkreten Anliegen verbinden kann. Josuttis plädiert dafür, die „psychologische Stringenz" der Kyrie-Sequenz zu steigern, indem man sie liturgisch gerade nicht mit konkreten Gebets-

---

39 Vgl. aus der Fülle der Beispiele die EG-Lieder 64, 115, 117, 122, 352, 367.
40 Heinz Rüegger, *Das eigene Sterben. Auf der Suche nach einer neuen Lebenskunst*, Göttingen 2006, 15.

inhalten auffüllt.[41] Dadurch erhöhe sich die Wahrscheinlichkeit, so die These, dass der fremd-spröde Wechselgesang in der reduzierten Form als offenes Kunstwerk wirken könne:

> „Gerade in jener Fassung, die auf jede Konkretion verzichtet, enthält das Kyrie die Definition der existenziellen Situation der Beter vor Gott, die Einschränkung ihrer Allmachtswünsche, das Bekenntnis ihrer Angewiesenheit, den Ausdruck demütiger Unterwerfung, die Artikulation umfassenden Vertrauens."[42]

In den sich im Alter häufenden Grenzsituationen[43] kann das Kyrie als ein sinnstiftendes Medium wahrgenommen werden. Konstellationen, die durch ihre Ausweglosigkeit und Endgültigkeit gekennzeichnet sind und demzufolge einen starken Assimilationsgestus fordern, sind schon aus sich heraus offen für die Klage. Das Kyrie-Responsorium kultiviert diesen Affekt im Modus religiöser Kommunikation. Wenn unter Umständen das Ganze der Existenz betroffen ist, dann wirkt eine das personifizierte Erbarmen als Adressaten (Jes 55,7) voraussetzende Klage wie ein liturgisches Antidepressivum. In der Namensnennung artikuliert sich eine religiöse Gewissheit, die um das fürsorgliche Da-Sein Gottes weiß (Rö 8,26). Die Perspektivenverengung, die eine solche Lage hervorruft und die den Erbarmensruf allererst motiviert, kann auch insofern aufgebrochen werden, als in den individuellen Erbarmensruf auch die anderen Gottesdienstteilnehmer sowie respondierend der Liturg selbst einstimmen. Der Beter weiß sich also in seiner bedrängenden Situation getragen vom Gesamt der Anwesenden. Das Erleben des Homo faber kann sich auf neue Weise differenzieren und sei es auch nur dahingehend, dass man das Unabwendbare subjektiv integriert und sich mit seinen Begrenzungen arrangiert.

3. Alterskasualien

3.1 Kasualjubiläen

Eine besondere Form kasueller Zielgruppengottesdienste für Menschen ab der zweiten Lebenshälfte sind die verschiedenen Jubiläen, vor allem die Konfirmations- und Ehejubiläen. Diese Gottesdienste bilden im Unter-

---

41 Josuttis, *Weg*, a.a.O., 233.
42 Ebd.
43 Vgl. den Beitrag von Andreas Kruse in diesem Band.

schied zu liturgischen Feiern im Altenheim einen gemeindeorientiert-ambulanten Modus ritueller Erinnerungsarbeit. Während beim „Gedächtnis der Konfirmation" die Gemeinde die Jubilare einlädt, sind es bei der Silbernen, Goldenen etc. Hochzeit in der Regel die Paare selbst, die einen Gottesdienst begehren. Beide Jubiläen sind stark anamnetisch geprägt: die Erinnerung an den Erstvollzug der Kasualie, deren Sinngehalte und Entwicklungsdynamiken werden unter veränderten biographischen Bedingungen in der Rücksicht vergegenwärtigt.

Das Konfirmationsjubiläum ist die deutlich jüngere der beiden Varianten.[44] Begegnen agendarische Formen für die Goldene Hochzeit bereits in einem Ritualbuch aus dem 18. Jahrhundert[45], so wird die Goldene Konfirmation in Deutschland erst seit Anfang des 20. Jahrhunderts gefeiert. Die Re-Inszenierung der Konfirmation nach 50 Jahren markiert lebensgeschichtlich eine markante Schwelle: der Übergang von der Berufstätigkeit ins nachberufliche Leben. Mit gewissem Recht kann hier von einer „Initiation ins Altern" gesprochen werden.[46]

> „Veränderungen des Tagesablaufes und zunehmend auch anderer Lebensumstände müssen bewältigt werden. Nicht selten ist bereits eine Verminderung der körperlichen oder auch geistigen Leistungsfähigkeit zu verkraften. Bewusst oder unbewusst bekommen Fragen des zu Ende gehenden Lebens und des Todes stärkere Bedeutung."[47]

Auch wenn diese „Erläuterungen" ein verzerrtes Bild des beginnenden dritten Lebensalters zeichnen, so schiebt sich doch der diese Kasualie unbeabsichtigt bestimmende soziale Kontext in den Vordergrund. In der Gruppensituation tritt unvermittelt ins Bewusstsein, wer „fehlt", wer nicht gekommen ist und wer noch „ganz gut beieinander"[48] ist. Thematisch werden die lokalen Kohortenerfahrungen der etwa 65-Jährigen,

---

44 Hans-Helmar Auel (Hg.), *Konfirmationsjubiläen. Praktische Hilfen*, Göttingen 1997.
45 Vgl. Christian Grethlein, *Grundinformation Kasualien. Kommunikation des Evangeliums an den Übergängen des Lebens*, Göttingen 2007, 261.
46 Heiderose Gärtner, *Menschen im Alter begleiten*, Gütersloh 2006, 14 ff.
47 Kirchenleitung der VELKD (Hg.), *Konfirmation. Agende für evangelisch-lutherische Kirchen und Gemeinden und für die Evangelische Kirche der Union*, Bd. III, Berlin u. a. 2001, 192.
48 Auf das signifikant verschiedene äußere Erscheinungsbild der Jubilare im Zusammenhang mit der Golden Konfirmation hebt Thomas Mäule ab: „Wenn man die Jubilare sieht, glaubt man, einige hätten ihre Kinder, andere dagegen ihre Eltern mitgebracht – und dies: obwohl alle gleichaltrig sind, also um die 63 Jahre. Das wahrgenommene Alter aber reicht praktisch von 50 bis 80 Jahren." – *Alter(n) diakonisch gestalten*, in: Klie/Kumlehn (Hg.), *Aging*, a.a.O., 2009, 215.

die hier in die Perspektive religiöser Lebenskreise einrücken. Glaubensgeschichten werden zur Deutung von Lebenserfahrung herangezogen. Gottesdienst und Predigt kreisen um die Akzeptanz der veränderten Lebensumstände angesichts der Differenzerfahrung einer sich scheinbar wiederholenden Kasualie. Wie bei dem initialisierenden Kasus kommt das Besondere des Anlasses gestalterisch durch den gemeinsamen Einzug und die herausgehobene Sitzposition zum Ausdruck. Das Proprium des Gottesdienstes kann entweder kirchenjahreszeitlich oder nach dem Proprium der Konfirmation ausgelegt werden. Im zweiten Fall wird liturgisch eine Tauferinnerung in erster Ableitung inszeniert: Man erinnert sich gemeinsam an die Erinnerung an die Taufe. Die „Grundform" sieht eine persönliche Segenshandlung und die Feier des Abendmahls vor. Die Predigt hat deutliche Züge einer Kasualpredigt. Im Gegensatz zu den Ehejubiläen ist der Gottesdienst noch stärker als im Sonntagsgottesdienst von alten Menschen besucht.

Wie bei allen anderen Kasualien spielen auch hier die „Co-Inszenierungen"[49] eine wichtige Rolle: das informelle Treffen im Gemeindehaus vor bzw. nach dem Gottesdienst dient dem Erzählen und Abgleichen von Lebensgeschichten, das Austauschen von Adressen, das gemeinsame Essen und die Bannung der festförmigen Vergewisserung mittels Fotographie.[50]

Die Ehejubiläen sind biographisch anders getaktet als die Konfirmationsjubiläen. Die Silberhochzeit nach 25 Ehejahren begeht das Paar etwa im sechsten Lebensjahrzehnt. Kirchliche Feiern aus diesem Anlass sind jedoch verhältnismäßig selten. Die Goldene Hochzeit markiert dagegen deutlich den Übergang ins vierte Lebensalter. Ihre Themen sind „neben häufig dankbarem, bisweilen auch resignierten Rückblick die Annahme von zunehmender Beschwerlichkeit und Grenzen durch das Alter sowie das sich meist dem Ende zuneigende gemeinsame Leben".[51] In beiden Fällen suchen vor allem stark kirchlich gebundene Paare diese Kasualie. Üblich ist mittlerweile, die Ehejubiläen anders als die Traugottesdienste, auch eucharistisch mit der Präfation der Trauung zu feiern. Als Predigttext dient häufig der Trauspruch. Die gottesdienstliche Ge-

---

49 Dieser Begriff geht zurück auf Kristian Fechtner, *Kirche von Fall zu Fall. Kasualpraxis in der Gegenwart – eine Orientierung*, Gütersloh 2003, 135 ff.
50 Zur Problematik vgl. Jan Peter Grevel/Gerald Kretzschmar, *Die Kasualfotographie. Praktisch-theologische Erkundungen eines konfliktreichen Phänomens*, in: Pastoraltheologie 93/2004, 280–298.
51 Grethlein, *Kasualien*, a.a.O., 261.

meinde ist durch die Familienangehörigen geprägt, dargestellt ist das Zusammenspiel der Generationen.

3.2 Altenheim-Liturgien

Seit dem späten Mittelalter sind fromme Stiftungen belegt, in denen ältere Menschen stationär Aufnahme fanden. Heute reicht die Spannweite der Altenorte von der gerontopsychiatrischen Station großer Kliniken bis hin zur komfortablen „Seniorenresidenz".[52] In den weitaus meisten dieser Einrichtungen werden regelmäßige religiöse Feiern angeboten. Sie werden entweder als agendarische Gottesdienste oder in Andachtsform begangen. In beiden Fällen ist die Gemeinde durchweg homogen, sie besteht, bis auf wenige Pflegepersonen, ausschließlich aus den Heimbewohnern bzw. Patienten. Ganz augenfällig konstituiert sich hier die Gemeinde als Erinnerungsgemeinschaft. In einem solchen Kontext wirken die Gottesfeiern religionspsychologisch als Ausdruck ritueller Beheimatung. Man ist aus der eigenen Wohnung ausgezogen, lebt in mehr oder weniger großer Distanz zu seinem sozialen Umfeld, aber analog zu den Freunden und Verwandten kommen im Gottesdienst die gekannten liturgischen Formen „zu Besuch" und vermitteln ein Gefühl regressiver Vertrautheit, deren Resonanzen oft bis in die frühe Kindheit zurückreichen. So kann der Gottesdienst in Einzelfällen auch beim Reorientierungstraining altersdementer Personen helfen[53]; viel stärker als die homiletische Darstellung wirken erfahrungsgemäß die Feierelemente. Dies zeigt sich deutlich bei den Feiern, die sich z.B. an der Taizé-Liturgie orientieren. Exemplarisch heißt es in einem Erfahrungsbericht:

> „Auch die vorgelesenen Texte sind seit langer Zeit die gleichen. Durch ihren auf Wiederholung angelegten Charakter nehmen diese Gesänge die Tradition sehr alter Gebete auf. (...) Das Vaterunser ist ein fester Bestandteil,

---

52 Karl-Friedrich Wiggermann, *Krankenhaus-, Altenheim-, Militär- und Gefängnisgottesdienst*, in: Hans-Christoph Schmidt-Lauber u.a. (Hg.), *Handbuch der Liturgik*, Göttingen (1995) ³2003, 846–855 (849).
53 Wiggermann, *Krankenhaus*, a.a.O., 850. Ebenso votieren auch Martina Plieth, *Gnade ist bunt. Gottesdienste im Altenheim*, Neukirchen 2008, 9 und Andrea Fröchtling, *„Und dann habe ich auch noch den Kopf verloren ..." Menschen mit Demenz in Theologie, Seelsorge und Gottesdienst*, Leipzig 2008, 349 (passim).

> manchmal gelingt es gemeinsam. Wir haben beobachtet, dass fast alle Kranken darauf reagieren."[54]

Dieselbe Tendenz kommt auch bei der liturgischen Gestaltung in der Andachts- bzw. Agendenform zum Ausdruck. Die sog. „Kernstellen" der Bibel (Ps 23), bekannte Gesänge, traditionelle Gebete (Credo, Vaterunser) und der aaronitische Segen bilden die dominanten Strukturelemente. In der Anleitungsliteratur werden vornehmlich narrativ organisierte Predigten favorisiert, bei denen die Erwartungssicherheit zum Selektionskriterium wird.

Dem gottesdienstlichen Raum kommt bei den Altenheim-Liturgien besondere Aufmerksamkeit zu. In den seltensten Fällen stehen eigene Kirchen und Kapellen zur Verfügung, oft sind es sog. „Andachtsräume" oder „Räume der Stille". Auch Ess- und Aufenthaltsräume werden liturgisch in Dienst genommen. Außer dem Kruzifix sind kaum religiöse Kunstwerke präsent. Gerade die schlichten Raumarrangements, die eher von einer heimkompatibeln Pragmatik geprägt sind, verstärken den Akzent auf der rituellen Ausgestaltung. Dem exponierten Zeit-Raum des Gottesdienstes entsprechen die Gottesdienstteilnehmer durch eine entsprechend exponierte Präparationsleistung:

> „Sie möchten das Bett verlassen und bitten darum, ‚angemessen' angekleidet zu werden bzw. suchen selbst nach verschönernden Accessoires wie Tüchern oder Schmuck. Sie fragen danach, ob ihr Jackett oder ihr Rock sitzt, oder ob ihre Haare gut liegen, und mobilisieren sämtliche zur Verfügung stehenden Restenergien, um das eigene Aussehen positiv zu verändern."[55]

Die leibliche Ästhetik unterbricht die oft anregungsarme Heimzeit; der liturgische Sonderraum korrespondiert mit dem festlich kostümierten Leibraum.

Wenn nicht das Ordinarium zu Grunde gelegt wird, kreisen die Themen der Ansprachen, Bildmedien und Gebete um den sich verengenden Lebenskreis.

> „Die Haus-Gemeinde feiert Gottesdienst mitten im Leben, auch bei gleichzeitiger Nähe des Todes. Darin bildet sich die eschatologische Spannung des ‚Schon-Jetzt' und ‚Noch-Nicht' christlicher Hoffnung ab. Dementsprechend ist die Verkündigung der Auferstehungshoffnung ein zentrales

---

54 Mechthild Lärm, *Taizé-Gebetsstunde mit demenzkranken Menschen*, in: Deutsche Alzheimer Gesellschaft (Hg.), *Fortschritte und Defizite im Problemfeld Demenz. Dokumentation des 2. Kongresses der DAlzG Berlin 1999*, Berlin 2000, 301–303 (302).
55 Plieth, *Gnade ist bunt*, a.a.O., 9 f.

Thema angesichts der Brüchigkeit des Lebens. Somit dient der Gottesdienst der Vergewisserung der Glaubenden, wird er zum fokussierten Ort und zur verdichteten Zeit der Treue Gottes im Leben und im Sterben."[56]

Medial leben Altenheimgottesdienste von ihrer Mehrdimensionalität; altersbedingte Beeinträchtigungen in der sinnlichen Wahrnehmung werden gezielt durch andere Sinnesreize verstärkt bzw. kompensiert: lautes Singen, präzise Artikulation, visuelle, akustische und haptische Impulse. In Berührungen erschließen sich Dementen in elementarer Form Relationalität und Zuwendung.

In Altenheimgottesdiensten kommt die Liturgie in Form und Wirkung zu sich selbst; sie setzt, was sie zu vermitteln hat, durch ihre anamnetische Performanz, ihre repetitive Kraft, ihre leiblichen Markierungen und ihre Konzentration auf den Trostaspekt des Evangeliums.

Literatur

Hans-Helmar Auel (Hg.), *Konfirmationsjubiläen. Praktische Hilfen*, Göttingen 1997.
Martina Blasberg-Kuhnke/Andreas Wittrahm (Hg.), *Altern in Freiheit und Würde. Handbuch christliche Altenarbeit*, München 2007.
Andrea Fröchtling, *„Und dann habe ich auch noch den Kopf verloren..." Menschen mit Demenz in Theologie, Seelsorge und Gottesdienst*, Leipzig 2008.
Heiderose Gärtner, *Menschen im Alter verstehen und begleiten*, Gütersloh 2006.
Walter Fürst/Andreas Wittrahm/Ulrich Fesser-Lichterfeld/Thomas Kläden (Hg.), *„Selbst die Senioren sind nicht mehr die alten..." Praktisch-theologische Beiträge zu einer Kultur des Alterns*, Münster 2003.
Klaus-Peter Jörns/Carsten Großeholz (Hg.), *Was die Menschen wirklich glauben. Die soziale Gestalt des Glaubens. Analysen einer Umfrage*, Gütersloh 1998.
Ralph Kunz (Hg.), *Religiöse Begleitung im Alter. Religion als Thema der Gerontologie*, Zürich 2007.
Maria Pagel, *Jeder Tag hat seine Würde. Gottesdienste mit dementen Menschen in Alten- und Pflegeheimen*, Regensburg 2007.
Dorothee Peglau/Kirsten u. Norbert Prey, *Gottesdienste im Altenheim. Arbeitshilfen für die Praxis*, Bielefeld 2000.
Martina Plieth, *Gnade ist bunt. Gottesdienste im Altenheim*, Neukirchen 2008.
Hans-Martin Rieger, *Altern anerkennen und gestalten. Ein Beitrag zu einer gerontologischen Ethik*, Leipzig 2008.

---

56 Dorothee Peglau/Kirsten u. Norbert Prey, *Gottesdienste im Altenheim. Arbeitshilfen für die Praxis*, Bielefeld 2000, 10.

Ursula Schmitt-Pridik, *Hoffnungsvolles Altern. Gerontologische Bibelauslegung*, Neukirchen 2003.

Walter Sparn, *Wer schreibt meine Lebensgeschichte? Biographie, Autobiographie, Hagiographie und ihre Entstehungs-zusammenhänge*, Würzburg 1990.

Seelsorge: Das Altern besprechen, begleiten und ihm Raum geben

Eberhard Hauschildt

1. Konstruktion der Seelsorge

Das Altern als ein spezielles Thema der Reflexion über Seelsorge zu erörtern, war lange Zeit nicht üblich. Gängigerweise unterschied man bei Seelsorgefällen vom Mittelalter an bis zu maßgeblichen Darstellungen der Seelsorge noch am Ende des 19. Jahrhunderts nach den Glaubenszuständen, den moralischen Zuständen und der physischen Not der Menschen: Irrende, Sünder, Leidende. Zwar waren schon immer Leiden und auch Sterben Anlass und Thema der Seelsorge, doch galten sie nicht als in dem Maße auf die Lebensjahre des Alters konzentriert, solange vor den Behandlungsmöglichkeiten der modernen Medizin Infektionskrankheiten häufigste Todesursache von Menschen jeden Alters und chronische Krankheitszustände viel seltener waren. Eine Veröffentlichung „Praktische Seelsorge" aus dem Jahr 1912[1] stellt programmatisch Zielgruppen der Seelsorge dar (Kinder, Unterschiede zwischen Dorf und Stadt, im Bildungsgrad und auch Seelsorge in Institutionen wie Krankenhaus und Gefängnis), ohne dass sich unter den 22 Artikeln einer zur Altenseelsorge findet. Die Sitte des kirchlichen Geburtstagsbesuches von Jubilaren, die in den 1920er Jahren entstand, zielte nicht primär auf Seelsorge, sondern darauf, einen Anlass zu haben, in die Häuser zu kommen.[2] De facto führte dies aber dazu, dass besonders auch Hochbetagte regelmäßig besucht wurden und dabei, vor allem wenn dieser Besuch nicht am Festtag selbst erfolgt, in intensiveren Gesprächen das Thema des Alterns sich nahelegt.

Zur Ausbildung eigener Reflexionen über die Seelsorge an alten Menschen als etwas Besonderem scheint es erst dann gekommen zu sein,

---

1 Paul Blau (Hg), *Praktische Seelsorge in Einzelbildern aus ihrer Arbeit*, Hamburg 1913.
2 Eberhard Hauschildt, *Alltagsseelsorge. Eine sozio-linguistische Analyse des pastoralen Geburtstagsbesuchs*, Göttingen 1996, 110–113.

als in der Gesellschaft als Reaktion auf sozialstrukturelle Veränderungen Institutionen der Versorgung alter Menschen entstehen und damit sich die Erwartung verbindet, dass Seelsorger die Alten im „Heim" religiös versorgen sollen.[3] Es sind dementsprechend – und das bis heute hin – die Erfahrungen aus der institutionalisierten Pflege alter Menschen, die in der Sicht auf die Seelsorge an alten Menschen dominieren; Altenseelsorge gehört folglich zu den Aufgaben der Diakonie.[4] Als *soziale Problemgruppe* also werden die alten Menschen zu einer eigenen speziellen Zielgruppe für die Seelsorge. Dementsprechend versäumt es kaum eine der gegenwärtigen Veröffentlichungen zur Seelsorge mit alten Menschen, einleitend auf das gesamtgesellschaftliche demographische Problem der alternden Gesellschaft zu verweisen.

Daneben begegnet der Seelsorge das Altern aber auch als *Thema* in Gesprächen. Die Art und Weise des seelsorglichen Umgangs mit dem

---

[3] Vgl. Klaus Dirschauer, *Seelsorge in den Übergängen des Alters*, in: WzM 44 (1992), 407–422. Dirschauer zeigt, wie die Wahrnehmung des Alters erst bei Martin Schian (1921) aus der Arbeit der Inneren Mission in die Praktische Theologie einwandert. Unter der Einwirkung der Dialektischen Theologie (E. Thurneysen), die die Seelsorgetheorie am Modell der Predigt orientiert, gerät die konkrete Situation des Alters wieder aus den Augen. Wolfgang Drechsel, *Das Schweigen der Hirten? Altenseelsorge als (kein) Thema poimenischer Theoriebildung*, in: Susanne Kobler- von Komorowski/Heinz Schmidt (Hg.), *Seelsorge im Alter. Herausforderung für den Pflegealltag (Veröffentlichungen des Diakoniewissenschaftlichen Instituts 24)*, Heidelberg (2005) ²2006, 45–63, diagnostiziert ein Schweigen aber auch für die Seelsorgebewegung des 20. Jahrhunderts und führt dies auf die „Mythen" „Entwicklung und Wachstum", „Problemlösung und Integration" sowie „Heil und Heilung" zurück, die dem Altern nicht gerecht werden.

[4] Vgl. als gegenwärtiges prominentes Beispiel den Ersten Internationalen Kongress für Altenheimseelsorge und Sterbebegleitung im Jahr 2003 (Hauptveranstalter: Diakonisches Werk Baden und Diakoniewissenschaftliches Institut der Theologischen Fakultät Heidelberg) und die daraus entstandene Veröffentlichung: Susanne Kobler-von Komorowski/Heinz Schmidt (Hg.), *Seelsorge im Alter. Herausforderung für den Pflegealltag (Veröffentlichungen des Diakoniewissenschaftlichen Instituts 24)*, Heidelberg (2005) ²2006. Darin bes. auch den Beitrag von Andreas Kruse, *Neue Seelsorge mit alten Menschen*, 34–44). Ähnlich auch die von Günter Niemeyer initiierten Symposien zur Altenseelsorge in Bielefeld (1993, 1996, 1999, 2002, 2005), veranstaltet von der diakonischen Einrichtung Evangelisches Johanneswerk e. V., sowie Ruth Lödel, *Seelsorge in der Altenhilfe. Ein Praxisbuch*, Düsseldorf 2003. Einen Überblick über die Literatur vor 1997 bieten Mirjam Zimmermann/Ruben Zimmermann, *Seelsorge bei altersverwirrten Menschen. Tendenzen in der Konstituierung einer Teildisziplin der Altenseelsorge*, in: PT 32 (1997), 312–320.

Thema unterscheidet sich dabei nicht von dem Umgang mit anderen Themen oder dem seelsorglichen Umgang mit Menschen, die noch nicht als „alt" gelten. Altersseelsorge ist darum in vielem nicht anders als Seelsorge sonst auch. Sie bedarf deshalb über weite Strecken keiner gesonderten Bereichs-Theorie. Es finden sich lediglich allgemeinmenschliche Themen und Konfliktlagen, von denen manche häufiger im Zusammenhang mit dem Alter auftreten mögen.

Diese Konstellationen prägen auch den *Begriff* der „Seelsorge" in der Literatur zur Seelsorge an alten Menschen. Eine erhebliche Varianz an Bedeutungen ist zu beobachten. Am ehesten eingeführt ist die Rede von Seelsorge an alten Menschen im Sinne einer Altenheim-, Hospiz- und Krankenhausseelsorge. Sie bezeichnet den Fall, dass kirchliches Handeln auch in den totalen Institutionen der Fürsorge und Pflege im Alter stattfindet (analog etwa zur Gefängnisseelsorge und Krankenhausseelsorge). Seelsorge ist hier ein Oberbegriff für ein Handeln, das den liturgischen, homiletischen und pädagogischen Bereich, Diakonie, Bildung von Gemeinde und Pflege von Frömmigkeit einschließt.[5] Dieser Begriff erweist sich einerseits für die genauere Beschreibung als zu weit. Offensichtlich folgt ihm auch die Einteilung in die Artikel des vorliegenden Bandes nicht. Vielmehr wird nach der Logik dieses Buchs – so auch die zweite gängige Verwendung des Begriffs – mit Seelsorge etwas benannt, das von dem Liturgischen, Verkündigenden, Pädagogischen und Diakonischen abgrenzbar ist. Seelsorge meint in dieser Hinsicht eine spezifische Sorte unter den vielfältigen Formen kirchlichen Handelns. Andererseits erweist sich aber auch schon der sehr weite Begriff von Seelsorge als Oberbegriff für sämtliches kirchliches Handeln an Einzelnen als zu eng, weil er suggeriert, es könne so etwas wie Seelsorge nur in Bezug auf christliche Religion und christliche Kirchen geben. Dabei sind Seelsorge in anderen Religionen[6] und auch „ärztliche Seelsorge"[7] ausgeblendet. Darüber hinaus ist zu beobachten, dass zunehmend ein neuer Begriff Verwendung findet: spiritual care. Zeigt er eine Erweiterung oder gar eine Ersetzung der Seelsorge an?

---

5 Dieser weite Begriff entspricht dem Verständnis von *cura animarum* in der Alten Kirche und im Mittelalter und wirkt besonders im katholischen gängigen Wortgebrauch weiter, während in der protestantischen Rede von Seelsorge zumeist das Seelsorgegespräch im speziellen gemeint ist.
6 Z. B. Dayle E. Friedman (Hg.), *Jewish Pastoral Care*, Woodstock 2001; Ulrike Eilsdörfer, *Medizin, Psychologie und Beratung im Islam*, Königstein 2007.
7 Viktor E. Frankl, *Ärztliche Seelsorge*, 1946; Neuausgabe München 2007.

Altersseelsorge erweist sich mithin als Konstruktion – als sozial verbreitete Benennung und Deutung von Phänomenen. Die christliche praktisch-theologische Theoriearbeit tut gut daran, alle drei genannten Verwendungszusammenhänge und damit eingenommenen Perspektiven zu reflektieren und deren jeweiliges Spezifikum herauszuarbeiten.[8] Sie dient der Praxis, indem sie Handlungslogiken verdeutlicht, die sich jeweils in den Phänomenen zeigen, ihre Verbindungen zur Botschaft des Evangeliums herausarbeitet und Handlungsspielräume bewusst macht.

Im Folgenden soll zunächst Seelsorge als spezifischer Modus der (religiösen) *Kommunikation* in den Blick genommen werden, der sich von anderen (kirchlichen) Kommunikationsweisen unterscheidet – was leistet Seelsorge in Unterscheidung von Diakonie und Liturgie (2.)? Sodann soll erörtert werden, inwiefern es sich bei Seelsorge um einen spezifischen Modus von *Deutung* handelt, der einen eigenen Beitrag zum spiritual care leistet – was lehrt Seelsorge beim spiritual care sehen (3.)? Schließlich soll betrachtet werden, inwiefern es sich bei Seelsorge um einen spezifischen Modus *sozialer Integration* handelt, der die Einzelnen als Teil der Kirche behandelt – welche Zukunft hat konfessionelle Seelsorge? (4.) Besprechen, Begleiten und Raumgeben können für das jeweils typische Handeln in diesen drei Perspektiven stehen,[9] der Seelsorge in den drei „Systemen"

---

[8] In der Literatur zur Altenseelsorge schlagen sich die begrifflichen Unschärfen nieder: Heiderose Gärtner unterscheidet Seelsorge und Beratung danach, ob „eine bestimmte konkret eingrenzbare Problematik des Körpers, der Psyche, des Alltags eines Menschen" im Mittelpunkt steht oder „die spirituelle Dimension berührt" ist (Dies., *Und wenn sie alt werden, werden sie dennoch blühen … Seelsorge am alten Menschen und goldene Konfirmation*, Aachen 1997, 34). Von Diakonie ist überhaupt nicht die Rede. Anne Schütte folgt ihrer katholischen weiten Begriffstradition. Die von ihr intendierte „integrative dialogische Seelsorge" (Dies., *Würde im Alter im Horizont von Seelsorge und Pflege. Der Beitrag eines integrativen dialogischen Seelsorgekonzepts in der Palliativen Betreuung*, Würzburg 2006, 167 ff) soll patientenorientiert und sozialpolitisch wach sein; sie steht in der „Tradition diakonischer und politischer Seelsorge" (a.a.O., 231 f). Sämtliches irgendwie in Bezug auf Kirche stehendes Handeln zugunsten von alten Menschen, das die „Option für die Armen" realisiert, ist in diesem Sinne Seelsorge und sollte zugleich diakonisch sein. Eglin u.a. (Anemone Eglin/Evelyn Huber/Ralph Kunz/Klaus Stahlberger/Christine Urfer/Roland Wuillemin, *Das Leben heiligen. Spirituelle Begleitung von Menschen mit Demenz. Ein Leitfaden*, Zürich (2006) ³2008) reden nicht von Seelsorge, sondern von spiritueller Begleitung.

[9] Es fällt auf, wie unterschiedlich in der Literatur zur Altenseelsorge der Begriff des Begleitens verstanden wird. Gärtner fasst entsprechend der Bezeichnung von vielen Kursen für Ehrenamtliche die „Begleitung" als die „in der Regel" unpro-

personale Kommunikation, Gesundheitsorganisation und religiöse Institution.[10]

Die drei Perspektiven auf Seelsorge haben zwar sehr unterschiedliche Konturen und Systembezüge, dennoch werden sie zusammengehalten und ergeben für die praktisch-theologische Theoriearbeit ein Gesamtes. Sie verbindet ein christliches Verständnis. Dieses sei anhand der Vorstellungsbereiche „Seele" und „Menschenwürde"[11] eingangs noch umrissen.

---

fessionelle Tätigkeit (35); damit scheidet sie de facto aber auch die alltagsnahen und unprofessionellen Gespräche, die Alltagsseelsorge, aus dem Begriff der Seelsorge aus. Bei Schütte bezeichnet „begleitende Seelsorge" eine als zu individualistisch und unpolitisch sich erweisende „gängige Seelsorgepraxis" (179–182). Ingrid-Christiane Siebert, *„Alte wie Junge werden Träume du Visionen haben"*. *Beistehen in Übergängen des Alters*, in: WzM 44 (1992), 396–406, ergänzt das Begleiten durch das „Beistehen". Gegen das Begleiten ist Wolfgang Drechsel, *Das Schweigen der Hirten? Altenseelsorge als (kein) Thema poimenischer Theoriebildung*, in: Susanne Kobler-von Komorowski/Heinz Schmidt, 45–63 (61), weil das Gewicht auf der Beziehung liegt und die Verantwortung für die religiöse Dimension beim Seelsorger. Erhard Weiher, *Spiritualität in der Begleitung alter und strebender Menschen*, in: a.a.O., 64–76, ordnet Begleiten im Zwischenraum zwischen Tun und Fühlen an (Beziehung), zwischen Tun und Denken die Handlungsform des Begehens (Ritual und Segen) und zwischen Denken und Fühlen die Handlungsform des Bedeutung Gebens (symbolische Kommunikation) (62–71). Bei Eglin u.a., *Das Leben heiligen*, a.a.O., ist die spirituelle Begleitung der Oberbegriff, der es fast überflüssig macht, von Seelsorge zu reden.

10 Eine systemtheoretisch informierte Rekonstruktion der Lage der Seelsorge im spiritual care des Gesundheitswesens bietet Traugott Roser, *Spiritual Care. Ethische, organisationale und spirituelle Aspekte der Krankenhausseelsorge. Ein praktisch-theologischer Zugang*, Stuttgart 2007, 254–265; vgl. auch schon Hans Duesberg, *Perspektiven der Seelsorge im Krankenhaus*, in: WzM 51 (1999), 289–303.

11 Mirjam und Ruben Zimmermann haben 1999 in aller Deutlichkeit aufgezeigt, dass das Phänomen der Altenseelsorge notabene der an altersverwirrten Menschen den Begriff der Seelsorge herausfordert. Ihre „multidimensionale" Lösung besteht darin, zuerst sieben Dimensionen der Seelsorge(praxis) zu bestimmen und dann die achte „spirituell-liturgischen Dimension" als das Intergral zu setzen, weil diese das christliche Proprium der Seelsorge erbringe (Dies., *Multidimensionalität und Identität in der Seelsorge. Die poimenische Herausforderung durch altersverwirrte Menschen*, in: PTh 88 (1999), 404–421). Sechs – wiederum andere – Dimensionen für die Seelsorge überhaupt verzeichnet die neuste Gesamtdarstellung der Seelsorge von Michael Klessmann, *Seelsorge. Begleitung, Begegnung, Lebensdeutung im Horizont des christlichen Glaubens. Ein Lehrbuch*, Neukirchen 2008, 49–116, ohne ein Integral zu benennen, wobei das Herz des Autors dann doch am stärksten bei der therapeutischen Dimension schlägt. Mein Strukturierungsvorschlag für die Altenseelsorge geht demgegenüber von drei Systemen und den damit einhergehenden je eigenen Theorie-Perspektiven aus.

Mit ihrem Begriff *Seele* (griechisch: Psyche, lat. animus) steht die Seelsorge im Zusammenhang der Traditionen der abendländischen Anthropologien, in denen zwischen Leib und Seele bzw. Leib, Seele und Geist unterschieden wird. Unter dem Eindruck der Naturwissenschaft wurde die Vorstellung von Seele als einer eigenen materialen Substanz aufgegeben. Inzwischen gilt die Trennung von Leib und Seele in der Theologie wie in der nichttheologischen Anthropologie als überholt. Dabei wurde der Begriff der Seele auch in vielen praktisch-theologischen Schriften der Seelsorge der vergangenen Jahrzehnte durch psychologische bzw. soziologische Begriffe (Selbst, Identität) ersetzt. Andererseits ist die Rede von der Seele aus der Volksfrömmigkeit nicht verschwunden und kommt über nichtwestliche religiöse Traditionen verstärkt zurück. Neuerdings taucht der Begriff in der geriatrischen Sensibilität für ganzheitliche Behandlung, zusammen mit dem der Spiritualität, auf.[12] Auch in der (systematischen) Theologie ist der Begriff rehabilitiert worden unter Aktualisierung der relationalen Theologie der Reformation.[13] Seele bezeichnet keine Substanz, sondern eine Relation. Seele beschreibt die Grundgestimmtheit des Menschen, die sich aus dem Selbst-, Welt- und Gottesverhältnis ergibt; sie hat emotionale, pragmatische und kognitive Anteile mit Prävalenz der emotionalen Gestimmtheit gegenüber dem Letztbezug.[14] Dies entspricht auch der alttestamentlichen Rede von der Lebenskraft „Näfäsch" (der Begriff wird in der Regel mit „Seele" übersetzt): Die Seele schreit zu Gott, sie verschmachtet, findet Ruhe usw.[15]

Mit dem Begriff der *Würde* ist die neuzeitliche Menschenrechtskonzeption im Blick. Die christliche Theologie versteht Menschenrechte als Ausfluss der Gottesebenbildlichkeit. Damit wird präzisiert: Die Würde des Menschen ist nicht abhängig von aktuellen Fähigkeiten, nicht einmal von potenziellen, sondern wird von Gott zugesprochen. So wird es

---

Integrierend im Sinne einer konzertierten Mitsteuerung wirkt die Beziehung auf gegebene und interpretierte religiöse Überlieferung.

12 Z. B. Marina Kojer (Hg.), *Alt, krank und verwirrt. Einführung in die Praxis der palliativen Geriatrie*, Freiburg (2002) ²2003, 30 u. 204 f.

13 Zur Kritik am Leib-Seele-Dualismus vgl. schon Eduard Thurneysen, *Die Lehre von der Seelsorge*, München 1948, 45–58; entsprechende Korrektur aus katholischer Perspektive siehe Doris Nauer, *Seelsorge. Sorge um die Seele*, Stuttgart 2007, 23–43, außerdem ausführlich zum Thema und seiner Relevanz für die Praxis: Elisabeth Naurath, *Seelsorge als Leibsorge. Perspektiven einer leiborientierten Krankenhausseelsorge*, Stuttgart 2000.

14 Vgl. Konrad Stock, Art. ‚Seele. VI. Theologisch', in: TRE 30 (1999), 759–773; Ders., *Gottes wahre Liebe*, Tübingen 2000, 103–140.

15 Vgl. z. B. Ps 41,1; 73,25; 62,2.

möglich, Menschen, die im Prozess des Alterns Personalität und Bewusstsein verlieren, in nicht geringerem Maße als anderen Würde zuzuerkennen.[16] Wenn die Beschäftigten im Gesundheitssektor, die statt Gesundung zu betreiben, derartige Menschen pflegen, ein deutlich geringeres Ansehen als die im medizinischen „Normalbetrieb" erfahren,[17] dann sagt das viel darüber, welche Werte in der Gesellschaft de facto dominieren.

Die Szenen und Bilder der Bibel machen den Menschen als Seele in Beziehung und seine Würde als von Gott verliehene Würde anschaulich und fundieren so jüdisch-christliche Menschenbilder. Sie fördern eine Haltung, die dem Umgang mit Menschen eine seelsorgliche Qualität verleiht. Diese Haltung leistet ihren Beitrag zum Wertediskurs und zur Entwicklung von Wertebewusstsein. Sie „ermöglicht", „den Prozess der Entwicklung von neuen Wertvorstellungen zu unterstützen".[18] Man beachte: Beide Seiten in der seelsorglichen Beziehung sind hier herausgefordert, „ihre eigenen Wertvorstellungen zu hinterfragen und sich durch die Begegnung mit demenzkranken Menschen [oder mit alten Menschen überhaupt; E.H.] verändern zu lassen".[19] Je schwieriger, weil scheinbar einseitiger die Kommunikation derer, die pflegen, werden muss, desto wichtiger wird die eigene (seelsorgliche) Einstellung der Helfenden, die das Sichtbare und Erfahrene in bestimmter Weise verarbeitet und so das Handeln leitet.[20]

---

16 Vgl. z. B. Christoph Schwöbel, *Menschenwürde als Leitfunktion der Altersseelsorge*, in: Kobler von Komorowski/Schmidt, *Seelsorge im Alter*, a.a.O., 16–18; Michael Schibilsky, *Was macht die Würde des „alten" Menschen aus? Wie sprechen wir von und mit alten Menschen?*, in: ebd., 19–33; Drechsel, *Das Schweigen der Hirten?*, a.a.O., 61; Eglin u. a., *Das Leben heiligen*, a.a.O., 25.
17 Drechsel, *Das Schweigen der Hirten?*, a.a.O., 58.
18 Eglin u. a., *Das Leben heiligen*, a.a.O., 19.
19 Ebd.
20 Vgl. Regine Keetmann/Urte Bejick, *Verwirrte alte Menschen seelsorglich begleiten*, in: Kobler- von Komorowski/Schmidt, *Seelsorge im Alter*, a.a.O., 124–141 (141).

2. Altern besprechen – Seelsorge als durch Interpretationen helfendes Gespräch

2.1 Bürgerliche Kommunikation

Seelsorge unterscheidet sich von homiletischer, liturgischer und pädagogischer Kommunikation. Bei Seelsorge handelt es sich – so diese Perspektive – um helfendes Gespräch: wechselseitige Kommunikation nach dem Ideal des bürgerlich gebildeten, individualisierten, partnerschaftlichen Austauschs wie unter Freunden.[21] Dabei wird etwas, das nicht mit der jetzigen Situation identisch ist, besprochen: erinnert, wiederholt und durchgearbeitet.[22] Es treten die erzählte Szene (die Kommunikation, die mit Abwesenden an anderem Ort und zu anderer Zeit stattfand) und die Erzählszene (die Kommunikation zwischen den Anwesenden, die gerade miteinander sprechen) auseinander. Dass noch nicht gehandelt, sondern vergangenes und zukünftiges Handeln besprochen wird, macht die besondere Leistung des Gesprächs aus. Ein Spielraum, ein Raum zum gedanklichen und emotionalen Ausprobieren tut sich hier auf: die Welt der Kultivierung der Gefühle, der Reflexivität von Biografie, der individualisierten Lebensdeutung.

Darin liegt auch die Differenz der Wahrnehmung eines Gesprächs als Seelsorge zu der als Diakonie. Als Diakonie wahrgenommen wird das Gespräch als Instrument für das eigentlich zu erzielende helfende Handeln gefasst. Es dient der Zukunftsplanung, der Begründung, der Einübung, damit dann ein anderes Handeln entsteht. Gespräche nötig sind, um ein helfendes Handeln, etwa eben Betreuung und Altersmanagement, vorzubereiten und zu begleiten. Als Seelsorge wahrgenommen hingegen dient das Gespräch der Vergangenheitsbewältigung, der neuen Deutung, der veränderten Erfahrung, dem geänderten Selbstverständnis. Freilich soll dies zuletzt dann auch von den Lasten der Vergangenheit so frei machen, dass die neue Freiheit dem weiteren Leben zugute kommt. Insofern sind die Unterschiede zwischen seelsorglichem und diakonischem Gespräch graduell, sind in bestimmten Fällen eben mehr eine Sache der Deutung des Gesprächs als eine des Gesprächsverhaltens selbst. Oder

---

21 Vgl. Hauschildt, *Alltagsseelsorge*, a.a.O., 21–45: „Sozial- und kulturgeschichtliche Komponenten in der Herausbildung des neuzeitlichen Seelsorgegesprächs".
22 So zuerst Sigmund Freud (*Erinnern, Wiederholen und Durcharbeiten* (1913/14), in: Ders., *Studienausgabe, Ergänzungsband: Schriften zur Behandlungstechnik*, Frankfurt a. M. ²1975, 205–215).

anders ausgedrückt: Jede Seelsorge hat eine diakonische Dimension (und jede Diakonie eine seelsorgliche) – gleichwohl unterscheidet sich der Fokus.

2.2 Seelsorge angesichts der Normalität und der Spezialität des Alters

Altern ist ein biologischer und sozialer Normalzustand und Alterungsprozesse sind ein mögliches Thema jeder Seelsorge. Das Altern zu besprechen und zu begleiten ist eine Aufgabe jeder Seelsorge, insofern Prozesse des Alterns jedes menschliche Leben betreffen. Eine Reflektion über Seelsorge mit alten Menschen darf sich nicht auf die Klischees einiger weniger Lebenssituationen von Menschen im Alter beschränken. Es ist die Vielfalt der Konstellationen zu beachten, denn diese prägen mit, welches Seelsorgehandeln angemessen ist.

Die „Orte" der Seelsorge spielen dabei eine maßgebliche Rolle. Bei den zufälligen Gesprächsgelegenheiten des Alltags dominieren oft die alltäglichen Weisen der Gesprächsführung, vermischt mit Small Talk und Informationsphasen, in die Transzendenzdeutungen und entlastende Ambivalenzdarstellungen eingestreut sind.[23] Gerade auch „Seelsorge-Laien" mit Lebenserfahrung sind hier in der Gesprächsführung stark. Eine andere Möglichkeit für entsprechend geschulte Seelsorger/innen ist, für eine sehr begrenzte Fragestellung sich das Mandat geben zu lassen und diese beschleunigt zu bearbeiten, mit dem Ziel, einen einzigen Impuls für eine veränderte Deutung im Blick auf einen anderen Blick auf das Verhalten finden zu können.[24]

Beim Besuch im Haus, der oft im Kontext von kirchlichen Amtshandlungen erfolgt, sind die Familienbeziehungen und das Generationsverhältnis besonders stark präsent.

Gerade die sogenannten jungen Alten fallen an Urlaubsorten auf. Vom Alltag und vom Arbeitsleben befreit ergibt sich Zeit, in der existentielle Fragen sich (wieder) melden können. Da ist Muße zum Blick nach innen; religiöse Thematiken aus der früheren Biografie können wieder aufgenommen werden. Scheinbar in einer Situation ohne Kon-

---

23 Hauschildt, *Alltagsseelsorge*, a.a.O., 153–366, mit Beispielen aus Gesprächen vor allem mit alten Menschen.
24 Genauer dazu Timm H. Lohse, *Das Kurzgespräch in Seelsorge und Beratung. Eine methodische Anleitung*, Göttingen ³2008; Ders., *Das Trainingsbuch zum Kurzgespräch. Ein Werkbuch für die seelsorgerliche Praxis*, Göttingen 2006.

flikte und Ängste kommt es zu einer Suche danach, was das Leben gewesen ist und was daraus werden kann.

Bei der Seelsorge im Pfarrhaus sind angemeldete Gespräche eher selten. Hinter eingangs gestellten religiösen Fachfragen verbergen sich oft doch persönliche Konfliktlagen. Bei Inanspruchnahme am Wochenende oder nachts, etwa durch Personen in psychischer Verwirrtheit, bekommt das Gespräch diakonischen Charakter; es dient der Einschätzung der Lage, emotionaler Überbrückung, bis andere soziale Akteure greifen können.

Bislang so gut wie unbearbeitet in der Seelsorgeliteratur sind die Auswirkungen der Unterschiede der Milieus und Lebensstile. Seelsorge mit traditionsorientierten wenig gebildeten „Bodenständigen" muss deutlich anders aussehen als die mit den hochgebildeten „Kultivierten" oder den in ihrem Sozialbezug stark reduzierten „Zurückgezogenen".[25]

Nicht nur die Konstellationen der Seelsorge mit alten Menschen sind weitgehend die „normalen" Orte der Seelsorge, auch gibt es zunächst einmal keine altersspezifischen Methodiken.[26]

Gängig ist, je nach psycho-physischer und sozialer Einschränkung, unterschiedliche Phasen des Alters zu unterscheiden. Für die Seelsorge hingegen hat größere Bedeutung, wie die je nach Phase unterschiedlichen Ausmaße an Einschränkungen subjektiv erlebt werden. Für die sogenannten jungen Alten tun sich gerade Möglichkeiten des Aufbaus neuer Zusammenhänge mit dem Ausscheiden aus dem Arbeitsleben auf; Einschränkungen erscheinen dann noch als unbedeutende Nebensächlichkeiten, die die Lebensgewissheit nicht beeinträchtigen. Je mehr allerdings das Ausscheiden aus dem Arbeitsleben als von außen gesteuerter Verlust erlebt und – aus welchen Gründen auch immer (fehlende soziale Kontakte, fehlende ökonomische Möglichkeiten, psychische oder physische Beschränkungen) – neue Aktivitäten nicht aufgenommen werden (können), wird bereits diese Phase als Ohnmachtssituation erlebt. Das Selbstbild muss dann nicht von Kontinuität und Neuaufbruch geprägt sein, sondern kann auch schon radikal in Frage gestellt sein: Wer bin ich

---

25 Für die Milieus in der Gemeindearbeit insgesamt vgl. z.B. Claudia Schulz/Eberhard Hauschildt/Eike Kohler, *Milieus praktisch. Analyse- und Planungshilfen für Kirche und Gemeinde*, Göttingen 2008. Die Milieuetikettierungen im folgenden Satz beziehen sich auf die dort verwendeten Milieusystematik.

26 Wenn etwa Klaus Depping/Urte Bejick (*Die seelsorgliche Begleitung depressiver alter Menschen*, in: Kobler- von Komorowski/Schmidt, *Seelsorge im Alter*, a.a.O., 150–170) Seelsorge als „kognitive Umstrukturierung", als „Gefühlsarbeit" und als „Biographiearbeit" beschreiben, trifft diese Aussage für Seelsorge generell zu.

jetzt noch? Was für eine Zukunft habe ich noch? Was habe ich erreicht? Fragen der Lebensbilanz tun sich auf.

Im Verlauf einer mittleren Phase des Altseins ergeben sich oft einige deutlichere gesundheitliche Einschränkungen; Freunde gleichen Alters sterben häufiger. Das erhöht die Wahrscheinlichkeit von Verlusterfahrungen und Zukunftsunsicherheiten, bis dann im hohen Alter mit hoher Wahrscheinlichkeit drastische physische und auch psychische Einschränkungen auftreten, die nicht nur zur Ohnmachtserfahrung geradezu hindrängen und das Ende nahen sehen lassen, sondern auch die Möglichkeiten der Bearbeitung der Thematiken durch Seelsorge einschränken und verändern. Freilich: Immer ist es eine Sache der Deutung, ob eine Veränderung als Einschränkung, nur als Einschränkung, in welcher Hinsicht als Einschränkung gesehen wird. Seelsorge nimmt solche Deutungen ernst, so ernst, dass Kommunikation darüber auch dann bedeutsam ist, wenn sich die Einschränkungen nicht mehr verändern lassen.

Es spricht also einiges dafür, dass mit dem Altern erhöhter Seelsorgebedarf auftritt.[27] Wandel und Abschied werden im Altern häufiger und radikaler zum Thema. „Verzichtsleistungen"[28] und „Lebensbilanz"[29] bekommen erhöhte Wichtigkeit in der Seelsorge. Zu beachten ist außerdem: Auch Seelsorger/innen altern. Dann betreffen die Thematiken und Situationen der Altenseelsorge sie mit. Sie erfahren etwa selbst Ein-

---

27 Begreift man den Anlass von Seelsorge nur über Konflikte, so kommen nur therapeutisch ausgerichtet seelsorgerliche Gespräche in den Blick; begreift man den Anlass für Seelsorge nur über explizit religiöse Thematiken, ist der Horizont ebenfalls zu eng. Die Indikationen für Seelsorge ergeben sich vielmehr aus dem Bedürfnis der Klärung existentieller Fragen. Siehe dazu unter 3. 2.
28 Klaus Winkler, *Alter als Verzichtsleistung?*, in: WzM 44 (1992), 386–395.
29 Vgl. Kurt Lückel, *Das war mein Leben. ‚Lebensbilanz' in der Begleitung schwerkranker, sterbender und trauernder Menschen. Ein Beitrag zur Gestaltseelsorge*, in: WzM 45 (1993), 196–215. Es sind gerade die belastenden, unabgeschlossenen Ereignisse der Biografie, die noch einmal ausgedrückt werden wollen (197); es geht um „Schuld und Versöhnung" (208), aber auch um Glück und Dankbarkeit (198). Das Gegenüber versteht Lückel als Begleiter. Es kann genügen, dass jemand nur da ist und zuhört, gleichsam als Spiegel dient. Öfters aber benötigt wird jemand, der sich interessiert, der zu einem erlebnisnahen Aufarbeiten der Lebensszenen anleitet (202), der deutlich macht, dass die „Position heute" zählt (207), dass in der Rekonstruktion eine Neubewertung des Geschehenen möglich ist. Lebensbilanz ist damit „Sterbehilfe" (200); eine Nichtaufarbeitung kann am Sterben hindern (204). Sie ist nicht nur Rückblick, sondern öffnet auch nach vorne in die Zukunft hin, ist darum genauer „Lebenspanorama" (206). Die Lebensbilanz ist nicht nur eines Sache des alten Menschen, sie kann auch „mitten im Leben" (202 f) zum Thema werden.

schränkungen gegenüber den Möglichkeiten der Seelsorge, die ihnen früher zur Verfügung standen.

2.3 Religiöse Interpretationen

Bürgerliche Gespräche über das Altern sind noch nicht Seelsorge. Zur Seelsorge werden sie in dem Maße, in dem dabei Religion ins Spiel kommt. Der Kommunikationsform Gespräch entsprechend tritt hier Religion als Interpretation auf. Im Gespräch werden Deutungen thematisiert, die auf religiöse Tradition auf die eine oder andere Weise Bezug nehmen.[30] Als typischste religiöse Deutung im Umfeld theistischer Religion gilt die Vorstellung „Gott". Damit ist ein spezifischer religiöser Akteur benannt, der als in der erzählten besprochenen Szene beteiligt imaginiert wird. Vokabeln aus dem religiösen Wortbestand (z. B. „Gnade", „Sünde", „Vergebung" usw.) können eine Rolle spielen, ebenso wie Personen oder Ereignisse der Religionsgeschichte. Häufig werden auch Erfahrungen mit institutionalisierter Religion (Erlebnisse mit der Kirche, dem Pfarrer, bei Bestattungen usw.) thematisiert. Schon allein dadurch, dass das Gegenüber als Repräsentant einer Religion, einer Kirche gesehen wird, werden bereits religiöse Interpretationen aktiviert.

Religiöse Interpretationen kommen mehr oder weniger im Gespräch vor, spielen eine mehr oder weniger prominente Rolle, werden mehr oder weniger von den Beteiligten als solche wahrgenommen. Die tatsächlich geführten Gespräche legen nicht nahe, im Sinne eines Entweder-Oder zwischen Seelsorge und nicht-seelsorglichem Gespräch scharf zu unterscheiden oder Seelsorge erst bei Erreichen eines bestimmten spezifisch religiösen Zielpunkts zu konstatieren. Seelsorge ist vielmehr immer nur graduell vorhanden.[31]

---

30 Hier ist der Religionsbegriff substanzial gefasst. Der funktionale Religionsbegriff wird in Abschnitt 3.1. relevant.
31 Zur graduellen Definition von Seelsorge vgl. Eberhard Hauschildt, Art. ‚Seelsorgelehre', in: TRE 31 (2000), 54–74 (69 f).

2.4 Professionalität und Alltäglichkeit des helfenden Gesprächs

Mit der Entdeckung des bürgerlichen Gesprächs als Therapeutikum durch Sigmund Freud setzte eine Professionalisierung des Gesprächs ein. Es wurden Regeln beschrieben und mit ihrer Hilfe das professionelle Gespräch klar von dem freundschaftlichen unterschieden. Nur eine klare methodische Handhabung, eine Reinigung von allen Nebenzwecken, eine umfassende Rahmentheorie und ein berufliches Ethos führen zu effektiv heilenden Gesprächen.[32] Auch die vielen anderen inzwischen entwickelten Gesprächstherapien teilen, wenn sie im Gesundheitssystem Anerkennung finden, den Professionalitätscharakter. Schon der erste pastorale Schüler Freuds (Oskar Pfister) hat die Professionalitätsansprüche auch auf die pastorale Seelsorge bezogen.[33] Die Seelsorgebewegung hat dann im Deutschland der 1970er Jahre dieser Sicht zum allgemeinen Durchbruch verholfen.[34] Seelsorge bedarf der professionellen Gesprächsführung in Analogie zu den therapeutischen Standards. Sie ist Anstrengung der Kommunikation zwischen professionellem Gegenüber und behandelter Person und Arbeit unter seiner Leitung: „Gefühlsarbeit" und „Biographiearbeit"[35], „Sinn- und Deutungsarbeit".[36]

Von pastoralen Seelsorger/innen, wenn sie verantwortlich Seelsorge betreiben wollen, ist nach dieser Perspektive eine entsprechende Berufskompetenz zu erwarten. Altenseelsorge braucht in Gesprächsführung gut ausgebildete Seelsorger/innen. Weil man die Breite an Seelsorge nicht allein durch professionell Ausgebildete abdecken kann, greift man in der Alten(heim)seelsorge auch auf Ehrenamtliche ohne gesprächstherapeutische Berufsausbildung zurück. Diese werden dann aber so gut wie möglich in Gesprächsführung geschult. Damit bleibt auch hier das Professionalitäts-Ideal wirksam.

---

32 So Sigmund Freuds treffende Beschreibungen von 1913 (Zur Einleitung der Behandlung, in: Ders., *Schriften zur Behandlungstechnik*, a. a. O, 181–203).
33 Vgl. Hauschildt, Art. ‚Seelsorgelehre', a.a.O., 59 f.
34 Z. B. Dietrich Stollberg, *Wahrnehmen und Annehmen. Seelsorge in Theorie und Praxis*, Gütersloh 1978, 71–73; in der jüngsten Seelsorgelehre von Klessmann dann deskriptiv: „Seelsorge ist mehrheitlich ein professionelles Geschehen" (*Seelsorge*, a.a.O., 122).
35 Depping/Bejick, *Die seelsorgliche Begleitung depressiver alter Menschen*, a.a.O.; Klaus Depping, Depressive alte Menschen seelsorglich begleiten. Auswege aus Schwermut und Verzweiflung, Gütersloh (2000) ²2002.
36 Klessmann, *Seelsorge*, a.a.O., 205.

Nun entfernt sich eine derartige Professionalisierung von Seelsorge durch Gespräch vom Modell des Gesprächs unter Gleichen und schafft professionelle Asymmetrien. Sie tritt zugleich in Spannung zur protestantischen Vorstellung vom allgemeinen Priestertum aller Gläubigen.[37] Gemäß evangelischem Verständnis kommt die nach römischem Recht im Vollsinn allein priesterliche[38] Aufgabe der Seelsorge auch den Nichtklerikern zu. Will man dieser Linie folgen, dann liegt es näher, auch ganz alltagsnahe Gesprächsführung als Seelsorge zu fassen. Derartige „Alltagsseelsorge" meint Gespräche, die mit den Mitteln der Alltagskommunikation dennoch erreichen, dass Erlebensdifferenzierung stattfindet und dass dabei religiöse Interpretationen eine Rolle spielen.[39] Allgemeine Gesprächsführungskompetenzen schon haben eigene Leistungen, die nicht einfach aus dem Seelsorgebegriff ausgeschlossen werden sollten. Sie haben – therapeutisch betrachtet – zwar geringere Effekte, entbehren jedoch nicht einmal gänzlich der therapeutischen Dimension und therapeutisch bedeutsamer Episoden. Erlebensdifferenzierung[40] kann sich auch im Gespräch mit ungeschulten einigermaßen zugewandten und sensiblen und gesprächserfahrenen Personen ereignen.

Wenn man das seelsorgerliche Gespräch so begreift, dann geraten auch die Gespräche von Angehörigen und Pflegepersonal in den Blick und auch die zwischen den älteren Menschen untereinander.[41] Ihre alltagsseelsorgliche Leistung sollte nicht unterschätzt werden.

---

37 Auch in der älteren Seelsorgeliteratur findet sich eine entsprechende Engführung, dort dann auf den pastoralen Amtsträger.
38 Vgl. Nauer, *Seelsorge*, a.a.O., 57.
39 Vgl. die Beispiele aus Gesprächen mit älteren Menschen in Hauschildt, *Alltagsseelsorge*, a.a.O., 229–366.
40 So der Begriff bei Klaus Winkler, *Seelsorge*, Berlin/New York 1997, 356.
41 Eine Ausnahme von der randständigen Thematisierung der Angehörigen und der Pflegenden als Altenseelsorger stellt Burkhard Pechmann, *Durch die Wintermonate des Lebens. Seelsorge für alte Menschen*, Gütersloh 2007, 94–121, dar. Vgl. auch schon: Heije Faber, *Älter werden können. Anstöße für neue Erfahrungen*, München 1983, 114. Die Seelsorge durch „Mitpatientinnen und -patienten" ist m. W. noch überhaupt nicht genauer bedacht worden.

2.5 Grenzen verbaler Kommunikation

Verbale Kommunikation ist nicht das einzige Mittel der Seelsorge. Das Altern zu begleiten und zu besprechen kann auch über andere Medien geschehen. Die Medien Brief, Telefon, Internet etc. verändern die Kommunikationssituation, jedoch ohne grundsätzlich das Modell „Gespräch" für die Seelsorge infrage zustellen. Musikalische, taktile, tänzerische und ähnlich nonverbale Kommunikationen können auch eingesetzt werden, um sich leichter ausdrücken zu können, und dann das anschließende Gespräch mit zusätzlichen Deutungen und Erfahrungen zu bereichern. Sie fungieren dann insoweit als Ergänzung, als Hilfsmittel fürs Gespräch.

Doch wird darüber hinausgehend die Zentralstellung des Kommunikationsmodells Gespräch durch von bestimmten Altersprozessen wie Demenz oder Aphasie gezeichneten Menschen noch tiefer infrage gestellt. Denn hier sind regelmäßig Kommunikationsmöglichkeiten kognitiv und/oder emotional und/oder physisch so stark verändert, dass verbale wechselseitige Kommunikation auch nur als Ideal nicht mehr zu halten ist. Vielmehr werden asymmetrische non-verbale Kommunikationen[42] hier das Gespräch nicht nur ergänzen, sondern treten an seine Stelle. Das Modell des helfenden Gesprächs greift nicht mehr. Damit verbindet sich, dass in diesen Situationen auch die Hilfeziele des Wachstums, der Reintegration, der Gesundung überhaupt[43], oder jedenfalls in ihrer Ausschließlichkeit, infrage gestellt sind.

Es verändert sich damit auch das, was die Altenseelsorge hier leisten kann. Die Differenzierung des Erlebens im Zusammenhang religiöser Interpretationen wird nun nicht mehr verbal gesteuert, sondern die seelsorgliche Kommunikation geht hier über in mit Hilfe religiöser Tradition bewerkstelligte Aufrechterhaltung von Kommunikation überhaupt. Seelsorge kann sich dann darauf beschränken, Erinnerungen hervorzurufen[44], Szenen wiederholen zu lassen. Die Übergänge von

---

42 Eglin u.a., *Das Leben heiligen*, a.a.O., verweist auch auf die para-verbale Kommunikation (33–35), die kommunikative Botschaft durch Sprachmelodie, -tempo etc.
43 Drechsel, *Das Schweigen der Hirten?*, a.a.O., und vorher Zimmermann/Zimmermann, *Seelsorge bei altersverwirrten Menschen*, a.a.O.
44 Martin Odermatt, *Faszination Erinnerung. Erinnerung als Lebenssinn im Alter*, Zürich 2008.

Seelsorge zu Ritual[45], von Besprechen zu nicht-besprechendem Begleiten sind hier fließend.[46]

Viele in der Geriatrie der jüngsten Zeit entwickelte Methodiken erschließen auch die Bedeutung von entsprechendem Seelsorgeverhalten. Wenn Seelsorge bekannte Abläufe, Szenen und Bilder stärkt, geht auch dies in Richtung „Realitätsorientierungstraining"[47]. Sie betreibt „Validation"[48], wenn sie dem Gegenüber in die verrückte Realität mit folgt. Sie betreibt mit ihren Ritualen „Geborgenheitstherapie"[49] und ggf. auch die Sinne anregende „basale Stimulation"[50].

Mithilfe der eben beschriebenen Perspektive von Seelsorge als helfendem Gespräch gelingt es gut, die Seelsorge an alten Menschen in ihrer Vergleichbarkeit mit sonstiger Seelsorge, in ihrer Spezialität gegenüber anderen Weisen kirchlichen Handelns und anderen Sorten nichtseelsorgerlichen helfenden Gesprächs und in ihrer Professionalität in den Blick zu bekommen. Die Grenzen dieser Perspektive zeigen sich, je mehr man die Möglichkeiten der Kommunikation oder den Bedarf an ihr von Menschen mit fortgeschrittener Demenz und in Sterbeprozessen ernst nimmt. Derartige Konstellationen sind in der neuesten geriatrischen Praxis und Theorie im Blick und lassen die Seelsorge in einer veränderten weiteren Perspektive erscheinen. Diese sei im folgenden Abschnitt beschrieben.

---

45 Rolf-Heinz Geissler (*Symbole und Rituale – Zeichensprache der seelsorgerlichen Begleitung*, in: Kobler-von Komorowski/Schmidt, Seelsorge im Alter, a.a.O.) spricht von „Sinnfindung über die Sinne in der Seelsorge" (111 f).
46 Vgl. dazu auch den weiten Horizont der „spirituellen Begleitung" bei Eglin u. a., *Das Leben heiligen*, a.a.O., 42–72: von der Körperpflege über das Kochen und Spielen bis zu Ritualen, Sterbebegleitungen und Liturgien.
47 Keetmann/Beijck, *Verwirrte alte Menschen seelsorglich begleiten*, a.a.O., 131–133.
48 A. a. O., 133; Naomi Feil, *Validation in Anwendungen und Beispielen. Der Umgang mit verwirrten alten Menschen*, München ⁴2004.
49 Z. B. Elisabeth Höwler, *Gerontopsychiatrische Pflege*, Hagen 2004, 282 f.
50 Ursula Gutenthaler, *Basale Stimulation in der Palliativen Geriatrie. Wie kann man mit Desorientierten, Schwerstkranken, Bewusstseinsgestörten und Sterbenden noch kommunizieren?*, in: Kojer, Alt, krank und verwirrt, a .a. O., 164–175.

3. Altern begleiten: Seelsorge als spiritual care

3.1 Seelsorge aus der Perspektive des spiritual care

Der Begriff des spiritual care hat Karriere gemacht. In ihm bündeln sich zweierlei Anliegen und Erkenntnisse der geriatrischen Diskussion der letzten Jahre: a) Im Alter sind verschiedene Bedürfnisse zu beachten, deren Befriedigung auch aufeinander einwirken. Nach der WHO-Definition ist Aufgabe der Palliativmedizin „die Behandlung von Schmerzen und anderen Problemen physischer, psychosozialer und spiritueller Natur."[51]. Hier bahnt sich eine integrale Sicht des Menschen an (die der neueren Theologie sehr vertraut ist), die auch das Stichwort Religion nicht mehr ausklammert.[52] b) Doch ist die Lage inzwischen durch vermehrte religiöse und weltanschauliche Pluralität und religiöse Unbestimmtheit des Erlebens der Individuen gekennzeichnet. Die Rede vom Spirituellen umfasst dann alles, was mit Sinn- und Identitätsfragen[53] zu tun hat. Sie lässt offen, ob die gefundenen Lösungen und spirituellen Haltungen einer Religion zugeordnet werden können oder als individuelle Haltungen auch ganz ohne den Kontext Religion auskommen.[54] Das Spirituelle benennt eine anthropologische Konstante, eine allgemein gegebene „Dimension menschlicher Erfahrung".[55] Alles, was die Funktion

---

51 Roser, *Spiritual Care*, a.a.O., 244.
52 Kojer, *Alt, krank und verwirrt*, a.a.O., 205. Stärker aus der Perspektive der Psychologie: Joachim L. Beck, *Ich stehe unter Gottes Schutz. Religion in der Begleitung alter Menschen*, in: Kobler-von Komorowski/Schmidt, *Seelsorge im Alter*, a.a.O., 77–92. In den Niederlanden hat sich „geestelijke Verzorging" seit den 70er Jahren entwickelt. Sie ist gesetzlich vorgesehener Teil der Fürsorge für Einrichtungen, in denen Patienten länger als 24 Stunden verbleiben (Johan Bouwer, *„Geestelijke Verzorging" in Einrichtungen der Altenpflege. Das niederländische Modell*, in: Kobler-von Komorowski/Schmidt, *Seelsorge im Alter*, a.a.O., 203–207 (203); Ders., *Altenpflege und Geistliche Fürsorge in den Niederlanden – Ein Reisebericht*, in: ebd., 275–279 (276)). Sie wird als eigene Profession universitär gelehrt und auch als Zusatzausbildung für Pfarrer (277). Erwartet wird, dass statt des gemeinschaftlichen Glaubens der Kirchen der Glaube des Besuchten hier den Ausgangspunkt bilde (277). Offen ist, wie sich der gesetzliche Rechtsanspruch angesichts zunehmend integrierter und ambulanter Versorgung weiterführen lässt.
53 Vgl. Eduard Weiher, *Spiritualität in der Begleitung alter und sterbender Menschen*, in: Kobler-von Komorowski/Schmidt, a.a.O., 64–76 (72 f).
54 Vgl. Roser, *Spiritual Care*, a.a.O., 249–252.
55 Eglin u. a., *Das Leben heiligen*, a.a.O., 15. Dazu zählen: „Spirituelle Grundfragen nach dem Sinn des Lebens", „sich als Teil eines großen lebendigen Zusam-

der Sinnthematisierung und Ohnmachtsbewältigung erfüllt, also Religion, aber eben nicht nur sie, kann als spirituell gelten.

Das Modell „spiritual care" wertet Seelsorge auf. Denn nun gibt es geriatrische Gründe für Seelsorge. Spiritual care inkludiert Religion; auch Religion und Seelsorge betreiben spiritual care.[56] Das Modell „spiritual care" wertet aber Seelsorge auch ab: Denn Seelsorge ist eben fixiert auf Religion, auf eine Religion. Spiritual care zielt aber auf Kommunikationsfähigkeiten über religiöse und nicht-religiöse Gehalte jeglicher Art, die spirituellen Charakter haben. Seelsorge beinhaltet stattdessen nur auf eine Religion begrenzte Spezialkompetenz.

Im Modell spiritual care begegnet eine Außenwahrnehmung der Seelsorge. Sie wird in ihrer Funktion für das Gesundheitssystem gesehen.[57] Das stellt eine Herausforderung an Theorie und Praxis der Seelsorge dar, die bislang aus der internen Logik des Religionssystems konstruiert war.[58] Wie soll Seelsorge(theorie) darauf angemessen reagieren? Bloße Anpassung riskiert inhaltlich die Selbstauflösung und machtpolitisch die Bedeutungslosigkeit. In den Niederlanden wird spiritual care zu einer eigenen Professionalität des Gesundheitssektors; auf die hin können sich Pfarrer/innen umschulen lassen und werden zu Angestellten der Krankenhäuser. Seelsorger/innen im Gesundheitswesen werden ersetzt durch „Geistliche Fürsorger", der Begriff Seelsorge verschwindet aus der Öffentlichkeit der Institutionen und wird in die Nische gedrängt.[59] Die bloße Abwehr und Negation des Anliegens von spiritual care und die Verweigerung von Pluralitätsfähigkeit ließe umgekehrt die Seelsorge in die fundamentalistische Falle tappen. Angemessener ist demgegenüber eine differenzierte, flexible Kombination aus Erarbeitung der Gemeinsamkeiten und Differenzen von spiritual care und Seelsorge. Dazu soll dieser Artikel einen Beitrag leisten.

---

menhangs zu erfahren" und „Auseinandersetzung mit der eigenen Vergänglichkeit" (15 f). Vgl. auch Thomas Mäule/Anette Riedel, *Religiöse Bedürfnisse pflegebedürftiger älterer Menschen. Herausforderungen und Aufgaben für seelsorgerliche Begleitung, Kirchengemeinden, Altenhilfeeinrichtungen*, in: Kobler-von Komorowski/Schmidt, Seelsorge im Alter, a.a.O., 93–103 (97 ff).

56 Vgl. Roser, *Spiritual Care*, a.a.O., 253.
57 Vgl. a.a.O., 245.
58 Auf diese Fragestellung verweist Traugott Roser, *„Spiritual Care". Seelsorge in der Palliativmedizin*, in: PT 40 (2005), 269–283.
59 Vgl. Nauer, *Seelsorge*, a.a.O., 63–67.

3.2 Gemeinsamkeiten und Differenzen von spiritual care und Seelsorge

Eine gemeinsame Basis von spiritual care und Seelsorge liegt in der Analyse, dass es einen berechtigten Bedarf an integraler Versorgung gibt und dass dieser auch Fragen der Deutungen allgemein und der religiösen Deutungen einschließt.[60] Nötig in einer pluralen Welt ist dafür auch die Kompetenz, bei dieser Versorgung mit nicht-religiösen Welten und anderen religiösen Welten umzugehen. Religiöse Sensibilität wird darum für alle in Heimen und Kliniken Tätigen zu einer Berufserfordernis, sie wird speziell zum Profil der spiritual caretakers und der Seelsorger/innen.

Weil für das Gesundheitssystem einzelne Weltanschauungen funktional austauschbar sind, relevant ist ja nur ihr Gesundheits- bzw. Pflegeeffekt, neigt es zu spiritual care statt Seelsorge als der systeminternen einfacheren Lösung. Doch die Individuen haben es de facto in ihren Biographien mit bestimmter Religion zu tun; ihre Kommunikation über Religion ist immer auch – mehr oder minder – selbst religiöse Kommunikation, Kommunikation *aus* Religion und *in* Religion.[61] Auch ihr Gegenüber in der Kommunikation wird von ihnen nicht nur einfach als Experte für Religionen, der über Religion kommunizieren kann, in Anspruch genommen, sondern als Gegenüber für die religiöse Kommunikation selbst, als eine Person, die selbst religiös kommuniziert. Ob das Gegenüber Informant über Religion oder Partizipant in Religion ist, macht einen beträchtlichen Unterschied aus. Die funktionale Abdeckung von Religion durch allgemeines spiritual care entspringt also den Interessen des Gesundheitssystems, aber damit noch nicht unbedingt denen der Individuen. Dabei haben die alten Menschen ein Grundrecht auf freie Religionsausübung und dazu gehört auch das Recht, Zugang zu religiösen Personen und Traditionskontexten zu haben.[62]

Die Indikationen für Seelsorge und für spiritual care sind identisch. Seelsorge und spiritual care dienen dem Erhalt und Rückgewinn von „Lebensgewissheit".[63] Sie bearbeiten deren Gefährdung, d. h. wenn das Wechselverhältnis von Ich und Welt und Transzendenz als gestört erlebt

---

60 Roser, *Spiritual Care*, a.a.O., 246–249, stellt dazu ein in München entwickeltes Instrument zur „Erhebung spiritueller Bedürfnisse und Ressourcen" vor.
61 Eglin u.a., *Das Leben heiligen*, a.a.O., 14: „Spiritualität gibt es nie an sich, sondern immer nur in einer konkreten Gestalt".
62 Vgl. dazu etwa Art 4 des Grundgesetzes der Bundesrepublik Deutschland, Absatz 1 und 2 (siehe Roser, *Spiritual Care*, a.a.O., 245 f).
63 So Dietrich Rössler, *Grundriß der Praktischen Theologie*, Berlin/New York 1986, 182, für die Seelsorge.

wird. Dann ist die Person in ihrem Selbstbild und ihrem Bild von Transzendenz verunsichert. Eine solche Situation wird ausgelöst durch Empfindungen von Ohnmacht, von Schuld, von Verquickungen aus Ohnmacht und Schuld, von der Desintegration eines als sinnvollen erlebten Ichs und von der Desintegration einer sozialen Kohärenz.[64] Die Identität erscheint bedroht, „[w]enn mindestens drei von den fünf identitätsstützenden Säulen [Leiblichkeit, Soziales Netz, Arbeit und Leistung, materielle Sicherheit, Werthaltungen/ -vorstellungen] brüchig werden oder gar wegbrechen".[65]

Wenn diese Indikationen für Seelsorge bzw. spiritual care gegeben sind, besteht Bedarf, die Fragen zu thematisieren, durchleben zu lassen, individuell zu beraten und zu stützen. Der Unterschied tut sich da auf, dass man in der Seelsorge damit erwarten darf, dass diese Bestärkung auch folgendes enthält: Die Ohnmacht wird gehalten von einer bestimmten Macht, der auch das Gegenüber vertraut. Vergebung ist möglich durch diese Macht, von der auch das Seelsorge ausübende Gegenüber Vergebung erwartet. Vertrauen darauf wird gestärkt, dass Sinn da ist, wo ihn auch das Gegenüber selbst sucht. Soziale Kohärenz wird gelebt, die auch dann greift, wenn sie empirisch nicht mehr nachweisbar ist, weil sie von einer Macht geschaffen wird, die auch die soziale Kohärenz zwischen den beiden Seelsorgepartnern stiftet. Seelsorgerinnen und Seelsorger sind daraufhin hin ansprechbar und bei ihnen ist auch die Möglichkeit gegeben zum Rollenwechsel hin zum religiösen Lehrer und zur Liturgin. Das Gegenüber wird von der Seelsorge erhaltenden Person als eines erfahren, das Teilhabe gibt an einer sozialen Gemeinschaft (im Fall christlicher Seelsorge: der sichtbaren Kirche) und einer transzendenten Gemeinschaft (der unsichtbaren Kirche, des Reiches Gottes). Das Neutralitätsgebot des spirituellen caretakers hingegen sieht diese Möglichkeiten nicht erwartbar vor, erlaubt sie höchstens als mehr oder minder zufällige Doppelrolle.

Somit ergibt sich: Spiritual care bezieht sich auf einen spirituellen Minimalbedarf. Jedoch der Sache von sozialer religiöser Vergewisserung

---

64 So die Typisierung von Seelsorgebedarf bei Thomas Zippert, *Indikationen für Seelsorge. Versuch einer Grundlegung zu ihren genuinen Themen in Auseinandersetzung mit der Psychotraumtologie*, in: PTh 93 (2004), 312–332 (323–331). Über Zippert hinaus sehe ich Seelsorgebedarf nicht nur bei kollektiven Notfällen, sondern auch bei anderen Ereignissen, die den sozialen Zusammenhang erschüttern.

65 So Eglin u. a., *Das Leben heiligen*, a.a.O., 17 f, Zitat 18, für spirituelle Begleitung unter Rückgriff auf das Identitätsmodell von Hilarion Petzold.

entsprechend, den Bedürfnissen der Individuen entsprechend ist ein neutrales spiritual care allein nicht. Andererseits arbeitet die Seelsorge durchaus im Interesse des Angebots von spiritual care.

Diesem Sachverhalt entspricht am angemessensten die Konstruktion einer Kombination von spiritual care und Seelsorge als gemeinsamer Angelegenheit von Gesundheitssystem und Religionsgemeinschaften. Wie das konkret zu regeln ist, hängt nicht zuletzt von den Zahlen an Mitgliedschaftsverhältnissen vor Ort ab. Je nach dem, wie groß eine Religionsgemeinschaft und wie sehr deren Seelsorgepraxis und Seelsorgetheorie kompatibel mit spiritual care ist,[66] bietet sich an, diese gemeinsame Angelegenheit institutionell zu verankern.[67] Es bietet einen Schutz dagegen, dass bei angeblicher Neutralität des spiritual care Manipulationsgefahr versteckt und insofern gefährlicher auftritt, gerade weil das Bedürfnis nach unmittelbar religiöser Kommunikation eben doch da ist. Wo eine zahlenmäßige Dominanz einer Religionsgemeinschaft in der Gesellschaft vorliegt, kann deren Seelsorge spiritual care stellvertretend mit übernehmen, aber dies nur dann, wenn sie betont offen für eine Pluralität der Spiritualitäten ist, so dass sie Menschen ohne Kirchenbezug passendes spiritual care mitanbieten kann[68] und ihnen bei Bedarf Seelsorge in anderer Religion zugänglich zu machen sucht.[69]

---

66 Wenn die religiösen Gruppen hingegen klein sind, dann erschwert dies strukturell die Möglichkeiten, gemeinsame Angelegenheiten auszuarbeiten. Und wenn sich religiöse Gruppen als nicht kompatibel mit *spiritual care* erweisen (also etwa wegen fundamentalistischer Ziele), dann ist die Möglichkeit gemeinsamer Angelegenheiten nicht gegeben.

67 In den Niederlanden erfordert das Amt der Geistlichen Fürsorger eine Sendung oder Legitimation durch eine Kirche, die dann auch ein Recht auf ein Feedback durch diese Mitarbeiter hat (Bouwer, a.a.O., 205 f). Es ist also ein Kirchenbezug sehr wohl im Blick (und derzeit bei der Mehrheit der Geistlichen Fürsorger auch vorhanden), aber er wird privatisiert als rein individueller Kirchenbezug auf Seiten des *caretakers* behandelt.

68 So wohl die Situation bei Eglin u.a., *Das Leben heiligen*, a.a.O.

69 Etwa einen muslimischen Seelsorger. Die Zahl der älteren Muslime wird zunehmen. Eine muslimische Seelsorge zu entwickelt, ist darum auch Anliegen der christlichen Seelsorge. Der Verfasser arbeitet derzeit an einem solchen Theorie/Praxisprojekt mit, das Qualifizierung von Muslimen wie Theoriebildung islamischer Seelsorge vorsieht.

3.3 Seelsorge im professionellen Team der Institutionen

Seelsorge gehört mit eigenen Leistungen zum Team spiritual care. Sie ergänzt das sonstige spiritual care und kooperiert mit dessen sonstigen Mitarbeitenden. Nicht selten wird die Seelsorge auch in den Bereichen der ethischen Teambildung einbezogen.[70] Sie bringt seelsorgliche spirituell-religiöse Erfahrungen mit den Einzelnen ein, dazu die pastorale theologische Kompetenz für Ethik und die Repräsentanz eines maßgeblichen Akteurs im Wertediskurs in der Zivilgesellschaft. Drei Muster der Kooperation können unterschieden werden:[71] Konsultation (Hinzuziehung der Expertise anderer bezogen auf einen Einzelfall), Zusammenarbeit und Koordination (zur Bewältigung von Einzelfallproblematiken oder Problemen in der Struktur, die verschiedene Dimensionen betreffen) und Überweisung (wenn die Grenzen der je eigenen fachlichen Kompetenz erreicht sind). So erbringen die Seelsorgerinnen vielfältige Leistungen für die Institutionen der Behandlung und Pflege alter Menschen.

3.4 Erweiterung von spiritual care – Seelsorge an und mit Mitarbeitenden

Spiritual care ist keine Einbahnstraße. Die Wahrnehmung spiritueller Bedürfnisse und Erfahrungen verändert und verbessert auch das Arbeitsklima der Mitarbeitenden.[72] Im Modell des spiritual care dürfen und sollen alle Mitarbeitenden sich auch am spiritual care mitbeteiligen, mit der Maßgabe der Neutralität und der Privatisierung ihrer eigenen religiösen Kommunikation. Auch hier bringt die Seelsorge an und mit Mitarbeitenden ein weiteres hinzu: Diese werden als selbst religiös Kommunizierende wahrgenommen und bekommen ein entsprechendes Gegenüber.

---

70 Vgl. Roser, *Spiritual Care*, a. a. O, 238–244.
71 Nach Roser, *Spiritual Care*, a.a.O., 253, in Aufnahme von Madonna Marie Cunningham, *Consultation, Collaboration and Referral*, in: Robert J. Wicks/Richard D. Parsons/Donald Capps (Hg.), *Clinical Handbook of Pastoral Counseling. Vol. 1, expanded*, Mahwah N.J. 1993, 162–170.
72 Vgl. Kojer, *Alt, krank und verwirrt*, a.a.O., passim und den Erfahrungsbericht 207–211.

4. Dem Alter Raum geben[73] – Seelsorge als Integration in den Leib Christi

In der Perspektive von Seelsorge als spiritual care tritt der Sachverhalt zutage, dass Spiritualität sich auf konkrete soziale Ausprägungen von Religion bezieht und ein Recht auf Kommunikation nicht nur *über* Religion, sondern auch *in* der eigenen Religion besteht. In der Perspektive von Seelsorge als Gespräch mit helfenden Interpretationen tritt der Sachverhalt zutage, dass Seelsorge sich von anderen Gesprächen durch die Wahrnehmung von Interpretationen mit Bezug auf eine Religion unterscheidet. Somit wird deutlich, dass religiöse Interpretationen nicht nur einen gedanklichen Sachverhalt, nicht nur Kommunikation als solche darstellen, sondern soziale Kommunikationen sind. In diesen stehen eine vorstellungsmäßige Anschlussfähigkeit an die Interpretationen des Gegenübers und eine soziale Anschlussfähigkeit in Beziehung zueinander. Das heißt: In der Seelsorge wird religiöse Gemeinschaft realisiert.

Dieser Sachverhalt gilt nicht nur für das Christentum, sondern auch für andere Religionen, und darum ist der Begriff der Seelsorge heute auch weiter als nur der der christlichen Gemeinschaft. Aber es wird immer je konkrete Gemeinschaft hergestellt. Denn dies ist es, was bei Seelsorge immer erneut auch auf dem Spiel steht: ob sich erneut die Seelsorge suchende Person als zugehörig zur religiösen Gemeinschaft erfahren wird.[74] Und dazu braucht sie das konkrete Gegenüber, das diesen Gemeinschaftsbezug vertritt. Erstellt wird im Seelsorgegespräch ein „persönlichkeitsspezifisches Credo",[75] eine individualisierte Deutung des Glaubens der Kirche.

---

73 Ich übernehme den Begriff des Raumgebens von Drechsel, *Das Schweigen der Hirten?*, a.a.O.: „der Seelsorger ermöglicht es seinem Seelsorgepartner, Raum zu haben, seinen Raum -. in dem er sein kann wie es gerade ist, und der Seelsorger tritt mit ihm ein, so dass beide von diesem Raum umfangen sind. Dabei sind ‚Wände' dieses Raumes durch den Begriff der ‚Seelsorge' als Rahmen eines jeden Seelsorge-Geschehens immer schon konturiert. Sie repräsentieren den Horizont christlicher Wirklichkeitswahrnehmung und -deutung. [...] Theologisch gesprochen stehen beide [...] in diesem Raum des Seelsorgepartners auf gleicher Ebene vor Gott." (61–63) Vgl. auch John Swinton, *Remembering the Person: Theological Reflections on God, Personhood and Dementia*, in: Elizabeth MacKinlay (Hg.), *Ageing, Disability and Spirituality. Addressing the Challenge of Disability in Later Life*, London 2008, 22–35 (31).
74 Eike Kohler, *Mit Absicht rhetorisch. Seelsorge in der Gemeinschaft der Kirche*, Göttingen 2006, 75–80.
75 Winkler, *Seelsorge*, a .a. O., 356f

Im Austausch mit dem Gegenüber wird eine Variante christlicher Existenz zur Darstellung gebracht und im Gespräch mit dem Gegenüber als anerkennbare Variante verifiziert.[76] Auf dem Spiel steht, ob die Welt der Seelsorge suchenden Person Anschluss finden kann an das, was das Gegenüber als Vertreter/in des Christentum und der Kirche mitbringt – und genauso, ob die Kirche sich als inklusionsfähig erweist. Das Herausfallen und Unsicherwerden in Sachen religiöser Deutung wird wieder geheilt durch erneuten Einbezug in die Gemeinschaft. Dieser Sachverhalt ist nicht auf die verbale Kommunikation beschränkt. Gemeinschaftsbildend wirken auch der Vollzug von Ritualen, die Beteiligung an Bildungsprozessen und auch die diakonische Hilfe. Es bedarf dazu eines als Christ/als Mitglied der Kirche ansprechbaren Gegenübers. Bei Pfarrerin und Pfarrer ist diese Ansprechbarkeit erwartbar, soll und können diese von ihrer theologischen Ausbildung her doch das Ganze einordnen und Beziehung setzen, doch kann auch jeder andere Christ, jede andere Christin diese Aufgabe übernehmen. Man beachte allerdings auch: Gerade die Beteiligung an Ritualen ermöglicht etwas von dieser Beziehung selbst bei der Kommunikation mit caretakern, die sich einer anderen oder keiner Religion zuordnen, solange sie Rituale zu Verfügung stellen, die dann freilich allein für die spezifische Religionsgemeinschaft bürgen müssen.

Die Verbindung mit der sozialen Gemeinschaft der Religionsgemeinschaft, der Kirche ist das eine. Diese verweist nun darüber hinaus auf die Gemeinschaft mit der Transzendenz, mit dem Gott, dem sie vertraut. Es ist dieser Gemeinschaftsbezug, der – so der Anspruch – auch über das Abnehmen der sozialen Gemeinschaftsfähigkeit bis hin gegen Null und über das Ende der sozialen Gemeinschaftsfähigkeit im Tod hinaus weiterhin gesetzt wird – durch Gott selbst. Wo Seele und Würde des Menschen im Sinne christlicher Seelsorge im Blick sind, liegt die Pointe genau hier. Das wird symbolisiert durch die biblische Szene der Auferstehung, der Beteiligung eines jeden Christen an der Auferstehung in Jesu Tod und in Jesu Leben hinein. Es ist das Bild der Auferstehung in den Leib Christi (Röm 6). Von dieser Auferstehung – so die Wahrnehmung christlicher Seelsorge – lässt sich etwas zusammen mit alten Menschen mitten im Altern schon jetzt erfahren.

---

76 Kohler, *Mit Absicht rhetorisch*, a.a.O., 297.

Literatur

Klaus Depping, *Depressive alte Menschen seelsorgerlich begleiten. Auswege aus Schwermut und Verzweiflung*, Gütersloh (2000) ²2002.

Klaus Depping/Urte Bejick, *Die seelsorgerliche Begleitung depressiver alter Menschen*, in: Susanne Kobler- von Komorowski/Heinz Schmidt (Hg.), *Seelsorge im Alter. Herausforderung für den Pflegealltag (Veröffentlichungen des Diakoniewissenschaftlichen Instituts 24)*, Heidelberg (2005) ²2006, 150–170.

Wolfgang Drechsel, *Das Schweigen der Hirten? Altenseelsorge als (kein) Thema poimenischer Theoriebildung*, in: Susanne Kobler- von Komorowski/Heinz Schmidt (Hg.), *Seelsorge im Alter. Herausforderung für den Pflegealltag (Veröffentlichungen des Diakoniewissenschaftlichen Instituts 24)*, Heidelberg (2005) ²2006, 45–63.

Anemone Eglin/Evelyn Huber/Ralph Kunz/Klaus Stahlberger/Christine Urfer/Roland Wuillemin, *Das Leben heiligen. Spirituelle Begleitung von Menschen mit Demenz. Ein Leitfaden*, Zürich (2006) ³2008.

Anemone Eglin/Evelyn Huber/Annette Ruegg/Klaus Stahlberger/Roland Wuillemin, *Dem Unversehrten begegnen. Spiritualität im Alter von Menschen mit Demenz. Reflexionen und Anregungen*, Zürich 2008.

Heiderose Gärtner, *Und wenn sie alt werden, werden sie dennoch blühen ... Seelsorge am alten Menschen und goldene Konfirmation*, Aachen 1997.

Eberhard Hauschildt, *Alltagsseelsorge. Eine sozio-linguistische Analyse des pastoralen Geburtstagsbesuchs*, Göttingen 1996.

Regine Keetmann/Urte Beijck, *Verwirrte alte Menschen seelsorglich begleiten*, in: Susanne Kobler- von Komorowski/Heinz Schmidt (Hg.), *Seelsorge im Alter. Herausforderung für den Pflegealltag (Veröffentlichungen des Diakoniewissenschaftlichen Instituts 24)*, Heidelberg (2005) ²2006, 124–141.

Susanne Kobler-von Komorowski/Heinz Schmidt (Hg.), *Seelsorge im Alter. Herausforderung für den Pflegealltag (Veröffentlichungen des Diakoniewissenschaftlichen Instituts 24)*, Heidelberg (2005) ²2006.

Ruth Lödel, *Seelsorge in der Altenhilfe. Ein Praxisbuch*, Düsseldorf 2003.

Burkhard Pechmann, *Durch die Wintermonate des Lebens. Seelsorge für alte Menschen*, Gütersloh 2007.

Traugott Roser, *Spiritual Care. Ethische, organisationale und spirituelle Aspekte der Krankenhausseelsorge. Ein praktisch-theologischer Zugang*, Stuttgart 2007.

Anne Schütte, *Würde im Alter im Horizont von Seelsorge und Pflege. Der Beitrag eines integrativen dialogischen Seelsorgekonzepts in der Palliativen Betreuung*, Würzburg 2006.

Mirjam Zimmermann/Ruben Zimmermann, *Seelsorge bei altersverwirrten Menschen. Tendenzen in der Konstituierung einer Teildisziplin der Altenseelsorge*, in: PT 32 (1997), 312–320.

Mirjam Zimmermann/Ruben Zimmermann, *Multidimensionalität und Identität in der Seelsorge. Die poimenische Herausforderung durch altersverwirrte Menschen*, in: PTh 88 (1999), 404–421.

Religionspädagogik: Altern antizipieren?
Herausforderungen für religiöse Bildungsprozesse im Religionsunterricht

Martina Kumlehn

1. Alter/n: (K)ein Thema für Kinder und Jugendliche

Seit dem Band mit dem appellativen Titel „Schaut uns an"[1], in dem die Photographin Vera Isler hochbetagte Menschen porträtiert hat, sind gut zwanzig Jahre vergangen. Seitdem sind alte Menschen und die alternde Gesellschaft aus den verschiedensten Perspektiven in das Blickfeld der medialen Öffentlichkeit und des wissenschaftlichen Diskurses gerückt. Nicht zuletzt die Pädagogik hat das dritte und anders akzentuiert sogar das vierte Lebensalter entdeckt, um die Dimension Bildung für sinnerfülltes Altern zu erschließen. Es finden sich emphatische, durchaus auf populäre Wirkung setzende Aussagen wie: „Bildung wird eine Jobmaschine der alternden Gesellschaft werden. Je eher wir mit ihrem Auf- und Ausbau beginnen, umso besser."[2] Im Sinne des lebenslangen Lernens wird ein neuer „Generationenvertrag des Lernens"[3] gefordert, der sehr viel mehr beinhaltet, als den älteren Menschen den Übergang in den Ruhestand zu erleichtern. Könnte man meinen, Bildung im Alter impliziere eine Betonung des „Übernützlichen" von Bildung,[4] das jenseits des Ge-

---

[1] Vera Isler, *Schaut uns an. Porträts von Menschen über Achtzig*, Basel/Boston/Stuttgart 1986.
[2] Uwe Karsten Heye, *Gewonnene Jahre. Oder die revolutionäre Kraft der alternden Gesellschaft*, München 2008, 35.
[3] Dietmar Köster, *Bildung im Alter. Kommt die Bildungspflicht für ältere Menschen?*, in: Monika Reichert/Eva Gösken/Anja Ehlers (Hg.), *Was bedeutet der demografische Wandel für die Gesellschaft? Perspektiven für eine alternde Gesellschaft*, Berlin 2007, 77–98 (84).
[4] In Anlehnung an den Untertitel eines noch unveröffentlichten Vortrags von Bernhard Dressler, der auf der Tagung „Lebenswissenschaft Praktische Theologie?!" im September 2008 in Rostock gehalten wurde: „Lebenskunst und Prozesse des Alterns. Herausforderung für kirchliche Kultur- und Bildungsarbeit – Übernützliche „Bildung im Alter".

dankens von Ausbildung vor allem der Persönlichkeitsbildung diene, so finden sich jüngst Aussagen, die Altenbildung sehr wohl als neue Form der Ausbildung von noch vorhandenen Ressourcen begreifen, „um an der Gestaltung gesellschaftlicher Aufgaben zu partizipieren."[5] Von daher wundert es nicht, dass auch extrem kritische Invektiven laut werden, die dies als neue Form der Bevormundung brandmarken: „Noch wie war eine Gesellschaft so pervers, daß sie meinte, ihre Alten in die Schule schicken zu müssen. Die Lawine der Altenbildung rollt, der Diplompensionär wird nicht lange auf sich warten lassen, die Altenbildungspflicht steht vor der Tür."[6]

Gibt es jedoch schon in der allgemeinen Bildungsdebatte abwägende Positionen, die zwischen einem Aktivismus des „life-long-learning" und einer Kunst des Loslassens, die Bildungsräume für Aspekte der vita contemplativa eröffnet, einen angemessenen Weg suchen,[7] so hat sich insbesondere die Praktische Theologie in ihren Überlegungen zur Altenbildung der besonderen Sinnfragen und Bedürfnisse des dritten und vierten Lebensalters angenommen, um beispielsweise Formen individuellen und selbstbewussten Alterns in der Perspektive des Glaubens zu entfalten, Beziehungsformen im Alter zu reflektieren, Gemeinde als Lebensraum für Alte zu erschließen und kulturell-religiös relevante Lernformen im Alterungsprozess zu entwerfen.[8] Dabei werden auch Probleme des intergenerationellen Lernens aufgenommen, allerdings doch eher so, dass die Kommunikationshürden und −anforderungen aus der Perspektive der Älteren (re)konstruiert werden.[9] Dieses müsste jedoch gleichge-

---

5 Dietmar Köster, *Bildung im Alter*, a.a.O., 79. Vgl. dazu Andreas Kruse (Hg.), *Weiterbildung in der zweiten Lebenshälfte. Multidisziplinäre Antworten auf Herausforderungen des demografischen Wandels*, Bielefeld 2008.
6 Reimer Gronemeyer, *Die Entfernung vom Wolfsrudel. Über den drohenden Krieg der Jungen gegen die Alten*, Frankfurt 1991, 43.
7 Vgl. exemplarisch Sylvia Buchen, *Bildung in der dritten Lebensphase zwischen ‚Lebenslangem Lernen' und Lernen loszulassen*, in: Dies./Maja S. Maier (Hg.), *Älterwerden neu denken. Interdisziplinäre Perspektiven auf den demografischen Wandel*, Wiesbaden 2008, 95–112.
8 Vgl. Martina Blasberg-Kuhnke/Andreas Wittrahm (Hg.), *Altern in Freiheit und Würde. Handbuch christliche Altenarbeit*, München 2007. Vgl. auch den Beitrag zur *„Seniorenarbeit-Altenbildung"* von Karl Foitzik in diesem Band.
9 Vgl. Anne Möser, *„Du trägst noch so schöne Kleider"* – *Intra- und intergerationelles Lernen*, in: Martina Blasberg-Kuhnke/Andreas Wittrahm (Hg.), *Altern in Freiheit und Würde*, a.a.O., 157–162. Dazu auch Bernd Steinhoff, *Intergenerationelles Lernen. Zur Entwicklung einer altersintegrativen Lernkultur*, in: Sylvia Buchen/Maja S. Maier (Hg.), *Älterwerden neu denken*, a.a.O., 131–144.

wichtig auch aus der Perspektive der Jugendlichen und jungen Erwachsenen geschehen, um intergenerationelles Kommunizieren und dann auch Lernen fruchtbar auf Augenhöhe zu ermöglichen.

Korrespondierend fehlen im Kontext der allgemeinen Pädagogik Grundsatzüberlegungen zu dem Problemhorizont, wie sich eigentlich Bildungsprozesse für junge Menschen ändern müssen, um den Herausforderungen der alternden Gesellschaft gewachsen zu sein. Am ehesten kommt das Bildungssystem als solches in den Blick, um zu überlegen, wie der quantitative Rückgang des Nachwuchses „durch eine bessere Qualifikation des vorhandenen Nachwuchses"[10] zu kompensieren sei, damit immer weniger Erwerbstätige dennoch den Wirtschaftsstandort und den Wohlfahrtsstaat sichern können. In inhaltlicher Perspektive dürfte dagegen der von Hans Helmut Karg schon 1987 konstatierte Sachverhalt, dass „man die Altersphase ausklammert und nur in Spezialbildungsgängen (z. B. der Altenpflegerin) ausdrücklich zulässt"[11], während man die jungen Menschen sonst in keiner Weise auf ihre Begegnung mit dem Alter vorbereitet, noch immer für viele Bereiche schulischer Bildung gelten. Die Frage nach umfassenden, auf die alternde Gesellschaft ausgerichteten Bildungsprozessen stellt sich jedoch um so dringlicher, als die 15. Shell-Jugendstudie 2006 in ihrem Schwerpunkt ‚Jugend in der alternden Gesellschaft' zeigt, dass es insbesondere „Jugendliche mit geringeren ökonomischen Ressourcen, mit Bildungsrisiken bzw. mit materialistischer Grundhaltung [sind], die angeben, dass der Wohlstand ungerecht verteilt ist"[12] und die dazu tendieren, negative Bilder vom Alter und dem Verhältnis der Generationen zu kommunizieren. Da die eigenen Bilder vom Altern langfristig den eigenen Alterungsprozess beeinflussen, sind Bildungsprozesse auf verschiedenen Ebenen und mit unterschiedlicher Reichweite in den Blick zu nehmen: „Jede frühzeitige Initiative in diese Richtung erweist sich als eine Investition in die Zukunft, d.h. in die Lebensqualität bis ins hohe Alter. Dies setzt ein Lebensplan-Konzept

---

10 Franz-Xaver Kaufmann, *Schrumpfende Gesellschaft. Vom Bevölkerungsrückgang und seinen Folgen*, Frankfurt 2005, 181.
11 Hans Hartmut Karg, *Gerontopädagogik. Erziehung und Alter: grundsätzliche Überlegungen*, Frankfurt 1987, 87.
12 Shell Deutschland Holding (Hg.), *Jugend 2006. Eine pragmatische Generation unter Druck*, Konzeption und Koordination: Klaus Hurrelmann, Mathias Albert und TNS Infratest Sozialforschung, Frankfurt 2006, 157. Vgl. die entsprechende Korrelation von Bildungsgrad und Altersbild, wie sie Horst W. Opaschowski/ Ulrich Reinhardt, *Altersträume. Illusion und Wirklichkeit*, Darmstadt 2007, 37, in einer Befragung von älteren Menschen konstatiert haben.

voraus, bei dem von früher Jugend an neben körperlichen auch finanzielle, soziale, geistige und kulturelle Interessen geweckt und kontinuierlich vertieft werden. Sonst droht die Gefahr, im hohen Alter in eine geistige Leere zu stürzen – eine Hauptursache für die hohen Suizidraten im Alter."[13]

In ähnlichem Tenor hat schon 1991 das Religionslehrbuch „Kursbuch 7/8, Neuausgabe" einen Appell im Anschluss an das Diakonieplakat „Altwerden muß man jung lernen" formuliert: „Wer in jungen Jahren nicht gelernt hat, sich selbständig mit Dingen zu beschäftigen und mit anderen Menschen freundschaftlich umzugehen, wird dies im Alter nicht können und sein Alter als Last empfinden."[14] Entsprechend werden die SchülerInnen gefragt: „Ihr lernt viel in der Familie, in der Schule oder im Verein. Was kann euch davon im Alter nützlich sein?"[15] So moralisch und pragmatisch eng geführt diese Sequenz wirken mag, die Schulbuchautoren um Helmut Hanisch haben in der Tradition des problemorientierten Religionsunterrichtes, dem an der Analyse gesellschaftlicher Wirklichkeit unter dem Vorzeichen der Frage nach Gerechtigkeit und der Entwicklung von emanzipativ-mündiger Handlungskompetenz gelegen ist,[16] doch mit Weitsicht ein Thema selbständig eingeführt, das bis dahin allenfalls im Kontext von Diakonieeinheiten knapp und implizit enthalten war: nämlich die Wahrnehmung alter Menschen und ihrer spezifischen Lage sowie Handlungsanforderungen, die in der Begegnung mit ihnen erwachsen.

Es hat noch über 10 Jahre gedauert, bis diesem frühen Vorstoß zwei weitere auffällig eigenständig akzentuierte Schulbucheinheiten bzw. Kursmaterialien zu diesem Themenkomplex im Rahmen des ethisch-religiösen Lernens gefolgt sind. Die Einheit „Das Alter erleben, den Tod erfahren" in dem Ethiklehrbuch für die Sekundarstufe I „sehen – werten – handeln"[17] von 2002 setzt anders als Hanisch zunächst einen ent-

---

13 Horst W. Opaschowski/Ulrich Reinhardt, *Altersträume*, a.a.O., 30.
14 Helmut Hanisch/Gerhard Kraft/Heinz Schmidt (Hg.), *Alte Menschen in unserer Gesellschaft – Das Leben wird schmaler*, in: Kursbuch Religion 7/8. Neuausgabe, Frankfurt 1991, 24–30, 28.
15 A.a.O., 29.
16 Vgl. zur Bilanz und weiteren Situierung dieses Konzeptes Thomas Knauth, *Problemorientierter Religionsunterricht. Eine kritische Rekonstruktion*, Göttingen 2003.
17 Wolfgang Bender/Monica Mutzbauer, *Das Alter erleben, den Tod erfahren*, in: Dies., *sehen – werten – handeln. Ethik 7.–10. Jahrgangsstufe*, München 2002, 207–238.

schiedenen Akzent auf das sensible Wahrnehmen der vielfältigen Erscheinungsformen des Alterns und auf das Bewusstwerden von Alterskonstrukten. Bilder verschiedener Facetten des Alterns, Sinnsprüche, Aussagen und Einschätzungen von SchülerInnen und SeniorInnen, Werbung sowie Witze zum Altern versuchen stets der Ambivalenz des Alterns gerecht zu werden und die Balance zwischen positiven und negativen Aspekten zu halten, um weder der Gefahr der Idealisierung noch der Abwertung zu erliegen. Dabei werden Schülerinnen und Schüler auch auf die metaphorischen Bildbereiche der Rede über das Altern aufmerksam gemacht. Didaktisch auffällig und höchst begrüßenswert ist die permanente Durchdringung der Perspektiven von Jugend und Alter. Lebensziel und Lebensbilanz werden beispielsweise in ihrer Abhängigkeit voneinander bedacht. Dabei gehören Aufgaben zur Antizipation und zum Perspektivenwechsel zum gängigen Repertoire, z. B.: „Was möchtet ihr selbst von eurem Leben sagen können, wenn ihr 75 Jahre alt seid? Denkt dabei nicht nur an eure Bedürfnisse und Wünsche, sondern auch an eure Ideale und weltanschaulichen Überzeugungen."[18] Im Anschluss an einen kritischen Text zur Situation der alternden Gesellschaft werden die SchülerInnen auf den Text „Christliche Positionen heute" verwiesen, der christliche Sichtweisen in bioethischen Problemfeldern darstellt, um einen Transfer auf die Altersthematik zu versuchen. Genuin religiöse Fragen spielen ansonsten in dieser Einheit keine Rolle, könnten aber mit Blick auf die stets unterschwellig mitgeführte Sinnfrage leicht angeschlossen werden.

Das umfänglichste Unterrichtsmaterial zum Thema hat Annette Riedel 2007 mit ihrem Heft für die Sekundarstufe II „,... wie auf einen Berg steigen'. Alter und Altern in der Gesellschaft"[19] in der Reihe „Soziale Kompetenz" der Verlagsgruppe Religion – Pädagogik – Ethik vorgelegt. Dies Material führt die Lernenden direkt in die Wissensbestände und die Diskurse der alternden Gesellschaft ein. Zahlen, Fakten und Hintergrundwissen rund um den demografischen Wandel bis hin zur Situation alternder MigrantInnen und Genderfragen, sowie die Themenkomplexe Altersbilder und -konstrukte, Umgang mit Pflegebedürftigkeit/Demenz und Möglichkeiten der Begleitung der letzten Lebensphase werden sehr ausführlich und differenziert entfaltet. Die Arbeitsaufträge an die SchülerInnen sind entsprechend kognitiv und diskursiv ausgerichtet. Sie sollen

---

18 A.a.O., 210.
19 Annette Riedel, „...wie auf einen Berg steigen". Alter und Altern in der Gesellschaft, Stuttgart 2007.

in die aktuellen Debatten hinein genommen werden und angeregt werden, kreative individuelle und gesellschaftliche Problemlösungsstrategien zu entwickeln. Selbsttätigkeit in den Aneignungsprozessen des sehr umfänglichen Textmaterials wird durch die projekt- und rechercheorientierten Impulse gefördert. In dem rund sechzigseitigen Material finden sich zwei Seiten zu Vorstellungen des Alterns in der Bibel und zwei Seiten zu Religiosität und Spiritualität im Alter. Damit wird die Dimension des Religiösen auf das explizite Vorkommen der Thematik und deren isolierte Erschließung beschränkt. Möglichkeiten des Perspektivenwechsels zwischen ethischen und religiösen Perspektiven auf einzelne Facetten des Themas werden nicht initiiert und implizite Anschlussstellen für religiöse Fragestellungen werden kaum eröffnet.

Von daher ist die auf Praxis zielende didaktisch-methodische Aufbereitung und Anverwandlung des Themas einerseits nicht nur verdienstvoll, sondern auch höchst anregend für eine vertiefende religionspädagogische Reflexion und Theoriebildung, andererseits bleibt diese Theoriebildung dringlich genau darauf verwiesen, offene Grundsatzfragen in diesem Kontext zu klären. Dazu gehört, empirisch zu erhellen, wie Kinder und Jugendliche das Alter tatsächlich wahrnehmen – wie sie die alten Menschen anschauen – bzw., wie sie auf die veränderten Wahrnehmungsmuster und konkreten Handlungsanforderungen im demografischen Wandel reagieren. Des Weiteren muss bedacht werden, wie sich das Verhältnis von Vergangenheit, Gegenwart und Zukunft in jugendlicher Wahrnehmung darstellt, um die Möglichkeiten und Grenzen einer gezielten Zeithorizonterweiterung zu reflektieren und die (religions)pädagogische Notwendigkeit der Zukunftsantizipation hinsichtlich des Alterns für Jugendliche zu erörtern. Vor diesem Hintergrund gilt es dann jedoch vor allem, hinsichtlich des Alterns hermeneutisch Potentiale religiöser Deutungsmuster zu erschließen, die das Thema über ethische Urteilsbildung und soziale Handlungskompetenz hinaus in religiösen Bildungsprozessen weiten und dabei ästhetische und ethische Dimensionen verschränken.[20] Über den Lebenslauf hinweg müssen solche Fragen verfolgt werden, die religiös deutbare Problemlagen von Jugend und Alter einerseits schärfen, andererseits spannend im Durchgang durch die

---

20 Vgl. dazu Martina Kumlehn, *Inszenierte Form und gestaltete Freiheit. Anmerkungen zur Verschränkung von ästhetischen und ethischen Dimensionen in praktisch-theologischen Vollzügen*, in: Thomas Schlag/Thomas Klie/Ralph Kunz (Hg.), *Ästhetik und Ethik. Die öffentliche Bedeutung der Praktischen Theologie*, Zürich 2007, 141–148.

Tradition in Analogie und Differenz aufeinander beziehen. Unter Einbezug der Anforderungen der alternden Gesellschaft sollen vernetzte Themenkomplexe erschlossen werden, die durch didaktisch inszenierte Perspektivenwechsel das Besondere des religiösen Weltzugangs im Gegenüber zu anderen Weltzugängen erkennen lassen.[21] Die Alten sollen nicht einfach Objekt des Unterrichts sein, sondern Perspektivenwechsel hin zu Prozessen des Alterns sollen das Selbst-, Welt- und Gottesverständnis der Jugendlichen selbst bewegen und verändern. Dimensionen von Alltagswahrnehmungen, ästhetische Verdichtung und Verfremdung der Altersthematik in fiktionalen und biblischen Texten, Verschränkung und Ausbildung von narrativer Identität und Erinnerungskultur im Austausch von Jung und Alt und gestaltete Begegnungen in gemeinsamen Projekten werden dabei eine Rolle spielen.

2. Zeithorizonte erweitern und intergenerativ bedeutsame religiöse Fragen entdecken

Erhebt man die Wahrnehmungsmuster heutiger Jugendlicher hinsichtlich der älteren Generation, so ergibt sich ein differenziertes Bild. Zunächst ist zu unterscheiden zwischen dem, was die Jugendlichen von ihren persönlichen Kontakten zu alten Menschen – in der Regel ihren Großeltern – berichten und für sich überwiegend positiv werten, und dem, was sie unabhängig davon an Stereotypen und Klischees über das Alter und die Alten verinnerlicht haben. Diese verfestigten Konstrukte können unter Umständen die Einstellung trotz positiver eigener Erfahrungen negativ beeinflussen.[22] Dies wird dann im Umgang mit unbekannten älteren Menschen virulent.

> „Kinder und Jugendliche berichten bei solchen anonymen Begegnungen tendenziell eher von schlechten Erfahrungen. Alte Menschen erscheinen ihnen als seltsam, häufig griesgrämig und besserwisserisch, altmodisch und langsam. Sie fühlen sich als Kinder nicht verstanden und kritisiert, ohne

---

21 Vgl. zur zentralen Stellung des Begriffs Perspektivenwechsel Bernhard Dressler, *Performanz und Kompetenz. Überlegungen zu einer Didaktik des Perspektivenwechsels*, in: ZPT 1/2008, 74–88.
22 Vgl. Shell Deutschland Holding (Hg.), *Jugend 2006*, a.a.O., 29.

allerdings die Besonderheiten alter Menschen angemessen einordnen zu können."²³

Des Weiteren ist zu unterscheiden, wie Jugendliche das dritte und vierte Lebensalter wahrnehmen. Interessanterweise stehen ihnen die Hochbetagten in gewisser Weise näher als die ‚jungen Alten', weil mit ersteren „ein idealisiertes Bild der verwöhnenden, wenig autoritären Großeltern verbunden ist. Diese Generation hat das Image der Aufbaugeneration, sie hat ‚ihr Leben lang gearbeitet' und genießt die Achtung der Jugendlichen. Die Jugendlichen zeigen sich interessiert an den Erfahrungen der Alten und an deren Geschichten."²⁴ In dieser Konstellation sind die Rollenzuschreibungen noch weitgehend geklärt und die Muster der Beziehungsaufnahme ebenfalls. Sehr viel komplexer werden die Wahrnehmungsmuster dort, wo die Grenzen zwischen Jugend und Alter weniger deutlich sind und Lebenswelten interagieren, die das bisher nicht getan haben. Dafür stehen die „‚Jungen Alten', die fit und aktiv das Leben genießen und offen für Neues sind. Dies sehen die Jugendlichen grundsätzlich positiv, es wird aber dann problematisch, wenn die Senioren sich einmischen, wenn sie zur Konkurrenz werden, wenn sie vermehrt in Bereichen auftauchen, die früher der Jugend vorbehalten waren. Manche Jugendlichen sind sich allerdings im Klaren, dass man sich in einer alternden Gesellschaft an neue Erscheinungsformen des Alterns gewöhnen muss."²⁵ Exemplarisch werden diese Konfliktkonstellationen gerade im Bildungsbereich erlebt, wie die Äußerungen von jungen Studierenden zeigen, die sich durch eine Überzahl von SeniorInnen in ihren Lehrveranstaltungen bedrängt fühlen.²⁶

Interessant an der Shell-Studie ist die weitgehend realistische Einschätzung, die die Jugendlichen ihrer antizipierten eigenen Situation im Alter entgegenbringen. Die Mehrzahl geht davon aus, dass das bisherige Rentenkonzept nicht weiter tragen wird und die einzelnen für ihre Altersvorsorge sehr viel stärker als bisher aufkommen müssen. Je näher sie dem eigenen Berufsleben und ihrer eigenen finanziellen Unabhängigkeit kommen, umso deutlicher tritt die Problemwahrnehmung der gesellschaftlichen Konsequenzen des demografischen Wandels und seiner

---

23 Barbara Städler-Mach, *Alte Menschen*, in: Gottfried Adam/Helmut Hanisch/Heinz Schmidt/Renate Zitt (Hg.), *Unterwegs zu einer Kultur des Helfens. Handbuch des diakonisch-sozialen Lernens*, Stuttgart 2006, 145–149, 145.
24 Ebd.
25 Ebd.
26 Vgl. Shell Deutschland Holding (Hg.), *Jugend 2006*, a.a.O., 268–270.

Folgen ins Bewusstsein.²⁷ Trotz deutlich artikulierter Zukunftssorgen lässt sich jedoch anhand dieser Befragung empirisch (noch) kein ‚Krieg der Generationen' konstatieren.²⁸ Ebenso wenig kann der prognostizierte Verfall der Bedeutsamkeit der Familie bestätigt werden. Gerade der demografische Wandel mit seinen Folgen intensiviert paradoxerweise die Beziehungen in der Kernfamilie und verlagert sie von den horizontal verzweigten Verwandtschaftsbeziehungen auf einen verschlankten vertikalen Stamm, der bis zu vier Generationen umfassen kann. Dabei differenzieren sich die Beziehungsmuster zwischen Großeltern und Enkeln/ Urenkeln je nach Lebensstilen und Bildungsmilieus so aus, dass sie die individualisierten und pluralisierten Lebensformen der Spätmoderne spiegeln.²⁹ Sowohl im materiellen als auch immateriellen Bereich ergeben sich vielfältige Muster von Geben und Nehmen zwischen den Generationen:

> „Gelebte Solidarität ist kein Relikt aus vergangenen Zeiten, sondern eher ein Produkt des 21. Jahrhunderts. Sie basiert auf freiwillig eingegangenen Verpflichtungen. Sie nimmt nicht ab, sondern zu – an Zahl, Reichweite und auch an Dauerhaftigkeit."³⁰

Soll sich jedoch über die Kraft individueller emotionaler Bindungskräfte hinaus weiterhin ein solidarisches Verhältnis zwischen den Generationen entfalten können, das kreativ neue Lösungsstrategien hinsichtlich der demografischen Entwicklung ermöglicht, so sind in der Tat bewusste Bildungsanstrengungen unabdingbar, die Menschen über die je individuelle Wahrnehmung ihrer unmittelbaren Gegenwartsinteressen und ihres unmittelbaren Umfelds hinaus auf Zukunft hin handeln lassen. Kinder bilden erst langsam ein Zeitbewusstsein aus, das sie Vergangen-

---

27 Vgl. a.a.O., 152 f.
28 Vgl. a.a.O., 151. Als pessimistische Stimme vgl. das schon erwähnte Buch von Reimer Gronemeyer, *Die Entfernung vom Wolfsrudel*, a.a.O., z. B., 21–23, 46. Grundlegend zum Stichwort ‚Generation' vgl. den Beitrag von Michael Domsgen im vorliegenden Band.
29 Vgl. Ines Possemeyer, *Enkel und Großeltern*, in: Geo, 02/2009, 112–141. Vgl. dort auch zur Umstellung von horizontalen auf vertikale Verwandtschaftsstrukturen 116. Grundlegend zur historischen und soziologischen Perspektive der Mehrgenerationenfamilie auch Rosemarie Nave-Herz, *Die Mehrgenerationenfamilie unter familienzyklischem Aspekt*, in: Anja Steinbach (Hg.), *Generatives Verhalten und Generationenbeziehungen*, Wiesbaden 2005, 47–60.
30 Horst W. Opaschowski/Ulrich Reinhardt, *Altersträume*, a.a.O., 117. Vgl. zum Problemzusammenhang auch Ders., *Der Generationenpakt. Das soziale Netz der Zukunft*, Darmstadt 2004.

heit, Gegenwart und Zukunft bewusst zueinander ins Verhältnis setzen und einen metrischen Zeitbegriff verstehen lässt.[31] Damit ist die Entwicklung des Zeiterlebens jedoch nicht abgeschlossen, sondern die Unterscheidung von objektiv messbarer Chronologie und subjektiver Erlebnisqualität von Zeit differenziert deren Wahrnehmung weiter aus. Nach Untersuchungen der Shell-Jugendstudie von 1992 zeigt sich, dass Jugendliche dieser Generation überwiegend eine starke Gegenwartsorientierung aufweisen, die mit einer sogenannten „eigendestrukturierten" Zeitperspektive gekoppelt ist, die Zeit als einen Erlebnisraum begreift, den man möglichst multioptional ausschreiten muss, indem man verschiedene Teilziele avisiert, aber nicht stringent ein Lebensziel verfolgt.[32] Bei allen Verschiebungen hin zu mehr grundsätzlichem Bewusstsein für die Notwendigkeit von Zukunfts(vor)sorge, wie die 15. Shell-Studie von 2006 signalisiert, ist diese Grundeinstellung nach wie vor verbreitet. So hat Opaschowski in einer Befragung ermittelt, dass mehr „als jeder fünfte Jugendliche (21 %) ... offen zu [gibt], jetzt zu leben und jetzt Spaß haben zu wollen – die Zukunft kommt schließlich früh genug."[33] – Das hat Auswirkungen auch auf Bereiche der individuellen Altersvorsorge, sei sie nun materiell oder ideell gedacht: „Fast zwei Drittel (61 %) sehen die Vorsorge mental noch sehr ‚weit weg'. Mögliche Folgeprobleme werden nicht gesehen oder einfach ausgeblendet bzw. verdrängt."[34]

Was als erheblicher Widerstand von jugendlicher Seite gedeutet werden kann, sich konkret auf Fragen des Altwerdens als dem individuellen und gesellschaftlichen Zukunftshorizont einzulassen, mit dem ja zugleich die Bereitschaft, sich auf bedeutsame Vergangenheit – repräsentiert durch die Alten und ihre Erlebniswelt bzw. ihre Wert- und Traditionsorientierung – einzulassen, einher gehen muss, die ebenfalls nicht im Interessenfokus der Jugendlichen liegt, kann in anderer Lesart auch den Weg weisen, wie allein Fragen des Alterns für die Jungen Relevanz gewinnen können. Sie

---

31 Vgl. Anton A. Bucher, „*Wie lang ist das Jahr?" – „Acht Kilometer!" Kind und Zeit. Entwicklungspsychologische und kindheitssoziologische Skizzen*, in: Jahrbuch für Kindertheologie Bd. 3, Stuttgart 2004, 36–47.
32 Vgl. Heinz-Ulrich Kohr, *Zeit-, Lebens- und Zukunftsorientierungen*, in: Jugendwerk der Deutschen Shell, *Jugend 92. Lebenslagen, Orientierungen und Entwicklungsperspektiven im Vereinigten Deutschland, Bd. 2: Im Spiegel der Wissenschaften*, Opladen 1992, 145–168 (149). Zur Dimension theologischer Bildung in diesem Kontext vgl. Andreas Hinz, *Zeit als Bildungsaufgabe in theologischer Perspektive*, Münster 2003.
33 Horst W. Opaschowski/Ulrich Reinhard, *Altersträume*, a.a.O., 152.
34 A.a.O., 151.

müssen ihnen so nahe gebracht werden, dass sie sich als Erhöhung der Optionenvielfalt im eigenen Feld der Zeitwahrnehmung darbieten können, indem sie Deutungsweisen eröffnen, die auch für das eigene Leben jetzt schon Anknüpfungspunkte bieten und langfristig Relevanz behalten. Unterstützung bekommt diese Sicht durch Stimmen der Pädagogik, die im Anschluss an Schleiermacher fragen, ob es legitim sei, dass pädagogische Einwirkungen immer einen gegenwärtigen Moment zugunsten eines zukünftigen opfern, und deshalb konstatieren: „Gelingende Erziehungs-, Lern- und Bildungsprozesse verbinden mit ihren zukunftsgerichteten Aufgabenstellungen vielleicht stets auch ein Quäntchen Gegenwartslust."[35]

Noch enger mit den Anliegen einer ästhetisch-ethisch versierten Religionspädagogik verbunden erweist sich die Bestimmung des Möglichkeitsraumes von Zukunftsantizipation im pädagogischen Prozess durch Norbert Meder: „Die Zukunft als Unbestimmtheit im Gesicht der Kinder bildet den Raum der ästhetischen Darstellung von Welt – als Selektionshorizont. Insofern ist und bleibt der pädagogische Handlungszusammenhang feldartig zukunftsbezogen, aber offen und nicht dogmatisch prädestiniert."[36]

Dies dürfte auch für die Behandlung von Fragen des Alterns und Zukunftsvisionen der alternden Gesellschaft bedeutsam bleiben, die ja ein nicht unerhebliches Maß an Schreckensszenarien für die Heranwachsenden beinhalten. „Häufig ist dabei zumindest in verdeckter Form eine religiöse Dimension im Spiel, etwa im Sinne weitreichender Fragen von Apokalyptik oder Eschatologie, des Endes der Zeit und der menschlichen Endlichkeit, von Verantwortung über das eigene Leben hinaus usw."[37]

Nicht nur in eschatologischer Perspektive ist die Zukunft von daher offen zu halten, sondern auch im Aufzeigen verschiedener denkbarer Versionen des Kommenden, die im ästhetischen Sinne als Möglichkeitsraum begriffen werden, in die hinein der Mensch seine Möglichkeiten entwirft.

Nach Michael Großheim ist das Anliegen der Zeithorizonterweiterung „eine Anstrengung des Menschen gegen eine doppelte Beschränkt-

---

35 Wolfgang Nieke/Jan Masschelein/Jörg Ruhloff (Hg.), *Einleitende Bemerkungen*, in: Dies., *Bildung in der Zeit. Zeitlichkeit und Zukunft – pädagogisch kontrovers*, Weinheim und Basel 2001, 7–12 (9).
36 Norbert Meder, *Möglichkeiten und Unmöglichkeiten pädagogischer Zukunftsantizipation*, in: Wolfgang Nieke/Jan Masschelein/Jörg Ruhloff (Hg.), *Bildung in der Zeit*, a.a.O., 39–52 (51).
37 Friedrich Schweitzer, *Postmoderner Lebenszyklus und Religion. Eine Herausforderung für Kirche und Theologie*, Gütersloh 2003, 85.

heit: Gegen das Gebundensein der Wirklichkeitserfahrung an die Gegenwart und gegen die Endlichkeit der Existenz."[38] Dabei ist nicht nur Gegenwartsorientierung auf Zukunftsantizipation hin zu öffnen, sondern vor allem an Vergangenheit zurückzubinden:

> „Als Grundlage ist ein Überlieferungsbewusstsein erforderlich, das sich in einer betont nüchtern angelegten Variante folgendermaßen formulieren lässt: ‚Ich profitiere von den Leistungen meiner Vorfahren'. Die Voraussetzungen für die Herausbildung einer diachronen Solidarität ist das Bewusstsein, etwas erhalten zu haben, das weitergegeben werden muss."[39]

In dieser Äußerung deutet sich etwas an, das in religiöser Perspektive noch stärker betont werden kann, nämlich dass sich Generationensolidarität nicht nur aus Vorstellungen von Generationengerechtigkeit speisen lässt, weil weder „Güter, Lasten, Chancen, Lebensbedingungen genau erfasst noch die Wirkkräfte auf Verteilungsprozesse ursächlich auf bestimmte Altersgruppen oder Geburtskohorten eingegrenzt werden"[40] können. Vielmehr stellt Weber dem Modell von verrechenbarem Tausch von Leistung und Gegenleistung die Erfahrung unverrechenbarer Dankbarkeit als Gabe, Hingabe und Begabung an die Seite. Da Dankbarkeit allerdings niemals einklagbar ist, kann sie weder verlässliche soziale Pakte ersetzen noch durch Bildung initiiert werden. Die Erfahrungen von Dankbarkeit können lediglich unverfügbar durch bestimmte Wahrnehmungs- und Deutungsangebote frei gelegt werden bzw. Ausdrucksmöglichkeiten gewinnen und durch solche Perspektivenwechsel das Generationenverhältnis anders grundieren. Dazu gehört, dass in christlich-religiösen Bildungsprozessen die elementare Erfahrung neu gedeutet wird, dass das eigene Personsein dem einzelnen unverfügbar vorgegeben ist und sich damit als grundsätzlich verdankt verstehen lässt.[41] In dieser

---

38 Michael Großheim, *Zeithorizont und diachrone Solidarität. Ein Beitrag zur demographischen Debatte*, in: Ders. (Hg.), *Neue Phänomenologie zwischen Praxis und Theorie. Festschrift für Hermann Schmitz*, München 2008, 94–112 (96).
39 A.a.O., 105.
40 Dieter Weber, *„Sollen nicht die Eltern den Kindern Schätze sammeln?"* (2Kor 12,14b). *Dankbarkeit oder das Andere der Gerechtigkeit*, in: Christiane Burbach/ Friedrich Heckmann (Hg.), *Generationenfragen. Theologische Perspektiven zur Gesellschaft des 21. Jahrhunderts*, Göttingen 2007, 89–114 (94).
41 Vgl. Dietrich Korsch, *Person sein – Person werden – als Person werden. Was die christliche Religion zum Verständnis des Personseins beiträgt*, in: ZPT 3/2007, 216–225; Michael Meyer-Blanck, *Maske und Angesicht – Klang und Resonanz. Zu einer Religionspädagogik der Person*, in: ZPT 3/2007, 225–234; Martina Kumlehn, Art. ‚Persönlichkeitsentwicklung', in: Dietrich Korsch/Lars Charbonnier (Hg.),

Perspektive können alle Generationen in der Relation zum Unverfügbaren verbunden gesehen werden und die relationalen Resonanzen von unverdientem Geben und Nehmen zwischen den Generationen können mit geschärftem Blick wert geschätzt werden.

Diese Vorstellung des außerhalb seiner selbst Gegründetseins, des Sich-Verdankens, d. h. der eigenen Geschöpflichkeit, liegt dem jüdisch-christlichen Verständnis vom Menschen stets zugrunde. Man kann aber sagen, dass diese so verstandene Grundverfasstheit des Menschen im Alter radikalisiert zu tage tritt und man daher vom Alter her in besonderer Weise etwas über die Bedingungen des In-der-Welt-Seins des Menschen lernen kann.[42] Teilt man diese Voraussetzung, dann ergeben sich bei genauerem Hinsehen gerade zwischen Jugendalter und jungem Alter sehr interessante Spannungsfelder hinsichtlich des Bezuges auf Schlüsselbegriffe wie Autonomie, Identität, Fragmentarität und Bildung, die jeweils zugespitzte religiöse Fragen ermöglichen, die sich wechselseitig erhellen können, so dass die Wahrnehmung der spezifischen Probleme des Alter(n)s die Fragehaltung der Jungen neu profilieren können und vice versa, ohne dass beide in einander aufgehen bzw. ohne dass die lebensgeschichtlichen Erfahrungen unterrichtlich vorweg zu nehmen wären.[43]

In der Adoleszenz wird erwartet, dass das Selbst zunehmend autonom wird. Selbstständigkeit und Selbstbestimmtheit bleiben von da an ein sowohl individuell als auch gesellschaftlich hoch geschätzter Wert. Von daher will auch der alternde Mensch so lange wie möglich unabhängig bleiben und erlebt zunehmende Abhängigkeit von der Hilfe anderer als Bedrohung und schmerzlichen Verlust, dem es so lange wie möglich entgegenzuwirken gilt. Die Frage nach der Selbstständigkeit ist dabei eng gekoppelt an die Erfahrung von Aktivität nicht zuletzt in Arbeitsprozessen, so dass sich die Frage nach der Sinnhaftigkeit eines Lebens jenseits der Arbeit für viele alternde Menschen im Übergang zum Ruhestand massiv stellt und dann im vierten Lebensalter mit der Pflegebedürftigkeit noch einmal neu zuspitzt. Was bin ich wert, wenn ich nicht mehr

---

Der verborgene Sinn. Religiöse Dimensionen des Alltags, Göttingen 2008, 190–195 (194).

42 Vgl. Christian Mulia, *Altern als Werden zu sich selbst. Philosophische und theologische Anthropologie im Angesicht des Alters*, in: Martina Kumlehn/Thomas Klie (Hg.), *Aging – Anti-Aging – Pro-Aging. Altern in theologischer Deutung*, Stuttgart 2009, 103–127.

43 Vgl. zur religiösen Entwicklung im späten Erwachsenenalter auch Walter Fürst/Andreas Wittrahm/Ulrich Feeser-Lichterfeld/Tobias Kläden (Hg.), *„Selbst die Senioren sind nicht mehr die alten …" Praktisch-theologische Beiträge zu einer Kultur des Alterns*, Münster 2003.

nützlich bin? „Kann das Leben noch Sinn und Wert haben, wenn es die Anforderungen von Unabhängigkeit und Autonomie nicht mehr erfüllt?"[44] Für Jugendliche, die heute oft durch verlängerte Ausbildungszeiten wenigstens finanziell lange von den Eltern oder vom Staat abhängig bleiben bzw. mit der Unsicherheit behaftet sind, ob überhaupt Arbeit zu finden ist, stellt sich die Frage nach der Kopplung von Sinnhaftigkeit und Erwerbsleben schon während der Adoleszenz. Insofern kann man mit ihnen sehr gezielt nach Analogien und Differenzen dieser zunächst unterschiedenen Erfahrungskontexte fragen, um dann das Verhältnis von Freiheit und Abhängigkeit, Aktivität und Passivität/Muße/ Loslassen in der Bedeutsamkeit für erfülltes Leben auszuloten. Verschiedene religiöse Deutungsmuster können hier integrativ angeboten werden und auf ihre Reichweite hin befragt werden. Versteht man das Spezifische der Frömmigkeit im Sinne Schleiermachers als „Gefühl schlechthinniger Abhängigkeit"[45], das das eigene Leben zum Unbedingten/zu Gott ins Verhältnis setzt, dann sind vor diesem Hintergrund für den menschlichen Lebensvollzug immer nur relative Freiheit und relative Abhängigkeit auszumachen und stets neu zueinander ins Verhältnis zu setzen. Zudem wird das Vorordnen der Empfänglichkeit des Menschen vor seiner Aktivität betont und damit als für den Menschen ebenso elementar freigelegt. Das Deutungspotential dieses Perspektivenwechsels wäre gedanklich experimentell mit den Jugendlichen an verschiedenen konkreten Konflikterfahrungen der Bedürftigkeit (eben auch älterer Menschen) zu erproben. Was ändert sich, wenn ich Menschen unter diesem Vorzeichen wahrnehme? Ähnlich wäre die jüdisch-christliche Auslegung der unverlierbaren Menschenwürde, die in seiner Gottesrelation begründet liegt, heranzuziehen wie auch die Grundfigur der Annahme des Menschen unabhängig von seinem Status und seiner Leistungsfähigkeit, wie sie in den Jesus-Christus-Geschichten erzählt wird und sich in anderer Weise in der paulinischen Rechtfertigungsbotschaft widerspiegelt.

Die spätmodernen Lebensbedingungen bringen es mit sich, dass Identitätsbildung als lebenslang andauernder Prozess zu begreifen ist, der allerdings jeweils unterschiedliche Entwicklungsaufgaben integriert. Mit Blick auf das Altern hat Schweitzer festgehalten:

---

44 Friedrich Schweitzer, *Postmoderner Lebenszyklus und Religion*, a.a.O., 139.
45 Vgl. Friedrich Schleiermacher, *Der christliche Glaube nach den Grundsätzen der evangelischen Kirche im Zusammenhange dargestellt*, 7. Aufl. 1. Bd., aufgrund der zweiten Auflage neu hg. von Martin Redeker, Berlin (1830) 1960, §4, 23.

„In gewisser Weise wiederholt sich hier die adoleszente Identitätskrise, einschließlich ihrer religiösen Aspekte, nun freilich mit anderer Perspektive. Die adoleszente Identitätskrise beruht darauf, daß der junge Mensch nach vorn blickt und nach sinnvollen Zielen, die im künftigen Leben erreicht werden sollen, Ausschau hält [...] Demgegenüber blicken ältere Menschen zurück auf das Leben, das sie selbst gelebt haben und nun nicht mehr oder nur in begrenztem Maße ändern können."[46]

Beide sind auf das Einstiften von Sinn in die zu entwerfende Lebensgeschichte und in die rekonstruierte Lebensgeschichte angewiesen, der sich im Erzählen aufbaut. Wie gerade die Erzählungen von rückblickenden Lebensgeschichten auch für Junge fruchtbar werden können, soll im nächsten Abschnitt noch genauer bedacht werden. Fragen nach Dimensionen von Schuld, Leben mit Schuld, Erfahrungen von Vergebung und Neuanfang und die Einsicht, dass auch ein langes Leben Fragment bleibt, dürften eine zentrale Rolle spielen. Sensibilität für diese Dimensionen schon in jungen Jahren kann möglicherweise etwas von dem Druck nehmen, der angesichts der Anforderungen an die eigene Biografiearbeit auf dem spätmodernen Subjekt liegt.

In diesem Zusammenhang dürfte es zugleich ein Desiderat sein, religionshermeneutisch dem auf die Spur zu kommen, was man als „Familienreligiosität" begreifen könnte,[47] und zwar weniger im Sinne dessen, was religiös in Familien weitergegeben wird, sondern eher in dem Sinne, dass die Familie selbst in den Horizont letztinstanzlicher Sinnstiftung einrückt. Denn das verbindet Jugendliche und Alte. Für beide werden die familiären Bindungen zum zentralen Bezugspunkt erfüllten Lebens. Die hoch bedrohlichen Erfahrungen der Einsamkeit im Alter bzw. die gefürchtete Ghettoisierung des Alters in den Alters- und Pflegeheimen potenzieren sich vor diesem Hintergrund. So heißt es schon in der Zusammenfassung der Shell-Studie: „Im Alter, da sind sich die Jugendlichen einig, möchten sie vor allem nicht ins Altersheim. Sie wünschen sich, dass sich ihre Kinder um sie kümmern. Die Familie soll ihnen auch im Alter Rückhalt bieten."[48]

Exemplarisch kann zudem die Thematik des Sorgens und des Bedürfnisses nach Sicherheit religionshermeneutisch aufgenommen werden. Die

---

46 Friedrich Schweitzer, *Postmoderner Lebenszyklus und Religion*, a.a.O., 143.
47 Vgl. erste Ansätze dazu bei Michael Domsgen, *„Ne glückliche Familie zu haben, is irgendwo mein Ziel." Die Familie als Lernort des Glaubens im ostdeutschen Kontext*, in: Ders. (Hg.), *Konfessionslos – eine religionspädagogische Herausforderung. Studien am Beispiel Ostdeutschlands*, Leipzig 2005, 65–122.
48 Shell Deutschland Holding (Hg.), *Jugend 2006*, a.a.O., 260.

Jugendlichen werden mit dem Anspruch an Vorsorge für das Alter schon sehr früh konfrontiert. Welche Grundhaltungen gegenüber dem Leben lassen sich mit diesem Anspruch verbinden/kontrastieren? Wieviel Sorge verträgt das (junge) Leben, wie lässt sich berechtigte Sorge von Besorgtheit und Sorglosigkeit abgrenzen? Wie kann in diesem Kontext das provokante „Sorget nicht um euer Leben, was ihr essen sollt, auch nicht um euren Leib, was ihr anziehen sollt. Denn das Leben ist mehr als die Nahrung und der Leib mehr als die Kleidung. … Wer ist unter euch, der, wie sehr er sich auch darum sorgt, seines Lebens Länge eine Spanne zusetzen könnte" (Lk 12, 22–25) Bildungsprozesse der sinnvollen Unterscheidungen[49] des notwendigen Sorgens und des Wissens um seine Grenzen voranbringen?

3. Alterssensible narrative Identität durch fiktionale und biblische Perspektivenwechsel ausbilden

Altern als Konstrukt[50] speist sich wesentlich aus kulturell, medial vermittelten Erzählungen vom Alter. Dabei ist zunächst an die Biografiearbeit der alternden Menschen selbst zu denken – und zwar sowohl an die privaten Erzählungen als auch an die veröffentlichten Autobiographien –, die das eigene Leben rekonstruieren und dabei Sinnressourcen und Sinndefizite im Lebensrückblick verarbeiten.[51] Vom Alter/vom Altern erzählt wird in der spätmodernen Gesellschaft aber vor allem auch im Fernsehen und im populären Kino. Dabei ist die Spannweite der stories denkbar weit, wie schon an drei exemplarischen Produktionen des Jahres 2007 zu zeigen ist: Sie reicht vom Horrorszenario der sogenannten ZDF Doku-Fiction „2030. Aufstand der Alten" über den inszenierten Versuch,

---

49 Vgl. zum Grundanliegen der Unterscheidungskompetenz Bernhard Dressler, *Unterscheidungen. Religion und Bildung*, Leipzig 2006.
50 Vgl. exemplarisch Irmhild Saake, *Die Konstruktion des Alters. Eine gesellschaftstheoretische Einführung in die Altersforschung*, Wiesbaden 2006.
51 Vgl. a.a.O., 197–256. Aus praktisch-theologischer Perspektive dazu Ralf Evers, *Alphabetisierung in einer Sprache der Hoffnung. Erwägungen zur Altenbildung*, in: Uta Pohl-Patalong, *Religiöse Bildung im Plural. Konzeptionen und Perspektiven*, Schenefeld 2003, 203–219; Ingrid Schoberth, *Für das Alter lernen. Zu einer besonderen Spurensuche in religiösen Lernprozessen*, in: Johannes Eurich/Christian Oelschlägel (Hg.), *Diakonie und Bildung. Heinz Schmidt zum 65. Geburtstag*, Stuttgart 2008, 305–317. Dazu auch den Beitrag von Wolfgang Drechsel in diesem Band.

im letzten Lebensstadium Versäumtes nachzuholen, in „Das Beste kommt zum Schluss"[52] bis zum langen schmerzlichen Loslassen einer Demenzkranken in „An ihrer Seite"[53]. Zudem wächst der Markt an fiktionaler Literatur über das Altern deutlich an. Für Kinder und Jugendliche haben Peter Härtling und Christine Nöstlinger einschlägige Titel veröffentlicht, die auch in Unterrichtsmaterialien beachtet worden sind.[54] Dabei spiegelt die Entwicklung der Literatur die gesellschaftliche Entwicklung wider. Es fällt auf, dass „in den 1990er Jahren bisher unbekannte Themen des Alters Eingang in die Kinder- und Jugendliteratur fanden und sich etablierten."[55] Dazu gehört eine zunehmende Betonung des Dialogs auf Augenhöhe zwischen Jung und Alt und die Wahrnehmung der Demenz. Darüber hinaus ist bemerkenswert, dass gerade auch in der Romanliteratur für Erwachsene zum Themenfeld Demenz mehrfach die Erzählperspektive von Jugendlichen und jungen Erwachsenen gewählt wird, die damit das Thema Erinnern/Vergessen, Eintauchen in die Rekonstruktion fremder Lebensgeschichten zu ihrem eigenen Thema machen. Besonders eindrücklich geschieht das in Stefan Merrill Blocks Debütroman „Wie ich mich einmal in alles verliebte"[56], in dem der jugendliche Sohn Seth in

---

52 „*Das Beste kommt zum Schluss*", Regie: Rob Reiner, 2007 mit Jack Nicholson und Morgan Freeman in den Hauptrollen.
53 „*An ihrer Seite*", Regie: Sarah Polley, 2007, mit Julie Christie und Gordon Pinsent. Vgl. zur Medienanalyse auch den Beitrag von Charbonnier/Gräb in diesem Band.
54 Vgl. Peter Härtling, *Oma*, Weinheim/Basel 1975; Ders., *Alter John*, Neuausgabe Weinheim/Basel (1981) 2007; Ders., *O'Bär an Enkel Samuel. Eine Erzählung in fünf Briefen*, Köln 2008; Christine Nöstlinger, *Werter Nachwuchs. Die nie geschriebenen Briefe der Emma K.*, München (1981) 2001.
55 Elisabeth Pries-Kümmel, *Alte Menschen in Kinder- und Jugendbüchern. Entwicklungslinien und Tendenzen*, in: kjl&m 08.3, 2008, 71–78 (71). Dazu auch Dies., *Das Alter in der Literatur für junge Leser. Lebenswirklichkeiten älterer Menschen und ihre Darstellung im Kinder- und Jugendbuch der Gegenwart*, Frankfurt a. M. u. a. 2005; und Caja Thimm, *Alter – Sprache – Geschlecht. Sprach- und kommunikationswissenschaftliche Perspektiven auf das höhere Lebensalter*, Frankfurt a. M. 2000, 61–73.
56 Stefan Merrill Block, *Wie ich mich einmal in alles verliebte*, Köln 2008. Geeignet für den Einsatz im Unterricht sind auch Szenen aus Katharina Hagena, *Der Geschmack von Apfelkernen*, Köln 2008 und Klara Obermüller (Hg.), *Es schneit in meinem Kopf. Erzählungen über Alzheimer und Demenz*, München/Wien 2006. Dazu Martina Kumlehn, *Vom Vergessen erzählen. Demenz und Narrative Identität als Herausforderungen für Seelsorge und theologische Reflexion*, in: Dies./Thomas Klie (Hg.), *Aging – Anti-Aging – Pro-Aging. Altersdiskurse in theologischer Deutung*, Stuttgart 2009, 201–212.

einem besonderen Erzählstrang versucht, die Geschichte des Demenz-Krankheitsgens seiner Mutter zu rekonstruieren, dabei auch die Geschichte seiner Mutter neu erzählt und zugleich die Geschichten einbindet, die seine Mutter zur Bewältigung des Demenzgeschehens von dem sagenhaften Land Isidora als einem (vermeintlichen) Paradies ohne Erinnerung erzählt hat.

Will man Schülerinnen und Schüler für Konstrukte des Alterns sensibilisieren und ihre eigenen Möglichkeiten, vom Alter zu erzählen, erweitern, legt es sich nahe, sie in diese Geschichten hineinholen. Dies versteht sich als Beitrag zur Ausbildung einer alterssensiblen narrativen Identität in einem doppelten Sinne: um vielgestaltig vom Alter selbst erzählen zu können und um die Erzählungen vom eigenen Leben offen zu halten für die (noch ungewohnte) Perspektive des Alterns. Die fiktionale Literatur bietet dabei besondere Chancen, weil sie die vorfindliche Wirklichkeit verdichtet, intensiviert oder eben auch irritierend verfremdet.[57] Sie zielt nicht einfach auf Abbildungen des Gegebenen, sondern entwirft neue Wahrnehmungsmodi, indem sie dazu auffordert, das Vorfindliche in der ungewöhnlichen Perspektive zu sehen, wie die Fabel sie vorschlägt. Sie bewegt sich in einem Referenzmodus, der Wirklichkeit neu entwirft und zum imaginären Bewohnen der vorgeschlagenen Welt einlädt, um die eigenen Möglichkeiten in sie hinein zu entwerfen. Wenn Menschen als in Geschichten verstrickt gedacht werden[58], die nicht nur lesend Erzählungen aktiv rezipieren, sondern eben auch ihre eigene Lebensgeschichte nur erzählend sinnstiftend konstruieren können, dann kommt der Ressourcenbildung für die Refiguration der eigenen Lebensgeschichte in religiösen Bildungsprozessen erhebliche Bedeutung zu. Narrative Identität ist dabei dynamisch und temporal bestimmt. Sie baut sich in entsprechenden erzählenden Deutungsakten immer wieder neu auf und ist in der Lage, Veränderungen bewusst zu integrieren. Die Form der Lebensgeschichte gewinnt nicht zuletzt dadurch ihre spezifische Gestalt, dass verschiedene kulturelle Zeichenkomplexe, insbesondere Narrationen, in die eigenen Konstruktionen eingebaut werden können.

---

57 Vgl. grundsätzlich zum Aufbau narrativer Identität: Wolfgang Kraus, *Das erzählte Selbst. Die narrative Konstruktion von Identität in der Spätmoderne*, Pfaffenweiler 1996. Aus religionspädagogischer Perspektive: Martina Kumlehn, *Mimesis – Performanz – Narrative Identität*, in: Thomas Klie/Silke Leonhard (Hg.), *Performative Religionsdidaktik. Religionsästhetik – Lernorte – Unterrichtspraxis*, Stuttgart 2008, 102–113.
58 Vgl. Wilhelm Schapp, *In Geschichten verstrickt. Zum Sein von Mensch und Ding*, Frankfurt a. M. (1953) [4]2004.

Vor diesem Hintergrund möchte ich dazu einladen, Schülerinnen und Schüler in spannungsreiche Verschränkungen verschiedener Narrationen zum Thema Alter zu verstricken und dabei die religiösen Dimensionen zum Sprechen zu bringen. Dies kann geschehen, indem z. B. das literarisch verdichtete Thema der Bedeutung von Erinnerung für das eigene Leben aufgenommen wird und Religion als Teil lebendiger Erinnerungskultur ansichtig wird. Insbesondere aber sollten biblische Erzählungen unter diesem Aspekt in den Unterricht eingebunden werden.[59] D. h., explizite biblische Äußerungen zum Alter (z. B. Koh 11,9–12,7, Ps 71, Jes 46, 4, Jes 65,20) oder zum Generationenverhältnis wie im vierten Gebot (Exodus 20,12) sollten nicht nur ethisch und kulturhistorisch versiert vorgestellt werden, sondern so aufgenommen werden, dass sie aktiv angeeignet und in eigene Texte/Gegentexte überführt, bzw. zu Gegenwartsnarrationen in Spannung gesetzt werden können. Darüber hinaus könnten jedoch auch weniger bekannte, durchaus anstößige biblische Narrationen mit erheblicher Tragweite rezeptionsästhetisch orientiert erschlossen werden, um das Fremde und das Eigene in ihnen zu entdecken. Dazu könnten exemplarisch folgende Texte und Themen gehören: der Generationenkonflikt in der Sezessionserzählung (1 Kön 12,1–20)[60], das Spannungsfeld Treue/Trennung zwischen Jung und Alt bei Ruth/Orpa und Noomi im Horizont ihres Gottesverhältnisses (Ruth 1), oder Geschichten vom Neuaufbruch (z. B. symbolisiert durch späten Kindersegen), den (alte) Menschen im Gottvertrauen wagen bzw. zu dem sie sich von Gott mit allen Ambivalenzen für das eigene Selbstbild berufen oder gar „genötigt" fühlen, (wie z. B. Abraham/Sara 1 Mose 18, Zacharias/Elisabeth Lk 1,5–25, Simeon/Hanna Lk 2, 25–38)[61]. Wenn aktive Aneignungsprozesse, die die Texte aufnehmen, umschreiben oder mit Passagen aus der Gegenwartsliteratur verschränken, gelingen, dann können sie dazu anregen, Erzählungen vom eigenen Leben mit Blick auf das Verhältnis Alte und Junge zu verändern und vorfindliche Konfliktlagen möglicherweise neu anzuschauen.

---

59 Vgl. zur Anregung gerontologisch sensibler Bibelauslegung Ursula Schmitt-Pridik, *Hoffnungsvolles Altern. Gerontologische Bibelauslegung*, Neukirchen-Vluyn 2003.

60 Vgl. Melanie Köhlmoos, *„Eine Generation vergeht, die andere kommt" (Koh 1,4)*, in: Christiane Burbach/Friedrich Heckmann (Hg.), *Generationenfragen*, a.a.O., 23–37.

61 Vgl. Eckart Reinmuth, *Die kulturelle Konstruktion des Alters. Neutestamentliche Perspektiven*, in: Martina Kumlehn/Thomas Klie (Hg.), *Aging – Anti-Aging – Pro-Aging*, a.a.O., 144–156.

4. Begegnungen mit alternden Menschen gestalten

Die religionspädagogische Thematisierung des Alters fiel bisher vorrangig in den Bereich der Wahrnehmung diakonischer Zuwendung zu alten Menschen. In den letzten Jahren hat sich die Sicht auf die Reichweite diakonischer Lernprozesse allerdings deutlich verändert, indem Schülerinnen und Schüler nicht nur von der Diakonie hören, sondern in Projekten und Praktika eigene diakonische Erfahrungen machen und reflektieren sollen, um ihre soziale Kompetenz nachhaltig zu stärken.[62] Die Zusammenarbeit mit Altersheimen ist dabei ein prominenter Ort, an dem Begegnungen initiiert und gepflegt werden. Dabei liegt die Beobachtung zugrunde, dass SchülerInnen zwar durchaus intensiven Kontakt zu ihren Großeltern haben können, aber eben oft nur so lange, wie diese eigenständig zu Hause leben. Eine Studie hat z. B. gezeigt, „dass 58 % der befragten Schüler Menschen in sozialen Notlagen nicht mehr in der sozialen Umgebung der Familie wahrnehmen, sondern nur noch im städtischen Kontext und vermittelt durch Medienerfahrungen. Sie verlernen dadurch die direkte und persönliche Interaktion und damit das Gespür im kommunikativen Umgang mit Älteren. Gleichzeitig steigen durch persönliche Begegnungen im Rahmen der Diakoniepraktika, etwa in Altersheimen, Bewusstsein und Lernbereitschaft, Menschen zu helfen. Gleichzeitig werden dadurch nachhaltig Berührungsängste abgebaut. Hier könnte in Zukunft besonders die Aufgabe des sozialen/diakonischen Lernens ansetzen."[63]

Nun ist die diakonische Perspektive stets auf aktive Hilfeleistung ausgerichtet und hat damit vorrangig das Verhältnis zu Hochbetagten im Blick, die der Hilfe bedürfen. In diesem Kontext taucht das Motiv des Anschauens aus dem Titel des Beitrags noch einmal auf. In der Selbstvorstellung der Diakonie heißt es: „Wir nehmen den einzelnen Menschen wahr. Darin sehen wir unseren Auftrag in der Nachfolge Jesu. Wir

---

[62] Vgl. Helmut Hanisch/Heinz Schmidt, *Diakonische Bildung. Theorie und Empirie*, Heidelberg 2004; und Gottfried Adam/Helmut Hanisch/Heinz Schmidt/Renate Zitt, *Unterwegs zu einer Kultur des Helfens*, a.a.O.

[63] Ralf Hoburg, *Die Würde des Altwerdens. Gesellschaftliche Herausforderungen und diakonische Antworten im Gespräch der Generationen*, in: Christiane Burbach/Friedrich Heckmann (Hg.), *Generationenfragen*, a.a.O., 115–133 (121).

schauen Not, Leid und Schwäche als Teil des Lebens ins Gesicht. Wir wenden uns nicht ab, sondern lassen uns anrühren."[64]

In diesem Prozess sind die Helfenden allerdings vielfach extremen Wahrnehmungen ausgesetzt, die alle ihre Sinne betreffen.[65] Insofern gehören die Erfahrung und die begleitende Reflexion der Dimensionen Wahrnehmung, Kommunikation, Akzeptanz, Entwicklung von Einstellungen und Werthaltungen im Verlauf diakonischer Lernprozesse untrennbar zusammen.[66]

Angesichts der demografischen Entwicklung und der speziellen Chancen und Herausforderungen, die sich für die Jugendlichen hinsichtlich des Kontaktes mit den noch nicht hilfebedürftigen, sondern aktiven Menschen des dritten Lebensalter ergeben, sollte die Dimension der Begegnung mit älteren Menschen in Zukunft in den religiösen Bildungsprozessen nicht auf die Diakonie beschränkt werden. Programme wie „Alter schafft Neues" zeigen,[67] wie ältere Menschen versuchen, von sich aus auf jüngere zuzugehen, um sie an ihren Ressourcen von Zeit und spezieller Kompetenz teilhaben zu lassen. Angeregt durch solche Aktivitäten, die oft im kulturellen Bereich angesiedelt sind, könnten Schülerinnen und Schüler im Rahmen des Religionsunterrichtes für Projektwochen überlegen, welche interessanten intergenerativen Themen – z. B. aus dem Bereich individueller und gesellschaftlicher Erinnerungskultur – sie mit älteren Menschen zusammen erarbeiten möchten. Denn die „Kontinuität im Gespräch der Generationen und die Betonung der sozialen Funktion im Sinne einer positiven Erinnerungskultur werden als kommunikativer Prozess gesehen, der sich im intergenerativen Austausch vollzieht."[68] In solchen Begegnungen wird das caritative Schema überwunden und intergeneratives Lernen in möglichst symmetrischen Beziehungsstrukturen erprobt.

---

64 Kirchenamt der EKD (Hg.), *Herz und Mund und Tat und Leben. Grundlagen, Aufgaben und Zukunftsperspektiven der Diakonie. Eine evangelische Denkschrift*, Gütersloh 1998, 76.
65 Vgl. Martina Kumlehn, *Irritation und Expression. Zur Bedeutung der phänomenologisch-ästhetischen Dimension für die Entwicklung diakonischer Kompetenz*, in: Thomas Schlag/Thomas Klie/Ralph Kunz (Hg.), *Ästhetik und Ethik*, a.a.O., 149–163.
66 Vgl. Gottfried Adam, *Didaktische Kriterien und Formate diakonisch-sozialen Lernens*, in: Ders./Helmut Hanisch/Heinz Schmidt/Renate Zitt, *Unterwegs zu einer Kultur des Helfens*, a.a.O., 80–93.
67 Vgl. die Homepage des BMFSFJ, www.alter-schafft-neues.de, wo einzelne Aktivitäten dieser Initiative vorgestellt werden.
68 Ralf Hoburg, *Die Würde des Altwerdens*, a.a.O., 131.

Literatur

Gottfried Adam/Helmut Hanisch/Heinz Schmidt/Renate Zitt (Hg.), *Unterwegs zu einer Kultur des Helfens. Handbuch des diakonisch-sozialen Lernens*, Stuttgart 2006.

Wolfgang Bender/Monica Mutzbauer, *Das Alter erleben, den Tod erfahren*, in: Dies., *sehen – werten – handeln. Ethik 7.–10. Jahrgangsstufe*, München 2002, 207–238.

Martina Blasberg-Kuhnke/Andreas Wittrahm (Hg.), *Altern in Freiheit und Würde. Handbuch christliche Altenarbeit*, München 2007.

Sylvia Buchen/Maja S. Maier (Hg.), *Älterwerden neu denken. Interdisziplinäre Perspektiven auf den demografischen Wandel*, Wiesbaden 2008.

Christiane Burbach/Friedrich Heckmann (Hg.), *Generationenfragen. Theologische Perspektiven zur Gesellschaft des 21. Jahrhunderts*, Göttingen 2007.

Bernhard Dressler, *Unterscheidungen. Religion und Bildung*, Leipzig 2006.

Ralf Evers, *Alphabetisierung in einer Sprache der Hoffnung. Erwägungen zur Altenbildung*, in: Uta Pohl-Patalong, *Religiöse Bildung im Plural. Konzeptionen und Perspektiven*, Schenefeld 2003, 203–219.

Helmut Hanisch, *Alte Menschen in unserer Gesellschaft – Das Leben wird schmaler*, in: *Kursbuch Religion 7/8. Neuausgabe*, Frankfurt 1991, 24–30.

Andreas Hinz, *Zeit als Bildungsaufgabe in theologischer Perspektive*, Münster 2003.

Wolfgang Kraus, *Das erzählte Selbst. Die narrative Konstruktion von Identität in der Spätmoderne*, Pfaffenweiler 1996.

Martina Kumlehn/Thomas Klie, *Aging – Anti-Aging – Pro-Aging. Altersdiskurse in theologischer Deutung*, Stuttgart 2009.

Martina Kumlehn, *Mimesis – Performanz – Narrative Identität. Religiöse Textwelten „bewohnen" und darstellen*, in: Thomas Klie/Silke Leonhard (Hg.), *Performative Religionsdidaktik. Religionsästhetik – Lernorte – Unterrichtspraxis*, Stuttgart 2008, 102–113.

Elisabeth Pries-Kümmel, *Das Alter in der Literatur für junge Leser. Lebenswirklichkeiten älterer Menschen und ihre Darstellung im Kinder- und Jugendbuch der Gegenwart*, Frankfurt a. M. u. a. 2005.

Annette Riedel, *„... wie auf einen Berg steigen". Alter und Altern in der Gesellschaft*, Stuttgart 2007 (Unterrichtsmaterial für die Sek II).

Irmhild Saake, *Die Konstruktion des Alters. Eine gesellschaftstheoretische Einführung in die Alternsforschung*, Wiesbaden 2006.

Ursula Schmitt-Pridik, *Hoffnungsvolles Altern. Gerontologische Bibelauslegung*, Neukirchen-Vluyn 2006.

Ingrid Schoberth, *Für das Alter lernen. Zu einer besonderen Spurensuche in religiösen Lernprozessen*, in: Johannes Eurich/Christian Oelschlägel (Hg.), *Diakonie und Bildung. Heinz Schmidt zum 65. Geburtstag*, Stuttgart 2008, 305–317.

Friedrich Schweitzer, *Postmoderner Lebenszyklus und Religion. Eine Herausforderung für Kirche und Theologie*, Gütersloh 2003.

Shell Deutschland Holding (Hg.), *Jugend 2006. Eine pragmatische Generation unter Druck*, Konzeption und Koordination: Klaus Hurrelmann, Mathias Albert und TNS Infratest Sozialforschung, Frankfurt 2006.

Gemeindepädagogik: Alte Menschen in Kirche und Gemeinde

Karl Foitzik

1. Begriffsklärungen

1.1 Gemeindepädagogik

Gemeindepädagogik wird oft im engen Sinn als eine Praxistheorie verstanden, die sich mit theologisch-pädagogisch geplanten Projekten und Veranstaltungen in Ortsgemeinden befasst. Tatsächlich zielt Gemeindepädagogik auf ein viel weiteres Feld. Sie beschränkt sich als *Gemeinde*pädagogik nicht auf die Orts*gemeinde*, sondern hat alle Orte und Gelegenheiten im Blick, an denen sich Christinnen und Christen versammeln und Gemeinde bilden, und ist als Gemeinde*pädagogik* nicht auf geplante pädagogische Initiativen und formelle Lernprozesse begrenzt, sondern achtet auch auf die meist sogar wirksameren informellen Lernprozesse in und mit Kirche und Gemeinden.[1]

Daraus ergeben sich im Blick auf die fokussierte Zielgruppe Fragen: Was lernen ältere Menschen von und über Kirche, wenn sie sich in ihr bewegen, wenn sie ihr gelegentlich begegnen oder sie von „außen" direkt oder via Medien wahrnehmen? Wie beeinflusst das Gelernte ihr Verhalten?

Umgekehrt: Was lernen die Verantwortlichen in Gemeinden, Einrichtungen und Kirchen in den Begegnungen mit älteren Menschen? Was lernen sie, wenn sie die Situation älterer Menschen direkt oder via Medien wahrnehmen? Welche Konsequenzen ziehen sie daraus, dass alte Menschen immer älter und immer mehr werden? Was haben sie älteren Menschen zu bieten, was diese von anderen nicht bekommen können?

---

[1] Karl Foitzik, *Gemeindepädagogik – ein „Container-Begriff"*, in: Ders. (Hg.), *Gemeindepädagogik. Prämissen und Perspektiven*, Darmstadt 2002, 11–51.

1.2 Das Alter – eine vielgestaltige Lebensphase

Es ist eine Binsenwahrheit, dass es „das" Alter nicht gibt. Menschen altern so unterschiedlich wie sie leben, geprägt durch ihre Herkunft, ihr Geschlecht, ihre Familiensituation, ihren Gesundheitszustand, ihr Umfeld (Ost/West, Stadt/Land, Migrationshintergrund), das Milieu in dem sie leben, ihre soziale und finanzielle Lage etc..

In der traditionellen Gesellschaft galt als alt, wer nicht mehr mitarbeiten konnte. Wenn es nicht mehr ging, wurden die Alten in den „Feierabend" entlassen und von der Großfamilie bis zu ihrem Tod ausgehalten. Heute geht man nicht in den „Ruhestand", wenn man nicht mehr leistungsfähig ist, sondern weil eine festgelegte Altersgrenze erreicht wurde oder Firmen Arbeitsplätze abbauen. Wer heute aus dem Erwerbsleben ausscheidet, kann nach statistischer Wahrscheinlichkeit damit rechnen, noch zwei bis drei Jahrzehnte vor sich zu haben, oft leistungsfähig und bei guter Gesundheit. Eine geschenkte Zeit, die aufgrund des wirtschaftlichen, sozialen und medizinischen Fortschritts immer länger dauert.

Die Lebensphase „Alter" hat einen quantitativen Sprung erlebt und erstreckt sich für viele über einen ähnlich langen Zeitraum wie die Erwerbstätigkeit. So wenig man die bis zu 30jährigen als Einheit zusammenfassen kann, ist dies bei den 60–90jährigen möglich. Doch nach welchen Kriterien soll man unterscheiden? Am biographischen Alter orientierte Gruppenbildungen (50plus; 60–70jährige etc.) sind untaugliche Schubfächer. Qualitative Differenzierungen sind sinnvoller. Ich folge der Einteilung in drei Phasen, die sich an den jeweils vorhandenen Ressourcen orientieren. Die drei Phasen lassen sich nicht dem biographischen Lebensalter zuordnen. Sie können unterschiedlich lang dauern und werden manchmal auch wiederholt durchlebt.

Zur ersten Phase zählen ältere Menschen, die viele freie Ressourcen für eine aktive und selbstorganisierte Lebensgestaltung haben und sich deshalb auch gemeindlich, sozial oder gesellschaftlich engagieren können. In der zweiten Phase haben ältere Menschen noch ausreichende Ressourcen für die eigene alltägliche Lebensgestaltung. Spürbare Einschränkungen können noch weitgehend selbständig bewältigt werden. In der dritten Phase reichen die vorhandenen Ressourcen nicht mehr zur eigenen Lebensbewältigung aus. Die Betroffenen sind verstärkt auf Unterstützung angewiesen.[2] Obwohl zu dieser Phase nur etwa 12–15 % der

---

[2] In der amerikanischen Soziologie werden die Älteren dieser drei Phasen gele-

älteren Menschen zählen, stehen sie oft im Zentrum der öffentlichen Diskussion und prägen das Bild vom „alten" Menschen.³ Doch der „in den letzten Jahrzehnten beobachtbare Anstieg in der Lebenserwartung ist vor allem mit einem Gewinn an ‚aktiven Jahren' verbunden, also einer Verlängerung jener Lebensphase, in der Menschen zu einer selbständigen und selbstverantworteten Lebensführung fähig sind".⁴

2. Schlaglichter zur Situation älterer Menschen in den Gemeinden

Beim ersten Blick auf Gemeinden kann der Eindruck entstehen, dass – sieht man von der Kinder- und Konfirmandenarbeit ab – Gemeindearbeit vor allem Altenarbeit ist. „Ältere Menschen haben die Kirche, wie sie heute ist, entscheidend mitgeprägt, sie haben sie finanziert und ihre Arbeit durch die religiöse Sozialisation ihrer Nachkommen, durch Spenden und unzählige Stunden ehrenamtlicher Mitarbeit erst möglich gemacht."⁵

In den Gottesdiensten überwiegen alte Menschen. Es gibt fast keine Gemeinde, in der keine Seniorennachmittage, -ausflüge und -freizeiten angeboten werden. Die älteren Menschen werden an „runden" Geburtstagen vom Pfarrer oder der Pfarrerin besucht. Konfirmationsjubiläen gehören zu den jährlichen Festgottesdiensten. Größere Gemeinden sind Trägerinnen von Sozialstationen, Alten- und Pflegeheimen. Das Lernergebnis der ersten Wahrnehmung: Die Kirche ist eine Kirche von Alten und für Alte. Sie finden in den Gemeinden Raum und Heimat.

Schaut man genauer hin und bedenkt, dass bereits ein Drittel der Kirchenmitglieder über 60 ist, wird deutlich, dass die traditionelle Gemeindearbeit meist nur einen kleinen Teil der zur Gemeinde gehörenden älteren Menschen erreicht.

---

    gentlich salopp aber zutreffende als „go-gos", „slow-gos" und „no-gos" bezeichnet.
3 Vgl. Frank Schirrmacher, *Das Methusalem-Komplott*, München ⁸2004.
4 *Fünfter Bericht zur Lage der älteren Generation in der Bundesrepublik*, Berlin 2006, 48.
5 Claudia Schulz, *Kirche im Fokus – Die Partizipation der Älteren im Spiegel der Mitgliedschaftsuntersuchungen*, in: Evangelische Arbeitsgemeinschaft für Altenarbeit (EAfA) (Hg.), *Platz für Potenziale? Partizipation im Alter zwischen Strukturen und Erfordernissen*, Hannover 2006, 21.

Das hat unterschiedliche Gründe. Ein erster Grund liegt darin, dass viele Angebote auf die älteren Menschen der zweiten Altersphase ausgerichtet sind. Die aktiven Alten der ersten Phase kommen in gemeindlichen Veranstaltungen kaum vor. Sie fühlen sich dafür noch nicht alt genug. Einschneidender und ausgrenzender ist die deutliche Milieuverengung in vielen Gemeinden. Sie wurde bereits in den 70er Jahren diagnostiziert und ist im letzten Jahrzehnt durch empirische Erhebungen nachdrücklich bestätigt worden. Die Seniorenarbeit erreicht – wie die gemeindliche Arbeit insgesamt – in der Regel nur ein bestimmtes Milieu.

Rudolf Roosen[6] hat herausgearbeitet, dass von den fünf von Gerhard Schulze in den 90er Jahren empirisch erhobenen Milieus[7] in den meisten Gemeindehäusern nur eines anzutreffen ist. Dem Unterhaltungsmilieu wird zu wenig „action" geboten. Für das Selbstverwirklichungsmilieu sind die Menschen im Gemeindehaus zu angepasst. Das nach Perfektion strebende Niveaumilieu fühlt sich dort unterfordert und das Harmoniemilieu, das man im Gemeindehaus vermuten könnte, sucht Geborgenheit im Freundeskreis und in der Familie und wartet zuhause auf den Besuch des Pfarrers. Erreicht wird in erster Linie das Integrationsmilieu, das vom Streben nach Konformität geprägt ist: Nur nicht auffallen. Nicht extravagant sein und nicht zu laut. Die Dominanz des Integrationsmilieus im Gemeindehaus sperrt Angehörige der übrigen Milieus aus. Sie meiden das Gemeindehaus und besuchen, wenn sie kirchlich interessiert sind, Veranstaltungen des Erwachsenenbildungswerks oder treffen sich in überregionalen Tagungs- und Bildungsstätten.

Dieses milieuverengte Gemeindebild, adaptiert und akzeptiert von denen, die dazugehören, und als befremdlich abgelehnt von denen, die außen vor bleiben, wird durch eine Studie bestätigt, die ausdrücklich die sozialen Milieus in der Kirche untersuchte.[8] Ihr Ergebnis ist nur in seiner Deutlichkeit überraschend: In der Kirche begegnen vor allem konservative, hierarchieorientierte Milieus. Die einen dominieren durch das Angebot von Orientierung, die anderen suchen Orientierung und ordnen sich ein und unter. Je selbständiger und eigenverantwortlicher Menschen

---

6 Rudolf Roosen, *Die Kirchengemeinde – Sozialsystem im Wandel*, New York/Berlin 1997; vgl. Ders., *Gemeindehaus vor dem ‚Aus'? Die Milieugesellschaft und die Reform der evangelischen Gemeindearbeit*, in: DtPfBl 97 (1997), 63–67.
7 Gerhard Schulze, *Die Erlebnisgesellschaft. Kultursoziologie der Gegenwart*, Frankfurt/New York, (1992) 1993³.
8 Wolfgang Vögele/Helmut Bremer/Michael Vester (Hg.), *Soziale Milieus und Kirche*, Würzburg 2002.

sind, desto schwerer haben sie es, in der Ortsgemeinde Heimat zu finden.[9]

Eine aktuelle Studie des Sozialwissenschaftlichen Instituts der EKD zeigt, dass es möglich ist, über eine milieuspezifische atmosphärische Gestaltung von kirchlichen Veranstaltungen Menschen zu gewinnen, die sonst kaum im Gemeindeleben anzutreffen sind. Voraussetzung für die Teilnahme bleibt jedoch, dass sie eine positive Haltung zum christlichen Glauben mitbringen.[10]

Zwischenergebnis: In der Gemeindepraxis und der kirchlichen Altenarbeit wird der Tatsache, dass sich Menschen im Alter genauso – wenn nicht sogar noch stärker – voneinander unterscheiden wie in früheren Lebensphasen, bislang nicht in ausreichendem Maße Rechnung getragen. Kirchliche Altenarbeit geht noch nicht ausreichend darauf ein, dass sich die Altersphase über zwei bis drei Jahrzehnte erstreckt. Viel zu wenig wird berücksichtigt, dass ältere Menschen ihre Kirchenmitgliedschaft auf sehr unterschiedliche Weise leben.

Das prägt nicht nur das Bild älterer Menschen von Kirche und Gemeinde, sondern auch das Bild, das Verantwortliche in den Gemeinden von alten Menschen internalisieren. Es ist nicht selten vom Bild der „älteren Alten" geprägt. Ihnen begegnen Pfarrerinnen und Pfarrer in den Gottesdiensten und in der Seniorenarbeit, bei Hausbesuchen und in der Altenseelsorge in den Heimen. In manchen Gemeinden ist jede zweite Kasualie eine Trauerfeier.[11] Das hinterlässt Spuren[12] und erklärt, weshalb im Gottesdienst ältere Menschen oft im Fürbittgebet in einem Satz neben Hilfsbedürftigen, Einsamen und Kranken genannt und der besonderen

---

9 Dieser Befund wird durch die vierte Mitgliedschaftsstudie der EKD bestätigt, die erstmals auch das Verhältnis von Religiosität und Kirchennähe zu Milieus und Lebensstilen untersuchte. Die drei Milieus, die der Kirche nahe stehen, werden jeweils mit dem Attribut „traditionell" charakterisiert. (Johannes Friedrich/Wolfgang Huber/Peter Steinacker (Hg.), *Kirche in der Vielfalt der Lebensbezüge. Vierte EKD-Erhebung über Kirchenmitgliedschaft*, Gütersloh 2006)

10 Petra-Angela Ahrens/Gerhard Wegner, „*Hier ist nicht Jude noch Grieche, hier ist nicht Sklave noch Freier...*". *Erkundungen zur Affinität sozialer Milieus zu Kirche und Religion in der Evangelisch-lutherischen Landeskirche Hannovers*, Hannover 2008.

11 Annegret Freund/Udo Hahn (Hg.), *Kirche im Umbau. Aspekte von Gemeindeentwicklung*, Hannover 2008, 76.

12 Die EKD hat 2008 eine Studie zum Altersbild von Pfarrern und Pfarrerinnen in Auftrag gegeben. Es wird vermutet, dass diese Berufsgruppe zwar in ihrer alltäglichen Arbeitszeit zu etwa 60–70 % durch den Kontakt mit älteren Menschen beschäftigt ist, diesen Bereich aber in ihrer eigenen Wahrnehmung eher abwertet.

Fürsorge Gottes anbefohlen werden. Für einen kleinen Teil der Hochbetagten trifft dies zu, wird aber der Situation einer aktiv und oft bei guter Gesundheit älter werdenden Gesellschaft nicht gerecht.

Kirche ist kein Selbstzweck. Bei den folgenden Überlegungen geht es deshalb nicht darum, um der Kirche willen nach Wegen zu suchen, wie ältere Menschen stärker an Kirche gebunden und in die Gemeinde integriert werden können. Es geht vielmehr darum, ihnen um ihrer selbst willen die Botschaft des Evangeliums als Lebensdeutung und Lebenshilfe zu erschließen. Bevor ich darauf eingehe, wie dies möglich wird, will ich kurz skizzieren was die christliche Botschaft für ältere Menschen bedeuten kann.

3. Die christliche Botschaft als Lebensdeutung und Lebenshilfe

Wird nach der Relevanz der christlichen Botschaft für ältere Menschen gefragt, denken viele vorschnell an die „Lehre von den letzten Dingen". Erneut drängt sich dabei das Bild hilfsbedürftiger Hochbetagter in den Vordergrund und prägt das Gesamtbild. Doch Altern ist mehr als die Vorbereitung auf den Tod, und umgekehrt sind Sterben und Tod keineswegs nur Themen für ältere Menschen. Der christliche Glaube wird in den verschiedenen Lebensaltern unterschiedlich akzentuiert, ist aber grundsätzlich altersindifferent. Viele Themen, die junge Menschen beschäftigen, sind auch für ältere von Interesse und für jüngere ist es wichtig, sich auf die Themen der älteren einzulassen. Einige Beispiele:

– *Autonomie und Abhängigkeit.* Der Mensch strebt nach Selbständigkeit. Abhängigkeit wird als defizitär empfunden. Je autonomer, desto besser, je abhängiger, desto bedauernswerter. Mit zunehmendem Alter steigt die Abhängigkeit. Alter wird folglich defizitär empfunden. Die biblische Botschaft verweist darauf, dass Selbständigkeit und Abhängigkeit zusammengehören. Auch der angeblich autarke Mensch ist abhängig[13] und auch der alternde Mensch kann unter entsprechenden Rahmenbedingungen oft lange selbst entscheiden. Die Abhängigkeit, die in der Kindheit und im Alter besonders deutlich wird, verweist auf eine menschliche Grundsituation. Wir sind zeitlebens täglich neu Emp-

---

13 Vgl. Käte Meyer-Drawe, *Illusionen von Autonomie. Diesseits von Ohnmacht und Allmacht des Ich*, München 1990.

fangende. Leben ist nichts Selbstverständliches, sondern wird täglich neu geschenkt und immer wieder von anderen mitgestaltet. Wo diese Angewiesenheit nicht defizitär, sondern als positive Grunderfahrung wahrgenommen wird, führt dies zu einer Haltung der Dankbarkeit gegenüber denen, die für uns da sind. Für Christinnen und Christen verdichtet sich die Grunderfahrung des Angewiesenseins in der im Glauben akzeptierten Abhängigkeit von Gott – unabhängig vom Lebensalter. Die im Alter oft gewonnene Einsicht, dass jeder Tag ein Geschenk ist, wird in den mittleren Lebensjahren oft ausgeblendet. Die Kirche kann intergenerativ dazu beitragen, den Dualismus von Autonomie und Abhängigkeit zugunsten einer Lebenssicht zu überwinden, die in allen Lebensphasen Selbständigkeit und Angewiesensein aufeinander bezieht.

– *Leben in Beziehungen.* Jedes „Ich" setzt ein „Du" voraus. Wer „Ich" sagen will, ist immer – vor allem aber in kritischen Situationen und am Ende des Lebens – auf ein antwortendes „Du" angewiesen.[14] Die christliche Gemeinde bietet die Chance, gemeinsames Leben einzuüben und zu gestalten. In der gottesdienstlichen Feier des Abendmahls gewinnt dieses Beziehungsgeschehen eine eindrucksvolle Gestalt, die in das Leben der Christinnen und Christen hineinwirken will. Gemeinde ermöglicht Partizipation. Wer das bedenkt, leidet darunter, dass in Gemeinden nicht selten hierarchische Über- und Unterordnungen dominieren.[15] Nach evangelischem Verständnis soll es in der Gemeinde keine Hierarchien geben. Jede und jeder ist als Subjekt angesprochen und soll im eigenen Alltag eigenverantwortlich die Botschaft von Jesus Christus leben und bezeugen. Alte dominieren nicht die Jungen und diese nicht die Alten. Die biblische Tradition vor allem der hebräischen Bibel ist diesbezüglich kritisch zu reflektieren. In der damals dominanten gerontokratischen Tradition erfuhr das Alter zwar eine besondere Wertschätzung, doch die Alten waren auch immer die Dominierenden. Ihnen hatten sich Jüngere unterzuordnen. In traditionellen, statischen Gesellschaften war das so. Heute ist oft das Gegenteil der Fall. Doch es ist weder angemessen, die Tradition zu idealisieren, noch alte Menschen dem Diktat der Jugendlichkeit auszuliefern.

– *Biographie als Fragment.* Je älter Menschen werden, desto nachdrücklicher sind sie herausgefordert, sich mit der Bruchstückhaftigkeit ihres Lebens auseinanderzusetzen. Endliches Leben bleibt unvollendetes

---

14 Vgl. Wilfried Härle, *Menschsein in Beziehungen*, Tübingen 2005.
15 Vögele/Bremer/Vester, *Soziale Milieus und Kirche*, a.a.O.

Leben. Doch auch diese Erfahrung ist nicht auf das Alter begrenzt. Sie schmerzt in allen Altersstufen. Leben wird als bruchstückhaft und unvollendet erfahren. Henning Luther hat in diesem Kontext den Begriff des „Fragments" aufgegriffen.[16] Ein Fragment kann ein Rest eines ursprünglich Ganzen sein, aber im Blick auf die Zukunft auch als noch nicht vollendet verstanden werden. In jedem Fall weist ein Fragment über sich hinaus, lebt von der Spannung zum Ganzen, lässt Ganzheit suchen, die es selbst nicht bieten kann. Wir sind immer zugleich „Fragmente zerbrochener Hoffnungen, verronnener Lebenswünsche, verworfener Möglichkeiten, vertaner und verspielter Chancen" und auch „Fragmente auf Zukunft. … Das Fragment trägt den Keim der Zeit in sich. Sein Wesen ist Sehnsucht. Es ist auf Zukunft aus".[17] Es wirkt nicht nur vergangenheitsorientiert negativ, sondern verweist positiv nach vorn. Verkündigung, Bildung und Seelsorge sind an der Tradition orientiert, eröffnen aber zugleich Zukunft und ermöglichen eine eschatologische Lebenshaltung. Weil sie zukunftsorientiert sind, bleiben sie fragmentarisch, zeigen aber an den alltäglichen Fragmenten auf, wie das Ganze gemeint ist. Sie erschließen immer wieder neu kleine Hoffnungen, weil sie von der großen Hoffnung leben. Und weil sie kleine „Zukünfte" erschließen, ermutigen sie dazu, an der Hoffnung auf die große Zukunft festzuhalten.

– *Begrenztheit und Verletzlichkeit des Lebens.* Durch Begegnungen mit älteren Menschen, die gegen Ende ihres Lebens oft an- und hinfällig werden, können jüngere Menschen motiviert werden, grundsätzlich über die Begrenztheit und Verletzlichkeit des Lebens nachzudenken. Die Kirche kann jüngere wie ältere Menschen dafür sensibilisieren, dass Grenzsituationen – schwere Krankheiten, der Verlust nahestehender Menschen sowie das Sterben – einen natürlichen Teil des Lebens darstellen und dieses mitgestalten. Sie kann dazu beitragen, dass sich Menschen aller Altersstufen der Begrenztheit ihres Handelns und Lebens bewusst bleiben und sich in vielen kleinen Grenzsituationen auf das Erleben der letzten großen Grenzsituation vorbereiten. Das bloße Wissen um die Endlichkeit des Lebens lässt manche verzweifeln und treibt andere dazu an, die verbleibende Zeit maßlos zu genießen. Beides kann schlimme Folgen haben. Das im Glauben gegründete Wissen um die Endlichkeit des Lebens kann dazu helfen, die eigene

---

16 Henning Luther, *Identität als Fragment. Praktisch-theologische Überlegungen zur Unabschließbarkeit von Bildungsprozessen*, in: ThPr 20 (1985), 317–338.
17 A. a. O., 325.

begrenzte Lebenssituation immer wieder neu anzunehmen und die geschenkte Zeit in aller Begrenztheit zu gestalten.
- *Würde und Verantwortung.* Christinnen und Christen sind davon überzeugt, dass die den Menschen von Gott verliehene Würde in allen Lebenslagen und bis ins hohe Alter unverlierbar ist. Auch Hinfällige oder in hohem Maße Demente behalten ihre Würde.[18] Im Zusammenleben mit ihnen in Gemeinden, Alten- und Pflegeheimen sollte das immer wieder erkennbar sein. Doch nicht nur die von Gott geschenkte Würde, sondern auch die von Gott den Menschen übertragene Verantwortung ist unbegrenzt. Verantwortung kennt keine Altersgrenze. Das gilt zunächst für die Selbstverantwortung. Viele Untersuchungen bestätigen, dass Menschen, denen bis ins hohe Alter das mögliche Maß an Eigenverantwortung gewährt wurde, länger gesund bleiben und zufriedener leben. Dieser Einsicht folgend ist das Verhältnis von Versorgung und Selbstverantwortung betagter Menschen auch in Alten- und Pflegeheimen immer wieder neu zu klären. Verantwortung kennt auch im Blick auf die Verantwortung für andere, für das Gemeinwohl und die Zukunft der Welt keine Begrenzung. „Die Bibel kennt keine Entpflichtung von Altersgruppen und keine Altersgrenzen. Alle Menschen sind beauftragt, die Erde zu bebauen und zu bewahren."[19] „Gott schickt nicht in Rente."[20]

4. Gemeindepädagogische Impulse

Viele ältere Menschen lassen sich von dieser Botschaft berühren, finden aber oft schwer Zugang zu Gruppen, in denen diese Botschaft interpretiert und gelebt wird. Sie fühlen sich in ihrem Sosein nicht akzeptiert, und mit dem, was sie bewegt, nicht wahrgenommen. Die Ausdifferenzierung des Alters wird in Kirche und Gemeinden noch zu wenig berücksichtigt.

---

18 Vgl. dazu Paul B. Baltes, *Das hohe Alter – mehr Bürde als Würde?*, in: Max-Planck-Forschung 2/2003, 15–19; Heinz Rüegger, *Würde im Alter. Eine kritische Besinnung auf das Verständnis menschlicher Würde*, in: Wege zum Menschen, 59 (2007), 137–154.
19 EAfA, *Alte und ältere Menschen in Kirche und Gesellschaft*, Hannover 2000, 5.
20 Bei Kirchentagen verteilte Postkarte der Evangelischen Arbeitsgemeinschaft für Altenarbeit (EAfA).

– Ein erster Schritt auf dem Weg zu einer vielfältigen Altersarbeit in Kirche und Gemeinde besteht darin, *das differenzierte Altersbild wahrzunehmen* und in allen Handlungsfeldern umzusetzen. Durch die Vermittlung eines realistischen, vielfältigen Altersbildes, das weder die Stärken und Chancen des Alters noch die Verluste und Verletzlichkeiten im Alter ausblendet, kann die Kirche in Verkündigung, Bildung und Seelsorge dazu beitragen, dass ältere und jüngere Menschen neu über das eigene Altern, über das Altern anderer Menschen und über das Altern in unserer Gesellschaft insgesamt nachdenken und sich in der Begegnung mit älteren Menschen entsprechend verhalten.
– Als zweites ist zu *überprüfen*, wo und *wie sich das differenzierte Altersbild in der kirchlichen Arbeit konkret niederschlägt*. In nüchterner Bilanz gilt es danach zu fragen, welche ältere Menschen in der Gemeinde anzutreffen sind und welche nicht. Wo sind die jüngeren Alten, wo die Männer, wo ältere Menschen mit niedrigem oder mit hohen Bildungsabschluss etc.? Bei dieser Bilanz werden vermutlich Defizite deutlich, es kann aber auch festgestellt werden, dass nicht selten ältere Menschen, die in der Ortsgemeinde offensichtlich keinen Zugang finden, an anderen kirchlichen Orten sehr wohl anzutreffen sind. Sie orientieren sich an Angeboten der Erwachsenenbildungswerke und treffen sich in Bildungshäusern oder auch in benachbarten Gemeindehäusern, in deren Atmosphäre sie sich aufgenommen und geborgen fühlen. Wird dies nicht als Konkurrenz empfunden, sondern als Chance entdeckt, ist es nicht weit zum nächsten Schritt.
– Die *kirchliche Seniorenarbeit wird übergemeindlich geplant und verantwortet*. Mit einer Altenarbeit, die mindestens so vielfältig ist wie die Kinder- und Jugendarbeit, sind die einzelnen Ortsgemeinden überfordert. In Kooperationen mit anderen Gemeinden, Bildungshäusern und –trägern könnte aber ein Netz „kirchlicher Orte" entstehen, das vielen unterschiedlichen Menschen Räume der Begegnung bietet. Keine andere Institution hat ähnliche Ressourcen wie die Kirche. Sie bietet vielfältige Orte, an denen sich Alte und Junge, Gesunde und Kranke, Lebensfrohe und Trauernde so begegnen, dass sie wechselweise zu Empfangenden und Gebenden werden. Darin gewinnt der Beziehungsaspekt eine ganz besondere Tiefe.
– Im Vordergrund steht dabei nicht, was ältere Menschen lernen sollen, sondern was sie lernen wollen. Kirchliche Altenarbeit war lange davon geprägt, dass Verantwortliche die Ziele definierten. Doch in der *Theorie der Altenarbeit* hat ein doppelter Paradigmenwechsel stattgefunden. Das alte „*Betreuungs- und Versorgungsmodell*" der Seniorenar-

beit, in dem man alte Menschen als primär hilfsbedürftig ansah und mit Kaffee und Kuchen belohnte, wurde zumindest in der Theorie durch das *„Angebotsmodell"* abgelöst. Alte Menschen kommen, weil ihnen etwas Interessantes geboten wird. Doch auch in diesem Modell bleiben sie oft Konsumentinnen und Konsumenten. Deshalb wurde das „Angebotsmodells" vom *„Modell der Selbstbeteiligung der Teilnehmerinnen und Teilnehmer"* ersetzt. Ziel ist hier eine eigenständig verantwortete Altenarbeit, in der Eigeninitiative geweckt und die Bereitschaft gefördert wird, sich den eigenen Fragen zu stellen und sich für andere zu engagieren. „Erst mit der Lebensweltorientierung der Altersbildung setzt sich eine umfassende Teilnehmerorientierung durch, die danach fragt, wie Ältere lernen wollen, eine Frage, die zuvor durch normative Vorgaben und Fremddefinitionen ausgeblendet war. [...] Erst die alltags- und lebensweltbezogene Perspektive macht theoretisch ernst mit der Forderung der Selbstbestimmung von Inhalten und Formen des Lernens. Alle übrigen Konzepte der Betreuung, Belehrung und des Trainings gehen von vorgegebenen Fremddefinitionen darüber aus, was Ältere lernen sollten."[21]
- Die drei konzeptionellen Modelle folgten einander zeitlich. Im Blick auf die unterschiedlichen Altersphasen und die milieubedingten Unterschiede sind sie aber vermutlich nach wie vor auch nebeneinander wichtig. Die Generation der Alten, die im dritten Reich oder in der ehemaligen DDR unter diktatorischer Herrschaft aufgewachsen ist, hat andere Werte internalisiert als die Generation der Nach-68er. Den einen liegt nicht viel daran, selbst Initiative zu ergreifen, Gruppen zu gründen und sich eigenverantwortlich zu engagieren. Zurückhaltung und Anpassung waren für sie Überlebensstrategien. Andere pochen auf Eigenständigkeit und Selbstinitiative. Die einen suchen nach Angeboten, die sie konsumieren können. Andere sind davon abgestoßen. Jedes der drei Modelle erreicht bestimmte Zielgruppen. In allen Modellen ist die Subjektorientierung und Mitverantwortung der Beteiligten zumindest anzustreben.

---

21 Sylvia Kade, *Altersbildung. Ziele und Konzepte*, Deutsches Institut für Erwachsenenbildung. Deutscher Volkshochschul-Verband, Frankfurt 1994, 19.

5. Gemeindepädagogische Konkretionen

Altenarbeit muss nirgends bei Null anfangen. Es gibt in den Gemeinden und kirchlichen Einrichtungen ein breites Angebot. Altennachmittage und Seniorenkreise, Ausflugsfahrten und Freizeiten, Bildungsangebote und Bildungsreisen, Bibelkreisarbeit, Ehrenamtsbörsen, Jubelfeiern und Kasualien, Geburtstagsbesuche, Beratungsangebote und Sozialstationen, Mittagstische und organisierte Nachbarschaftshilfen, Altenheimseelsorge, Hospizarbeit usw.. Viele Angebote sind von Einzelpersonen initiiert worden. Manches wirkt zufällig. Ein überzeugendes Gesamtkonzept ist selten zu erkennen.

Dies ist dadurch bedingt, dass die einzelne Gemeinde mit einem Gesamtkonzept überfordert ist und in der Region die dafür nötigen Strukturen meistens noch fehlen. Kooperationen von Gemeinden und kirchlichen Einrichtungen werden zwar von kirchenleitenden Gremien in jüngster Zeit immer häufiger empfohlen. Doch so lange dies nur mit dem Verweis auf künftig geringere finanzielle und personelle Ressourcen geschieht, werden solche Lösungen verständlicherweise als Notlösungen empfunden. Die Vorzüge solcher Kooperationen werden erkennbar, wenn mit der Entwicklung von Gesamtkonzepten für bestimmte Arbeitsfelder begonnen wird. Es wird einerseits erkennbar, dass die Einzelgemeinde nur im Verbund mit anderen ihrem Auftrag gerecht werden kann und dabei nichts verliert, sondern viel gewinnt. Am Beispiel der Altenarbeit kann dies gut aufgezeigt werden.

5.1 Differenzierte Seniorenarbeit in regionalen Gemeinden

Eine differenzierte, milieuspezifische und die einzelnen Altersphasen angemessen berücksichtigende Altenarbeit kann nur in der Region geplant und verantwortet werden. Was in einer Gemeinde oder Einrichtung gut läuft, muss von anderen nicht kopiert, sondern kann von ihnen gefördert werden. Im gemeinsamen Planen entdecken die Beteiligten das je eigene Profil. Bestimmte Schwerpunkte müssen in der Region nicht oft, andere im Blick auf die schwindende Mobilität im Alter häufiger vorkommen. Durch die Vernetzung der verschiedenen „kirchlichen Orte"[22], zu denen neben den traditionellen Ortsgemeinden die Bil-

---

22 Uta Pohl-Patalong, *Ortsgemeinde und übergemeindliche Arbeit im Konflikt*, Göt-

dungszentren und kirchlichen und diakonischen Einrichtungen in der Region gehören, kann kirchliche Altenarbeit der Ausdifferenzierung der Altersphase annähernd gerecht werden.[23] Öffnende übergemeindliche Angebote können soziologische Entwicklungen wie zum Beispiel geringere Bindungsbereitschaft an Institutionen und veränderte Wünsche in Bezug auf Autonomie und Anonymität, Bindung, Vertrautheit und Bereitschaft zu einem Engagement unter neuen Bedingungen besser berücksichtigen.

Ähnlich wie in der Kinder- und Jugendarbeit ist es bei einem regionalen Gesamtkonzept der Altenarbeit sinnvoll, das Handlungsfeld in überschaubare, deutlich abgegrenzte Einzelbereiche aufzuteilen.[24] Die in den folgenden Abschnitten beschriebenen Bereiche müssen in den einzelnen Regionen nicht immer alle – und schon gar nicht von Anfang an – vorhanden sein. Selbstverantwortete Altenarbeit setzt voraus, dass an den Bereichen einerseits Interesse besteht und andererseits Menschen bereit sind, sich dafür ehrenamtlich zu engagieren. Fünf Bereiche bieten sich an:

– *Bereich Bildung.* Auch im Alter ist Bildung kein Konsumangebot, sondern eine gemeinsam wahrgenommene Investition für die täglichen Herausforderungen und für das, was noch bevorsteht. In Kooperation mit den Bildungswerken sichten und gewichten die in der Region für diesen Bereich Verantwortlichen die bereits vorhandenen Angebote (auch anderer Träger) und entwickeln intergenerative Möglichkeiten, die den Menschen in der Region gerecht werden. Dabei geht es u. a. um lebensweltbezogene und lebenspraktische Bildung, um schöpferisch-kulturelle und gesellschaftliche Bildung, um Technik-Bildung und Empowerment-Bildung[25] sowie um Sinnfindung und das Entdecken neuer Glaubens- und Lebensinhalte. Menschen in der ersten Altersphase sind dabei besonders im Blick. Bildungs- und Studienreisen sowie der ganze Bereich der Aus- und Fortbildung von Ehren-

---

tingen 2003; Dies, *Von der Ortskirche zu kirchlichen Orten. Ein Zukunftsmodell*, Göttingen 2004.

23 Gemeinden sind dafür zu klein, Dekanate meistens zu groß. Eine Region könnte ca. 6–7 Ortsgemeinden einschließlich der im Bereich tätigen kirchlichen Einrichtungen umfassen.

24 Karl Foitzik, *Seniorenarbeit regional. Gemeindepädagogische Überlegungen zu milieuspezifischem Handeln*, in: Praxis Gemeindepädagogik 59 (2006), Heft 1, 17–18.

25 Zu den genannten Aspekten vgl. Brunhilde Arnold, *Geschichte der Altenbildung*, in: Susanne Becker u. a. (Hg.), Handbuch Altenbildung, Opladen 2000, 30 f.

amtlichen in der Altenarbeit können dem Bereich Bildung zugeschlagen oder als eigene Bereiche organisiert werden.
- *Bereich Gottesdienst und Spiritualität.* Zu diesem Bereich zählen die in vielen Gemeinden üblichen Gottesdienste und Abendmahlsfeiern für ältere Menschen. Es wird bedacht, wie diese für weitere Kreise ansprechender werden und wo ältere Menschen sonst noch Orte finden, an denen sie zusammen mit anderen ihre spezifische Spiritualität vertiefen und leben können. Auch gottesdienstliche Jubiläen und kirchliche Rituale gehören zu diesem Bereich. Konfirmationsjubiläen sind oft ausschließlich vergangenheitsfixiert. Gemeinsam könnte überlegt werden, wie die unterschiedlichen Situationen, in denen die Beteiligten leben, und deren Zukunftsperspektiven zur Sprache kommen können. Die guten Erfahrungen, die an anderen Orten mit der Entwicklung neuer Rituale in Umbruchsituationen (Ausscheiden aus dem Erwerbsleben, Änderungen in Lebenssituationen etc.) gemacht werden, wären in diesem Bereich ebenfalls aufzugreifen und gemeinsam zu gestalten.[26]
- *Bereich Begegnung, Geselligkeit und Unterhaltung.* Die traditionellen Seniorennachmittage werden reflektiert, koordiniert und weiterentwickelt. Neue milieuspezifische Möglichkeiten werden erprobt. Neben den traditionellen Orten der Begegnung werden in räumlicher Nähe neue geschaffen. Ältere Menschen brauchen Orte, an denen sie zwanglos andere treffen können, „institutionalisierte Gelegenheitsstrukturen für Begegnungen" (Heiner Keupp). Die Gemeinde ist von ihrem Selbstverständnis her ein hervorragender Begegnungsort, an dem Mitglieder verschiedener Generationen ihre Lebenserfahrung und ihr Verständnis vom christlichen Glauben kommunizieren können. Die in Kirche und Gemeinden vorhandenen Strukturen eröffnen vielfältige Möglichkeiten. Manche Gemeinden orientieren sich dabei am Bundesmodellprogramm „Mehrgenerationenhäuser", wandeln ihr Gemeindehaus zu einer generationsübergreifenden Begegnungsstätte um oder entwickeln zusammen mit anderen Trägern neue Wohn- und Lebensformen für ältere Menschen.
- *Bereich Besuchsdienste.* Neben der „Kommstruktur" ist im Blick auf ältere Menschen die „Gehstruktur" in Kirche und Gemeinde weiter auszubauen. Eine aufsuchende Altenarbeit ist nötig, weil manchen älteren Menschen die sozialen Ressourcen fehlen, sich auf Gruppen

---

26 Dazu wird es ab 2009 auf einem von der EAfA verantworteten evangelischen Internetportal einen eigenen „Treffpunkt" geben.

und Kreise einzulassen, andere sind aufgrund nachlassender Kräfte nicht mehr in der Lage, sich auf den Weg zu machen. Bisher sind Besuche an runden Geburtstagen üblich. Traditionell wird von vielen der Besuch des Pfarrers bzw. der Pfarrerin erwartet. Eine Ausweitung der Besuchsarbeit ist für die meisten Hauptberuflichen nicht möglich. Dies kann den Betroffenen verdeutlicht werden, wenn es gleichzeitig gelingt, Ehrenamtliche für Besuchsdienste zu gewinnen und vorzubereiten. Im Blick auf die Zielgruppe der älteren Menschen und deren unterschiedliche Herausforderungen sind in der Regel mehrere Besuchsdienst-Teams nötig. Eines sollte sich auf Besuche anlässlich besonderer Situationen im Leben älterer Menschen konzentrieren. Dies kann der Übergang vom Erwerbsleben in den Ruhestand sein, ein notwendiger Wohnungswechsel, der Verlust des Partners oder der Partnerin, das Alleinleben bei abnehmenden Kräften oder der anstehende Wechsel in ein Alten- oder Pflegeheim. Solche Situationen sind in der Regel herausragende Lernsituationen. Besuchsdienst-Teams, die sich auf Besuche in solchen Situationen einlassen sind auf eine angemessene seelsorgerliche und pädagogische Begleitung, auf regelmäßige Fortbildung und Supervision angewiesen. Sie müssen wissen, an wen sie sich wenden können, wenn sie selbst Unterstützung brauchen. Gibt es unter ihnen ausgebildete ehrenamtliche Altenberaterinnen und –berater, ist dies ein großer Vorteil.[27] Begleitung, Fortbildung und Supervision benötigen auch Besuchsdienst-Teams, die an Geburtstagen ältere Menschen aufsuchen oder regelmäßig Menschen in der dritten Altersphase in deren Wohnung oder im Alten- oder Pflegeheim begleiten.

– *Bereich konkrete Hilfen.* Für ältere Menschen ist es oft belastend, wenn sie nicht mehr gebraucht werden. Sie haben bestimmte Kompetenzen, sind noch leistungsfähig – und niemand braucht sie. In vielen Gemeinden sind „Gebraucht-werden-Börsen" inzwischen zur festen Einrichtung geworden. Neben praktischen Lebenshilfen wird es künftig vermehrt auch in Kooperation mit der Sozialstation um Nachbarschaftshilfe in der Altenpflege gehen. Dies soll im nächsten Abschnitt aufgegriffen werden. Es ist eine wichtige gemeindepädagogische Aufgabe, Menschen, die gebraucht werden möchten, dazu zu befähigen, Vorbehalte zu überwinden und entsprechend ihrer Kompetenzen tatsächlich auch mitzuarbeiten.

---

27 Eine Ausbildung zur ehrenamtlichen Altenberaterin/zum ehrenamtlichen Altenberater wird in manchen Dekanaten angeboten.

Die genannten fünf Bereiche könnten von je einer Projektgruppe von Ehrenamtlichen initiiert, geplant und verantwortet werden. Wo es nötig ist, werden sie professionell unterstützt und begleitet. Dies kann vor allem in den Bereichen Spiritualität, Besuchsdienste und Bildung nötig sein. Die Verantwortung liegt aber bei den Ehrenamtlichen.

Zwei bis drei Delegierte aus den einzelnen Projektgruppen bilden den Ausschuss für die Seniorenarbeit in der Region, der die selbständigen Bereiche koordiniert, die von den kirchlichen Leitungsgremien für Altenarbeit zur Verfügung gestellten Finanzen verteilt, die Öffentlichkeitsarbeit verantwortet und die evangelische Altenarbeit mit der anderer Kirchen und anderer Anbieter vernetzt.[28]

5.2 Die neue Bedeutung der Ortsgemeinde für kirchliche Altenarbeit

Kirche wird an konkreten Orten erfahrbar – dazu zählen nicht mehr nur, aber doch in erster Linie die Ortsgemeinden. Im Netz der „kirchlichen Orte" in der Region spielen sie nach wie vor eine hervorragende Rolle. Es zeichnete sich ab, dass sie in einer älter werdenden Gesellschaft und in einer älter werdenden Kirche noch an Bedeutung gewinnen. Viele Menschen möchten ihre dritte Altersphase auch bei zunehmender Hilfsbedürftigkeit nicht in einem Heim verbringen, sondern in ihrer Wohnung und ihrem gewohnten Sozialraum bleiben. Das stellt Kirchengemeinden vor neue Herausforderungen. Ein Großteil der Pflegebedürftigen wird daheim von Angehörigen versorgt.[29] Pflegende und Gepflegte sind auf begleitende Unterstützung im Sozialraum angewiesen. Nicht wenige hoffen, dass ihre Kirche sie im Alter nicht im Stich lässt. Es kann nicht darum gehen, die Unterbringung in einem Pflegeheim zu diskriminieren. Sie ist in bestimmten Situationen unumgänglich und dort, wo durch die Schwere der Pflege die Lebensqualität der Gepflegten

---

28 Ein weiterführendes Beispiel ist die „Arbeitsgemeinschaft Treffpunkt Senior" in Stuttgart, eine von der Evang. Akademie Bad Boll in Kooperation mit dem Sozialamt der Stadt Stuttgart geschaffene Plattform, auf der die gesamte Altersarbeit im Bereich geplant wird, koordiniert und verantwortet. Vgl. Friedemann Binder, *Partizipation konkret. Neue Beteiligungsformen in der Altersarbeit*, in: EAfA (Hg.), *Platz für Potenziale. Partizipation im Alter zwischen alten Strukturen und neuen Erfordernissen*, Hannover 2006, 28–31; vgl. auch www.treffpunkt-senior.de.

29 Vgl. *Vierter Altenbericht der Bundesregierung*, Berlin 2002.

und der Pflegenden zu sehr leidet, unumgänglich. Viele ältere Menschen haben in Heimen eine neue Heimat gefunden.

Dennoch soll die Hoffnung derer, die in den eigenen viere Wänden bleiben wollen, nicht enttäuscht werden. Die Gemeinden sind herausgefordert, zusammen mit anderen gesellschaftlichen Kräften, Wege zu suchen, wie die Alternative von Pflege in den eigenen vier Wänden einerseits und Heimpflege andererseits zumindest teilweise überwunden werden kann. Die Pflege ausschließlich durch Angehörige ist auf die Dauer überfordernd, die Heimpflege bei ständig zunehmendem Pflegebedarf von der Gesellschaft kaum noch zu finanzieren. Klaus Dörner fordert deshalb einen Umbau des Sorgesystems für Ältere: Statt die Fürsorge vorschnell an nicht mehr finanzierbare Institutionen zu delegieren, sieht er in Familien, Nachbarschaften, Gemeinden und Kommunen die Basis für ein notwendiges Engagement auf Gegenseitigkeit.[30] Mit dem Konzept vom dritten Sozialraum wirbt er für eine neue Wertschätzung der Kirchengemeinden.[31] Der dritte Sozialraum, zwischen dem privaten und öffentlichen Raum angesiedelt, ist die Nachbarschaft, der „Wir-Raum", in dem Menschen sich kennen und bereit werden, sich gegenseitig zu helfen. Wenn in Gemeinden die Verknüpfung von diakonischer Professionalität und diakonischem und gemeindlichem Ehrenamt gelingt, verändert sich das Bild, dass Außenstehende von Kirche gewinnen. Sie erkennen und lernen, dass es zum Wesen der Kirche gehört, nicht vorrangig für den eigenen Bestand zu sorgen und für das eigene Klientel da zu sein, sondern als Kirche für und mit anderen die Botschaft des Evangeliums überzeugend zu leben.[32] Während Jahrzehnte lang diakonische Aufgaben von den Gemeinden an diakonische Institutionen delegiert wurden, entdecken Gemeinden wieder, dass diakonisches Engagement substantiell auch zu ihrem eigenen Auftrag gehört. Die Kirche kann in besonderer Weise für die Bedürfnisse der Pflegebedürftigen, Schwerkranken und Sterbenden sensibilisieren, und verdeutlichen, dass sie Teil des „öffentlichen Raums" sind und mit anderen in diesem Raum in einer Beziehung stehen, in der die einen nie nur „Empfangende" und die

---

30 Klaus Dörner, *An den Potenzialen des Alters geht kein Weg vorbei*, in: EAfA (Hg.), *Potenziale des Alters. Chance für Kirche und Gesellschaft*, Hannover 2004, 20–23
31 Klaus Dörner, *Leben und sterben, wo ich hingehöre. Dritter Sozialraum und neues Hilfesystem*, Neumünster 2007, 19 ff.
32 Vgl. Reinhard Thies, *Handlungsoption Gemeinwesendiakonie. Die Gemeinschaftsinitiative Soziale Stadt als Herausforderung und Chance für Kirche und Diakonie*, hg. vom Diakonischen Werk der Evangelischen Kirche in Deutschland, Berlin 2007.

andern nie nur „Gebende" sind. Die Ortsgemeinden können dabei „eine ungemein wichtige Rolle spielen, weil sie ohne hinderliche bürokratische Strukturen und durch kommunikatives Handeln die ideale Ausgangsbasis zur Vermittlung von Gemeinschaft und Geborgenheit darstellen."[33] Gemeinde ist dort, wo niemand auf Dauer einsam sein muss.

6. Potentiale älterer Menschen – Ehrenamtliche verändern das Bild von Kirche und Gemeinde[34]

Eine differenzierte Altenarbeit in einem Netz „kirchlicher Orte" einerseits und verstärktes diakonisches Engagement im Sozialraum der traditionellen Kirchengemeinde – das kann weder von den vorhandenen Hauptberuflichen noch von den bisher in der Altenarbeit tätigen Ehrenamtlichen allein geleistet werden. Es geht darum, leistungsfähige ältere Menschen vor allem der ersten Altersphase für ein freiwilliges Engagement zu gewinnen, Gemeinden und Einrichtungen für eine differenzierte Altenarbeit zu sensibilisieren, in der Partizipation und Selbstorganisation älterer Menschen möglich werden, und die in den Gemeinden Verantwortlichen sowie die hauptberuflich Mitarbeitenden dafür zu gewinnen und sie auf veränderte Rollen vorzubereiten. Das sind gemeindepädagogische Herausforderungen, deren Einlösung das Bild der Kirche verändern. Gemeinden werden anders wahrgenommen, wenn sie wieder zu diakonischen Orten werden. Sie werden anders wahrgenommen, wenn sich die einzelnen Gemeinden als Teil eines regionalen Netzes mit vielfältigen Initiativen und öffnenden Angeboten verstehen. Und sie werden anders wahrgenommen, wenn vor Ort und in der Region die Verantwortung weitgehend von Ehrenamtlichen übernommen werden kann. Wird an dieser Stelle eingewandt, dass es diese Ehrenamtlichen doch gar nicht gibt, ist das ein Hinweis darauf, dass die Potenziale und Erfahrungskompetenzen derer, die aus dem Erwerbsleben ausgeschieden sind oder demnächst ausscheiden noch nicht hinreichend wahrgenommen werden.

---

33 Diakonisches Werk der EKD (Hg.), *Die Rolle der allgemeinen Sozialarbeit im Rahmen gemeinde- und gemeinwesenorientierten Handelns der Diakonie (G2-Modell)*, Berlin 2007, 29 ff.
34 Karl Foitzik, *Kompetenzen und Engagement älterer Menschen. Ressourcen für Kirche und Gemeinde*, in: Praktische Theologie 2006, 280–283.

6.1 Ältere Menschen für ein freiwilliges Engagement gewinnen und qualifizieren

Alle vorliegenden Untersuchungen bestätigen, dass die Bereitschaft zum freiwilligen Engagement in den letzten Jahren in allen Altersgruppen gestiegen ist. Nach den Freiwilligensurveys der Bundesregierung von 1999 und 2004 gibt es beim freiwilligen Engagement älterer Menschen die höchsten Steigerungsraten aller Altersgruppen.[35] Der Fünfte Altenbericht der Bundsregierung sieht eine Ursache darin, dass zunehmend Menschen in den Ruhestand treten, „die im Vergleich zu früheren Jahrzehnten ein hohes Niveau von Schulbildung und beruflichen Bildungsabschluss aufweisen. Dies ist in allen einschlägigen Untersuchungen mit einer höheren Bildungsnachfrage im Alter und einer erhöhten Bereitschaft zum freiwilligen Engagement verbunden".[36]

Die Gründe, weshalb es trotz der großen Bereitschaft in Gemeinden oft dennoch schwierig ist, ältere Menschen der ersten Altersphase als Mitarbeiterinnen und Mitarbeiter zu gewinnen sind mehrschichtig.

Offensichtlich wird nicht nachdrücklich genug geworben. Auf die Frage, weshalb sie trotz geäußerter Bereitschaft sich nicht engagieren, antworten viele: „Mich hat noch nie jemand gefragt."[37] Eine vordringliche gemeindepädagogische Aufgabe besteht folglich darin, Menschen zur Mitarbeit zu motivieren. Dabei sollten deren Ressourcen im Vordergrund stehen und nicht Aufgaben, die sich andere ausgedacht haben.

Klages weist weiter darauf hin, dass verbreitete Vorurteile zu überwinden sind. Viele Befragte äußerten die Sorge, dass die Mitarbeit keinen Spaß machen könnte. Hier wirkt offensichtlich das traditionelle Image des Ehrenamts nach. Es wird vermutet, Mitarbeit müsse selbstlos sein, eigene Interessen dürften keine Rolle spielen. „Für Menschen mit stark entwickelten Selbstentfaltungswerten ist das natürlich ein Horror."[38] Die

---

35 Vgl. Bernhard von Rosenbladt, *Freiwilligenarbeit, ehrenamtliche Tätigkeit und bürgerschaftliches Engagement*, München 1999; Thomas Gensicke/Sibylle Picot/Sabine Geiss, *Freiwilliges Engagement in Deutschland 1999–2004. Repräsentative Erhebung im Auftrag des Bundesministeriums für Familie, Senioren, Frauen und Jugend*, Wiesbaden 2006.
36 *Fünfter Bericht zur Lage der älteren Generation in der Bundesrepublik*, Berlin 2006, 18.
37 Helmut Klages, *Vision Verantwortungsgesellschaft – eine Perspektive für mehr Partizipation im Alter*, in: EAfA (Hg.), *Platz für Potenziale. Partizipation im Alter zwischen alten Strukturen und neuen Erfordernissen*, Hannover 2006, 11–16.
38 A. a. O., 14.

meisten tatsächlich Mitarbeitenden verweisen ausdrücklich darauf, dass ihnen das Engagement Freude bereitet und mehr „mit der erweiterten Befriedung eigener Interessen als mit ihrer Behinderung zu tun" hat. Wenn dies bei potentiellen Freiwilligen nicht bekannt ist, so weist dies „auf eine Aufklärungs- und Informationsaufgabe hin, die bisher offenbar noch nicht ausreichend geleistet wird."[39]

Die Überwindung eines dritten Vorbehalts bereitet mehr Schwierigkeiten. Viele, die grundsätzlich zur Mitarbeit bereit sind, befürchten, dass sie in Kirche und Gemeinde nicht die Freiräume finden, die sie sich wünschen. Sie haben wenig Interessen am klassischen Ehrenamt. Ihnen ist vielmehr an der Übernahme einer verantwortungsvollen Aufgabe gelegen, die ihren individuellen Interessen und Kompetenzen gerecht wird, eigene Handlungsspielräume eröffnet und geeignet ist, auch selbst neue Erfahrungen, Einsichten und Kompetenzen zu erwerben. Dabei bevorzugen sie zeitlich überschaubare Projekte, die eigenverantwortlich mitgestaltet werden können. „Die Motivation zum Engagement richtet sich zunehmend an den Möglichkeiten zur selbstbestimmten Gestaltung der freiwilligen Tätigkeit aus und bezieht sich auf qualitativ gehaltvolle Tätigkeiten jenseits einer reinen Helferrolle für professionelle Kräfte."[40] Viele, die heute aus dem Erwerbsleben ausscheiden, sind es gewohnt, aktiv mitzugestalten und Verantwortung zu übernehmen. Sie befürchten, dass sie dazu in den Gemeinden nicht die erwarteten Freiräume finden und engagieren sich in Bürgerinitiativen, Selbsthilfegruppen und Projekten außerhalb.

6.2 Lernprozesse in Gemeinden

Auch die Gemeinden müssen lernen. Hier kommt zunächst das Netz der kirchlichen Orte ins Spiel. Dort gibt es Anknüpfungspunkte, die Freiräume gewähren. Potentielle Freiwillige sind auf diese Orte aufmerksam zu machen. Dort besteht die Chance, gemeinsam neue Initiativen zu entwickeln und zu gestalten.

Das bundesweite Modellprojekt „Erfahrungswissen für Initiativen (EFI)" hat dies nachdrücklich aufgezeigt. Bei diesem wissenschaftlich begleiteten Projekt wurden ältere Menschen der ersten Altersphase motiviert, ihr erworbenes Erfahrungswissen in neue selbstverantwortete In-

---

39 A. a. O., 15.
40 *Fünfter Bericht zur Lage der älteren Generation in der Bundesrepublik*, a.a.O., 12.

itiativen einzubringen."⁴¹ In zwei Bundesländern waren kirchliche Träger beteiligt. Die Auswertung deren Erfahrungen belegen zum einen, dass Menschen zur Mitarbeit bereit waren, die zuvor nicht kirchlich engagiert waren, und zum anderen, dass deren neue Initiativen in Ortsgemeinden oft auf Vorbehalte stießen, sie aber unter dem Dach der Erwachsenenbildungswerke nicht nur die nötigen Freiräume, sondern auch die erwünschte Unterstützung fanden.⁴²

Viele andere Beispiele belegen, dass aus der potentiellen Bereitschaft reale Mitarbeit wird, wenn in Gemeinden und kirchlichen Einrichtungen die dafür nötigen Rahmenbedingungen vorhanden sind. Dazu zählen die Überschaubarkeit der Projekte, deren Realisierbarkeit und zeitliche Begrenzung, vor allem aber die Möglichkeit der Mitgestaltung und Mitverantwortung. Menschen wollen ihre Fähigkeiten und Erfahrungen sinnvoll einbringen, selbst etwas von ihrem Engagement profitieren und erkennbar etwas zum Gemeinwohl beitragen.⁴³ Wo dies möglich erscheint, besteht kein Mangel an Mitarbeiterinnen und Mitarbeitern. Sabine Sautter, Referentin für Seniorenbildung im Evangelischen Bildungswerk München, bestätigt „eine riesige Nachfrage, die wir oft gar nicht bewältigen können".⁴⁴ Bei der im Dekanat Würzburg vom Bildungswerk angebotenen Ausbildung zur ehrenamtlichen Altersberaterin / zum ehrenamtlichen Alterberater können längst nicht alle Interessierten berücksichtigt werden. Die Gründe dafür liegen – ähnlich wie bei der Qualifizierung der Ehrenamtlichen für die Telefonseelsorge – vor allem darin, dass die Beteiligten bei der Ausbildung zunächst selbst profitieren und dass der Einsatz überschaubar und sinnvoll erscheint. Die Ausbildung zur ehrenamtlichen Altenberatung steht unter dem Leitsatz: „Ich will für mich – mit anderen zusammen – für mich und andere – etwas tun".

---

41 Vgl. dazu www.efi-programm.de.
42 Vgl. EAfA (Hg.), *Erfahrungswissen für Initiativen in der Kirche. Alterspotenziale wahrnehmen und fördern*, Hannover 2006.
43 Einträge zu den Stichworten „Seniorexperts" und „Gebraucht-werden" im Internet.
44 Vgl. Sabine Sautter, *Aufbruch in eine neue Lebensphase*, in: Nachrichten der Evang.-Luth. Kirche in Bayern Nr. 9, 2005, 278–28. Das Bildungswerk bietet zur Zeit sechs entsprechende Fortbildungsprojekte an, drei qualifizieren für Kulturarbeit, drei für die Arbeit mit alten Menschen.

6.3 Lernprozesse bei Hauptberuflichen

Der vermehrte Einsatz selbstverantwortlicher Ehrenamtlicher erfordert neue Rollenübernahmen bei den Hauptberuflichen. Dies setzt bei diesen und bei den Gemeinden die dafür nötige Bereitschaft und Lernprozesse voraus. Gemeinden sind gewohnt, dass die Hauptberuflichen Verantwortung tragen. Dies wird durch deren sichtbare Präsenz ständig dokumentiert. Wenn Ehrenamtliche Verantwortung übernehmen und dabei auf die professionelle Unterstützung Hauptberuflicher angewiesen sind, geschieht der Dienst der Hauptberuflichen vermehrt im Verborgenen. Die Gemeinden bekommen davon nur indirekt etwas mit und sind deshalb auf die neue Situation vorzubereiten. Damit Hauptberufliche neue Funktionen übernehmen können, müssen sie von den in Kirche und Gemeinden Verantwortlichen dafür freigestellt, von anderen Aufgaben befreit und für neue befähigt werden. Bei dem von der Evangelischen Arbeitsgemeinschaft für Altenarbeit 2006 in Hannover veranstalteten Symposium „Platz für Potenziale. Partizipation im Alter zwischen alten Strukturen und neuen Erfordernissen" sagte der Ratsvorsitzende der EKD Bischof Wolfgang Huber: „Für die Hauptamtlichen wird die Begleitung, Koordination und Integration freiwillig geleisteter Arbeit zu einer zentralen Aufgabe, die hohe Fachlichkeit und damit auch hohe Kommunikationsfähigkeit erfordert. Auf diese Aufgabe müssen wir alle hauptamtlichen Mitarbeiterinnen und Mitarbeiter, insbesondere die Pfarrerinnen und Pfarrer bereits in der Ausbildung vorbereiten."[45]

7. Fazit

Der gemeindepädagogische Einsatz für eine vielgestaltige Altenarbeit ist eine lohnende Aufgabe. Es darf nicht länger dem Zufall überlassen bleiben, ob ältere Menschen einen angemessenen Platz in der Kirche und der Gesellschaft finden, der ihnen erlaubt, mitgestaltend und mitbestimmend tätig zu werden. Gesellschaft und Kirchen können es sich nicht leisten, auf die bei älteren Menschen vorhandenen Potenziale auf Dauer

---

45 Wolfgang Huber, *„Tätiges Leben – Teilhabchancen für alle Lebensalter"*, in: EAfA (Hg.), *Platz für Potenziale. Partizipation im Alter zwischen alten Strukturen und neuen Erfordernissen*, Hannover 2006, 10.

zu verzichten. Ältere Menschen gestalten schon heute Kirche und Gemeinden mit.[46] Ihre Möglichkeiten sind aber noch größer und vielfältiger. Es ist wichtig, dass diese Möglichkeiten aufgegriffen werden. Dies ist für die Gesellschaft wichtig, für Kirche und Gemeinden, vor allem aber für die älteren Menschen selbst. Sie und nicht Kirche und Gemeinde stehen im Zentrum der gemeindepädagogischen Überlegungen. Wissenschaftliche Untersuchungen bestätigen, dass gesellschaftliches Engagement im Alter die psychische und auch die körperliche Gesundheit älterer Menschen fördert.[47] Die Überzeugung, in seinen Möglichkeiten nicht mehr wahrgenommen und von anderen nicht mehr gebraucht zu werden, ist für viele ältere Menschen ein großes Problem. Die Kirche kann älteren Menschen helfen, sich nach dem Ausscheiden aus dem Erwerbsleben neu zu orientieren, neue Interessen zu entdecken und Tätigkeitsformen zu finden, die als sinnstiftend erkannt werden. Individuelles Leben kann nur gelingen, wenn es in einem kontinuierlichen, aktiven Austausch mit der Gemeinschaft steht, so wie gesellschaftliches Leben nur gelingen kann, wenn alle Generationen in einem produktiven Austausch miteinander stehen. Dies mag vielen als Utopie erscheinen. Doch einerseits sind Utopien nötig, um Schritte in die richtige Richtung planen und gehen zu können[48], und andererseits gibt es inzwischen viele Beispiele, die zeigen, wie aus Utopien Wirklichkeit werden kann.

---

46 Claudia Schulz, *Kirche im Fokus. Die Partizipation der Älteren im Spiegel der Mitgliedschaftsuntersuchungen*, in: EAfA (Hg.), *Platz für Potenziale. Partizipation im Alter zwischen alten Strukturen und neuen Erfordernissen*, Hannover 2006, 21.
47 Vgl. die einschlägigen Publikationen von Heiner Keupp und Andreas Kruse.
48 Vgl. Georg Picht, *Prognose, Utopie und Planung*, in: Ders., *Wahrheit, Vernunft, Verantwortung*, Stuttgart 1969, 273 ff.

Literatur

Susanne Becker/Ludger Veelken/Klaus-Peter Wallraven, *Handbuch Altenbildung. Theorien und Konzepte für Gegenwart und Zukunft*, Wiesbaden 2000.
Martina Blasberg-Kuhnke/Andreas Wittrahm (Hg.), *Altern in Freiheit und Würde. Handbuch christliche Altenarbeit*, München 2007.
Evangelische Arbeitsgemeinschaft für Altenarbeit (Hg.), *Alte und ältere Menschen in Kirche und Gesellschaft*, Hannover 2000.
Evangelische Arbeitsgemeinschaft für Altenarbeit (Hg.), *Erfahrungswissen für Initiativen in der Kirche. Alterspotenziale wahrnehmen und fördern*, Hannover 2006.
Ralf Evers, *Alter – Bildung – Religion. Eine subjekt- und bildungstheoretische Untersuchung*, Stuttgart 1999.
Wolf-Eckart Failing, *Das Alter als gemeindepädagogische Herausforderung*, in: Eckart Schwerin, *Gemeindepädagogik*, Münster 1991, 119–166.
Karl Foitzik, *Gemeindepädagogik. Prämissen und Perspektiven*, Darmstadt 2002.
Heidrose Gärtner, *Menschen im Alter verstehen und begleiten*, Gütersloh 2006.
Christian Grethlein, *(Evangelische) Altenbildung*, in: Ders., *Gemeindepädagogik*, Berlin/New York 1994, 299–321.
Peter Henning, *Altenarbeit*, in: Gottfried Adam/Rainer Lachmann (Hg.), *Gemeindepädagogisches Kompendium*, Göttingen ²1994, 414–430.
Sylvia Kade, *Altern und Bildung*, Bielefeld 2007.
Reinhold Knopp/Karin Nell (Hg.), *Keywork. Neue Wege in der Kultur- und Bildungsarbeit mit Älteren*, Bielefeld 2007.
Godwin Lämmermann, *Die Altersgesellschaft als Herausforderung an kirchliche Bildungsarbeit*, in: Frieder Harz/Martin Schreiner (Hg.), *Glaube im Lebenszyklus*, München 1994, 241–252.

Kybernetik: Alternde Kirche – Kirche der Alten

Jan Hermelink

1. Die Kirche kommt in die Jahre – individuelles und institutionelles Altern

Hat man sich eine Weile in die einschlägigen Fachbücher oder in die essayistische, journalistische und belletristische Literatur zum Alter vertieft, und blickt nun von dort auf das kirchliche Leben, Handeln und Leiten im Ganzen (so sei der Gegenstand der „Kybernetik" vorerst definiert) – dann ergeben sich verblüffende Parallelen. In mancher Hinsicht scheint die kirchliche Organisation ihrerseits in die Jahre gekommen zu sein; sie nimmt sich selbst – implizit oder explizit – als ‚alternde Kirche' wahr und ringt darum, für diese Entwicklung angemessene Perspektiven und Orientierungen zu finden. Leitbilder und Einsichten aus gegenwärtigen Diskussionen zum Alter(n) mögen für diese kirchliche Selbstdeutung eine erste Hilfe sein.

Schwindende Kräfte. Auch wenn das Altern inzwischen nicht mehr primär als „Verzichtsleistung" (Klaus Winkler), als Umgang mit Defiziten und wachsenden Einschränkungen verstanden wird – physiologische und soziale Verlusterfahrungen gehören jedenfalls zum menschlichen Älterwerden.

Auch der Kirche, genauer: den europäischen Großkirchen schwinden die Kräfte – sie verlieren (nicht zuletzt durch den demographischen Wandel) an Mitgliedern, seit etwa 15 Jahren (nicht nur dadurch) auch an finanziellen Ressourcen und damit an bezahlter Mitarbeit. Institutionalisierte Arbeitsfelder, kirchliche Dienste und Gebäude müssen aufgegeben oder doch nachhaltig umgestaltet werden; hier sind Trauerarbeit und andere Verzichtsleistungen zu erbringen. Schwerer zu messen als diese materialen Einschränkungen ist der Verlust an gesellschaftlichem Einfluss; auch hier spricht aber vieles dafür, dass die Fähigkeit der Großkirchen, politische und zivilgesellschaftliche Entwicklungen zu prägen, in den letzten Jahrzehnten nachgelassen hat.

Zurückschauen. Wer älter wird, interessiert sich (oft) für die eigene Lebensgeschichte, für deren Wandlungen und rote Fäden, für Beziehungsbrüche und neue Begegnungen. Zum menschlichen Altern gehören – gewiss in unterschiedlicher Häufigkeit und Dichte – Bilanzierungen dessen, was man erlebt, erlitten, erreicht und versäumt hat; und diese Bilanzierung gewinnt noch an Kontur, wenn sie in den Kontext der ‚großen' politischen, wirtschaftlichen und sozialen Veränderungen gestellt wird.

Die Begleitung solcher lebensgeschichtlicher Sinn- und Bilanzarbeit – in der Seelsorge, bei Hausbesuchen wie vor allem in Kasualien – hat in der kirchlichen Praxis der letzten Jahrzehnte einen immer größeren Stellenwert erhalten. Wer sich – auch ehrenamtlich – in der Kirche engagiert, ist bald geübt im Auffinden biographischer Linien und Brüche, bei sich selbst und anderen.

Aber auch die kirchliche Institution selbst interessiert sich, so scheint es, mehr und mehr für die eigene Geschichte. Zu den örtlichen Kirchen- und den regionalen Diakonie-Jubiläen, oft mit aufwändigen Festschriften, kommen inzwischen allerhand Gerhardt-, Wichern- oder Calvinjahre, nicht zu vergessen die Lutherdekade. Welche wechselnden Leitbilder und stabilen Konfliktlinien das kirchliche Handeln in den Umbrüchen der neuzeitlichen Gesellschaft bestimmt haben, das ist gut erforscht und wird dem Kirchenvolk – gerade im Kontext von Jubiläen – immer mehr bewusst gemacht.

Insbesondere die Bilanzierung der Verstrickung kirchlicher Institutionen in die nationalsozialistischen Verbrechen – und des Widerstandes dagegen – haben die Kirche nach 1945 nicht nur erheblich verunsichert, sondern zugleich zu ihrer Orientierung und Identitätsstiftung beigetragen. Und inzwischen wird – jedenfalls auf örtlicher und regionaler Ebene – auch bereits die Organisations- und Baugeschichte der 1950er Jahre historisiert. Werden Gemeinden, Kirchengebäude und Arbeitsfelder, die nach dem Krieg entstanden sind, nunmehr ‚aufgegeben', so erscheint das – keine zwei Generationen später – als herber Verlust. Der ‚jugendliche' Aufbruch, der noch die 1960er Jahre prägte, scheint für die Kirche der Gegenwart vorbei.

Sich auf das Wesentliche konzentrieren? Wer die eigenen Verluste und Grenzen akzeptiert, dem mag es im Alter leichter fallen, sich auf wenige, ihm besonders wichtige Beziehungen, Betätigungen und Lebensräume zu konzentrieren. Wem die Kräfte schwinden, muss bewusster entscheiden, welche Prioritäten sie setzen will. – Dieser gängigen Sicht des Alterns, wissenschaftlich ausgearbeitet in der „Disengagement-Theorie"[1], entspricht die gegenwärtige Rede vom ‚Kerngeschäft', auf das sich die kirchliche Organisation zu konzentrieren habe, um nicht im Vielerlei der sozialen Aktivitäten das eigene Thema, die eigenen Stärken immer mehr aus dem Auge zu verlieren.

Freilich hat die Altersforschung herausgestellt, dass zunehmende Konzentration auf bestimmte Interessen oder gar auf die eigene Person für das Alter keineswegs typisch sind. Vielmehr vermag der Mensch auch im Altern offen, veränderbar, ‚plastisch' zu bleiben; er ist bereit, „sich mit neuen Erlebnissen und Erfahrungen, neuen Anregungen und Herausforderungen bewusst auseinanderzusetzen"[2]. Kruse zitiert den Persönlichkeitspsychologen Hans Thomae:

„Güte, Abgeklärtheit und Gefasstheit sind [...] Anzeichen für das Maß, in dem eine Existenz geöffnet blieb, für das Maß also, in dem sie nicht zu Zielen, Absichten, Spuren von Erfolgen oder Misserfolgen gerann, sondern so plastisch und beeindruckbar blieb, dass sie selbst in der Bedrängnis und noch in der äußersten Düsternis den Anreiz zu neuer Entwicklung empfindet."[3]

Vom Gestalten zum Deuten von Veränderung. Im Blick auf Belastungen und Konflikte im hohen Erwachsenenalter stellt Kruse weiterhin heraus, „dass sich die kognitive und emotionale Differenzierung des Menschen im Lebenslauf auch in der Entwicklung von Bewältigungsstrategien widerspiegelt"[4]: Während jüngere Erwachsene alltägliche Probleme eher planvoll handelnd, orientiert an sozialer Unterstützung und zugleich konfrontativ angehen, lässt sich bei Älteren eine Tendenz zur Akzeptanz der Situation, zu ihrer kognitiven Umstrukturierung und Neubewertung, schließlich zur Impulskontrolle beobachten. Belastungen werden nicht so sehr durch aktives, auf Wirkung bedachtes Gestalten bearbeitet, sondern vielmehr durch ihre Umdeutung, durch ihre positive Sicht als Gelegenheit zu innerem Wachstum.[5]

Eine Kirche, deren ‚Kerngeschäft' in der Deutung lebensgeschichtlicher Übergänge und gesellschaftlicher Umbrüche besteht, vermag sich

---

1 Klassisch ist Elaine Cumming / William E. Henry, *Growing Old. The Process of Disengagement*, New York 1961.
2 Andreas Kruse, *Chancen und Grenzen der Selbstverantwortung im Alter*, in: WzM 59 (2007), 421–446 (436).
3 Hans Thomae, *Persönlichkeit. Eine dynamische Interpretation*, Bonn 1966; zit. nach Kruse, *Chancen und Grenzen*, a.a.O.
4 Ebd.
5 Vgl. Kruse, *Chancen und Grenzen*, a.a.O., 439 f.

in dieser Beschreibung der Kompetenzen älterer Menschen gut wieder zu finden. Biographische Veränderungen in den Horizont der Rechtfertigungslehre zu stellen und damit eine „Rechtfertigung von Lebensgeschichten" (Wilhelm Gräb) durch ihre Vermittlung mit der Geschichte Christi zu eröffnen[6] – diese kasualtheologische Aufgabenbeschreibung eignet sich auch für die institutionelle Selbstwahrnehmung einer alternden Kirche. Auch diese kann die Verlusterfahrungen, die ihr in der Gegenwart auferlegt werden, als Gelegenheit zu innerer, organisatorischer wie inhaltlicher Klärung begreifen, als Impuls zur positiven Bewertung dessen, was ihr anvertraut ist, durchaus auch als Impuls, sich nicht auf „Spuren von Erfolgen und Misserfolgen" (Hans Thomae) festlegen zu lassen.

Die Vielfalt würdigen. Zu den subjektiv empfundenen Gewinnen im Alter gehört es häufig, sich „an Dingen [zu] freuen, denen man in früheren Lebensjahren geringere Bedeutung beigemessen hat"[7]. Treten berufliche und/oder familiäre Verpflichtungen in den Hintergrund, dann öffnet sich der Blick für viele weitere Möglichkeiten der Lebensgestaltung, für eine Fülle frei gewählter Tätigkeiten und Beziehungen, für ‚Potenziale' und Lernchancen, die sich aus dem Reichtum der eigenen Biographie ergeben. Zugleich scheint im Alter die Fähigkeit zu wachsen, mit kognitiver und sozialer Komplexität umzugehen, ihr so aufmerksam wie gelassen zu begegnen.

Auch wenn es den Großkirchen mitunter schwer fällt, die eigene institutionelle Vielfalt zu akzeptieren: Mit zunehmendem Alter haben sie nicht nur eine beeindruckende Komplexität von Arbeitsfeldern und -formen, von beruflichen Kompetenzen und Organisationsstrukturen ausgebildet, sondern auch eine Fülle von Deutungs- und Selbstdeutungsmuster. Die Theologie sucht innerhalb der Geisteswissenschaften wie innerhalb anderer Berufstheorien an thematischer Weite und theoretischer Komplexität ihresgleichen; und sie hat sich – gerade im Blick auf die Orientierung der kirchlichen Praxis – in den letzten Jahrzehnten zudem zahlreichen anderen Geistes- und Sozialwissenschaften geöffnet.

Kreativität ausbilden. Entgegen einer verbreiteten Annahme scheint Kreativität – die Fähigkeit, „in der Kommunikation mit anderen etwas

---

6 Vgl. Wilhelm Gräb, *Rechtfertigung von Lebensgeschichten. Erwägungen zu einer theologischen Theorie der Amtshandlungen*, in: PTh 76 (1987), 21–38.
7 Kruse, *Chancen und Grenzen*, a.a.O., 440.

Neues zu schaffen" – nicht mit dem Lebensalter abzunehmen[8]. Weil Kreativität auch auf fundierter Kenntnis über vorhandene Optionen, auf der Fähigkeit zur Umdeutung von Objekten, Funktionen und Situationen sowie auf Urteilsvermögen, Verantwortung und Selbstkontrolle beruht, darum kann die kreative Ausarbeitung einer „gerade nicht nahe liegenden, eher untypischen" Option ggfs. gerade im Alter leichter fallen[9] – zumal hier der Druck geringer ist, sich an die sozialen oder ökonomischen Anforderungen des ‚mainstream' anzupassen.

In der kirchlichen Institution hat der deutende Umgang mit individuellen und sozialen Umbrüchen, mit Komplexität und neuen Herausforderungen ein großes Gewicht. Von daher überrascht es nicht, wie oft in einzelnen Regionen, Arbeitsfeldern oder Gemeinden immer wieder neue Projekte und Methoden, neue Perspektiven und Deutungen entwickelt und kommuniziert werden. Die protestantische Vielstimmigkeit, nicht nur im Blick auf die ethische Urteilsbildung oft beklagt, kann auch als Ausweis einer außerordentlich großen Kreativität, eines hohen Innovationspotenzials der evangelischen Kirche gelten – gerade dort, wo sie sich ihres eigenen Alters bewusst geworden ist.

Sich helfen lassen. Früher oder später gehört zum menschlichen Altern auch die Erfahrung, auf Hilfe angewiesen zu sein. Das Netz der familiären, nachbarlichen und professionellen Dienstleistungen muss allmählich dichter werden; die innere und äußere Selbständigkeit kann nurmehr so gewahrt werden, dass zugleich auch Anderen Zutritt zu den privaten Lebensräumen gewährt wird. In der Situation der Pflegebedürftigkeit wird diese Dialektik von Angewiesenheit und Autonomiebewahrung allen Beteiligten besonders sichtbar.

Ebenso muss die alternde Kirche erfahren, dass sie in ihrer religiösen, pädagogischen und sozialen Arbeit immer mehr auf die Hilfe anderer angewiesen ist. Die wachsende Bedeutung des Ehrenamtes mag man auch als Folge der Einsicht deuten, das kirchliche Leben nicht mehr aus hauptamtlicher, professionell ausgebildeter und bezahlter Kraft allein aufrecht erhalten zu können. Der Übergang von professionell organisierter Betreuung zu vielfältig vernetzter Begleitung in der Kirche ist – jedenfalls auch – als Reflex auf die Erfahrung schwindender Kraft zu deuten, und zugleich als Entdeckung, wie vielfältig die Handlungsmög-

---

8   Vgl. Andreas Kruse, *Alter hat Zukunft. Stärken des Alters erkennen und nutzen*, in: PrTh 41 (2006), 245-252 (246).
9   Ebd.

lichkeiten werden, wenn die Kirche die Einsichten und Ressourcen des Alterns nutzt.

2. „Kybernetik" als Selbstdeutung einer alternden Kirche – methodische Reflexion

Das Thema dieses Artikels – die Frage nach einer Kybernetik im Kontext der wachsenden Zahl und Vielfalt älterer Menschen in Gesellschaft und Kirche – ist im einleitenden Abschnitt zunächst eher essayistisch bedacht worden. Auf diese Weise soll nicht nur angedeutet werden, dass die Forschung zu dieser Frage sich ausgesprochen fragmentarisch und wenig konzis darstellt. Auch im Folgenden soll die eher systematische Darstellung nicht verdecken, dass jene Themenfrage derzeit nur skizzenhaft, eher anregend als bündelnd zu beantworten ist.

Die essayistische Parallelisierung von Deutungen des individuellen Alterns und der kirchlich-institutionellen Verhältnisse soll aber auch eine These plausibel machen: Die kybernetische Frage nach dem Altern kann sich nicht in Überlegungen eher pragmatischer Art – was kann die Kirche *für* die Alten oder *mit* den Alten tun? – erschöpfen, sondern das Thema Altern macht die Institution Kirche auf Grundzüge ihrer eigenen, gegenwärtigen Verfassung aufmerksam[10]. Eine Reflexion der ‚alternden Kirche', wie sie oben essayistisch angedeutet und im Folgenden punktuell auszuführen ist, verspricht darum Aufschluss über Probleme und Perspektiven der kirchlichen Selbstgestaltung im Ganzen.

Diese leitende These – die Frage nach dem Altern macht auf Grundzüge der gegenwärtigen kirchlichen Verhältnisse aufmerksam – ist nun zunächst im Blick auf die wissenschaftliche Deutung der Kirche, also auf *die Kybernetik selbst* zu entfalten: Die wachsende Bedeutung dieser praktisch-theologischen Disziplin in Forschung und Lehre[11] kann ihrerseits als spezifischer Ausdruck einer alternden Kirche, gleichsam als

---

10 Diese Reflexionsrichtung erscheint nicht zufällig, denn „[a]m Alter kommt ganz einfach die *condition humaine* zum Vorschein" (Georg Pfleiderer, *Alter*, in: Dietrich Korsch/Lars Charbonnier (Hg.), *Der verborgene Sinn. Religiöse Dimensionen des Alltags*, Gütersloh 2008, (369 ff) 375.

11 Vgl. dazu nur Ralph Kunz, *Kybernetik*, in: Chr. Grethlein / H. Schwier (Hg.), *Praktische Theologie. Eine Theorie- und Problemgeschichte*, Leipzig 2007, 607–684.

kirchliche Alterserscheinung begriffen – und dann auch entsprechend begründet und ausgerichtet werden.

Dass die Disziplin der Kybernetik selbst einen institutionellen Alterungsprozess markiert, legt sich nicht nur angesichts der Beobachtung nahe, dass die Frage nach der Einheit und der Leitung der Kirche im Ganzen immer dann in den Vorgrund getreten ist, wenn die Kirche sich elementar bedroht sah, wenn ihre Kräfte und ihr gesellschaftlicher Einfluss *zu schwinden schienen*. Dies gilt für Schleiermachers Grundlegung der Praktischen Theologie als einer Theorie verantwortlicher und zusammenstimmender Kirchenleitung ebenso wie etwa für den Aufschwung kybernetischer Reflexion nach 1919[12], für die Debatte um Volkskirche und Gemeindeaufbau der 1970er Jahre oder für die kybernetische Renaissance im Zuge der kirchlichen Finanzkrise seit Mitte der 1990er Jahre[13].

Die Affinität von alternder Kirche und Kybernetik zeigt sich vielmehr auch daran, wie deren Thema „Leitung der Kirche" in den letzten Jahren wissenschaftlich bearbeitet wurde[14]. Ungeachtet der „konfusen kybernetischen Situation im beginnenden 21. Jahrhundert"[15] lässt sich doch zunächst festhalten, dass die meisten aktuellen Entwürfe einen stark *programmatischen* Charakter tragen[16]. Sei es theoretisch systematisiert, sei es praktisch, handwerklich konkretisiert – die praktisch-theologische Kybernetik zielt regelmäßig auf Anleitung zur Reform, auf ein verbessertes Zusammenstimmen des kirchlichen Handelns, auf seine Koordination, Zielklarheit und Prägnanz. Die Konzentration auf das pragmatisch Wesentliche, auf das ‚Kerngeschäft' oder die basalen religiösen Ziele der

---

12 Vgl. dazu Peter Bloth, *Praktische Theologie*, Stuttgart u.a. 1994, 64 ff.
13 Vgl. Kunz, *Kybernetik*, a.a.O., 655 ff.
14 Zum kybernetischen Forschungsstand, der hier nicht im Einzelnen zu skizzieren ist, vgl. nur Kunz, *Kybernetik*, a.a.O., sowie Jan Hermelink, *Praktische Theologie und Kirche*, in: Chr. Grethlein / H. Schwier (Hg.), *Praktische Theologie. Eine Theorie- und Problemgeschichte*, Leipzig 2007, 399–456, bes. 399 f und 444 f.
15 Kunz, *Kybernetik*, a.a.O., 612. Die erhebliche Divergenz der thematischen Zuschnitte und theoretischen Zugänge wird sofort deutlich im Vergleich von vier typischen kybernetischen Entwürfen: Günter Breitenbach, *Gemeinde leiten. Eine praktisch-theologische Kybernetik*, Stuttgart u.a. 1994; Reiner Preul, *Kirchentheorie*, Berlin / New York 1997; Manfred Josuttis, *„Unsere Volkskirche" und die Gemeinde der Heiligen. Erinnerungen an die Zukunft der Kirche*, Gütersloh 1997; Hans-Jürgen Abromeit u.a. (Hg.), *Leiten in der Kirche. Rechtliche, theologische und organisationswissenschaftliche Aspekte*, Frankfurt/M. 2006.
16 R. Kunz spricht, unter Rekurs auf P.C. Bloth, von einer „Tendenz zu handlungs- und strukturbezogenen ‚absoluta'" (Kunz, *Kybernetik*, a.a.O., 612).

Kirche, bestimmt – im Einzelnen ganz unterschiedlich – weite Teile der kybernetischen Reflexion.

Wird das Thema der Kirchenleitung freilich auch *theoretisch* begriffen, so muss diese programmatische Ausrichtung ergänzt, auch relativiert werden durch eine vorgängige, methodisch reflektierte Anschauung von den Phänomenen und Problemen, die der kirchlichen Leitung bedürfen. In Übereinstimmung mit einer breiten praktisch-theologischen Strömung der Gegenwart wird darum neuerdings die empirische und hermeneutische *Wahrnehmung* des kirchlichen Lebens und Handelns zum Thema der Kybernetik; diese erscheint nicht zuletzt als eine hermeneutische Disziplin, als eine Theorie der Selbstwahrnehmung oder Selbstdeutung der Kirche im Ganzen[17].

Auf diese Weise treten nun weitere Parallelen zwischen einer solchen institutionellen Selbstdeutung und den gegenwärtigen Deutungen des individuellen Alterns in den Blick. So erscheint die ‚*Würdigung der Vielfalt*' des realen, historisch gewachsenen kirchlichen Lebens als bedeutsam; Kybernetik vollzieht sich nicht nur als bilanzierende Wahrnehmung, sondern auch als Stärkung jener Vielfalt, welche die lange Geschichte der Großkirchen hervorgebracht hat. Damit wird, wie schon bei Schleiermacher, die deutende Wahrnehmung selbst als fundamentales Leitungshandeln identifiziert: Nicht zuerst eine planvolle und zielorientierte Um- oder Neu-Gestaltung des kirchlichen Handelns ist kybernetisch zentral, sondern die Einsicht, dass bereits eine *veränderte Deutung*, ein ‚reframing' der kirchlichen Verhältnisse deren pragmatische Koordination wie deren theologische Konturierung höchst wirksam fördert. Wenn der praktisch-theologische Begriff der Kirche deren wesentliche Reflexivität akzentuiert[18], wenn also der deutende Selbstbezug ein verantwortliches Handeln in der Kirche allererst hervorbringt, dann ist die Arbeit an diesen Selbstdeutungen des kirchlichen Handelns der basale Leitungsvollzug, der kybernetisch zu reflektieren und zu orientieren ist.

---

17 Die hermeneutische Dimension der Kybernetik (vgl. Kunz, a.a.O., 609 ff), tritt schon bei R. Preul in den Vordergrund, vgl. aber besonders Jens Beckmann, *Wohin steuert die Kirche? Die evangelischen Landeskirchen zwischen Ekklesiologie und Ökonomie*, Stuttgart 2007; Jan Hermelink / Gerhard Wegner (Hg.), *Paradoxien kirchlicher Organisation. Niklas Luhmanns frühe Kirchensoziologie und die aktuelle Reform der evang. Kirche*, Würzburg 2008; Friedrich Hauschildt (Hg.), *Sine vi, sed verbo. Die Leitung der Kirche durch das Wort*, Leipzig 2005; Martin Kumlehn, *Kirche im Zeitalter der Pluralisierung von Religion. Ein Beitrag zur praktisch-theologischen Kirchentheorie*, Gütersloh 2000.

18 Vgl. Hermelink, *Praktische Theologie und Kirche*, a.a.O., 450 f.

Auch die *Kreativität* der kirchlichen Institution, ihre Fähigkeit, „in der Kommunikation mit anderen etwas Neues zu schaffen"[19], kann durch den Rekurs auf die Debatte zu den „kreativen Potenzialen im Alter" kybernetisch besser verstanden und gefördert werden: Sie beruht – bei alternden Individuen wie in einer alternden Kirche – auf differenziertem Wissen über die eigenen (begrenzten) Möglichkeiten wie über die relevanten sozialen Kontexte, auf einem gereiften Urteil über mögliche Optionen, und nicht zuletzt auf der Fähigkeit, die Situation, auch Aufgaben und Ziele *umzudeuten*, sie in einen neuen Rahmen zu stellen.

Nutzt die Kybernetik, wie soeben angedeutet, den Diskurs zum individuellen Altern, um die Leitung der kirchlichen Institution zu verstehen als *kreative Selbstdeutung* einer vielfältigen, die gewohnten materiellen Ressourcen allmählich verlierenden, aber an historischem wie empirischen Optionen sehr reichen Praxis – dann hat diese prinzipielle Gegenstandsbestimmung der Kybernetik schließlich auch Auswirkungen auf den materialen Umgang mit den Problemen und Aufgaben der Kirche angesichts des demographischen Wandels. Zunächst wird auch hier der Schwerpunkt der Reflexion auf einer *empirisch-hermeneutischen Wahrnehmung* liegen. In diesem Sinne werden im Folgenden, auf Grund einiger empirischer Untersuchungen, die kirchliche Mitgliedschaft älterer Menschen (3), ihre Beteiligung (4) und ihr Interesse am kirchlichen Leitungshandeln (5) skizziert. Auch die Raum- und Ortsverhältnisse, gleichsam die Topographie der Kirche, können unter dem Gesichtspunkt der Beteiligung wie der Betreuung Älterer reflektiert werden (6). Sodann können die spezifischen *Ressourcen* herausgestellt werden, die Ältere für die kybernetische Selbstdeutung und -gestaltung bereithalten (7). Und schließlich sind auf dieser Basis einige Handlungsprinzipien oder – bescheidener – *Leitlinien der Gestaltung* einer alternden Kirche zu benennen (8).

3. Kirche der Alten – zur demographischen und sozialen Struktur der Mitgliedschaft

Inwiefern die evangelischen Großkirchen in der Gegenwart wie in der näheren Zukunft ,Kirche der Alten' sind, das lässt sich zunächst anhand einiger demographischer Daten skizzieren. Dabei ist freilich zu beachten,

---

19 Kruse, *Alter hat Zukunft*, a.a.O., 246; dort auch das folgende Zitat.

dass diese Daten die massiven regionalen Unterschiede verdecken, die im Blick auf konfessionelle Relationen sowie auf den relativen Anteil der Kirchenmitglieder an der Bevölkerung bestehen. Erst recht ist die prognostische Kraft dieser Daten begrenzt, da sie weder Wanderungsbewegungen noch individuelle Eintritts- und Austrittsentscheidungen berücksichtigen können.

Dessen ungeachtet lässt sich feststellen, „dass die Kirchenmitgliedschaft bereits jetzt massiv ‚überaltert' oder besser ‚unterjüngt' ist"[20]. Während in der deutschen Bevölkerung im Jahre 2005 der Anteil der über 60jährigen bei etwa 25 % lag, waren 31,3 % der Evangelischen über 60 Jahre alt – in Ostdeutschland liegt diese Quote noch erheblich höher. – Für das Jahr 2030 wird vom Statistischen Bundesamt ein Bevölkerungsanteil der über 60jährigen von etwa 35–37 % prognostiziert; die Statistiker der EKD erwarten dagegen, dass von den evangelischen Kirchenmitgliedern im Jahre 2030 etwa 42 % über 60 Jahre alt sein werden. In einer alternden Gesellschaft werden die Kirchen – aller Voraussicht nach – noch deutlicher als jetzt *eine Institution alter Menschen* sein.

Zugleich ist freilich zu erwarten, dass der *relative Anteil* der Kirchenmitglieder (auch) an der Altersgruppe über 60 Jahre sinken wird, denn in den ‚mittleren' Jahrgängen zwischen 35 und 55 Jahre ist der Anteil der Konfessionslosen (inkl. der Ausgetretenen) sowie der Angehörigen anderer Religionen derzeit besonders hoch. Beträgt der Anteil der Evangelischen an den über 60jährigen derzeit noch ca. 38 %, so wird er im Jahre 2030 wahrscheinlich auf unter 25 % gesunken sein. Die gealterte Mitgliedschaft einer (erheblich geschrumpften) evangelischen Kirche wird also auch, vielleicht gerade unter den alten Menschen eine deutliche *Minderheit* darstellen. – Dabei sei nochmals betont, dass diese Durchschnittswerte erhebliche regionale Unterschiede überdecken[21]: In Ostdeutschland könnte der Anteil der Evangelischen von jetzt ca. 20 % (2006) in der nächsten 25 Jahren auf unter 15 % sinken, und zwar auch bei den über 60jährigen.

---

20 Thorsten Latzel, *Mitgliedschaft*, in: Jan Hermelink/Ders. (Hg.), *Kirche empirisch. Ein Werkbuch*, Gütersloh 2008, 13–33 (19). Vgl. ebd. auch Schaubild 2: „Demographischer Aufbau der ev. Kirchenmitglieder und der Gesamtbevölkerung". Zu den folgenden Zahlen vgl. auch die einschlägigen Tabellen des Statistischen Bundesamtes (unter www.destatis.de → Bevölkerung) bzw. Kirchenamt der EKD (Hg.), *Kirche der Freiheit. Perspektiven für die evangelische Kirche im 21. Jahrhundert. Ein Impulspapier des Rates der EKD*, Hannover 2006, 21 f.
21 Vgl. dazu Matthias Rein, *Ost-West-Differenzen in kirchlicher und nichtkirchlicher Sicht*, in: Hermelink/Latzel, a.a.O., 35–50 (43 f.).

Für das kirchliche Leben ergibt sich dadurch für die Gegenwart, erst recht für die nähere Zukunft ein doppelsinniges Bild. Zum einen hat die ‚Kirche der Alten' schon jetzt eine Fülle von Arbeits- und Beteiligungsformen, Projekten und Strukturen entwickelt, die für eine insgesamt alternde Gesellschaft anregend und nützlich sein können[22]. Zum anderen wird es immer weniger selbstverständlich sein, dass die Gesellschaft – und die älteren Menschen selbst – der Kirche überhaupt eine Kompetenz für die Deutung und Gestaltung des Alterns zusprechen. Die einschlägigen Erfahrungen und Einsichten der kirchlichen Organisation sind darum darauf angewiesen, im Kontext einer wachsenden Skepsis gegenüber dem kirchlichen Leben deutlich und selbstbewusst in das gesellschaftliche Gespräch über Altersfragen eingebracht zu werden.

Zu den hier einschlägigen kirchlichen Erfahrungen gehört nicht zuletzt der Umgang mit *Milieudifferenzen,* die auch und gerade das Leben im Alter bestimmen. Diese seien darum noch etwas genauer betrachtet.

Zunächst ist festzuhalten, dass die „Verbundenheit" mit der Kirche, nach der die großen Mitgliedschaftserhebungen seit 1972 regelmäßig fragen, unter den älteren Mitgliedern nach wie vor deutlich höher ist als im Durchschnitt der Befragten[23]. Sahen sich (in Westdeutschland) 2002 insgesamt 36 % der Kirche „ziemlich" oder „sehr" verbunden – ein Wert, bei dem in etwa auch die 50–59jährigen liegen –, so gaben eine solche hohe Verbundenheit von den 60–69jährigen 54 % zu Protokoll, und von den 70–79jährigen 58 %[24]. Bemerkenswert ist, dass diese Werte sich gegenüber der letzten Erhebung (1992) jeweils um ca. 4 % verringert haben, während die Angaben, „sehr verbunden" zu sein, etwas gestiegen sind. Offenbar ist die Entschiedenheit, mit der die Mitglieder ihr Verhältnis zur Kirche bestimmen, gerade in den höheren Altersgruppen

---

22 Einen instruktiven Überblick enthält die Kundgebung der EKD-Synode von 2004 *„Vom Miteinander der Generationen"* (s. Literaturverzeichnis) unter dem Stichwort *„Herausforderungen und Chancen für die Kirche".*

23 Zum Folgenden vgl. Petra-Angela Ahrens, *Mehr Zeit zu leben – auch in der Kirche? Antworten älterer Kirchenmitglieder aus der IV. Kirchenmitgliedschaftsuntersuchung der EKD (Folien zum Vortrag im Sozialwissenschaftlichen Institut der EKD),* Hannover 2008, Folien 3 f.; vgl. auch (mit etwas anderen Kohorten-Abgrenzungen) Rüdiger Schloz, Kontinuität und Krise, in: Wolfgang Huber u. a. (Hg.), *Kirche in der Vielfalt der Lebensbezüge. Die vierte EKD-Erhebung zur Kirchenmitgliedschaft,* Gütersloh 2006, 51–88 (56 f.).

24 Bei den über 79jährigen liegt der Wert sogar bei 83 %, allerdings bei einer recht kleinen Fallzahl.

(etwas) gewachsen: Wer sich im Alter ‚zur Kirche hält', tut das im Augenblick deutlicher als in den Jahrzehnten zuvor.

Schaut man – mit Hilfe der Lebensstil-Analyse, die bei der letzten Mitgliedschaftserhebung eingesetzt wurde – jedoch etwas genauer auf die Struktur dieser relativ hohen Verbundenheit im Alter, dann sind dafür vor allem zwei Lebensstile (von insgesamt sechs) in der Kirche verantwortlich[25]. Es sind die „Hochkulturellen" sowie die „Bodenständigen", die bei den 60–69jährigen Mitgliedern zusammen über 60 %, bei den über 70jährigen sogar mehr als 75 % ausmachen. Beide Lebensstile seien daher sozialstrukturell sowie im Blick auf ihre kulturellen und normativen sowie ihre kirchliche Einstellungen knapp skizziert[26].

Zum *„hochkulturellen"* Lebensstil-Typus gehören vor allem ältere (im Durchschnitt 63jährige) Mitglieder, zwei Drittel sind weiblich. Sie sind an Theater- und Ausstellungsbesuchen, an Büchern und klassischer Musik interessiert; jugendkulturelle Ausdrucksformen werden abgelehnt. Man ist an gehobenem Lebensstandard und sozialem Ansehen orientiert und engagiert sich für andere Menschen, auch politisch. Familiäre, aber auch nachbarliche Geselligkeit ist durchaus wichtig. Die Rolle der Frau wird eher traditionell-konservativ beschrieben.

Die institutionelle Verbundenheit dieser Mitglieder (77 % sind hoch verbunden), ihr Gottesdienstbesuch, auch ihre Beteiligung am kirchlichen Leben sind außerordentlich intensiv; sie sind an kulturellen, theologisch-inhaltlichen und kirchenmusikalischen Veranstaltungen stark interessiert und übernehmen auch relativ häufig Leitungsaufgaben (11 %). „Häufiger als andere erklären sie, in der Kirche zu sein, weil ihnen der Glaube persönlich etwas bedeutet und sie mit der christlichen Lehre übereinstimmen."[27] Eine Anknüpfung an das kirchliche Leben ergibt sich weiterhin durch die Hochschätzung von Familie und Nachbarschaft sowie durch am Gemeinwohl orientierte ethische Einstellungen.

---

25 Zur Methodik und zu den Ergebnissen der Lebensstilanalyse vgl. vor allem Friederike Benthaus-Apel, *Lebensstilspezifische Zugänge zur Kirchenmitgliedschaft*, in: Wolfgang Huber u. a., *Kirche in der Vielfalt der Lebensbezüge*, a.a.O., 205–236. Stärker ‚anwendungsorientiert' ist die Auswertung bei Claudia Schulz/ Eberhard Hauschildt/Eike Kohler, *Milieus praktisch. Analyse und Planungshilfen für Kirche und Gemeinde*, Göttingen 2008. Aus diesem Buch übernehme ich im Folgenden die Bezeichnungen der Lebensstile; die folgenden Angaben zur Altersverteilung a.a.O., 93.
26 Vgl. zum Folgenden Benthaus-Apel, a.a.O., 219–222; Schulz/Hauschildt/ Kohler, a.a.O., 50–61.
27 Benthaus-Apel, a.a.O., 219.

Der „*bodenständige*", gesellig-traditionsorientierte Typus umfasst ebenfalls vornehmlich ältere (Durchschnitt: 65 Jahre) Frauen (63 %); ihr Bildungs- und Einkommensniveau ist jedoch erheblich niedriger als bei den „Hochkulturellen" (89 % haben nur Volks- oder Hauptschulabschluss). Dieser Lebensstil ist besonders durch die Wertschätzung von Geselligkeit, Nachbarschaft und Naturverbundenheit gekennzeichnet; Lebensgenuss und Unabhängigkeit werden als Lebensziele abgelehnt. Sehr beliebt ist Volksmusik; alle hochkulturellen Freizeitaktivitäten kommen für diese Gruppe dagegen kaum in Betracht. Die Orientierung an traditionellen Normen ist hier noch ausgeprägter als beim ersten Typ.

Die Mitgliedschaft in der Kirche wird – bei ebenfalls hoher Verbundenheit – eher konventionell begründet: „weil man die diakonische Arbeit schätzt und an den Kasualien teilhaben möchte. Man teilt die christliche Lehre, ohne ihr eine [...] exponierte Stellung im Selbstverständnis zuzuweisen."28 Der Gottesdienstbesuch ist relativ hoch, an Festtagen und zu familiären Anlässen ebenso hoch wie bei den Hochkulturellen. Die sonstige Beteiligung am kirchlichen Leben liegt jedoch nur etwas über dem Durchschnitt, sie konzentriert sich auf Gemeindefeste sowie auf persönliche Kontakte zum Pfarrer, weniger zu kirchlichen Gruppen. Die Orientierung an Familie, Nachbarschaft, Pflichterfüllung und Bescheidenheit eröffnet den Zugang zu traditionellen Angeboten der Ortsgemeinde.

Diese nur ganz knappe und oberflächliche Skizze zweier kirchlich höher ‚verbundener' Lebensstile oder Milieus macht deutlich, wie heterogen die Verhältnisse gerade im näheren Umkreis von Kirche und Gemeindehaus sind. Abgesehen vom relativen Alter und der Geschlechtsverteilung befinden sich die höher Verbundenen in fast jeder Hinsicht – was Bildung, sozialen und ökonomischen Status, räumliche wie geistige Beweglichkeit oder musikalische Vorlieben angeht – an entgegengesetzten Enden des jeweiligen Spektrums. Gleichwohl, und das erstaunt nun doch, sind beide Milieus im kirchlichen Leben relativ stark vertreten; sie bewegen sich gleichermaßen in Gottesdiensten und Gemeindehäusern. Es scheint der kirchlichen Institution, mit ihren charakteristischen Räumen, Ritualen sowie ihren Repräsentanten und Repräsentantinnen zu gelingen, sehr unterschiedliche Alterskulturen zu binden und auch in einen – gewiss begrenzten – Austausch zu bringen. Es wäre daher ein lohnendes Unternehmen, die entsprechenden Bindungskulturen für ältere Men-

---

28 Benthaus-Apel, a.a.O., 221. [Format ??]

schen – und ihre Schnittflächen – genauer zu eruieren. Dazu im nächsten Abschnitt einige Andeutungen.

4. Kirchliche Beteiligung im Alter

In einer Ausarbeitung des Sozialwissenschaftlichen Instituts der EKD hat Petra-Angela Ahrens die Beteiligungsformen der älteren Kirchenmitglieder, im Anschluss an die jüngste Mitgliedschaftsuntersuchung, für Westdeutschland genauer aufgeschlüsselt[29]. Zieht man darüber hinaus auch einige Daten aus der Lebensstil-Analyse in Betracht[30], dann ergeben sich für die gottesdienstliche Teilnahme wie für weitere Formen der Teilnahme am kirchlichen Leben einige interessante Einsichten.

Was die Selbstauskünfte zur *Beteiligung am Gottesdienst* betrifft, so zeigt sich zwischen der Gruppe der 50–59jährigen und den Älteren bei der Auskunft „Ich gehe jeden oder fast jeden Sonntag zur Kirche „ein erheblicher Sprung, nämlich von 9 % auf 20 % (60–69 Jahre) bzw. 23 % (70–79). Auch die Zahl derer, die nach eigenem Bekunden ein- bis zweimal monatlich am Gottesdienst teilnehmen, steigt leicht an (von 14 % auf 17 % bzw. 18 %). Demgegenüber nimmt die Zahl derer, die nur „einmal im Jahr oder seltener" gehen, deutlich ab (von 27 % auf jeweils 16 %); in etwas geringerem Maße auch die Zahl derjenigen, die „mehrmals im Jahr" am Gottesdienst teilnehmen (von 38 % auf 34 % bzw. 29 %). Die Zahl der Nichtkirchengänger bleibt dagegen stabil (14 %)[31]. Mit aller Vorsicht lässt sich demnach sagen, dass im Alter das ‚kulturkirchliche' Beteiligungsmuster, das – neben den Kasualien – bestimmte, vielleicht festliche oder in anderer Weise markierte Gottesdienste zum Anlass der Teilnahme macht, etwas abnimmt[32]; dagegen steigt ein gleichsam *gemeindekirchliches*, am Rhythmus des Sonntags

---

29 Vgl. zum Folgenden Ahrens, a.a.O. Ich danke Frau Ahrens für die Überlassung der – noch unpublizierten – Materialien.
30 Vgl. zum Folgenden Benthaus-Apel, a.a.O., bes. 234 f (Tabellen 4 und 5).
31 Diese Zahlen entsprechen auch der lebensstiltypischen Verteilung des Gottesdienstbesuchs: Die älteren Lebensstile gehen deutlich öfter mindestens monatlich zum Gottesdienst (a.a.O., 234). Interessant ist, dass das ‚kulturkirchliche' Muster des mehrmaligen Gottesdienstbesuchs pro Jahr am wenigsten Unterschiede zwischen den Lebensstilen aufweist.
32 Vgl. dazu Peter Cornehl, *Teilnahme am Gottesdienst. Zur Logik des Kirchgangs – Befund und Konsequenzen*, in: Joachim Matthes (Hg.), *Kirchenmitgliedschaft im Wandel*, Gütersloh 1990, 15–54 (24–27).

orientiertes Teilnahmemuster erheblich an. Dem entspricht es, dass ein Großteil der im ‚normalen' Sonntagsgottesdienst erscheinenden Mitglieder Ältere, meist Frauen sind, die den beiden oben skizzierten Lebensstilen zuzurechnen sind. Freilich: Es ist auch in diesen Altersgruppen nur ein gutes Drittel der Mitglieder, das von sich sagt, mindestens monatlich in den Gottesdienst zu gehen.

Ähnlich, wenn auch auf quantitativ niedrigerem Niveau, stellen sich auch die Beteiligungsquoten bei anderen *kirchlichen Lebensformen* dar. So erhöht sich das Interesse an Vortrags- und Seminarveranstaltungen bei den über 60jährigen gegenüber dem Durchschnitt (8 %) auf 14 % – dies ist aber ganz und gar den „hochkulturellen" Mitgliedern zuzuschreiben[33]. Ebenso ist es bei der Kirchenmusik und bei der Teilnahme an Chören: Auch hier geht die Steigerung von 15 % auf 19 % bzw. von 9 % auf 17 % eindeutig auf das wachsende Interesse der „Hochkulturellen" zurück. Das relativ starke Interesse an Gemeindefesten (26 %), das bei den Älteren ab 60 Jahren noch einmal deutlich zunimmt (37 %), ist dagegen offenbar milieuübergreifend.

Im Ganzen bedeuten diese Zahlen, auch wenn sie in verschiedener Hinsicht recht unscharf bleiben[34], für den Selbstanspruch der kirchlichen Organisation, wenigstens älteren Menschen eine milieuübergreifende Beteiligung zu eröffnen, doch eine *erhebliche Ernüchterung*. Ungeachtet ihrer relativ hohen Verbundenheit erscheint auch von dieser Gruppe nur ein gutes Drittel ab und zu auf einem Gemeindefest, und nicht mehr als ein Sechstel der älteren Mitglieder nimmt regelmäßig an „Chören, Gruppen oder Kreisen" teil. Dieses Gemeindehauschristentum rekrutiert sich zudem, was seine älteren Mitglieder betrifft, nahezu ausschließlich aus einem hochkulturellen Milieu; auch und gerade hier, beim geselligen ‚Kern' des kirchlichen Lebens, wirken die für Milieus typischen Abgrenzungsprozesse offenbar in starkem Maße.

Weitere Hinweise zu den komplexen Bedingungen, denen die Beteiligung der Älteren am Gemeindeleben unterliegt, vermag schließlich eine Untersuchung zu den *Mustern der Zeitgestaltung* älterer Menschen zu geben, die Nicole Burzan 2002 publiziert hat[35]. In den qualitativen In-

---

33 Von ihnen sind 24 % an solchen Veranstaltungen interessiert; alle anderen ‚älteren' Lebensstile bleiben unterdurchschnittlich; vgl. Benthaus-Apel, a.a.O., 235.
34 Das betrifft die Einteilung der Alterskategorien ebenso wie die einigermaßen unscharfen Vorgaben wie etwa „Teilnahme an Chören, Gruppen, Kreisen".
35 Vgl. Nicole Burzan, *Zeitgestaltung im Alltag älterer Menschen*, Opladen 2002; Dies., *Die Zeitgestaltung älterer Menschen*, in: Informationsdienst Altersfragen 32 (2005), H. 1, 2–5 fasst die Ergebnisse der Leitfadeninterviews zusammen.

terviews mit ‚jungen' Alten, die der Untersuchung zugrunde liegen, wird zunächst deutlich, dass gerade ältere Menschen „oft souveräner mit Zeit um[gehen], als es die Diskussionen um eine schnelllebige Zeit, in der alle hetzen und Zeit produktiv nutzen wollen, vermuten lassen"[36]. Dabei nutzen die Interviewten durchaus verschiedene Strukturierungsformen, um ihre Zeit einzuteilen: Institutionelle Bindungen durch Kursangebote, Ehrenämter oder Mitgliedschaften in diversen Vereinen – und eben auch im kirchlichen Vereinsleben – sind hier nur eine Zeitstruktur unter anderen; dazu kommen feste Termine mit Personen außerhalb von Institutionen (etwa ein regelmäßige Skatabend), spontane Bindungen an Bezugspersonen (etwa eine Tochter, die regelmäßig, aber zu ganz unterschiedlichen Zeiten besucht wird) und aufgabenbezogene Rhythmen wie etwa bei der Gartenarbeit.

Die nur *relative Bedeutung institutioneller Angebote* zeigt sich auch darin, dass zwischen dem Ausmaß einer derart strukturierten Zeitgestaltung und der subjektiven Zufriedenheit kein fester Zusammenhang besteht: Wer sich ehrenamtlich oder in Bildungsangeboten stark engagiert, kann sich ebenso ausgefüllt oder unzufrieden, weil eingeengt oder überfordert fühlen wie diejenige, die zeitlich kaum beansprucht ist. Ein vermehrtes Angebot von Aktivitäten und Anregungen, auch seitens der Gemeinden, wird also nicht ohne weiteres zu einer gesteigerten Zufriedenheit der Betroffenen führen.

Schließlich erscheint bemerkenswert, wie die Zufriedenheit der Älteren mit ihrer Zeitgestaltung wesentlich von den Mustern bestimmt ist, die schon vor dem Ruhestandsalter eingeübt wurden: Wem – parallel oder hintereinander – mehrere Lebensbereiche wichtig waren, etwa Beruf *und* Familie, Hobby oder Ehrenamt, der wird wahrscheinlich auch im Alter die eigene Zeit auf eine subjektiv befriedigende Weise einteilen. Für die kirchliche Erwartung an das Engagement Älterer würde dies bedeuten: Eine umfassende zeitliche Beanspruchung, eine totale Vereinnahmung zieht eher Unzufriedenheit nach sich als eine Selbstbeschränkung der kirchlichen Mitarbeit zugunsten einer Pflege anderer Kontakte und Engagements. Je stärker die kirchliche Institution mithin die *Souveränität*, auch die *Komplexität* der Zeitgestaltung Älterer respektiert und würdigt, um so eher wird sie ein – zeitlich begrenztes, und gerade so zufriedenstellendes – Engagement erwarten können.

---

36 A.a.O., 4.

5. „Älteste" – kirchliche Leitung durch alte Menschen

Unter den kirchlichen Lebensformen, die in der letzten Mitgliedschaftserhebung thematisiert wurden, zeichnet sich die „Beteiligung an den Kirchenwahlen" durch eine besonders signifikante Steigerung in Bezug auf das Alter aus[37]: Während im Durchschnitt aller Befragten 13 % angaben, an der Wahl von Presbyterien oder Kirchenvorständen teilzunehmen (diese Zahl liegt erheblich höher als die tatsächliche Wahlbeteiligung), steigt dieser Wert schon bei den 50–59jährigen auf 15 %, bei den 60–69jährigen auf 20 %, bei den Älteren auf 25 %. Eine Spezialuntersuchung in der bayrischen Kirche ergab, dass hier – im Unterschied zu vielen anderen Beteiligungsformen – auch Männer recht aktiv sind[38].

Es liegt nahe, dieses Interesse an den gemeindlichen Leitungsorganen nicht nur auf die (relative) Steigerung der ortsgemeindlichen Bindung Älterer zurückzuführen, die sich auch beim Gottesdienstbesuch zeigte, sondern sie auch mit der Eigenart jener Gremien zu erklären. Immerhin sind es „Kirchenälteste" oder „Presbyter", die hier zu wählen sind, also verantwortliche Beteiligungsrollen, mit denen Ältere, auch ältere Männer sich offenbar leichter identifizieren können als mit vielen anderen kirchlichen Rollenangeboten.

Historisch können im Blick auf das Ältesten-Amt – etwas schematisch – zwei Linien unterschieden werden[39]. Einerseits hat die reformierte Kirche, die bereits im 16. Jahrhundert das Presbyterat zu einem Laienamt gemacht hat, den *öffentlichen* Charakter dieses Amtes betont. Ganz wie kommunale Ratsherren oder Ortsälteste erscheinen die kirchlichen Presbyter hier als lebenserfahrene Autoritätspersonen, als Honoratioren, denen die Aufsicht über das sittliche Leben der Gemeindeglieder (so schon bei Calvin), über die finanziellen und baulichen Angelegenheiten der Gemeinde ebenso anvertraut ist wie die Wahl der leitenden Geistlichen. – Andererseits wird den Kirchenvorstehern seit der Gemeindebewegung des 19. Jahrhunderts auch die verantwortliche Organisation und die eigene Beteiligung an den sozialen, missionarischen und diakonischen

---

37 Vgl. zum Folgenden Ahrens, a.a.O., Folie 23 f; Benthaus-Apel, a.a.O., 235.
38 Herbert Lindner, *Leitungsgremien in der Ortsgemeinde. Soziale Strukturen und Einstellungen in der „Gemeindekirche"*, in: Jan Hermelink/Thorsten Latzel (Hg.), *Kirche empirisch. Ein Werkbuch*, Gütersloh 2008, 395–420.
39 Vgl. Michael Germann/Wolf-Dieter Hauschild/Herbert Lindner u.a., Art. „Presbyter/Presbyterium", in: RGG⁴, Bd. 6, 2003, 1611–1618.

Aktivitäten der Gemeinde zugewiesen; hier sind sie gleichsam die exemplarischen *Ehrenamtlichen*.

In der Auswahl der Kandidaten für das Ältestenamt orientieren Pfarrer/innen und Wahlausschüsse sich seit Längerem vor allem an dieser zweiten Linie. Im Ältestenkreis sollen möglichst viele Bereiche der Gemeindearbeit, daher auch möglichst viele Altersgruppen vertreten sein[40]. Das Wahlverhalten, nicht nur der älteren Wähler, weist dagegen darauf hin, dass die „Ältesten" auch als Honoratioren wahrgenommen werden: Gegenüber den Wahlvorschlägen wird das Durchschnittsalter der Kirchenvorstände durch die Wahl um etwa 5 Jahre erhöht; der Anteil der 50–65jährigen Ältesten wächst dadurch erheblich, auch 70jährige Älteste sind – jedenfalls in ländlichen Gegenden – keine Seltenheit. Für die Wählenden, die ganz überwiegend selbst zu dieser Altersgruppe gehören, scheint ihre Repräsentanz im ‚Rat der Ältesten' wichtiger zu sein als die breite Förderung eines aktiven Gemeindelebens.

Versucht man dieses Wahlinteresse und -verhalten der Älteren positiv zu würdigen[41], so spiegelt sich hier vielleicht das Bild einer gesellschaftlich, vor allem *kommunal integrierten Kirche:* Die Honoratioren des Ortes sollen auch im Kirchenvorstand eine gewichtige Rolle spielen. Zudem könnte der Wunsch bedeutsam sein, dass (wenigstens) in der Kirche die Lebenserfahrung und die Autorität der Älteren wahrgenommen und anerkannt wird. Das Amt der „Ältesten" würde dann nicht nur nominell, sondern auch faktisch – und exemplarisch – markieren, wie sehr die kirchliche Organisation die spezifischen Ressourcen und Talente des Alters würdigt.

6. Kirchliche Orte als Knoten im Netzwerk einer alternden Gesellschaft

In der Diskussion über angemessene Strukturen von Altenarbeit und Altenpflege hat der Gedanke des Netzwerkes seit etwa 15 Jahren ein großes Gewicht bekommen[42]. Um älteren Menschen ein Höchstmaß an

---

40 Vgl. zum Folgenden Lindner, *Leitungsgremien*, a.a.O., 405 ff.
41 Anders – und typisch – urteilt Lindner, a.a.O., 412, indem er die „überdurchschnittliche Vertretung von Männern, Älteren und Statushöheren" kritisiert.
42 Vgl. den Überblick bei Peter Zeman, *Strukturelle Vernetzung in Altenhilfe und Pflege. Zur Aktualität eines vieldiskutierten Konzeptes*, in: Informationsdienst Altersfragen 34 (2007), H. 6, 2–4. Sehr aufschluss- und materialreich ist die – u.a.

Selbstbestimmung, Beteiligung und Wahlfreiheit im Alltag zu ermöglichen sowie den diversen Dienstleistern ein Höchstmaß an Flexibilität, werden therapeutische, pflegerische und beratende Dienste nicht mehr an wenigen Orten und bei einem Träger konzentriert, sondern es werden verschiedene Stellen und Einrichtungen, darunter auch kulturelle und Bildungsangebote, Sportstätten und Einkaufsmöglichkeiten eines Stadtteils oder einer Region flexibel miteinander koordiniert. Es sind – im Konzert von Wohlfahrtsverbänden, gewinnorientierten Diensten, staatlichen Einrichtungen und freien Gruppen – besonders die Kommunen, die das Netzwerkprinzip in der Altenarbeit forcieren und die es – im Gespräch mit den einzelnen ‚Leistungserbringern' wie mit Betroffenen – auch gezielt unterstützen. Die leitenden Motive der Kommunen macht der Text einer Bielefelder Sozialdezernentin ausdrücklich:

> „Netzwerkarbeit bekommt gesellschaftliche Bedeutung, weil außerfamiliäre Netzwerke, die traditionell über die Zugehörigkeit zu Parteien, Wohlfahrtsverbänden, Kirchen u. a. hergestellt wurden, an Bindungskraft verloren haben. Zwar ist nach empirischen Untersuchungen die Bereitschaft zum bürgerschaftlichen Engagement bei Menschen in der nachberuflichen Phase ungebrochen oder sogar zunehmend. Die meisten älteren Menschen wünschen sich aber ein Engagement, das unverbindlicher ist, bei dem man sich zeitlich nicht zu stark festlegen muss und das vor allem nicht von Interessen einer übergeordneten Organisation bestimmt wird. – Die *Beteiligung der Kommune* beim Aufbau der Netzwerke in Trägerschaft von Wohlfahrtsverbänden oder kirchlich geprägten Organisationen wird […] von den Bürgerinnen und Bürgern verstanden als Ausdruck des konsequenten Bemühens, die neu zu bildende Organisation inhaltlich und strukturell an den Interessen der NetzwerkerInnen auszurichten. Eine möglichst breite Beteiligung der verschiedenen Bevölkerungsschichten wird so erst ermöglicht. Wird ein Netzwerk z. B. nur von einem Wohlfahrtsverband umgesetzt, besteht die Gefahr, dass auch nur die Menschen erreicht werden, die der kulturellen oder weltanschaulichen Prägung des Trägers nahe stehen. Ein ‚AWO-Netzwerk' wird es schwerer haben, Menschen aus ‚konservativen Bildungsschichten' zu erreichen; einem kirchlichen Träger wird es nur in Ausnahmefällen gelingen, Menschen anderer Kirchenzugehörigkeit zu integrieren."[43]

Die Kirchen gehören in diesem Beitrag einerseits zu den sozialen Strukturen, die „traditionell" funktionieren und sich damit relativ nahe

---

vom Diakonischen Werk im Rheinland herausgegebene – Publikation: Forum Seniorenarbeit NRW (Hg.), *Netzwerk-sensible Seniorenarbeit*, Düsseldorf 2007 (www.forum-seniorenarbeit.de/media/custom/373_1720_1.PDF).
43 Bernadette Bueren, *Netzwerke für ältere Menschen in der Stadt Bielefeld*, in: Forum Seniorenarbeit NRW (Hg.), *Netzwerk-sensible Seniorenarbeit*, a.a.O., 69–71, hier 70.

an den sog. primären Netzwerken von Familie, Nachbarschaft und Freunden befinden. Nimmt die Bedeutung solcher institutionell selbstverständlichen Bindungen innerhalb des „Wohlfahrtspluralismus" (oder „Welfare Mix")[44] von staatlichen, marktförmigen und zivilgesellschaftlichen Akteuren ab, so werden (u. a.) organisierte Formen der Hilfs- und Beratungsdienste wichtiger. Hier erscheint dann, andererseits, die Kirche als ein spezifischer „Träger", der auf Grund seiner religiös-kulturellen Prägung (und seiner Beteiligungsstrukturen) nicht alle „Bevölkerungsschichten" erreichen und beteiligen kann. In einem Netzwerk, das strikt von den – freilich immer erst zu definierenden – Interessen der Betroffenen, also der alten Menschen her organisiert ist, erscheinen die kirchlichen Institutionen demnach zunächst als marginalisierte oder als höchst partikulare Akteure.

Zwar dürfte diese kritische Sicht der Rolle, die kirchliche Institutionen in Netzwerken der Altenarbeit spielen können, den gleichsam ‚volkskirchlichen' Kredit unterschätzen, den jene Institutionen als gerade nicht am eigenen Bestand interessierte Akteure vielerorts genießen[45]. Wenn für das Funktionieren eines Netzwerkes nicht zuletzt ein von allen Beteiligten akzeptierter „Netzwerkmanager" konstitutiv ist[46], dann können – wie viele Erfahrungen zeigen – gerade kirchliche Diakone oder Sozialarbeiter diese Funktion, Vertrauen, Partnerschaft und gegenseitige Unterstützung aufzubauen, besonders gut erfüllen. Gleichwohl markiert der Bielefelder Text die sicher zutreffende Einsicht, dass kirchliche Institutionen nur im Zusammenwirken mit anderen Trägern, Einrichtungen und Gruppen, also in einer klaren *Selbstbegrenzung*, an den regionalen Netzwerken kooperativer und partizipativer Altenarbeit beteiligt sein können.

Um nun innerhalb dieser Netzwerke eine realistische Position einzunehmen, kann sich die Kirche nicht nur auf die Vielfalt an Beteiligungsformen besinnen, die ihre Arbeit praktisch und theoretisch kennzeichnet[47]. Sondern sie kann ihre spezifischen Stärken auch mittels einer

---

44 Adalbert Evers/Thomas Olk (Hrsg.), *Wohlfahrtspluralismus. Vom Wohlfahrtsstaat zur Wohlfahrtsgesellschaft*, Opladen 1996.
45 Vgl. zum Ganzen auch Guido Knörzer, *Lebensraumorientierung in der Altenarbeit und Vernetzung von Trägern – ein Paradigma und seine institutionellen Konsequenzen*, in: Martina Blasberg-Kuhnke/Andreas Wittrahm (Hg.), *Altern in Freiheit und Würde*, München 2007, 212–227.
46 Vgl. Zeman, *Strukturelle Vernetzung*, a.a.O., 4.
47 Vgl. die einschlägigen Veröffentlichungen der Evangelische Arbeitsgemeinschaft für Altenarbeit in der EKD (EAfA): *Erfahrungswissen für Initiativen in der Kirche*

gleichsam *topographischen* Einsicht bestimmen: Die Netzwerke der Altenarbeit sind ja stets räumlich organisiert; sie umfassen Arztpraxen, Sozialstationen, Bildungshäuser und kulturelle Einrichtungen – und nicht zuletzt die Wohn-Orte der älteren Menschen selbst, von eigenem Wohnraum über Betreutes oder Mehrgenerationen-Wohnen bis zu Wohn- und Pflegeheimen. In diesem topologischen Netzwerk einer alternden Gesellschaft stellen nun die Großkirchen ihrerseits ein höchst komplexes Geflecht „kirchlicher Orte", mehr oder weniger hervorgehobener Räume kirchlichen Lebens und Handelns dar[48]. Zu diesem Netzwerk von Orten, die für ältere Menschen je spezifische Beteiligung, Betreuung und Begleitung eröffnen, gehören ja nicht nur Kirchen und Gemeindehäuser, auch nicht nur kirchliche Sozialstationen, Krankenhäuser und Pflegeheime. Sondern zur Kirche gehören auch Akademien und Klöster, Pfarrhäuser, Hospize und christliche Hotels, Beratungsstellen und Einrichtungen der Erwachsenenbildung.

Dieses vielfältige kirchliche Netzwerk der Präsenz älterer Menschen zeichnet sich nun u.a. dadurch aus, dass es fast immer *verschiedene Formen und Intensitäten der Beteiligung* eröffnet: Man kann das Gemeindehaus gelegentlich und unverbindlich aufsuchen, sich aber auch ehrenamtlich intensiv engagieren; man kann sporadisch Besuchsdienste im Hospiz übernehmen oder sich mit ganzer Kraft einer sterbenden Person widmen; man kann auch, nachdem man lange im Pfarrhaus gelebt hat, die Kirche nur noch selten, zu Festgottesdiensten oder Konzerten betreten. Kirchliche Orte können demnach (nicht nur) für ältere Menschen sowohl Schutzräume als auch Aktionsräume sein; sie können zu öffentlichen Orientierungspunkten werden und höchst private Rückzugsmöglichkeiten bieten. Es ist gerade diese Vielfalt von Optionen innerlichen und äußerlichen Engagements, die die Großkirchen in der Gesellschaft,

---

– *Alterspotenziale wahrnehmen und fördern*, Hannover 2006; *Platz für Potenziale – Partizipation im Alter zwischen alten Strukturen und neuen Erfordernissen*, Hannover 2007 (zu beziehen über eafa@ekd.de); dazu Wolfgang Huber, *Tätiges Leben – Teilhabechancen für alle Lebensalter* (Vortrag beim Symposion „Platz für Potenziale? Partizipation im Alter zwischen alten Strukturen und neuen Erfordernissen"), MS Juni 2006 (www.ekd.de/print.php?file=/vortraege/huber/060607_huber_hannover.html), 5 f (Abschnitt VII).

48 Vgl. zum kybernetischen Konzept der „kirchlichen Orte", auf das hier nur hingewiesen werden kann, Uta Pohl-Patalong, *Von der Ortskirche zu kirchlichen Orten. Ein Zukunftsmodell*, Göttingen 2004; Dies., *Kirchliche Orte. Jenseits von Ortsgemeinde und übergemeindlichen Arbeitsformen*, in: Dies. (Hg.), *Kirchliche Strukturen im Plural*, Hamburg 2004, 133–146.

auch in einer alternden Gesellschaft weiterhin zu verankern und zu vernetzen vermag.

Die real existierende Vielfalt kirchlicher Orte eröffnet den Kirchen schließlich, aber nicht zuletzt auch das „Potenzial, auf die Einstellungen zu Wohnen und Pflege im Alter einzuwirken"[49]. Das betrifft nicht nur die Information, die in Gemeinden und Beratungsstellen über verschiedene Formen des Wohnens zu geben ist, sondern auch die konkrete Unterstützung und Trägerschaft für „neue Formen des Wohnens nach den Prinzipien der Selbsthilfe der Betroffenen", der Gleichberechtigung aller Akteure, der Balance von Gemeinschaft, Privatheit und wechselseitiger Solidarität[50]. Über den Aufbau eigener Modellprojekte, dazu über das diakonische wie seelsorgliche Engagement in den diversen Genossenschaften, Wohngruppen und Mehrgenerationenhäusern, und nicht zuletzt auch über die Option, ‚auf Zeit' oder auf Dauer in Klöstern und Kommunitäten zu wohnen, sind die Großkirchen wie wenige andere gesellschaftliche Institutionen in der Lage, die allgemeinen „Leitbilder des Wohnens"[51] zu prägen und zu transformieren. Auch in dieser Hinsicht bringt das Leben und Handeln einer ‚alternden Kirche' einen wesentlichen Grundzug der Volkskirche zum Ausdruck, nämlich ihre Vernetzung in eine Vielfalt von Lebensbezügen.

7. Ressourcen des Alters für die Kirche

Der fünfte, bei Abfassung der vorliegenden Skizze aktuelle Altenbericht der Bundesregierung hat seine Beobachtungen und Empfehlungen unter die Überschrift „Potenziale des Alters in Wirtschaft und Gesellschaft" gestellt[52]. Zu den Leitbildern, mit denen diese Potenziale konkretisiert

---

49 Vgl. Christoph Schneider-Harpprecht, *Altenseelsorge im Kontext. Lebenswelt, Lebensraum und soziale Beziehungssysteme in der Seelsorgearbeit mit alten Menschen*, in: Kunz (Hg.), *Religiöse Begleitung im Alter*, Zürich 2007, 321–363, besonders 345–355, das Zitat a.a.O., 347.
50 Schneider-Harpprecht, *Altenseelsorge*, 348. Vgl. die Beispiele für alternative Wohnformen a.a.O., 348–350; auch bei Knörzer, *Lebensraumorientierung*, a.a.O., 221 ff; Dorothea und Wolfgang Becker, Wohnprojekte für Alt und Jung, in PrTh 41 (2006), 291–294; ein Überblick bei Bertelsmann Stiftung/Kuratorium Deutsche Altershilfe (Hrsg.), *Neue Wohnkonzepte für das Alter und praktische Erfahrungen bei der Umsetzung – eine Bestandsanalyse*, Gütersloh 2003.
51 Schneider-Harpprecht, *Altenseelsorge*, a.a.O., 347.
52 Bundesministerium für Familie, Senioren, Frauen und Jugend (Hg.): *Fünfter Bericht zur Lage der älteren Generation in der Bundesrepublik Deutschland. Po-*

werden, gehören etwa das „Alter als Motor für Innovation" und Kreativität, das lebenslange, auch intergenerationale Lernen, oder die Forderung nach nachhaltiger Generationensolidarität. Diese spezifischen Potenziale oder Ressourcen können auch dem kirchlichen Handeln zugute kommen, wenn (mehr) ältere Menschen sich am kirchlichen Leben (s. o. Abschn. 4), dessen Leitung (s. o. 5) und nicht zuletzt dessen Finanzierung beteiligen. Indem Ältere der kirchlichen Praxis ihr Geld, ihre Zeit und vor allem ihre spezifischen, in einem langen Leben erworbenen Kompetenzen zur Verfügung stellen, bereichern sie nicht nur zahlreiche Arbeitsfelder, sondern auch die kirchliche Institution im Ganzen[53].

Im Anschluss an das oben (Abschn. 2) skizzierte Verständnis von Kybernetik als ‚kreativer Selbstdeutung einer alternden Kirche' sollen jedoch im Folgenden vor allem die Potenziale oder Ressourcen skizziert werden, die ältere Menschen auf Grund ihrer *spezifischen (Selbst-) Deutungskompetenzen* in jene kirchlich-institutionelle Selbstdeutung einbringen können. Die individuelle Selbstdeutung manifestiert sich besonders eindrücklich in der Biographiearbeit, wie sie seit längerer Zeit in der Altenarbeit, auch in der Altenseelsorge Anwendung findet[54]: Im – methodisch angeleiteten – Erzählen erschließt sich den Erzählenden selbst ein neuer, ggfs. restituierender und integrierender Sinn ihrer Lebensgeschichte – oder (realistischer) von einzelnen Episoden[55]. Diese biogra-

---

tenziale des Alters in Wirtschaft und Gesellschaft – Der Beitrag älterer Menschen zum Zusammenhalt der Generationen. Bericht der Sachverständigenkommission, Berlin 2005, bes. 39–43. Zu den Leitbildern vgl. etwa Kruse, *Alter hat Zukunft*, a.a.O., 251 f, oder Deutsches Zentrum für Altersfragen, *Die Leitbilder des Fünften Altenberichts*, in: Informationsdienst Altersfragen 33 (2006), H. 1, 2 f.

53 S.o. Anm. 47. Zum Kontext des Themas vgl. nur Peter Zeman, *Rahmenbedingungen für das Engagement der Älteren*, in: Informationsdienst Altersfragen 35 (2008), H. 2, 2–7 (mit weiteren Literaturangaben).

54 Vgl. nur Hans Georg Ruhe, *Methoden der Biographiearbeit. Lebensspuren entdecken und verstehen*, Weinheim ³2007; Karl-Heinz Bierlein, *Krisen und Identität im Alter*, in: D. Stollberg u. a. (Hg.), *Identität im Wandel in Kirche und Gesellschaft*, Göttingen 1998, 100–109; Marianne Habersetzer, *Katechese oder Spirituelle Biografiearbeit. Wenn ältere Menschen über ihr Leben und ihren Glauben sprechen*, in: LS 59 (2008), 234–239.

55 Zu dieser realistischeren Sicht der Biographiearbeit vgl. Brigitte Boothe, *Vertrauen und Fragilität. Erzählungen alter Menschen vom guten Leben*, in: Ralph Kunz (Hg.), *Religiöse Begleitung im Alter*, Zürich 2007, 99–120; Schneider-Harpprecht, *Altenseelsorge im Kontext*, a.a.O., 357: „Die manchmal ganz krummen Geschichten aus dem Leben genügen. Sie sind fragmentarisch wie das Leben selbst. Sie sind Spuren des Ich und können manchmal auch Spuren Gottes mit diesem Menschen zeigen."

phische Arbeit, in der (nicht nur) ältere Menschen ihr Leben neu deuten, Erfahrungen von Glück, von Leiden und von Schuld thematisieren und – nicht zuletzt – ihre eigene Endlichkeit akzeptieren können, kommt nun nicht nur den Erzählenden – und ihren Gesprächspartnern – zugute, sondern sie kann auch als Ressource für die kirchlichen Institutionen und Handlungsfelder begriffen werden, in dessen Rahmen sich jenes biographische Selbst-Deuten vollzieht.

In seinen bekannten Überlegungen zu „Identität und Fragment" resümiert Henning Luther:

> „Wir sind immer [...] auch gleichsam Ruinen unserer Vergangenheit, Fragmente zerbrochener Hoffnungen, verronnener Lebenswünsche, verworfener Möglichkeiten, vertaner und verspielter Chancen. Wir sind Ruinen aufgrund unseres Versagens und unserer Schuld ebenso wie aufgrund zugefügter Verletzungen, erlittener [...] Verluste und Niederlagen."[56]

Die biographisch bilanzierende Selbstdeutung, wie sie ältere Menschen üben, wird diesen „Schmerz des Fragments" (ebd.) nicht in eine integral geschlossene Sinngestalt umdeuten – aber sie vermag dazu zu befähigen, lebensgeschichtliche Verluste und Verletzungen doch – im Erinnern und Erzählen – als Bestandteile des je eigenen Lebens wahrzunehmen, vielleicht auch zu akzeptieren.

Diese Wahrnehmung und die (keineswegs selbstverständliche) Annahme des „Verronnenen" und „Zerbrochenen", der eigenen Endlichkeit kommt auch den kirchlichen Institutionen zu Gute, die mit solchen *Deutungen des Fragmentarischen* konfrontiert werden. Ältere Menschen vermögen auch im Blick auf die kirchliche Praxis: auf langjähriges Engagement, auf geschichtsträchtige Gemeindehäuser oder erprobte Veranstaltungen doch deren Endlichkeit: deren „verworfener Möglichkeiten, vertaner und verspielter Chancen" ansichtig zu werden. Auch und gerade im Blick auf kirchliche Strukturen, Arbeitsfelder und Projekte wird das erinnernde Erzählen bei den Beteiligten Verletzungen und Verluste aufdecken, wird Schmerzen wachrufen. Wer jedoch – als älterer Mensch – im Erinnern und Ertragen solcher Schmerzen geübt ist, kann auch einer Kirche, deren Kräfte schwinden und die Vieles loslassen muss, diejenigen Kategorien und Kräfte des Erinnerns zur Verfügung stellen, mit denen die Akzeptanz des Alterungsprozesses möglich wird.

---

56 Henning Luther, *Identität und Fragment. Praktisch-theologische Überlegungen zur Unabschließbarkeit von Bildungsprozessen* (1988), in: Ders., *Religion und Alltag. Bausteine zu einer Praktischen Theologie des Subjekts*, Stuttgart 1992, 160–182, hier 168 f.

Dabei wird diese institutionelle Biographiearbeit nicht nur schmerzhafte Trauerarbeit sein, sondern sie wird zugleich versuchen, „das Gewesene in Richtung auf das Wünschbare zu korrigieren"⁵⁷, die Grenzen der bewährten Praxis also *kreativ umzudeuten*, sie als Erfüllung bedeutsamer, wenn eben auch anderer Wünsche und Ziele zu identifizieren. Auf diese Weise vermag die Selbstdeutungskompetenz der Älteren der stets fragmentarischen kirchlichen Institution aufzuzeigen, welche übersehenen Funktionen, welchen verborgenen Sinn ihre – stets endlichen – Strukturen hatten und haben. Die kreative Umdeutung einer alternden kirchlichen Institution kann auch die Erfahrung des (überraschend) Gelungenen, des (unverhofft) Geglückten freilegen, wird andere Optionen in den Blick rücken und insgesamt die Freiheit stärken, das gewohnte Handeln als ein begrenztes und darin bedeutsames zu würdigen.

Henning Luthers Verweis auf den „Schmerz des Fragments" hält allerdings fest, dass die individuelle wie die institutionelle Biographiearbeit nicht nur positive Erfahrungen umfasst. Nimmt die erinnernde Selbstdeutung – neben der eigenen Endlichkeit – auch die Kontexte des Erinnerten in den Blick, dann wird auch Empörung aufkommen über die Verhältnisse, die an der Erfüllung von Lebenswünschen gehindert haben. Zur Kultur des Alterns in der Kirche gehören die *zornigen Alten*: die Frauen und Männer, die in der deutenden Rückschau immer kritischer, immer empörter, vielleicht auch bitterer werden angesichts „vertaner und verspielter Chancen" der Institution. Für die evangelische Kirche sei hier nur an Ernst Käsemann, Rudolf Bohren oder Dorothee Sölle erinnert. Auch Manfred Josuttis hat der Kirche immer wieder seinen Zorn zugemutet und zur Verfügung gestellt:

> „Seit mehr als dreißig Jahren werden Menschen auf dem Markt andauernd gefragt: Was haltet ihr von der Kirche? Und was erwartet ihr von der Kirche? Seit mehr als dreißig Jahren werden immer neue Projekte entworfen: Wie predigen wir dem modernen Menschen? Wie begleiten wir die Leute in den Krisen des Lebens? [...] Wie gelangen Menschen zu einem persönlichen Glaubensbekenntnis? [...] Was in den meisten kirchlichen Äußerungen der Gegenwart gefordert wird, ist keineswegs so neuartig, wie es sich selbst manchmal darstellt. Und es wird auch nicht erfolgreicher sein als all die Kampagnen mit Angeboten, die viel Zeit und Kraft und Geld gekostet haben, aber kaum über den Kreis der Kirchentreuen hinaus wirksam geworden sind. – Die mangelnde Effizienz hat einen benennbaren Grund. Es ist der Hang zur Selbstdarstellung, der auf viele abschreckend wirkt. [...]

---

57 Boothe, *Vertrauen und Fragilität*, a.a.O., 102.

> Der große Irrtum, in dem sich kirchliche Gruppen befinden, die große Illusion, die sie nach außen verbreiten, bestehen in der Annahme: Wir sind schon Kirche. Das würde ja bedeuten: Wir predigen schon Gottes Wort. Wir leben schon aus Gottes Geist. [...] Wir sind schon Leib Christi. Wenn das zutreffen würde, dann bräuchte man gar nicht mehr zu postulieren: ‚Wir wollen wachsen gegen den Trend!' und man bräuchte aus der Gemeinde auch keinen Wellness-Club machen zu wollen, in dem sich alle wohlfühlen sollen."[58]

Der Groll über die sinnlose Verschwendung von „Zeit und Kraft und Geld", der sich in der Rückschau auf jahrzehntelange Reformbemühungen einstellt, wird hier nicht nur – durchaus typisch für die Sicht der Alten – umgesetzt in galligen Spott über die Geschichtsvergessenheit der Reformer. Sondern dieser Rückblick mündet zugleich in eine massive Kritik von deren Selbstdeutung „Wir sind schon Kirche". Josuttis deutet diesen Selbstanspruch als „große Illusion", als hybride Verkennung der eigenen Schwäche und Bedürftigkeit, ja er identifiziert den reformerischen Aktionismus als religiöse Selbstermächtigung: als *institutionelle Sünde*. Die zornigen Alten erinnern die Kirche, gerade die Kirche daran, dass zur Selbstdeutung der eigenen Geschichte auch die Wahrnehmung des eigenen Versagens, der eigenen Schuld gehört. In diesem Sinne schreibt Karl-Heinrich Bieritz, in einer – seinerseits recht zornigen – Sammelrezension zur kirchlichen Altenarbeit:

> „Wann werden die Jungen sich rächen wollen für das vergiftete Erbe, das sie antreten müssen? Der Satz hält fest, dass sich aus dem Schicksal, das ganze Generationen miteinander teilen, auch eine gemeinsame, die jeweilige Generation verpflichtende Verantwortung ergibt. [...] Die Rede vom ‚emanzipierten Alter' umschließt, ernst genommen, auch dies: dass sich eine Generation zu ihrem Versagen und der darin beschlossenen Schuld bekennt. [...] Freiheit wird – biblisch gesagt – nur durch Umkehr bewahrt und gewonnen. So muss und darf auch den Alten Umkehr zugemutet, Umkehr gepredigt, Umkehr ermöglicht werden."[59]

Was Bieritz selbst vor allem auf die Kinder- und Familienfeindlichkeit vieler Praxisfelder bezieht, das lässt sich unschwer auch konkretisieren für die kirchliche Beteiligung an den nationalsozialistischen Verbrechen oder – näher liegend – für die institutionelle Ausgrenzung, die den älteren Menschen auch in der Kirche jahrzehntelang begegnete, wenn sie in den

---

[58] Manfred Josuttis, *Kirche auf dem Markt – Ausverkauf oder Geistbegabung. Ein Protest*, in: Ders., *Wirklichkeiten der Kirche*, Gütersloh 2003, 125–145, hier 141.
[59] Karl-Heinrich Bieritz, *Emanzipiertes Alter (Buchbericht)*, in: PTh 82 (1993), 383–396, hier 385 f.

Altenkreisen der Gemeinde fürsorglich entmündigt und in Altenheimen nurmehr verwahrt wurden. 1993 schreibt ein kirchlicher Experte:

> „Weitgehend steckt die kirchliche Altenarbeit noch immer in den Kinderschuhen der geschlechts- und altersspezifischen Gemeindearbeit des ausgehenden 19. Jahrhunderts. In ihr spiegelt sich der versorgende, betreuende, unterhaltende Fürsorgecharakter der Kindergartenarbeit jener Zeit."[60]

Dieses strukturelle Versagen der Kirche kann in der kritischen Erinnerung aufgedeckt (und dann sicher auch differenziert) werden; es sollte aber auch als Schuld, und zwar als *institutionelle Schuld* bekannt werden. Die Umkehr der Institution, ihre strukturelle Umgestaltung ist freilich angewiesen auf die Kompetenz der beteiligten wie betroffenen Alten, auch eigene Schuld zu bekennen, auch für sich selbst die Freiheit der Umkehr zu realisieren. Wo einzelne ältere Menschen für sich selbst die „Rechtfertigung von Lebensgeschichte", und zwar einer fragmentarischen, auch von Versagen geprägten Lebensgeschichte erfahren haben[61], da könnten sie auch die kirchliche Institution ermutigen, ihrerseits vertane Chancen und schuldhaftes Versagen wahrzunehmen – und auf diese Weise die Endlichkeit allen kirchlichen Handelns zu akzeptieren.

8. Theologische Leitlinien für die Gestaltung einer alternden Kirche

An Programmen für die (Neu-) Gestaltung der Kirche, auch der kirchlichen Arbeit mit älteren Menschen herrscht kein Mangel. Der vorliegende Artikel hat das Schwergewicht darum auf die *Wahrnehmung* der Präsenz älterer Menschen in der Kirche und für die Kirche gelegt. Die abschließende Benennung einiger Leitlinien für die Gestaltung einer Kirche, die auch institutionell altert, soll diesen Fokus nicht verlassen, sondern ihn nur – deutlicher als bisher, aber wiederum skizzenhaft – erweitern um Hinweise auf einige spezifisch theologische Deutungsperspektiven.

---

60 Klaus Dirschauer, *Chancen und Grenzen zukünftiger kirchlicher Altenarbeit*, in: PTh 82 (1993), 340–354, hier 341; vgl. auch Ders., *Altenstudie. Standortbestimmung der Kirche*, Bremen 1987.
61 Vgl. (nochmals) Wilhelm Gräb, *Rechtfertigung von Lebensgeschichten. Erwägungen zu einer theologischen Theorie der Amtshandlungen*, in: PTh 76 (1987), 21–38.

Kreatürlichkeit. Die theologische Anthropologie geht von der Geschöpflichkeit des Menschen aus, und sie leitet damit an zu einem nüchternen Blick auf die Vorgaben und die Grenzen des Lebens, auch des sozialen und des institutionellen Lebens. Für die Gestaltung einer ‚alternden Kirche' hat darum die nüchterne Selbst-Wahrnehmung vor Ort wie im gesellschaftlichen Ganzen Priorität. Die begrenzte Beteiligung älterer Menschen am Gemeindeleben, ihr selektives, stark bildungsabhängiges Engagement, auch in der Leitung der Kirche, sind zunächst ebenso zur Kenntnis zu nehmen wie die Prognose einer weiter abnehmenden, und nicht unbedingt engagierteren Präsenz von Älteren. Diese Verhältnisse bringen die gesellschaftliche Verflechtung, die vielfältigen Lebensbezüge einer Volkskirche zum Ausdruck; sie markieren aber theologisch auch die Endlichkeit, die kreatürlichen Grenzen des kirchlichen Handelns und aller seiner Strukturen. Die Gestaltung der ‚alternden Kirche' steht unter der Maßgabe institutioneller Selbstbegrenzung.

Kreativität. Wenn gegenwärtig die hohe Kreativität älterer, auch hochaltriger Menschen hervorgehoben wird (s. o. Abschnitt 1), so ist dies theologisch als Hinweis auf den schöpferischen Geist Gottes zu deuten, der auch und gerade in einer ‚alternden Kirche' wirkt. Deren Gestaltung wird darum die vielfältigen Potenziale und Ressourcen, die ältere Menschen in die Kirche einbringen, zuversichtlich nutzen. Insbesondere die gemeinschaftliche, gleichsam die Ko-Kreativität aller Beteiligten wird dann zum Prinzip des kirchlichen Handelns. Die Gleichberechtigung aller Christen, auch in der Leitung der Kirche, lässt sich dann etwa im Blick auf das Amt der „Ältesten" stärken und ausbauen.

Allgemeines Priestertum. Zu einer erweiterten Beteiligung und Mitbestimmung regt auch die reformatorische Einsicht in das Priestertum aller Getauften an[62]. Im Blick auf ältere Menschen in der Kirche ist bedeutsam, dass dieses Priestertum bei Luther nicht zuletzt das Recht, ja die Pflicht zu Verkündigung, Fürbitte und Segen umfasst. Auf diese Weise wird nicht nur eine religiöse Verantwortung der Älteren für die Weitergabe des Glaubens in Familie, Kirche und Gesellschaft akzentuiert, sondern zugleich ihr Potenzial, lebensgeschichtlich erworbene (Selbst-)

---

62 Vgl. zu den kybernetischen Implikationen dieser theologischen Lehre Wilfried Härle, *Allgemeines Priestertum und Kirchenleitung nach evangelischem Verständnis*, in: Ders. / R. Preul (Hg.), *Kirche*, Marburg 1996, 61–81; Harald Goertz, *Allgemeines Priestertum und ordiniertes Amt bei Luther*, Marburg 1997.

Deutungskompetenzen auch in der Kirche zu nutzen (s.o. Abschn. 7), und dabei nicht allein Aktivität und Innovation, sondern ebenso Innehalten und Erinnerung stark zu machen. – Zum Priestertum der Glaubenden gehört zugleich die kritische Beurteilung der Lehre, auch der in den kirchlichen Strukturen implizierten Lehre. Eine ‚alternde Kirche' wird darum eine zunehmend selbstkritische Kirche sein.

Leib Christi. Dieses kybernetisch vielfältig auslegbare Bild[63] markiert im Blick auf ältere Menschen nicht nur die wechselseitige Verantwortung aller Glaubenden, sondern vor allem, dass sie in der Kirche sowohl als aktive, engagierte wie auch als hilfs- und pflegebedürftige Glieder wahrzunehmen sind. Dass alle Glieder der Kirche im Grunde immer beides zugleich sind, gebend und empfangend, gestaltend und bedürftig, das wird im Altern der Glaubenden wie der Kirche selbst besonders intensiv erfahrbar.

Rechtfertigung. Die ebenso tröstende wie kritische Revision der Lebensgeschichte, die die Begegnung mit Christus bewirkt, lässt sich – angeleitet durch die Rechtfertigungserfahrungen älterer Menschen – auch für die kirchliche Institution erhoffen. Sie wird ihre gesellschaftliche Daseinsberechtigung dann nicht in einer „immer professionelleren, effizienteren, spezialisierteren kirchlichen Altenarbeit" finden[64], sondern in einer – durchaus exemplarischen – Selbstkritik, ja Buße für die eigenen Versäumnisse, nicht zuletzt an den Alten inner- und außerhalb der Kirche. Im Horizont der Rechtfertigungslehre verzichtet die Institution darauf, alles zu wissen und alles zu können, und sie akzeptiert – mit den Älteren in der Kirche – die Grenzen der eigenen „Sinnstiftungskapazität"[65].

Ewiges Leben. Während die gesellschaftlichen, auch die politischen Leitbilder des Alterns dessen Produktivität, Kreativität, Lernfähigkeit und Innovation betonen müssen[66], weiß die Kirche, dass das irdische Leben, auf das sich diese Leitbilder beziehen, von einem anderen, dem wahren Leben umfangen ist. Für die Kirche ist Altern darum nicht das Letzte,

---

63 Vgl. nur Preul, *Kirchentheorie*, a.a.O., 64 ff; Wolfgang Huber, *Der christliche Glaube*, Gütersloh 2008, 154 f.
64 Bieritz, *Emanzipiertes Alter*, a.a.O., 395.
65 Pfleiderer, *Alter*, a.a.O., 375.
66 Vgl. nochmals Deutsches Zentrum für Altersfragen, *Die Leitbilder des Fünften Altenberichts*, in: Informationsdienst Altersfragen 33 (2006), H. 1, 2 f.

sondern immer nur das Vorletzte, was vom Menschen zu sagen ist. Darum kann sie ein unproduktives, ein vergessendes, ein dementes Altern würdigen – und darum kann sie umgekehrt von den Älteren nicht erwarten, dass sie sich in *diesem* Leben, auch in dieser Kirche ganz zu Hause fühlen. Wenn die Christen ihr Bürgerrecht im Himmel haben (Phil 3, 20), dann werden sie das Altern der irdischen Kirche gelassen gestalten, und dann werden sie vielleicht auch deren Sterben getrost ertragen.

Literatur

Petra-Angela Ahrens, *Mehr Zeit zu leben – auch in der Kirche? Antworten älterer Kirchenmitglieder aus der IV. Kirchenmitgliedschaftsuntersuchung der EKD (Folien zum Vortrag im Sozialwissenschaftlichen Institut der EKD)*, Hannover 2008.

Friederike Benthaus-Apel, *Lebensstilspezifische Zugänge zur Kirchenmitgliedschaft*, in: Wolfgang Huber u. a. (Hg.), *Kirche in der Vielfalt der Lebensbezüge. Die vierte EKD-Erhebung über Kirchenmitgliedschaft*, Gütersloh 2006, 205–236.

Brigitte Boothe, *Vertrauen und Fragilität. Erzählungen alter Menschen vom guten Leben*, in: Ralph Kunz (Hg.), *Religiöse Begleitung im Alter*, Zürich 2007, 99–120.

Nicole Burzan, *Die Zeitgestaltung älterer Menschen*, in: Informationsdienst Altersfragen 32 (2005), H. 1, 2–5.

Lars Charbonnier/Georg Pfleiderer, *Rentenbescheid/Alter*, in: Dietrich Korsch/Lars Charbonnier (Hg.), *Der verborgene Sinn. Religiöse Dimensionen des Alltags*, Gütersloh 2008, 365–376.

Klaus Dirschauer (Hg.), *Altern in der Gemeinde*, in: PTh 82 (1993), 339–396.

Wolfgang Huber, *Tätiges Leben – Teilhabechancen für alle Lebensalter (Vortrag beim Symposion „Platz für Potenziale? Partizipation im Alter zwischen alten Strukturen und neuen Erfordernissen)*, MS Juni 2006 (www.ekd.de/print.php?file=/vortraege/huber/060607_huber_hannover.html).

„Keiner lebt für sich allein – vom Miteinander der Generationen". Kundgebung der 10. Synode der Evangelischen Kirche in Deutschland, 3. Tagung, Magdeburg (November) 2004 (www.ekd.de/synode2004/beschluesse_kundgebung.html).

Guido Knörzer, *Lebensraumorientierung in der Altenarbeit und Vernetzung von Trägern – ein Paradigma und seine institutionellen Konsequenzen*, in: Martina Blasberg-Kuhnke/Andreas Wittrahm (Hg.), *Altern in Freiheit und Würde. Handbuch christlicher Altenarbeit*, München 2007, 212–227.

Andreas Kruse, *Alter hat Zukunft. Stärken des Alters erkennen und nutzen*, in: PrTh 41 (2006), 245–252.

Andreas Kruse, *Chancen und Grenzen der Selbstverantwortung im Alter*, in: WzM 59 (2007), 421–446.

Herbert Lindner, *Leitungsgremien in der Ortsgemeinde. Soziale Strukturen und Einstellungen in der „Gemeindekirche"*, in: Jan Hermelink/Thorsten Latzel (Hg.), *Kirche empirisch. Ein Werkbuch*, Gütersloh 2008, 395–420.

Christoph Schneider-Harpprecht, *Altenseelsorge im Kontext. Lebenswelt, Lebensraum und soziale Beziehungssysteme in der Seelsorgearbeit mit alten Menschen*, in: Ralph Kunz (Hg.), *Religiöse Begleitung im Alter*, Zürich 2007, 321–363.
Statistisches Bundesamt, *Informationen und Tabellen zum Bevölkerungsstand* (www.destatis.de).
Renate Wieser, *Eure Alten werden Träume träumen (Joel 3,1). Kirchliche Altenarbeit in Österreich am Beispiel der Diözese Graz-Seckau*, Hamburg 2003.
Klaus Winkler, *Alter als Verzichtsleistung*, in: WzM 88 (1992), 386–395.

Diakonik: Für(s) Alte(r) sorgen

Zwischen Betreuung und Altersmanagement

Thomas Klie (Freiburg)

1. Deakonein

„In den Augen der Griechen ist Dienen etwas Minderwertiges. Herrschen und nicht dienen ist eines Mannes würdig. Der Sophist fragt, wie könnte denn ein Mensch glücklich sein, der irgendeinem dienen muss?"[1]

In dem historischen Kontext des neuen Testaments wurde *Deakonein*, ein mit Sklavendiensten verbundener Begriff, verallgemeinernd in eine Beschreibung der christlichen Liebesbetätigung gegenüber dem Nächsten umgedeutet. Das tat Not, lag aber nicht im Trend der Zeit. „Who cares?", wer sorgt sich um den Nächsten: Diese Fragestellung hat der 7. Familienbericht[2] als zentrale Fragestellung unserer Zeit identifiziert: Sowohl gegenüber Kindern als auch gegenüber alten Menschen wird „Care", wird Fürsorge zur knappen Ressource: Die Dominanz der Erwerbsarbeit hat zur Abwertung der Kümmerarbeit geführt, die zudem ungerecht verteilt und mit wenig öffentlicher Sichtbarkeit und Anerkennung verbunden ist. „Wie kann ein Mensch glücklich sein, der „pflegen" muss? *Deakonein* kennt jeweils seine historischen Kontexte. In einer Gesellschaft des langen Lebens, konfrontiert mit dem Weltereignis des demografischen Wandels hat sich die Diakonie, bleibt sie ihren Wurzeln treu, in vieler Hinsicht neu zu erfinden oder: zu positionieren, wie sie dies historisch immer wieder getan hat und tun musste.[3]

Die Diakonie der EKD bezeichnet Diakonie als evangelische Sozialarbeit[4] – basierend auf dem christlichen Glauben, zu Wicherns Zeiten

---

1 Reinhard Turre, *Diakonik. Grundlegung und Gestaltung der Diakonie*, Neukirchen-Vluyn 1991, 1.
2 Thomas Klie, *Family Care*, in: Zeitschrift für Gerontologie und Geriatrie 06, Darmstadt 2006.
3 Vgl. zur historischen Entwicklung der Diakonie Turre, *Diakonik*, a.a.O., 10 ff.
4 www.diakonie.de.

noch missionarisch, in der postmodernen Gesellschaft als motivationale Grundlage der in der Diakonie tätigen. Die Diakonie ist bedeutender Dienstleister für ältere Menschen in einem korporatistisch geprägten Wohlfahrtsstaat. Die Diakonie ist Anwalt für die Schwachen und intermediäre Instanz für zur Mitgestaltung der Gesellschaft – der Schöpfung? – bereiten Bürgerinnen und Bürger. Die Diakonie basiert nicht nur auf einem christlichen Menschenbild, sie weiß sich auch in Vorstellungen einer gerechten Gesellschaft (zedaka) eingebunden und ihr verpflichtet. Sie ist Lebensäußerung von Menschen und mächtige Großorganisation in einem. Diakoniewissenschaftlich eine interessante Herausforderung Diakonie neu zu denken und zu konzeptionieren. Für die Praxis der Diakonie ein Handeln unter sehr unterschiedlichen Vorzeichen in sehr unterschiedlichen Logiken und Kontexten: Wem gilt der Dienst?

2. Die Paradigmen der Altenhilfe und die Entwicklung neuer Altersbilder

Sicherlich anders konnotiert als heute, sprach man im ausgehenden 19. Jahrhundert von Siechenhäusern. Waren die Bewohnerinnen und Bewohner von Alten- und Pflegeheimen „Insassen", entwickelte sich nach dem 2. Weltkrieg aus der Altenfürsorge zunächst die Altenhilfe mit vielfältigen Aktivitäten für ältere Menschen, damals häufig noch von Armut geprägt und mit einer deutlich geringeren Lebenserwartung als heute. Die fürsorgerisch betreuende Altenhilfe hat auch lange Zeit die Diakonie geprägt, sie wurde erst mit Beginn einer sich etablierenden Gerontologie und einer kritischen Auseinandersetzung mit Defizitbildern des Alters modernisiert: Der aktive Alte wurde zum Leitbild einer auf Erkenntnissen der Interventionsgerontologie beruhenden Arbeit für ältere Menschen. Freiheit statt Fürsorge[5] titelte in den 90er Jahren Konrad Hummel, einer der Reformatoren der Deutschen Altenhilfe. Das Alter und Altern wurde als eigenständige Lebensphase entdeckt, hundert Jahre nach der Entdeckung der Kindheit und mit ihm die Potenziale des Alters, die Leopold Rosenmayr[6] erstmals anthropologisch und soziologisch

---

5 Konrad Hummel, *Freiheit statt Fürsorge. Vernetzung als Instrument zur Reform kommunaler Altenhilfe*, Hannover 2001.
6 Leopold Rosenmayr, *Die späte Freiheit. Das Alter, ein Stück bewußt gelebten Lebens*, Berlin 1983.

entfaltete und das in dem Bild einer „bunten Altersgesellschaft"[7] mündete. Ältere Menschen wurden zu Kunden sozialer Dienstleistungen, auch der Diakonie.[8] Ihre Wirtschaftskraft wird entdeckt und auch soziale Dienstleister werben bei denjenigen, die es sich leisten können, mit Wahloptionen und Vielfalt, etwa in den Diakonischen Seniorenresidenzangeboten des Collegium Augustinums. Die Apostrophierung der Freiheit und Aktivität älterer Menschen stellt sich zum einen als Befreiung aus einengenden Rollen und defizitären Altersbildern dar, die auch eigene Vorstellungsmöglichkeiten eines aktiven Lebens im Alter einschränkten: Ältere Menschen, insbesondere „go go's",[9] sind wichtige Konsumenten, nicht nur aktiv bei den Grauen Panthern, als sowohl widerständige als auch mitgestaltende Bürgerinnen und Bürger: Sei es als „Senior-Expert" bundes- oder weltweit oder als bürgerschaftlich Engagierte vor Ort. Das „Paradigma" der Freiheit wird inzwischen durch das Bild der Selbst- und Mitverantwortlichkeit ergänzt: Zum einen im Sinne einer individuell verantwortlichen Lebensführung aber auch im Sinne der Mitverantwortung für die Gestaltung einer gerechten Gesellschaft, die um Nachhaltigkeit bemüht ist und im Geschlechter- aber auch im Generationenverhältnis um Fairness und Rücksicht.

Die Diakonie hat die Diskussion in vielfältiger Weise aufgegriffen: Das EAfA-Spiel „Alter ist Trumpf" lädt dazu ein, „die Karten neu zu mischen", wenn es um die Zukunft der alternden Gesellschaft geht: Zwischen Engagement und Verantwortung. Der 5. Altenbericht hat das Thema „Potenziale des Alters" in den Mittelpunkt gestellt.[10] Auch hier hat die EAfA Impulse aufgenommen und zu einem Rollenwandel älterer Menschen in der Gesellschaft aufgerufen.[11] Die vielfältigen Bundespro-

---

7 Leopold Rosenmayr, *Altersgesellschaft – bunte Gesellschaft? Soziologische Analyse als Beitrag zur politischen Orientierung*, in: Kai Leichsenring u. a. (Hg.), *Die Zukunft des Alterns. Sozialpolitik für das Dritte Lebensalter*, Bundesministerium für Arbeit und Soziales, Wien 1994.
8 Vgl. Thomas Klie, *Drittschutz von Pflegeeinrichtungen gegen Entscheidungen über die Zuordnung einer Pflegestufe*, in: Neue Zeitschrift für Sozialrecht 5 (2000), 222–230.
9 Für die jungen Alten, als die „slow go's", werden die über 80jährigen, die Hochbetagten pflegebedürftigen Alten mit „no go's" im Aging-Jargon tituliert.
10 Vgl. Deutsches Zentrum für Altersfragen (Hg.), *Expertisen zum Fünften Altenbericht der Bundesregierung. Gesellschaftliches und familiäres Engagement älterer Menschen als Potential (Bd. 5)*, Berlin 2006.
11 Vgl. Hans Hoch, *Altersbilder und Zivilgesellschaft. Expertise für den 6. Altenbericht*, Freiburg 2009.

Die Paradigmen in der „Altenhilfe" und Seniorenpolitik

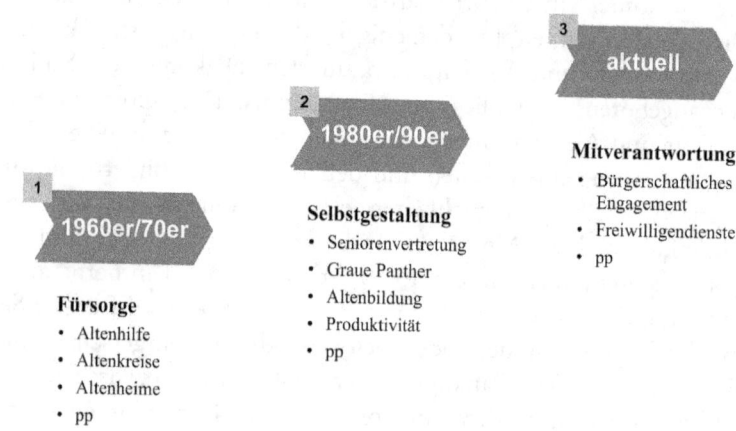

Abb. 1: Die Die Paradigmen in der „Altenhilfe" und Seniorenpolitik

gramme zur Förderung des Engagements älterer Menschen etwa Erfahrungswissen für Initiativen thematisieren ebenfalls die mitverantwortliche Gestaltungsrolle älterer Bürger in Formen bürgerschaftlichen Engagements und wurden ebenfalls von der evangelischen Arbeitsgemeinschaft für Altenarbeit in der EKD in die eigene Arbeit integriert. All die Differenzierungen von Altersbildern und ihre positiven Konnotierungen ändern nichts daran, dass mit dem Alter insbesondere dem hohen Alter häufig eine besondere Verwiesenheit auf die Hilfe anderer verbunden ist und die Akzeptanz von Abhängigkeit[12] für viele Menschen im Alter eine wichtige Entwicklungsaufgabe darstellt. Die Altersbilder diversifizieren sich, die Lebensgestaltungsaufgaben und Optionen älterer Menschen werden vielfältiger. Das Leitbild des Ruhestandes ist passe. Altern ist und wird in seinen Schattierungen zu einer Gestaltungsaufgabe: Individuell, in Gemeinschaften und kollektiv.[13] Entsprechend hat sich auch kirchlich-diakonische Altenarbeit differenziert.[14] Kirchlich-diakonische Altenarbeit

---

12 Andreas Kruse, *Das letzte Lebensjahr. Zur körperlichen, psychischen und sozialen Situation des alten Menschen am Ende seines Lebens*, Stuttgart 2007.
13 Thomas Klie, *Für(s) Alte(r) planen. Beiträge zur kommunalen Altenplanung*, Freiburg 2002.
14 Vgl. hierzu Evangelischer Verband für Altenarbeit im Rheinland, *Kirchlich diakonische Altenarbeit*, Düsseldorf 2001.

öffnet den Lebensraum Kirche für ein vielfältiges Altern, bietet älter werdenden Menschen Halt und zeigt Wege der Neuorientierung, verweist alle Menschen auf die ihnen mögliche Verantwortung für die Erhaltung und Bewahrung der Schöpfung, ermutigt älter werdende Menschen, das eigene Leben und das der Mitmenschen anzunehmen, trägt den unterschiedlichen Bedürfnissen und Lebenslagen älter werdender Menschen Rechnung und eröffnet Möglichkeiten der Eigeninitiative. Die Biologie ist keine Freundin des Alters,[15] auch wenn wir mit einer immer höheren Lebenserwartung zu rechnen haben. Mit dem hohen Alter sind in vielfältiger Weise Einschränkungen verbunden und wir sind aufgefordert, weltoffen in dem Sinne zu sein, auch ein Leben anzunehmen, das etwa unter dem Vorzeichen der Demenz steht, als Angehöriger und als potenziell demenzkranker Mensch. Die Vulnerabilität nimmt mit hohem Alter zu und die Vorstellungen eines rationalen Selbst trifft für Menschen mit Demenz so nicht zu: Die Reduzierung von Menschen mit Unterstützungsbedarf auf einen „Pflegefall", sieht ihn nicht mehr als ganzen Menschen und provoziert in Verbindung mit Bildern unwürdiger Sorgesituation die Grundlage für Ängste, die nicht selten in Todeswünschen ihren Ausdruck finden. Hier liegt eine besondere kulturelle und zivilisatorische Herausforderung, individuell und kollektiv Bilder zu entwickeln und tragfähig werden zu lassen, die Lebenswerte mit einem Leben mit Demenz verbinden, sowohl für die, die Sorge tragen als auch die, die von Demenz betroffen sind.[16] In einer Gesellschaft des langen Lebens gehört zu einem menschenfreundlichen Umgang mit sich und anderen Menschen die potenzielle Offenheit für ein anders sein und eine andere Rationalität. Für die Diakonie erschöpft sich diese Herausforderung nicht darin, gute Pflegeeinrichtungen für Menschen mit Demenz zu betreiben sondern einen Beitrag dazu zu leisten, dass Menschen mit Demenz, und die, die sich um sie sorgen, in der Mitte unserer Gemeinschaft ihren, sie wertschätzenden Platz finden.

---

15 Vgl. Ursula Staudinger, *Personale, gesundheitliche und Umweltressourcen im Alter. Resilienz im Alter*, Opladen 2001.
16 Vgl. Peter Wissmann/Reimer Gronemeyer, *Demenz und Zivilgesellschaft. Eine Streitschrift*, Frankfurt 2008.

3. Die Diakonie und die Alten

Ein differenziertes Altersbild heißt für die Diakonie, Ältere sowohl als tätige, aktive, mitgestaltende Menschen zu sehen und ihnen Räume für ihre Verantwortungs- und Gestaltungsbereitschaft zu bieten als auch sie als Adressaten von Unterstützung anzusprechen. Dabei sind sie häufig beides: Mit Tätige und auf Unterstützung Verwiesene. Menschen dürfen nicht und gerade in der Diakonie nicht auf Objekte der Hilfe degradiert werden. Menschen leben davon, dass sie bedeutsam sind für Andere und diese Bedeutung lebt ganz wesentlich von der Reziprozität der Beziehung.

3.1 Im Blick: Die Mitgestalter

Im Sinne des Mitverantwortlichseins älterer Menschen spricht Diakonie ältere Menschen als potenziell bürgerschaftlich Engagierte in ihren Kompetenzen und ihrem Interesse an Kompetenzerwerb an. Die Förderung bürgerschaftlichen Engagements[17] hat Konjunktur, auch innerhalb der Diakonie. Staatliche Programme fördern gerade auch ältere Menschen in ihrer Engagementbereitschaft. Sie waren in der Vergangenheit unterrepräsentiert und gehören, was die „jungen Alten" anbelangt, zu den Wachstumsgruppen unter den Engagierten.[18]

Generationsübergreifende Freiwilligendienste als eine mit Qualifizierung verbundene Rahmung für neues Engagement spricht auch und gerade ältere Menschen an.[19] Besuchskreise in Kirchengemeinden, Pflegebegleiterinitiativen – sie leben gerade von älteren Menschen, die sich aber auch für Jüngere engagieren: sei es als Lesepaten für bildungsbenachteiligte Jugendliche oder als Leihoma. Ältere Menschen verschaffen der Kirche und der Diakonie neue Potenziale. Kirche und Diakonie lernen es langsam, in den vielen Älteren, die die Stammgemeinden der Kirchen

---

[17] Vgl. Deutscher Bundestag (Hg.), *Schlussbericht der Enquete-Kommission Demographischer Wandel. Herausforderungen unserer älter werdenden Gesellschaft an den Einzelnen und die Politik*, Berlin 2002.

[18] Hans Hoch/Thomas Klie/Martina Wegner, *Lebendige Bürgergesellschaft in Baden-Württemberg. Ergebnisse des zweiten Freiwilligensurvey*, in: Statistisches Monatsheft Baden-Württemberg 2 (2007), 44–49.

[19] Vgl. Thomas Klie/Theodor Pindl, *Das Bundesmodellprogramm Generationsübergreifende Freiwilligendienste. Lernorte für Bürgerschaftliches Engagement*, in: Journal NDV, 2008.

Engagementbereitschaft in Baden Württemberg 1999/2004

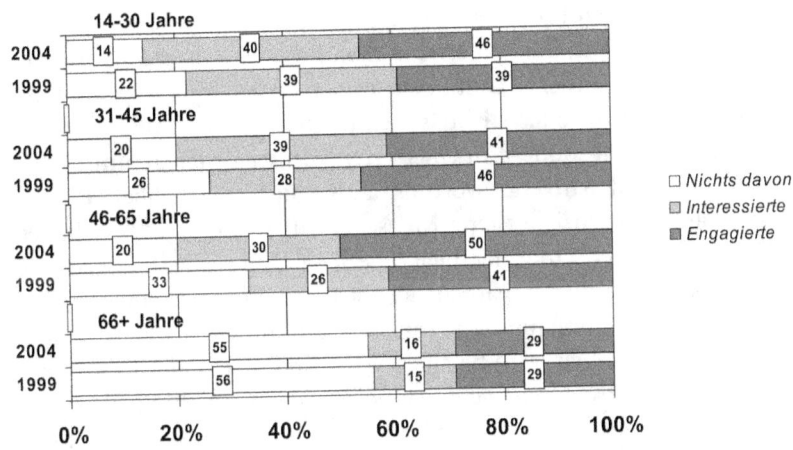

Abb. 2: Engagementbereitschaft in Baden-Württemberg (1999 / 2004)

ausmachen, nicht eine Reduktion kirchlichen Lebens sondern eine wesentliche Ressource und Bereicherung zu sehen. So formuliert es die evangelische Arbeitsgemeinschaft für Altenarbeit in der EKD angesichts des Umstandes, dass bis zum Jahre 2030 der Anteil der über 60-jähren Gemeindemitglieder auf 40 % anwachsen wird, dass die Kirche eine gute Chance hat, mit diesem „Trend" zu wachsen,

- wenn und weil sie die wachsende Zahl der Älteren schätzt, sie die sehr unterschiedlichen Milieus und Lebenslagen im Alter wahrnimmt,
- wenn und weil sie ein Ort ist, an dem Generationengerechtigkeit gelebt wird, weil sie auf die Lebens- und Glaubenserfahrung bei Altersgenerationen setzen kann,
- weil Kirchengemeinden als generationsübergreifende Lebensräume für ältere Menschen immer mehr Bedeutung gewinnen.

So könnten sie zu Kompetenzzentren einer älter werdenden Gesellschaft werden mit förderlichen Rahmenbedingungen und Strukturen für die Potenziale und das Engagement im Alter.[20] In einer säkularisierten Ge-

---

20 Evangelische Arbeitsgemeinschaft für Altenarbeit in der EKD, *Materialien: Mit*

sellschaft ist Diakonie nicht selten in einer Minderheitenrolle und gleichwohl potenzieller zentraler Ort für die Mitgestaltungsbereitschaft älterer Menschen und Ort einer Spiritualität, die sich nicht immer im engeren Sinn als konfessioneller in dem Erleben kirchenferner darstellt. Sie nimmt kulturanthropologische Grundlagen einer modernen Gerontologie auf und ernst, die sich etwa in dem Bild der Mitverantwortlichkeit älterer Menschen äußern. Dann geht es der Diakonie bezogen auf ältere Menschen nicht (primär) um das Rekrutieren von Freiwilligen für diakonische Aufgaben sondern in einem zivilgesellschaftlichen Sinne darum, Gestaltungs- und Mitverantwortungsräume und Möglichkeiten für die Entfaltung der Potenziale älterer Menschen zu erhalten und zu schaffen.[21]

Die besondere Stärke der Diakonie liegt in ihrer kirchengemeindlichen Anbindung, in der parochialen Struktur und Verbundenheit, die Angesichts der Reorganisation von Kirchen in Gemeinden vielerorts bedroht ist. Das Leben hoch betagter Menschen ist an den Ort gebunden, lebt von Nachbarschaften, von der Solidarität im Nahraum im Quartier.[22] Klaus Dörner spricht vom dritten Sozialraum, wenn es um die Reorganisation von Sorgeaufgaben geht, um Alternativen zur klassischen Heimversorgung.[23] Die parochiale Struktur der Kirchen und der Diakonie bieten eine gute Grundlage für eine Wiederentdeckung des Ortes in seinen genossenschaftlichen Traditionen. Gerade hierin liegt eine der Wurzeln christlicher Diakonia aber auch Wichernschen Wirkens, wenn man seine Missio angesichts der heutigen historischen Kontexte zivilgesellschaftlicher deuten würde.

3.2 Im Blick: Die Vulnerablen

Diakonie hat traditionell den vulnerablen, den auf Hilfe verwiesenen, den von Exklusion bedrohten Menschen vor Augen. In weniger komplexen Gesellschaften als Adressat der Nächstenliebe, in einer hoch-

---

 dem Trend wachsen (www.EKD.de/ehfa/materialien.html, Zugriff am 10.01. 2009)
21 Vgl. Thomas Klie, *Bürgerschaftliches Engagement und die Zukunftsfähigkeit der Städte und Gemeinden*, in: Der Bürger im Staat 4/2007.
22 Konrad Maier/Peter Sommerfeld, *Inszenierung des Sozialen im Wohnquartier. Darstellung, Evaluation und Ertrag des Projekts „Quartiersaufbau Rieselfeld",* Forschungs- und Projektberichte, Freiburg 2005. – Thomas Klie, *Nachbarschaften. Bedeutung im demografischen und sozialen Wandel*, Freiburg 2009 i. E.
23 Klaus Dörner, *Leben und sterben, wo ich hingehöre. Dritter Sozialraum und neues Hilfesystem*, Neumünster 2007.

komplexen wie der heutigen – im Wandel der Formen des Helfens[24] – auch und gerade durch Organisation, Programme und Infrastruktur.

3.2.1 Diakonie als Marktanbieter

Die klassische Wohlfahrtspflege hat in einer unterkomplexen Rezeption von Subsidiarität Fürsorgeaufgaben des Staates für auf Hilfe verwiesene Menschen übernommen, im Wesentlichen subventioniert durch diesen. Insbesondere seit Einführung der Pflegeversicherung hat eine Vermarktlichung des Sozialen Platz gegriffen, die auch die Diakonie zu einem zentralen Wettbewerber auf dem Markt sozialer Dienstleistungen hat werden lassen.[25] Der auf Hilfe verwiesene Mensch ist nicht länger (allein) Klient und schon gar nicht Insasse, er wurde zum Kunden sozialer Dienstleistungen, sei es ambulanter oder stationärer Art. Nicht nur der Krankenhaussektor sondern auch und gerade der Pflegesektor sind zu Feldern des Wettbewerbs geworden. Sozialmanagement-Kompetenzen werden und wurden in der Diakonie und kirchlichen Hochschulen durch die Vermittlung betriebswirtschaftlicher Kompetenzen befördert. Qualitätssicherung und Wirtschaftlichkeit sind zu zentralen Vokabeln moderner Sozialunternehmen und eines neuen Sozialstaates geworden. Diese Entwicklung hat Rationalisierungsreserven sichtbar werden lassen, neue Anbietern eine dominante Stellung auf dem Markt einnehmen lassen und den Staat provoziert, im Wesentlichen im Wege sozialrechtlicher Steuerung den Markt stark zu regulieren, dies nicht zuletzt unter dem Vorzeichen knapper werdender Ressourcen und unter dem Vorzeichen der Qualitätssicherung. Die Betreuung und Pflege alter Menschen als Geschäft, ein Wachstumssegment auf dem Immobilienmarkt, Jobmotor auf dem Arbeitsmarkt und Rendite- respektive Rücklagen-trächtiges Geschäft für soziale Dienstleistungsunternehmen. Überkapazitäten insbesondere in der stationären Altenpflege werden als Zeichen eines funktionierenden „Quasimarktes" interpretiert. Gleichwohl handelt es sich im Bereich der sozialen und insbesondere pflegerischen Dienstleistungen für ältere Menschen immer noch um einen Anbieter dominierten Markt: Die Nachfrage der Kunden wird durch das Sozialleistungsrecht auf im Vornherein „designte" Leistungspakete domestiziert. Insofern hat sich ein

---

24 Niklas Luhmann, *Formen des Helfens im Wandel gesellschaftlicher Bedingungen*, in: Hans-Uwe Otto/Siegfried Schneider (Hg.), *Gesellschaftliche Perspektiven der Sozialarbeit*, Neuwied/Berlin 1973, 21–43.
25 Vgl. Heinrich Pompey (Hg.), *Caritas im Spannungsfeld von Wirtschaftlichkeit und Menschlichkeit*, Würzburg 1997.

neuer Korporatismus mit den insbesonders in der Pflege mächtig gewordenen Pflegekassen und ihren sachverständigen Institutionen (MDK) etabliert. Eine wahre Kundenrolle, etwa bei persönlichen Budgets vorgesehen und erprobt[26] wird von keiner Seite goutiert: weder von den Leistungserbringern, wie es im sozialleistungsrechtlichen Jargon heißt noch von den Sozialleistungsträgern. Im verpflichtenden Qualitäts- und Beschwerdemanagement, in den Ordnungs- und sozialleistungsrechtlichen Qualitätsvorgaben vorgeschrieben, zeigt sich noch am ehesten der (strategisch apostrophierte) Kundenstatus des auf Hilfe verwiesenen Menschen. Die Diakonie im Wettbewerb um Kunden, ein modernes Dienstleistungsunternehmen, in betriebswirtschaftliche Logiken und Kalküle eingebunden: Das ist ein wesentlicher Teil moderner Diakonie. Man diversifiziert das Angebot örtlich, regional und überregional und überlässt das Feld nicht den gewerblichen und renditeorientierten Unternehmen.

3.2.2 Diakonie advokatorisch

Diakonie tritt aber dem Adressaten von Hilfe nicht nur als Anbieter von Dienstleistungen gegenüber sondern auch als Anwalt in einer advokatorischen Rolle: Sei es in unabhängiger Beratung, sei es in der Übernahme von Betreuungsaufgaben im rechtlichen Sinne in der Spielart gesetzlicher Betreuung, professionell und mit Ehrenamtlichen im Rahmen von Betreuungsvereinen. Helmut Simon, ehemaliger Bundesverfassungsrichter und Kirchentagspräsident formulierte: „Die wenig haben vom Leben sollen viel haben vom Recht." Die Einlösung individueller Bedarfsgerechtigkeit, die Vertretung individueller Interessen ist eine vornehme Aufgabe einer menschenfreundlichen und menschenrechtsorientierten Diakonie. Für die Herausbildung von Menschenrechten als universelle Grundlage gesellschaftlichen Zusammenlebens ist das Eintreten der Kirchen und der Diakonie für die Schwachen historisch konstitutiv. So gilt es die Errungenschaften der Menschenrechte zu erhalten und zu realisieren in einer subjektorientierten Begleitung von potentiell in doppelten Abhängigkeiten lebenden älteren Menschen: Sie sind vulnerabel und häufig strukturell Abhängig von der Hilfe anderer, sei es in Institutionen oder Familien. Die advokatorische Rolle auf der Subjektebene aber auch in Zusammenhängen kollektiver Interessensvertretung ist Aufgabe von Diakonie und das gerade dort, wo angesichts des demo-

---

26 Thomas Klie, *Pflegebudget. Impulse für Politik und Praxis – Ergebnisse des vierjährigen Modellprojektes*, in: Die Ersatzkasse 1 (2009), i. E.

grafischen Wandels und der damit zusammenhängenden Rationierungsgefahren Diskriminierungen älterer Menschen auf der Tagesordnung stehen, Heute implizit und Morgen explizit.

3.2.3 Diakonie Ort und Rahmen des Engagements für ältere Menschen

Ältere auf Hilfe angewiesene Menschen sind ebenfalls Adressaten bürgerschaftlicher Formen der Unterstützung und Hilfe. Der Modus der Hilfe in bürgerschaftlichen Kontexten ist ein anderer als der der professionell erbrachten und bezahlten Dienstleistungen. Die Motivationen sind anders gemixt, häufig in Währungen der Sympathie eingebunden und vor allem in gegenseitige Bedeutungskontexte eingewoben: „Ich komme um Deiner Selbst willen, nicht weil ich bezahlt werde." Formen des bürgerschaftlichen Engagements sind eine zentrale Grundlage für die Teilhabesicherung von auf Hilfe verwiesene Menschen, sei es in Institutionen oder auch außerhalb. Es darf nicht vordergründig dazu dienen, eingesetzt und funktionalisiert werden, fehlende Finanz- und Personalressourcen zu kompensieren – was geschieht. Bürgerschaftliches Engagement setzt auf die Eigen- und Mitverantwortlichkeit des Bürgers und beruht auf Subsidiaritätsprinzipien im Nell-Breuningschen Sinne.[27] Es kann professionell und bezahlt zu erbringenden Leistungen in ihrem Umfang substituieren, fußt aber auf der Eigenaktivität und Verantwortung von Bürgerinnen und Bürgern. Ein Pflichtjahr für Senioren unterminiert genauso wie die Funktionalisierung des Ehrenamtes die zivilgesellschaftlichen Grundlagen einer solidarischen Gesellschaft. Diakonie als intermediäre Instanz gibt Räume für die Mitverantwortungsbereitschaft engagierter Bürgerinnen und Bürger, schafft Strukturen und bietet Qualifikation für die Engagierten ebenso wie Anerkennung.[28] Die vornehmste Aufgabe der Diakonie mag darin zu sehen sein, dass sie unter modernen Bedingungen ein modernes *Deakonein* ermöglicht und ihm Raum und Rahmen gibt. Professionelle Kompetenz hat sich ganz wesentlich auf die Ermöglichung und Mitverantwortung familiar und bürgerschaftlich getragener Unterstützungsarrangements zu beziehen, unter welchen Vorzeichen auch immer: In der eigenen Häuslichkeit, in Wohngemeinschaften, teilstationär oder stationär.

---

27 Oswald von Nell-Breuning, *Das Subsidiaritätsprinzip*, in: Johannes Münder/Dieter Kreft (Hg.), Subsidiarität *heute*, Münster 1990, 173–184.
28 Vgl. Thomas Klie/Hans Hoch/Thomas Pfundstein, *BELA. Bürgerschaftliches Engagement für Lebensqualität im Alter. Ergebnisse der „Heim- und Engagiertenbefragung"*, Freiburg 2007.

3.3 Diakonie und Welfare Mix

Diakonie kennt den vulnerablen Menschen als Adressaten. Sie spricht ihn als ganzen Menschen an, wenn er ihn sowohl als unterstützungsbedürftigen Klient als auch als zur Wahl befähigten und berechtigten Kunden, vor allem aber auch als Mitbürger und Mitbürgerin sieht, dessen in Teilhabe an der Gesellschaft, bis zum Sterben in Verbundenheit durch zur Mitverantwortung bereite „Nächste" gesichert wird. In der Sozialpolitikwissenschaft gehört zu den prominenten Ansätzen aktuell der des Wohlfahrtspluralismus, der des Welfare-Mixes.[29]

Hilfe in einer modernen Gesellschaft setzt sich zusammen

- aus Leistungen des Staates,
- des Marktes,
- der Familie und Verwandtschaft und
- des so genannten Dritten Sektors.

Dieser umfasst das menschliche soziale Tun im Sinne der freiwilligen Fremdhilfe ebenso wie soziale Selbsthilfegruppen und Formen des bürgerschaftlichen Engagements. Im Welfare Mix geht es um das Zusammenspiel von Markt, Sozialstaat und Wohlfahrtsgesellschaft sowie Familie, in das gelingendes Altern eingebettet ist. Diakonie ist auf der einen Seite eine Dritte Sektor Organisation, agiert aber gleichzeitig als Marktakteur. In dieser Kombination liegt die Potentialität und die Perspektive von Diakonie: Sie kann als Institution und durch die vielen tätigen Professionellen (Diakonie als professionelle Soziale Arbeit) strukturell und individuell Voraussetzungen für einen gelingenden Hilfemix schaffen. In einem präventiven Verständnis der Anlage von Hilfen Sorge dafür tragen, dass Hilfeabhängigkeit durch die Stabilisierung primärer sozialer Netzwerke, durch eine teilhabeorientierte Lebensführung nach Möglichkeit nicht zu einem Zeitpunkt und in der Intensität eintritt, wie dies womöglich sonst der Fall wäre. Angesichts der Segmentierung und Fragmentierung im Sozial- und Gesundheitswesen – provoziert durch die sozialrechtliche Steuerung ein problematisches Merkmal

---

[29] Vgl. Adalbert Evers/Thomas Olk, *Wohlfahrtspluralismus. Analytisch und normativ – politische Dimensionen des Leitbegriffes*, Opladen 1996, 9–60. – Thomas Klie/Paul-Stefan Ross, *Bürgerschaftliches Engagement und seine Förderung im Land und in der Kommune*, in: Bürgerschaftliches Engagement und Zivilgesellschaft. Ein Gesellschaftsmodell der Zukunft?, Bonn 2004.

Abb. 3: Welfare-Mix

deutscher Sozialpolitik- haben sich in den letzten Jahren Ansätze Integrierter Versorgung und des Case Managements auch und gerade in der Altenhilfe etabliert.[30] Case Management ist ein Arbeitsansatz, der in der Lage ist, komplexe Hilfekonstellationen adäquat zu begleiten (Fallebene) und auf der Systemebene Voraussetzungen für einen gelingenden Welfare Mix zu schaffen. Case Management-Ansätze integrieren in ihr Rollenkonzept advokatorische, sozial unterstützende und Kundenorientierte Ansätze. Sie leben von fairen Spielregeln der Akteure im Welfare Mix und von der Unabhängigkeit der Case Manager: Sie dienen primär dem Klienten und nicht der Akquise von Sozialunternehmen oder der Kos-

---

[30] Vgl. Hannes Ziller, *Der lange Weg zum Case Management. Vom „Projekt Altenhilfestrukturgesetz" zum Pflegeweiterentwicklungsgesetz*, in: Case Management 05 Jg., Heidelberg 2008, 18–20.

tensteuerung von Leistungsträgern. Insofern handelt es sich nicht um ein Sonntagsgeschäft sondern um eine hoch anspruchsvolle alltägliche Aushandlungsaufgabe. Auf der konzeptionellen Ebene von Einrichtungen und Diensten für ältere Menschen hat sich im Zusammenhang mit der Diskussion um neue Wohn- und Versorgungsformen das Bild der „geteilten Verantwortung" etabliert.[31]

Das Konzept und das Leitbild der geteilten Verantwortung geht davon aus, dass das Sorge-tragen für Menschen dann am Besten gelingt, wenn Professionelle, bezahlte Helfer, Freiwillige und Angehörige in symmetrischer Weise zusammenarbeiten und je ihren Beitrag zu einem gelingenden Leben unter Bedingungen von Hilfsabhängigkeit leisten. Die Professionellen in der Verantwortungseinlösung für die Gewährleistung fachlicher Erkenntnisse in der Betreuung, die anderen beruflich Tätigen für eine kundenorientierte Dienstleistung, die Angehörigen in ihrer affektiven und biografischen Verbundenheit und Nähe und die bürgerschaftlich Engagierten mit ihren Begabungen, ihrer Solidarität und Unterstützungsbereitschaft. Ein Pflegeheim in „geteilter Verantwortung" schließt die Angehörigen aus der Begleitung und Pflege ihrer Angehörigen nicht aus, sondern gibt ihnen die Möglichkeit, sich an Aufgaben zu beteiligen und dies auch durchaus mit den ökonomischen Effekten, die das zeitigen kann, etwa durch eine Senkung des Heimentgeltes. Wohngruppen in geteilter Verantwortung akzeptieren nicht den Pflegedienst oder die Pflegedienstleitung als Leitungskraft für die Wohngruppe sondern als Partner bei der Gestaltung der Pflege- und Alltagsmanagementaufgaben in der Versorgung von Menschen mit Demenz.[32] In einer bürgerschaftlich betriebenen Tagespflegestätte dient die von den Engagierten beschäftigte Professionelle der Unterstützung der Freiwilligen in den Betrieb der Tagesstätte.[33] Wohlfahrtspluralistische Ansätze auf der Makroebene, Einrichtungskonzepte auf der Mesoebene und das Case Management auf der Mikro- und Fallebene sind Motoren für eine Reorganisation von Verantwortung und Dienstleistungen für ältere Menschen und eine Deinstitutionalisierung von Hilfeinstitutionen in einem ursprünglich diakonischen Hilfeverständnis und Strategien zur Rekon-

---

31 Vgl. Thomas Klie/Birgit Schuhmacher, *Teilhabe sichern – Verantwortung teilen. Demenzbetreuung im Freiburger Modell*, in: Zeitschrift Altenheim 5 (2008), Hannover 2008, 18–22.
32 Vgl. a.a.O.
33 Vgl. www.muehlehof.de.

zeptionalisierung des Subsidiaritätsprinzips, das in weiser Weise zu den Grundlagen des Deutschen Sozialstaatsprinzips zählt.

Diakonie, die ältere Menschen als Tätige anspricht und ihnen Entfaltungsräume bietet, betätigt sich so als Gärtner der Solidarität in modernen Gesellschaften. Diakonie, die sie an den vulnerablen älteren Menschen richtet, sorgt sich um mehr als gute Dienstleistungen: ganz wesentlich um die Sicherung sozialer Teilhabe in geteilter Verantwortung.

4. Szenarien und Perspektiven

Frohlocken wir auf der einen Seite über die wachsende Lebenserwartung: Alle würden Anfang 90 Jahre und älter werden, so mag man hoffen, so steht auf der anderen Seite der Blick in tiefe Löcher der Rentenfinanzierung, auf den Kostendruck im Gesundheitsetat und die Finanzierbarkeit der Pflegeversicherung. Wir stehen dem demografischen Wandel und einer Gesellschaft des langen Lebens ambivalent gegenüber. Auf diese Ambivalenz setzt sich zunehmend ein zwiespältiges Gefühl. Alle möchten gerne lange leben und sehr alt werden. Aber gesund und fit will man bleiben. Und doch wissen wir im Grunde alle, dass es so nicht sein wird. Nähert man sich dem vierten Lebensalter wächst das Risiko der Pflegeabhängigkeit. Demenz, Einsamkeit, Abhängigkeit, Versorgung heißen die Stichworte, die diesen Lebensabschnitt potenziell überschatten. Langlebigkeit hat ihren Preis.[34] Die steigende Langlebigkeit der Individuen ist zudem verbunden mit einer zunehmenden Kurzlebigkeit der sozialen Bezüge der Menschen. Familiare und nachbarschaftliche Milieus sind brüchig geworden und dies aus unterschiedlichen Gründen: Beruflich bedingte Mobilität der Menschen, kleiner werdende Familiennetzwerke und eine sinkende und veränderte Bedeutung von Nachbarschaft angesichts medialer Ersatzmöglichkeiten. Über 70 % der über 85-jährigen Frauen leben in Deutschland allein. Die radikale Individualisierung des Menschen schlägt auf sie zurück: Wir leben in erster Linie Autonomie und haben uns immer mehr aus sozialen Bezügen und Bindungen, aus Sorgezusammenhängen befreit. Wir dürfen uns nicht wundern, wenn wir als Alte oder Demenzkranke Unterkunft, Versorgung, Fürsorge und Gesellschaft als Dienstleistung kaufen müssen. Die Industrialisierung des

---

34 Reimer Gronemeyer/Verena Rothe, *Teilhabe statt Ausgrenzung. Die demenzfreundliche Kommune*, in: Archiv für Wissenschaft und Praxis in der sozialen Arbeit 4 (2008), 90–95.

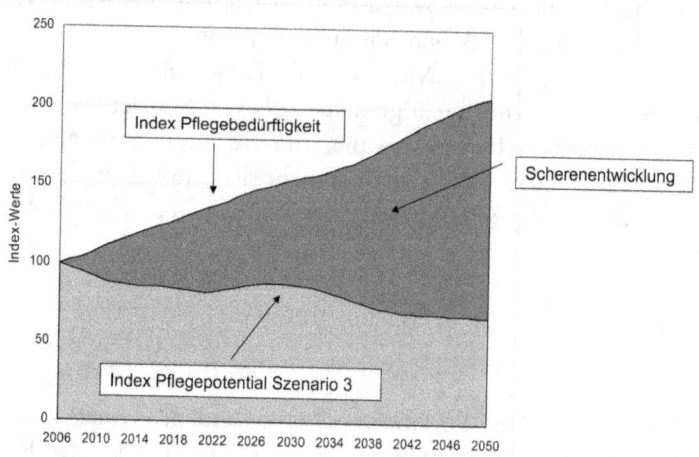

Blinkert/Klie 2008

Abb. 4: Who cares?

Sozialen hat kräftige Fortschritte gemacht und die Diakonie hat an ihr mitgewirkt. Für die Zukunft ist ein neuer Aspekt zu erwarten: Jetzt wo die Menschen kaum noch auf frühere informelle Bezüge zurückgreifen können, da die Industrialisierung des Sozialen weite Bereiche des Alltags umfasst, wird rationiert. Die Selbstversorgungsgärten wurden stillgelegt, aber haben wir heute und vor allem künftig und haben alle Menschen die Möglichkeit, im Supermarkt sozialer Dienstleistungen ordentlich einzukaufen?[35] In Zeiten der wirtschaftlichen Prosperität, in der Arbeitskräfte benötigt werden, in der Dienstleistungen über sozialstaatliche Transfers finanziert werden können, mag das gehen. Aber auch diese Prosperität basiert auf Schulden, die Finanzkrise 2008 hat die Brüchigkeit der ökonomischen Grundlagen unserer Lebensführung sichtbar werden lassen. Wenn man sich die künftige Entwicklung ansieht, die uns der demografische Wandel sicher bescheren wird, wird gerade bezogen auf die Care-Aufgaben eine große Schere sichtbar: Hier die steigende Zahl Pflegebedürftiger, dort das sinkende Pflege- und Unterstützungspotenzial.[36]

---

35 A. a. O.
36 Baldo Blinkert/Thomas Klie, *Solidarität in Gefahr? Pflegebereitschaft und Pflegebedarfentwicklung im demografischen und sozialen Wandel*, Hannover 2004.

Nimmt man die Folgen dieser Scherenentwicklung prognostisch in Szenarien in den Blick, ist es wahrscheinlich, dass die Nachfrage nach vollstationären Pflegeplätzen für auf Pflege verwiesene Menschen im Jahre 2050 auf 2,1 Millionen (gegenüber 750.000 im Jahre 2008) ansteigen wird.[37] Eine solche Perspektive ist weder kulturell noch ökonomisch eine realisierbare Versorgungssituation. Da bleiben die optimistischen Wachstumsprognosen mit dem Pflegeheimsektor aus Sicht der Investoren als Vorboten einer potenziell dramatischen Entwicklung: Bei den Reformendiskussionen um die Pflegeversicherung wird um jeden Prozentpunkt des Beitragsatzes zur Pflegeversicherung gerungen. In einer Strukturreform nicht nur der Finanzierung der Pflege wird man in Deutschland in den nächsten 5–10 Jahren nicht vorbei kommen. „Who cares" ist die Frage: Wer sorgt sich um ältere Menschen, um Menschen mit Behinderungen und Menschen mit Demenz aber auch um Kleinkinder. „Who cares" hat im Englischen eine doppelte Bedeutung: Wen kümmerts? Unsere Pflege- und Altenpolitik ist nicht auf Nachhaltigkeit angelegt. Sie konzentriert sich auf den Komplex der industrialisierten sozialen Dienstleistung – im Gronemeyerschen Sinne. Die relative Stabilität der Pflegefinanzierung, wenn man sie exemplarisch herausgreift, beruht auf der ungebrochenen Solidaritätsbereitschaft insbesondere von Familien und dort von Partnern und Töchtern. Die Pflegebereitschaft, die Bereitschaft alleine Sorge zu tragen für pflegebedürftige Angehörige, sie schwindet, nicht die Mitverantwortungsbereitschaft.[38] Eine erhöhte Erwerbsbeteiligung von Frauen reduziert „ihre Verfügbarkeit" für Sorgeaufgaben. Heute konzentriert sich die Medienberichterstattung über Pflege auf Skandale in Pflegeheimen.[39] Die alltägliche Not in den Haushalten, in den Pflegeaufgaben isoliert von Angehörigen übernommen werden (70% ohne Hilfe von Pflegediensten), sie ist nicht im Blick. Man bedient die Haushalte mit Pflegegeld aber kaum mit weiterer Aufmerksamkeit. Das wird sich ändern müssen. Kulturpessimismus ist nicht angesagt: Wir wissen um die Potenziale einer Gesellschaft des langen Lebens, die mitnichten genutzt und erkannt sind. Produktive Altersbilder mögen hier Katalysatoren für neue Lebensformen im Alter und auch zwischen den Generationen sein. Wir wissen um die steigende Bereitschaft zu Formen bürgerschaftlichen Engagements. Sie ist aber

---

37 A. a. O.
38 A. a. O.
39 Claus Fussek/Gottlob Schober, *Im Netz der Pflegemafia. Wie mit menschenunwürdiger Pflege Geschäfte gemacht werden*, Gütersloh 2008.

milieuspezifisch ungleich in der Gesellschaft verteilt und richtet sich häufig gerade nicht an die, die in besonderer Weise vulnerabel und von Exklusion bedroht sind. In einer fairen und nachhaltig orientierten Gestaltung des Sozialen liegt eine der zentralen Herausforderungen für die Zukunft, in der die Ressource „Care" als Rohstoff der Solidarität knapper werden wird. Im angloamerikanischen Bereich wird die „caring community" kirchlicherseits wieder entdeckt. Damit wird sozialen Risikolagen und Gefährdungsprofilen einer Gesellschaft im demografischen Wandel begegnet. Genau hierin liegen die Aufgaben einer praktischen Sozialpolitik an der sich die Diakonie beteiligt. Es geht um die Beeinflussung von Prozessen, die die Verlaufsformen des Alterns und die Gestalten des Alterns mitprägen und dies auf der Grundlage einer Anthropologie, die von den An- und Herausforderungen im Lebenslauf ausgeht, die soziale Risiken und Gefährdungen als Entwicklungsaufgaben der Persönlichkeit versteht. Der moderne Mensch ist selbst gefordert, sein im Altern gestaltend zu begegnen. Dabei treffen Menschen auf unterschiedliche Lebenslagen, wenn man sie als Handlungsspielräume versteht, die die Menschen haben, um ihre Lebensentwürfe, ihre wertfundierten und themenzentrierten Lebensvorstellungen und Ziele zu verwirklichen. Personen und Umwelt stehen in einem Wechselspiel zueinander: Kompetenzen des Einzelnen treffen auf Ressourcen ökonomischer, infrastruktureller und sozialer Art, die die Lebensführung im Alter in hohem Maße bestimmen. Es sind vor allen Dingen die sozialen aber auch die ökonomischen Ressourcen, die in der Zukunft knapp werden. Das hat die bekannten demografischen Hintergründe. Das hat aber auch Gründe, die in einer zurückgehenden Bedeutung von Reziprozität liegen. Der ältere Mensch ist in seinem „Altersmanagement" gefragt, sich auf diese künftigen Situationen produktiv einzustellen und Diakonie ist in besonderer Weise gefragt, hierfür Kompetenzen zu vermitteln und Kontextressourcen zu schaffen, die älteren Menschen Handlungsspielräume und Entfaltung ermöglichen, wenn sie auf Hilfe verwiesen sind.[40] Das alttestamentliche Bild der *zedaka*, der Gerechtigkeit als immerwährender Gestaltungsauftrag könnte für die Diakonie dort ein programmatisches Leitbild sein und dies nicht nur für sie sondern für unsere Gesellschaft

---

40 Frank Schulz-Nieswandt, *Sozialpolitik und Alter. Serie: Grundriss Gerontologie, Bd. 5*, Stuttgart 2004, 12.

insgesamt: Bei knappen Ressourcen geht es ganz wesentlich um Fragen der Gerechtigkeit.[41]

5. Für mich ist gesorgt?

Die größte Sorge älterer insbesondere pflegebedürftige Menschen ist es, anderen zur Last zu fallen.[42] Der Lastdiskurs prägt die Diskussion um die Zukunft der sozialen Sicherungssysteme. Die Diskussion um die Etablierung von Patientenverfügungen als Vorsorgeinstrumente in der Breite der Bevölkerung kennt genau den Lastdiskurs als einen Hintergrund.[43] Im Zeichen der Autonomie und Selbstbestimmung wird die freiwillige Selbstbegrenzung des Lebens zum präventiven Akt, anderen nicht zur Last zu fallen? Diakonie steht dafür, dass die Zuversicht eine Begründete ist, dass für auf Hilfe verwiesene Menschen gesorgt ist: Im Sinne ihrer Existenz, im Sinne ihrer Wertschätzung, im Sinne ihrer Teilhabe und in einem religiösen Sinne: Für dich ist gesorgt (Ps 55,23: „Wirf dein Anliegen auf den Herrn;/ der wird dich versorgen und wird den Gerechten in Ewigkeit nicht wanken lassen." Ps 40,18: „..denn ich bin arm und elend; der Herr aber sorgt für mich.") ist die biblische Zusage. Dieser Zusage Wirkkraft zu geben in der sozialen Architektur einer postmodernen Gesellschaft im demografischen Wandel, im Miteinander der Generationen, im dialogischen Hilfehandeln und in den Bildern vom Leben im Alter, darin liegt der dauerhafte Mitgestaltungsauftrag der Diakonie. Das Weltereignis des demografischen Wandels fordert sie ebenso heraus wie der Prozess der Säkularisierung der Gesellschaft. Diakonische Angebote sind in einem modernen Sozialstaat für alle Bürgerinnen und Bürger da: In spiritueller Hinsicht zeichnet Diakonie eine hermeneutische Kompetenz gegenüber denjenigen aus, die sich in einer konfessionell kirchlichen Spiritualität nicht (allein) zu Hause fühlen, gegenüber denjenigen, die genau dort ihre Heimat haben – konfessionell und parochial auch in performativer Hinsicht.

---

41 Gabriele Beck, *Gemeinsam betreuen. Aktion Demenz*, Robert-Bosch-Stiftung, Stuttgart 2000.
42 Sabine Pleschberger, *„Die Wünsche, die wir noch haben ..." Menschen in Altenheimen und ihre Sichtweise auf Würde im Leben, Sterben und Tod*, IFF, Wien 2003.
43 Vgl. Thomas Klie/Johann-Christoph Student, *Sterben in Würde. Auswege aus dem Dilemma der Sterbehilfe*, Freiburg 2007.

Literatur

Baldo Blinkert/Thomas Klie, *Solidarität in Gefahr? Pflegebereitschaft und Pflegebedarfentwicklung im demografischen und sozialen Wandel*, Hannover 2004.

Deutscher Bundestag (Hg.), *Schlussbericht der Enquete-Kommission Demographischer Wandel. Herausforderungen unserer älter werdenden Gesellschaft an den Einzelnen und die Politik*, Berlin 2002.

Deutsches Zentrum für Altersfragen (Hg.), *Expertisen zum Fünften Altenbericht der Bundesregierung. Gesellschaftliches und familiäres Engagement älterer Menschen als Potential (Bd. 5)*, Berlin 2006.

Klaus Dörner, *Leben und sterben, wo ich hingehöre. Dritter Sozialraum und neues Hilfesystem*, Neumünster 2007.

Adalbert Evers/Thomas Olk, *Wohlfahrtspluralismus. Analytisch und normativ – politische Dimensionen des Leitbegriffes*, Opladen 1996, 9–60.

Mona Frommelt u. a., *Pflegeberatung, Pflegestützpunkte und das Case Management*, Freiburg 2008.

Claus Fussek/Gottlob Schober, *Im Netz der Pflegemafia. Wie mit menschenunwürdiger Pflege Geschäfte gemacht werden*, Gütersloh 2008.

Reimer Gronemeyer/Verena Rothe, *Teilhabe statt Ausgrenzung. Die demenzfreundliche Kommune*, in: Archiv für Wissenschaft und Praxis in der sozialen Arbeit 4 (2008), 90–95.

Hans Hoch, *Altersbilder und Zivilgesellschaft. Expertise für den 6. Altenbericht*, Freiburg 2009.

Hans Hoch/Thomas Klie/Martina Wegner, *Lebendige Bürgergesellschaft in Baden-Württemberg. Ergebnisse des zweiten Freiwilligensurvey*, in: Statistisches Monatsheft Baden-Württemberg 2 (2007), 44–49.

Konrad Hummel, *Freiheit statt Fürsorge. Vernetzung als Instrument zur Reform kommunaler Altenhilfe*, Hannover 2001.

Thomas Klie, *Für(s) Alte(r) planen. Beiträge zur kommunalen Altenplanung*, Freiburg 2002.

Thomas Klie/Theodor Pindl, *Das Bundesmodellprogramm Generationsübergreifende Freiwilligendienste. Lernorte für Bürgerschaftliches Engagement*, in: Journal NDV, 2008.

Thomas Klie, *Bürgerschaftliches Engagement und die Zukunftsfähigkeit der Städte und Gemeinden*, in: Der Bürger im Staat 4/2007.

Thomas Klie, *Nachbarschaften. Bedeutung im demografischen und sozialen Wandel*, Freiburg 2009 i. E.

Thomas Klie, *Pflegebudget. Impulse für Politik und Praxis – Ergebnisse des vierjährigen Modellprojektes*, in: Die Ersatzkasse 1 (2009), i. E.

Thomas Klie/Hans Hoch/Thomas Pfundstein, *BELA. Bürgerschaftliches Engagement für Lebensqualität im Alter. Ergebnisse der „Heim- und Engagiertenbefragung"*, Freiburg 2007.

Thomas Klie/Paul-Stefan Ross, *Bürgerschaftliches Engagement und seine Förderung im Land und in der Kommune*, in: Bürgerschaftliches Engagement und Zivilgesellschaft. Ein Gesellschaftsmodell der Zukunft?, Bonn 2004.

Thomas Klie/Birgit Schuhmacher, *Teilhabe sichern – Verantwortung teilen. Demenzbetreuung im Freiburger Modell*, in: Zeitschrift Altenheim 5 (2008), Hannover 2008, 18–22.
Thomas Klie, *Family Care*, in: Zeitschrift für Gerontologie und Geriatrie 06, Darmstadt 2006, 403–404.
Niklas Luhmann, *Formen des Helfens im Wandel gesellschaftlicher Bedingungen*, in: Hans-Uwe Otto/Siegfried Schneider (Hg.), *Gesellschaftliche Perspektiven der Sozialarbeit*, Neuwied/Berlin 1973, 21–43.
Konrad Maier/Peter Sommerfeld, *Inszenierung des Sozialen im Wohnquartier. Darstellung, Evaluation und Ertrag des Projekts „Quartiersaufbau Rieselfeld"*, Forschungs- und Projektberichte, Freiburg 2005.
Oswald von Nell-Breuning, *Das Subsidiaritätsprinzip*, in: Johannes Münder/Dieter Kreft (Hg.), *Subsidiarität heute*, Münster 1990, 173–184.
Sabine Pleschberger, *„Die Wünsche, die wir noch haben ..." Menschen in Altenheimen und ihre Sichtweise auf Würde im Leben, Sterben und Tod*, IFF, Wien 2003.
Heinrich Pompey (Hg.), *Caritas im Spannungsfeld von Wirtschaftlichkeit und Menschlichkeit*, Würzburg 1997.
Leopold Rosenmayr, *Die späte Freiheit. Das Alter, ein Stück bewußt gelebten Lebens*, Berlin 1983.
Leopold Rosenmayr, *Altersgesellschaft – bunte Gesellschaft? Soziologische Analyse als Beitrag zur politischen Orientierung*, in: Kai Leichsenring u.a. (Hg.), *Die Zukunft des Alterns. Sozialpolitik für das Dritte Lebensalter*, Bundesministerium für Arbeit und Soziales, Wien 1994.
Frank Schulz-Nieswandt, *Sozialpolitik und Alter. Serie: Grundriss Gerontologie, Bd. 5*, Stuttgart 2006.
Reinhard Turre, *Diakonik. Grundlegung und Gestaltung der Diakonie*, Neukirchen-Vluyn 1991.
Peter Wissmann/Reimer Gronemeyer, *Demenz und Zivilgesellschaft. Eine Streitschrift*, Frankfurt 2008.
Hannes Ziller, *Der lange Weg zum Case Management. Vom „Projekt Altenhilfestrukturgesetz" zum Pflegeweiterentwicklungsgesetz*, in: Case Management 05 Jg., Heidelberg 2008, 18–20.

Aszetik: Spiritualität und Religiosität im Alter
Birgit Weyel

1. Die Entdeckung des Alters

Überlegungen zum Thema Aszetik im Alter sind von den gleichen Schwierigkeiten, wie die meisten anderen Themen auch, betroffen. Das Alter und das Altern sind erst neuerdings von einem verhältnismäßig unbeachteten Teilgebiet der Praktischen Theologie, das an der disziplinären Schnittstelle zwischen Seelsorgelehre und Diakoniewissenschaft angesiedelt war, zu einem vielschichtigen und interdisziplinär zu verhandelndem Themenfeld avanciert. Man kann von einer regelrechten Entdeckung des Alters sprechen, die maßgeblich durch gesellschaftspolitische Debatten veranlasst ist, vergleichbar mit der Entdeckung des Jugendalters[1] seit Beginn des 19. Jahrhunderts. Erst neuerdings und mit einiger Verspätung beginnen das Alter und das Altern in Theologie und Kirche die nötige Aufmerksamkeit auf sich zu ziehen.

Diese verspätete Aufmerksamkeit hat Konsequenzen für die Bearbeitung des Themas: Das praktisch-theologische Literaturangebot fällt verhältnismäßig schmal aus. Eine umfassende Auseinandersetzung mit der Gerontologie und der Religionspsychologie, aber auch den Kulturwissenschaften und der Soziologie steht noch aus. Von einem interdis-

---

[1] Gewiss lassen sich aus dem Vergleich mit der Jugendforschung Gewinne ziehen: die Einsicht in die Ausdehnung der Altersphase und die Notwendigkeit einer Differenzierung zwischen den Lebensaltern innerhalb der Gruppe sowie die Unterschiedlichkeit der Lebens- und Kulturstile, die eine verallgemeinernde Rede über *das* Alter immer auch kritisch zu relativieren hat. Darüber hinaus bleibt zu bedenken, dass Zuschreibungen und Erhebungen über eine konkrete Alterskohorte möglicherweise tatsächlich nur diese eine Generation betreffen. Eine heutige Erhebung über den Religiositätsgrad der 70Jährigen lässt keine entsprechenden Aussagen zu über künftige 70-Jährige. Nur Longitudinalstudien, für die bislang die Datenbasis noch unzureichend ist, können darüber Aufschluss bieten.

ziplinären Gespräch dürften aber wesentliche Gewinne zu verzeichnen sein.[2]

Das Thema Spiritualität und Religiosität im Alter berührt unterschiedliche Formen der religiösen Praxis. Zum einen ist an die öffentliche und gemeinschaftliche Religionsausübung zu denken. In diesem Zusammenhang ist ein klassischer praktisch-theologisches Handlungsfeld angesprochen wie der Gottesdienst. Neben dem sonntäglichen Gottesdienst ist aber auch die Kasualpraxis zu thematisieren, da sie ja gerade in ihrer biographiebegleitenden Funktion eine besondere Bedeutung gewinnt und von einer breiten Öffentlichkeit gerne in Anspruch genommen wird. Die goldene Konfirmation, die bislang eher ein Schattendasein führte, findet im zeitlichen Nahbereich des Ruhestands statt. Ihr könnte – ganz ähnlich wie der Konfirmation im Jugendalter – im Kontext einer prekären Übergangsphase die Thematisierung der Schwellensituation zwischen Berufstätigkeit und Ruhestand zufallen.

Das Thema Aszetik betrifft aber auch in hohem Maße die private Religionspraxis, zumal angesichts einer Lebenssituation, die sehr stark von freier Zeit geprägt ist. Das junge Seniorenalter bietet Freiräume, in denen Selbstverwirklichung und der Sinnfindung dienende Freizeiträume eher realisiert werden können, als in dem von beruflichen und häuslichen Verpflichtungen geprägten mittleren Erwachsenenalter. Auf der individuellen Ebene zielt das Thema auf die inneren Einstellungen und Gefühlslagen der Menschen, ihre je eigenen spirituellen und religiösen Verfasstheiten. Insbesondere die Spiritualität ist ein diffuses Phänomen, das von der Religiosität nicht zu trennen, aber deutlich stärker als eine Suchbewegung zu beschreiben ist. Neben einer eher klassischen privaten Religionspraxis wie das Gebet oder die Lektüre religiöser Schriften, sind auch kulturelle Praxen mit einzubeziehen, die im Kontext einer spirituellen Orientierung und Vergewisserung Funktionen übernehmen. Neben den im engeren Sinne religiösen Praxen einer Aszetik des Alters, sind daher auch solche Freizeitbereiche mit einzubeziehen, die spirituelle Fragerichtungen aufnehmen und Sinnangebote bereitstellen.

---

[2] Vgl. dazu die interdisziplinäre Kooperation in Tübingen (http://www.help-platform.org/), die einen gemeinsamen alterswissenschaftlichen Forschungsansatz zu entwickeln sucht.

2. Altern als Radikalisierung der menschlichen Grundsituation

Es liegt auf der Hand, dass Alter und Altern in hohem Maße definitorischen Charakter haben. Gesellschaftliche Konstruktionen von alten Menschen haben zum Teil euphemistischen Charakter und transportieren eine Fülle normativer Erwartungen wie Aktivität, Jugendlichkeit und Sportlichkeit. Sie können aber auch diskriminierenden Charakter haben. Das Bild älterer Menschen von hinten, dicht gedrängt auf einer Parkbank sitzend, das regelmäßig in der Nachrichtensendung *Die Tagesschau* eingeblendet wird, wenn im Vordergrund über das Thema Rente, Beiträge zur Rentenversicherung und Rentenerhöhungen, informiert wird, signalisiert Untätigkeit, Bewegungslosigkeit und Bedürftigkeit der Dargestellten und spielt zugleich darauf an, dass die Zahl der Rentenempfänger wächst. Es wird anschaulich durch die Enge auf der Bank vorgeführt, dass es augenscheinlich ‚zu viele' Rentner gebe. Dagegen wirbt eine Lebensversicherung mit einem älteren sportlichen, schlanken Ehepaar, das Hand in Hand mit nackten Füßen am Strand dem Sonnenuntergang entgegenspaziert. Sie repräsentieren den genussorientierten Lebensstil des Typs der Best-Ager: finanzkräftig, freizeitorientiert und sexuell aktiv. Gewiss, die Werbung liebt Klischees. Das neu entdeckte Alter aber ist besonders stark gefährdet, durch solche Bilder normiert zu werden. Noch fehlt der Blick auf die Vielfalt des Alterns. Dazu trägt auch die gesellschaftspolitische Diskussion um die Konsequenzen des demografischen Wandels bei, die Emotionen schürt.[3] Aufgabe der Praktischen Theologie ist es nicht nur, solche Bilder kritisch zu kommentieren, sondern auch Bilder vom Alter zu entwerfen, die für ein breites Spektrum an Möglichkeiten und Wirklichkeiten, alt zu werden, offen sind.[4] Es geht darum, gegen eine Vorurteilsbildung vorzugehen, „die Ressourcen und andere Attribute auf Lebensjahre festlegt"[5].

Eine Studie zum Selbstverständnis älterer Menschen hat gezeigt, dass Fremd- und Selbstwahrnehmung sehr stark differieren. „Die Interviewpartner machten wiederholt deutlich, dass sie sich selbst nicht als ‚alt'

---

3   Vgl. dazu exemplarisch: Frank Schirrmacher, *Das Methusalem-Komplott*, München 2004.
4   Zu Bildern des Alters und Alterstheorien vgl. Ulrich Moser, *Identität, Spiritualität und Lebenssinn. Grundlage seelsorgerlicher Begleitung im Altenheim*, Würzburg 2000, 38 ff.
5   *Gegen eine Etikettierung des Alters. Die Replik von Roland Kollmann auf Martina Blasberg-Kuhnke*, in: *Neuer Blick auf das Alter.* Themenheft der Zeitschrift Lebendige Seelsorge Jh. 59, Heft 4 (2008), 213.

ansehen, ihnen dieses Attribut aber von der Außenwelt zugeschrieben würde."[6] Es bleibt daher zwischen Selbstkonzepten und Fremdwahrnehmungen von Alter zu unterscheiden.

Angesichts der historischen Entwicklung tritt deutlich hervor, dass Alter in sich vielfältig differenziert ist. Alter ist heute vor allem sozial bestimmt und geht mit der Ausgliederung aus dem Erwerbsleben einher.[7] Im Blick auf die Frage nach Spiritualität und Religiosität erweist sich ein Verständnis von Altern als tragfähig, das dieses als „Radikalisierung der menschlichen Grundsituation"[8] versteht. Die besondere Herausforderung des Alters besteht darin, die eigenen Identitätskonstruktionen in ein Verhältnis zur beginnenden physischen und sozialen Fragilität zu bringen. Das Alter bringt viele Veränderungen mit sich, die die Identität des Menschen in Frage stellen. Durch den plötzlichen Umzug in ein Altenheim, der als Schicksal und nicht als Konsequenz eigener Entscheidung erlebt wird, ergibt sich die Notwendigkeit von Konstruktionsarbeit, die das Erleben des Verlustes von Autonomie und dem gewohnten, ‚eigenen' Wohnfeld aufnimmt, um die Potentiale und Ressourcen der neuen Situation entdecken zu können. Die Frage nach der Sinnkonstitution stellt sich nicht nur im Alter, sie kann sich aber mit einer Radikalität stellen, die in früheren Lebensaltern nur mit einschneidenden Krisen wie schweren Erkrankungen verbunden ist. Sinn und Bedeutung für das eigene Leben müssen im Blick auf die Vergangenheit, aber auch die Zukunft gefunden werden. Die Frage nach dem Sinn kann, sie muss aber nicht, mit der Nachfrage nach religiösen Sinnangeboten verbunden sein.

---

6   Anke Terörde/Ulrich Feeser-Lichterfeld, *Religiöse Ritualpraxis im Alter. Eine explorative Studie als Annäherung an ein Forschungsdesiderat*, in: IJPT 11 (2007), 72–91 (89).

7   Vgl. dazu Gertrud M. Backes/Wolfgang Clemens, *Lebensphase Alter. Eine Einführung in die sozialwissenschaftliche Alternsforschung*, Weinheim/München 1998, bes. 29.

8   Thomas Rentsch, *Philosophische Anthropologie und Ethik der späten Lebenszeit*, in: Paul B. Baltes/Jürgen Mittelstraß/Ursula M. Staudinger (Hg.), *Alter und Altern. Ein interdisziplinärer Studientext zur Gerontologie*, Berlin/New York 1994, 283–304 (297): „Der Prozeß des menschlichen Alterns ist die Radikalisierung der menschlichen Grundsituation. Dementsprechend läßt sich die späte Lebenszeit, das höhere Alter und hohe Alter, als die radikalisierte menschliche Grundsituation bestimmen. [...] Als solche Radikalisierung läßt sich der Prozeß des Altwerdens philosophisch-anthropologisch auch als das aufdringliche Zutagetreten der humanen Sinnkonstitution begreifen." (Im Original Hervorhebungen zum Teil hervorgehoben.)

3. Religiosität und Spiritualität im Alter

3.1 Religiosität als Lebensbewältigung

Religiosität als „besondere subjektive Form von Lebensbewältigung"[9] kommt genau dann ins Spiel, wenn das Wechselhafte, Unsteuerbare und Zufällige der eigenen Lebensgeschichte und das Selbst als Subjekt dieser Lebensgeschichte[10] in einen übergreifenden Sinnzusammenhang integriert werden. Diese Integration ist eine konstruktive, interpretative Leistung, die die gesamte Lebensgeschichte begleitet und im Prinzip unabschließbar ist. Mit der Zeit bilden sich bestimmte Muster heraus, etwa in der Gestalt eines Lebensmottos oder eines festumrissenen Kanons an Erzählungen, denen eine besondere Erschließungskraft zugewiesen wird. Solche Muster werden erst dann variiert, wenn eine Situation eintritt, die mit dem Selbstkonzept nicht mehr zusammenstimmt. Das näher rückende Lebensende konfrontiert in besonderem Maße mit der Frage nach der Wertung des bisherigen Lebens und der Gestaltung des noch ausstehenden Lebensabschnitts. Die mangelnde Kompatibilität bisheriger Selbstkonzepte mit der faktischen, durch Einschränkungen bestimmten, Lebenssituation macht einen Umbau der Vorstellungen nötig. Gerade hierin liegt die von Rentsch angesprochene Radikalisierung der menschlichen Grundsituation: Das Subjekt als Autor der eigenen Lebensgeschichte ist nicht ausschließlich durch das Alter, aber besonders angesichts der Veränderungen des Alters dazu herausgefordert, eine erneute Interpretationsleistung zu erbringen, die eine Anpassung an das herausfordernde Ereignis möglich macht. Deshalb ist es auch sinnvoll, das Alter nicht biographisch als eine besondere, von den vorangehenden Lebensaltern abgetrennte Phase zu charakterisieren, sondern von den besonderen Herausforderungen und Bedingungen der Sinnkonstitution im Alter zu sprechen.

Das Religiöse an dieser Interpretationsleistung ist der Rekurs auf übergeordnete Sinnzusammenhänge[11]. Der Versuch, das eigene Leben

---

9 Fritz Oser/Paul Gmünder, *Der Mensch – Stufen seiner religiösen Entwicklung. Ein strukturgenetischer Ansatz*, Gütersloh (1984) ³1992, 9.
10 Vgl. dazu oben den Beitrag von Wolfgang Drechsel zur Lebensgeschichte.
11 Vgl. dazu Bernd Klose, *Atheismus und Spiritualität als eine Grundlage der Identitätsregulation im Alter*, in: Psychotherapie im Alter 5 (2008), Heft 1, 73–81. Klose arbeitet an zwei Fallbeispielen die Vergleichbarkeit von Atheismus als metaphysischer Idee und Spiritualität heraus, indem beide das Identitätsgefühl

und das eigene Selbst als ein in sich zusammenhängendes, mehr oder weniger geordnetes Ganzes zu integrieren, trägt bereits religiöse Züge, weil dazu auf eine transzendente Größe Bezug genommen werden muss. Nach Gewissheitsgraden ist hier ebenso abzustufen wie nach implizit und explizit religiösen Semantiken zu unterscheiden ist.

Der Forschungsansatz des *life-span-developmental approach*, der sich von Stufenmodellen der Entwicklungspsychologie absetzt, fragt danach, welche Formen von Religiosität bei Menschen in den einzelnen Lebensphasen und damit besonders in der zweiten Lebenshälfte anzutreffen sind und welche Entwicklungstendenzen im individuellen Lebenslauf auftreten. Dabei geht es vor allem darum, Entwicklungsvorgänge, die sich über die gesamte Lebensspanne hin ziehen, zu beschreiben und zu erklären. Religiöse Entwicklung vollzieht sich dabei stets in der Wechselwirkung von persönlicher Struktur und historisch sich wandelnder soziokultureller Umwelt. Eine empirische Studie aus dem Jahr 2003[12] knüpft an diese Sichtweise an und unternimmt den Versuch, die religiöse Entwicklung im Lebenslauf, insbesondere in der zweiten Lebenshälfte, im Kontext des *life-span-developmental approach* darzustellen. Das Ergebnis dieser Studie zeigt, dass sich Religiosität im Alter außerordentlich vielgestaltig darstellt und von einer wachsenden Pluralisierung der Lebensgestalten der Religiosität gerade in dieser Lebensphase auszugehen ist. Ein wesentliches Ergebnis der Studie liegt vor allem darin, dass in allen Lebensphasen Wachstum und Abbau zugleich geschehen, auch im Alter. Mit dieser Einsicht ist eine kritische Pointe gegenüber der soziologischen Disengagement-Theorie formuliert, die das Alter vor allem als Rückzug aus produktiven Rollen und sozialen Beziehungen versteht.[13]

---

verstärken und eine Großgruppenzugehörigkeit schaffen, die die Identität stabilisiert.

12 Walter Fürst/Andreas Wittrahm/Ulrich Feeser-Lichterfeld/Tobias Kläden (Hg.), *„Selbst die Senioren sind nicht mehr die alten ..." Praktisch-theologische Beiträge zu einer Kultur des Alterns*, Münster 2003, 217–257.

13 Vgl. dazu die differenzierte Debatte der Herbsttagung der Sektion Alter(n) und Gesellschaft der Deutschen Gesellschaft für Soziologie 2003 in Berlin, teilweise dokumentiert unter http://www.sektion-altern.de/Archiv/prog_11_03.pdf (Download am 21.11.08).

3.2 Transzendenz im Alter

Die besondere Herausforderung religiöser Bewältigung des Alters liegt darin, die Endlichkeit und Fragilität des Lebens nicht zu überspielen, sondern die eigenen Begrenzungen innerlich zu überwinden. Endlichkeit und Fragilität betreffen das ganze Leben und sind nicht etwa auf das Alter zu begrenzen, aber im Alter findet eine radikale Konfrontation statt, der man bis zum dritten Lebensalter noch ausweichen konnte. Transzendenz kann in diesem Zusammenhang als psychodynamischer Prozess verstanden werden, die „eigene Ichgrenze zu überschreiten, ohne die eigene Selbstkohärenz zu verlieren".[14] Das Transzendieren schließt Korrekturen am Ich-Ideal mit ein: „Loslassen des Brüchigen und Unmöglich-Gewordenen macht dann frei für einen Blick auf Neues, Tragfähigeres."[15] Während somatische Alterungsprozesse als einschränkend erlebt werden, bieten sich Religion, Spiritualität, aber auch die Bildung an, um neue geistige und intellektuelle Potentiale zu erschließen und Lebensthemen zu erörtern. Die psychischen Anpassungsressourcen bleiben auch im Alter groß, so dass „selbst im ‚vierten Lebensalter' Anforderungen und Verluste bewältigt und eine tragfähige Lebensperspektive wiederhergestellt werden kann"[16]. Die Selbstkohärenz und das Identitätsgefühl werden gestärkt durch die Bindung an Gott oder eine heilige Macht.

Zugleich bilden der Glauben und die Bindung an eine Religion immer auch eine identitätsstiftende Zugehörigkeit aus. „Im Hinblick auf die Regulation des Identitätsgefühls stehen intrinsische Glaubensüberzeugungen und die sich damit einstellende Zugehörigkeit zur Gemeinschaft aller, die diese Haltung teilen, in einem dialektischen, von Seiten des Erlebnisschwerpunktes gesehen hin- und herschwingendes (oszillierendes) Verhältnis."[17] Insbesondere Rituale[18] und die Teilnahme an symbolisch verdichteten Handlungssequenzen generieren diese identitätsstiftende Zugehörigkeit. Dabei ist nicht nur der Gemeinschaftsaspekt im Blick auf die erfahrbare Sozialität von Bedeutung, sondern auch der Trost, der in einer „tiefe[n] Empfindung von Zugehörigkeit zu einem gemeinsamen Ganzen, das mehr ist als man selbst"[19], liegt. Der bevor-

---

14 Klose, *Atheismus und Spiritualität*, a.a.O., 76.
15 Wilfried Ruff, *Spiritualität im Alter*, in: Psychotherapie im Alter 5 (2008) H. 1, 13–30 (20).
16 Ebd.
17 Klose, *Atheismus und Spiritualität*, a.a.O., 78.
18 Siehe dazu unten Abschnitt 4. Der Gottesdienst. 3.3.
19 Klose, *Atheismus und Spiritualität*, a.a.O., 78.

stehende Tod wird dadurch relativiert, dass man sich eingebettet wissen kann in einen das eigene Leben transzendierenden Sinnzusammenhang.

Der so verwendete Transzendenzbegriff, dessen Herkunft in der psychotherapeutischen Altersforschung liegt, ist zunächst noch nicht religiös bestimmt, sondern beschreibt einen Ausgleich zwischen einem starren Egozentrismus und einer umfassenden Ich-Relativierung.[20]

> „[G]erotranscendence is a shift in metaperspective from an materialistic and pragmatic view of the world to a more cosmic and transcendent one, normally accompanied by an increase in life satisfaction."[21]

Insbesondere drei Wertverschiebungsdimensionen macht Lars Tornstam namhaft: 1. Die kosmische Dimension („cosmic transcendence"), d.h die verstärkte Auseinandersetzung mit früheren Generationen, Gelassenheit im Verhältnis zu Leben und Tod sowie ein Wandel des Zeiterlebens, der dadurch charakterisiert ist, dass die Grenzen zwischen früher und heute transzendiert werden, indem beispielsweise mit abwesenden oder verstorbenen Freunden und Verwandten ‚kommuniziert' wird. 2. Die Neudefinition des Selbst („ego-transcendence"), d.h. eine Akzeptanz bisher verheimlichter Seiten des Ichs, eine Verringerung der Selbst-Zentriertheit sowie Prozesse der Ich-Integrität und der Lebenskohärenz. 3. Ein verstärktes Bedürfnis nach ‚Solitude', die nicht gleichbedeutend mit Einsamkeit ist, sondern auf eine Intensivierung sozialer Beziehungen zielt, während oberflächliche Kontakte abgebaut werden. Darüber hinaus ist diese Dimension durch Freiheit von sozialen Rollen und Normen gekennzeichnet, sowie durch eine höhere Toleranz. Starre Unterscheidungen zwischen ‚richtig' und ‚falsch' verlieren an Plausibilität.[22]

Das Theoriekonzept der Gerotranszendenz basiert auf empirischen Studien, die durch qualitative Erzählinterviews gewonnen wurden.[23] Dabei lassen sich Überschneidungen zwischen dem Weisheitskonzept von Baltes[24] und dem Konzept der Gerotranszendenz ausmachen. Baltes

---

20 Vgl. dazu Ruff, *Spiritualität im Alter*, a.a.O., 17.
21 Lars Tornstam, *Late-Life Transcendence. A New Developmental Perspective on Aging*, in: L. Eugene Thomas/Susan A. Eisenhandler (Hg.), *Religion, Belief and Spirituality in Late Life*, New York 1999, 178–202 (178).
22 Vgl. dazu insgesamt die ausführliche Darstellung von Francois Höpflinger, *Gerotranszendenz und Generativität im höheren Lebensalter – neue Konzepte für alte Fragen*, in: Peter Bäurle u.a. (Hg.), *Spiritualität und Kreativität in der Psychotherapie mit älteren Menschen*, Bern/Göttingen/Toronto/Seattle 2005, 156–161.
23 Vgl. dazu die Vignetten bei Tornstam, *Late-Life Transcendence*, a.a.O.
24 Paul B. Baltes, *The aging mind: Potentials and limits*, in: Gerontologist 33 (1993), 580–594.

Modell betont die Fähigkeit zur Relativierung und beschreibt unterschiedliche Abstufungsgrade von der Relativierung eigener Standpunkte und ideologischer Positionen, über eine Kontextualisierung der momentanen Lebensphase in eine Lebensgeschichte bis hin zum Umgang mit Unsicherheit (management of uncertainity). Die Gerotranszendenz zielt mit der Überschreitung ebenfalls auf die Relativierung des Ichs, weist aber zugleich auf eine Integration des Ichs in übergreifende Sinnzusammenhänge hin.

3.3 Religiosität im Alter

Für die Religiosität im Alter gilt das, was für den Einfluss der Religion auf das Wohlbefinden generell auszusagen ist. „Sind Spiritualität und Religion gut für die Gesundheit, neutral oder schlecht?" Diese Frage der Copingforschung, die auf eine Integration verschiedener Aspekte des Bewältigungsverhaltens zielt, ist nicht eindeutig zu beantworten: Es kommt darauf an![25] Es lässt sich also keineswegs grundsätzlich sagen, dass Religion positive Gewinne für die Bewältigung der Krisenhaftigkeit des Alters bringt.

Religiosität wird in kritischen Situationen generell angeregt und intensiviert. Menschen suchen in Krisensituationen aktiv und zielorientiert nach Antworten auf die sich ihnen stellenden Fragen nach Bedeutung. So kann auch das Alter wie auch schon krisenhafte major life events früherer Lebensphasen als eine Zeit verstanden werden, in der religiöse Fragen aufbrechen oder aber bisherige Lebensziele und Werte transformiert werden. Religiosität im Alter ist „offensichtlich ausgeprägter und für das Leben bedeutsamer"[26]. Ob sich die Religiosität positiv oder eher negativ auswirkt, hat wesentlich mit dem Copingstil zu tun. Die Copingforschung unterscheidet drei religiöse Bewältigungsstile. 1. den sog. self-directing style. Hier löst der Mensch selbständig und eigenverantwortlich seine Probleme mit dem Glauben an Gott, der im Hintergrund da ist und dem Menschen Ruhe, Gelassenheit und Kompetenz gibt; 2. den defer-

---

25 Kenneth I. Pargament, *The Bitter and the Sweet. An Evaluation of the Cost and Benefits of Religiousness*, in: Psychological Inquiry 13 (2002), No 3, 168–181 (169).
26 Fritz Oser/Anton Bucher, *Religiosität und Spiritualität*, in: Sigrun-Heide Filipp/Ursula M. Staudinger (Hg.), *Enzyklopädie der Psychologie. Entwicklungspsychologie des mittleren und höheren Erwachsenenalters*, 803–827 (815).

ring-style, der sich völlig passiv und abwartend verhält. Hier wird alles Gott überlassen, schließlich 3. den collaborative style.[27]

Mit dem collaborative-style sind insgesamt die positivsten Wirkungen verbunden. Hier übernimmt der Mensch Eigenverantwortlichkeit und ist zugleich der religiösen Überzeugung, dass Gott handelt. Es handelt sich um eine sogenannte active man – active God-Perspektive, von der die positivsten Effekte ausgehen. Menschen, die den collaborative-style angewendet haben, hatten in empirischen Studien eine höhere psychosoziale Kompetenz und neigten weniger zu Depressivität und Angst. Der religiöse Copingstil, d. h. also die Bewältigungsstrategie, erweist sich als ein Stress-Moderator, der in Situationen mit einem hohen Stressniveau aktiviert wird und die Kompetenzen des Individuums erhöht.

Die Studien Pargaments sind für den deutschsprachigen Raum adaptiert worden. Anette Dörr hat 2001 eine vergleichbare Studie durchgeführt, die die Ergebnisse Pargaments insgesamt bestätigt, aber für unseren Sprachkontext deutlicher macht, von welchen Haltungen die einzelnen religiösen Copingstile bestimmt sind.[28] So stimmte etwa der Typ Selbstmanagement den Aussagen zu, „Ich muss mich schon selbst darum kümmern, dass ich mit so einer schweren Situation fertig werde. Gott nimmt mir das nicht ab." Und: „Ich suche nach der richtigen Sichtweise für so ein Unglück, ohne nach Gottes Willen zu fragen." Der Typ Passives Coping stimmte den Aussagen zu: „Ich überlasse es lieber Gott, mich durch diese schwere Zeit zu führen, als mich selbst damit zu beschäftigen." Und: „Wenn so ein Unglück passiert, warte ich darauf, dass Gott eingreift und sich um mich kümmert." Der Typ Kooperatives Coping schließlich meint: „Wenn ich mich entscheiden muss, was ich tun will, um mit diesem Schicksalsschlag zurecht zu kommen, arbeiten Gott und ich wie Partner zusammen." Und: „Gott hilft mir, nicht zu verzweifeln, sondern mit dieser Not zurechtzukommen."

Dabei zeigte sich, dass gerade die Personen, die dem Kooperativen Coping zuneigten, die Erfahrung der Nähe Gottes bezeugen konnten und davon ausgingen, dass das, was im Leben passiert, von dem abhängt, was Gott mit ihnen vorhat. „Von Gott gelenkte Geschehnisse bestimmen einen großen Teil meines Lebens und Alltags". „Gott ist mächtig und

---

27 Im Anschluss an Kenneth I. Pargament, *The Bitter and the Sweet*, a.a.O.
28 Anette Dörr, *Religiöses Coping als Ressource bei der Bewältigung von Life Events*, in: Christian Zwingmann/Helfried Moosbrugger (Hg.), *Religiosität. Messverfahren und Studien zu Gesundheit und Lebensbewältigung. Neue Beiträge zur Religionspsychologie*, Münster 2004, 261–275 (270).

stark." Und: „Eines Tages wird Gott allen Ungerechtigkeiten ein Ende machen. Gott will das Beste für jeden Menschen."

Das emotionale religiöse Potential war in dieser Gruppe entsprechend hoch: „Ich fühle mich in meinem Glauben geborgen." – „Der Glaube an Gott hilft mir, in schwierigen Lebenssituationen nicht zu verzweifeln."

Interessant ist die Situationsabhängigkeit religiöser Copingstile, die sich in der Studie von Dörr abzeichnete: Die positiven Effekte des Kooperativen Copingstils traten nur im Blick auf major life events hervor. Im Blick auf alltägliche Probleme konnten keinerlei Effekte auf die psychische Gesundheit namhaft gemacht werden. Die Effektivität religiöser Bewältigungsarbeit zeigt sich erst dann, wenn das Individuum einem hohen Maß an Stress ausgesetzt ist. Offensichtlich werden religiöse Konzepte wichtig, wenn Probleme bearbeitet werden müssen, die keine Lösungen im eigentlichen Sinne zulassen und wenn das Individuum nicht auf Erfahrungen zurückgreifen kann, in denen es bereits Konzepte aufbauen konnte, die sich hätten bewähren können. Die mangelnde persönliche Erfahrung kann dadurch, dass Christen auf religiöse Traditionen zurückgreifen, ausgeglichen werden. Die Bewältigung des Außergewöhnlichen wird leichter, wenn das eigene Leiden auf dem Hintergrund der Leidenserfahrungen anderer verstanden werden kann. Der Glaube dient als Stress-Moderator, der wesentlich dazu beitragen kann, eine schwierige Lebenssituation durchzustehen, und zwar gerade in der Fokussierung auf sein emotionales und kognitives religiöses Potential. Der Glaube entwickelt positive Effekte auch unabhängig von seinen psychosozialen Aspekten. Während die genannten Forschungsergebnisse nicht speziell im Blick auf religiöse Copingverhalten älterer Menschen gewonnen sind, kommt eine niederländische Studie zur Depressivität älterer Menschen zu dem Ergebnis, „that elderly people, and women in particular, benefit from a cultural enviroment in which religious practices are still accessible".[29]

---

29 Arjan Braam, *Religion and Depression in Later Life. An empirical approach*, Utrecht 2001, bes. 87.

4. Kulturelle und religiöse Praxis

4.1 Alter und Kirchenmitgliedschaft

Die religiöse Praxis älterer Menschen ist in engem Zusammenhang zum einen mit der Religiosität und Spiritualität, zum anderen aber auch mit ihrem Kulturstil zu sehen. Die vierte Mitgliedschaftsuntersuchung der Evangelischen Kirche Deutschlands aus dem Jahr 2002, die das besondere Augenmerk auf den Lebens- und Freizeitstil der Kirchenmitglieder gelegt hat, zeigte sehr deutlich, dass Teilnahmeverhalten und Freizeitverhalten in einem sehr engen Konnex stehen. Die Auswertung[30] der Haushaltszusammensetzung der Mitgliedschaftstypen zeigt, dass ältere Menschen (Rentnerhaushalte) in hohem Maße durch eine Bindung an die Kirche als Institution (kirchennah) geprägt sind (Typ 1). Auch in der Gruppe der christlich-religiös geprägten Kirchenmitglieder sind ältere Menschen am stärksten repräsentiert (Typ 2), auffällig ist aber auch ihre hohe Präsenz in der Gruppe, die weniger christlich-religiös ist, aber eine große Kirchennähe aufweist (Typ 3). Es lässt sich resümieren: „Kirchennah und religiös sind im Wesentlichen die Rentnerhaushalte"[31]. Ob dies freilich am Lebenszyklus liegt, weil Rentner über die zeitlichen Rahmenbedingungen verfügen, am kirchlichen Leben regelmäßig zu partizipieren oder ob lediglich diese Alterskohorte betroffen ist und das Ergebnis bei künftigen Generationen deutlich anders aussieht, bleibt abzuwarten. Zu vermuten ist allerdings aufgrund von Traditionsabbrüchen, dass künftige Generationen von älteren Menschen eher eine geringere Religiosität und Kirchlichkeit aufweisen.

4.2 Alter und Lebensstil

Freizeit- und Kulturstil werden in jedem Fall sehr eng mit den Typen kirchlichen Teilnahmeverhaltens verbunden sein. Die gruppenspezifischen Lebensstile bilden Milieus aus, die als „symbolische Territorien mit

---

30 Vgl. die Tabelle zur Haushaltszusammensetzung der Mitgliedschaftstypen, in: Wolfgang Huber/Johannes Friedrich/Peter Steinacker, *Kirche in der Vielfalt der Lebensbezüge. Die vierte EKD-Erhebung über Kirchenmitgliedschaft*, Gütersloh 2006, 159.

31 A.a.O., 160.

relativ eindeutigen Zugehörigkeitsmerkmalen und Ausschlußregeln"[32] zu verstehen sind. Die Individualisierung und Pluralisierung der Lebensstile betrifft auch das Alter. Die Älteren werden zunehmend erfasst von „der Auflösung und Ablösung" stabiler sozial moralischer Milieus.[33] Kulturelle Aktivitäten im Alter können als Betätigungsfeld der „Ausdruckssuche in der Orientierung auf andere"[34] verstanden werden. Kirchengemeindliches und ehrenamtliches Engagement beispielsweise bieten Möglichkeiten, „die emotionalen Bedingungen, die bislang im Berufsfeld, in der Beziehung zu Personen und Tätigkeiten lagen, auf andere Personen und Tätigkeiten zu übertragen."[35] Der Gewinn dürfte für viele im Aufbau eines Aktivitätsprofils liegen. Freizeitaktivitäten auf dem weiten Feld der Bildung (Volkshochschule, Seniorenstudium, Vorträge, Lesungen, Museumsbesuche, Kulturreisen etc.) insbesondere von Kunst und Kultur dienen wesentlich der Entwicklung des Selbstbildes, dem Interesse der Selbstinterpretation und der Suche nach Weltverständnis. Eine große Rolle spielt das Fernsehen. Ältere Menschen sehen im Durchschnitt täglich fast drei Stunden fern.[36] Über 70-jährige Männer können sich am wenigsten ein Leben ohne Fernsehen vorstellen.[37] Fernsehkonsum wird dabei durchaus als sinnvolle Tätigkeit verstanden und dient nicht der Kompensation fehlender direkter Kommunikation. Drei Viertel der Befragten verneinten die Aussagen: „Ich hätte gestern lieber Besuch bekommen, als ferngesehen".[38] Das Medium Internet wird von der Generation der heute 55-Jährigen und Älteren im Vergleich zur Gruppe der 10-24-Jährigen (94 %) und der Gruppe der 24-54-Jährigen (84 %) vergleichsweise selten regelmäßig genutzt. Nur 33 % aller Personen ab 54 nutzten im Jahr 2007 das Internet regelmäßig. Bei den Älteren zeigt sich ein deutlicher geschlechtsspezifischer Unterschied: Während die Männer einen Anteil von 42 % in der Altersgruppe haben, nutzen lediglich 25 % der Frauen, die älter sind als 55, das World Wide Web. Während bei allen Altersgruppen das Senden und Empfangen von Emails im Vordergrund steht, spielen Diskussionsforen und Chats bei der Altersgruppe

---

32 Franz Kolland, *Kulturstile älterer Menschen. Jenseits von Pflicht und Alltag*, Wien/Köln/Weimar 1996, 61.
33 Ebd.
34 A.a.O., 130. Im Original hervorgehoben.
35 Ebd.
36 Hans-Joachim von Kondratowitz, *Gewohnheiten im Alter*, in: Psychotherapie im Alter 2 (2005), H. 2, 9–19 (17).
37 Kolland, *Kulturstile älterer Menschen*, a.a.O., 160.
38 A.a.O., 162.

bis 24 Jahre eine große Rolle. Ältere Menschen dagegen nutzen das Internet primär zur Information über Gesundheitsthemen (61 %).[39] Ob und inwieweit religiöse Medienangebote für ältere Menschen eine besondere Rolle spielen, ist noch nicht untersucht. Es ist allerdings offensichtlich, dass Fernsehgottesdienste von einer wachsenden Zahl von Menschen eingeschaltet werden. Verkündigung im Rundfunk wird ebenfalls von vielen älteren Menschen regelmäßig wahrgenommen. Die steigende Zahl der Podcast-Abonnenten rekrutiert sich im Wesentlichen aus der Generation der silver-surfer.[40]

Freizeitverhalten und Sinnsuche, Lebensstil und Mediennutzung zur Befriedigung religiöser Interessen bilden einen engen Zusammenhang. Aber auch hier fehlen noch aussagekräftige Untersuchungen zu einer Medienreligion älterer Menschen. Neben den inhaltlichen Angeboten der Medien ist sicher auch die Funktion des Fernsehens hoch zu veranschlagen, den Tagesablauf zu strukturieren und Beheimatung in Fernsehgemeinden zu schaffen. Das Fernsehen kann nicht nur auf Gewohnheit und Wiederholung reduziert werden, sondern es hat darüber hinausgehende Funktionen. Fernsehen ist Teil des alltagsweltlichen Handelns und ist damit in die Struktur der Lebenswelt eingelassen.[41]

4.3 Religiöse Rituale

Eine explorative Studie zur religiösen Ritualpraxis älterer Menschen hat gezeigt, dass das Gebet eine bedeutende Ausdrucksform persönlicher Aszetik ist.[42] Die Grundlage für die Gestaltung späterer Gebetspraxis wird vor allem in der Kindheit und der Jugend gelegt. Die Gebetspraxis weist intraindividuell eine hohe Konstanz im Lebenslauf auf. Durch einschneidende lebensgeschichtliche Erfahrungen, wie den Tod des Partners oder eine Erkrankung, kann sich die Gebetspraxis intensivieren. Gesellschaftliche Veränderungen üben vergleichsweise wenig Einfluss auf die

---

39 Zahlen für das Jahr 2007: Statistisches Bundesamt Deutschland, *Datenreport 2008 (www.destatis.de)*, 368 f.
40 Nach Auskunft der Rundfunkpfarrerin Lucie Panzer mit Blick auf die Verkündigungsformate beim SWR.
41 Vgl. dazu Christiane Hackl, *Fernsehen im Lebenslauf. Eine medienbiographische Studie*, Konstanz 2001, 30 ff.
42 Terörde/Feeser-Lichterfeld, *Ritualpraxis*, a.a.O.

individuelle Gebetspraxis aus. Biographische Erfahrungen dagegen können durchaus zu einer nachhaltigen Irritation der Gebetspraxis führen.[43]

Die intergenerationelle Vermittlung religiöser Rituale ist für viele Großeltern von Bedeutung.[44] Sie berichten von gemeinsamen Tischgebeten mit den Enkelkindern und dem Wunsch, gerade anlässlich von Ritualen im Jahreslauf Traditionen und Bräuche an die Enkelkinder weiter zu geben. Insbesondere Weihnachten ist sehr stark besetzt:

> „Es treten ritualisierte Handlungsmuster auf, welche an die Kindheit anknüpfen oder auch an die Erziehung der eigenen Kinder erinnern. [...] Es sind gerade diese alljährlich wiederkehrenden, gewissermaßen ritualisierten Handlungen, welche die familiäre Biografie prägen und ihr Kontinuität verleihen."[45]

Neben den Ritualen im Jahreslauf (Ostern, Weihnachten) sind die biographiebegleitenden Rituale gerade für den intergenerationellen Zusammenhang von Bedeutung. Kasualien wie Taufe, Konfirmation und Trauung bieten Anlässe, die eigene Biographie zu erinnern, aus der eigenen Kindheit und Jugend zu erzählen. Kontinuität und Wandel können thematisiert werden. Kasualien sind nicht nur für den Aufbau der Familienreligiosität von Bedeutung, sondern sie haben auch eine wesentliche seelsorgerliche Funktion, weil sie der Vergewisserung von Identität dienen und einen das eigene Leben übersteigenden Sinnhorizont symbolisieren.

Ein eigenes Altersritual gibt es nicht. Während die Konfirmation angesichts der Ausdehnung des Jugendalters einen Kasus darstellt, der der Zäsurierung und Strukturierung der Biographie[46] dient, gibt es für das Alter keinen entsprechenden Kasus. Dass Altern heute in der Regel als ein gradueller Prozess erlebt wird, spricht – analog zur Konfirmation im Jugendalter – eher für ein Ritual für Ältere als dagegen.[47] Der Kasus der

---

43 A.a.O., 83.
44 Zum Phänomen und Begriff der Familienreligiosität siehe Ulrich Schwab, *Familienreligiosität. Religiöse Traditionen im Prozeß der Traditionen*, Stuttgart 1995.
45 Terörde/Feeser-Lichterfeld, Ritualpraxis, a.a.O., 83 f. Zu den Festen im Jahreslauf siehe auch oben den Beitrag von Kristian Fechtner zur Zeitwahrnehmung. Zu Weihnachten siehe Maurice Baumann/Roland Hauri (Hg.), *Weihnachten. Familienritual zwischen Tradition und Kreativität*, Stuttgart 2008.
46 Rainer Liepold, *Die Teilnahme an der Konfirmation bzw. Jugendweihe als Indikator für die Religiosität von Jugendlichen aus Vorpommern. Traditionen, Bilanzen, Visionen und Fremdbestimmung* (Greifswalder theologische Forschungen 1), Frankfurt a. M. u. a. 2000.
47 Gegen Terörde/Feeser-Lichterfeld, Ritualpraxis, a.a.O., 85.

Goldenen Konfirmation, der vor dem Hintergrund des Wandels im Kontext der Kasualtheorie noch ausführlich zu bedenken und agendarisch zu bearbeiten wäre, bietet einen Anlass, das Alter zu thematisieren. Der Gottesdienst könnte die symbolische Bedeutung der Initiation in eine neue Lebensphase darstellen und den Ambivalenzen, die mit der Statuspassage verbunden sind, symbolisch und rituell Ausdruck verleihen. Neben dem Gedächtnis der eigenen Konfirmation anlässlich des 50-Jährigen Jubiläums ist die Goldene Konfirmation durchaus auch als „die nicht wiederholbare Feier einer Kasualie aus einem ganz bestimmten Anlaß, nämlich die Initiation ins Erfahrungsfeld Altern"[48] zu definieren und entsprechend zu gestalten. Es würde wesentlich zur Enttabuisierung des Alters beitragen und wäre zugleich ein Indikator für eine Normalisierung des Alterns, wenn die Goldene Konfirmation sich als ein Altersritual etablieren könnte.

4.4 Ritualismus

Mit zunehmendem Alter und der Einschränkung außerhäuslicher Aktivitäten nimmt die Bedeutung der Wohnung als Alltagsort zu.[49] Die Alltagsrituale werden zum einen durch eine Verengung der Räume bestimmt, zum anderen aber auch durch eine „wachsende Verkehrung der Zeitperspektive"[50]. Die Erinnerung an Vergangenes tritt in den Vordergrund und wird zunehmend ritualistisch bestimmt, indem die Häufigkeit stereotyper, gleich lautender Darstellungen steigt und der biographische Kontext der Erinnerung zurücktritt.[51] Im Falle der Demenz zerbricht der Zusammenhang einzelner Ereignisse: „Ich kann mich an nichts Wichtiges erinnern, obwohl ich nur noch aus Erinnerungen bestehe."[52] Durch festgelegte Routinen wird der Alltag stabilisiert, bis eine eigene zeitliche Strukturierung des Tageslaufs nicht mehr möglich ist. Auch Menschen mit fortgeschrittener Demenz sind noch in der Lage, durch die Teil-

---

48 Heiderose Gärtner, *„Und wenn sie alt sind, werden sie dennoch blühen..." Seelsorge am alten Menschen und Goldene Konfirmation*, Aachen 1997, 178.
49 Von Kondratowitz, *Gewohnheiten im Alter*, a.a.O., 17.
50 Manfred Josuttis, *Zur Phänomenologie der Ritualität*, in: Psychotherapie im Alter 2 (2005), H. 2, 21–31 (28).
51 A.a.O., 28 f.
52 Eine typische Selbstaussage eines Demenzerkrankten. Jan Wojnar, *Gewohnheit, Ritual und Zwang im Leben Demenzkranker*, in: Psychotherapie im Alter 2 (2005), H. 2, 63–72 (65 f).

nahme an Ritualen zu kommunizieren. Rituale wie der Gruß, gemeinsames Essen und Trinken sowie das Spiel können Akzeptanz, Achtung, Geborgenheit vermitteln und die Bindung an eine Gruppe stärken.[53] Eine Aszetik Demenzkranker knüpft sinnvollerweise an die Ritualität an.

Religiosität und Spiritualität betreffen stets den ganzen Menschen. Der Beitrag der Praktischen Theologie zu einer Theorie des Alterns und des Alters kann darin liegen, die zentralen Fragen der Religion, die Identitätskonstitution und die Sinnkonstruktion, unter dem Aspekt der Radikalisierung der menschlichen Grundsituation zu betrachten.

„[D]ie praktischen Sinnentwürfe mit ihren Erfüllungsgestalten, das kommunikative Wesen des Menschen, die leiblich fundierte Ganzheit des Lebens, die Endlichkeit, Negativität und Fragilität – diese Konstituentien gelten anthropologisch universal für alle Lebensphasen und Lebenssituationen."[54]

Literatur

Monika Ardelt, *Effects of Religion and Purpose in Life on Elders' Subjective Well-Being and Attitudes Toward Death*, in: Journal of Religious Gerontology 14 (2003) Issue 4, 55–77.

Haden B. Bosworth/Kwang-Soo Park/Douglas R. McQuoid/Judith C. Hays/David C. Steffens, *The impact of religious practice and religious coping on geriatric depression*, in: International Journal of Geriatric Psychiatry 18 (2003) Issue 10, 905–914.

Arjan Braam, *Religion and Depression in Later Life. An empirical approach*, Utrecht 2001.

Peter G. Coleman, *Older People and Institutionalised Religion. Spiritual Questioning in Later Life*, in: Albert Jewell (Hg.), *Ageing, Spirituality and Well-being*, London/Philadelphia 2004, 101–112.

Anette Dörr, *Religiöses Coping als Ressource bei der Bewältigung von Life Events*, in: Christian Zwingmann/Helfried Moosbrugger (Hg.), *Religiosität. Messverfahren und Studien zu Gesundheit und Lebensbewältigung. Neue Beiträge zur Religionspsychologie*, Münster 2004, 261–275.

Walter Fürst/Andreas Wittrahm/Ulrich Feeser-Lichterfeld/Tobias Kläden (Hg.), *„Selbst die Senioren sind nicht mehr die alten ..." Praktisch-theologische Beiträge zu einer Kultur des Alterns*, Münster 2003.

Andrew Futterman/James J. Dillon/Francois Garand III/Joshua Haugh, *Religion As a Quest and the Search for Meaning in Later Life*, in: L. Eugene Thomas/Susan A. Eisenhandler (Hg.), *Religion, Belief and Spirituality in Late Life*, New York 1999, 153–177.

---

53 A.a.O., 71 f.
54 Rentsch, *Philosophische Anthropologie*, a.a.O., 296.

Franz Kolland, *Kulturstile älterer Menschen. Jenseits von Pflicht und Alltag*, Wien/Köln/Weimar 1996.
Jeffrey S. Levin, *Religious Research in Gerontology, 1980–1994. A Systematic Review*, in: Journal of Religious Gerontology 10 (1997) H. 3, 3–31.
Lut Missine, *The Search for Meaning of Life in Older Age*, in: Albert Jewell (Hg.), *Ageing, spirituality and well-being*, London 2004, 113–123.
Fritz Oser/Anton Bucher, *Religiosität und Spiritualität*, in: Sigrun-Heide Filipp/Ursula M. Staudinger (Hg.), *Enzyklopädie der Psychologie. Entwicklungspsychologie des mittleren und höheren Erwachsenenalters*, Göttingen 2004, 803–827.
Philip Roth, *Jedermann (Roman). Aus dem Amerikanischen von Werner Schmitz*, München/Wien 2006.
Wilfried Ruff, *Spiritualität im Alter*, in: Psychotherapie im Alter 5 (2008) H. 1, 13–30.
Uwe Sperling, *Religion und Spiritualität im Alter*, in: Andreas Kruse/Mike Martin (Hg.), *Enzyklopädie der Gerontologie*, Bern/Göttingen/Toronto/Seattle 2004, 627–643.
Anke Terörde/Ulrich Feeser-Lichterfeld, *Religiöse Ritualpraxis im Alter. Eine explorative Studie als Annäherung an ein Forschungsdesiderat*, in: IJPT 11 (2007), 72–91.
Anke Terörde, *Tischgebet, Taufkerze und Tannenbaum – Religiöse Rituale und intergenerationelle Kommunikation*, in: Martina Blasberg-Kuhnke/Andreas Wittrahm (Hg.), *Altern in Freiheit und Würde. Handbuch christlicher Altenarbeit*, München 2007, 169–175.
Themenheft *Spiritualität* der Zeitschrift Psychotherapie im Alter. Forum für Psychotherapie, Psychiatrie, Psychosomatik und Beratung 5 (2008) Heft 1.
Lars Tornstam, *Late-Life Transcendence. A New Developmental Perspective on Aging*, in: L. Eugene Thomas/Susan A. Eisenhandler (Hg.), *Religion, Belief and Spirituality in Late Life*, New York 1999, 178–202.
Sandy J. Eggers, *Older Adult Spirituality. What Is It? A Factor Analysis of Three Related Instruments*, in: Journal of Religious Gerontology 14 (2003) Issue 4, 3–33.

Die Autorinnen und Autoren

Christina Aus der Au, Jg. 1966, Dr. theol., Privatdozentin, Oberassistentin für Systematische Theologie/Dogmatik an der Theologischen Fakultät der Universität Basel

Caroline Berghammer, Jg. 1979, Mag. rer. soc. oec., Wissenschaftliche Mitarbeiterin am Institut für Demographie der Österreichischen Akademie der Wissenschaften

Lars Charbonnier, Jg. 1977, Wissenschaftlicher Mitarbeiter am Lehrstuhl für Praktische Theologie

Klaus Depping, Jg 1946, Pastor, Evangelische Erwachsenenbildung (EEB) in der Ev.-luth. Landeskirche Hannovers; Seelsorge und Bildungsarbeit mit Menschen im höheren Erwachsenenalter

Gabriele Doblhammer, Jg. 1963, Dr. rer. soc. oec., Professor für Empirische Sozialforschung und Demographie an der Wirtschafts- und Sozialwissenschaftlichen Fakultät der Universität Rostock, Direktorin des Rostocker Zentrums zur Erforschung des Demografischen Wandels

Michael Domsgen, Jg. 1967, Dr. theol., Professor für Evangelische Religionspädagogik an der Theologischen Fakultät der Universität Halle-Wittenberg.

Wolfgang Drechsel, Jg. 1951, Dr. theol., Professor für Praktische Theologie (Schwerpunkt Seelsorge) an der Theologischen Fakultät der Universität Heidelberg

Karl Foitzik, Dr. theol., Pfarrer u. Dipl.päd., Professor em. für Praktische Theologie an der Evangelischen Fachhochschule Nürnberg und der Augustana Hochschule Neuendettelsau

Wilhelm Gräb, Jg. 1948, Dr. theol. Professor für Praktische Theologie, Direktor des Instituts für Religionssoziologie und Gemeindeaufbau an der Theologischen Fakultät Berlin

Eberhard Hauschildt, Jg. 1958, Dr. theol., Professor für Praktische Theologie an der Evangelisch-Theologischen Fakultät der Universität Bonn

Jan Hermelink, Jg. 1958, Dr. theol., Professor für Praktische Theologie/Pastoraltheologie an der Theologischen Fakultät der Universität Göttingen

François Höpflinger, 1948, Prof. Dr., Titularprofessor für Soziologie an der Universität Zürich

Rico Jonassen, Jg. 1979, Diplom-Demograph, Referent in der Abteilung Risikostrukturausgleich, Controlling beim AOK-Bundesverband in Berlin

Konstanze Kemnitzer, Jg. 1975, Dr. theol., Assistentin für Praktische Theologie an der Augustana Hochschule Neuendettelsau

Michael Klessmann, Jg. 1943, Dr. theol., Professor em. für Praktische Theologie an der Kirchlichen Hochschule Wuppertal/Bethel

Thomas Klie, Jg. 1956, Dr. theol., Professor für Praktische Theologie an der Theologischen Fakultät der Universität Rostock

Thomas Klie, Jg. 1955, Dr. jur., Professor für öffentliches Recht und Verwaltungswissenschaften an der Evangelischen Hochschule Freiburg

Gerald Kretzschmar, Jg. 1971, Dr. theol., Privatdozent für Praktische Theologie an der Evangelisch-Theologischen Fakultät der Universität Bonn, Lehrbeauftragter für Methoden der empirischen Sozialforschung am Institut für Soziologie der Technischen Universität Dresden, Pfarrer im Gemeindedienst der evangelischen Kirche der Pfalz

Andreas Kruse, Jg. 1955, Dr. phil., Dipl. Psych., Professor für Gerontologie, Direktor des Instituts für Gerontologie der Universität Heidelberg

Martina Kumlehn, Jg. 1966, Dr. theol., Professorin für Religionspädagogik an der Theologischen Fakultät der Universität Rostock

Ralph Kunz, Jg. 1964, Dr. theol., Professor für Praktische Theologie an der Theologischen Fakultät der Universität Zürich

Jörg Neijenhuis, Jg. 1960, Dr. theol., Privatdozent für Praktische Theologie/Liturgiewissenschaft an der Theologischen Fakultät der Universität Heidelberg

Klaus Raschzok, Jg. 1954, Dr. theol., Professor für Praktische Theologie an der Augustana-Hochschule Neuendettelsau

Thomas Schlag; Jg. 1965, Dr. theol., Professor für Praktische Theologie mit dem Schwerpunkten Religionspädagogik und Kybernetik an der Theologischen Fakultät Zürich

Helmut Schwier, Jg. 1959, Dr. theol., Professor für Neutestamentliche und Praktische Theologie an der Universität Heidelberg

Herman Westerink, Jg. 1968, Dr. theol., Universitätsassistent, Institut für Praktische Theologie und Religionspsychologie, Evangelisch-Theologische Fakultät der Universität Wien

Birgit Weyel, Jg. 1964, Dr. theol., Professorin für Praktische Theologie an der Evangelisch-Theologischen Fakultät der Universität Tübingen

www.ingramcontent.com/pod-product-compliance
Lightning Source LLC
Chambersburg PA
CBHW070746230426

43665CB00017B/2259